Internationales Strategisches Produktionsmanagement

CONTROLLING SCHRIFTEN

Hrsg. Prof. Dr. Thomas Reichmann

Band 23

PETER LANG

Frankfurt am Main · Berlin · Bern · Bruxelles · New York · Oxford · Wien

UWE STREMME

INTERNATIONALES STRATEGISCHES PRODUKTIONSMANAGEMENT

PETER LANG
Europäischer Verlag der Wissenschaften

Die Deutsche Bibliothek - CIP-Einheitsaufnahme

Stremme, Uwe:

Internationales Strategisches Produktionsmanagement / Uwe Stremme. - Frankfurt am Main ; Berlin ; Bern ; Bruxelles ; New York ; Oxford ; Wien : Lang, 2000
(Controlling Schriften ; Bd. 23)
Zugl.: Dortmund, Univ., Diss., 1999
ISBN 3-631-36187-4

Gedruckt auf alterungsbeständigem, säurefreiem Papier.

D 290
ISSN 1438-8936
ISBN 3-631-36187-4

Printed in Germany 1 2 3 4 6 7

Für Britta

Geleitwort

Global vernetzte Märkte und Wettbewerbssituationen kennzeichnen heute den erweiterten Handlungsspielraum des industriellen Managements. Vor diesem Hintergrund ist die internationale Allokation der betrieblichen Wertschöpfungsprozesse in zahlreichen Branchen zu einem wettbewerbsentscheidenden Faktor avanciert. Trotz der Publikationsvielfalt zu Problemfeldern des internationalen Managements mangelt es demgegenüber an umfassenden Managementkonzepten, die - wie für andere betriebswirtschaftliche Spezialgebiete selbstverständlich - auch produktionswirtschaftliche Managementaufgaben in einen internationalen oder gar globalen Kontext stellen.

Die vorliegende Arbeit von Uwe Stremme greift diesen Mangel auf und leistet die internationale Ausrichtung des industriellen Produktionsmanagements. Ergebnis ist eine eigenständige und umfassende Gesamtkonzeption, die gleichsam einen ganzheitlichen Bezugsrahmen für das Management internationaler Produktionsaktivitäten liefert.

Ausgehend von einem systemtheoretischen Grundverständnis werden zunächst die Rahmenbedingungen und die Motive für internationale Produktionsaktivitäten spezifiziert, um anschließend eine allgemeine Zielsetzung zu evaluieren.

Im Mittelpunkt des Konzeptes steht die strategische Gestaltung grenzüberschreitender Produktionsaktivitäten, die in zwei Schritten erschlossen wird: Im ersten Schritt erarbeitet der Verfasser insgesamt sechs strategische Gestaltungsfelder, durch die die spezifischen Problemfelder des Internationalen Strategischen Produktionsmanagements (ISPM) konkretisiert werden. In einem zweiten Schritt werden alternative Basisstrategien entwickelt, die von übergreifendem Charakter für alle Gestaltungsfelder sind. Diese Basisstrategien tragen unterschiedlichen Marktverhältnissen Rechnung und gewährleisten im Planungsfall die marktgerechte Ausrichtung der internationalen Produktionsaktivität auf eine einheitliche strategische Grundorientierung im Spannungsfeld zwischen der globalen Integration und der landesspezifischen Anpassung (Differenzierung). Diesbezüglich besonders hervorzuheben sind die hybriden Strategievarianten, die zur Überwindung des besagten Spannungsfeldes entwickelt werden und eine Verknüpfung von globalen und lokalen Strategieelementen herbeiführen.

Insgesamt wird deutlich, daß das Management grenzüberschreitender Produktionssysteme eines integrierten, ganzheitlichen und strategischen Gesamtkonzeptes bedarf und damit sehr viel umfassender ist als „nur" die Wahl optimaler Produktionsstandorte zur Realisierung internationaler Arbitragevorteile.

Es ist ein besonderes Anliegen dieser Reihe „Controlling Schriften", der häufig bemängelten Praxisferne in der akademischen Erkenntnisgewinnung entgegenzuwirken. Dazu trägt auch dieser Band bei. So stützt der Verfasser seine Analyse auch auf eine eigene empirische Untersuchung, die als Teil des explorativ ausgerichteten Forschungsprozesses die gebotene Praxisnähe sicherstellt.

Uwe Stremme leistet mit dieser Arbeit einen innovativen Beitrag zur praxisorientierten Weiterentwicklung eines traditionellen betriebswirtschaftlichen Spezialgebietes und zu dessen konzeptioneller Fundierung.

Dortmund, im Januar 2000 Prof. Dr. Thomas Reichmann

Vorwort

Im globalen Wettbewerb dieser Tage hat die internationale Produktion industrieller Unternehmungen dramatisch an Bedeutung gewonnen. Vielfach steht die Frage, *ob* überhaupt international produziert werden soll, nicht mehr zur Debatte. Sie wird häufig durch die anknüpfende Frage verdrängt, *wie* die mittlerweile gebotene Internationalisierung der Produktion realisiert werden kann. Die daraus resultierende Managementaufgabe steht im Mittelpunkt dieser Arbeit, mit der ein eigenständiges Gesamtkonzept für das Management grenzüberschreitender Produktionssysteme und -netzwerke bereitgestellt wird. Ein besonderes Augenmerk gilt dabei der Ausrichtung an den globalen Markt- und Wettbewerbsbedingungen sowie der Realisierung internationaler Skalen- und Synergieeffekte.

Diese Arbeit wurde im Herbst 1999 von der Wirtschafts- und Sozialwissenschaftlichen Fakultät der Universität Dortmund als Dissertation angenommen. Um das damit verbundene Ziel der Promotion erreichen zu können, bedurfte es der Mithilfe und Unterstützung zahlreicher Menschen, denen ich an dieser Stelle danken möchte:

So gilt mein Dank zunächst meinem akademischen Lehrer, Herrn Prof. Dr. Egon Jehle, für die Betreuung und Begutachtung meiner Dissertation. Er gewährte mir in der inhaltlichen Gestaltung weitestgehend freie Hand und verstand es dabei zugleich, durch kritische und lenkende Anregungen richtungsweisende Impulse zu geben. Herrn Prof. Dr. Thomas Reichmann danke ich für die Übernahme des Zweitgutachtens. Ferner danke ich Herrn Prof. Dr. Hans-Günther Käseborn für die Bereitschaft, die Aufgabe des dritten Prüfers zu übernehmen.

Mein Dank gilt außerdem den Interviewpartnern aus der Praxis, deren Auskunftsbereitschaft das praxisorientierte Untersuchungsdesign erst möglich machte.

Besonders danke ich meiner Familie, insbesondere meinen Eltern Reinhild und Jochen Stremme, die mich in allen Phasen meines Werdeganges optimal förderten und mir das Studium der Betriebswirtschaftslehre ermöglichten.

Ein nur schwer in Worte zu fassender Dank gilt meiner Ehefrau Britta Stremme. Sie hat die Entstehung dieser Arbeit stets mit Geduld, Verständnis und auch persönlichem Verzicht begleitet. Durch die ihr eigene positive Art schuf sie ein Umfeld, das mir den erforderlichen Rückhalt gab und aus dem heraus ich immer wieder neu die nötige Kraft und Motivation schöpfen konnte. Ihr widme ich dieses Buch.

Lüdenscheid, im Januar 2000 Uwe Stremme

Inhaltsverzeichnis

Verzeichnis der Abbildungen und Tabellen

Kapitel 1:

Kapitel 2:

Kapitel 3:

Kapitel 4:

Kapitel 5:

Kapitel 6:

Kapitel 7:

Abkürzungsverzeichnis

AFTA	ASEAN Free Trade Area; ASEAN-Freihandelszone
AHK	Auslandshandelskammern
ASEAN	Association of South East Asian Nations; Vereinigung südostasiatischer Nationen
ATM	Asynchronous Transfer Mode
Aufl.	Auflage
Bd.	Band
BERI	Business Environment Risk Information
BfAi	Bundesstelle für Außenhandelsinformation
BFuP	Betriebswirtschaftliche Forschung und Praxis
bzgl.	bezüglich
bzw.	beziehungsweise
ca.	circa
CIM	Computer Integrated Manufacturing
Datex-L	Data Exchange mit Leitungsvermittlung
Datex-M	Data Exchange Multimegabit
Datex-P	Data Exchange mit Paketvermittlung
DDV	Datendirektverbindung(en)
DIHT	Deutscher Industrie- und Handelstag
DV	Datenverarbeitung
EDI	Electronic Data Interchange; elektronischer Geschäftsdatenaustausch
EDIFACT	Electronic Data Interchange Standard for Administration, Commerce and Transport
EDV	Elektronische Datenverarbeitung
et al.	et alii
etc.	et cetera
EU	Europäische Union
EVL	Externes Versorgungslager
f. (ff.)	folgende Seite(n)
FTAA	Free Trade Area of the Americans; Freihandelszone der Amerikanischen Staaten

GATT	General Agreement on Tariffs and Trade; Allgemeines Zoll- und Handelsabkommen
gem.	gemäß
ggf.	gegebenenfalls
Hrsg.	Herausgeber
i.d.R.	in der Regel
i.S.	im Sinne
IDN	Integrated Data Network
ifo	Institut für Wirtschaftsforschung
IHK	Industrie und Handelskammer(n)
IMF	International Monetary Fund = IWF
IML	internationale Mietleitung(en)
INMARSAT	International Maritime Satellite Organization
ISDN	Integrated Services Digital Network
ISIC	International Standard Industrial Classification of all Economic Activities
ISO	International Standards Organization
ISPM	Internationales Strategisches Produktionsmanagement
IW	Institut der deutschen Wirtschaft
IWF	Internationaler Währungsfonds = IMF
Jg.	Jahrgang
JiT	Just-in-Time
kbit/s	Kilobit pro Sekunde
LAN	Local Area Network
Mbit/s	Megabit pro Sekunde
MERCOSUR	Mercado Común del Cono Sur (span.); gemeinsamer Markt des südlichen Teils Amerikas
MHz	Megahertz
Mio.	Million(en)
NACE	Nomenclature générale des activités économiques dans les Communautés européennes; allgemeine Systematik der Wirtschaftszweige in den Europäischen Gemeinschaften
NAFTA	North American Free Trade Agreement; Nordamerikanisches Freihandelsabkommen
No.	Number, numero = Nr.

Nr.	Nummer = No.
NWA	Nutzwertanalyse
OECD	Organization for Economic Cooperation and Development; Organisation für wirtschaftliche Zusammenarbeit und Entwicklung
p.a.	per annum; pro anno
PERC	Political and Economic Risk Consultancy
PES	Personal Earth Station
PRODCOM	Products of the Community
PSS	Produktionsstandortstruktur
Rev.	Revisionsfassung
S.	Seite(n)
s.o.	siehe oben
Sp.	Spalte(n)
SYPRO	Systematik der Wirtschaftszweige – Fassung für die Statistik im Produzierenden Gewerbe
u.	und
u.a.	unter anderem / anderen
UNO	United Nations Organization; Organisation der Vereinten Nationen
usw.	und so weiter
v.	von
vgl.	vergleiche
Vol.	Volume
VSAT	Very Small Aperture Terminal
WAN	Wide Area Network
WiSt	Wirtschaftswissenschaftliches Studium
WISU	Das Wirtschaftsstudium
WTO	World Trade Organization
z.B.	zum Beispiel
ZfB	Zeitschrift für Betriebswirtschaft
ZfbF	Schmalenbachs Zeitschrift für betriebswirtschaftliche Forschung
ZFP	Zeitschrift für Forschung und Praxis

1 Einführung

1.1 Bedeutung internationaler Produktionsaktivitäten

„The time has come when we must begin to sharpen the management of international manufacturing operations.“[1]

C.W. Skinner

Bereits die Augsburger Kaufmannsfamilie *Fugger* betrieb im späten Mittelalter neben internationalen Faktoreien zur Abwicklung weltweiter Handels- und Kreditgeschäfte mehrere Berg- und Hüttenwerke, Schmelzereien und Manufakturen in ganz Europa.[2] Wie auch das einleitende Zitat *Skinners* aus den 1960er Jahren belegt, stellt die internationale Orientierung der unternehmerischen Produktionsaktivität also keineswegs nur eine Erscheinung des ausgehenden 20. Jahrhunderts dar. Gleichwohl hat die Thematik gerade in der jüngsten Vergangenheit entscheidend an Bedeutung gewonnen. Diese Bedeutungszunahme ist vor allem vor dem Hintergrund der *Globalisierung der Weltwirtschaft* zu sehen, die zu Beginn des neuen Jahrtausends das unternehmerische Denken und Handeln maßgeblich beeinflußt und auch künftig beeinflussen wird. Dabei wird die Globalisierung durch verschiedene Entwicklungen getragen:

Der Abbau von Handelshemmnissen und Kapitalverkehrsbeschränkungen hat weltweit zu einer Intensivierung des grenzüberschreitenden Handels mit Waren, Dienstleistungen und Kapital geführt (siehe Abbildung 1-1). Das gilt insbesondere innerhalb der entstandenen Binnenmärkte, die die beteiligten Länder zu jeweils regionalen Wirtschaftsräumen zum Beispiel in Nordamerika, in Süd-Ost-Asien und in Westeuropa vereinen.[3]

Hinzu kommt die Neuorientierung der osteuropäischen Staaten, die nach dem Zusammenbruch des Kommunismus' Anschluß an die weltwirtschaftliche Dynamik suchen und vor allem mit kostengünstigen Standortbedingungen um ausländische Investoren werben. Ähnliches gilt zum Beispiel auch für die Volksrepublik China, die

---

1 *Skinner, C. W.*, International Production, 1964, S. 126.

2 Vgl. *Cameron, R.*, Geschichte der Weltwirtschaft, 1991, S. 184; *Ott, H.; Schäfer H.* (beide Hrsg.), Wirtschaftsgeschichte, 1985, S. 142; *Kellenbenz, H.*, Deutsche Wirtschaftsgeschichte, 1977, S. 163, 186, 200-201, 244-245.

3 Siehe hierzu Abschnitt 3.2.3.2.

mit über 1,2 Milliarden Einwohnern zudem umfangreiche Marktpotentiale für die Zukunft verspricht.

Weiter hervorzuheben ist die beschleunigte Entwicklung neuer Technologien, die eine ständige Verkürzung ökonomischer Entfernungen und damit eine Ausweitung der geographischen Handlungsweiten von Unternehmungen bewirkt hat.[4] Während noch im 17. Jahrhundert die täglich mögliche Reisedistanz etwa 40 Kilometer, im 18. Jahrhundert bis zu 100 Kilometer und im 19. Jahrhundert mit der Postkutsche bereits 160 Kilometer betrug, überbrückten die ersten Flugzeuge des 20. Jahrhunderts schon 160 Kilometer in nur einer Stunde.[5] Heutzutage werden in wenigen Stunden sogar die Distanzen zwischen entfernten Kontinenten zurückgelegt. Entscheidenden Anteil an der Ausweitung der unternehmerischen Handlungsweite hat außerdem die Innovationsdynamik im Bereich der Kommunikations- und Informationstechnologien, durch die der Informationstransfer über weite Entfernungen zunehmend kostengünstiger, schneller und sicherer geworden ist.[6] Dadurch können Informationen heute praktisch zeitgleich in allen Erdteilen verfügbar gemacht werden.

Parallel zu den genannten Entwicklungen sehen sich die Unternehmungen zahlreicher Branchen stetig steigenden Entwicklungskosten und überproportional zunehmenden Gemein- und Fixkostenblöcken bei gleichzeitig kürzeren Produktlebenszyklen gegenüber. Während zum Beispiel noch zu Beginn der 1980er Jahre die Entwicklungskosten und Fertigungsinvestitionen für eine neue Automobilgeneration mit etwa 800 Mio. DM veranschlagt wurden, so rechnen die Hersteller in den 1990er Jahren bereits mit dem Drei- bis Vierfachen.[7] Heute sind zur Erreichung der Gewinnschwelle folglich größere Absatzvolumina erforderlich als noch vor wenigen Jahren, was in vielen Branchen die Erschließung neuer, internationaler Märkte erfordert.

Die skizzierten Entwicklungen haben in vielen Wirtschaftszweigen zu einer Internationalisierung beziehungsweise Globalisierung der Wettbewerbssituation geführt, in der die Unternehmungen auf angestammten und neuen Märkten in allen Teilen der Welt miteinander konkurrieren. Dabei stehen insbesondere die Produktionssysteme der Wettbewerber auf dem Prüfstand. Denn sie müssen letztlich in der Lage sein, die von den internationalen Märkten geforderten Produkte zeit-, orts-, mengen-, qualitäts- und kostengerecht herzustellen. Vor diesem Hintergrund stellt die internationale Allokation der betrieblichen Wertschöpfungsaktivitäten in vielen Branchen mittlerweile eine conditio sine qua non dar, um im internationalen beziehungsweise globalen

4 Vgl. *Fieten, R.*, Allokation von Wertschöpfungsaktivitäten, 1997, S. 692.

5 Vgl. *Krulis-Randa, J. S.*, Globalisierung, 1990, S. 74.

6 Siehe hierzu Abschnitt 5.6.3.2.

7 Vgl. *Henzler, H.A.*, Europreneurs, 1992, S. 197.

Wettbewerb dieser Tage bestehen zu können.[8] Hierbei ist nicht nur die Frage zu klären, welche Produkte eine Unternehmung an welchen Standorten produzieren sollte, sondern es geht vielmehr um den Aufbau und die strategische Gestaltung eines international oder gar weltweit ausgedehnten Produktionssystems, in dem die Produktionspotentiale und die betrieblichen Wertschöpfungsprozesse einer Unternehmung möglichst effektiv zu allokieren, miteinander zu verknüpfen und zu koordinieren sind. Diese Gestaltungsaufgabe erfordert eine *internationale*, *ganzheitliche* und *strategische* Ausrichtung des industriellen Produktionsmanagements. Sie ist somit wesentlich weitreichender und komplexer als die bloße Wahl von Produktionsstandorten etwa zur Ausschöpfung internationaler Faktorkostenunterschiede oder anderer Standortdifferenzen.

Die nachhaltige Bedeutungszunahme internationaler Produktionsaktivitäten und damit verbunden eines international ausgerichteten Produktionsmanagements spiegelt sich auch in der Entwicklung der weltweit getätigten Direktinvestitionen[9] wider, die besonders seit Mitte der 1980er Jahre eine vergleichsweise starke Wachstumsdynamik entfaltet haben (Abbildung 1-1): Während im Zeitraum von 1970 bis 1985 die durchschnittlichen Wachstumsraten der Weltausfuhren von Waren wie auch von Dienstleistungen noch höher ausfielen als die der Direktinvestitionen, so hat sich dieser Vergleich in der Zeit von 1985 bis 1993 zugunsten der Direktinvestitionen verschoben. Diese expandierten mit 15,3 Prozent im jährlichen Durchschnitt stärker als die Weltexporte, deren Dynamik auf 9,1 Prozent für Waren und 11,1 Prozent für Dienstleistungen zurückgegangen ist.

---

8 Vgl. *Fieten, R.*, Allokation von Wertschöpfungsaktivitäten, 1997, S. 701.

9 Unter einer *Direktinvestition* versteht man den Erwerb, die Gründung oder die Erweiterung einer Betriebsstätte oder einer Tochtergesellschaft im Ausland, und zwar mit dem Ziel, einen wesentlichen Einfluß auf die Geschäftsführung dieser Betriebsstätte oder Tochtergesellschaft ausüben zu wollen. Im Gegensatz dazu sind *indirekte Auslandsinvestitionen*, sogenannte *Portfolioinvestitionen*, nicht mit der Einflußnahme auf die Geschäftsführung verbunden und dienen ausschließlich der Erzielung eines Kapitalertrages im Ausland. – In der amtlichen Statistik gilt eine Auslandsinvestition genau dann als Direktinvestition, wenn die Anteile oder Stimmrechte des Investors an einer Unternehmung im Ausland mehr als 20 % (bis Ende 1989 25 % oder mehr) betragen.
Vgl. *Broll, U.*, Direktinvestitionen, 1996, S. 439; *Engel, M.*, Auslandsinvestitionen, 1990, S. 345; *Lorz, J. O.*, Direktinvestitionen, 1993, S. 1-2; ohne Verfasser, Gabler-Wirtschafts-Lexikon, Stichwort „Direktinvestition", 1993, S. 806-807.
Zur Abgrenzung in der amtlichen Statistik vgl. z.B. Deutsche Bundesbank (Hrsg.), Zahlungsbilanzstatistik, 3/1998, S. 48; oder dieselbe, Kapitalverflechtungen mit dem Ausland, 1997, S. 81.

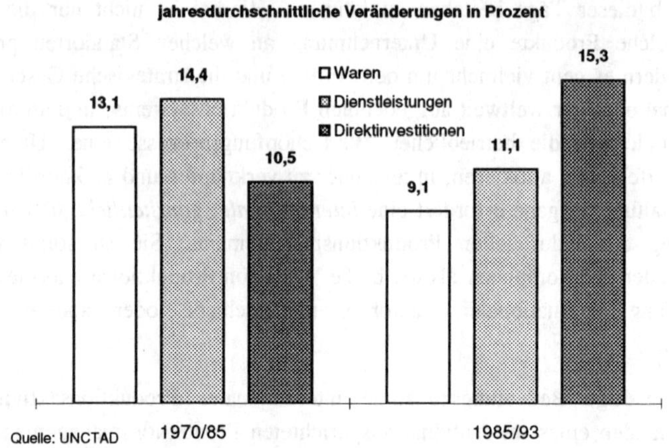

Abbildung 1-1: Weltexport von Waren, Dienstleistungen und Direktinvestitionen[10]

Zu Abbildung 1-1 ist anzumerken, daß die Grundgesamtheit der dort erfaßten Direktinvestitionen weitreichender ist als der noch zu schärfende Fokus der vorliegenden Arbeit. Denn es werden auch solche Direktinvestitionen berücksichtigt, die nicht zu den hier relevanten „industriellen" Wirtschaftszweigen zu rechnen sind.[11] Ferner werden auch jene Direktinvestitionen erfaßt, die nicht dem Aufbau oder der Erweiterung internationaler Produktionskapazitäten dienen, sondern die zum Beispiel zur Errichtung reiner Vertriebsniederlassungen getätigt werden.

Daß die Bedeutungszunahme internationaler Produktionsaktivitäten dennoch als evident anzusehen ist, zeigt ein differenzierter Blick auf die Bestandsentwicklung deutscher Direktinvestitionen (Abbildung 1-2). Die in Abbildung 1-2 vorgenommene Konzentration auf das „Verarbeitende Gewerbe" bewirkt dabei eine Ausrichtung auf die „industriellen" Wirtschaftszweige im Sinne der hier vorgesehenen Fokussierung.[12] Gleiches gilt tendenziell auch in funktionaler Hinsicht,[13] denn jüngste Untersuchungen belegen, daß der Funktionsschwerpunkt industrieller Direktinvestitionen in der Produktion liegt.[14] Somit kann die in Abbildung 1-2 dargestellte Entwicklung, die bis

10 Abbildung entnommen aus *Beyfuß, J.*, Erfahrungen deutscher Auslandsinvestoren, 1996, S. 6.

11 Siehe Abschnitt 2.2.1.1 in Verbindung mit Abschnitt 2.4.2.

12 Ebenda.

13 Ebenda.

14 So gaben zum Beispiel im Rahmen der traditionellen Herbstbefragungen des Deutschen Industrie- und Handelstages (DIHT) 1996 52 % und 1997 sogar 56 % der befragten Industrieunternehmungen die *Produktion* als Funktionsschwerpunkt ihrer künftigen Auslandsinvestitionen an.[1] Zu

Fortsetzung der Fußnote auf der nächsten Seite

1997 einen Anstieg der Direktinvestitionsbestände des Verarbeitenden Gewerbes auf das 3,2fache des Wertes von 1985 dokumentiert, gerade hinsichtlich internationaler Produktionsaktivitäten als ein weiterer Beleg für deren Bedeutungszunahme in der Praxis angesehen werden.

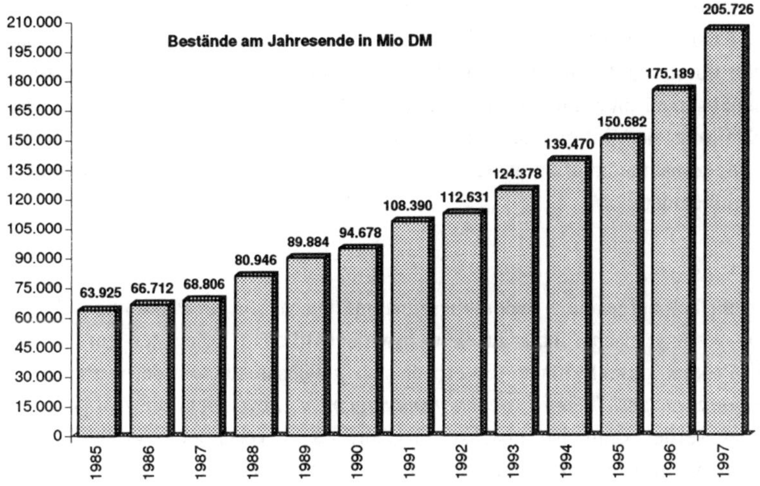

Abbildung 1-2: Bestandsentwicklung der unmittelbaren und mittelbaren deutschen Direktinvestitionen des Verarbeitenden Gewerbes von 1985 bis 1997[15]

gleichen Ergebnissen kommen zwei Untersuchungen, die das Institut der deutschen Wirtschaft (IW) in den Jahren 1995 und 1996 durchführte: Die 1995 bei den Mitgliedsfirmen des Verbandes der Bayerischen Metall- und Elektroindustrie e.V. (VBM) erhobene Umfrage hat ergeben, daß 68,6 % der befragten Unternehmungen im Ausland investieren, um dort zu *produzieren*.[2] Noch deutlicher zeigt sich dieser Funktionsschwerpunkt in der 1996 durchgeführten IW-Untersuchung zu deutschen Auslandsinvestitionen in mittel- und osteuropäischen Ländern; hier gaben sogar 71,9 % der befragten Unternehmungen aus dem gesamten Bundesgebiet die *Produktion* als Schwerpunkt ihrer Auslandsinvestitionen an.[3] — Zu [1] vgl. Deutscher Industrie- und Handelstag (Hrsg.), Wirtschaftslage und Erwartungen, 1997, S. 59-60; zu [2] vgl. Institut der deutschen Wirtschaft Köln (Hrsg.), Arbeitsplatzeffekte von Auslandsaktivitäten, 1995, S. 3 und 16; zu [3] vgl. *Beyfuß, J.*, Erfahrungen deutscher Auslandsinvestoren, 1996, S. 23.

15 Quellen: Deutsche Bundesbank (Hrsg.), Kapitalverflechtung mit dem Ausland, Ausgabe 1999, S. 6-7; Ausgabe 1997, S. 6-7; Ausgabe 1995 S. 6-7 und Ausgabe 1993 S. 6-7; Deutsche Bundesbank (Hrsg.), Kapitalverflechtung der Unternehmen mit dem Ausland, 1992, S. 14-15.
Anmerkung: Die Werte ab 1989 basieren auf einer modifizierten Berechnungssystematik. Eine Anwendung dieser Systematik auf den Zeitraum vor 1989 würde für die entsprechenden Jahre zu unwesentlich höheren Werten führen (Auskunft Deutsche Bundesbank).

Eine durch den Deutschen Industrie- und Handelstag vorgenommene Auswertung der Geschäftsberichte von 51 Großunternehmungen deutet ebenfalls auf eine seit Jahren zunehmende Bedeutung internationaler Produktionsaktivitäten hin.[16] So zeigen die Auswertungen für den Zeitraum von 1985 bis 1995, daß die Großunternehmungen im Durchschnitt ihre Mitarbeiterzahl im Ausland stärker ausgedehnt haben als im Inland, was zu einem Anstieg des im Ausland beschäftigten Belegschaftsanteils von durchschnittlich 34 Prozent im Jahr 1985 auf 41 Prozent im Jahr 1995 geführt hat. Parallel dazu haben sich im Vergleichszeitraum die im Ausland realisierten Umsatzanteile von durchschnittlich 55 auf 59 Prozent erhöht. Damit wuchs der ausländische Belegschaftsanteil im Schnitt stärker als der im Ausland erzielte Umsatzanteil, was auf eine Stärkung der internationalen Produktionsbasen und auf eine entsprechende Bedeutungszunahme internationaler Produktionsaktivitäten in den 51 Großunternehmungen hindeutet.

Die mehrfach aufgezeigte Bedeutungszunahme internationaler Produktionsaktivitäten in praxi verlangt nach fundierten betriebswirtschaftlichen Konzepten zur Gestaltung solcher Produktionsaktivitäten. Es erhebt sich gleichsam die Forderung nach einem *international ausgerichteten Produktionsmanagement*. Bevor dem die Aufmerksamkeit gewidmet werden kann, ist zunächst ein Überblick zu vermitteln, welche Bedeutung der Thematik in dem betriebswirtschaftlichen Schrifttum bis dato beigemessen wird. Als relevante, die Thematik potentiell erfassende Erkenntnisbereiche kommen vor allem das „internationale Management", das „Produktionsmanagement" sowie wirtschaftszweigbezogen auch das „industrielle Management"[17] in Frage:

Bezeichnend für das *internationale Management* ist der funktions- und wirtschaftszweigübergreifende Charakter, der den Erkenntnisbereich als eine sogenannte „General-Management-Lehre" erscheinen läßt.[18] Das internationale Management ist damit ein vergleichsweise breit angelegter Erkenntnisbereich, in dem das Management internationaler Produktionsaktivitäten ein spezifisches Teilgebiet repräsentiert. Der Blick auf die vorliegende Literatur bestätigt diese Einschätzung und zeigt, daß die Gestaltung grenzüberschreitender Produktionsaktivitäten aus einzelwirtschaftlicher Sicht von den Fachautoren zwar mehr oder weniger intensiv berücksichtigt wird, dabei aber eher selten im Zentrum der Analysen steht:

16 Vgl. Deutscher Industrie- und Handelstag (Hrsg.), Produktionsverlagerung, 1996, S. 1-2.

17 Es empfiehlt sich hier auch die Beachtung des „industriellen Managements" bzw. der „Industriebetriebslehre", da sich die traditionellen Inhalte dieser Institutionenlehre zu großen Teilen mit denen der Funktionenlehre „Produktionswirtschaft" überschneiden. Vgl. *Hoitsch, H.-J.; Akin, B.*, Geschichte der Produktionswirtschaft, 1998, S. 54.

18 Vgl. *Perlitz, M.*, Internationales Management, 1997, S. 23-24.

So widmet zum Beispiel *Perlitz* in seiner Monographie „Internationales Management" der Thematik eine gesondertes Unterkapitel, das mit 62 Textseiten allerdings nur etwa ein Zehntel des Gesamtwerkes umfaßt.[19] Richtet man den Blick auf die zahlreichen Sammelbände zum internationalen Management, fällt auch hier eine ähnliche Gewichtung auf: Zwar fließen die Gestaltungsaspekte internationaler Produktionsaktivitäten in eine Vielzahl der Analysen zumindest argumentativ ein, doch sind die Publikationen, die diesen Gestaltungsbereich explizit thematisieren, relativ rar. So ergab die Auswertung von 10 exemplarisch ausgewählten Bänden zum internationalen Management,[20] die zusammen 246 Fachaufsätze enthalten, daß nur 9 dieser Fachaufsätze die Gestaltung internationaler Produktionsaktivitäten so weit in den Mittelpunkt stellen, daß dies auch im jeweiligen Titel explizit zum Ausdruck gebracht wird. Ferner konnten 5 Fachaufsätze identifiziert werden, in denen standortpolitische Fragestellungen bei internationalen Produktionsaktivitäten erörtert werden. Selbst wenn diese zusätzlich berücksichtigt werden, ändert sich die geringe Gewichtung produktionswirtschaftlich orientierter Ansätze im internationalen Management nur unwesentlich.

Obgleich viele der ausgewerteten Publikationen auch Aspekte des Managements internationaler Produktionsaktivitäten mehr oder minder ausführlich diskutieren, fehlt es offensichtlich an Analysen, die in der *Hauptsache* um die Gestaltung internationaler *Produktions*aktivitäten aus einzelwirtschaftlicher Sicht bemüht sind; und zwar ohne sich dabei nur auf spezifische Teilbereiche wie etwa standortpolitische Problemstellungen zu beschränken.

Der festgestellte Forschungsbedarf wird besonders deutlich, wenn man die Aufmerksamkeit auf die Bereiche (industrielle) *Produktionswirtschaft* und (industrielles) *Produktionsmanagement* richtet. Für diese Erkenntnisbereiche hat die Literaturanalyse gezeigt,[21] daß die internationale Dimension produktionswirtschaftlicher Problemstel-

---

19 Vgl. *Perlitz, M.*, Internationales Management, 1997, S. 405-466.

20 Im einzelnen wurden berücksichtigt: *Macharzina, K.; Oesterle, M.-J.* (beide Hrsg.), Handbuch Internationales Management, 1997; *Pausenberger, E.* (Hrsg.), Internationalisierung von Unternehmungen, 1994; *Schiemenz, B.; Wurl, H.-J.* (beide Hrsg.), Internationales Management, 1994; *Schoppe. S.G.* (Hrsg.), Kompendium der Internationalen Betriebswirtschaftslehre, 1994; *Haller, M.; Bleicher, K.;* et al. (alle Hrsg.), Globalisierung der Wirtschaft, 1993; Schmalenbach-Gesellschaft - Deutsche Gesellschaft für Betriebswirtschaft e.V. (Hrsg.), Internationalisierung der Wirtschaft, 1993; *Kumar, B. N., Haussmann, H.* (beide Hrsg.), Handbuch der Internationalen Unternehmenstätigkeit, 1992; *Welge, M. K.* (Hrsg.), Globales Mangement, 1990; *Porter, M. E.* (Hrsg.), Globaler Wettbewerb, 1989; *Lück, W.; Trommsdorff, V.* (beide Hrsg.), Internationalisierung der Unternehmung, 1982.

21 Im einzelnen wurden berücksichtigt: *Corsten, H.*, Produktionswirtschaft, 1998; *Vahrenkamp, R.*, Produktionsmanagement, 1998; *Nebl, T.*, Produktionswirtschaft, 1998; *Adam, D.*, Produktions-Management, 1997; *Warnecke, H.-J.*, Der Produktionsbetrieb, Band 2, 1995; *Corsten, H.* (Hrsg.), Handbuch Produktionsmanagement, 1994;

Fortsetzung der Fußnote auf der nächsten Seite

lungen bisher weitgehend unberücksichtigt geblieben ist und allenfalls am Rande diskutiert wird. So weisen zum Beispiel weder die Inhalts- noch die Stichwortverzeichnisse der ausgewerteten Monographien auf eine besondere Berücksichtigung internationaler Aspekte im Produktionsmanagement hin.[22] Dieses Bild vermittelt auch ein differenzierter Blick auf das von *Corsten* herausgegebene „Handbuch Produktionsmanagement“:[23] Keiner der dort publizierten 70 Fachaufsätze ist explizit der internationalen Dimension produktionswirtschaftlicher Problemstellungen gewidmet. Während im Teil IV des Bandes aktuelle Spezialgebiete wie das Human-Ressourcen-, das Qualitäts- oder das Umweltmanagement in produktionswirtschaftlichem Kontext diskutiert werden, sucht man nach Beiträgen zur mindestens ebenso aktuellen, internationalen Dimension des Produktionsmanagements vergebens.

Auch im Bereich der *Industriebetriebslehre*, die wirtschaftszweigbezogen dem noch zu schärfenden Fokus dieser Arbeit entspricht,[24] weisen die ausgewerteten Fachbücher keine nennenswerten Ausrichtungen auf internationale Fragestellungen auf.[25] Vereinzelte Ansätze läßt z.B. der von *Heinen* herausgegebene Band „Industriebetriebslehre“ erkennen. Dort werden in begrenztem Umfang zum Beispiel der Typus der multinationalen Unternehmung, Aspekte internationaler Standortentscheidungen oder Finanzierungsgesichtspunkte bei der Nutzung internationaler Finanzmärkte thematisiert.[26]

Insgesamt hat die in den wichtigsten Ergebnissen skizzierte Literaturanalyse gezeigt, daß es an umfassenden Konzepten mangelt, die das facettenreiche Gestaltungsspektrum internationaler Produktionsaktivitäten aus einzelwirtschaftlicher Perspektive in den *Mittelpunkt* der Erkenntnisgewinnung stellen. Dem steht zudem die wachsende Bedeutung internationaler Produktionsaktivitäten in praxi gegenüber, die dem hier offenkundigen Forschungsbedarf ein zusätzliches Gewicht verleiht.

Jehle, E.; Müller, K.; Michael, H., Produktionswirtschaft, 1994; *Hoitsch, H.-J.*, Produktionswirtschaft, 1993; *Kern, W.* Industrielle Produktionswirtschaft, 1992; *Reichwald, R.; Dietel, B.*, Produktionswirtschaft, 1991; *Zäpfel, G.*, Strategisches Produktions-Management, 1989.

22 Das ergab die Untersuchung der genannten Verzeichnisse auf das Vorkommen der Zeichenmengen „global“, „grenzüberschreitend“, „international“, „multinational“ und „transnational“.

23 Vgl. *Corsten, H.* (Hrsg.), Handbuch Produktionsmanagement, 1994.

24 Siehe Abschnitt 2.2.1.1 in Verbindung mit Abschnitt 2.4.2.

25 Das ergab auch hier die Untersuchung der Inhalts- sowie der Stichwortverzeichnisse auf das Vorkommen der Zeichenmengen „global“, „grenzüberschreitend“, „international“, „multinational“ und „transnational“. Dabei wurden exemplarisch berücksichtigt: *Hansmann, K.-W.*, Industrielles Management, 1997; *Schweitzer, M.* (Hrsg.), Industriebetriebslehre, 1994; *Heinen, E.* (Hrsg.), Industriebetriebslehre, 1991.

26 Vgl. *Kappler, E.; Rehkugler, H.*, Konstitutive Entscheidungen, 1991, S. 134-136 u. 234-235; sowie dieselben., Kapitalwirtschaft, 1991, S. 1003-1007. Beide Quellen sind erschienen in: Heinen, E. (Hrsg.), Industriebetriebslehre, 1991.

1.2 Problemstellung und Zielsetzung der Arbeit

Die Problemstellung der vorliegenden Arbeit greift den zuvor festgestellten Forschungsbedarf auf. Sie kommt in dem Bestreben zum Ausdruck, einen Beitrag zur Reduzierung der aufgezeigten Lücke zwischen der praktischen Relevanz internationaler Produktionsaktivitäten und dem unzureichenden Angebot entsprechend spezialisierter Managementkonzepte zu leisten. Konkret stellt sich damit die Aufgabe, *produktionswirtschaftliche Problemstellungen* in einen *internationalen* oder gar *globalen* Kontext zu stellen und einen Ansatz für ein entsprechend orientiertes Produktionsmanagement zu entwickeln.

Dazu ist es vorgesehen, die Erkenntnisse des Produktionsmanagements vor allem mit denen des internationalen Managements zu verknüpfen und in die Gewinnung neuer Erkenntnisse umzusetzen. Die Integration der Erkenntnisse aus verschiedenen Fachgebieten geht also über eine bloße Addition vorhandener Erkenntnismengen hinaus. Die Zielsetzung dieser Arbeit besteht vielmehr darin, Synergien in der Erkenntnisgewinnung zu erschließen und als Grundlage für die Entwicklung einer eigenständigen Konzeption zu nutzen. Diese soll mit dem Titel „**I**nternationales **S**trategisches **P**roduktions**m**anagement" oder kurz „ISPM" versehen werden. Auf die darin bereits implizierte Fokussierung der *strategischen* Managementdimension sei hier bereits hingewiesen. Sie wird später in Abschnitt 2.2.3 genauer charakterisiert werden.

Der Fokus und das konzeptionelle Profil des Internationalen Strategischen Produktionsmanagements werden in Kapitel 2 durch eine schrittweise Annäherung an das Untersuchungsfeld geschärft.[27] Hierbei wird auch die systemtheoretische Interpretation internationaler Produktionssysteme von besonderer Bedeutung sein.[28] Denn sie liefert gleichsam den theoretischen Rahmen für den inhaltlichen Aufbau dieser Arbeit, der damit erst im Anschluß an die systemtheoretische Grundlegung sinnvoll hergeleitet werden kann. Deshalb wird an dieser Stelle auf Erläuterungen zum Aufbau der Arbeit verzichtet und auf den entsprechenden Abschnitt 2.4.4 verwiesen.

Als ein wesentliches Ergebnis soll die vorliegende Arbeit einen ganzheitlichen Bezugsrahmen für die strategische Gestaltung internationaler Produktionsaktivitäten liefern. Dieser wird in dem *System des ISPM* (Abbildung 7-1, S. 327) zum Ausdruck kommen, dessen Systemebenen, -elemente und -beziehungen im Verlaufe der Analyse

---

27 Zunächst werden mit dem strategischen Produktionsmanagement (Abschnitt 2.2) und dem internationalen Management (Abschnitt 2.3) die wichtigsten „Eckpunkte" der Analyse erarbeitet, um daran anknüpfend die konzeptionelle Konstituierung des Internationalen Strategischen Produktionsmanagements (ISPM) vornehmen zu können (Abschnitt 2.4).

28 Siehe Abschnitt 2.4.3.

entwickelt werden. Bereits hier sei auf den integrierenden Abschnitt 7.1 sowie dort insbesondere auf die Abbildung 7-1 hingewiesen, die dem Leser eine ganzheitliche Orientierung vor und während der Lektüre dieser Arbeit ermöglicht.

1.3 Methodisches Vorgehen

1.3.1 Forschungsprozeß

„Die Kluft zwischen dem, was die akademische Welt leistet, und dem, was ihr Pendant in der Praxis erwartet, scheint sich zu vergrößern."[29] Um diesem von *Dichtl* formulierten Mangel zunehmender Praxisferne in der akademischen Erkenntnisgewinnung entgegenzuwirken, stützt sich die vorliegende Analyse methodisch auf *zwei* wesentliche Säulen: Eine dieser Säulen bildet der *theoretisch* orientierte, durch systematische Literaturanalysen gekennzeichnete Untersuchungsteil, der zusammen mit einem *empirischen* Untersuchungsteil als zweite wesentliche Säule den Prozeß der Erkenntnisgewinnung trägt.

Entsprechend der im vorherigen Abschnitt vorgestellten Zielsetzung dieser Arbeit liegt ihr Schwerpunkt in der Hypothesen- und Theoriebildung, was eine explorativ ausgerichtete Forschungsstrategie erfordert.[30] Daher erscheint eine strikte Trennung des Forschungsprozesses in einen theoretischen Teil und einen sich anschließenden empirischen Teil zur Überprüfung der theoretisch gewonnenen Erkenntnisse wenig geeignet. Der Forschungsprozeß ist vielmehr als ein *iterativer Lernprozeß* aufzufassen,[31] der wechselseitig die theoretische Säule und die empirische Säule in den Prozeß der Erkenntnisgewinnung integriert. Die ständige Interaktion zwischen Fragen an die Realität, der Sammlung von Daten und der theoretischen Verarbeitung kennzeichnen diesen in Abbildung 1-3 visualisierten Iterationsprozeß.[32]

---

29 *Dichtl, E.*, Symptome einer Fehlentwicklung, 1989, S. 70.

30 Vgl. *Müller-Böling, D.; Klandt, H.*, Methoden empirischer Forschung, 1994, S. 92-93; *Kromrey, H.*, Empirische Sozialforschung, 1991, S. 55.

31 Vgl. *Kubicek, H.*, Heuristisch angelegte Forschungsdesigns, 1977, S. 14-15; *Tomczak, T.*, Forschungsmethoden, 1992, S. 83-84.

32 Vgl. *Kubicek, H.*, Heuristisch angelegte Forschungsdesigns, 1977, S. 15.

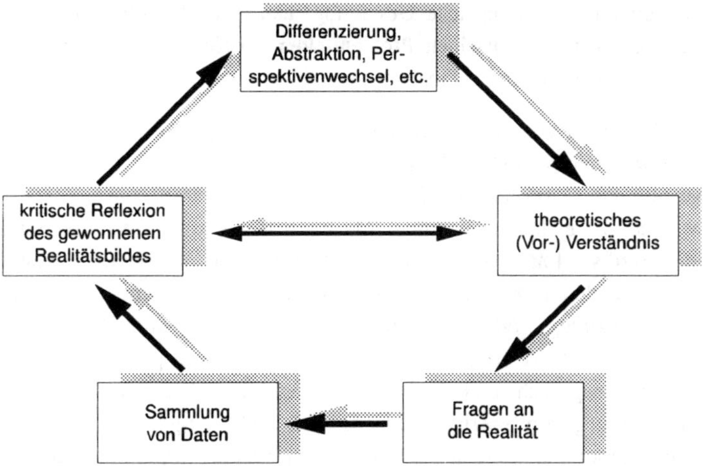

Abbildung 1-3: Explorativer Forschungszyklus als iterativer Lernprozeß[33]

Den Ausgangspunkt des Forschungsprozesses bildete zunächst die Festigung eines theoretischen Vorverständnisses über die wesentlichen Zusammenhänge und Problemfelder bei der Gestaltung internationaler Produktionsaktivitäten. Hierbei wurde vor allem auf die Forschungsmethode der Literaturrecherche zurückgegriffen. Sie erstreckte sich zunächst auf Standardliteratur zum internationalen Management, zum Produktionsmanagement und zum industriellen Management. Ferner wurden mit dem Fortgang der Literaturanalyse zunehmend auch spezielle Forschungsbeiträge und Erfahrungsberichte zur Thematik berücksichtigt. Basierend auf dem so gefestigten (Vor-)Verständnis konnte ein vorläufiger Bezugsrahmen zur konzeptionellen Erfassung der Problematik erstellt werden, der gleichzeitig zur Vorbereitung des empirischen Untersuchungsteils genutzt wurde (siehe hierzu den folgenden Abschnitt 1.3.2). Diese Vorbereitung bestand darin, die theoretisch gewonnenen Problemfelder in Fragestellungen zu transformieren, um daran anknüpfend einen Gesprächsleitfaden[34] für die beabsichtigten Experteninterviews erstellen zu können.

Die dann folgende Untersuchungsphase war vor allem durch die Expertengespräche in der Praxis geprägt, die zusammen mit weiteren Literaturanalysen in den oben beschriebenen Iterationsprozeß eingebunden waren. Während dieser Untersuchungsphase reifte – theoretisch geleitet und empirisch orientiert – ein ganzheitlicher

33 Abbildung aus *Tomczak, T.*, Forschungsmethoden, 1992, S. 84. Siehe dazu ausführlich: *Kubicek, H.*, Heuristisch angelegte Forschungsdesigns, 1977, S. 12-28.

34 Siehe Anhang I der vorliegenden Arbeit.

Bezugsrahmen für die strategische Gestaltung internationaler Produktionsaktivitäten. Gleichzeitig konnten die einzelnen Problemfelder im Kontext dieses Bezugsrahmens spezifiziert und in Beziehung zueinander gesetzt werden.

Hieran anknüpfend wurde eine weitere Untersuchungsphase mit dem Ziel vorgesehen, dem Forschungsprozeß zusätzlichen Tiefgang zu verleihen. Dabei ist bevorzugt auf Spezialliteratur zurückgegriffen worden, die vielfach auch nicht-betriebswirtschaftlichen Bereichen entstammte. Auf diese Weise konnte der Erkenntnisgewinnung eine interdisziplinäre Sichtweise verliehen werden, die die Betriebswirtschaftslehre auch mit anderen Disziplinen wie der Volkswirtschaftslehre, den Rechtswissenschaften, der Soziologie oder etwa den Ingenieurswissenschaften verbindet. Parallel dazu wurden in dieser vertiefenden Forschungsphase gezielt persönliche Kontakte zu weiteren Experten gesucht und in den Forschungszyklus integriert.[35] Diese Kontakte dienten der Klärung von Spezialfragen und sind unabhängig von den Expertenbefragungen der vorherigen Untersuchungsphase zu sehen. Insgesamt war auch diese vertiefende Forschungsphase durch die iterativen Lernprozesse im oben beschriebenen Sinne geprägt.

1.3.2 Design des empirischen Untersuchungsteils

Abschließend gilt es nun, den bereits mehrfach erwähnten empirischen Untersuchungsteil näher vorzustellen. Dieser zeichnet sich – als Teil des zuvor beschriebenen Forschungsprozesses – durch ein explorativ ausgerichtetes Forschungsdesign aus, das anknüpfend an die nachfolgende Tabelle 1-4 erläutert werden soll.

Forschungsobjekt

Der Problemstellung[36] und dem Fokus[37] dieser Arbeit entsprechend stellen internationale Produktionsaktivitäten industrieller Unternehmungen den Gegenstand dar, auf den auch die empirischen Forschungsbemühungen gerichtet waren.

---

[35] So wurde zum Beispiel im Herbst 1997 ein persönlicher Kontakt zur Deutschen Telekom AG aufgebaut, um Spezialfragen zum Bereich globaler Informations- und Kommunikationstechnologien zu klären (siehe hierzu Abschnitt 5.6.3.2). Weitere Kontakte konnten u.a. zum Deutschen Industrie- und Handelstag, zum Institut der deutschen Wirtschaft in Köln, zum Münchener IFO-Institut für Wirtschaftsforschung oder etwa zum Axel Springer Foreign News Service in Hongkong aufgebaut werden.

[36] Siehe Abschnitt 1.2.

[37] Siehe Abschnitt 2.4.2.

Forschungsobjekt	• internationale Produktionsaktivitäten von Industrieunternehmungen
Forschungsziele	• Ermittlung von Hintergründen des Objektbereichs • Erfahrungsgewinnung im Objektbereich • Praxisorientierung des Forschungsprozesses • Gewinnung von Fallbeispielen aus der Praxis zur Veranschaulichung der gewonnenen Erkenntnisse
Forschungscharakter	explorativ
Erhebungsmethode	• persönliche Befragung von Experten (Experteninterviews) anhand eines vorstrukturierten Gesprächsleitfadens
Anbahnung und Durchführung der Interviews	• telefonische Kontaktaufnahme • schriftliche Vorstellung des Forschungsvorhabens sowie der vorgesehenen Interviewthemen • Durchführung der Interviews gemäß o.g. Erhebungsmethode; Dauer der Interviews i.d.R. 1 ½ bis 3 Stunden
Umfang und Profil der Stichprobe	• 16 Expertengespräche mit insgesamt 22 Personen aus 16 Unternehmungen verschiedener Branchen

Tabelle 1-4: Forschungsdesign des empirischen Untersuchungsteils dieser Arbeit

Forschungsziele

Vor dem Hintergrund des in den vorangegangenen Abschnitten aufgezeigten Forschungsbedarfs war es ein wesentliches Ziel des empirischen Untersuchungsteils, Hintergründe und Zusammenhänge des Objektbereichs zu erkunden sowie die Probleme und Erfahrungen der Praxis bei der Gestaltung internationaler Produktionsaktivitäten zu erfassen. Im Rahmen des iterativen Forschungsprozesses[38] zielte die empirische Säule dieser Arbeit vor allem darauf ab, der Erkenntnisgewinnung die notwendige Praxisorientierung angedeihen zu lassen und in eine theoretisch fundierte und zugleich praxisnahe Managementkonzeption umzusetzen.

Ferner wurde das Ziel verfolgt, Fallbeispiele aus der Praxis zu gewinnen, um an ihnen spezifische Problemstellungen sowie daran anknüpfende Lösungsansätze aufzeigen zu können. Diese Fallbeispiele sind an unterschiedlichen Stellen in die jeweils relevanten Textpassagen eingeflochten worden. Auf diese Weise konnte ein ständiger Brückenschlag zwischen der Theorie und der Praxis erreicht werden, der damit gleichzeitig zu einer für den Leser abwechslungsreichen Darstellung geführt hat.

[38] Siehe Abschnitt 1.3.1.

Forschungscharakter

Die soeben dargestellten Forschungsziele geben dem empirischen Untersuchungsteil einen ausgeprägt explorativen Charakter.[39]

Erhebungsmethode

Als Erhebungsmethode wurde die persönliche Befragung fach- und sachkundiger Experten in der Praxis gewählt. Es wurde ein vorstrukturierter Gesprächsleitfaden[40] entwickelt, der das Fragengerüst für alle Interviews lieferte. Dabei war die Reihenfolge der Fragen nicht zwingend vorgegeben und es konnte im Bedarfsfall auch bewußt von dem Leitfaden abgewichen werden. Denn erst so war es im Sinne der explorativen Forschungsabsicht möglich, auch die individuellen Erfahrungspotentiale der einzelnen Interviewpartner sowie die spezifischen Problemfelder der jeweiligen Unternehmungen angemessen erfassen zu können. Neben diesen Freiräumen in der Gesprächsführung hat die Anwendung des Gesprächsleitfadens gleichzeitig gewährleisten können, daß in allen Interviews die gleichen Problemfelder angesprochen wurden. Dadurch waren auch vergleichende Auswertungen der einzelnen Interviews möglich, deren Ergebnisse – meist in tabellarischer Form – in die jeweils relevanten Textpassagen integriert sind.

Insgesamt kann die hier angewandte Erhebungsmethode als *teilstandardisierte mündliche Expertenbefragung* bezeichnet werden.[41]

Anbahnung und Durchführung der Interviews

Die Suche nach geeigneten Interviewpartnern konzentrierte sich auf die oberen Führungsebenen in international produzierenden Industrieunternehmungen.[42] Im Rahmen der Gesprächsanbahnung wurden dazu zunächst telefonische Kontakte zu Geschäftsführungen und Vorständen international produzierender Unternehmungen geknüpft. Ziel war es, auf diese Weise bereits im Vorfeld eine gewisse Offenheit für das geplante Forschungsvorhaben zu erzeugen sowie gleichzeitig gezielt nach entsprechend fachkundigen Personen innerhalb der Unternehmungen zu suchen. Den so identifizierten Experten wurden im dann folgenden Schritt der Anbahnungsphase das

---

39 Vgl. *Müller-Böling, D.; Klandt, H.,* Methoden empirischer Forschung, 1994, S. 92-93; *Kromrey, H.,* Empirische Sozialforschung, 1991, S. 55.

40 Siehe Anhang I der vorliegenden Arbeit.

41 Vgl. *Kromrey, H.,* Empirische Sozialforschung, 1991, S. 286-287.

42 Siehe hierzu das unter Punkt (7) in Abschnitt 2.2.3 aufgeführte Merkmal des *strategischen* Produktionsmanagements, das hier eine Konzentration auf die oberen Führungsebenen nahelegt.

Forschungsprojekt und die vorgesehenen Interviewthemen auf schriftlichem Wege vorgestellt.

Dieses Vorgehen im Vorfeld der eigentlichen Befragung hat sich rückschauend betrachtet als vorteilhaft erwiesen. Denn so konnten nicht nur mögliche Vorbehalte gegenüber Unternehmungsbefragungen abgebaut werden, sondern es wurde in vielen Fällen sogar ein besonderes Interesse *für* das geplante Forschungsvorhaben hervorgerufen. Den Erfolg der angewandten Anbahnungsstrategie dokumentiert die positive Resonanz der Praxis: Auf insgesamt 23 schriftliche Anfragen antworteten 21 Unternehmungen, wovon 16 eine Teilnahme an der Expertenbefragung zusagten. Die Rücklaufquote betrug demnach gut 91 Prozent, die Zusagenquote knapp 70 Prozent der angefragten Unternehmungen.

Die Durchführung der Expertengespräche folgte der weiter oben beschriebenen Forschungsmethode. Dabei erstreckten sich die Interviews in der Regel auf eine Dauer von 1 ½ bis 3 Stunden, vereinzelt sogar auf bis zu 5 Stunden. In einigen Fällen gewährten anschließende Betriebsbesichtigungen zusätzliche Einblicke in die jeweiligen Produktionsprozesse.

Umfang und Profil der Stichprobe

Es wurden 16 Interviews mit insgesamt 22 Experten aus 16 Unternehmungen geführt. Alle Interviewpartner waren in den oberen Führungsebenen international produzierender Unternehmungen tätig, wobei 9 von ihnen der Geschäftsführung einer Unternehmung angehörten.

Tabelle 1-5 zeigt abschließend die branchenbezogene Zuordnung der durch die Interviewpartner vertretenen 16 Unternehmungen. Hierzu wurde eine international gültige und von den Vereinten Nationen (UN) sowie den Mitgliedstaaten der Europäischen Union (EU) angewandte Wirtschaftszweigsystematik herangezogen, die später in Abschnitt 2.2.1.1 noch näher vorgestellt werden wird.

Weitere Informationen zu den Unternehmungen und den Interviewpartnern liefert ein gesondertes Verzeichnis im Anschluß an den Textteil dieser Arbeit.

Unternehmungen (Kurzbezeichnungen)[43]	**Wirtschaftszweige** (Kurzbezeichnungen gem. NACE Rev. 1)							
	CA	**DB**	**DF**	**DG**	**DH**	**DL**	**DM[1]**	**DM[2]**
Bayer				✗				
Boehringer Ingelhm.				✗				
Bremi							✗	
General Motors								✗
Kostal							✗	
Leithäuser		✗						
Lumberg						✗		
Mercedes-Benz								✗
Nokia						✗		
Schade							✗	
Schneberger		✗						
Turck						✗		
Veba Oel	✗		✗					
Volkswagen								✗
Vorwerk		✗			✗	✗		
Witte							✗	
Anzahl je W.zweig	**1**	**3**	**1**	**2**	**1**	**4**	**4**	**3**

Legende

CA: ..., Gewinnung von Erdöl und Erdgas, ...
DB: Textil- und Bekleidungsindustrie
DF: ..., Mineralölverarbeitung, ...
DG: Chemische Industrie (beinhaltet die pharmazeutische Industrie)
DH: Herstellung von Gummi- und Kunststoffwaren
DL: ..., Elektrotechnik, Feinmechanik ...
DM[1]: Fahrzeugbau, und zwar Zulieferer der Automobilhersteller
DM[2]: Fahrzeugbau, und zwar Automobilhersteller

Tabelle 1-5: Branchenbezogene Zuordnung der befragten Unternehmungen anhand der EU-Wirtschaftszweigsystematik gem. NACE Rev. 1[44]

43 Die Kurzbezeichnungen sind aus dem jeweiligen Firmennamen einer Unternehmung zum Zeitpunkt des Interviews abgeleitet, was vereinzelte Abweichungen zur aktuellen Firmenbezeichnung erklärt.

44 „NACE Rev. 1" = Nomenclature générale des activités économiques dans les Communautés européennes (deutsche Bezeichnung: Allgemeine Systematik der Wirtschaftszweige in den Europäischen Gemeinschaften), 1. Revisionsfassung. Die Klassifikation ist abgedruckt in: Amtsblatt der Europäischen Gemeinschaften L 293/33 vom 24.10.1990.
Siehe dazu auch den Abschnitt 2.2.1.1 dieser Arbeit.

2 Begriffliche und theoretische Grundlagen

2.1 Überblick

Bevor eine differenzierte Auseinandersetzung mit dem „**I**nternationalen **S**trategischen **P**roduktions**m**anagement“ (ISPM), erfolgen kann, ist es notwendig, die wichtigsten theoretischen und inhaltlichen „Eckpunkte“ der Analyse zu erarbeiten. Es soll so eine schrittweise Annäherung an den Untersuchungsgegenstand erreicht und gleichzeitig die Grundlage für die späteren Ausführungen gelegt werden.

Zu diesem Zweck ist die Betrachtung der für die Analyse grundlegenden betriebswirtschaftlichen Erkenntnisbereiche „strategisches Produktionsmanagement“ und „internationales Management“ erforderlich, um hierauf aufbauend in Abschnitt 2.4 das „Internationale Strategische Produktionsmanagement“ begrifflich, inhaltlich und konzeptionell spezifizieren zu können (siehe Abbildung 2-1).

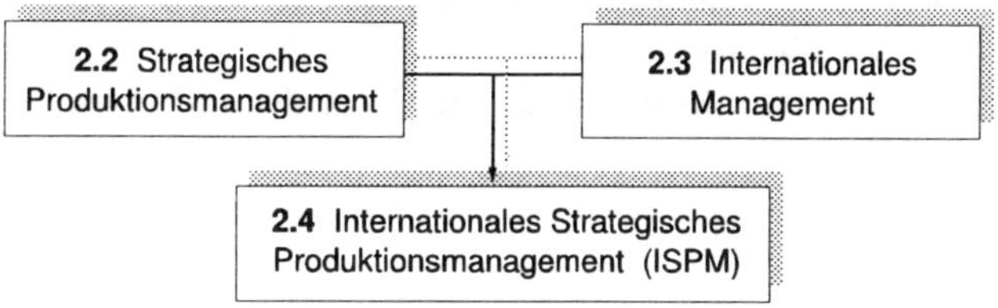

Abbildung 2-1: Aufbau der begrifflichen und theoretischen Grundlegung (Kapitel 2)

2.2 Strategisches Produktionsmanagement

2.2.1 Betrachtungsobjekt „Produktion“

2.2.1.1 Industrielle Produktion

Das „strategische Produktionsmanagement“ als Erkenntnisbereich der Betriebswirtschaftslehre stellt den Ausgangspunkt der Analyse dar und wird im folgenden anhand von drei Schritten näher vorgestellt. In diesem und dem folgenden Abschnitt wird zunächst geklärt werden, welches *Betrachtungsobjekt* im Mittelpunkt des Erkenntnisbereiches steht und wie dieses einzuordnen ist. Die sich dann anschließenden Abschnitte 2.2.2 bis 2.2.4 sorgen für eine weitere Spezifizierung des Erkenntnisbereiches und führen so schrittweise zum „strategischen Produktionsmanagement".

Innerhalb der Betriebswirtschaftslehre haben sich Spezialisierungen ergeben, die überwiegend nach zwei Kriterien untergliedert werden können, nämlich nach dem Kriterium der *Institution* sowie nach dem Kriterium der *Funktion*.[1] Die institutionelle Abgrenzung führt zu den sogenannten Wirtschaftszweiglehren wie der Industriebetriebslehre, der Handelsbetriebslehre, der Bankbetriebslehre etc.. Betrachtet man die Funktion als Abgrenzungskriterium zwischen den Teildisziplinen der Betriebswirtschaftslehre, so ergeben sich die Funktionenlehren wie die Produktionswirtschaft, die Absatzwirtschaft, die Beschaffungswirtschaft, die Finanzwirtschaft etc.. Ausgehend von den soeben angeführten Gliederungskriterien innerhalb der Betriebswirtschaftslehre kann auch der Fokus des strategischen Produktionsmanagements geschärft werden:

Wirtschaftszweigbezogen steht die *industrielle Unternehmung* im Mittelpunkt des strategischen Produktionsmanagements. Die wesentlichen Merkmale der industriellen Unternehmung leiten sich aus denen der industriellen Produktion[2] ab. Deren wesentliche Eigenschaften sind - in Abgrenzung zur handwerklichen Produktion - die vorherrschende Arbeitsteilung[3] und Mechanisierung bzw. Automatisierung sowie damit verbunden die höhere Kapitalbindung des Industriebetriebes im Vergleich zum Handwerksbetrieb.[4]

---

1 Weitere Abgrenzungskriterien sind möglich. Siehe dazu und zu den hier vorgestellten Kriterien z.B. *Corsten, H.*, Produktionswirtschaft, 1998, S. 26-27; *Heinen, E.*, Industriebetriebslehre, 1991, S. 7 und 8; *Wöhe, G.*, Betriebswirtschaftslehre, 1993, S. 19-22.

2 Nach *Gutenberg* ist unter der „Produktion" die Leistungserstellung zu verstehen, die als Kombination der Elementarfaktoren Arbeit, Material und Maschine durch die derivativen Faktoren Planung und Organisation entsteht. Vgl. *Gutenberg, E.*, Die Produktion, 1983, grundlegend S. 1-10, detailliert S. 11-297.
Eine umfassende Darstellung der Produktionsfaktoren, vor allem der Elementarfaktoren, in Anlehnung an die Gutenbergsche Systematik findet sich bei: *Jehle, E.; Müller, K.; Michael, H.*, Produktionswirtschaft, 1994, S. 1-94.

3 Die Arbeitsteilung in der industriellen Produktion muß nicht die feste Zuweisung von Teilaufgaben oder Funktionen zu Arbeitsplätzen oder -kräften im tayloristischen Sinne bedeuten. Die Arbeitsteilung kann auch ohne feste, arbeitskraftbezogene Zuweisung von Arbeitsinhalten erfolgen, indem sich die Arbeitsteilung auf umfangreiche Teile des Wertschöpfungsprozesses bezieht (z.B. Baugruppen wie Motoren oder Getriebe in der Automobilindustrie). Die Produktion derartiger Baugruppen oder Module erfolgt dann autonom durch eine Gruppe von Arbeitskräften mit flexibler Arbeitsaufteilung innerhalb der Gruppe. Bekannte Bezeichnungen für diese Form der Arbeitsteilung sind z.B. (teil-)autonome Gruppenarbeit oder Teamarbeit. Vgl. *Adam, D.*, Produktions-Management, 1997, S. 3-4 und die dort angegebene Literatur.

4 Vgl. *Hansmann, K.-W.*, Industrielles Management, 1997, S. 2-3; *Adam, D.*, Produktions-Management, 1997, S. 1; *Heinen, E.*, Industriebetriebslehre, 1991, S. 9-11.

Ein weiteres Merkmal der industriellen Produktion ist, daß sich die wirtschaftliche Wertschöpfung vorwiegend auf die *Schaffung von Sachleistungen* bezieht.[5] Diese Sachleistungen können als *Stoffgewinnung* oder als *Stoffverarbeitung* entstehen, was zu zwei Industriegattungen führt, der Stoffgewinnungsindustrie und der Stoffverarbeitungsindustrie.[6]

Betrachtet man diesbezüglich die Wirtschaftszweigsystematik NACE Rev. 1 [7] der Europäischen Union (EU), die spätestens seit 1995 in den amtlichen Statistiken aller Mitgliedstaaten anzuwenden ist, so umfaßt die Stoffgewinnungsindustrie dort den Abschnitt C und die Stoffverarbeitungsindustrie den Abschnitt D (siehe Tabelle 2-2). Die in Tabelle 2-2 ausschnittsweise dargestellte Wirtschaftszweigsystematik der Europäischen Union ist aus der ISIC Rev. 3 [8] Systematik der Vereinten Nationen (UN) abgeleitet,[9] was eine weltweite Vergleichbarkeit der nach dieser Systematik vorgenommenen Erhebungen und Abgrenzungen gewährleistet. Aus diesem Grunde wurde die Systematik zum Beispiel auch in Abschnitt 1.3.2 herangezogen, um die im empirischen Untersuchungsteil vertretenen Unternehmungen branchenbezogen einzuordnen.

---

5 Dieses Merkmal kann allerdings mit einem gewissen Maß an Unschärfe behaftet sein, da viele Unternehmungen neben ihren Sachleistungen zunehmend auch ergänzende Dienstleistungen in das Leistungsspektrum integriert haben.

6 Vgl. *Heinen, E.*, Industriebetriebslehre, 1991, S. 9.

7 „NACE Rev. 1" = Nomenclature générale des activités économiques dans les Communautés européennes (deutsche Bezeichnung: Allgemeine Systematik der Wirtschaftszweige in den Europäischen Gemeinschaften), 1. Revisionsfassung. Siehe Amtsblatt der Europäischen Gemeinschaften L 293/33 vom 24.10.1990, Verordnung (EWG) Nr. 3037/90. Die deutsche Fassung der Verordnung incl. der zugehörigen Wirtschaftszweigsystematik ist z.B. abgedruckt bei *Mai, H.*, Europäische Wirtschaftszweigsystematik, 1991, S. 15-16 und S. 16*-18*.

8 „ISIC Rev. 3" = International Standard Industrial Classification of all Economic Activities, 3. Revisionsfassung; siehe: United Nations (Hrsg.), ISIC Rev. 3, 1990.

9 *Mai, H.*, Europäische Wirtschaftszweigsystematik, 1991, S. 7-8.

Abschnitte und Unterabschnitte	Bezeichnungen
C	**Bergbau und Gewinnung von Steinen und Erden**
CA	Kohlebergbau, Torfgewinnung, Gewinnung von Erdöl und Erdgas, Bergbau auf spalt- und brutstoffhaltige Erze
CB	Erzbergbau, Gewinnung von Steinen und Erden, sonstiger Bergbau
D	**Verarbeitendes Gewerbe**
DA	Ernährungsgewerbe und Tabakverarbeitung
DB	Textil- und Bekleidungsgewerbe
DC	Ledergewerbe
DD	Holzgewerbe (ohne Herstellung von Möbeln)
DE	Papier,- Verglas- und Druckgewerbe
DF	Kokerei, Mineralölverarbeitung, Herstellung und Verarbeitung von Spalt- und Brutstoffen
DG	Chemische Industrie
DH	Herstellung von Gummi- und Kunststoffwaren
DI	Glasgewerbe, Keramik, Verarbeitung von Steinen und Erden
DJ	Metallerzeugung und -bearbeitung, Herstellung von Metallerzeugnissen
DK	Maschinenbau
DL	Herstellung von Büromaschinen, Datenverarbeitungsgeräten und -einrichtungen; Elektrotechnik, Feinmechanik und Optik
DM	Fahrzeugbau
DN	Herstellung von Möbeln, Schmuck, Musikinstrumenten, Sportgeräten, Spielwaren und sonstigen Erzeugnissen; Rückgewinnung (Recycling)

Tabelle 2-2: Abschnitte C und D der EU-Wirtschaftszweigsystematik gem. NACE Rev. 1[10]
(Die dargestellten Abschnitte entsprechen gleichzeitig den Abschnitten C und D der deutschen Wirtschaftszweigsystematik „WZ '93")[11]

Die Umsetzung der europäischen NACE-Verordnung auf deutscher Ebene leistet die neue „Klassifikation der Wirtschaftszweige", kurz WZ '93,[12] die die zuvor gültige Systematik von 1979 (WZ '79)[13] sowie die daran anknüpfende „Fassung für die Statistik im Produzierenden Gewerbe" (SYPRO)[14] ersetzt.[15] Das früher durch die

10 Quelle: *Mai, H.*, Europäische Wirtschaftszweigsystematik, 1991, S. 16*-17*; Die vollständige Fassung der Klassifikation ist abgedruckt in: Amtsblatt der Europäischen Gemeinschaften L 293/33 vom 24.10.1990.

11 Statistisches Bundesamt (Hrsg.), Wirtschaftszweigsystematik, 1993, S. 13-15 u. 138 ff..

12 Vgl. Statistisches Bundesamt (Hrsg.), Wirtschaftszweigsystematik, 1993.

13 ohne Verfasser, Wirtschaftszweigsystematik 1979.

14 Statistisches Bundesamt (Hrsg.), SYPRO, 1989.

SYPRO definierte „Produzierende Gewerbe" würde übertragen auf die jetzt gültige WZ '93 in etwa die Abschnitte C und D (siehe Tabelle 2-2) sowie außerdem die Abschnitte E „Energie- und Wasserversorgung" und F „Baugewerbe" umfassen. Letztgenannte Abschnitte sollen im weiteren ausgeklammert werden, so daß die in Tabelle 2-2 dargestellten Wirtschaftszweige die hier relevante Grundgesamtheit industrieller Unternehmungen im Kontext der amtlichen Statistik beschreiben.[16]

Wie die in diesem Abschnitt angestellten Überlegungen gezeigt haben, leitet sich das Merkmalsprofil der industriellen Unternehmung wesentlich aus den Merkmalen der industriellen Produktion ab. Gerade hierauf ist gleichsam als *funktionaler* Fokus im weiter oben beschriebenen Sinne die Erkenntnisgewinnung des strategischen Produktionsmanagements gerichtet. In Anlehnung an den lateinischen Wortursprung „producere", der soviel bedeutet wie „hervorbringen, erstellen", steht hier also jener Teil der industriellen Unternehmung im Mittelpunkt der Erkenntnisgewinnung, der die besagten Sachleistungen hervorbringt: Die *Produktion.*

2.2.1.2 Produktion als Baustein der Wertkette

Folgt man der in der Theorie wie auch in der Praxis häufig festzustellenden „wertschöpfungsorientierten" Terminologie, so läßt sich das Erkenntnisobjekt des strategischen Produktionsmanagements als *Teil* der industriellen Wert(schöpfungs)-kette[17] beschreiben (siehe Abbildung 2-3).

Wie häufig bei „modern" klingenden Begriffen feststellbar ist, fließen diese in fachliche Argumentationen ein, ohne daß im Einzelfall Klarheit über Ursprung und Bedeutung des Begriffes sowie die dahinter stehenden Konzepte oder Theorien besteht. Zur Vermeidung solcher Unklarheiten soll zunächst aufgezeigt werden, was unter einer „Wert(schöpfungs)kette" verstanden werden kann, um anschließend eine diesbezügliche Einordnung des strategischen Produktionsmanagements zu ermöglichen:

---

15 Vgl. *Nowack, M.; Weisbrod, J.*, Auswirkungen von NACE und PRODCOM, 1995, S. 194 u. 198*; Statistisches Bundesamt (Hrsg.), Wirtschaftszweigsystematik, 1993, S. 3; *Mai, H.*, Europäische Wirtschaftszweigsystematik, 1991, S. 10.

16 Vgl. *Nowack, M.; Weisbrod, J.*, Auswirkungen von NACE und PRODCOM, 1995, S. 198*-200*; in Verbindung mit *Heinen, E.*, Industriebetriebslehre, 1991, S. 9.

17 Die Begriffe „Wertkette" und „Wertschöpfungskette" werden in diesem Zusammenhang gleichermaßen verwendet. So sprechen z.B. die Autoren *Esser* und *Ringlstetter* von der „Wertschöpfungskette", während andere Autoren wie etwa *Porter* von „Wertkette" sprechen. Vgl. *Esser, W.-M.; Ringlstetter, M.*, Wertschöpfungskette, 1991; *Porter, M. E.*, Wettbewerbsvorteile, 1996.

Die Anfänge der wertbezogenen Denkweise, nach der die Unternehmung als eine Kette wertschöpfender Elemente begriffen wird, reichen in die frühen 1980er Jahre zurück. Die anfänglich stark anwendungsorientierte Zusammenarbeit von Wissenschaft, Praxis und Beratungsunternehmen läßt aus heutiger Sicht keine klare Feststellung zu, auf wen das Konzept letztlich zurückzuführen ist.[18] Entscheidenden Anteil an der Diskussion und der Durchsetzung der wertschöpfungsorientierten Denkweise haben aus heutiger Sicht zwei Ansätze, der der Beratungsgesellschaft *McKinsey*[19] und insbesondere der weitreichendere, von *Porter* entwickelte Ansatz[20]. Dieser Ansatz *Porters* wird im folgenden als Grundlage für die Begriffsklärung der „Wert(schöpfungs)kette" herangezogen.[21]

Im Sinne dieses Ansatzes wird die Unternehmung als eine *Wertkette* (*value chain*) interpretiert, die ihrerseits in ein System aus vor- und nachgelagerten externen Wertketten von Lieferanten und Abnehmern eingebunden ist.

Die Wertkette der einzelnen Unternehmung (Abbildung 2-3) setzt sich aus sogenannten *Wertaktivitäten* zusammen, die als Elemente (Bausteine) der Wertkette in ihrer Gesamtheit einen „Wert" für den Abnehmer schaffen. Dieser Gesamtwert kommt letztlich in dem Preis zum Ausdruck, den der Abnehmer für die Leistung oder das Produkt zu zahlen bereit ist.[22] Als Gewinnspanne der Wertkette ergibt sich dann genau der Differenzbetrag, um den der geschaffene Wert die durch die Gesamtheit der Aktivitäten verursachten Kosten übersteigt.

Wie auch Abbildung 2-3 zeigt, unterscheidet *Porter* in seinem Ansatz die Wertaktivitäten weiter in *primäre* und in *sekundäre* Aktivitäten. Primäre Aktivitäten sind solche, die unmittelbar mit der Herstellung und dem Vertrieb der Unternehmungsleistung verbunden sind. Unter sekundären Aktivitäten versteht *Porter* Aktivitäten, denen im Hinblick auf die primären Aktivitäten versorgende und unterstützende Funktion zukommt.

Ausgehend von einer wettbewerbsbezogenen Sichtweise ist es die Zielsetzung des Ansatzes, über die Identifizierung strategisch relevanter Elemente der Wertkette Möglichkeiten für die Erlangung von Wettbewerbsvorteilen aufzuzeigen. Diese

---

18 Vgl. *Esser, W.-M.; Ringlstetter, M.*, Wertschöpfungskette, 1991, S. 515.

19 Darstellungen des McKinsey-Systemkonzeptes, das hier nicht explizit vorgestellt werden soll, finden sich zum Beispiel bei *Buaron, R.*, New Game Strategies, 1981; oder *Gluck, F. W.*, Strategic Choice and Ressource Allocation, 1980.

20 Vgl. *Porter, M. E.*, Wettbewerbsvorteile, 1996.

21 Vgl. zum folgenden *Porter, M. E.*, Wettbewerbsvorteile, 1996, S. 59-82;
und ergänzend: *Welge, M. K.; Al-Laham, A.*, Planung, 1992, S. 111-131; *Bea, F. X.; Haas, J.*, Strategisches Management, 1997, S. 97-99 sowie *Esser, W.-M.; Ringlstetter, M.*, Wertschöpfungskette, 1991, S. 515-518.

22 Vgl. *Welge, M. K.; Al-Laham, A.*, Planung, 1992, S. 111.

können aus Kostenvorteilen einzelner Aktivitäten oder aus wertsteigernden Leistungsvorteilen - den sogenannten Differenzierungsvorteilen - gegenüber der Konkurrenz entstehen.

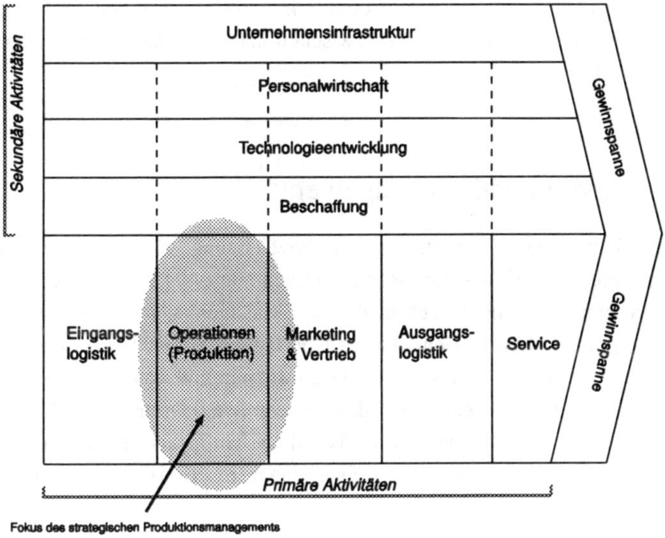

Abbildung 2-3: Einordnung des strategischen Produktionsmanagements am Beispiel der Wertkette nach *Porter*[23]

Vergleicht man die Abgrenzung der Aktivitäten in *Porters* Ansatz mit der traditionellen Einteilung in betriebliche Funktionen wie 'Beschaffung', 'Produktion', 'Absatz' etc., so stellt man fest, daß *Porters* Abgrenzung im Kern nicht weit von der traditionellen Einteilung in betriebliche Funktionen entfernt ist.[24] Charakteristisch für *Porters* Konzept ist zudem, den Leistungsprozeß aus einer wettbewerbsorientierten Sichtweise zum Gegenstand strategischer Überlegungen zu machen, indem die Elemente (Bausteine) der Wertkette als Quellen für Kosten- und Differenzierungsvorteile gesehen werden.

---

23 *Porter, M. E.*, Wettbewerbsvorteile, 1996, S. 62.

24 Vgl. *Bea, F. X.; Haas, J.*, Strategisches Management, 1997, S. 98; oder *Esser, W.-M.; Ringlstetter, M.*, Wertschöpfungskette, 1991, S. 516.

Wendet man sich wieder dem strategischen Produktionsmanagement zu, so kann resümierend festgehalten werden, daß die *Produktion(sfunktion)* bzw. im Terminus der Wertkettenkonzeption die *Produktionsaktivität der industriellen Unternehmung* im Mittelpunkt der Erkenntnisgewinnung steht. Abbildung 2-3 zeigt diesen Fokus in Anlehnung an die Wertkette nach *Porter.*[25] Die über die Produktionsaktivität hinausreichende, grau unterlegte Ellipse soll an dieser Stelle schon verdeutlichen, daß keine Aktivität, also auch nicht die der Produktion, isoliert zu sehen ist. Vielmehr ist aufgrund zahlreicher Interdependenzen zwischen den Aktivitäten[26] eine übergreifende Sichtweise geboten.[27]

2.2.2 Produktion und „Management"

Die begriffliche Zusammensetzung zur Bezeichnung „Produktionsmanagement" verdeutlicht bereits, daß das fokussierte Betrachtungsobjekt - also die industrielle Produktionsaktivität - als Gegenstand des „Managements" betrachtet wird. Vor diesem Hintergrund sollen zunächst einige Überlegungen zum Begriffsverständnis des „Managements" angestellt werden, um daran anknüpfend das „Produktionsmanagement" weiter zu spezifizieren. Außerdem erscheinen klärende Ausführungen zum „Management" sinnvoll, da auch dieser Terminus häufig als „modische" Ergänzung in Begriffsfindungen integriert wird, ohne dabei im Einzelfall dessen Bedeutung genauer abgesteckt zu haben.

Begriff des „Managements"

Folgt man den weitreichenden Umschreibungen des Begriffes, so bedeutet „Management" nach *H. Ulrich* „das Gestalten und Lenken von Institutionen der menschlichen Gesellschaft"[28] oder in Anlehnung an *P. Ulrich und E. Fluri* „die Leitung soziotechnischer Systeme"[29]. Beide Begriffsauffassungen beziehen „Management" sehr umfassend auf alle soziotechnischen Systeme bzw. Institutionen wie z.B. öffentliche Verwaltungen, gemeinnützige Verbände, gesellschaftliche Institutionen und natürlich auch Unternehmungen. Schränkt man den Kreis der fokussierten Institutionen im Sinne des vorherigen Abschnittes 2.2.1 auf (industrielle) Unternehmungen ein, so ist

25 Eine graphische Darstellung in Anlehnung an die traditionelle, funktionenorientierte Abgrenzung findet sich z.B. bei: *Corsten, H.*, Produktionswirtschaft, 1998, S. 27.

26 Vgl. *Porter, M. E.*, Wettbewerbsvorteile, 1996, S. 76-81.

27 Siehe hierzu die systemtheoretische Grundlegung in Abschnitt 2.4.3.

28 *Ulrich, H.*, Management, 1984, S. 49.

29 *Ulrich, P.; Fluri, E.*, Management, 1995, S. 13.

„Management“ als das *Gestalten, Lenken* und *Leiten* von Unternehmungen, hier von Industrieunternehmungen, zu verstehen.

Zieht man weitere Literatur zur Begriffsanalyse hinzu, ist festzustellen, daß der Begriff „Management“ als eingedeutschtes Synonym für „Unternehmungsleitung“[30], „Unternehmensführung“[31], Unternehmenspolitik“[32] oder ähnliche Bezeichnungen verwendet wird. Hinter derartigen Bezeichnungen verbergen sich unterschiedliche Konzepte und Ansätze zur Management- und Führungslehre, deren große Zahl zu einer entsprechenden Vielfalt spezifischer Definitionen und Interpretationen des Terminus „Management“ und dessen Äquivalenten führt.[33] Vor diesem Hintergrund erscheint es sinnvoll, sich auf das *allgemeine* Verständnis von „Management“ im Sinne des *Gestaltens, Lenkens oder Leitens* zu beschränken und auf eine tiefgreifendere Analyse zu verzichten, da diese über den hier gesteckten Rahmen hinausgehen würde. Dennoch ist es für die Spezifizierung des strategischen Produktionsmanagements notwendig, den Blick auf weitere Kriterien zur Abgrenzung unterschiedlicher Managementbegriffe zu richten.

Management als Funktion, Management als Institution

In diesem Sinne ist zunächst die traditionelle Unterscheidung zwischen *Funktion* und *Institution* zu nennen, die auch hier zu unterschiedlichen Begriffsverständnissen führt. So umfaßt das institutionelle Verständnis des Managements die Träger, Organe oder Personen, die mit der Ausübung der Managementtätigkeiten betraut sind: Die Institution „Management“ oder die sogenannten „Manager“.

Betrachtet man hingegen die Tätigkeits- und Aufgabeninhalte der Institution Management bzw. des Managers, so gelangt man zum funktionalen Verständnis des Managements. Dieses liegt dem Produktionsmanagement sowie daran anknüpfend auch der vorliegenden Arbeit zugrunde. Mit dem Terminus „Management“ wird im weiteren also die Managementfunktion verbunden. Wenn in Abgrenzung dazu die Institution des Managements gemeint ist, soll zur Vermeidung einer ungewollten Homonymie von „Middle“ oder „Top Management“ gesprochen werden.[34] Die Personen, die die Managementfunktionen ausüben, werden dabei als „Manager“ bezeichnet.

---

30 Siehe z.B. *Ulrich, P.; Fluri, E.*, Management, 1995, S. 13

31 Siehe z.B. *Macharzina, K.*, Unternehmensführung , 1995, S. 34; oder *Dülfer, E.*, Internationales Management, 1997, S. 2.

32 Siehe z.B. *Macharzina, K.*, Unternehmensführung , 1995, S. 35.

33 *Macharzina* liefert eine Sammlung verschiedener deutsch- und englischsprachiger Definitionen der besagten Begriffe, auf deren explizite Darstellung an dieser Stelle verzichtet werden soll. Siehe *Macharzina, K.*, Unternehmensführung , 1995, S. 34-35.

34 Vgl. *Dülfer, E.*, Internationales Management, 1997, S. 1.

Allgemeines und spezielles Management

Eine weitere Abgrenzungsmöglichkeit innerhalb des Managements besteht in der Unterscheidung zwischen dem *allgemeinen* und dem *speziellen Management*. Während im Mittelpunkt des allgemeinen Managements (engl. '*general management*') die funktionsübergreifende Gestaltung, Lenkung und Leitung von Unternehmungen steht, ist das spezielle Management z.B. auf die Gestaltung einzelner Funktionsbereiche der Unternehmung gerichtet (engl. '*functional management*'). Letzteres führt dann zu speziellen Managementkonzepten wie zum Beispiel dem Marketing-Management, dem Beschaffungsmanagement, dem Finanzmanagement oder eben auch dem Produktionsmanagement.

Die spezifischen Problemstellungen dieser funktionsorientierten Managementkonzepte sind nur sehr bedingt Gegenstand des allgemeinen Managements, dem durch die Bereitstellung funktionsübergreifender Konzepte vielmehr umrahmende Funktion zukommt. Das allgemeine Management ist auf die Harmonisierung aller Leitungsaktivitäten im Hinblick auf die Ziele der Gesamtunternehmung gerichtet,[35] was in diesem Bereich zu gesamtunternehmungsbezogenen Managementkonzepten unterschiedlicher Prägung führt. Das funktionsbezogene Management verläßt dagegen diese übergreifende Perspektive zugunsten der spezifischen Problemorientierung innerhalb des fokussierten Funktionsbereichs.

Einordnung des Produktionsmanagements

Als Ergebnis der Überlegungen zum Management läßt sich resümierend folgendes festhalten: Unter dem Terminus „Produktions*management*" ist hier die *Funktion* (nicht die Institution) des Managements im Sinne der *Gestaltung, Lenkung und Leitung* zu verstehen, und zwar bezogen auf den spezifischen Bereich der *industriellen Produktion.*[36] Es handelt sich hierbei somit gleichzeitig um eine *spezielle* Managementlehre, die durch eine produktionsbezogene Problemorientierung gekennzeichnet ist und in deren Mittelpunkt vor allem die Gestaltung der Produktionsaktivitäten industrieller Unternehmungen steht. Von besonderer Bedeutung ist dabei die *strategische* Gestaltungsdimension, die im nun folgenden Abschnitt spezifiziert werden soll.

---

[35] Vgl. *Ulrich, P.; Fluri, E.,* Management, 1995, S. 15.

[36] Siehe hierzu Abschnitt 2.2.1.1.

2.2.3 Strategische Dimension des Produktionsmanagements

Die Vielschichtigkeit und Komplexität der zu lösenden Probleme sowie die unterschiedlichen Tragweiten der zu fällenden Entscheidungen erfordern eine adäquate Ausrichtung des Produktionsmanagements. Ausdruck dieser Ausrichtung ist die Unterscheidung zwischen zwei wesentlichen Managementdimensionen, der *operativen* und der *strategischen* Dimension.[37] Insbesondere die strategische Managementebene soll im weiteren fokussiert werden und in Verbindung mit den bisherigen Überlegungen das *strategische* Produktionsmanagement weiter spezifizieren. Die Betrachtung nimmt ihren Ausgang in der Abgrenzung der strategischen Ebene zu ihrem Pendant, der operativen Ebene:

So ist das operative Produktionsmanagement auf die optimale und wirtschaftliche Nutzung der vorhandenen Produktionspotentiale ausgerichtet. Zentrale Zielgröße ist hier z.B. der betriebswirtschaftliche Erfolg, der bei gegebenen Potentialen, unter gegebenen Bedingungen und bezogen auf die kurze Frist bestmöglich zu gestalten ist.[38]

Das strategische Produktionsmanagement hingegen ist auf die langfristige Gestaltung der Produktionspotentiale gerichtet und schafft so den Rahmen für das zukünftige operative Management. Zentrale Führungsgrößen sind hier nicht kurzfristige Erfolgsgrößen, sondern die langfristig an der Umweltentwicklung orientierten strategischen Erfolgspotentiale im Sinne anhaltender und weit in die Zukunft reichender Erfolgsmöglichkeiten.[39] Das Hauptaugenmerk des strategischen Produktionsmanagements liegt auf der Erhaltung und dem Aufbau dieser Erfolgspotentiale, und zwar mit dem Ziel, einen Beitrag zur langfristigen Existenz- und Fortbestandssicherung der

---

37 Verschiedentlich wird die sogenannte „taktische" Dimension als weitere Ebene abgegrenzt. Auf die zusätzliche Differenzierung dieser Managementdimension soll hier der Ansicht *Hansmanns*[1] folgend verzichtet werden, da abweichende Vorstellungen bezüglich ihrer Abgrenzung und Einordnung bestehen. So ordnet *Zäpfel*[2] z.B. die taktische Ebene oberhalb der operativen und nahe der strategischen Ebene an, *Adam*[3] hingegen sieht diese Nähe zur strategischen Ebene nicht in vergleichbarem Maße, während *Diederich*[4] sogar die taktische Ebene unterhalb der operativen ansiedelt. Zudem ist die zusätzliche Differenzierung der taktischen Dimension für das weitere Vorgehen nicht erforderlich, so daß auch deshalb die Unterscheidung zwischen der operativen und der strategischen Managementdimension genügt.
[1] vgl. *Hansmann, K.-W.*, Industrielles Management, 1997, S. 20-21; [2] vgl. *Zäpfel, G.*, Strategisches Produktions-Management, 1989, S. 13-14; [3] *Adam, D.*, Planung und Entscheidung, 1996, S. 314-318; [4] vgl. *Diederich, H.* Betriebswirtschaftslehre, 1992, S. 69-71. - Zur Abgrenzung der unterschiedlichen Gestaltungsebenen im Produktionsmanagement siehe ferner: *Corsten, H.*, Produktionswirtschaft, 1998, S. 28-31; *Nebl, T.*, Produktionswirtschaft, 1998, S. 284-287.

38 Vgl. *Ulrich, P.; Fluri, E.*, Management, 1995, S. 20, 132-133.

39 Vgl. *Kirsch, W.; Knyphausen-Aufseß, D. zu; Ringlstetter, M.*, Strategisches Management, 1994, S. 5; und *Kirsch, W.*, Strategische Unternehmensführung, 1993, Sp. 4096-4098.
Vgl. zum Begriff des „startegischen Erfolgspotentials": *Gälweiler, A.*, Strategische Unternehmensführung, 1990, S. 23-24. Siehe auch die entsprechenden Ausführungen in Abschnitt 4.3.3.

Gesamtunternehmung zu leisten.[40] Das Strategische Produktionsmanagement hat bezüglich des operativen Produktionsmanagements Vorgabecharakter und ist diesem folglich vorgelagert. Die Erfolgspotentialgestaltung von heute determiniert sozusagen als „Vorsteuergröße" den operativen Erfolg von morgen.[41]

Im Rahmen des operativen Produktionsmanagements kann z.B. die Zuordnung von innerbetrieblichen Aufträgen und Kapazitäten im Hinblick auf bestimmte Zielgrößen optimiert werden. Das Ergebnis wird letztlich aber nur so befriedigend ausfallen, wie es die gegebenen Kapazitäten zulassen. Diese Gegebenheiten sind das Resultat strategischer Entscheidungen in der Vergangenheit, die bezogen auf die aktuelle Planung und Steuerung der Produktion strukturbildenden Charakter haben. Diese strukturbildenden strategischen Managemententscheidungen werden im Rahmen der Produktionswirtschaft auch als „Strukturentscheidungen" bezeichnet, während operative Entscheidungen auch als „Prozeßentscheidungen" bezeichnet werden.[42]

Entscheidungen, die im Rahmen operativer Planungen getroffen werden, sind kurzfristig leichter zu revidieren als jene, die der strategischen Managementdimension zuzuordnen sind. Hier getroffene Managemententscheidungen können kurz- und mittelfristig nur unter beträchtlichem Aufwand rückgängig gemacht werden, was die existentielle Bedeutung der strategischen Managementdimension nochmals unterstreicht.

Die folgende Aufstellung bietet - die bisherigen Ausführungen zusammenfassend und ergänzend - einen Überblick über die wesentlichen Charakteristika der strategischen Dimension des Produktionsmanagements:[43]

(1) Ein konstitutives Element des strategischen Produktionsmanagements ist dessen *Ausrichtung an* den spezifischen *Umweltbedingungen* der Unternehmung.[44] Insbesondere die Orientierung an zukünftigen Erfolgspotentialen (siehe (2)) erfordert eine *Zukunftsbezogenheit* dieser Umweltorientierung, die dem ständigen Wandel und der Dynamik der Umweltbedingungen gerecht werden muß.

---

[40] Vgl. *Hahn, D.*, PuK, Controllingkonzepte, 1996, S. 12; *Heinen, E.*, Industriebetriebslehre, 1991, S. 19; *Zäpfel, G.*, Strategisches Produktions-Management, 1989, S. 2 in Verbindung mit S. 7.

[41] Vgl. *Gälweiler, A.*, Strategische Unternehmensführung, 1990, S. 24.

[42] Vgl. *Reichwald, R.; Dietel, B.*, Produktionswirtschaft, 1991, S. 401-404.

[43] Zur folgenden Zusammenstellung vgl. z.B. *Zäpfel, G.*, Strategisches Produktions-Management, 1989, S. 8-14; *Adam, D.*, Planung und Entscheidung, 1996, S. 314-318; *Ulrich, P.; Fluri, E.*, Management, 1995, S. 20-21, 114-116 u. 133; *Welge, M. K.; Al-Laham, A.*, Planung, 1992, S. 3-6.

[44] Siehe hierzu auch die systemtheoretische Grundlegung in Abschnitt 2.4.3.

(2) Das strategische Produktionsmanagement ist auf die Erhaltung und den Aufbau *strategischer Erfolgspotentiale* gerichtet, die als erfolgsrelevante Voraussetzungen die zukünftigen Erfolgsmöglichkeiten einer Unternehmung bestimmen.[45]

(3) Weit in die Zukunft reichende Daten sind mit Unsicherheiten behaftet, die die Anwendbarkeit quantitativer Modelle einschränken und den Rückgriff auf *Heuristiken* oder *qualitative* Modelle erfordern.[46]

(4) Die Identifikation strategischer Gestaltungsmöglichkeiten, die Formulierung entsprechender *Strategien* und deren Beurteilung stehen im Mittelpunkt des strategischen Produktionsmanagements.

(5) Die Strategie als Mittel und Weg zu vorher definierten Zielen setzt zunächst die Festlegung der *Zielsetzung* des strategischen Produktionsmanagements voraus.

(6) Bei den hier zu treffenden Entscheidungen handelt es sich um *langfristig ausgerichtete Grundsatzentscheidungen* (z.B. über Standorte oder Produktionskapazitäten), die in der Regel mit *hohen Kapitaldispositionen* einhergehen.[47]

(7) Das strategische Produktionsmanagement ist wegen seiner existentiellen Bedeutung *Sache des Top Managements*. Die hier zu treffenden Entscheidungen können als „echte Führungsentscheidungen" im Sinne *Gutenbergs* angesehen werden,[48] die deshalb nicht auf untergeordnete Managementebenen delegierbar sind.

(8) Die *Integrationsfähigkeit* des strategischen Produktionsmanagements in das gesamtunternehmungsbezogene Management ist eine unabdingbare Voraussetzung für dessen erfolgreiche Realisierung.

Die vorgestellten Merkmale der strategischen Dimension des Produktionsmanagements werden die vorliegende Arbeit in konzeptioneller Hinsicht prägen. Das kommt zum Beispiel auch in ihrem inhaltlichen Aufbau zum Ausdruck, der in Abschnitt 2.4.4 näher erläutert wird.

---

45 Vgl. *Gälweiler, A.*, Strategische Unternehmensführung, 1990, S. 23-24; sowie auch die entsprechenden Ausführungen in Abschnitt 4.3.3.

46 Vgl. *Adam, D.*, Planung und Entscheidung, 1996, S. 315. Siehe zum Beispiel auch den Abschnitt 5.3.6 dieser Arbeit.

47 Vgl. *Schildt, B.*, Strategische Produktions- und Distributionsplanung, 1994, S. 9.

48 „Echte Führungsentscheidungen" sind nach *Gutenberg* durch folgende Merkmale gekennzeichnet: Sie sind von besonderer Bedeutung für den Bestand der Unternehmung, sie sind auf die Unternehmung als Ganzes gerichtet und sie sind nicht auf untergeordnete Stellen übertragbar. Vgl. *Gutenberg, E.*, Die Produktion, 1983, S. 133-134; oder *Gutenberg, E.*, Unternehmensführung, 1962, S. 59-61.

2.2.4 Gestaltungsfelder des strategischen Produktionsmanagements

Bisher waren die Überlegungen durch die schrittweise Spezifizierung des strategischen Produktionsmanagements geprägt. Neben dem Bemühen um begriffliche Klarheit wurde der Erkenntnisbereich bezüglich seiner Stellung in der Betriebswirtschaftslehre positioniert. Es ist nun noch erforderlich, das strategische Produktionsmanagement inhaltlich zu konkretisieren, indem die strategischen Gestaltungsfelder des Erkenntnisbereichs erarbeitet werden.

Herleitung des „3-P-Konzeptes“

Die vorliegende Literatur zum strategischen Produktionsmanagement liefert auf den ersten Blick zunächst keine einheitliche Abgrenzung strategischer Gestaltungsbereiche. Obwohl weitgehende Einigkeit über den gesamten Aufgabenkomplex des strategischen Produktionsmanagements besteht, erfolgen dennoch die unterschiedlichsten Aufteilungen innerhalb dieses Aufgabenkomplexes.[49] Der Grund hierfür ist in den spezifischen Ausrichtungen der einzelnen Konzepte sowie in der Vielschichtigkeit produktionswirtschaftlicher Problemstellungen zu sehen.

Auf den zweiten Blick läßt sich jedoch eine konsensfähige Einteilung des strategischen Produktionsmanagements in die drei wesentlichen Gestaltungsfelder „Produkt- und Produktionsprogramm“, „Produktionspotentiale“ und “Produktionsprozesse“ identifizieren.[50] Wie etwa *Corsten* feststellt, wird diese auch als „3-P-Konzept“ bezeichnete Einteilung in der produktionswirtschaftlichen Literatur zunehmend akzeptiert.[51] Das mag vor allem darin begründet liegen, daß diese drei Gestaltungsfelder letztlich in den meisten Beiträgen zum Produktionsmanagement wenn nicht explizit ausgewiesen, dann zumindest implizit enthalten sind. Um diesen Zusammenhang zu belegen, werden im folgenden einige exemplarisch ausgewählte Monographien näher untersucht. Auf diese Weise kann die Vielfalt der Differenzierungen innerhalb des Produktionsmanagements verdeutlicht und gleichzeitig die Konsensfähigkeit des 3-P-Konzeptes aufgezeigt werden. Als Ergebnis erhält man damit die strategischen Gestaltungsfelder des Produktionsmanagements, auf die an späterer Stelle zurückgegriffen werden kann.

---

49 Vgl. *Corsten, H.*, Gestaltungsbereiche des Produktionsmanagement, 1994, S. 9.

50 Die begriffliche Konkretisierung der genannten Gestaltungsfelder erfolgt jeweils an angebrachter Stelle im Zusammenhang. Siehe hierzu die entsprechenden Ausführungen in den Abschnitten 5.2.1, 5.4.2 und 5.5.1.

51 Vgl. *Corsten, H.*, Gestaltungsbereiche des Produktionsmanagement, 1994, S. 10; derselbe, Produktionswirtschaft, 1998; S. 29.

Autoren	Strategische Gestaltungsfelder der Konzepte	Zuordnung 3-P-Konzept
Zäpfel 1989 [52]	• Technologie • Fertigungstiefe • Kapazitäten • Standortstruktur	P2, P3 P1 P2 P2
Reichwald/ Dietel 1991 [53]	• Eigenfertigung und Fremdbezug • Organisation der Produktion • Layout und innerbetriebliche Standorte • Maschinenausstattung und Instandhaltung • Erzeugnisstruktur • informations- und kommunikationstechnische Infrastruktur • Beschaffung	P1 P3 P3 P2 P1
Kern 1992 [54]	• Produkt- und Programmgestaltung • Potentialgestaltung • Prozeßgestaltung und -steuerung	P1 P2 P3
Hansmann 1997 [55]	• Produktionsprogramm • Technologie- und Umweltmanagement → betrieblicher Standort → Produktionstechnologie (Produktionsverfahren, Organisationsformen der Produktion, Flexibilisierung der Produktion, CIM) → Industrielles Umweltmanagement • Personalmanagement • Strategische Organisationsentscheidungen	P1 P2 P3
Corsten 1998 [56]	• Produktionsprogrammgestaltung • Potentialgestaltung • Prozeßgestaltung	P1 P2 P3

Zuordnung zum „3-P-Konzept":
P1: Produktionsprogramm P2: Produktionspotentiale P3: Produktionsprozesse

Tabelle 2-4: Strategische Gestaltungsfelder verschiedener Konzepte des industriellen Produktionsmanagements im Kontext des „3-P-Konzeptes"

Im Rahmen der beschriebenen Vorgehensweise wurden fünf Monographien ausgewertet. Die vorstehende Tabelle 2-4 zeigt das Ergebnis im Gesamtüberblick. Es wird

52 Vgl. *Zäpfel, G.*, Strategisches Produktions-Management, 1989, S. 93-94 und 115-151.

53 Vgl. *Reichwald, R.; Dietel, B.*, Produktionswirtschaft, 1991, S. 401-402 und 421-479.

54 Vgl. *Kern, W.*, Industrielle Produktionswirtschaft, 1992; – siehe dort u.a. auch S. 71-75.

55 Vgl. *Hansmann, K.-W.*, Industrielles Management, 1997, S. 47-244.

56 Vgl. *Corsten, H.*, Produktionswirtschaft, 1998; – siehe dort u.a. auch S. 29-31.

deutlich, daß die strategischen Gestaltungsfelder der verschiedenen Konzepte zu großen Teilen den Kategorien (P1, P2, P3) des 3-P-Konzeptes zugeordnet werden können. Offensichtlich werden von den Autoren - trotz der unterschiedlichen inhaltlichen Schwerpunkte ihrer Konzepte - ähnliche Grundprobleme thematisiert, die sich überwiegend direkt auf das Produktionsprogramm, die Produktionspotentiale oder die Produktionsprozesse zurückführen lassen.

Die nicht zugeordneten Gestaltungsfelder haben meist funktionsübergreifenden Charakter und reichen damit über den Fokus des Produktionsmanagements hinaus. Das läßt eine Zuordnung zu dem 3-P-Konzept hier nicht sinnvoll erscheinen. Gleichwohl stehen diese funktionsübergreifenden Managementbereiche in interdependenten Beziehungen zu den „3-P" und beeinflussen damit auch die strategische Gestaltung im Rahmen des Produktionsmanagements.

Bevor die Gestaltungsfelder der „3-P" weiter spezifiziert werden, soll kurz auf die inhaltlichen Unterschiede der in Tabelle 2-4 vorgestellten Konzepte eingegangen werden.

Die Konzeption von *Zäpfel*[57] steht vor allem im Zeichen des strategischen Planungsprozesses sowie der computerintegrierten Produktion. Die grundlegenden strategischen Gestaltungsfelder des Produktionsmanagements, denen hier die Aufmerksamkeit gilt, behandelt *Zäpfel* in einem gesonderten Kapitel. Dabei orientiert sich der Autor nicht an der Abgrenzung des 3-P-Konzeptes, sondern er wählt eine abweichende, eigene Einteilung der strategischen Gestaltungsfelder. Hierin ist das Bemühen zu erkennen, die Kernprobleme des Produktionsmanagements unabhängig von einer übergeordneten Abgrenzung herauszustellen. Betrachtet man das 3-P-Konzept als eine solche, übergeordnete Abgrenzung, so zeigt Tabelle 2-4, daß eine diesbezügliche Zuordnung der von *Zäpfel* unterschiedenen Gestaltungsfelder ebenfalls möglich ist.

Reichwald und *Dietel*[58] betrachten die strategischen Gestaltungsfelder vergleichsweise differenzierter und beziehen beispielsweise die „Beschaffung" als eigenständiges strategisches Gestaltungsfeld mit ein. Andererseits fällt auf, daß sich die Standortplanung auf die innerbetriebliche Dimension beschränkt und die Planung betrieblicher Standorte vernachlässigt wird. Der Grund dieser Ausrichtung ist darin zu sehen, daß die Analyse der Autoren *Reichwald* und *Dietel* einen Teil des von *Heinen* herausgegebenen Bandes „Industriebetriebslehre"[59] darstellt. Die inhaltlichen Schwerpunkte sind somit auch im Kontext des Gesamtwerkes zu sehen. Vor diesem Hintergrund rechtfertigt sich die Vernachlässigung der betrieblichen Standortfrage durch die

---

57 Vgl. *Zäpfel, G.*, Strategisches Produktions-Management, 1989.

58 Vgl. *Reichwald, R.; Dietel, B.* Produktionswirtschaft, 1991.

59 *Heinen, E.* (Hrsg.), Industriebetriebslehre, 1991.

Behandlung der Thematik an anderer Stelle innerhalb des Bandes.[60] Insgesamt zeigt aber auch die Analyse von *Reichwald* und *Dietel* eine inhaltliche Kompatibilität mit dem 3-P-Konzept des Produktionsmanagements (siehe Tabelle 2-4).

Der Ansatz von *Kern*[61] kann als grundlegend für das 3-P-Konzept angesehen werden,[62] obwohl der Autor selbst diesen Terminus nicht explizit benutzt. Die Bezeichnung „3-P-Konzept" wird vielmehr von *Corsten* vorgeschlagen,[63] der – in Anlehnung an *Kern* – dieses Konzept auch seiner Monographie „Produktionswirtschaft" zugrunde legt.[64] Beide Autoren vertreten somit das 3-P-Konzept, an das auch die vorliegende Arbeit anknüpfen wird.

Die inhaltliche Abgrenzung der Analyse von *Hansmann*[65] ist Ausdruck der wirtschaftszweigbezogenen Ausrichtung auf das „Management im Industriebetrieb".[66] Der Autor betrachtet neben der in Tabelle 2-4 fokussierten strategischen Managementdimension auch die operative Dimension. Er richtet seine Untersuchung gleichermaßen auf die Produktion und den Absatz des Industriebetriebes,[67] was beispielsweise im Rahmen der Gestaltung des Produktionsprogramms zu einer absatzorientierten Sichtweise führt, während etwa die Fertigungstiefenproblematik keine nennenswerte Rolle spielt. Die strategischen Gestaltungsfelder des Produktionsmanagements lassen sich hier als wesentliche Elemente eines Gesamtkonzeptes identifizieren, das auch weitere Managementbereiche wie etwa das Umwelt- oder das Personalmanagement berücksichtigt. Diese wirken zwar auf die strategischen Gestaltungsfelder des Produktionsmanagements ein, sie lassen sich aufgrund ihres Querschnittscharakters aber nicht sinnvoll den Kategorien (P1, P2, P3) des 3-P-Konzeptes zuordnen.

---

60 Vgl. *Kappler, E.; Rehkugler, H.*, Konstitutive Entscheidungen, 1991, in: Heinen, E. (Hrsg.), Industriebetriebslehre, 1991, S. 73-240.

61 Vgl. *Kern, W.*, Industrielle Produktionswirtschaft, 1992. –
Die historischen Wurzeln für diesen Ansatz können bereits bei *Gutenberg* gesehen werden, der die „Produktionsplanung" in die Teilbereiche *Produktionsprogramm-*, *Bereitstellungs-* und *Produktionsprozeßplanung* gegliedert hat. Vgl. *Gutenberg, E.*, Die Produktion, 1983, S. 149 in Verbindung mit S. 147-234; (Erstauflage des Werkes 1951).
Vgl. ergänzend auch *Hoitsch, H.-J.; Akin, B.*, Geschichte der Produktionswirtschaft, 1998, S. 57.

62 Vgl. *Corsten, H.*, Gestaltungsbereiche des Produktionsmanagement, 1994, S. 10.

63 Ebenda.

64 Vgl. *Corsten, H.*, Produktionswirtschaft, 1998, S. 29-31.

65 Vgl. *Hansmann, K.-W.*, Industrielles Management, 1997.

66 Es wurde hier auch ein Ansatz des „industriellen Managements" bzw. der „Industriebetriebslehre" berücksichtigt, da sich die traditionellen Inhalte dieser Institutionenlehre zu großen Teilen mit denen der Funktionenlehre „Produktionswirtschaft" überschneiden.
Vgl. *Hoitsch, H.-J.; Akin, B.*, Geschichte der Produktionswirtschaft, 1998, S. 54.

67 Vgl. *Hansmann, K.-W.*, Industrielles Management, 1997, S. 19.

Detaillierung des 3-P-Konzeptes

Wie bereits angedeutet wurde, soll im weiteren dem 3-P-Konzept gefolgt werden. Somit ergeben sich als grundlegende Gestaltungsfelder des strategischen Produktionsmanagements das *Produktionsprogramm*, die *Produktionspotentiale* sowie die *Produktionsprozesse* (Abbildung 2-5).

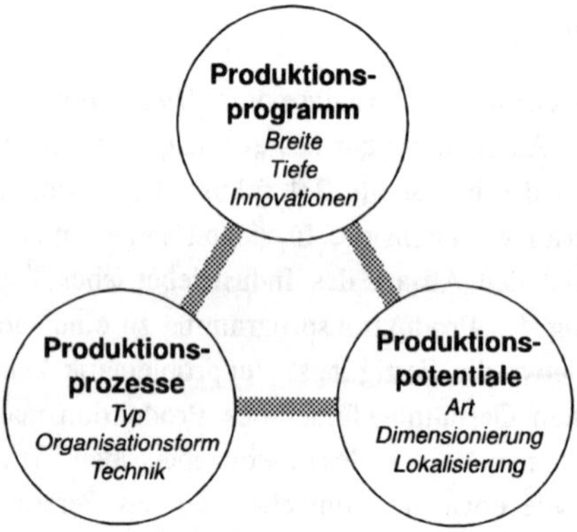

Abbildung 2-5: Strategische Gestaltungsfelder des Produktionsmanagements

Anknüpfend an die vorstehende Abbildung sollen diese Gestaltungsfelder nun weiter detailliert werden:[68]

Zunächst ist mit Blick auf die strategische Programmplanung festzustellen, daß die grundsätzlichen *Produktfelder*[69], auf denen eine Unternehmung tätig ist, als weitgehend durch das Marketingmanagement sowie das General Management gegeben betrachtet werden sollen.

68 Vgl. dazu die in Tabelle 2-4 berücksichtigten Quellen sowie auch *Corsten, H.*, Gestaltungsbereiche des Produktionsmanagement, 1994, 10-13.

69 Unter einem *Produktfeld* wird die Gesamtmenge verschiedener Produkte einer Unternehmung verstanden, die auf ein Grundprodukt zur Befriedigung eines Grundbedürfnisses zurückgeführt werden können, z.B. Kraftfahrzeuge, Musikanlagen, Spielwaren. Vgl. *Corsten, H.*, Gestaltungsbereiche des Produktionsmanagement, 1994, S. 10; *Schweitzer, M.*, Industrielle Fertigungswirtschaft, 1994, S. 656; *Reichwald, R.; Dietel, B.*, Produktionswirtschaft, 1991, S. 421.

Die strategische Gestaltung des *Produktionsprogramms* erstreckt sich ferner auf die drei folgenden Dimensionen:[70]

- Die *Breite* des Produktionsprogramms - also die Anzahl der unterschiedlichen Produkte/Produktvarianten, die produziert werden sollen.[71] Diese Dimension ist sehr eng mit dem Marketing verbunden.

- Die *Tiefe* des Produktionsprogramms - also die Anzahl der unterschiedlichen Produktions*stufen*, die innerhalb der Unternehmung produziert werden sollen.[72] Diese Dimension führt zu den sogenannten „Make-or-Buy-Entscheidungen", deren Aufgabe in der Wahl zwischen Eigenfertigung oder Fremdbezug besteht.

- *Produktinnovationen* - also Neuerungen und Neuheiten im Produktionsprogramm durch neue Produkte.[73] Diese Dimension ist ebenfalls sehr eng mit dem Marketing sowie mit dem Bereich Forschung und Entwicklung verbunden.

Im Hinblick auf die Gestaltung der *Produktionspotentiale* (Kapazitäten) lassen sich ebenfalls drei wesentliche Gestaltungsdimensionen unterscheiden:

- Die *Art* der Produktionspotentiale - also vor allem die Gestaltung durch die Kombination der Potentialfaktoren „menschliche Arbeit" und „Betriebsmittel".[74]

- Die *Dimensionierung* der Produktionspotentiale - also die Gestaltung der quantitativen Auslegung der Kapazitäten sowie die Gestaltung der Betriebsgröße(n).

---

70 Es sei darauf hingewiesen, daß die hier fokussierten Dimensionen von einigen Autoren dem *taktischen* Produktionsmanagement zugeordnet werden. Da eine Differenzierung dieser Managementebene hier nicht vorgesehen ist, die betroffenen Gestaltungsdimensionen aber den in Abschnitt 2.2.3 aufgezeigten strategischen Charakter aufweisen, sind sie hier zu berücksichtigen. Vgl. *Haupt, R.; Planer, D.*, Produktionsprogrammgestaltung, 1994, S. 78-79; *Corsten, H.*, Produktionswirtschaft, 1998, S. 30-31; *Adam, D.*, Produktions-Management, 1997, S. 117-119.

71 Vgl. dazu auch *Haupt, R.; Planer, D.*, Produktionsprogrammgestaltung, 1994, S. 87-88; *Corsten, H.*, Produktionswirtschaft, 1998, S. 233.

72 Vgl. dazu auch *Bohr, K.; Weiß, M.*, Bestimmung der optimalen Fertigungstiefe, 1994, S. 341-342; oder *Männel, W.*, Wahl zwischen Eigenfertigung und Fremdbezug, 1995, S. 18.

73 Vgl. dazu auch *Kupsch, P.U.; Marr, R.; Picot, A.*, Innovationswirtschaft, 1991, S. 1073 und 1077; *Zäpfel, G.*, Strategisches Produktions-Management, 1989, S. 115-118.

74 Vgl. dazu auch *Gutenberg, E.*, Die Produktion, 1983, S. 11-121.

Fortsetzung „Dimensionen des Gestaltungsfeldes Produktionspotentiale":

- Die *Lokalisierung* der Produktionspotentiale – also die räumliche Verteilung der Kapazitäten. Neben der innerbetrieblichen Standortplanung steht hier besonders die betriebliche Standortplanung im Mittelpunkt.

Zur strategischen Gestaltung der *Produktionsprozesse* können die folgenden Dimensionen differenziert werden:

- Der *Prozeßtyp* – also die Art der Produktion als Einzel-, als Serien- oder als Massenfertigung.
- Die *Organisationsform* der Produktionsprozesse – also die Gestaltung der Produktion im Hinblick auf die prozeßbezogene Anordnung und Verteilung von Arbeitsplätzen, Maschinen oder auch Produktionsstätten[75]. Diese kann verrichtungsorientiert (Verrichtungsprinzip) oder objektorientiert (Objektprinzip) erfolgen,[76] wobei durchaus auch Kombinationen möglich sind.
- Die *Produktionstechnik* - also die in der Fertigung eingesetzte und realisierte Technologie.[77] Hier stellt sich beispielsweise die Frage des Automatisierungs- oder Mechanisierungsgrades der Produktion.

Die soeben identifizierten Gestaltungsfelder des strategischen Produktionsmanagements und ihre Gestaltungsdimensionen werden später herangezogen, um die bei *internationalen* Produktionsaktivitäten relevanten strategischen Gestaltungsfelder abzuleiten.[78]

---

75 Siehe Abschnitt 5.3.2.

76 Vgl. *Hungenberg, H.*, Zentralisation und Dezentralisation, 1995, S. 46; *Bleicher, K.*, Zentralisation und Dezentralisation, 1966, S. 59-61.

77 Unter „Technologie" ist die Menge der alternativen Lösungsprinzipien für ein einzeltechnisches Subsystem zu verstehen, während mit „Technik" gerade die in der Unternehmung realisierten Lösungsprinzipien gemeint sind. Technik ist sozusagen angewandte Technologie. Vgl. *Zäpfel, G.*, Strategisches Produktions-Management, 1989, S. 119-120.

78 Siehe Abschnitt 5.1 in Verbindung mit Kapitel 5 dieser Arbeit.

2.3 Internationales Management

2.3.1 Betrachtungsobjekt „internationale Unternehmung“

2.3.1.1 Begriff der „internationalen Unternehmung“

Die auf den ersten Blick recht problemlos erscheinende Abgrenzung der *internationalen* Unternehmung zur nicht-internationalen, also *nationalen* Unternehmung entpuppt sich bei differenzierter Betrachtung als keineswegs problemlos. Die Bedeutungen von „national“ im Sinne der „Beschränkung auf die staatlichen Grenzen“ und von „international“ im Sinne von „übernational, nicht auf staatliche Grenzen beschränkt“ lassen sich mit Blick auf den lateinischen Wortursprung vergleichsweise leicht finden. Komplexer gestaltet sich dagegen die Begriffsfindung, wenn man die Unternehmung als Betrachtungsobjekt heranzieht. Es ergeben sich beispielsweise die folgenden Fragestellungen:

In welcher Form muß eine *internationale* Unternehmung grenzüberschreitend tätig sein und in welchem Umfang muß dies geschehen? Reicht zum Beispiel die Inanspruchnahme von Finanzdienstleistungen im Ausland aus, um als *internationale* Unternehmung bezeichnet werden zu können, oder sind etwa die Bearbeitung ausländischer Märkte oder sogar die Investitionstätigkeit im Ausland die entscheidenden Kriterien?

Die Beantwortung dieser Fragen wird seit geraumer Zeit diskutiert und hat bis dato zu keinem einheitlichen Ergebnis geführt.[79] Gemeinsam ist allen Definitionsversuchen, daß sie die nationale Unternehmung als Bezugspunkt wählen.[80] Die Meinungen gehen jedoch an der Frage auseinander, ob eine *funktionale* Grenzüberschreitung ausreicht (*weitere* Begriffsauffassungen) oder ob sogar eine *institutionelle* Grenzüberschreitung in Form von *Direktinvestitionen*[81] zu fordern ist (*engere* Begriffsauffassungen), um eine Unternehmung als „international“ bezeichnen zu können.[82]

---

79 Vgl. *Perlitz, M.*, Internationales Management, 1997, S. 11; oder *Hauschildt, J.*, Globalisierung der Wirtschaft, 1993, S. 5.

80 Vgl. *Welge, M. K.*, Multinationale Unternehmungen, 1980, S. 3.

81 Unter einer *Direktinvestition* versteht man den Erwerb, die Gründung oder die Erweiterung einer Betriebsstätte oder einer Tochtergesellschaft im Ausland, und zwar mit dem Ziel, einen wesentlichen Einfluß auf die Geschäftsführung dieser Betriebsstätte oder Tochtergesellschaft auszuüben. Im Gegensatz dazu sind *indirekte Auslandsinvestitionen*, sogenannte *Portfolioinvestitionen*, nicht mit der Einflußnahme auf die Geschäftsführung verbunden und dienen ausschließlich der Erzielung eines Kapitalertrages im Ausland. – In der amtlichen Statistik gilt eine Auslandsinvestition genau dann als Direktinvestition, wenn die Anteile oder Stimmrechte des Investors an einer Unterneh-

Fortsetzung der Fußnote auf der nächsten Seite

Engere Begriffsauffassungen

So sieht *Pausenberger* in der Verteilung der Produktionspotentiale auf mehrere Staaten das „konstituierende Merkmal" einer internationalen Unternehmung.[83] Die dauerhafte Integration in fremde Volkswirtschaften durch die institutionelle Grenzüberschreitung in Form von „beträchtlichen" Investitionen im Ausland ist nach *Pausenberger* eine wesentliche Eigenschaft internationaler Unternehmungen.[84]

Eine ähnliche Ansicht vertritt *Borrmann*, der eine Unternehmung dann als „international" bezeichnet, wenn diese in einer dauerhaften Weise, die mit privaten Direktinvestitionen einhergeht, in den Wirtschaftsprozeß verschiedener Volkswirtschaften integriert ist und es so zur Umgestaltung der Unternehmensstruktur kommt.[85]

Auch *Sieber*, der durch seine Beiträge die Diskussion der Thematik in den 1960er und 1970er Jahren nicht unwesentlich geprägt hat, fordert die institutionelle Grenzüberschreitung als Merkmal der internationalen Unternehmung. *Sieber* wählt die Bezeichnung „multinationale Unternehmung" für die niedrigste Stufe der Internationalisierung, die nach seiner Definition genau dann vorliegt, wenn mindestens 6 ausländische Produktionsbetriebe unterhalten werden <u>und</u> mindestens 25 % des gesamten Investitionsvolumens der Unternehmung im Ausland gebunden sind.[86]

Ebenso wie die zuvor zitierten Autoren stellt auch *Sieber* als besonderes Merkmal der internationalen Unternehmung ihre dauerhafte Integration in fremde Volkswirtschaften heraus, was letztlich das ***Operieren in heterogenen Umwelten*** bedeutet und die Anpassung an die verschiedenen Umweltbedingungen erfordert.[87]

---

mung im Ausland mehr als 20 % (bis Ende 1989 25 % oder mehr) betragen.
Vgl. *Broll, U.*, Direktinvestitionen, 1996, S. 439; *Engel, M.*, Auslandsinvestitionen, 1990, S. 345; *Lorz, J. O.*, Direktinvestitionen, 1993, S. 1-2; ohne Verfasser, Gabler-Wirtschafts-Lexikon, Stichwort „Direktinvestition", 1993, S. 806-807; zur Abgrenzung in der amtlichen Statistik vgl. Deutsche Bundesbank (Hrsg.), Zahlungsbilanzstatistik, 3/1998, S. 48; oder dieselbe, Kapitalverflechtungen mit dem Ausland, 1997, S. 81.

82 Vgl. *Dülfer, E.*, Internationales Management, 1997, S.6-8. Eine umfassende Darstellung der angedeuteten Begriffsdiskussion zur „internationalen Unternehmung" kann aus Platzgründen an dieser Stelle nicht erfolgen. Der hier notwendig Überblick wird zunächst anhand der aufgeworfenen Fragen diskutiert. Weitere Einblicke in die Begriffsdiskussion geben die später folgenden Ausführungen zur Systematisierung der Definitionsversuche anhand bestimmter Merkmalsgruppen. Siehe hierzu den nächsten Abschnitt 2.3.1.2.

83 Vgl. *Pausenberger, E.*, Die Standortpolitik internationaler Unternehmungen, 1994, S. 51.

84 Vgl. *Pausenberger, E.*, Die internationale Unternehmung, 1982, S. 42-43. Eine ähnliche Ansicht vertritt z.B. auch *Broll*: Vgl. *Broll, U.*, Multinationale Unternehmen, 1993, S. 54.

85 Vgl. *Borrmann, W.A,*. Typus und Struktur internationaler Unternehmungen, 1970, S. 20-21.

86 Vgl. *Sieber, E.H.*, Die multinationale Unternehmung, 1970, S. 417-419.

87 Vgl. *Sieber, E.H.*, Die multinationale Unternehmung, 1970, S. 417-418 und 427.

Dieses wesentliche Charakteristikum internationaler Unternehmungen gibt Anlaß zur Kritik an der bisher beschriebenen, engeren Begriffsauffassung. Dieser folgend finden Unternehmungen mit nur funktional grenzüberschreitenden Tätigkeiten - ohne gleichzeitige Direktinvestitionen im Ausland - keine Berücksichtigung,[88] obwohl derartige Unternehmungen zum Beispiel im Rahmen umfangreicher Exportaktivitäten ebenfalls in beträchtlichem Maße in den heterogenen Umwelten fremder Länder operieren. Dieses Argument gewinnt zusätzlich an Gewicht, wenn die „nur" funktionale Grenzüberschreitung von wesentlicher oder gar existentieller Bedeutung für die Unternehmung ist.

Weiter gefaßte Begriffsauffassungen

Den soeben aufgezeigten Kritikpunkt aufgreifend sind weiter gefaßte Definitionen denkbar, die nicht unbedingt eine institutionelle Ausdehnung über die nationalen Grenzen hinaus fordern. Eine derartige Abgrenzung findet sich beispielsweise bei *Dülfer*, der dann von international tätigen Unternehmungen und entsprechend von „Internationalem Management" spricht, „wenn Interaktionsbeziehungen angeknüpft werden, die über die eigene Staatsgrenze hinausreichen, und dementsprechend die eigene Unternehmenstätigkeit in irgendeiner Weise grenzüberschreitend erfolgt"[89].

Ähnlich argumentiert *Macharzina,* der „sämtliche grenzüberschreitende Formen der Geschäftstätigkeit von der sporadischen Auslandsmarktbearbeitung bis hin zum integrierenden Management weltweit präsenter Großunternehmen"[90] als internationale Unternehmenstätigkeiten ansieht und derartige Unternehmungen entsprechend als „international" bezeichnet.

Eine ebenfalls weiter gefaßte Beschreibung der internationalen Unternehmung liefert *Perlitz*, nach dessen Auffassung eine Unternehmung dann als „international" gilt, „wenn die Auslandsaktivitäten zur Erreichung und Sicherstellung der Unternehmensziele von wesentlicher Bedeutung sind"[91]. Diese Definition leitet *Perlitz* aus der Kritik an quantitativ orientierten Meßkonzepten ab, die die Beurteilung der internationalen Unternehmung an meßbaren Größen wie dem Auslandsanteil am Gesamtumsatz, der Anzahl der Beschäftigten im Ausland, der Anzahl der ausländischen Tochtergesellschaften oder ähnlich operationalisierbaren Kriterien festmachen.[92]

---

88 So argumentiert z.B. Sieber, vgl. *Sieber, E.H.*, Die multinationale Unternehmung, 1970, S.417.

89 *Dülfer, E.* ,Internationales Management, 1997, S. 8.

90 *Macharzina, K.*, Unternehmensführung ,1995, S. 720.

91 *Perlitz, M.*, Internationales Management, 1997, S. 11.

92 Vgl. *Perlitz, M.*, Internationales Management, 1997, S. 11. Siehe hierzu auch den folgenden Abschnitt 2.3.1.2.

Begriffsauffassung dieser Arbeit

Die bisherigen Darstellungen haben gezeigt, daß und in welcher Weise die Begriffsauffassungen differieren. Das soll jedoch nicht zum Anlaß genommen werden, im Rahmen dieser Arbeit einen Beitrag zur Diskussion zu leisten, indem etwa eine eigene, neue Definition aufgestellt wird. Es erscheint weder sinnvoll noch notwendig, der ohnehin schon großen Vielfalt an Begriffsfindungen eine weitere Version hinzuzufügen. Denn, die Grenzüberschreitung der hier fokussierten Produktionsaktivität geht üblicherweise mit ausländischen Direktinvestitionen einher [93] und würde ohnehin auch im Sinne der engeren Definitionen mit dem Attribut „international" versehen werden können. Dennoch soll hier der weiter gefaßten Begriffsauffassung gefolgt werden, um die Grenzfälle der Vertragsproduktion und der Produktionskooperation ohne nennenswerte Kapitalbeteiligung im Ausland nicht von vornherein auszuschließen.[94]

2.3.1.2 Merkmalskatalog zur näheren Bestimmung der internationalen Unternehmung

2.3.1.2.1 Abgrenzung der Merkmalsgruppen

Die tatsächliche Vielfalt möglicher Begriffsdefinitionen deutet sich erst dann an, wenn man die zahlreichen Termini berücksichtigt, die für international operierende und interagierende Unternehmungen benutzt werden. Hier sind zum Beispiel Attribute wie „multinational"[95], „transnational"[96], „supranational"[97] oder „global"[98] als Bezeichnungen für internationale Unternehmungen unterschiedlicher Prägung vorzufinden. Die Abgrenzung dieser Begriffe wird häufig auch mit der Bestimmung des Internationalisierungsgrades verbunden und beruht in der Regel auf sehr spezifischen Konzepten zur Thematik, die zur Beurteilung unterschiedliche Merkmale oder Merk-

---

93 Vgl. *Broll, U.*, Multinationale Unternehmen, 1993, S. 54; *Pausenberger, E.*, Internationalisierungsstrategien, 1994, S. 8.

94 Siehe Abschnitt 5.7.2.1.

95 Vgl. z.B. *Sieber, E.H.*, Die multinationale Unternehmung, 1970, S. 417-418; oder *Welge, M. K.*, Multinationale Unternehmungen, 1980.

96 Vgl. z.B. *Sherman, H. C.*, Globalisierung, 1996, insbesondere S. 5-7; *Sieber, E.H.*, Die multinationale Unternehmung, 1970, S.419; oder *Brauchlin, E.; Wuffli, P.A.*, Transnationale Unternehmungen, 1982.

97 Vgl. z.B. *Heinen, H.*, Ziele multinationaler Unternehmen, 1982, S. 13-14.

98 Vgl. z.B. *Welge, M. K.*, Globales Management, 1990, S. 2-6; oder *Engelhard, J.*, „Global Corporate" Liability, 1990, S. 204-205.

malskombinationen heranziehen. Hier eine einheitliche Terminologie für die verschiedenen Internationalisierungsformen und -grade zu finden, erscheint aussichtslos.[99]

Bis heute hilfreich ist da der Vorschlag von *Welge*, der die verschiedenen Merkmale und Merkmalskombinationen, an die die unterschiedlichen Definitionsversuche geknüpft sind, systematisiert und entsprechenden Merkmalsgruppen zuordnet. *Welge* unterscheidet insgesamt vier Gruppen von Merkmalen: [100]

- Strukturelle Merkmale
- Leistungsmerkmale
- Verhaltensorientierte Merkmale
- Merkmale des evolutorischen Prozesses der Internationalisierung

Im folgenden sollen diese Merkmalsgruppen inhaltlich erarbeitet werden. Dieses schafft Klarheit für späterer Überlegungen, sorgt für eine weitere theoretische Fundierung und festigt das der vorliegenden Arbeit zugrunde gelegte Begriffsverständnis.

2.3.1.2.2 Strukturelle Merkmale

Ansätze, die die internationale Unternehmung und ihren Internationalisierungsgrad über strukturelle Merkmale definieren, ziehen häufig die *Anzahl der Länder, in denen eine Unternehmung geschäftlich tätig ist*, als Abgrenzungskriterium heran.[101] Anlaß zur Kritik bietet hier die bereits diskutierte Frage, was letztlich unter einer „geschäftlichen" Tätigkeit im Ausland zu verstehen ist. Reicht die funktionale Grenzüberschreitung aus oder ist auch eine institutionelle Grenzüberschreitung erforderlich?[102] Außerdem besteht Uneinigkeit darüber, wie groß die Anzahl der Länder, die durch die grenzüberschreitende Geschäftstätigkeit berührt werden, sein muß, um etwa von

---

[99] Zu diesem Schluß kommt auch *Hauschildt*, der den Sprachgebrauch im Rahmen der 54. Wissenschaftlichen Jahrestagung des Verbandes der Hochschullehrer für Betriebswirtschaft e.V. 1992 in St. Gallen im Hinblick auf den Tagungstitel „Globalisierung der Wirtschaft" reflektiert. Vgl. *Hauschildt, J.*, Globalisierung der Wirtschaft, 1993, S. 5.
Macharzina umgeht diese Problematik, indem er Begriffe wie „transnational", „multinational" oder „supranational" als nicht zweckmäßig vermeidet und statt dessen den Sammelbegriff des „internationalen Unternehmens" benutzt. Vgl. *Macharzina, K.*, Unternehmensführung, 1995, S. 720.

[100] Vgl. *Welge, M. K.; Holtbrügge D.*, Internationales Management, 1998, S. 49-50; *Welge, M. K.*, Multinationale Unternehmungen, 1980, S. 3-11. Welges Systematik berücksichtigt auch die folgenden Quellen: *Aharoni, Y.*, Multinational Corporation, 1972; und *Robock, St.H.; Simmonds, K.*, Multinational Enterprise, 1973, S. 6.

[101] Vgl. zu den folgenden Ausführungen *Welge, M. K.*, Multinationale Unternehmungen, 1980, S. 4.

[102] Diese Fragestellung ist bereits weiter oben innerhalb des Abschnitts 2.3.1.1 diskutiert und beantwortet worden, so daß sich weitere Ausführungen hier erübrigen.

„internationalen“, „multinationalen“ oder „globalen“ Unternehmungen sprechen zu können. *Welge* macht deutlich, daß jede Festlegung einer bestimmten Mindestzahl für das Merkmal „Anzahl der Länder“ der Willkür des Autors unterliegt und somit schwer zu objektivieren ist. Deshalb fordert er - sozusagen als Minimalforderung - nur, „daß mindestens in zwei Ländern produziert werden muß, um eine Unternehmung als „multinational“ zu qualifizieren.“[103]

Ferner kann die Länderanzahl als Kriterium zur Bestimmung des Internationalisierungsgrades einer Unternehmung zu realitätsfernen Beurteilungen führen: Eine Unternehmung, die mit Betriebsstätten etwa in den drei Benelux-Staaten vertreten ist, würde nach diesem Merkmal einen vergleichsweise höheren Internationalisierungsgrad aufweisen als eine Unternehmung, die in Deutschland und in den USA produziert. Eine derartige Einstufung dürfte im Beispiel nicht der Realität entsprechen, denn dort ist nicht die Länderanzahl, sondern vielmehr die *geographisch-kulturelle Distanz* zwischen den Ländern das ausschlaggebende Kriterium.[104]

Weitere strukturelle Merkmale, die zur Abgrenzung des Untersuchungsgegenstandes herangezogen werden können, sind z.B. die *internationale Streuung des Unternehmenskapitals* oder die *internationale Besetzung des Top Managements*. Beide Kriterien sagen wenig über die Art, den Umfang oder die geographische Ausdehnung der internationalen Geschäftstätigkeit aus und erweisen sich bei näherer Betrachtung als unzureichende Merkmale zur zweifelsfreien Beschreibung der internationalen Unternehmung oder des Internationalisierungsgrades.[105]

Resümierend betrachtet unterliegt die Festlegung struktureller Merkmale zur Abgrenzung verschiedener Erscheinungsformen internationaler Unternehmungen immer einer gewissen Willkür. Sie kann in Grenzfällen sogar zu realitätsfernen Beurteilungen führen. Insgesamt rechtfertigt sich damit die in Abschnitt 2.3.1.1 getroffene Entscheidung zugunsten der weiter gefaßten Begriffsauffassung, da diese die Charakterisierung internationaler Unternehmungen *nicht* an die explizite Festlegung struktureller Kriterien bindet.

---

[103] *Welge, M. K.*, Multinationale Unternehmungen, 1980, S. 4.

[104] Vgl. *Kutschker, M.*, Internationalisierung, 1997, S. 50.

[105] Vgl. *Welge, M. K.*, Multinationale Unternehmungen, 1980, S. 4.

2.3.1.2.3 Leistungsmerkmale

Die Ansätze dieser Merkmalsgruppe[106] ziehen zur Charakterisierung der internationalen Unternehmung deren Leistung im Ausland heran. Es handelt sich hierbei um quantifizierbare Merkmale wie *Umsatz, Gewinn, Vermögen* oder *Beschäftigte im Ausland*, die in Form von Kennzahlen[107] festgehalten werden. Solche Kennzahlen können das Auslandsengagement in absoluten Größen ausdrücken oder auch diese absoluten Größen in Relation zu entsprechenden Größen des inländischen Engagements darstellen (z.B. Umsatzanteil, Gewinnanteil oder Beschäftigtenanteil im Ausland). Letztgenannte Kennzahlen werden als *relative Leistungsmerkmale* bezeichnet, die wegen des Bezugs zu entsprechenden Vergleichsgrößen von erweiterter Aussagekraft sind.

Fraglich ist, inwieweit einzelne Leistungsmerkmale geeignet sind, die internationale Unternehmenstätigkeit in adäquater Weise abzubilden. Betrachtet man beispielsweise den Gewinnanteil im Ausland, so ist zu berücksichtigen, daß dieser nicht unbedingt Ausdruck der dortigen Geschäftstätigkeit sein muß, sondern durch unterschiedliche Rechnungslegungsvorschriften, bilanzpolitische Überlegungen oder Verrechnungspreispraktiken (*transfer pricing*) zur internationalen Gewinnverlagerung aus steuerlichen Gründen[108] verfälscht sein kann. Ähnliche Argumentationen lassen sich im Hinblick auf andere Leistungsmerkmale wie etwa den Umsatz aufbauen.[109] Festzuhalten bleibt, daß die unterschiedlichen Leistungsmerkmale von einer Vielzahl verschiedener Variablen abhängen können, was ihre Aussagekraft als eindeutiges Merkmal zur Beschreibung der internationalen Unternehmung entsprechend einschränkt.

Ein weiteres zentrales Problem stellt die Quantifizierung eines ausgewählten Merkmals dar, an der dann zum Beispiel eine spezielle Form oder der Grad der Internationalisierung fixiert werden kann. Auch hier sind die Festsetzungen kritischer Werte letztlich Ausdruck der Willkür des Autors, was entsprechende Kritik hervorruft.

Beispielsweise definiert *Sieber* in Fortführung der in Abschnitt 2.3.1.1 vorgestellten Definition zur Thematik drei Stufen der internationalen Unternehmenstätigkeit. Er benutzt hierzu das Merkmal „Anteil des ausländischen Investitionsvolumens an dem der Gesamtunternehmung".[110] Danach repräsentieren Unternehmungen mit mindestens

---

106 Vgl. zu den folgenden Ausführungen *Welge, M. K.*, Multinationale Unternehmungen, 1980, S. 4-7.

107 Zum Kennzahlenbegriff siehe z.B. *Reichmann, Th.*, Controlling, 1997, 18-22.

108 Vgl. *Köddermann, R.*, Löhne und Steuern, 1996, S. 13; *Gilroy, B.M.*, Firmeninterner Handel, 1992, S.470; sowie *Pausenberger, E.; Glaum, M.*, Kommunikationsprobleme, 1994, S. 97-98.

109 Vgl. *Welge, M. K.*, Multinationale Unternehmungen, 1980, S. 5.

110 Vgl. *Sieber, E.H.*, Die multinationale Unternehmung, 1970, S. 418; sowie die entsprechenden Ausführungen in Abschnitt 2.3.1.1.

6 ausländischen Produktionsbetrieben und einem ausländischen Investitionsanteil von mindestens 25 % bis etwa 50 % die erste Internationalisierungsstufe und werden als „multinational" bezeichnet. Beträgt das ausländische Investitionsvolumen zwischen 50 % und 75 % liegt die zweite Stufe der „internationalen" Unternehmung und ab 75 % die dritte Stufe der „Weltunternehmung" vor. Die Festsetzung dieser Stufen wird jedoch weder näher begründet noch auf eine empirisch fundierte Basis gestellt, was den oben formulierten Kritikpunkt der Willkür untermauert. Auch *Sieber* selbst sieht dieses Manko, indem er einräumt, daß jeder Versuch, eine große Vielfalt von Erscheinungsformen nach einigen wenigen Kategorien zu gruppieren, der wirtschaftlichen Realität „Gewalt" antun müsse.[111]

Bei aller Kritik sind die Leistungsmerkmale ebenso wie die strukturellen Merkmale gut zu operationalisieren. Sie ermöglichen eine scharfe Grenzziehung zwischen Objekten. Das kann zum Beispiel dann von Vorteil sein, wenn im Rahmen einer empirischen Untersuchung ein eindeutiges Kriterium zur Abgrenzung einer Grundgesamtheit von Objekten gefordert ist.

Versucht man hingegen die verschiedenen Formen der internationalen Unternehmung realitätsgerecht zu charakterisieren, dürften quantifizierbare Größen wie Leistungs- und Strukturmerkmale allein nicht ausreichen.[112] Deshalb soll im folgenden der Blick auf *qualitative* Merkmale zur Beschreibung internationaler Unternehmungen gelenkt werden.

2.3.1.2.4 Verhaltensorientierte Merkmale

Die verhaltensorientierten Ansätze stellen vor allem auf die *Einstellung* und die *Denkhaltung* des Top Managements als Merkmal zur Beschreibung internationaler Unternehmungen und ihres Internationalisierungsgrades ab.[113]

Einen bis heute anerkannten Ansatz verhaltensorientierter Prägung, dessen Ursprünge in die 1960er Jahre zurückreichen, hat *Perlmutter* geliefert. Er unterscheidet in

---

111 Vgl. *Sieber, E.H.*, Die multinationale Unternehmung, 1970, S. 419.
Einen weiteren Beleg für die Willkür derartiger Abgrenzungen liefert der Vergleich mit einer früheren Publikation *Siebers*: Danach liegt abweichend zur hier vorgestellten Definition dann eine Form der „multinationalen" Unternehmung vor, wenn etwa „ein Fünftel oder mehr ihres Gesamtumsatzes von Niederlassungen in mehreren oder gar vielen Ländern erzielt wird." *Sieber, E.H.*, Die internationale Unternehmung, 1966, S. 55.

112 Vgl. *Welge, M. K.*, Multinationale Unternehmungen, 1980, S. 7.

113 Vgl. *Perlitz, M.*, Internationales Management, 1997, S. 140; *Welge, M. K.*, Multinationale Unternehmungen, 1980, S. 7.

diesem Ansatz zunächst zwischen *ethnozentrischen, polyzentrischen* und *geozentrischen* Verhaltensweisen internationaler Unternehmungen,[114] die in einer späteren Publikation um die *regiozentrische* Verhaltensweise erweitert werden.[115] Die Unterschiede dieser Verhaltensweisen sind nach *Perlmutter* in bestimmten Einstellungen des Top Managements zu Tochtergesellschaften, zum Gastland, sowie zu Produkten, Funktionen und Regionen begründet. Diese Unterschiede gilt es im folgenden näher zu betrachten:[116]

Wie schon die Bezeichnung *ethnozentrisch* ausdrückt, sind die Einstellungen und Denkhaltungen in einer solchen Unternehmung ethnisch zentriert, also heimatlandbezogen ausgerichtet. Die Schlüsselpositionen in den ausländischen Tochtergesellschaften werden bevorzugt durch Mitarbeiter aus dem Stammland besetzt. Dieses führt zu einheitlichen Denkmustern in Mutter- und Tochtergesellschaften. Strategische Entscheidungen über Produkte und Funktionen werden auf die Belange der Muttergesellschaft, bei der auch die Entscheidungsmacht liegt, ausgerichtet. Die Autonomie der Tochtergesellschaften ist entsprechend gering.

Im Gegensatz dazu ist eine *polyzentrisch* orientierte Unternehmung durch die Vorstellung geprägt, daß die Bedingungen in den Gastländern vergleichsweise different sind und dementsprechend schwer für die Manager des Stammlandes zu durchschauen sind. Eine adäquate Berücksichtigung erfolgt hier durch die Betonung der lokalen Sichtweise. Dieses bedeutet, daß Managementpositionen durch jeweils einheimische Mitarbeiter besetzt werden, produkt- oder funktionsbezogene Strategien an den jeweils lokalen Faktoren ausgerichtet sind, die Entscheidungsmacht in starkem Maße bei den Tochtergesellschaften liegt und die Autonomie dieser Tochtergesellschaften entsprechend groß ist. Ziel ist es, die Tochtergesellschaften so in die lokalen Umweltbedingungen zu integrieren, daß sie als lokale Unternehmungen wahrgenommen werden, also eine jeweils nationale Identität besitzen.

Die Denkhaltungen in *regiozentrisch* orientierten Unternehmungen sind auf bestimmte Länderregionen wie zum Beispiel Europa ausgerichtet. Managementpositionen werden international mit Mitarbeitern aus den Ländern der jeweiligen Region besetzt. Es dominiert die regionenbezogene Sichtweise, die innerhalb der Region eine länderübergreifende Abstimmung der Aktivitäten anstrebt. Ziel ist es, durch international

114 Vgl. *Perlmutter, H.V.*, The Tortuous Evolution of the Multinational Corporation, 1972; *Perlmutter, H.V.*, Trois conceptions, 1965.

115 Vgl. *Heenan, D.A.; Perlmutter, H.V.*, Multinational Organization Development, 1979.

116 Die folgende Darstellung stützt sich neben den zuvor zitierten Quellen auf die Darstellungen bei: *Welge, M. K.; Holtbrügge D.*, Internationales Management, 1998, S. 51-55; *Welge, M. K.*, Multinationale Unternehmungen, 1980, S. 7-9; *Perlitz, M.*, Internationales Management, 1997, S. 140-144; *Otto, A.*, Unternehmenssteuerung im internationalen Wettbewerb, 1994, S. 128-133.

koordinierte Strategien oder Vorgehensweisen intraregional Synergiepotentiale zu erschließen, ohne dabei jedoch interregional (weltweit) einheitliche Grundsatzstrategien zu verfolgen.[117] Eine regiozentrisch orientierte Unternehmung besitzt keine nationale Identität, sondern eine auf die jeweilige Länderregion bezogene, regionale Identität wie etwa eine „Euro"-Identität.

In *geozentrischen* Unternehmungen herrscht in allen Landesgesellschaften eine weltweit ausgerichtete Denkweise vor. Mutter- und Tochtergesellschaften sind als Teile einer globalen Einheit weltweit koordiniert und integriert. Die weltweiten Managementpositionen werden unabhängig von der Nationalität durch die weltweit qualifiziertesten Mitarbeiter besetzt,[118] produkt- und funktionsbezogene Entscheidungen sind weltweit ausgerichtet. Ziel der geozentrischen Orientierung ist es, durch die globale Koordination möglichst effektiv allokierte Ressourcen zu verwirklichen sowie länderübergreifende, weltweite Synergien zu erschließen.[119]

Die Beurteilung internationaler Unternehmungen anhand der dargestellten Verhaltensorientierungen gewinnt an Aussagekraft, wenn die einzelnen Orientierungen in ihrer *Kombination* sowie im Kontext ihrer *zeitlichen* Entwicklung betrachtet werden. Kombinationen sind etwa durch funktionsbezogen differenziertes Handeln und Denken möglich, indem beispielsweise die Forschung und Entwicklung geozentrisch ausgerichtet ist, während das Marketing im Bemühen um größtmögliche Kundennähe einer eher polyzentrischen Orientierung folgt. Das Resultat sind spezifische EPRG-Profile[120], die weiter im Hinblick auf ihre zeitliche Entwicklung betrachtet werden können. Es gibt hier zwar keine grundsätzlich einheitliche Entwicklungsfolge, doch es kann ein durchaus typisches Entwicklungsmuster identifiziert werden, das ausgehend von einer ethnozentrischen Ausrichtung über die polyzentrische und die regiozentrische Orientierung bis hin zu einer geozentrisch ausgerichteten Unternehmung führt.[121]

Resümierend betrachtet eignen sich die vorgestellten verhaltensorientierten Merkmale vergleichsweise gut, die verschiedenen Ausprägungen internationaler Unternehmungen zu charakterisieren. Problematisch erscheint allerdings die Identifizierung und Erfassung dieser qualitativen Merkmale, die vergleichsweise schwerer zu operationa-

117 Vgl. *Stegmüller, B.*, Internationale Marketing-Konzeptionen, 1993, S. 389-390.

118 Vgl. *Otto, A.*, Unternehmenssteuerung im internationalen Wettbewerb, 1994, S. 129-130.

119 Vgl. *Perlitz, M.*, Internationales Management, 1997, S. 141.

120 Perlmutter wählt - die Anfangsbuchstaben der Orientierungen aufgreifend - zunächst die Bezeichnung EPG-Profil, die sich mit Einführung der regiozentrischen Dimension zur Bezeichnung EPRG-Profil erweitert. Vgl. *Perlmutter, H.V.* ‚The Tortuous Evolution of the Multinational Corporation, 1972, S. 60; in Verbindung mit *Heenan, D.A.; Perlmutter, H.V.*, Multinational Organization Development, 1979, S. 17 ff..

121 Vgl. *Perlitz, M.*, Internationales Management, 1997, S. 144.

lisieren sind als die bereits dargestellten Struktur- und Leistungsmerkmale.[122] Trotz dieser eingeschränkten Operationalisierbarkeit sind die Attribute *ethno-*, *poly-*, *regio-* und *geozentrisch* etablierte Bestandteile der Terminologie des internationalen Managements.[123] Sie sind damit auch für die vorliegende Arbeit von grundlegender Bedeutung.

2.3.1.2.5 Merkmale des evolutorischen Prozesses der Internationalisierung

Anhand der bisher vorgestellten Merkmale konnten internationale Unternehmungen zeitpunktbezogen charakterisiert werden. Bei der Betrachtung der verhaltensorientierten Merkmale deutete sich bereits an, daß diese statischen Momentaufnahmen auch im Kontext ihrer *zeitlichen Entwicklung* gesehen werden können. Genau an dieser Stelle setzt die hier zu betrachtende Merkmalsgruppe an; denn nationale Unternehmungen wandeln sich nicht „über Nacht" zu polyzentrischen Unternehmungen oder Weltunternehmungen, sondern sie durchlaufen unterschiedliche *Entwicklungsprozesse* und *-muster* zwischen diesen Extrempunkten.[124]

Kutschker unterscheidet zum Beispiel drei verschiedenartige Entwicklungsmuster der internationalen Unternehmung: Die „kontinuierliche Internationalisierung", die „Internationalisierungs<u>episode</u>" und die „Internationalisierungs<u>epoche</u>".[125]

Die *kontinuierliche* Internationalisierung beschreibt dabei die evolutionäre Entwicklung der internationalen Unternehmung in einem ständig andauernden Wandlungs- und Veränderungsprozeß. Im Gegensatz dazu treten im Fall von *Internationalisierungs<u>episoden</u>* die Veränderungen schubweise ein. Sie werden in der Regel durch besondere Ereignisse ausgelöst. Zwischen den soeben genannten Formen steht die Internationalisierung in *Epochen*. Die Veränderungen einer Internationalisierungsepoche sind tiefgreifender als die Veränderungen kontinuierlicher Entwicklungen. Während kontinuierliche Entwicklungen unbefristet verlaufen, erstrecken sich epochale Entwicklungen auf abgegrenzte Zeiträume, die allerdings länger andauern als die Entwicklungssprünge von Internationalisierungsepisoden.

Zur Positionierung einer internationalen Unternehmung im Internationalisierungsprozeß lassen sich verschiedene Ansätze identifizieren. Eine Möglichkeit deutet der bereits vorgestellte Ansatz von *Perlmutter* an, dessen verhaltensorientierte Erschei-

---

122 Vgl. *Welge, M. K.*, Multinationale Unternehmungen, 1980, S. 9.

123 Vgl. *Welge, M. K.; Holtbrügge D.*, Internationales Management, 1998, S. 54.

124 Vgl. *Fieten, R.*, Allokation von Wertschöpfungsaktivitäten, 1997, S. 693-694.

125 Vgl. *Kutschker, M.*, Internationalisierung, 1997, S. 53-66.

nungsformen internationaler Unternehmungen auch in ihrer zeitlichen Entwicklungsfolge gesehen werden können.[126] Als eine weitere Möglichkeit können die Phasen im Internationalisierungsprozeß auch mittels quantitativer Merkmale (Struktur- und Leistungsmerkmale) als sogenannte *Internationalisierungsprofile* dargestellt werden.[127]

Ein Beispiel liefern die Autoren *Hederer, Kumar* und *Müller-Heumann*. Sie schlagen ein Profilkonzept vor, daß den Grad der Internationalisierung anhand von insgesamt sieben Merkmalen visualisiert (Abbildung 2-6).[128] Es wird davon ausgegangen, daß sich die internationale Unternehmung „auf dem Weg vom Pol der nationalen Unternehmung zu dem der Weltunternehmung befindet“[129], und daß das Internationalisierungsprofil letztlich einen Ausschnitt der Dynamik zwischen diesen Polen abbildet. Dazu werden die einzelnen Profilmerkmale nicht als absolute Werte dargestellt, sondern das Internationalisierungsprofil visualisiert gerade die *relativen* Inlands- bzw. Auslandsanteile der verschiedenen Merkmale.

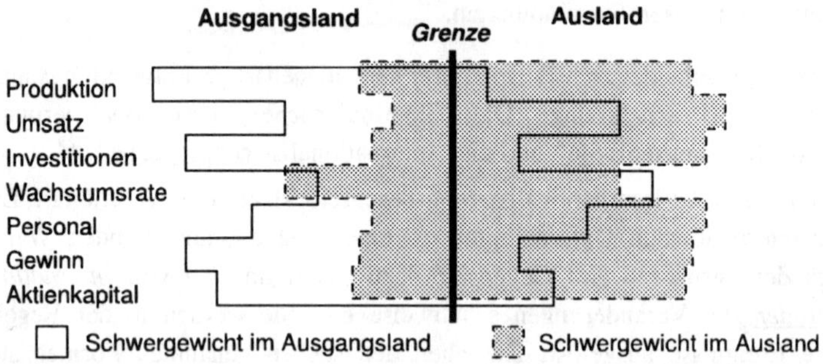

Abbildung 2-6: Exemplarische Darstellung zweier Internationalisierungsprofile[130]

126 Siehe die entsprechenden Ausführungen im vorangegangenen Abschnitt 2.3.1.2.4.

127 Eine weitere Möglichkeit bietet die Indexdarstellung, die aber an dieser Stelle nicht näher betrachtet werden soll. Siehe hierzu die Ausführungen bei *Welge, M. K.*, Multinationale Unternehmungen, 1980, S. 11.

128 Vgl. *Hederer, G.; Kumar, B.; Müller-Heumann, G.*, Internationale Unternehmung, 1970, S. 518-519.

129 *Hederer, G.; Kumar, B.; Müller-Heumann, G.*, Internationale Unternehmung, 1970, S. 518.

130 Abbildung übernommen aus *Hederer, G.; Kumar, B.; Müller-Heumann, G.*, Internationale Unternehmung, 1970, S. 518.

Derartige Internationalisierungsprofile eignen sich in mehrfacher Hinsicht zur Beurteilung internationaler Unternehmungen. So zeigt der Zeitvergleich mehrerer Profile, wie, in welchen Bereichen und mit welcher Dynamik eine Unternehmung auf dem „Pfad"[131] der Internationalisierung fortschreitet.

Außerdem gibt die Profilentwicklung Aufschluß darüber, ob und in welchem Maße die Merkmalsveränderungen synchron verlaufen. Betrachtet man beispielsweise die Profile in Abbildung 2-6, so fällt auf, daß die ausgangslandorientierte Unternehmung die internationale Ausdehnung zunächst vorwiegend über den Absatz realisiert. Die Investitionstätigkeit im Ausland ist (noch) zurückhaltend, die Produktion erfolgt größtenteils im Stammland. Die auslandsorientierte Beispielunternehmung hat dagegen ihre Investitionstätigkeit im Ausland, ihre Produktion im Ausland und weitere Merkmale anteilsmäßig an die Umsatzgröße angepaßt. Ebenfalls aufschlußreiche Informationen versprechen branchenbezogene Profilvergleiche, die etwa zur Darstellung von Wettbewerbspositionen herangezogen werden können.

Die Nachteile des Profilmodells liegen in den schon dargestellten Kritikpunkten an den Struktur- und Leistungsmerkmalen begründet. Es erscheint auch hier keine befriedigende und zugleich willkürfreie Abgrenzung verschiedener Formen internationaler Unternehmungen möglich. Zu diesem Schluß kommen auch die Autoren der vorgestellten Konzeption, die eine typologische Abstufung der internationalen Unternehmung auf ihrem Weg zwischen den besagten Polen der nationalen Unternehmung und der Weltunternehmung als problematisch ansehen und deshalb vermeiden.[132] Ein weiterer Nachteil der Konzeption ist darin zu sehen, daß keine Aussagen über die geographische Ausdehnung und Struktur der internationalen Aktivitäten getroffen werden.

Trotz der angeführten Kritikpunkte bleibt festzuhalten, daß die Profilansätze[133] die Darstellung evolutorischer Internationalisierungsprozesse ermöglichen. Sie stellen deshalb eine geeignete Ergänzung zu den hier bereits vorgestellten Möglichkeiten dar, internationale Unternehmungen zu charakterisieren.

---

131 *Dülfer* spricht hier auch von „Internationalisierungspfaden"; vgl. *Dülfer, E.*, Internationales Management, 1997, S. 132 u. 143; *derselbe,* Internationalisierung der Unternehmung, 1982, S. 49.

132 Vgl. *Hederer, G.; Kumar, B.; Müller-Heumann, G.,* Internationale Unternehmung, 1970, S. 518 und 521.

133 Weitere Profilansätze finden sich z.B. bei *Kutschker, M.*, Internationalisierung, 1997, S. 52-53; *Pausenberger, E.,* Internationalisierungsstrategien, 1994, S.14; derselbe, Die internationale Unternehmung, 1982, S.45-46.

2.3.1.2.6 Zusammenfassende Beurteilung der Merkmalsgruppen

Die dargestellten Merkmalsgruppen haben Aufschluß über die zahlreichen Möglichkeiten gegeben, die internationale Unternehmung zu beschreiben, abzugrenzen und zu charakterisieren. Die jeweiligen Ansätze sind mit sehr unterschiedlichen Vor- und Nachteilen verbunden, die hier eine eindeutige Festlegung auf *eine* Merkmalsgruppe zur Beschreibung des Untersuchungsgegenstandes nicht sinnvoll erscheinen lassen. Für die vorliegende Arbeit haben sich aus den Überlegungen der vorangegangenen Abschnitte vielmehr folgende Erkenntnisse ergeben:

Die Betrachtung der *strukturellen* Merkmale und der *Leistungsmerkmale* hat gezeigt, daß durch sie keine zweifels- und willkürfreien Abgrenzungen verschiedener Internationalisierungsgrade und -formen möglich sind. Das rechtfertigt auch die in Abschnitt 2.3.1.1 getroffene Entscheidung zugunsten einer weiter gefaßten Begriffsauffassung, die auf eine explizite Festlegung struktureller oder leistungsbezogener Merkmale zur Definition der internationalen Unternehmung bewußt verzichtet. Gleichwohl liegt es in der Natur der Sache, daß eine - wie auch immer geartete - Unternehmenstätigkeit nur dann als „grenzüberschreitend“ bezeichnet werden kann, wenn sie auf mindestens zwei Länder ausgedehnt ist. Mit Blick auf die hier zu fokussierende Produktionsaktivität muß sich diese also in *mindestens zwei Ländern* vollziehen, um als „international“ gelten zu können.

Die *verhaltensorientierten* Merkmale sind dagegen besser geeignet, verschiedene Erscheinungsformen und Grundhaltungen internationaler Unternehmungen zu beschreiben, ohne daß diese Beschreibung zwingend an quantifizierbaren Eckdaten fixiert werden muß. In Ergänzung zu den anderen Merkmalsgruppen werden sie für die weitere Analyse von Bedeutung sein und später zum Beispiel zur Charakterisierung strategischer Grundorientierungen internationaler Produktionsaktivitäten herangezogen werden.[134]

Auch die *Merkmale des Evolutionsprozesses* international operierender Unternehmungen werden später noch zu beachten sein, denn die Position einer Unternehmung innerhalb dieses Evolutionsprozesses beeinflußt die Möglichkeiten und die Grenzen bei der Gestaltung internationaler Produktionsaktivitäten.

---

134 Siehe Kapitel 6.

2.3.2 Management internationaler Unternehmungen

Die grenzüberschreitende Unternehmenstätigkeit und das damit verbundene Agieren in den heterogenen Umwelten fremder Länder führt zu einer beträchtlichen Ausweitung betriebswirtschaftlicher Problemstellungen, die durch nationale Managementkonzeptionen nicht mehr zu bewältigen sind.[135] Die erforderliche Ausrichtung des Managements auf die internationale Dimension führt zum Spezialfach des „internationalen Managements", das u.a. auch als „internationale Unternehmensführung", „internationale Unternehmensleitung" oder „International Business" bezeichnet wird.[136]

Entsprechend der in Abschnitt 2.2.2 vorgestellten Unterscheidung zwischen dem *allgemeinen* und dem *speziellen* Management sind auch innerhalb des internationalen Managements allgemeine und spezielle Ansätze differenzierbar.

Das *allgemeine internationale Management* zeichnet sich durch die funktionsübergreifende Sichtweise aus, die auf die internationale Unternehmung als Ganzes gerichtet ist. Diese übergreifende Ausrichtung wird vor allem mit der erhöhten Komplexität der internationalen Unternehmenstätigkeit sowie der daraus resultierenden Notwendigkeit einer ganzheitlichen Betrachtungsweise gerechtfertigt. So führt etwa *Perlitz* aus: „Gerade die äußerst komplexen betrieblichen Entscheidungen internationaler Unternehmensaktivitäten sind aufgrund ihres spezifischen (Querschnitt-) Charakters funktionsübergreifend zu erforschen, was jedoch nicht heißen soll, daß eine Beschäftigung mit funktionsbereichsspezifischen Problemen der Internationalisierung sinnlos wäre."[137]

Diesen Gedanken fortführend erscheint die Fokussierung funktionsspezifischer Problemstellungen im Sinne eines *speziellen internationalen Managements* nur dann sinnvoll, wenn dabei zugleich auch der Blick für übergreifende, gesamtunternehmungsbezogene Belange erhalten bleibt. Deshalb sollten auch funktionsbezogene Ansätze an den Erkenntnisstand des allgemeinen internationalen Managements anknüpfen, indem sie besonders die dort weitgehend anerkannten Konzepte mit berücksichtigen. Dabei muß es das Ziel sein, eine möglichst gute Kompatibilität des speziellen Ansatzes zu bereits vorhandenen, allgemeinen Ansätzen herzustellen, um auf diese Weise die Integrationsfähigkeit des speziellen Ansatzes in allgemeine internationale Managementkonzepte zu gewährleisten.

---

135 Vgl. *Perlitz, M.*, Internationales Management, 1997, S. 22; *Scholl, R.F.*, Internationalisierungsstrategien, 1989, Sp. 984.

136 Vgl. *Meissner, H.G.*, Strategisches Internationales Marketing, 1995, S. 10; sowie die Ausführungen zum Managementbegriff in Abschnitt 2.2.2 dieser Arbeit.

137 *Perlitz, M.*, Internationales Management, 1997, S. 23.

In diesem Sinne gilt es, die mit dieser Arbeit fokussierte internationale Produktionsaktivität auch vor dem Hintergrund bereits vorhandener Erkenntnisse und Konzepte des allgemeinen internationalen Managements zu betrachten. Denn nur so kann die geforderte Kompatibilität dieses funktions*spezifischen* Ansatzes zu den funktions*übergreifenden*, allgemeinen Ansätzen sichergestellt werden.

Deshalb ist es die Aufgabe des folgenden Abschnitts 2.3.3, die für die spätere Analyse erforderlichen Grundlagen aus dem Erkenntnisbereich des allgemeinen internationalen Managements bereitzustellen.

Auf weitere Betrachtungen zum Managementbegriff kann hier verzichtet werden, da die an anderer Stelle[138] gewonnenen Erkenntnisse auch für das „internationale Management" gelten. Hervorzuheben ist auch hier die Fokussierung der strategischen Managementdimension, was die Bezeichnung *„strategisches internationales Management"* nahelegt. Aus Vereinfachungsgründen soll im folgenden jedoch der Begriff „internationales Management" als verkürzte Bezeichnung ausreichen.

2.3.3 Strategische Gestaltung im internationalen Management

2.3.3.1 Gestaltungsdimensionen im internationalen Management

Bevor eine im Rahmen des internationalen Managements konsensfähige Strategietypologie vorgestellt werden kann (Abschnitt 2.3.3.2), ist es zunächst vorgesehen, einige grundlegende *Gestaltungsdimensionen* des internationalen Managements zu erarbeiten.[139] Die Auswertung der herangezogenen Literatur führt zu folgenden vier Dimensionen, die nun näher zu betrachten sind (Abbildung 2-7): [140]

---

138 Vgl. Abschnitt 2.2.2.

139 Hierzu wurden Analysen herangezogen, die analog zur hier gewählten Vorgehensweise um die explizite Darstellung dieser Dimensionen bemüht sind. Außerdem wurden Konzepte berücksichtigt, die diese Dimensionen (implizit) nutzen, um spezielle Formen der internationalen Unternehmenstätigkeit zu beschreiben.

140 Vgl. dazu z.B. *Welge, M. K.; Holtbrügge D.*, Internationales Management, 1998, S. 124-143; *Perlitz, M.*, Internationales Management, 1997, S. 152-158; *Kumar, B.N.*, Globale Wettbewerbsstrategien, 1993, S. 54-56; *Meffert, H.*, Wettbewerbsstrategische Aspekte der Globalisierung, 1993, S. 27-28; derselbe, Wettbewerbsstrategien auf globalen Märkten, 1991; derselbe, Marketing im Spannungsfeld, 1986; *Macharzina, K.*, Globale Strategieansätze, 1993, S. 37-41; derselbe, Steuerung von Auslandsgesellschaften, 1993, S. 77-84; *Schreyögg, G.*, Globalisierung und Regionalisierung, 1993; *Welge, M.K.; Böttcher R.*, Globale Strategien, 1991, S. 437-439; *Porter, M. E.*, Rahmenkonzept, 1989, 25-31; *Flaherty, Th.*, Globale Fertigungsprozesse, 1989.

	Konfiguration	
geographische Streuung	↔	*geographische Konzentration*
	Koordination	
geringe Abstimmung	↔	*hohe Abstimmung*
Differenzierung	↔	*Standardisierung*
Dezentralisierung	↔	*Zentralisierung*

Abbildung 2-7: Gestaltungsdimensionen im internationalen Management

Konfiguration

Die Konfiguration als eine wesentliche Gestaltungsdimension herauszustellen, geht vor allem auf *Porter* und sein Rahmenkonzept zum globalen Management zurück.[141] Hiernach ist unter „Konfiguration" die Anzahl der Standorte und deren geographische Verteilung zu verstehen, und zwar bezüglich jeder einzelnen Wertaktivität (Funktion).[142] Die Konfiguration einer Wertaktivität kann von der *geographischen Streuung*, also einer Verteilung der Aktivität auf viel Länder, bis hin zur *geographischen Konzentration*, also der Zusammenfassung einer Aktivität an einem Standort, reichen.[143]

Koordination

Eng verbunden mit der Konfiguration der Aktivitäten ist die zweite Gestaltungsdimension des *Porterschen* Rahmenkonzeptes, die „Koordination". Hierunter ist letztlich die *Abstimmung* einer mehr oder weniger gestreuten Aktivität zu verstehen.[144] Diese kann zwischen den Extremfällen des 'völligen Verzichtes auf Abstimmung' (vollständige lokale Autonomie) und der 'umfangreichen Abstimmung' gestreuter Aktivitäten ausgestaltet sein.[145] Eine umfangreiche Koordination ist beispielsweise

---

141 Vgl. *Porter, M. E.*, Rahmenkonzept, 1989. – Dieses Rahmenkonzept knüpft an das Wertkettenmodell von *Porter* an, das bereits in Abschnitt 2.2.1.2 erarbeitete wurde. Vgl. auch *Porter, M. E.*, Wettbewerbsvorteile, 1996, S. 59-82.

142 Vgl. *Porter, M. E.*, Rahmenkonzept, 1989, S. 26-27; und auch *Welge, M.K.; Böttcher R.*, Globale Strategien, 1991, S. 437-438.

143 Vgl. *Porter, M. E.*, Rahmenkonzept, 1989, S. 25-31.

144 Vgl. *Macharzina, K.*, Globale Strategieansätze, 1993, S. 77-78.

145 Vgl. *Porter, M. E.*, Rahmenkonzept, 1989, S. 27-28; und auch. *Welge, M.K.; Böttcher R.*, Globale Strategien, 1991, S. 438.

bezüglich der Produktionsaktivität dann erforderlich, wenn diese auf mehrere Länder verteilt ist und zudem ausgeprägte zwischenbetriebliche Leistungsverflechtungen bestehen. Denn in solchen Fällen ist die internationale Integration der gestreuten Produktionen erforderlich, die nicht ohne ein gewisses Maß an Abstimmung zu realisieren ist.[146]

Im Kern läßt sich die Gestaltungsdimension „Koordination“ auf die Entscheidung zwischen *lokaler Autonomie* auf der einen und *internationaler/globaler Integration* auf der anderen Seite reduzieren. Während die lokale Autonomie von Unternehmungsteilen einen geringen Koordinationsgrad erlaubt, erfordert die globale Integration einer gestreuten Aktivität einen vergleichsweise hohen Grad der Koordination.[147]

Differenzierung versus Standardisierung

Diese Gestaltungsdimension ist in Verbindung mit der schon behandelten Koordination zu sehen.[148] Sie betrifft die Entscheidung über den *Grad der Vereinheitlichung* (*Unifizierung*) der international gestreuten Aktivitäten[149] sowie der weltweit angebotenen Produkte[150]. Während die Ausrichtung an lokalen Bedingungen einer Vereinheitlichung tendenziell entgegensteht, erfordert die internationale Integration gestreuter Aktivitäten ein hohes Maß an Koordination und ein entsprechend hohes Standardisierungsniveau.

Die Entscheidung im Spannungsfeld zwischen Differenzierung und Standardisierung betrifft nicht nur die marktbezogenen Aktivitäten, sondern gerade auch die *vorgelagerten* Aktivitäten[151] wie etwa die Produktion sowie die *unterstützenden* (sekundären) Aktivitäten wie etwa die Beschaffung oder die Logistik. Die konsequente Standardisierung von Produkten, Aktivitäten, Prozessen oder Instrumenten vereinfacht die Koordination und hilft so, internationale Rationalisierungspotentiale zu erschließen.[152] Eine Differenzierung ermöglicht hingegen die Anpassung an lokale Bedingungen und fördert so die Nähe zu lokalen Märkten und Kunden.

---

146 Vgl. *Kutschker, M.*, Internationalisierung, 1997, S. 51-52.

147 Vgl. *Kumar, B.N.*, Globale Wettbewerbsstrategien, 1993, S. 55-56.

148 Vgl. *Kumar, B.N.*, Globale Wettbewerbsstrategien, 1993, S. 55-56.

149 Vgl. *Schreyögg, G.*, Globalisierung und Regionalisierung, 1993, S. 160.

150 Vgl. *Meissner, H.G.*, Strategisches Internationales Marketing, 1995, S. 172.

151 Die Unterscheidung zwischen „vorgelagerten“ und „nachgelagerten“ Aktivitäten geht auf *Porter* zurück, der die *primären* Aktivitäten der Wertkette nach ihrem Kundenbezug in besagter Form unterscheidet: Hoher Kundenbezug = nachgelagerte Aktivität; geringer Kundenbezug = vorgelagerte Aktivität. Vgl. *Porter, M. E.*, Rahmenkonzept, 1989, S. 25-26.

152 Vgl. *Kreutzer, R.*, Global Marketing, 1989, S. 60-61.

Dezentralisierung versus Zentralisierung

Diese Gestaltungsdimension steht in direktem Bezug zur schon dargestellten Konfiguration. So kann die geographische Streuung mit dem Terminus „Dezentralisierung" und die geographische Konzentration mit dem Terminus „Zentralisierung" umschrieben werden.[153] Neben diesem strukturellen Aspekt betreffen Zentralisierung und Dezentralisierung aber auch die Koordination, die im Hinblick auf Informations-, Planungs-, und Kontrollprozesse sowie Entscheidungs- und Steuerungskompetenzen zentralisiert oder dezentralisiert gestaltet sein kann.[154]

2.3.3.2 Typologie internationaler Strategien

Die Versuche, strategische Orientierungen internationaler Unternehmungen zu systematisieren, sind vielfältig und haben bis dato zu einer Reihe von Systematisierungs- und Typologisierungsansätzen geführt.[155] Trotz dieser Vielfalt läßt sich eine im internationalen Management als konsensfähig anzusehende Strategietypologie identifizieren,[156] die zur Beschreibung und Einordnung von Strategiemustern internationaler Unternehmungen herangezogen werden kann. Diese Typologie ist wesentlich durch *Meffert* sowie auch durch die Autoren *Henzler* und *Rall* geprägt worden.[157] Sie kann, wie die Benennungen der Matrixfelder in Abbildung 2-8 erkennen lassen, außerdem auf das bereits vorgestellte EPRG-Konzept *Perlmutters* zurückgeführt werden.[158] Als Grundlage für die weiteren Überlegungen wird hier der Ansatz von *Meffert* (siehe Abbildung 2-8) herangezogen.

---

153 Vgl. *Meffert, H.*, Wettbewerbsstrategien auf globalen Märkten, 1991, S. 402.

154 Vgl. *Bartlett, C.A.*, Management der transnationalen Unternehmung, 1989, S. 433-435; *Meffert H.*, Marketing im Spannungsfeld, 1986, S. 697-698.
Weitere Dimensionen, die mit der Frage der Zentralisierung verbunden werden können sowie eine ausführliche begriffliche Auseinandersetzung mit der Thematik liefert die Analyse von *Hungenberg, H.*, Zentralisation und Dezentralisation, 1995, siehe dort u.a. S. 44-55.

155 Vgl. *Engelhard, J., Oesterle, M.-J.*, Theorie der internationalen Unternehmenstätigkeit, 1997, S. 27-28.

156 Vgl. *Macharzina, K.*, Steuerung von Auslandsgesellschaften, 1993, S. 79; *Macharzina, K.*, Globale Strategieansätze, 1993, S. 37.

157 Vgl. *Meffert H.*, Marketing im Spannungsfeld, 1986, insbesondere S. 689-694; *Henzler, H.; Rall, W.*, Aufbruch in den Weltmarkt, 1985, S. 176-190, insbesondere S. 182-183; und auch *Kux, B.; Rall W.*, Globaler Wettbewerb, 1990, S.76-78; sowie *Jentner, B.*, Globalisierungsstrategien, 1990, S. 10-13.

158 Vgl. *Engelhard, J., Oesterle, M.-J.*, Theorie der internationalen Unternehmenstätigkeit, 1997, S. 28; sowie Abschnitt 2.3.1.2.4 dieser Arbeit.

Anhand der matrixartigen Darstellung des Spannungsfeldes zwischen *globaler Integration* und *lokaler Anpassung (Differenzierung)* werden die verschiedenen Strategietypen positioniert (Abbildung 2-8). Diese Strategietypen lassen sich mit Hilfe der im vorherigen Abschnitt vorgestellten Gestaltungsdimensionen näher beschreiben. Das wird im Anschluß an die nachstehende Abbildung erfolgen.

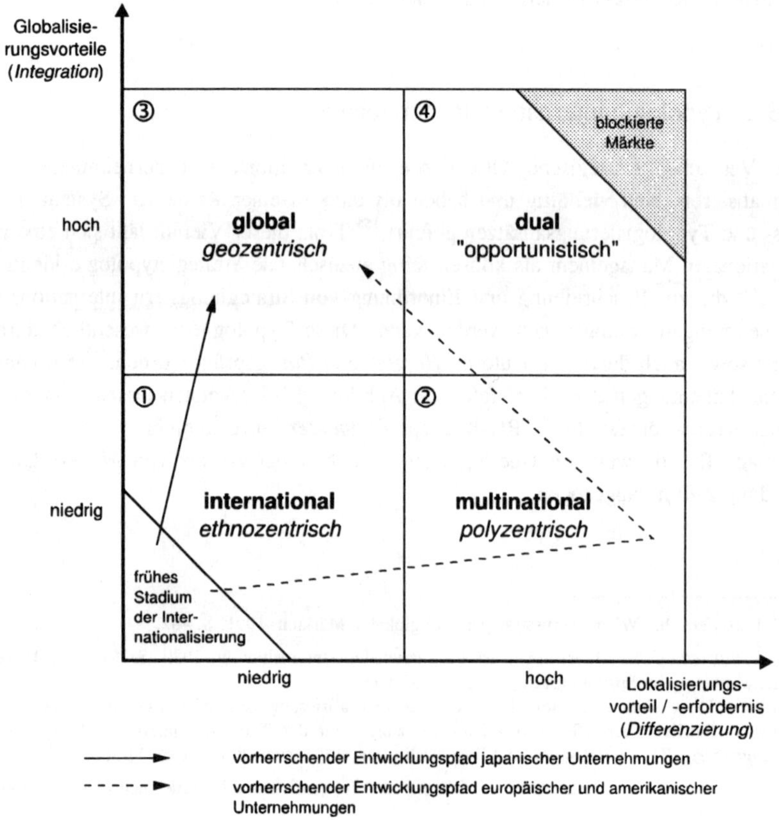

Abbildung 2-8: Grundtypen von Internationalisierungsstrategien[159]

[159] Quelle: *Meffert H.*, Marketing im Spannungsfeld, 1986, S. 691.

Internationale Strategien ①

Strategietypen, die als „international“ bezeichnet werden können, gehen mit einer *ethnozentrisch* geprägten Grundhaltung der Unternehmung einher. Das internationale Engagement beschränkt sich vorwiegend auf die Wahrnehmung profitabler Auslandsgeschäfte zur Sicherung des inländischen Unternehmungsbestandes.[160] Die betriebliche Wertschöpfung ist vorwiegend im Heimatland konzentriert, die internationale Aktivität erstreckt sich primär auf Exporttätigkeiten.[161] Es werden für die im Inland erfolgreichen Produkte vorwiegend solche Exportmärkte gesucht, die dem Heimatmarkt ähnlich sind und die deshalb keine nennenswerten Produktanpassungen erfordern.

Die Fähigkeit zur Anpassung an lokale Bedingungen (Differenzierung) ist nur sehr begrenzt vorhanden und erscheint aus Sicht der Unternehmung ebensowenig vorteilhaft wie eine globale Integration. Unternehmungen, die derartige Strategietypen verfolgen, sind üblicherweise durch zentralisierte Managementkonzeptionen geprägt.[162] Dabei werden bewährte Strukturen und Prozesse des Stammhauses weitgehend unverändert auf die ausländischen Niederlassungen übertragen.[163]

Bezogen auf den evolutorischen Prozeß der Internationalisierung stellt der Typus der „internationalen“ Strategie die Anfangsphase dieses dynamischen Prozesses dar.[164]

Multinationale Strategien ②

„Multinationale“ Strategietypen, die auch als „länderspezifische“ Strategien bezeichnet werden,[165] zeichnen sich durch *polyzentrische* Merkmale aus. Die Unternehmensaktivitäten sind international gestreut konfiguriert, wobei die Auslandsgesellschaften an den jeweiligen lokalen Bedingungen ausgerichtet sind. Produkte und Dienstleistungen sind ebenso den differenten nationalen Gegebenheiten angepaßt wie Prozesse, Strategien und Strukturen,[166] so daß international gesehen ein hohes Differenzierungsniveau besteht. Die landesbezogenen Ausrichtungen sind mit einem vergleichsweise hohen Grad an Autonomie und Entscheidungskompetenz der einzelnen Landesgesellschaften verbunden, deren Aktivitäten über das Auftreten als reine Vertriebsgesellschaften weit hinausgehen und jeweils komplette Wertschöpfungsketten

---

160 Vgl. *Meffert H.*, Marketing im Spannungsfeld, 1986, S. 690.

161 Vgl. *Macharzina, K.*, Unternehmensführung, 1995, S. 731.

162 Vgl. *Welge, M.K., Böttcher R.*, Globale Strategien, 1991, S. 436.

163 Vgl. *Kumar, B.N.*, Globale Wettbewerbsstrategien, 1993, S. 57.

164 Vgl. *Scholl, R.F.*, Internationalisierungsstrategien, 1989, Sp. 990-991.

165 Vgl. *Porter, M. E.*, Rahmenkonzept, 1989, S. 21 und 29.

166 Vgl. *Kumar, B.N.*, Globale Wettbewerbsstrategien, 1993, S. 57.

umfassen.[167] Die Koordination der internationalen Unternehmensteile ist aufgrund deren Autonomie vergleichsweise gering, es dominiert das Prinzip der Dezentralisierung. Auf die Rationalisierungsvorteile einer globalen Integration und Standardisierung wird zugunsten von Flexibilität, lokaler Akzeptanz und Marktnähe verzichtet.[168]

Bezogen auf den evolutorischen Prozeß repräsentieren multinationale Strategien ein fortgeschrittenes Stadium der Internationalisierung.[169]

Globale Strategien ③

„Globale" Strategietypen sind durch die konsequente Ausrichtung auf den Weltmarkt gekennzeichnet.[170] Diese Ausrichtung beschränkt sich nicht nur auf die Produkte und das Leistungsprogramm, sondern sie betrifft alle Unternehmensaktivitäten und deren weltweite Integration.[171] Ziele sind dabei vor allem die globale Nutzung von Standortvorteilen sowie die Realisierung globaler Skalen- und Synergievorteile.[172] „Globale" Strategietypen können deshalb auch mit dem Terminus der *globalen Rationalisierung* umschrieben werden.[173]

Die weltweite Ressourcennutzung und Arbeitsteilung verbunden mit einem weltweiten Ressoucensourcing[174] ermöglichen die Spezialisierung bestimmter Unternehmensteile [175] und führen zu internationalen Verbundbeziehungen zwischen den Landesgesellschaften. Ein so entstehendes globales Netzwerk erfordert ein vergleichsweise hohes Maß an Koordination und geht mit Standardisierungen von Produkten, Prozessen und Strukturen einher.[176] Zudem liegt in der Regel eine Zentralisierung strategischer Gestaltungs- und Entscheidungskompetenzen vor.[177]

---

167 Vgl. *Meffert H.*, Marketing im Spannungsfeld, 1986, S. 690; *Macharzina, K.*, Unternehmensführung, 1995, S. 732.

168 Vgl. *Scholl, R.F.*, Internationalisierungsstrategien, 1989, Sp. 992.

169 Vgl. *Macharzina, K.*, Unternehmensführung, 1995, S. 733.

170 Vgl. hierzu auch *Henzler, H.; Rall, W.*, Aufbruch in den Weltmarkt, 1985, S. 182-190; sowie *Levitt, Th.*, The Globalization of Markets, 1983, S. 92-96.

171 Vgl. *Porter, M. E.*, Rahmenkonzept, 1989, S. 21.

172 Vgl. *Ghoshal, S.*, Global Strategy, 1987, S. 427-429 und 432-435. Genauere Erläuterungen zu Skalen- und zu Synergieeffekten erfolgen an den jeweils zweckmäßigen Stellen im Zusammenhang: Siehe dazu die Abschnitte 5.2.2.1 und 5.3.2.2.

173 Vgl. *Welge, M. K.*, Globales Management, 1990, S. 2-4; *Welge, M.K.*, Das Konzept der globalen Rationalisierung, 1982, S. 172-174.

174 Vgl. *Scholl, R.F.*, Internationalisierungsstrategien, 1989, Sp. 991.

175 Vgl. *Macharzina, K.*, Unternehmensführung, 1995, S. 733; *Meffert H.*, Marketing im Spannungsfeld, 1986, S. 692.

176 Vgl. *Kumar, B.N.*, Globale Wettbewerbsstrategien, 1993, S. 55-56.

177 Vgl. *Scholl, R.F.*, Internationalisierungsstrategien, 1989, Sp. 991.

Derartig global orientierte, *geozentrische* Unternehmungen verzichten so weit wie möglich auf die lokale Anpassung und versuchen, „unter bewußter Inkaufnahme national suboptimaler Strategien eine weltweit-optimale Strategie zu realisieren".[178]

Duale Strategien ④

„Duale" Strategievarianten streben aus unterschiedlichen Gründen sowohl eine weltweite Integration als auch eine lokale Anpassung der Aktivitäten an. Derartige Strategien werden u.a. auch als *Mischstrategien*[179], *Interaktionsstrategien*[180], *transnationale Strategien*[181] oder *hybride Strategien*[182] bezeichnet.

Kumar sieht einen Grund für dieses Bestreben in der Erkenntnis, daß die *Vorteile* beider Ausrichtungen durchaus gleichzeitig erzielbar sind.[183] Andere Fachautoren führen die Verfolgung dualer Strategievarianten vor allem auf äußere *Zwänge* zurück.[184] Danach wird die lokale Anpassung zum Beispiel durch protektionistische Maßnahmen staatlicher Institutionen erzwungen, obwohl es sich aus ökonomischer Sicht eigentlich um eine für globale Strategievarianten prädestinierte Branche handelt. Da hier eine globale Integration der Aktivitäten sozusagen „abgeblockt" wird, werden derartige Branchen und Märkte auch als „blockiert-global" bezeichnet.[185]

Mischstrategien weisen im Vergleich zu multinationalen Strategien Tendenzen zur internationalen Integration, Koordination und Standardisierung auf. Zugleich wird den beschriebenen Lokalisierungsvorteilen oder -zwängen Rechnung getragen, indem abweichend zur globalen Strategievariante die landesspezifischen Umweltkomponenten besondere Berücksichtigung erfahren.

---

178 *Meffert H.*, Marketing im Spannungsfeld, 1986, S. 692. Vgl. auch *Jentner, B.*, Globalisierungsstrategien, 1990, S. 12.

179 Vgl. *Meffert H.*, Internationalisierungsstrategien, 1989, Sp. 1413-1415.

180 Vgl. *Macharzina, K.*, Unternehmensführung, 1995, S. 732.

181 Vgl. *Bartlett, C.A.*, Management der transnationalen Unternehmung, 1989, S. 431-432 und 437; *Kumar, B.N.*, Globale Wettbewerbsstrategien, 1993, S. 58.

182 Vgl. *Fleck, A.*, Hybride Wettbewerbsstrategien, 1995; *Kaluza, B.*, Dynamische Produktdifferenzierungsstrategie, 1996, S. 196-200; sowie Abschnitt 6.6 dieser Arbeit.

183 Vgl. *Kumar, B.N.*, Globale Wettbewerbsstrategien, 1993, S. 58.

184 Vgl. z.B. *Welge, M. K.*, Globales Management, 1990, S. 5-6; *Macharzina, K.*, Globale Strategieansätze, 1993, S. 40; *Meffert H.*, Marketing im Spannungsfeld, 1986, S. 692; oder *Henzler, H.; Rall, W.*, Aufbruch in den Weltmarkt, 1985, S. 182-183.

185 Ebenda.

Internationalisierungspfade

Im Zusammenhang betrachtet repräsentieren die unterschiedlichen Strategietypen nicht nur bestimmte Positionen im Spannungsfeld zwischen *Lokalisierung* und *Globalisierung,* sondern sie ermöglichen auch die Erkennung dynamischer Entwicklungen im evolutorischen Prozeß der Internationalisierung[186]. Diesbezüglich zeigt *Meffert* zwei unterschiedliche Entwicklungspfade auf (Abbildung 2-8).[187] Hiernach streben japanische Unternehmungen nach dem frühen Stadium der Internationalisierung direkt die globale Integration an, während europäische und amerikanische Unternehmungen die globale Integration auf indirektem Wege über das Zwischenstadium der multinationalen Orientierung erreichen. Derartige Entwicklungsmuster können natürlich nur als Tendenzaussagen interpretiert werden, die stets vor den firmen- und branchenspezifischen Hintergründen zu betrachten sind.

2.3.3.3 Strategische Gestaltungsfelder des internationalen Managements

Durch die Wahl einer *Internationalisierungsstrategie* (Abschnitt 2.3.3.2) sowie durch ihre Konkretisierung anhand der vorgestellten Gestaltungsdimensionen (Abschnitt 2.3.3.1) wird die *strategische Orientierung* einer internationalen Unternehmung abgesteckt. Diese strategische Orientierung steht im Mittelpunkt der internationalen Strategiebildung von Unternehmungen,[188] was die ausführlichen Betrachtungen in den vorangegangenen Abschnitten begründet. Daneben umfaßt das strategische Gestaltungsspektrum des internationalen Managements weitere Gestaltungsfelder, die hier ergänzend vorgestellt werden sollen. Nach *Macharzina* und nach *Scholl* können die acht folgenden Gestaltungsfelder unterschieden werden:[189]

(1) *Grundsätzliche strategische Orientierung*
Hier stehen die Wahl einer Internationalisierungsstrategie im Spannungsfeld zwischen globaler Integration und lokaler Anpassung sowie die entsprechende Umsetzung im Mittelpunkt der strategischen Gestaltung.[190]

---

186 Siehe auch die Ausführungen in Abschnitt 2.3.1.2.5.

187 Vgl. *Meffert H.*, Marketing im Spannungsfeld, 1986, S. 691 und 692-693.

188 Vgl. *Macharzina, K.*, Unternehmensführung, 1995, S. 727.

189 Zur folgenden Aufstellung vgl. *Macharzina, K.*, Unternehmensführung, 1995, S. 727; *Scholl, R.F.*, Internationalisierungsstrategien, 1989, Sp. 986-987; *Perlitz, M.*, Internationales Management, 1997, S.75-76.

190 Siehe hierzu die Ausführungen in den vorherigen Abschnitten 2.3.3.1 und 2.3.3.2.

(2) *Strategien für die Entwicklung internationaler Unternehmungspositionen*
Die Entwicklung der Unternehmungsposition ist vor allem durch Entscheidungen zwischen Wachstums-, Konsolidierungs- und Desinvestitionsstrategien charakterisiert. Hiermit werden Fragen internationaler Produkte und Märkte verbunden mit Strategien zur horizontalen und vertikalen Integration ebenso berührt wie die internationale Zuweisung von Ressourcen (Allokationsstrategien).[191]

(3) *Markteintrittsstrategien*
Dieses Gestaltungsfeld ist auf die Form der Geschäftsaufnahme und -ausweitung gerichtet. Es erfordert Entscheidungen über Form und Ausmaß ausländischer Produktionen im Gegensatz zur möglichen Marktversorgung durch verschiedene Exportstrategien.[192]

(4) *Kooperations- und Eigentumsstrategien*
Hier stehen Fragen der Zusammenarbeit und Partnerschaft mit anderen Unternehmungen sowie die Beteiligungsverhältnisse im Mittelpunkt der strategischen Gestaltung.[193]

(5) *Wettbewerbsstrategien*
Durch diese Strategien werden die anzustrebenden Wettbewerbsvorteile wie zum Beispiel eine „globale Kostenführerschaft" oder etwa eine „länderspezifische Anpassung" festgelegt.[194] Außerdem ist das Verhalten beim Aufbau und bei der Verteidigung der Wettbewerbsvorteile Gegenstand dieses Gestaltungsfeldes.

(6) *Funktionsbereichsstrategien*
Funktionale Strategien erfassen die speziellen Gestaltungsdimensionen, die sich bei einer internationalen Ausrichtung für die einzelnen Funktionsbereiche (Aktivitäten) ergeben. In diesem Sinne fokussiert die vorliegende Arbeit die Produktionsfunktion (-aktivität),[195] deren internationale Ausrichtung ja gerade die Thematik dieser Arbeit begründet.[196]

---

191 Vgl. *Scholl, R.F.*, Internationalisierungsstrategien, 1989, Sp. 986.

192 Vgl. z.B. *Pausenberger, E.*, Internationalisierungsstrategien, 1994, S. 2-16; *Macharzina, K.*, Unternehmensführung, 1995, S. 735-742; oder *Meissner, H.G.*, Strategisches Internationales Marketing, 1995, 154-157.

193 Vgl. z.B. *Buckley, P.J.*, Barriers to Internationalization, 1993, S. 19-21; *Kumar, B. N.*, Formen der internationalen Unternehmenstätigkeit, 1989, Sp. 921-925; *Pausenberger, E.*, Internationalisierungsstrategien, 1994, S. 16-23.

194 Vgl. *Porter, M. E.*, Rahmenkonzept, 1989, S.51-54.

195 Siehe Abschnitt 2.4.2 in Verbindung mit Abschnitt 2.2.1.

196 Siehe die Abschnitte 1.2 und 2.4.1.

(7) *Strategien des Managements der Umwelt*
Hier steht die Beeinflussung der Anspruchsgruppen der heimischen sowie der Gastlandumwelt im Mittelpunkt.

(8) *Strategien zur Koordination internationaler Aktivitäten*
Koordinationsstrategien sind auf die Abstimmung der internationalen Aktivitäten gerichtet. Sie umfassen die Gestaltung der Organisationsstruktur und der Informations- und Kommunikationsnetze ebenso wie beispielsweise die Zuordnung von Planungs- und Entscheidungskompetenzen. Dieses Gestaltungsfeld wird weitgehend durch das Gestaltungsfeld „(1)" beeinflußt.[197]

Das skizzierte Spektrum strategischer Gestaltungsfelder im internationalen Management ist neben seiner Breite besonders durch ein hohes Maß an Interdependenz zwischen den einzelnen Gestaltungsbereichen gekennzeichnet.[198] Denn die Wahl einer spezifischen Strategie innerhalb eines Gestaltungsfeldes impliziert meist auch entsprechende Auswirkungen auf andere strategische Gestaltungsfelder, so daß der Planer immer auch die Konsistenz des gesamten Strategiespektrums im Auge behalten muß.

Festzuhalten ist jedoch die eingangs dieses Abschnitts hervorgehobene zentrale Bedeutung der *strategischen Orientierung* (1) für die internationale Strategiebildung. Die strategische Orientierung wirkt sich über die hochgradigen Interdependenzen zwischen den einzelnen Gestaltungsfeldern auf den Großteil strategischer Fragestellungen des internationalen Managements aus, weshalb sie hier als „grundlegend" herausgestellt werden soll. Die mit dieser grundlegenden *strategischen Orientierung* verbundenen Gestaltungsfelder sind stellvertretend für das gesamte strategische Gestaltungsspektrum des internationalen Managements in Abbildung 2-9 visualisiert. Hierzu ist anzumerken, daß auch die in der Abbildung nicht explizit herausgestellten Gestaltungsfelder des internationalen Managements sowie die Interdependenzen zwischen diesen nicht unberücksichtigt bleiben dürfen und an den entsprechenden Stellen Eingang in den Zusammenhang finden werden.[199]

---

[197] Vgl. *Scholl, R.F.*, Internationalisierungsstrategien, 1989, Sp. 987.

[198] Vgl. *Macharzina, K.*, Unternehmensführung, 1995, S. 727.

[199] So wird, um nur ein Beispiel zu nennen, das weiter oben unter (4) angeführte Gestaltungsfeld explizit durch Abschnitt 5.7 „Internationalisierungsformen" berücksichtigt.

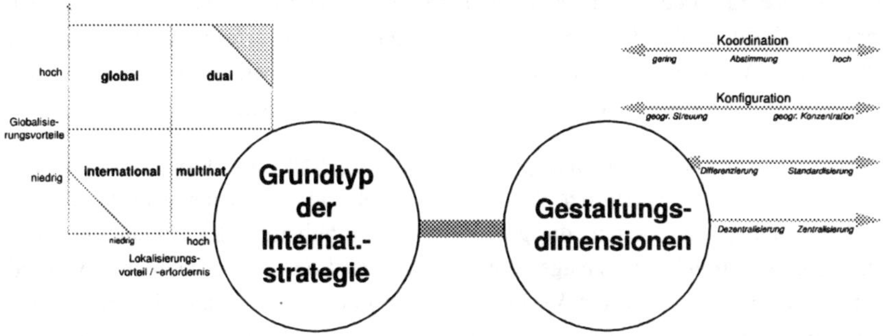

Abbildung 2-9: Grundlegende strategische Gestaltungsfelder des internationalen Managements

2.4 Internationales Strategisches Produktionsmanagement (ISPM)

2.4.1 Integration der Erkenntnisbereiche zum ISPM

Nachdem die wichtigsten theoretischen und inhaltlichen „Eckpunkte" der Analyse erarbeitet sind, kann in einem abschließenden Schritt die erforderliche Integration der bisher gewonnenen Erkenntnisse erfolgen, um so das „**I**nternationale **S**trategische **P**roduktions**m**anagement", kurz „ISPM", konzeptionell, inhaltlich und begrifflich zu spezifizieren.

Konkret bedeutet dies, daß das Internationale Strategische Produktionsmanagement aus einer Verknüpfung der behandelten Erkenntnisbereiche „strategisches Produktionsmanagement"[200] und „internationales Management"[201] entsteht. Die Eigenständigkeit der hier zu entwickelnden Konzeption kommt darin zum Ausdruck, daß weder die Erweiterung des strategischen Produktionsmanagements um die internationale Dimension noch die Fokussierung der Produktionsfunktion als Element des internationalen Managements als treffende Beschreibungen für die Positionierung der vorliegenden Arbeit angesehen werden können. Ebenfalls nicht passend wäre es, von einer Vereinigung beider Erkenntnisbereiche im Sinne der

[200] Siehe Abschnitt 2.2.

[201] Siehe Abschnitt 2.3.

Mengenlehre zu sprechen, denn diese Interpretation würde die explizite und kombinierte Behandlung aller Teilgebiete der jeweiligen Bereiche erfordern. Das matrixartig entstehende Analysefeld würde den Rahmen dieser Arbeit sprengen und zudem Betrachtungen erfordern, die sich zu weit von der Kernproblematik entfernen.

Zweckmäßiger erscheint es dagegen, die Analyse gerade auf diese Kernproblematik zu richten und dem Prinzip der Wesentlichkeit folgend jene Aspekte in das Zentrum der Betrachtungen zu stellen, die gerade in der Kombination der Erkenntnisbereiche „strategisches Produktionsmanagement" und „internationales Management" begründet sind. Dabei gilt es, durch die Verknüpfung der Erkenntnisbereiche Synergien in der Erkenntnisgewinnung zu erschließen und als Grundlage für die Entwicklung einer *eigenständigen* Konzeption zu nutzen. Das so konzipierte „**I**nternationale **S**trategische **P**roduktions**m**anagement" (ISPM) schließt die eingangs dieser Arbeit aufgezeigten Lücken auf beiden Seiten der zusammengeführten Erkenntnisbereiche und bereichert damit sowohl das Produktionsmanagement wie auch das internationale Management.

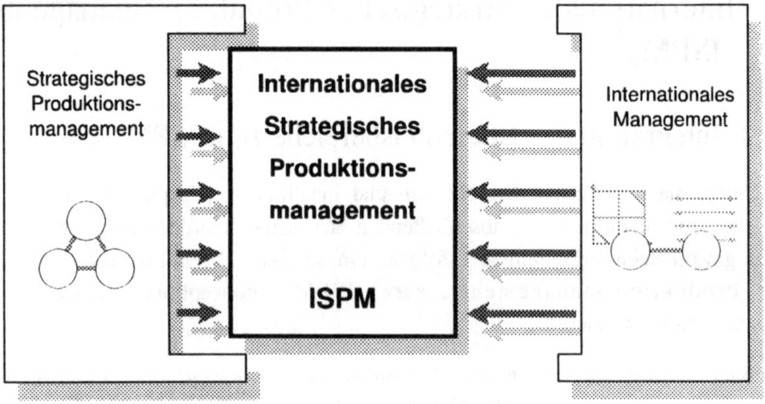

Abbildung 2-10: Integration der Erkenntnisbereiche zum Internationalen Strategischen Produktionsmanagement (ISPM)

Zusammenfassend sind in Abbildung 2-10 die soeben beschriebenen Beziehungen zwischen den Erkenntnisbereichen visualisiert. Die vergleichsweise nähere Positionierung des ISPM zum Produktionsmanagement soll die inhaltliche Nähe zwischen diesen Bereichen verdeutlichen. Sie ist letztlich darin begründet, daß beide Erkenntnisbereiche auf die industrielle Produktion gerichtet sind und somit den gleichen objektbezogenen Fokus aufweisen.

2.4.2 Begriffliche und konzeptionelle Konkretisierung des ISPM

Im Anschluß an die vorangegangene Einordnung ist es nun erforderlich, den Fokus und die Konturen des ISPM weiter zu schärfen.

Das *Betrachtungsobjekt* des ISPM leitet sich zunächst aus dem des Produktionsmanagements ab und umfaßt somit die *industrielle Produktion.*[202] Außerdem ist diese Produktion *grenzüberschreitend* konfiguriert, sie vollzieht sich also in mehreren Ländern. Der in Abschnitt 2.2.1.2 am Wertkettenmodell dargestellte Fokus des Produktionsmanagements ist somit in einem internationalen Kontext zu betrachten (Abbildung 2-11).

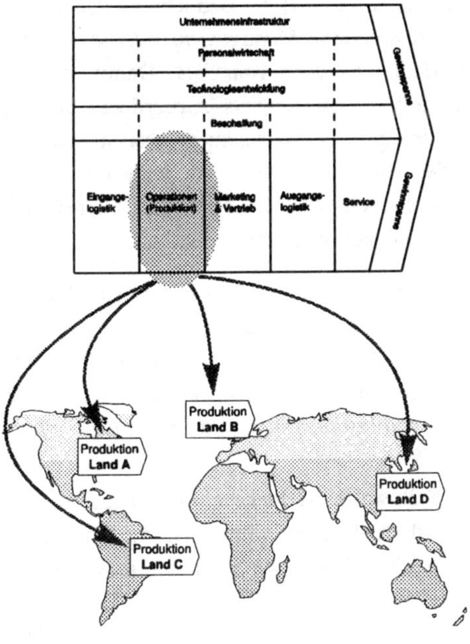

Abbildung 2-11: Fokus des Internationalen Strategischen Produktionsmanagements – dargestellt am Modell der Wertkette[203] –

[202] Siehe auch Abschnitt 2.2.1.

[203] Zur Darstellung der Wertkette siehe *Porter, M. E.,* Wettbewerbsvorteile, 1996, S. 62.

Begrifflich soll die Produktionsaktivität einer Unternehmung genau dann als *„international"* bezeichnet werden, *wenn sie sich in mindestens zwei Ländern vollzieht.* Diese Definition läßt in Anlehnung an die weite Begriffsauffassung der „internationalen Unternehmung" bewußte Freiräume,[204] um auch spezifische Grenzfälle wie internationale Kontraktproduktionen oder internationale Produktionskooperationen *ohne* nennenswerte Kapitalbeteiligung im Ausland mit in der Analyse berücksichtigen zu können.[205] Es liegt ferner in der Natur der Sache, daß eine wie auch immer geartete Produktionsaktivität eben nur dann als „international" anzusehen ist, wenn sie sich auf mindestens zwei Länder erstreckt. Damit ist gleichsam ein Minimalkriterium zur Abgrenzung der Grundgesamtheit betroffener Unternehmungen festgelegt, ohne das die Auswahl einer Stichprobe im Rahmen des empirischen Untersuchungsteils nicht möglich wäre.[206]

Inhaltlich ist der hier verfolgte Ansatz auf die Betrachtung der *spezifischen Problemfelder gerichtet, die für das strategische Management internationaler Produktionsaktivitäten aus einzelwirtschaftlicher Sicht relevant sind.* Damit ist das ISPM in erster Linie dem Bereich des *speziellen* Managements zuzuordnen. Gleichzeitig soll aber auch ein Bezug zur Ebene des general Management gesucht werden, um auf diese Weise die Kompatibilität des ISPM zu bereits vorhandenen, übergreifenden Konzeptionen herzustellen. Denn letztlich entscheidet die Integrationsfähigkeit einer neuen Konzeption über ihre Zweckmäßigkeit und Anwendbarkeit.

Aus dem integrierenden Charakter[207] des ISPM ergeben sich konzeptionelle Eigenschaften, die überwiegend bereits erarbeitet wurden. So ist das ISPM auf die strategische Managementdimension gerichtet und weist entsprechende Eigenschaften auf.[208] Diese kommen insbesondere in der *Umweltbezogenheit*, der *Marktorientierung*, der Ausrichtung auf *zukünftige Erfolgspotentiale*, der *Methodenvielfalt* sowie in der *Ganzheitlichkeit* zum Ausdruck.

Gerade die ganzheitliche Sichtweise ist hier hervorzuheben, denn sie ist als eine Voraussetzung für die geforderte Kompatibilität und die Integrationsfähigkeit des ISPM anzusehen. Einen hilfreichen Ansatz zur Erfüllung dieser Voraussetzung liefert die *Systemtheorie*, die deshalb im folgenden Abschnitt 2.4.3 eingeführt wird. Daran anknüpfend kann dann der inhaltliche Aufbau dieser Arbeit entwickelt werden (siehe Abschnitt 2.4.4).

---

204 Siehe Abschnitt 2.3.1.1.

205 Siehe Abschnitt 5.7.2.1.

206 Vgl. *Welge, M. K.*, Multinationale Unternehmungen, 1980, S. 3 in Verbindung mit S. 7.

207 Siehe den vorherigen Abschnitt 2.4.1.

208 Siehe Abschnitt 2.2.3.

2.4.3 Systemtheoretische Interpretation des ISPM

Die allgemeine Systemtheorie geht in ihren Ursprüngen nicht, wie man vermuten mag, auf die Betriebswirtschaftslehre zurück, sondern sie entstammt der Biologie und läßt sich auf den Biologen *von Bertalanffy* zurückführen.[209] Grundidee der allgemeinen Systemtheorie ist es, reale Tatbestände, Vorgänge und komplexe Gebilde (Systeme) anhand eines einheitlichen Bezugsrahmens derart zu abstrahieren, daß sie analysiert, durchdrungen und gestaltet werden können. Dieser Bezugsrahmen soll eine einheitliche Terminologie im Sinne einer übergreifenden, gemeinsamen Sprache liefern, die es ermöglicht, Systeme aus der Perspektive unterschiedlicher Disziplinen zu betrachten und die Erkenntnisse unterschiedlicher Wissenschaften vergleichbar und übertragbar zu machen.[210]

Diesen Gedanken aufgreifend ist das Systemdenken in der deutschsprachigen Betriebswirtschaftslehre wesentlich durch *H. Ulrich* geprägt worden,[211] der den Systemansatz als Bezugsrahmen im zuvor beschriebenen Sinne für eine integrierende Managementlehre heranzieht.[212] Die Notwendigkeit eines derartigen Ansatzes leitet *H. Ulrich* aus der von ihm als „Dschungel an Managementkonzepten" bezeichneten Vielfalt unterschiedlichster Konzepte zur Unternehmensführung ab.[213] Bevor diesem Gedanken folgend die international produzierende Unternehmung als System beschrieben werden kann, ist die Charakterisierung des Systembegriffs erforderlich:

Ein System kann zunächst als eine „geordnete Gesamtheit"[214] oder „gegliederte Ganzheit"[215] verstanden werden, die aus miteinander in Beziehung stehenden Elementen besteht. Die ***Beziehungen*** zwischen den Elementen sind als „irgendwelche Verbindungen" aufzufassen, die „das Verhalten der Elemente und des ganzen Systems beeinflussen"[216].

Durch die Einführung der Begriffe ***„Subsystem"*** und ***„Supersystem"*** kann das Geflecht der Elemente und Beziehungen genauer abgebildet werden (Abbildung 2-12).

---

209 Siehe die grundlegenden Arbeiten von *Bertalanffy, L. v.*, General Systems Theorie, 1951; und *derselbe*, General System Theorie, 1968. Zur Historie der Systemtheorie siehe *Bertalanffy, L. v.*, Vorläufer und Begründer der Systemtheorie, 1972.

210 Vgl. *Ulrich, H.*, Management, 1984, S. 65.

211 Vgl. *Macharzina, K.*, Unternehmensführung, 1995, S. 63.

212 Siehe u.a. *Ulrich, H.*, Management, 1984; oder *Ulrich, H.*, Die Unternehmung als produktives soziales System, 1970.

213 Vgl. *Ulrich, H.*, Management, 1984, S. 83.

214 *Hahn, D.*, PuK, Controllingkonzepte, 1996, S. 6.

215 *Ulrich, H.*, Management, 1984, S. 50.

216 *Ulrich, H.*, Die Unternehmung als produktives soziales System, 1970, S. 109.

So kann jedes System aus mehreren Teilsystemen bestehen, die dann bezogen auf das übergeordnete System als Subsysteme oder Insysteme bezeichnet werden. Gleichzeitig kann ein System ein Teil eines übergeordneten Systems sein, das dann bezogen auf die untergeordneten Systeme und Elemente als Supersystem oder Umsystem bezeichnet wird.

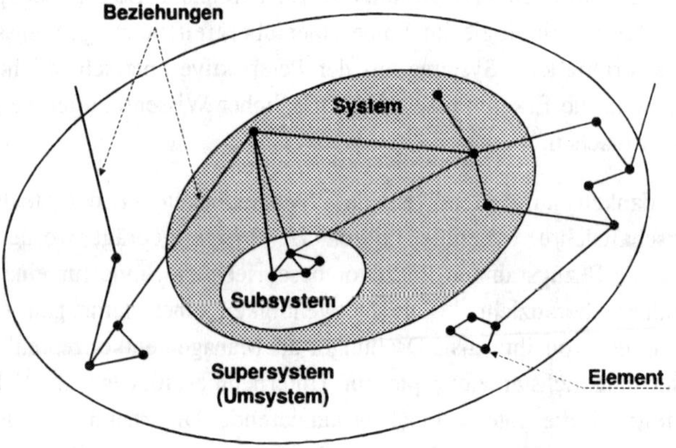

Abbildung 2-12: Aufbau einer Systemstruktur[217]

Ob ein System letztlich als Umsystem betrachtet wird oder im Rahmen der Betrachtung übergeordneter Systeme als Subsystem aufzufassen ist, hängt entscheidend von der Abstraktionsebene ab, die der Betrachter wählt. *H. Ulrich* vergleicht diesen Zusammenhang mit dem Zoom-Objektiv einer Kamera, das es erlaubt, ein bisher als Ganzheit betrachtetes Objekt durch die Veränderung der Brennweite in seinen Details darzustellen. Was im sogenannten Weitwinkelbereich als Element einer Ganzheit (des Bildes) aufgefaßt wird, kann durch entsprechendes „Zoomen" im Detail abgebildet werden, um das Detail dann im Kontext des größeren Ganzen zu verstehen.[218]

Neben der beschriebenen Systemstruktur kann ein System anhand von weiteren Merkmalen genauer charakterisiert werden.[219] So lassen sich beispielsweise im Hin-

217 Abbildung aus *Ulrich, H.*, Management, 1984, S. 51 und 69. Vgl. auch *Hahn, D.*, PuK, Controllingkonzepte, 1996, S. 7.

218 Vgl. *Ulrich, H.*, Management, 1984, S. 50.

219 Vgl. z.B. *Patzak, G.*, Systemtechnik, 1982, S. 42-43; *Hahn, D.*, PuK, Controllingkonzepte, 1996, S. 8.

blick auf die Zeitabhängigkeit *statische* und *dynamische* Systeme unterscheiden. Die Elemente und Beziehungen statischer Systeme verändern sich nicht, während die dynamischer Systeme im Zeitablauf einem ständigen Wandel unterliegen.[220] Man spricht dann auch von Systemverhalten, das sich im Zeitablauf verändern kann.[221] Ein weiteres Kriterium stellt der Zielbezug von Systemen dar, die *zielorientiert* oder nicht-zielorientiert sein können. Letztere sind ausschließlich *zweckorientiert*, da sie (ohne Zielbezug) lediglich bestimmte Funktionen erfüllen. Im Hinblick auf die Beziehungen eines Systems zu seinem Umsystem unterscheidet man zwischen *offenen* und *geschlossenen* Systemen. Bestehen keinerlei Beziehungen zwischen einem System und seinem Umsystem, so handelt es sich um die eher seltene Form eines geschlossenen Systems. Besteht dagegen eine Beziehungsgeflecht zum Umsystem, so liegt der Fall eines offenen Systems vor.[222] Weitere Differenzierungen zwischen „gedanklichen" und „realen", „künstlichen" und „natürlichen" oder etwa „sozialen" und „technischen" Systemen sind möglich, sollen hier aber nicht weiter thematisiert werden.[223]

Auf der Grundlage der vorangegangenen Überlegungen kann nun das Internationale Strategische Produktionsmanagement (ISPM) systemtheoretisch interpretiert werden:

Richtet man zunächst den Blick auf die (Industrie-)Unternehmung, so ist diese als *sozio-technisches, offenes, zielorientiertes und dynamisches* System aufzufassen, das wiederum aus weiteren Subsystemen besteht.[224] Eines ist beispielsweise das *Produktionssystem.*[225] Gleichzeitig ist die Unternehmung Teil – also Subsystem – ihrer Umwelt, mit der sie durch ein komplexes Beziehungsgeflecht verbunden ist (Offenheit des Systems). Im vorliegenden Fall der *international produzierenden* Unternehmung ist besonders zu berücksichtigen, daß diese aufgrund der grenzüberschreitenden Produk-

220 Vgl. *Heinen, E.*, Industriebetriebslehre, 1991, S. 58.

221 Gerade auf das Verhalten dynamischer Systeme und deren Lenkung, Regelung und Steuerung ist die *Kybernetik* gerichtet. Sie stellt eine spezielle Theorie dynamischer Systeme dar und ist als ein Teilgebiet der Systemtheorie aufzufassen. Vgl. *Ulrich, H.*, Management, 1984, S. 49-50; *Macharzina, K.*, Unternehmensführung, 1995, S. 63.

222 Vgl. *Hahn, D.*, PuK, Controllingkonzepte, 1996, S. 8.

223 Vgl. *Ulrich, H.*, Management, 1984, S. 67.

224 Vgl. *Heinen, E.*, Industriebetriebslehre, 1991, S.57-58; *Hahn, D.*, PuK, Controllingkonzepte, 1996, S. 8; *Ulrich, H.*, Management, 1984, S. 37.

225 Vgl. *Kern, W.*, Industrielle Produktionswirtschaft, 1992, S. 11-12; *Corsten, H.*, Produktionswirtschaft, 1998, S. 2-3.

tionsaktivität in *mehrere* Umsysteme eingebunden ist, nämlich in die verschiedenen Umwelten der internationalen Produktionsstandorte.[226]

Das eigentliche ***Produktionssystem*** wird durch die Produktionsprozesse und durch die darin zum Einsatz kommenden Produktionspotentiale gebildet.[227] Im Fall des *internationalen* Produktionssystems verteilen sich diese zusätzlich auf verschiedene Standorte in unterschiedlichen Ländern. Systemtheoretisch interpretiert ergibt sich hieraus eine weitere Differenzierung des Produktionssystems in die „überbetriebliche" und in die „betriebliche" Systemebene. So erfaßt der Fokus der *überbetrieblichen* Ebene die Gesamtheit der internationalen Produktionsstätten und die Systembeziehungen zwischen diesen. Auf *betrieblicher* Systemebene gilt dagegen die Aufmerksamkeit den einzelnen Produktionsstätten sowie den jeweils darin integrierten Potentialen und Prozessen; und zwar im Kontext des gesamten internationalen Produktionssystems.

Im Vergleich zum traditionellen Produktionsmanagement erweist sich im *internationalen* Produktionsmanagement insbesondere die *überbetriebliche* Ebene des Produktionssystems als spezifisches Charakteristikum, das im Rahmen der strategischen Gestaltung besondere Aufmerksamkeit erfordern wird.

An die systemtheoretischen Überlegungen anknüpfend kann nun der durch eine ganzheitliche Sichtweise geprägte Aufbau dieser Arbeit entwickelt werden.

2.4.4 Inhaltlicher Aufbau der Arbeit

Vor systemtheoretischem Hintergrund kann ein System nur sinnvoll analysiert werden, wenn die Beziehungen zu seinem Umsystem bekannt sind. Das wiederum setzt die *vorherige* Analyse dieses Umsystems voraus. Es empfiehlt sich also eine sogenannte *Outside-In-Vorgehensweise*, bei der der „Zoom" der Analyse schrittweise an das Betrachtungsobjekt herangeführt wird, um dieses letztlich im Kontext der Gesamtheit durchdringen zu können. Abbildung 2-13 überträgt diesen Gedankengang auf die vorliegende Arbeit und führt zu ihrem inhaltlichen Aufbau:

Den einführenden und grundlegenden Rahmen der Arbeit bilden zunächst die Kapitel 1 und 2, die mit diesem Abschnitt abgeschlossen werden.

Entsprechend der beabsichtigten Vorgehensweise ist im weiteren zunächst die *Umwelt* der Unternehmung zu betrachten, bevor im dann folgenden Schritt die *internatio-*

---

226 Siehe hierzu auch die Ausführungen in Abschnitt 2.3.1.1.

227 Vgl. *Klein, H. J.*, Internationale Verbundproduktion, 1993, 38; *Nebl, T.*, Produktionswirtschaft, 1998, S. 96-97.

nal produzierende Unternehmung in das Betrachtungsfeld rückt. Beide „Zoomebenen" markieren die Umsysteme, in die das internationale Produktionssystem eingebunden ist. Die hier begründeten Einflußfaktoren des ISPM werden in Kapitel 3 „*Umsysteme des internationalen Produktionssystems*" erarbeitet.

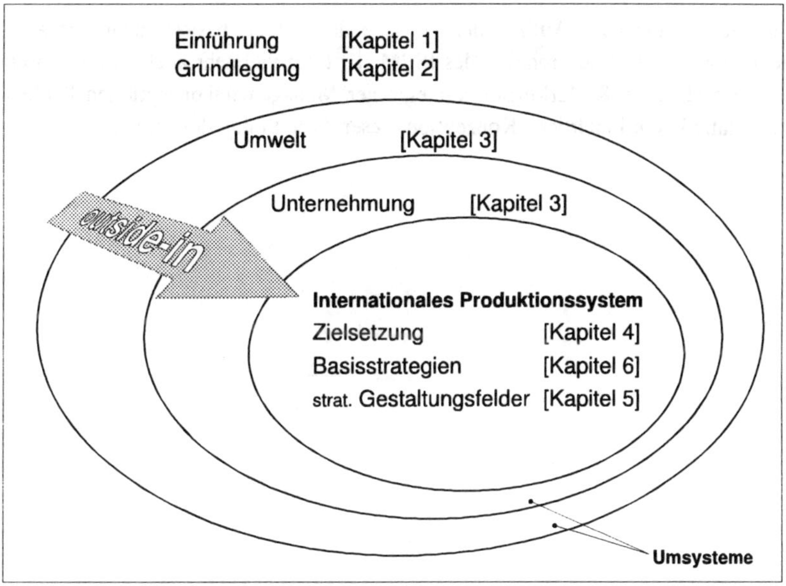

Abbildung 2-13: Inhaltliches Vorgehen im Rahmen der vorliegenden Arbeit – vereinfachte Darstellung in systemtheoretischem Kontext –

Kapitel 4 trägt der Zielbezogenheit des Systems „Unternehmung" Rechnung. Hier werden die *Motivation* und die *Zielsetzung* des ISPM erarbeitet. Gleichzeitig wird so die Bezugsebene für die sich anschließende strategische Gestaltung bereitgestellt.

Die strategische Gestaltung bildet einen Schwerpunkt der vorliegenden Arbeit und umfaßt insgesamt *zwei* Abstraktionsebenen, die der *Basisstrategien* (Kapitel 6) und die der einzelnen *strategischen Gestaltungsfelder* (Kapitel 5). Die Basisstrategien bilden dabei den allgemeinen strategischen Rahmen, der in den strategischen Gestaltungsfeldern seine Konkretisierung erfährt. Schon hier sei angemerkt, daß aus didaktischen Gründen von der sonst verfolgten Vorgehensweise „vom Allgemeinen zum Konkreten“ abgewichen wird.[228] Es werden also zunächst die einzelnen Gestaltungsfelder und erst anschließend die übergreifenden Basisstrategien entwickelt werden.

Kapitel 7 integriert die gewonnenen Erkenntnisse zum *System des ISPM,* leistet einen Ausblick auf die *Implementierung* des ISPM in der Praxis und zeigt abschließend die Perspektiven des hier entwickelten Managementkonzeptes auf.

Der soeben skizzierte Aufbau der vorliegenden Arbeit basiert nicht nur auf der systemtheoretischen Interpretation des ISPM. Er trägt vielmehr auch den in Abschnitt 2.2.3 beschriebenen 8 Merkmalen strategischer Managementkonzeptionen Rechnung, die ebenfalls in die inhaltliche Konzeption dieser Arbeit eingeflossen sind.

[228] Siehe hierzu die begründenden Erläuterungen in Abschnitt 6.1.

3 Umsysteme des internationalen Produktionssystems

3.1 Überblick

Im vorherigen Kapitel 2 wurde verdeutlicht, daß eine fundierte Auseinandersetzung mit dem Internationalen Strategischen Produktionsmanagement (ISPM) nur im Kontext einer ganzheitlichen Betrachtungsweise erfolgen kann. Den Bezugsrahmen hierfür liefert die bereits erfolgte systemtheoretische Interpretation des ISPM.[1] Davon ausgehend ist es die Aufgabe dieses Kapitels, die Umsysteme sowie die daraus hervorgehenden Rahmenbedingungen des internationalen Produktionssystems aufzuzeigen. Denn diese Rahmenbedingungen bestimmen die Möglichkeiten und Grenzen sowie die Chancen und Risiken des internationalen Produzenten.

Wenngleich im Planungsfall zahlreiche dieser Bedingungen als gegeben hingenommen werden müssen, bestehen dennoch vielfältige Möglichkeiten ihrer Beeinflussung und Gestaltung durch den Produktionsmanager. Die Begründung hierfür liefert ebenfalls die systemtheoretische Interpretation: Denn als Teil des offenen und dynamischen Systems „Unternehmung" gehen von dem Produktionssystem auch Gestaltungskräfte aus, die sowohl die übrigen Subsysteme als auch die Umsysteme der international produzierenden Unternehmung beeinflussen.[2]

Im Sinne der vorgesehenen *Outside-In-Vorgehensweise*[3] ergibt sich der inhaltliche Aufbau dieses Kapitels: Danach gilt es zunächst, die in dem Umsystem der Unternehmung manifestierten Rahmenbedingungen des ISPM zu erarbeiten, indem die *Umwelt* der international produzierenden Unternehmung einer differenzierten Betrachtung unterzogen wird (Abschnitt 3.2). Dabei ist es das Ziel, dem Produktionsmanager eine *Strukturierungshilfe* für die Umweltanalyse im Planungsfall bereitzustellen sowie gleichzeitig anhand von Beispielen die Bedeutung zahlreicher Umweltbedingungen aufzuzeigen. Die spezifischen Umweltbedingungen kommen letztlich in den *Standortfaktoren* zum Ausdruck, die insbesondere die Produktionsstandortwahl[4] beeinflussen und denen deshalb ein gesonderter Abschnitt (3.3) gewidmet ist.

---

1 Siehe Abschnitt 2.4.3.

2 Vgl. hierzu auch *Jehle, E.*, Unternehmung und gesellschaftliche Umwelt, 1980, S. 12-13.

3 Siehe Abschnitt 2.4.4.

4 Siehe Abschnitt 5.3.6.

Mit Abschnitt 3.4 wird dann die bisherige Betrachtungsebene verlassen und der „Zoom" der Analyse auf die international produzierende Unternehmung und ihre Subsysteme gerichtet. Abbildung 3-1 verdeutlicht den inhaltlichen Aufbau dieses Kapitels.

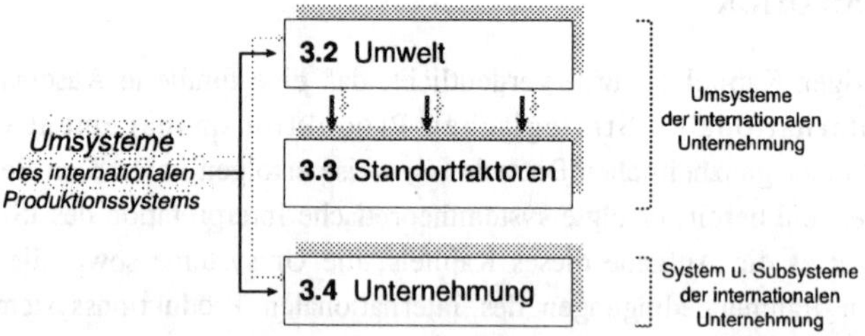

Abbildung 3-1: Inhaltlicher Aufbau des Kapitels 3

3.2 Umwelt der international produzierenden Unternehmung

3.2.1 Eigenschaften der Umwelt

Wie bereits erarbeitet wurde, handelt es sich bei der Unternehmung um ein offenes System, das insbesondere durch ein facettenreiches Beziehungsgeflecht zu seiner Systemumgebung, dem Umsystem gekennzeichnet ist.[5] Dieses hier zunächst pauschal als „Umwelt"[6] bezeichnete Umsystem der Unternehmung enthält weitere, durch interdependente Beziehungen verbundene Subsysteme und Elemente, deren Gesamtheit zu einem hohen *Komplexitätsgrad* der Umwelt führt.[7] Diese Komplexität erfährt

5 Siehe Abschnitt 2.4.3.

6 Als Synonym zum hier benutzten Umweltbegriff wird häufig auch vom „Umfeld" der Unternehmung gesprochen. Dieses leitet sich aus dem Bestreben ab, eine Unterscheidung zum ökologischen Umweltbegriff erreichen zu wollen, um damit begriffliche Doppeldeutigkeiten zu verhindern. Ein weiterer Grund für die Benutzung des Terminus' „Umfeld" ist in der Übersetzung des englischen Fachbegriffes „environment" zu sehen: Streng genommen ist dieser mit „Umgebung" zu übersetzen, in deutschsprachigen Translationen wird dafür häufig eben auch der Terminus „Umfeld" gewählt. So z.B. bei *Kotler, Ph.; Bliemel F.*, Marketing-Management, 1995, S. 233-276.
Zur Begrifflichkeit „Umwelt" versus „Umfeld" vgl. auch *Dülfer, E.*, Internationales Management, 1997, S. 225; sowie *Schreyögg, G.*, Umfeld der Unternehmung, 1993, Sp. 4231.
Im Rahmen dieser Arbeit soll weiterhin von der „Umwelt" der Unternehmung als Bezeichnung für die *Gesamtheit ihres Umsystems* gesprochen werden.

7 Vgl. *Bea, F. X.; Haas, J.*, Strategisches Management, 1997, S. 77-78; *Schreyögg, G.*, Umfeld der Unternehmung, 1993; Sp. 4233-4234.

im Fall der international produzierenden Unternehmung eine Vervielfachung, da dieser Unternehmungstyp - im Vergleich zur nationalen Unternehmung - gleichzeitig in mehrere Umwelten verschiedener Länder integriert ist.[8]

Hinzu kommt außerdem, daß die Umweltbedingungen mit steigender Entfernung von angestammten Standorten, Ländern und Kulturbereichen für den Entscheidungsträger zunehmend unbekannter und fremder werden. Dieser Zusammenhang kann auch als *„Fremdheitsgrad“* der Gastland-Umwelt bezeichnet werden. Darunter kann der subjektiv empfundene Mangel des Entscheidungsträgers an Information verstanden werden, der letztlich auf die unzureichende Kenntnis über die Umwelteinflüsse im Gastland sowie ihre Auswirkungen auf mögliche Entscheidungsalternativen zurückzuführen ist.[9] So wird ein Entscheidungsträger in jenen Ländern, die ihm vertraute Sozial-, Wirtschafts- und Rechtsordnungen aufweisen, seine Wissens- und Erfahrungspotentiale nutzen können und diese Länder deshalb als weniger fremd empfinden. Übersteigen dagegen die Umweltbedingungen eines Landes die Erfahrungspotentiale des Managers, und ist ihm deshalb die Nutzung der eigenen Managementerfahrungen nicht oder nur sehr eingeschränkt möglich, kann von einem vergleichsweise hohen Fremdheitsgrad eines solchen Landes gesprochen werden.[10] Dieser Fremdheitsgrad kann zum Beispiel in der Sprache eines Landes, dessen gesellschaftlichen Regeln oder etwa in religiösen Normen und Bräuchen begründet sein.

Ein weiteres Charakteristikum der internationalen Unternehmungsumwelt ist ihr zunehmend an Dynamik gewinnender Wandel.[11] Dieser Wandel ist durch abnehmende Kontinuität voraussehbarer Entwicklungsmuster gekennzeichnet.[12] Statt dessen kommt es immer häufiger zu abrupten Veränderungen der Umwelt durch unerwartete Ereignisse, die auch als *„Diskontinuitäten“*[13], „Strukturbrüche“[14] oder „Turbulenzen“[15] bezeichnet werden. Derartige Ereignisse stehen im Gegensatz zu bekannten Entwicklungstrends, sind folglich schwer oder gar nicht vorhersagbar und führen zu einer

---

8 Vgl. *Meissner, H.G.*, Internationales Marketing und internationale Politik, 1994, S. 45; *Perlitz, M.* Internationales Management, 1997, S. 71.

9 Vgl. *Dülfer, E.*, Internationales Management, 1997, S. 221.

10 Vgl. *Dülfer, E.*, Internationales Management, 1997, S. 244-245.

11 Vgl. *Schreyögg, G.*, Umfeld der Unternehmung, 1993, Sp. 4234-4236; *Bea, F. X.; Haas, J.*, Strategisches Management, 1997, S. 77-78.

12 Vgl. *Macharzina, K.*, Diskontinuitätenmanagement, 1984, S. 4.

13 Vgl. *Macharzina, K.*, Diskontinuitätenmanagement, 1984, insbesondere S. 4-8; *Macharzina, K.*, Unternehmensführung, 1995, S. 14 und 17.

14 Vgl. *Macharzina, K.*, Unternehmensführung, 1995, S. 78; *Meissner, H.G.*, Dynamik des Marketing in Europa, 1992, S. 2-3.

15 Vgl. *Meissner, H.G.*, Internationales Marketing und internationale Politik, 1994, S. 45.

Instabilität in der Umweltentwicklung.[16] Diskontinuitäten finden zum Beispiel ihren Ausdruck in revolutionären Entwicklungen, plötzlichen politischen Umbrüchen oder auch unerwarteten Währungskurssprüngen. Derartige Diskontinuitäten waren zum Beispiel die Ölkrise in den 1970er Jahren oder etwa die Entwicklungen, die in den Jahren 1989 und 1990 zur deutschen Wiedervereinigung führten.

3.2.2 Umweltdifferenzierung

Es die Aufgabe des Internationalen Strategischen Produktionsmanagements (ISPM), die multidimensionale Unternehmungsumwelt zu berücksichtigen und im Sinne eines System-Umwelt-Fit die Anpassung der international produzierenden Unternehmung an ihre Umwelt zu suchen.[17] Dabei gilt es, sich bietende Chancen rechtzeitig zu erkennen und zu nutzen sowie mögliche Risiken frühzeitig zu antizipieren und in den Planungen zu berücksichtigen.[18] Die im vorherigen Abschnitt beschriebene *Komplexität* der internationalen Umwelt, ihre *Diskontinuität* und die häufige *Fremdheit* nationaler Umwelten erschweren diese zunächst unproblematisch erscheinende Aufgabe beträchtlich. Es ist deshalb erforderlich, die Umwelt differenzierter zu betrachten und ihre Komponenten herauszuarbeiten.

Ein hilfreiches Modell für eine solche Umweltdifferenzierung (-aufgliederung) liefert zum Beispiel *Dülfer*. Auf dieses Modell soll hier besonders deshalb zurückgegriffen werden, weil es ebenso wie die vorliegende Arbeit auf einer systemtheoretischen Interpretation der internationalen Unternehmung und ihrer Umwelt basiert. Auf diese Weise wird der eigene Ansatz gleichzeitig auch in den Kontext eines anerkannten Konzeptes des internationalen Managements gestellt, was die angestrebte Kompatibilität des ISPM zu bereits vorhandenen Ansätzen des allgemeinen Managements fördert.[19]

Das systemtheoretisch fundierte und zudem an interaktionstheoretische Ansätze anknüpfende Modell *Dülfers*[20] leitet sich insbesondere aus den Systembeziehungen

---

16 Vgl. *Bea, F. X.; Haas, J.*, Strategisches Management, 1997, S. 254 und 286; *Macharzina, K.*, Diskontinuitätenmanagement, 1984, S. 4-7.

17 Vgl. *Bea, F. X.; Haas, J.*, Strategisches Management, 1997, S. 17.

18 Vgl. *Welge, M. K.; Al-Laham, A.*, Planung, 1992, S. 83.

19 Siehe die Abschnitte 2.3.2 und 2.4.2.

20 Zur folgenden Modellbeschreibung siehe: *Dülfer, E.*, Internationales Management, 1997, S. 248-270; *Dülfer, E.*, Umweltbeziehungen, 1989, Sp. 2105-2108; oder *Dülfer, E.*, Internationalisierung der Unternehmung, 1982, S. 56-59.

zwischen der Unternehmung und der mit ihr interagierenden Umwelt ab.[21] Das führt zunächst zur Abgrenzung der sogenannten „Aufgabenumwelt", die von der verhaltensbeeinflussenden „globalen[22] Umwelt" zu unterscheiden ist. Während die *Aufgabenumwelt* alle Institutionen, Interessengruppen oder Einzelpersonen umfaßt, mit denen die Unternehmung im Rahmen der Aufgabenbewältigung interagiert,[23] repräsentiert die *globale*[24] *Umwelt* den generellen Rahmen, innerhalb dessen sich die Aufgabenbewältigung sowie die damit verbundenen Interaktionen vollziehen.[25]

Diese globale[26] Umwelt wird ihrerseits wiederum in mehrere Komponenten (Schichten) differenziert (siehe Abbildung 3-2). Gekürzt formuliert sind dies die *natürliche*, die *technische*, die *kulturelle*, die *soziale* sowie die *rechtlich-politische* Komponente. Hervorzuheben ist insbesondere, daß *Dülfer* die Interdependenzen der verschiedenen Komponenten (Schichten) herausarbeitet und als Ergebnis „evolutorische Verursachungs-Zusammenhänge"[27] identifiziert. Hiermit ist gemeint, daß sich die Schichten des Modells zwar grundsätzlich gegenseitig beeinflussen, dennoch untere Schichten tendenziell grundlegenden Charakter für die Entwicklung jeweils übergeordneter Schichten haben. Hierin liegt letztlich auch die Darstellung als sogenanntes „Schichtenmodell" begründet. Dabei ist zu beachten, daß die verschiedenen Schichten *simultan* auf die internationale Unternehmung, ihre Manager und ihre Interaktionspartner einwirken. Vor diesem Hintergrund bezeichnet *Dülfer* das Schichtenmodell zugleich auch als „Simultan-Modell"[28].

---

21 Zur Thematik der Interaktionsbeziehungen und -prozesse zwischen der Unternehmung und ihrer Umwelt siehe *Jehle, E.*, Unternehmung und gesellschaftliche Umwelt, 1980, besonders S. 93-104.

22 „global" hier im Sinne von „allgemein".
In der vorliegenden Arbeit ist der Begriff „global" stets mit der Bedeutung „weltweit" belegt. Wird der Begriff „global" in Ausnahmefällen i.S. von „allgemein" benutzt, ist dies wie hier durch expliziten Hinweis kenntlich gemacht.

23 Siehe Abschnitt 3.2.4.

24 „global" hier im Sinne von „allgemein".

25 Siehe Abschnitt 3.2.3.

26 „global" hier im Sinne von „allgemein".

27 *Dülfer, E.*, Internationales Management, 1997, S. 257.

28 *Dülfer, E.*, Internationales Management, 1997, S. 262.

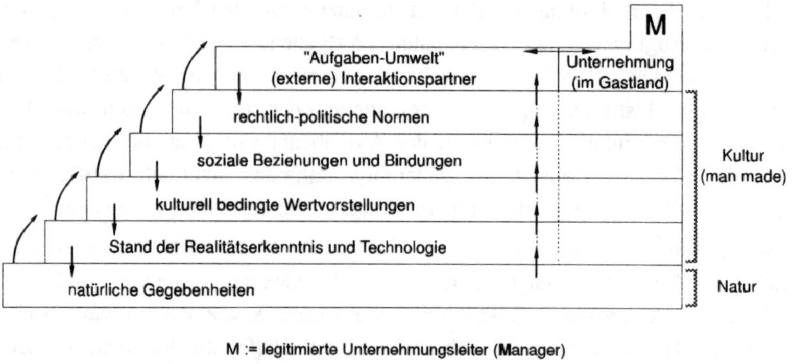

Abbildung 3-2: Vertikalschnitt des „Schichtenmodells" zur Umweltberücksichtigung[29]

Wie sich bereits angedeutet hat, besteht der erste Schritt der Umweltdifferenzierung nach dem Schichtenmodell zunächst darin, zwischen der *Aufgabenumwelt* und der *globalen*[30] *Umwelt* zu unterscheiden. Diese Unterscheidung wird so oder ähnlich auch von zahlreichen anderen Autoren vorgenommen.[31] Obwohl dabei die Abgrenzungen zwischen der Aufgabenumwelt und der globalen[32] Umwelt durchaus unterschiedlich sind,[33] kann diese erste Differenzierungsstufe zumindest im Grundsatz als weitgehend akzeptiert angesehen werden. Auch die weiteren Überlegungen knüpfen an diese erste Differenzierungsstufe an, wobei zur Vermeidung einer begrifflichen Homonymie im weiteren die globale[34] Umwelt als „Makroumwelt" und die Aufgabenumwelt entsprechend als „Mikroumwelt" bezeichnet werden soll. Gemäß der angestrebten *Outside-In-Vorgehensweise*[35] wird die Aufmerksamkeit zunächst der Makroumwelt (Abschnitt 3.2.3) und anschließend der Mikroumwelt (Abschnitt 3.2.4) gelten. Dabei wird mehrfach auf das in Abbildung 3-2 dargestellte Schichtenmodell Bezug genommen werden.

---

29 Quelle: *Dülfer, E.*, Internationales Management, 1997, S. 261.

30 „global" hier im Sinne von „allgemein".

31 Vgl. zum Beispiel *Bea, F. X.; Haas, J.*, Strategisches Management, 1997, S. 78; *Becker, J.*, Marketing-Konzeption, 1993, S.75-77; *Kotler, Ph.; Bliemel F.*, Marketing-Management, 1995, S. 136; *Macharzina, K.*, Unternehmensführung, 1995, S. 17-18; *Welge, M. K.; Al-Laham, A.*, Planung, 1992, S. 83-108; *Zäpfel, G.*, Strategisches Produktions-Management, 1989, S. 39-40.

32 „global" hier im Sinne von „allgemein".

33 Siehe im Vergleich zu den zuvor zitierten Autoren *Welge, M. K.*, Multinationale Unternehmungen, 1980, S. 256-264.

34 „global" hier im Sinne von „allgemein".

35 Siehe Abschnitt 2.4.4.

3.2.3 Makroumwelt

3.2.3.1 Differenzierung der Makroumwelt

Die Makroumwelt umfaßt die weitreichenden Gestaltungskräfte und Umwelteinflüsse, denen die Mitspieler der noch zu betrachtenden Mikroumwelt – also die Interaktionspartner der Unternehmung – und die Unternehmung selbst ausgesetzt sind.[36] *Welge* und *Al-Laham* beschreiben die auch als „globale“[37] oder „generelle“ Umwelt bezeichnete *Makroumwelt* als „Menge der generellen Bedingungen in einem geographischen Raum, die für eine größere Anzahl von Unternehmungen gelten und den Handlungsspielraum der Unternehmung sowohl direkt als auch indirekt beeinflussen.“[38] Die Makroumwelt bildet sozusagen den generellen Rahmen, innerhalb dessen die international produzierende Unternehmung operiert und interagiert. Dieser generelle Rahmen ist durch die in Abschnitt 3.2.1 beschriebene Komplexität und Diskontinuität gekennzeichnet, was eine weitere Untergliederung der Makroumwelt erfordert.

Einen Ansatz hierzu liefert zum Beispiel das in Abbildung 3-2 vorgestellte Schichtenmodell zur Umweltberücksichtigung nach *Dülfer*,[39] wonach die Makroumwelt in eine *rechtlich-politische*, eine *soziale*, eine *kulturelle*, eine *technologische* und eine *natürliche* Komponente untergliedert werden kann.

Abweichend dazu segmentieren etwa die Autoren *Welge* und *Al-Laham* in Anlehnung an *Farmer* und *Richman* die Makroumwelt in eine *politisch-rechtliche*, eine *ökonomische*, eine *sozio-kulturelle* und eine *technologische* Komponente,[40] wobei *Welge* in einem früheren Werk zusätzlich die *physische* Komponente explizit differenziert.[41]

---

36 Vgl. *Dülfer, E.*, Internationales Management, 1997, S. 248-249; *Kotler, Ph.; Bliemel F.*, Marketing-Management, 1992, S. 186 (Hinweis: Der beschriebene Zusammenhang wird in der 8. Auflage von 1995 nicht derart deutlich gemacht wie in der hier zitierten 7. Auflage von 1992); *Macharzina, K.*, Unternehmensführung, 1995, S. 18.

37 „global“ hier im Sinne von „allgemein“.

38 *Welge, M. K.; Al-Laham, A.*, Planung, 1992, S. 84; vgl. auch *Welge, M. K.*, Multinationale Unternehmungen, 1980, S. 260.

39 Vgl. *Dülfer, E.*, Internationales Management, 1997, S. 257-270; sowie Abschnitt 3.2.2.

40 Vgl. *Welge, M. K.; Al-Laham, A.*, Planung, 1992, S. 84-88; in Verbindung mit *Farmer, R.N.; Richman, B.M.*, Comparative Management and Economic Progress, 1965 (zitiert nach *Welge, M. K.; Al-Laham*, Planung, 1992, S. 84).

41 Vgl. *Welge, M. K.*, Multinationale Unternehmungen, 1980, S. 260-261.

Andere Autoren schlagen mehr oder weniger ähnliche Umweltdifferenzierungen vor,[42] deren Betrachtung an dieser Stelle jedoch unterbleiben kann. Statt dessen soll für das weitere Vorgehen auf die zitierte Umweltdifferenzierung nach *Welge* zurückgegriffen werden. Diese bietet gegenüber dem *Dülferschen* Vorschlag den Vorteil, daß auch die ökonomische Komponente explizit vorgesehen ist. Im einzelnen sollen also die folgenden Umweltkomponenten unterschieden werden:[43]

- *Ökonomische Komponente*: Generelle wirtschaftliche Situation
- *Rechtlich-politische Komponente*: Gesamtheit rechtlicher Vorschriften und Handhabungen der Exekutive und Jurisdiktion
- *Sozio-kulturelle Komponente*: Gesellschaftsstruktur und die sie prägenden Einflüsse
- *Technologische Komponente*: Technologischer Entwicklungsstand
- *Physische Komponente*: Natürliche Bedingungen, ökologische Umwelt

Die soeben unterschiedenen Komponenten der Makroumwelt können zusätzlich im Hinblick auf ihren *geographischen Bezug* differenziert werden. In diesem Sinne schlägt *Leontiades* eine duale Betrachtung der Unternehmungsumwelt auf zwei Ebenen vor.[44] Danach können solche Umweltbedingungen, die nur *landesbezogen* Gültigkeit haben (z.B. nationale Rechtsvorschriften), von jenen Umweltbedingungen unterschieden werden, die für *eine Gruppe von Ländern* oder sogar *weltweit* gelten. Letztgenannte bilden damit einen übergreifenden Rahmen für mehrere nationale Umwelten. Dieser dualen Perspektive entsprechend können folgende Umweltdimensionen differenziert werden:

- *Nationale Umwelten*: Die Umweltkomponenten haben jeweils nationalen Bezug.
- *Globale Umwelt*: Die Umweltkomponenten haben übernationalen oder sogar weltweiten Bezug.

---

42 Vgl. z.B. *Skinner, C. W.*, International Production, 1964, S. 131-132.; *Fayerweather, J.*, International Marketing, 1965, S. 19-29; *Richman, B.M.; Copen, M.*, International Management, 1972, S. 65-357.

43 Vgl. auch *Schreyögg, G.*, Umfeld der Unternehmung, 1993, Sp. 4237-4239; sowie *Kubicek, H.; Thom, N.*, Umsystem, 1976, u.a. Sp. 3991.

44 Vgl. *Leontiades, J.C.*, Multinational Corporate Strategy, 1985, S. 8-10. Einen ähnlichen Ansatz liefert z.B. auch *Soldner, H.*, Weltwirtschaftlicher Strukturwandel, 1977, S. 257-260; vgl. ferner auch *Richman, B.M.; Copen, M.*, International Management, 1972, S. 65-357.

Es ist notwendig, auch diese Form der Umweltdifferenzierung zu berücksichtigen, da sowohl die strategische Orientierung einer internationalen Unternehmung[45] wie auch die strategische Orientierung ihrer Produktionsaktivitäten, die später zu den Basisstrategien des ISPM führen wird,[46] an den Ausprägungen dieser Umweltdimensionen ausgerichtet werden. So erscheint etwa im Fall sehr unterschiedlicher nationaler Umwelten, in denen die relevanten Umweltkomponenten folglich einen jeweils starken Landesbezug aufweisen, eine landesspezifische Ausrichtung der Unternehmung im Sinne des multinationalen Strategietyps als angemessen. Gelten die relevanten Umweltkomponenten dagegen für eine Gruppe von Ländern oder sogar weltweit, kann das übernationale Integrationspotentiale eröffnen und zum Beispiel globale Strategietypen nahelegen.

Allgemein formuliert erfordert die Festlegung der strategischen Orientierung im Spannungsfeld zwischen Globalisierung und Lokalisierung genaue Kenntnisse darüber, welche Umweltkomponenten übernational für mehrere Länder gelten, und welche Umweltkomponenten dagegen einen ausgeprägten Landesbezug aufweisen. Auf eine duale Differenzierung der Umwelt im eben beschriebenen Sinne kann deshalb nicht verzichtet werden.

Kombiniert man nun die aufgezeigten Differenzierungsmöglichkeiten der Makroumwelt miteinander, so ergibt sich matrixartig das theoretisch denkbare Analysefeld (Tabelle 3-3).

	globale Umwelt ↓ Abschn. 3.2.3.2 ↓	nationale Umwelten ↓ Abschn. 3.2.3.3 ↓
ökonomische Komponente		
rechtlich-politische Komponente		
sozio-kulturelle Komponente		
technologische Komponente		
physische Komponente		

Tabelle 3-3: Matrix der Umweltdifferenzierung

Es stellt sich die Frage, auf welchem Wege dieses mehrdimensionale Analysefeld sinnvoll durchdrungen werden kann. Die zuvor aufgezeigte Bedeutung einer dualen

45 Siehe die Abschnitte 2.3.3.2 und 2.3.3.3.

46 Siehe Kapitel 6.

Umweltdifferenzierung in die nationale und die globale Dimension legt es nahe, die Betrachtungen hieran zu orientieren, also im Kontext der Tabelle 3-3 spaltenweise vorzugehen. Danach bilden die *globale Umwelt* (Abschnitt 3.2.3.2) sowie die *nationalen Umwelten* (Abschnitt 3.2.3.3) die Ausgangsdimensionen für das weitere Vorgehen. Innerhalb dieser Ausgangsdimensionen können dann jene Umweltkomponenten charakterisiert werden, die in Tabelle 3-3 zeilenweise dargestellt sind.

3.2.3.2 Globale Umwelt

Die *globale* Umwelt umfaßt diejenigen Umweltkomponenten der Makroumwelt, die internationalen oder sogar *weltweiten* Bezug aufweisen. Sie bildet gleichsam den übernationalen Rahmen, in den die nationalen Umwelten eingebunden sind.

Ökonomische Komponente

Die *globale* Dimension der *ökonomischen Komponente* ist vor allem durch die zunehmende weltwirtschaftliche Integration geprägt. Das permanente Wachstum des Welthandels [47] und die damit einhergehenden weltwirtschaftlichen Verflechtungen haben zu zwei wesentlichen Entwicklungen geführt. Diese werden als „Regionalisierung“ und als „Globalisierung“ der Weltwirtschaft bezeichnet.[48] Sie können in mehrfacher Hinsicht die Gestaltung internationaler Produktionsaktivitäten beeinflussen.[49]

Die *Regionalisierung* beschreibt gerade die Intensivierung der wirtschaftlichen Verflechtungen und Austauschbeziehungen zwischen geographisch nahe gelegenen Nationen, was zur Entstehung regionaler Wirtschaftsräume zum Beispiel in Nordamerika, in Süd-Ost-Asien oder in Westeuropa geführt hat.[50] Eine wichtige Triebkraft dieser Entwicklung ist in der Vollendung und Festigung der jeweiligen Binnenmärkte zu sehen.[51] Im europäischen Raum wird die wirtschaftliche Integration zusätzlich durch die Einführung der gemeinsamen Währung „Euro“ gefestigt. „Die entscheidende Änderung, die die Welt in den vergangenen zehn Jahren ökonomisch erlebt hat,

---

47 Vgl. *Meissner, H.G.*, Strategisches Internationales Marketing, 1995, S. 13-20; *Perlitz, M.*, Internationales Management, 1997, S. 12-21.

48 Vgl. z.B. *Arioli, S.*, Regionalisierung, 1993, S. 9-10.

49 Siehe zum Beispiel Abschnitt 4.2.2 oder Kapitel 6.

50 Vgl. *Germann, H.; Rürup, B.; Setzer, M.*, Globalisierung der Wirtschaft, 1996, S. 21-23; *Steger, U.*, Globalisierung verstehen und gestalten, 1996 S. 6.

51 Siehe hierzu die Ausführungen zur „rechtlich-politischen Komponente“ weiter unten in diesem Abschnitt.

ist ... die Regionalisierung der Märkte."[52] Diese Regionalisierung teilt die Weltwirtschaft einerseits in sogenannte Wirtschaftsblöcke, die aber gleichzeitig in eine alle Länder der Erde umfassende wirtschaftliche Verflechtung eingebunden sind.[53] Eine besondere Bedeutung kommt nach *Ohmae* der überregional verflochtenen Wirtschaft der *Triade* zu, die er als primär aus den USA, Europa und Japan bestehend definiert und als „Interlinked Economy" (ILE) bezeichnet.[54]

Die *weltumspannende* Dimension der wirtschaftlichen Integration stellt gerade die *Globalisierung* der Weltwirtschaft dar. *Porter* spricht mit Blick auf die betroffenen Wirtschaftszweige von „globalen Branchen", die er als eine Gesamtheit von Märkten beschreibt, die durch vielfältige Faktoren über die Ländergrenzen hinweg miteinander verknüpft sind.[55] Begünstigt wurde die Globalisierung in der Vergangenheit zunächst durch die technologisch bedingte Verkürzung ökonomischer Entfernungen und den dadurch erweiterten geographischen Handlungsspielraum internationaler Unternehmungen. Eine weitere Triebkraft der Globalisierung ist die übernationale und überregionale Homogenisierung bestimmter Märkte, die durch international konvergierende Bedürfnisse und Nutzenerwartungen der Käufer getragen wird.[56] Nationale Differenzen treten hier in den Hintergrund und lassen die Gesamtheit der Märkte als einen Weltmarkt erscheinen. Grenzenlose und weltweite Informations- und Interaktionsmöglichkeiten wie Satelliten-Television oder Internet haben gerade in den 1990er Jahren die Entwicklung forciert. Auf *globale* Märkte treffen heute zum Beispiel Hersteller von High-Tech-Produkten wie Kameras, Computer oder Mobiltelefone. Ein weiteres Beispiel liefert der Markt für koffeinhaltige Erfrischungsgetränke.

Die weltwirtschaftlichen Entwicklungen sind in enger Verbindung mit anderen Umweltkomponenten zu sehen, deren Konstitution häufig erst den Boden für die angedeuteten Entwicklungen bereitet:

---

52 *M. Tabaksblat,* Chairman des britisch-niederländischen Unilever-Konzerns, in einem Gespräch mit Redakteuren der Wirtschaftswoche, siehe: *Baron, St.; Bierach, B.; Thelen, F.,* „Konsum ist lokal", 1997, S. 130.

53 Vgl. *Koch, E.,* Internationale Wirtschaftsbeziehungen, 1992, S. 180-181.

54 Vgl. *Ohmae, K.,* Die neue Logik der Weltwirtschaft, 1991, S. 12.

55 In solchen Branchen wird nach *Porter* die Wettbewerbsposition einer Unternehmung in einem bestimmten Land ganz erheblich von deren Stellung in anderen Ländern beeinflußt und umgekehrt. Vgl. *Porter, M. E.,* Rahmenkonzept, 1989, S. 20.

56 Vgl. *Levitt, Th.,* The Globalization of Markets, 1983, S. 92-93; *Henzler, H.A.,* Europreneurs, 1992, S. 196; *Henzler, H.; Rall, W.,* Aufbruch in den Weltmarkt, 1985, S. 179-182; *Porter, M.E.,* Wettbewerbsstrategie, 1990, S. 360-361 u. 369; *Germann, H.; Rürup, B.; Setzer, M.,* Globalisierung der Wirtschaft, 1996, S. 23.

Rechtlich-politische Komponente

So ist – als Ausdruck der *rechtlich-politischen Komponente* – die weltwirtschaftliche Verflechtung wesentlich auf den zunehmenden Abbau tarifärer und nicht-tarifärer Handelshemmnisse als Resultat bilateraler und multilateraler Vereinbarungen zurückzuführen. Die wichtigsten und weitreichendsten Vereinbarungen dieser Art sind im Rahmen des allgemeinen Zoll- und Handelsabkommens (GATT) niedergelegt worden, dessen jüngstes Abkommen als Ergebnis einer über siebenjährigen Verhandlungsphase am 15. Dezember 1993 in Genf von den 117 GATT-Mitgliedern verabschiedet wurde und 1995 in Kraft getreten ist.[57] Auch zukünftig sind von der Rechtsnachfolgerin des GATT, der World Trade Organization (WTO), weitere handelsrechtliche Vereinbarungen zu erwarten.

Neben der Welthandelsorganisation (WTO) tragen auch die in der Vergangenheit entstandenen Binnenmärkte der Europäischen Union (EU), des North American Free Trade Agreements (NAFTA) oder der südamerikanischen MERCOSUR-Freihandelszone[58] zum Wachstum des internationalen Handels, der zunehmenden internationalen Arbeitsteilung und der damit einhergehenden internationalen Kapitalverflechtung bei. Zukünftige Impulse für die Entwicklung der Weltwirtschaft sind außerdem von dem Zusammenschluß der amerikanischen Binnenmärkte NAFTA und MERCOSUR zur FTAA-Freihandelszone (Free Trade Area of the Americans), die von Alaska bis Feuerland reichen wird, sowie von dem entstehenden AFTA-Binnenmarkt der Association of South East Asian Nations (ASEAN) in der südostasiatischen Region zu erwarten.

Daß die Entstehung derartiger Binnenmärkte auch für das Produktionssystem der internationalen Unternehmung von Bedeutung ist, belegt folgendes Beispiel aus dem Bereich der pharmazeutischen Industrie:[59] Die Hauptprodukte dieses Industriezweiges sind die sogenannten Humanpharmazeutika, also Produkte, die unmittelbar die persönliche Gesundheit und die menschliche Lebensqualität betreffen. Deshalb haben nationale Regierungen häufig ein besonderes Interesse, die Versorgung der eigenen Bevölkerung mit diesen mitunter lebenswichtigen Produkten durch inländische Produktionen zu gewährleisten. Dazu werden nicht selten sogenannte Local-Content-Auflagen erlassen, die den Markzugang ausländischer Unternehmungen an lokale Wertschöpfungen und damit an den Aufbau von Produktionsstätten im Land knüp-

---

57 Eine umfangreiche Zusammenfassung der Ergebnisse des jüngsten GATT-Abkommens liefert z.B. *Senti, R.*, GATT-WTO, 1994.

58 MERCOSUR: = Mercado Común del Cono Sur (span.) = gemeinsamer Markt des südlichen Teils Amerikas. Mitglieder des 1990 gegründeten Zusammenschlusses sind Argentinien, Brasilien, Paraguay und Uruguay.

59 Das folgende Beispiel stützt sich auf das mit den Herren *Dr. Leuchs* und *Kastenholz* geführte Expertengespräch.

fen.[60] Vor diesem Hintergrund war der Pharmaproduzent *Boehringer Ingelheim* bis Anfang der 1990er Jahren gezwungen, im nordamerikanischen Raum Parallelproduktionen gleicher Produkte an einem mexikanischen, einem kanadischen und zwei US-amerikanischen Standorten zu unterhalten. Die Folge waren redundante Kapazitäten im internationalen Produktionssystem. Die hier zunächst den nationalen Umweltbedingungen zuzurechnenden Einflußfaktoren verloren 1994 mit der Gründung der nordamerikanischen Freihandelszone (NAFTA) ihre Wirkung. Diese übernationale Umweltentwicklung veranlaßte *Boehringer Ingelheim* zu einer umfassenden Standortrationalisierung, die zu einem effektiveren, weitgehend redundanzfreien nordamerikanischen Produktionssystem geführt hat, das auf zwei der bisherigen Produktionsstandorte mit jeweils erweiterten Kapazitäten konzentriert ist.[61]

Der Wegfall von Handelsschranken und protektionistischen Investitionszwängen vergrößert außerdem die Freiheitsgrade der internationalen Produktionsstandortwahl und ermöglicht auch die Nutzung bisher nicht zugänglicher Standortvorteile. Verbunden mit der Internationalisierung und Globalisierung des Wettbewerbs steht insbesondere das internationale Produktionssystem auf dem Prüfstand. Es rückt nicht nur die absatzseitige Konkurrenz auf internationalen und weltweiten Märkten in den Mittelpunkt dieser Wettbewerbssituation, sondern auch der Produktionsstandort als „Kostenantriebskraft" hat entscheidenden Anteil an der Sicherung von Vorteilen im internationalen und weltweiten Wettbewerb.[62]

Eng verbunden mit den bisher behandelten globalen Umweltkomponenten ist auch die *weltpolitische* Entwicklung. Hier zeigen sich neben den übernationalen politischen Integrationsprozessen wie zum Beispiel dem der Europäischen Union ebenso Unabhängigkeits- und Autonomiebestrebungen zahlreicher Staaten- und Volksgruppen, wie beispielsweise in den Nachfolgestaaten der ehemaligen Sowjetunion oder der ehemaligen Tschechoslowakei zu beobachten war und ist. Aus der Perspektive des ISPM sind sowohl die einzelstaatlichen wie auch die weltpolitischen Entwicklungen und ihre Zusammenhänge zu beobachten, denn die sich im Wandel befindende Weltordnung ist als Komponente der globalen Umwelt ein Bezugssystem für international und global orientierte Unternehmungen.

---

60 Zum Begriff des „local content" und dessen Erscheinungsformen siehe z.B. *Günter, B.*, Local Content, 1985, S. 263-264.

61 Eine tiefer gehende Betrachtung des Fallbeispiels unter standortstrategischen Gesichtspunkten wird in Abschnitt 5.3.5.3 erfolgen.

62 Vgl. *Porter, M. E.*, Wettbewerbsvorteile, 1996, S. 117-118.

Sozio-kulturelle Komponente

Die sozio-kulturelle Komponente hat vorwiegend nationalen und lokalen Bezug, weshalb sich eine Charakterisierung ihrer globalen Dimension weitgehend erübrigt. Allerdings entwickelt die sozio-kulturelle Komponente vor dem Hintergrund weltweiter Informations-, Telekommunikations- und Interaktionsmöglichkeiten zunehmend auch globale Bezüge. Weltweit ausgestrahlte TV-Programme und global vermarktete Kinofilme fördern zum Beispiel das Aufkommen von globalen Lebensstilen. Soziale Gruppen finden und formieren sich weltweit via Internet und das zunehmend globale Bewußtsein bewirkt bei zahlreichen Menschen die Entwicklung einer Weltbürgeridentität. Gerade die soeben skizzierten Entwicklungen fördern in bestimmten Branchen die internationale Konvergenz von Bedürfnissen und Nutzenerwartungen der Abnehmer und damit die Entstehung globaler Märkte.

Technologische Komponente

Ebenfalls von globaler Bedeutung ist die *technologische* Entwicklung, die dem ISPM in entscheidender Weise neue Chancen eröffnen kann. Hervorzuheben sind hier die Informations- und Kommunikationstechnologien, deren Innovationsdynamik die weltweiten Kommunikationsmöglichkeiten ständig verbessert.[63] Der Informationstransfer über weite Entfernungen wird zunehmend kostengünstiger, schneller und sicherer. Die global vernetzten Kommunikationstechnologien dehnen die potentielle Handlungsweite von Unternehmungen aus und verkürzen in Verbindung mit transporttechnologischen Neuerungen ökonomische Entfernungen.[64]

Die internationale Kommunikation stellt nach Einschätzung der befragten Experten heute kein nennenswertes Problem für international produzierende Betriebe dar. So zeigte sich im Rahmen der Expertengespräche auch, daß von der Möglichkeit, über internationale Videokonferenzen mit Tochterunternehmungen und auch mit externen Interaktionspartnern zu konferieren, zunehmend Gebrauch gemacht wird. Als Gründe hierfür wurden insbesondere die beträchtliche Zeitersparnis für die Konferenzteilnehmer sowie die vermiedenen Reisekosten genannt, was insgesamt die nicht unerheblichen Kosten des Videoconferencing stark relativiert.[65]

Neben dem *informations-* und *kommunikations-*technologischen Entwicklungsstand werden die Möglichkeiten und Grenzen des ISPM zum Beispiel auch durch den Wissensstand in den Bereichen *Produktions-*, *Verfahrens-* sowie *Transporttechnologie*

---

63 Siehe hierzu Abschnitt 5.6.3.2.

64 Vgl. *Sherman, H. C.*, Globalisierung, 1996, S. 3; *Fieten, R.*, Allokation von Wertschöpfungsaktivitäten, 1997, S. 692.

65 Vgl. auch *Lautz, A.*, Videoconferencing, 1995, S. 111-125.

bestimmt. Hieraus erwachsen nicht nur Chancen zur Gestaltung der Produktionsprozesse innerhalb der internationalen Produktionsstätten, sondern vor allem auch zur Gestaltung der raum-zeitlichen Gütertransformation[66] auf überbetrieblicher Ebene und damit zur Ausweitung der geographischen Handlungsweite des internationalen Produzenten.[67]

Es ist zu beachten, daß die Nutzung technologischer Neuerungen im internationalen Produktionssystem auch die Bewältigung der erforderlichen technischen Umstellungsprozesse voraussetzt. Diese sind gerade im technologischen Anwendungsbereich nicht zu unterschätzen und durchaus als Risiken der internationalen Produktionsaktivität anzusehen.[68]

Physische Komponente

Ergänzend zu den bisher skizzierten Komponenten der globalen Umwelt ist die *physische* Komponente zu nennen, die in Form der zunehmenden *ökologischen* Umweltproblematik auch globale Bezugsdimensionen aufweist. Stichworte wie der Treibhauseffekt oder die zunehmende globale Ressourcenknappheit seien als Beispiele genannt. Da es sich hier um einen Bereich mit langfristig restriktivem Charakter handelt, ist erhöhte Sensibilität und ein besonderes Verantwortungsbewußtsein auch im Rahmen des ISPM gefordert.[69]

3.2.3.3 Nationale Umwelten

Die Unterscheidung zwischen verschiedenen nationalen Umwelten liegt nicht nur in der staats- und völkerrechtlichen Abgrenzung begründet, sondern sie ist auch Ausdruck national-spezifischer Umweltkonstellationen. Diese sind letztlich auf diejenigen Umweltkomponenten zurückzuführen, die einen *nationalen Bezug* aufweisen und folglich übernational differieren. Gerade in diesen Differenzen nationaler Umwelten liegen spezifische Chancen aber auch Risiken der internationalen Produktionsaktivität begründet.

Die Menge der nationalen Umwelten, die im konkreten Planungsfall zu analysieren sind, umfaßt neben den Ländern, in denen bereits produziert wird, auch die Länder, die als Produktionsstandorte *potentiell* in Frage kommen.

---

66 Vgl. *Pfohl, H.-Ch.*, Logistiksysteme, 1996, S. 12.

67 Siehe hierzu auch Abschnitt 5.6.2.

68 Vgl. *Pierer, H. von*, Die innovative Dynamik des Wettbewerbs, 1993, S. 5.

69 Vgl. *Steger, U.*, Umweltmanagement, 1993, S.45-54.

Ökonomische Komponente

Die wirtschaftlichen Rahmenbedingungen eines Landes sind aus der Perspektive der international produzierenden Unternehmung von besonderem Interesse, denn sie bestimmen den allgemeinen ökonomischen Handlungsrahmen an einem bestimmten Produktionsstandort. Indikatoren für die ökonomische Situation eines Landes sind zum Beispiel folgende demographische und gesamtwirtschaftliche Faktoren:[70]

- Demographie der Bevölkerung (Einwohnerzahl, Altersstruktur, Wachstum, ...)
- Bruttosozialprodukt (real und nominal)
- Einkommenshöhe, -entwicklung, -verteilung und -verwendung
- Index der Lebenshaltung
- Höhe der privaten Investitionen
- Entwicklung des öffentlichen Sektors (Staatsausgaben, Steuern, Subventionen)
- Konjunkturdaten (Preisniveau, Beschäftigung, Wachstum, Außenwirtschaft)
- Währungsstabilität
- ....

Konkretes Datenmaterial zu den beschriebenen Faktoren liefern in der Praxis zahlreiche Informationsquellen. Ihnen ist der Abschnitt 3.2.5 dieser Arbeit gewidmet, auf den an dieser Stelle verwiesen sei.

Die zunächst noch allgemein erscheinenden Faktoren der ökonomischen Umweltkomponente sind im konkreten Planungsfall in branchenspezifischem Kontext zu sehen, der hier wegen der allgemeinen Betrachtungsweise nicht explizit behandelt werden kann. Statt dessen soll an dieser Stelle auf das gesamtwirtschaftliche Resultat branchenspezifischer Entwicklungen aufmerksam gemacht werden, das in den grundsätzlichen sektoralen Strukturverschiebungen zahlreicher Industrienationen zum Ausdruck kommt.[71] So ist zu beobachten, daß traditionelle Industriebereiche wie etwa die Eisen- und Stahlindustrie, der Bergbau oder der Schiffsbau an gesamtwirtschaftlicher Bedeutung verlieren, und demgegenüber hochtechnologisierte Industrien sowie der tertiäre Sektor der Dienstleistungen zunehmend an wirtschaftlichem Gewicht gewinnen.[72] Diese Entwicklung bringt einen tiefgreifenden strukturellen Wandel für

---

70 Vgl. *Kreikebaum, H.*, Strategische Unternehmensplanung, 1997, S. 43; *Welge, M.K.; Al-Laham, A.*, Planung, 1992, S. 86; *Amann, K.*, Unternehmensführung 1995, S. 89.

71 Vgl. *Freidhof, E.*, Strategisches Management im internationalen Umfeld, 1995, S. 188-189; *Meissner, H.G.*, Dynamik des Marketing in Europa, 1992, S. 2-3.

72 Vgl. *Hummel, E.;* et al., Internationaler Wettbewerb um Einkommen und Arbeitsplätze, 1996, S. 3-7.

die ökonomische Umwelt zahlreicher Länder mit sich und prägt so eine veränderte, *postindustrielle Wirtschaftsstruktur* in diesen Volkswirtschaften.[73]

Eine Erscheinungsform dieser 'postindustriellen Realität'[74] sind beispielsweise die zahlreich entstandenen Technologieparks und -zentren, deren Zahl in Deutschland bislang auf über 200 angewachsen ist. Einer der größten deutschen Parks dieser Art befindet sich zum Beispiel im westfälischen Dortmund in unmittelbarer Nähe der örtlichen Universität. Ein weiteres Beispiel liefert das sogenannte *Silicon Valley* bei San Francisco in den USA, wo bereits Mitte der 1980er Jahre auf einer Fläche von ca. 450 km^2 mehr als 3.000 international tätige High-Technology-Unternehmungen aus dem In- und Ausland agglomeriert waren.[75] Solche Ansammlungen können für international produzierende Unternehmungen in mehrfacher Hinsicht von Bedeutung sein: Einerseits kann die Ansiedlung einer Produktionsstätte in der Nähe derartiger *Agglomerationen* aus Gründen der Marktnähe, aufgrund der Nähe zu Konkurrenten oder auch zu Kooperationspartnern sinnvoll oder gar notwendig sein.[76] Anderseits werden derartige Ballungen nicht ohne Wirkung auf andere Standortbedingungen wie beispielsweise die Grundstückspreise oder auch das Lohnniveau bleiben.

Die wirtschaftlichen Rahmenbedingungen, die der internationale Produzent in einem Land antrifft, sind durch ein komplexes Beziehungsgeflecht mit den übrigen Umweltkomponenten verbunden; so zum Beispiel mit der *rechtlich-politischen Komponente*:

Rechtlich-politische Komponente

Das Rechtssystem eines Landes ist in zahlreichen Einzelgesetzen, Verordnungen, Normen und Vorschriften manifestiert, die das Miteinander aller Personen, Institutionen und Organisationen dieses Landes mehr oder weniger stark regeln.

Hervorzuheben ist hier u.a. das *Steuerrecht*, das durch die für die Unternehmungen unmittelbar monetäre Wirkung von besonderer Bedeutung für die Standortwahl, für die Wahl der Rechtsform oder für die Entscheidung über Beteiligungsverhältnisse sein kann.[77] Im Bezug auf letztgenannte Gestaltungsbereiche sind außerdem nationale

---

73 Vgl. *Meissner, H.G.*, Dynamik des Marketing in Europa, 1992, S. 2.

74 *Meissner, H.G.*, Dynamik des Marketing in Europa, 1992, S. 3.

75 Vgl. *Teece, D.J.*, Foreign Investment and Technological Development in Silicon Valley, 1992, S. 88-105; *Rogers, E. M.; Larsen, J. K.*, Silicon Valley Fever, 1984, hier S. 27; *Eiff, R.; Wagner, H.-Th.*, 'Silicon Valleys', 1984, S. 5.

76 Vgl. *Behrens, K.Ch.*, Standortbestimmungslehre, 1971, S. 67-68 und 78-80.

77 Vgl. *Wöhe, G.*, Betriebswirtschaftslehre, 1993, S. 370-390; 479-482; 486-489; *Esser, K.*, Standortfaktor Unternehmensbesteuerung, 1990, insbesondere S. 157-181; *Fischer, L.*, Standortwahl und Steuern, 1993, insbesondere Sp. 3983-3986.

Investitionsvorschriften und -gesetze zu beachten, denn sie können die Beteiligungsverhältnisse im Rahmen von Joint Ventures[78] ebenso determinieren wie etwa die Möglichkeiten des Erwerbs von Eigentum an Immobilien oder Grundstücken.

Auch die außenwirtschaftlichen Beziehungen eines Landes werden durch die rechtlich-politische Komponente beeinflußt. Mehr oder weniger stark ausgeprägte *Handelsrestriktionen* oder *Kapitalverkehrsbeschränkungen* bestimmen die Möglichkeiten des grenzüberschreitenden Handels und Kapitalverkehrs. Diese Bedingungen sind für den internationalen Produzenten von besonderer Bedeutung, denn sie betreffen unmittelbar dessen grenzüberschreitende Geschäftstätigkeiten.

Ebenfalls von beachtlicher Relevanz für international produzierende Unternehmungen ist der Bereich des *Umweltrechts* – hier bezogen auf die ökologische Umwelt –, der vor dem Hintergrund des zunehmenden Umweltbewußtseins auch als Standortfaktor bedeutsamer geworden ist.[79] Gerade dieser Bereich verlangt eine verantwortungsvolle Gestaltung internationaler Produktionsaktivitäten im Spannungsfeld zwischen Ökologie und Ökonomie.

Weitere Rechtsgebiete, die für das ISPM entscheidungsrelevant sein können, sind etwa das *Gesellschafts-*, das *Mitbestimmungs-* oder das *Wettbewerbsrecht*, um hier nur einige Beispiele aus der Vielfalt rechtlicher Fachgebiete zu nennen.[80]

Nationale Rechtssysteme können nicht nur landesbezogen höchst unterschiedlich ausgeprägt sein, sondern sie können zudem innerhalb eines Staates spezifische Differenzen aufweisen. Ein Grund hierfür sind zum Beispiel föderative Staatsformen mit entsprechend abgestuften Rechtssystemen. So ist beispielsweise in den USA neben dem bundesgesetzlichen Rahmen insbesondere den Gesetzen der jeweiligen Bundesstaaten besondere Beachtung zu schenken.

Die bisher beschriebenen Rechtsnormen und Vorschriften spiegeln vor allem auch die Handlungsergebnisse des politischen Systems eines Staates – also die *politische Umweltkomponente* – wider. Wesentliche Charakteristika eines politischen Systems sind dessen zeitliche *Stabilität*, *Kontinuität* und *Verläßlichkeit*. Ist die Gefahr politi-

[78] Siehe hierzu Abschnitt 5.7.2.2.

[79] Einen unter ökologischen Gesichtspunkten sicherlich diskussionswürdigen Beleg für die Bedeutung des Standortfaktors „Umweltauflagen" liefert z.B. der türkische Gießerei-Verband: Dieser warb mit dem Argument um Investitionen deutscher Unternehmungen, daß zwischen Ankara und Anatolien kaum Umweltauflagen zu beachten seien. Vgl. *Krumrey, H.*, Blüte auf Pump, 1992, S. 20. Vgl. ferner auch *Steger, U.*, Umweltmanagement, 1993, S. 125-150; *Hirn, W.*, Wirtschaftsflüchtlinge, 1992, S. 77; *Neundörfer, K.*, Standortbedingung Umweltschutz, 1991, S. 18.

[80] Weitere Beispiele für relevante Rechtsgebiete bei Auslandsinvestitionen finden sich z.B. bei *Hennerkes, B.-H.*, Unternehmensrecht und Standortentscheidungen, 1995, S. 58-65.

scher Umstürze groß, bedeutet das für den internationalen Produzenten vor Ort ein erhöhtes Risiko, das im Extremfall den Totalverlust einer Produktionsstätte etwa durch Bürgerkrieg, Zerstörung oder Enteignung bedeuten kann.

Neben der politischen Stabilität als Rahmenbedingung eines Staates ist natürlich auch die *Staatsform* und die darin manifestierte Konstitution staatlicher Gewalten grundlegend für die unternehmerischen Handlungsmöglichkeiten. 'Handelt es sich um eine demokratische Staatsform?', 'Wie unabhängig sind legislative, exekutive und judikative Organe?' oder 'Wie vollziehen sich politische Entscheidungsprozesse?' sind Fragen, die in diesem Zusammenhang zu beantworten sind.

Gerade die letzte der aufgeworfenen Fragen kann im Hinblick auf Genehmigungsverfahren und andere Abhängigkeiten von staatlichen Organen von immenser Bedeutung sein. Dieses belegt eine Studie der in Hongkong ansässigen Unternehmung *Political and Economic Risk Consultancy* (PERC) über die *Korruption* in verschiedenen asiatischen Ländern.[81]

Das in der nachfolgenden Abbildung 3-4 zusammengefaßte Ergebnis der Managerbefragung verdeutlicht, daß außer Singapur, Japan und Hongkong mit vergleichsweise geringen Korruptionsgraden alle untersuchten Länder durch ausgeprägte Korruption gekennzeichnet sind. Negativ hervorzuheben sind insbesondere China, Indien und Indonesien, wo Korruption und Bestechung vor allem auch die Zusammenarbeit mit behördlichen Organen prägen.[82]

Derartige Ausprägungen der politischen Komponente können international produzierende Unternehmungen vor erhebliche Probleme stellen und erfordern Sensibilität, Feingefühl und Erfahrung im Umgang mit derartigen Umweltbedingungen. Denn dem vordergründigen Nutzen, sich durch die Zahlung von Bestechungsgeldern Vorteile verschaffen zu können, stehen auch zahlreiche Risiken gegenüber:[83] Da die durch eine Bestechung erhofften Vorteile naturgemäß nicht juristisch einklagbar sind, besteht in der Regel keine Sicherheit für deren tatsächliche Gewährung. Ferner vollziehen sich Bestechungen in rechtlichen und ethischen Grenzbereichen, was neben dem Risiko, damit erpreßbar zu werden, auch die Gefahr negativer Öffentlichkeitswirkungen in sich birgt, sofern die Bestechungsaktivitäten nicht geheimgehalten werden können.

---

81 Political & Economic Risk Consultancy (PERC) (Hrsg.), Corruption in Asia, 1995.

82 Vgl. *Jahn, O.*, Korruption in Asien, 1995, S. 14.

83 Vgl. *Welge, M. K.; Holtbrügge D.*, Internationales Management, 1998, S. 281-283.

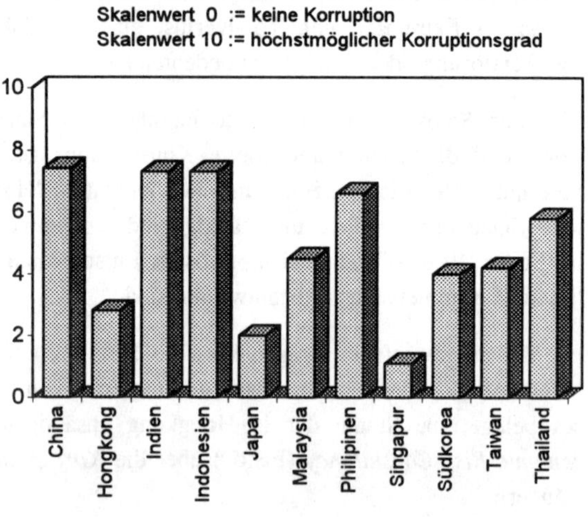

Abbildung 3-4: Korruption in Asien 1995 [84]

Ein für die international produzierende Unternehmung ebenso wichtiger Faktor ist die *Wirtschaftspolitik*, die in einem Land verfolgt wird, denn hieraus ergeben sich mögliche Subventionen und Steuerbelastungen sowie strukturelle und konjunkturelle Konsequenzen. Hervorzuheben sind auch die *Außenwirtschaftspolitik* sowie die *Währungspolitik*, da diese unmittelbar die grenzüberschreitende Geschäftstätigkeit des internationalen Produzenten betreffen. Die Interdependenzen zur ökonomischen Umweltkomponente sind hier unübersehbar.

Das rechtlich-politische System eines Staates ist wiederum Ausdruck gesellschaftlicher Strukturen,[85] die durch *sozio-kulturelle* Faktoren geprägt werden:

Sozio-kulturelle Komponente

Unter der sozio-kulturellen Umweltkomponente können Faktoren wie *gesellschaftliche Werte, Traditionen, Einstellungen* und *kulturelle Normen* subsumiert werden, die in ihrer Gesamtheit die Besonderheit eines abgegrenzten Kulturkreises ausmachen.[86]

---

84 Quelle: Political & Economic Risk Consultancy (PERC) (Hrsg.), Corruption in Asia, 1995, S. 4.

85 Vgl. *Dülfer, E.*, Internationales Management, 1997, S. 259.

86 Vgl. *Meissner, H.G.*, Strategisches Internationales Marketing, 1995, S. 22-23; in Verbindung mit *Welge, M. K.; Al-Laham, A.*, Planung, 1992, S. 86; *Hofstede, G.*, Kultur und Internationales Management, 1993, S. 127-128; und auch *Dülfer, E.*, Internationales Management, 1997, S. 318.

Auch die Beachtung dieser Umweltkomponente ist für die international produzierende Unternehmung unerläßlich. Denn das internationale Engagement ist nicht wie im Fall des Exports nur auf Marktbeziehungen beschränkt, sondern die Ansiedlung eines Produktionsbetriebes in einem Land erfordert vielmehr die institutionelle Integration der Unternehmung in die jeweilige Umwelt. Durch die Einbindung lokaler Arbeitskräfte in den Wertschöpfungsprozeß der Unternehmung stellen die sozio-kulturellen Besonderheiten eines Landes mehr als nur allgemeine Rahmenbedingungen für das unternehmerische Handeln dar, weil der Mensch als Träger dieser sozio-kulturellen Komponente zum Bestandteil, also zum integrierten Element des Systems 'Unternehmung' wird.

Im Zusammenhang mit den sozio-kulturellen Gegebenheiten prägt besonders auch die Sprache eines Landes dessen subjektiv empfundene Fremdheit[87]. Deshalb stellt gerade die Überwindung *sprachlicher Barrieren* eine wichtige Grundvoraussetzung für den Aufbau internationaler Produktionsaktivitäten in bis dahin unbekannten Ländern dar. Hierbei geht es jedoch nicht nur um die *verbale* Sprachebene. Mindestens ebenso wichtig sind Kenntnisse der *non-verbalen* Sprachebene, die zum Beispiel in Gestik, Mimik, symbolischem Redeverhalten oder der Körpersprache zum Ausdruck kommt.[88] Zeigt man beispielsweise im Rahmen von Verhandlungen einem US-Amerikaner ein aus Zeigefinger und Daumen geformtes „O“, so deutet dieser die non-verbale Geste als „okay“. Der Verhandlungspartner in Tunesien würde sich dagegen persönlich bedroht fühlen, da er die Geste mit der Bedeutung „ich will dich töten“ verbindet.[89]

Eng verbunden mit der non-verbalen Kommunikationsebene sind auch spezifische *Verhaltensweisen* in Gesprächen, die in unterschiedlichen Kulturkreisen zu abweichenden Reaktionen und Deutungen führen können. Einige Beispiele hierzu liefert die folgende Tabelle 3-5:

---

87 Siehe Abschnitt 3.2.1.

88 Vgl. *Daniels, J.D.; Radebaugh, L.H.*, International Business, 1995, S. 64-65.

89 Vgl. *Daniels, J.D.; Radebaugh, L.H.*, International Business, 1995, S. 65. Weitere Beispiele für interkulturelle Mißverständnisse liefert z.B. *Rosenstiel, L. von,* Interkulturelle Managemententwicklung, 1993, S. 171-172.

Verhalten	Reaktion in den USA	Reaktion in Japan
Pause, bevor man auf eine Frage antwortet	Mißtrauen, weil nicht direkt	Vertrauen, weil überlegt, bedacht
Schweigen	Verlegenheit	kein Problem
Offen sprechen	wird geschätzt	wird für unhöflich, indiskret gehalten
selbständig denken und handeln	Individualisten sind frei und bewundernswert	Individualisten sind asozial. Teamspieler sind zu schätzen

Tabelle 3-5: Abweichende Reaktionen auf gleiches Verhalten in den USA und in Japan[90]

Neben Sprach- und Verhaltensbesonderheiten ist das weite Spektrum kulturell bedingter *Denkhaltungen*, *Ansichten* und *Verständnismuster* hervorzuheben,[91] dessen Unkenntnis ebenso zur Quelle kulturell bedingter Mißverständnisse werden kann.[92] So sollte man beispielsweise bei Verhandlungen in Japan wissen, daß dort die Anzahl der Dolmetscher als Indiz für die Wichtigkeit angesehen wird, die man dem Verhandlungspartner und dem Geschäft beimißt. Aus diesem Grunde reiste zum Beispiel einer der befragten Manager mit bis zu 10 Dolmetschern nach Japan, obwohl teilweise ein Übersetzer völlig ausreichend gewesen wäre.[93]

Tabelle 3-6 zeigt weitere Beispiele und verdeutlicht, daß bereits bei den Vertragsverhandlungen in der Aufbauphase einer internationalen Produktionsstätte bestimmte Besonderheiten des Kulturkreises bekannt sein sollten.

90 Tabelle aus: *Walsh, I.*, Neue Spielregeln lernen, 1991, S. 16; siehe auch: ohne Verfasser, Go along and get along, 1990, S. 80.
Vgl. zum Wesen der japanischen Denkweise auch: *Becker, D.*, Japanische Kultur, 1994, S. 53-54; *Nefiodow, L.A.*, Der fünfte Kondratieff, 1990; sowie ohne Verfasser, Das Wesen des japanischen Denkens, 1990.

91 *Hall* hat diese Problematik bereits vor fast 40 Jahren erkannt und hierfür den bis heute gebräuchlichen Terminus „silent language" eingeführt. Vgl. *Hall, E.T.*, The Silent Language in Overseas Business, 1960, S. 87-96; oder die umfassende Monographie des Autors: *Hall, E.T.*, The Silent Language, 1959.

92 Zur Vermeidung derartiger Mißverständnisse schlägt *Schenk* ein spezifisches Vorbereitungstraining für Manager vor, das zielkulturbezogen auf Problemfelder in *interkulturellen Überschneidungssituationen* vorbereiten soll. Vgl. *Schenk, E.*, Culture Specific versus Culture General, 1994, S. 38-39. – Siehe zum Themenkomplex des Managertrainings auch *Rosenstiel, L. von,* Interkulturelle Managemententwicklung, 1993, S. 183-184; sowie *Bergmann, A.*, Interkulturelle Managemententwicklung, 1993, S. 202-205.

93 So Herr *Liebmann* im Rahmen des mit dem Verfasser geführten Expertengespräches.

Westliches Vertragsverständnis	Östliches Vertragsverständnis
Durchführung schafft vertrauen	Ohne Vertrauen kein Vertrag
Vertrag ist Verhandlungsabschluß	Vertrag ist Verhandlungsgrundlage
Weitere Abreden sind nicht getroffen (Vollständigkeitsklausel)	Weitere Abreden sind zu treffen (Nachverhandlungsklausel)
Änderungen nur in Schriftform	Jederzeitige flexible Anpassung
Streitentscheidung durch Dritte	Streitbeilegung nach Stufenplan

Tabelle 3-6: Westliches versus östliches Vertragsverständnis[94]

Ein weiteres Kriterium, das der internationale Produzent nicht unberücksichtigt lassen darf, ist die *sozio-kulturelle Homogenität* eines Landes. Denn sollte diese nicht gegeben sein, können erhebliche Risiken entstehen. So haben beispielsweise die Ereignisse im ehemaligen Jugoslawien gezeigt, welche Folgen religiöse, ethnische oder andere lokal-kulturelle Inhomogenitäten haben können. Solche Konfliktpotentiale sind im Rahmen des ISPM rechtzeitig zu identifizieren und frühzeitig in der strategischen Planung zu berücksichtigen, um so zu verhindern, daß Teile der Unternehmung Opfer derartiger Entwicklungen werden.

Technologische Komponente

Wie bereits an anderer Stelle dargestellt wurde, hat die technologische Umweltkomponente übernationalen Bezug und ist in der Regel nicht auf bestimmte Länder oder Kulturbereiche beschränkt.[95] Eine Erwähnung erscheint an dieser Stelle dennoch gerechtfertigt, da in Einzelfällen durchaus auch landesspezifische Fähigkeiten und Kompetenzen im technologischen Bereich denkbar sind. So zeichnet sich zum Beispiel die technologische Komponente der Schweiz durch besondere Kompetenzen im Bereich technologischer Miniaturisierungen aus, was maßgeblich auf die dort konzentrierte Uhrenindustrie zurückzuführen ist.[96]

94 Tabelle aus: *Trommsdorf, V.; Wilpert, B.* et al., Erfolgsfaktoren deutsch-chinesischer Joint-Ventures, 1991, S. 113; vgl. auch *Walsh, I.*, Neue Spielregeln lernen, 1991, S.16-17.

95 Siehe die entsprechenden Ausführungen in Abschnitt 3.2.3.2.

96 Diesen Zusammenhang stellte Herr *Turck* im Rahmen des mit dem Verfasser geführten Expertengespräches als Grund heraus, in der Schweiz eine Produktionsstätte zu unterhalten. Eine ausführliche Darstellung des Beispiels findet sich in Abschnitt 4.2.4.

Ebenfalls von nationaler Bedeutung ist die Aufgeschlossenheit von Regierung, Industrie und Gesellschaft gegenüber technologischen Neuerungen. Diese Aufgeschlossenheit findet zum Beispiel ihren Ausdruck in der staatlichen Forschungsförderung oder in dem Veralterungsprofil der nationalen Industriestrukturen.[97]

Physische Komponente

Die nationale Dimension der ökologischen Umweltkomponente umfaßt vor allen Dingen die *klimatischen, topographischen und geologischen Bedingungen* eines Landes sowie dessen *geographische Lage*. So kann zum Beispiel die geographische Lage in Küstennähe ebenso ein wichtiges Argument für oder gegen einen Produktionsstandort darstellen wie die Beschaffenheit der Erdoberfläche (eben, gebirgig, felsig, sandig, etc.) oder das Vorkommen von Rohstoffen.

Im Rahmen der vom Verfasser geführten Expertengespräche gaben beispielsweise Vertreter der Bekleidungsindustrie an, daß gerade die *klimatischen* Standortbedingungen für sie von besonderer Relevanz sein können. So führt etwa eine zu hohe Luftfeuchtigkeit zum Aufschwämmen von Wolle, was deren Verarbeitung ebenso erschwert wie etwa zu hohe Lufttemperaturen, so daß deshalb den klimatischen Gegebenheiten eine durchaus standortentscheidende Bedeutung zukommen kann.

Ein weiterer unter klimatischen Gesichtspunkten hervorzuhebender Aspekt ist die Gefahr von Naturereignissen wie z.B. Erdbeben oder Überschwemmungen, die bei Ansiedlungsüberlegungen in gefährdeten Regionen unbedingt zu beachten ist.[98]

3.2.4 Mikroumwelt (Aufgabenumwelt)

Nachdem die allgemeinen Rahmenbedingungen der international produzierenden Unternehmung im Überblick charakterisiert worden sind, kann nun der „Zoom" der Analyse auf jene Elemente der Umwelt gerichtet werden, mit denen die Unternehmung im Rahmen ihrer Geschäftstätigkeit durch ein vielfältiges Beziehungsgeflecht direkt verbunden ist. Die Gesamtheit dieser Umweltdimension soll hier als *Mikroumwelt* oder synonym als *Aufgabenumwelt* bezeichnet werden. Diese umfaßt alle Institutionen, Interessengruppen oder Einzelpersonen, mit denen die Unternehmung im Rahmen der Aufgabenbewältigung interagiert.[99] Durch die direkten Interaktionsbezie-

[97] Vgl. *Johnson, G.; Scholes, K.*, Exploring Corporate Strategy, 1988, S. 58.

[98] Vgl. *Dülfer, E.*, Internationales Management, 1997, S. 283.

[99] Vgl. *Macharzina, K.*, Unternehmensführung, 1995, S. 18; *Schreyögg, G.*, Umfeld der Unternehmung, 1993, Sp. 4239; sowie den Ansatz von *Jehle, E.*, Unternehmung und gesellschaftliche Umwelt, 1980, S. 86-91.

hungen zu den einzelnen „Mitspielern“ der Mikroumwelt bestehen für die Unternehmung vergleichsweise größere Möglichkeiten der Beeinflussung einzelner Umweltbedingungen als im Fall der eben betrachteten Makroumwelt, die gleichsam den allgemeinen Rahmen für *alle* „Mitspieler“ der Mikroumwelt bildet.[100]

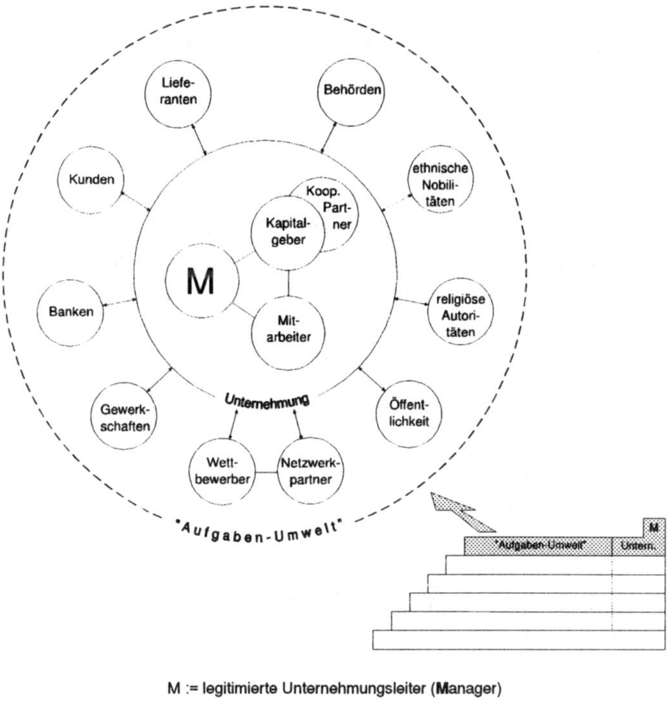

Abbildung 3-7: Schematische Darstellung der Aufgabenumwelt[101]

Im weiter oben vorgestellten Schichtenmodell zur Umweltberücksichtigung nach *Dülfer* repräsentiert die Aufgabenumwelt die oberste Schicht, die *Dülfer* wie in

[100] Vgl. *Kotler, Ph.; Bliemel F., M*arketing-Management, 1992, S. 186 (Hinweis: Der beschriebene Zusammenhang wird in der 8. Auflage von 1995 nicht derart deutlich gemacht wie in der hier zitierten 7. Auflage von 1992).

[101] Eigene Darstellung in enger Anlehnung an: *Dülfer, E.,* Internationales Management, 1997, S. 253 in Verbindung mit S. 261.

Abbildung 3-7 dargestellt spezifiziert.[102] Ausgehend von einer interaktionstheoretischen Sichtweise wird zusätzlich zwischen internen und externen Interaktionsbeziehungen unterschieden, was die Aufgabenumwelt in sogenannte *externe* (äußerer Ring) und *interne* (innerer Ring) Partner unterteilt. Die internen Interaktionspartner unterscheiden sich im Modell von den externen dadurch, daß die internen Partner direkte Einflußmöglichkeiten auf das Zielsystem der Unternehmung besitzen.[103]

Die Menge der in Abbildung 3-7 dargestellten Interaktionspartner der Unternehmung kann weiter vergrößert werden, wenn die sogenannten *Mittler* mit in die Betrachtung einbezogen werden. Diese können zum Beispiel Handelsbetriebe, Makler, Vermittler, Agenturen oder andere Dienstleister sein.[104]

Die konkrete Ausgestaltung der Mikroumwelt sowie die daraus resultierenden Umweltbeziehungen der international produzierenden Unternehmung und ihres Produktionssystems sind von der spezifischen Situation des Einzelfalls abhängig.[105] Daher kann eine Analyse der Mikroumwelt, für die Abbildung 3-7 eine allgemeine Strukturierungshilfe liefert, erst im konkreten Planungsfall sinnvoll durchgeführt werden. Vor diesem Hintergrund ist es die Absicht der folgenden Ausführungen, anhand einiger Praxisbeispiele die Bedeutung der Mikroumwelt für die strategische Gestaltung internationaler Produktionsaktivitäten aufzuzeigen.

So wiesen einige der befragten Manager darauf hin, daß die Pflege von Beziehungen zu *örtlichen Behörden* oder *politischen Funktionsträgern* von entscheidender Bedeutung sein kann.[106] Dieses betrifft bereits die Planungs- und Aufbauphase einer Produktionsstätte, in der zum Beispiel der Umfang der lokalen Wertschöpfungsanteile (local content[107]), die Eigentumsverhältnisse oder konkrete Standortfragen zu klären sind. In der späteren Realisierungsphase können die Verbindungen zu behördlichen Stellen zum Beispiel im Hinblick auf die Erteilung amtlicher Genehmigungen ebenfalls von entscheidender Bedeutung sein. Der hier skizzierte Interaktionsbereich

---

102 Vgl. *Dülfer, E.*, Internationales Management, 1997, S. 249-253.

103 Vgl. *Dülfer, E.*, Internationales Management, 1997, S. 249.

104 Vgl. *Dülfer, E.*, Internationales Management, 1997, S. 252; *Kotler, Ph.; Bliemel F.*, Marketing-Management, 1992, S. 189-191.

105 Vgl. *Macharzina, K.*, Unternehmensführung, 1995, S. 18.

106 Vgl. zu diesem Themenkomplex z.B. *Meissner, H.G.*, Internationales Marketing und internationale Politik, 1994, insbesondere S. 48-50. Hier gibt *Meissner* aus der Perspektive des Marketing einige anschauliche Beispiele für die Zusammenhänge zwischen internationaler Politik und internationalem Management.

107 Zum „local content" und dessen Erscheinungsformen siehe z.B. *Günter, B.*, Local Content, 1985, S. 263-264.

erfordert in der Praxis ein sensibles Beziehungsmanagement, das mitunter auch im Kontext der weiter oben beschriebenen Korruptionsproblematik[108] zu sehen ist.

Vergleichsweise starken Einfluß auf die internationale Produktionsaktivität haben die zahlreichen den *Wettbewerb* einer Branche beeinflussenden Kräfte.[109] Diese Kräfte gehen nicht nur von den bestehenden Wettbewerben aus, sondern sie sind auch auf weitere Mitspieler der Aufgabenumwelt zurückzuführen. (Abbildung 3-8)

Ein Beispiel für die Wettbewerbsbeeinflussung einer Branche durch die Abnehmerseite (vgl. Abbildung 3-8) liefert der Einfluß der deutschen Automobilindustrie auf die Wahl der Produktionsstandorte in den vorgelagerten Zulieferindustrien: Die durch zunehmende Globalisierung der Produktionsstrukturen gekennzeichnete Automobilindustrie fordert von ihren Zulieferbetrieben, daß diese die deutsche Qualität weltweit zu international wettbewerbsfähigen Preisen anbieten.[110] Nicht selten ist hiermit die zusätzliche Anforderung verbunden, die Automobilproduktionen international oder sogar weltweit „just-in-time" zu beliefern.[111] Vor diesem Hintergrund besteht für zahlreiche Zulieferbetriebe die Notwendigkeit, den Automobilherstellern an die internationalen Produktionsstandorte zu folgen und in deren geographischer Nähe eigene Produktionsstätten aufzubauen.[112] Nach übereinstimmenden Einschätzungen der befragten Experten aus den an der Untersuchung beteiligten Zulieferbetrieben ist insbesondere die Fähigkeit, den von der Automobilindustrie ausgelösten Globalisierungsprozeß auf die eigenen Produktionsstrukturen übertragen zu können, eine wesentliche Voraussetzung, um im weltweiten Branchenwettbewerb der Zukunft bestehen zu können.

Abbildung 3-8 veranschaulicht im Überblick, wie die Wettbewerbssituation einer Branche durch weitere, miteinander in Beziehung stehende Interaktionspartner der Aufgabenumwelt beschrieben werden kann.

---

108 Siehe die Ausführungen zur *rechtlich-politischen* Umweltkomponente in Abschnitt 3.2.3.3.

109 Vgl. *Welge, M. K.; Al-Laham, A.*, Planung, 1992, S. 92-108.

110 Vgl. *Haverbeck, P.*, Automobilhersteller und Zulieferindustrie, 1991, S. 111.

111 Vgl. *Haverbeck, P.*, Automobilhersteller und Zulieferindustrie, 1991, S. 111.

112 Vgl. *Fieten, Robert*, Internationalisierung, 1991, S. 59; *Werner, H.*, Internationalisierungsstrategien, 1991, S. 25; *Werner, H.*, Global Manufacturing, 1990, S. 61; *Walter, A.C.*, Strategien bei internationaler Produktion, 1993, S. 18.
Der hier beschriebene Zusammenhang läßt sich auch in anderen Wirtschaftszweigen wie etwa den Zulieferindustrien der Textil- und Bekleidungsbranche beobachten. Vgl. *Neundörfer, K.*, Stichwort Internationalisierung, 1992, S. 11.

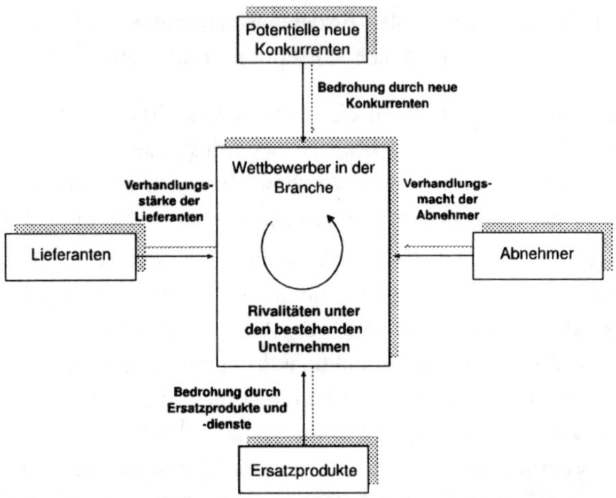

Abbildung 3-8: Wettbewerbsbeeinflussende Kräfte einer Branche[113]

Wendet man den Blick wieder auf die Gesamtheit der Aufgabenumwelt, so lassen sich auch außerhalb des Wettbewerbsumfeldes weitere Interaktionspartner der international produzierenden Unternehmung identifizieren. Obwohl diese Interaktionspartner nicht unmittelbar auf den Branchenwettbewerb einwirken, können auch sie die Chancen und Risiken der internationalen Produktionsaktivität sowie die strategische Gestaltung im Rahmen des ISPM beeinflussen.

So ist beispielsweise die internationale Produktionstätigkeit nicht ohne die internationale Zusammenarbeit mit Banken und Kreditinstituten möglich, über welche finanzielle Transaktionen abgewickelt oder finanzielle Mittel beschafft werden können. Da auch der Sektor der Banken und Kreditinstitute durch eine zunehmende Internationalisierung und internationale Kooperation geprägt ist,[114] wird der internationale Produzent zumindest in den Industrieländern auf Niederlassungen oder Korrespondenzbanken seiner Hausbank zurückgreifen können. Problematischer erscheint dagegen die Situation in Entwicklungsländern, in denen die Infrastruktur des internationalen Bank- und Kreditwesens vergleichsweise lückenhaft ist.[115] Will man in einem solchen Land eine Produktionsstätte errichten, kann die Entfernung zum nächsten Bankplatz durchaus ein relevantes Entscheidungskriterium darstellen.

---

113 Abbildung entnommen aus: *Porter, M.E.*, Wettbewerbsstrategie, 1990, S. 26.

114 Vgl. Deutscher Industrie- und Handelstag (Hrsg.), Wirtschaftslage und Erwartungen, 1996, S. 65.

115 Vgl. hierzu *Dülfer, E.*, Internationales Management, 1997, S. 505-506.

Die zuvor dargestellten Beispiele zeigen in Ausschnitten die grundlegende Bedeutung der Mikroumwelt für die Gestaltung internationaler Produktionsaktivitäten. Im konkreten Planungsfall ist deshalb eine *umfassende* und vollständige Analyse der Mikroumwelt geboten, denn das „aufgabenspezifische Umsystem beinhaltet die Menge derjenigen Elemente der Umwelt, mit denen eine Unternehmung zur Erreichung ihrer Sachziele interagiert, interagieren kann oder aufgrund verbindlicher Vorschriften interagieren muß“[116].

3.2.5 Quellen zur Gewinnung von Umweltinformationen

3.2.5.1 Sekundäre Informationsquellen

Bisher konnten die verschiedenen Umweltdimensionen und ihre Bedeutung für das ISPM aufgezeigt werden. Es bleibt nun noch zu klären, aus welchen Quellen in der Praxis Informationen über die diskutierten Umweltdimensionen gewonnen werden können. Nach der Art der benutzten Informationsquellen kann zwischen der Primärforschung (field research) und der Sekundärforschung (desk research) unterschieden werden.[117] In Anlehnung daran sollen die entsprechenden Informationsquellen vorgestellt werden. In diesem Abschnitt gilt die Aufmerksamkeit zunächst der Nutzung sekundärer Informationsquellen:

Die Sekundärforschung im Rahmen des ISPM ist dadurch gekennzeichnet, daß sie auf bereits *vorhandene* Informationen aus unterschiedlichen Quellen[118] zurückgreift und diese einer problembezogenen Auswertung unterzieht.[119] Der Schwerpunkt der Informationsgewinnung liegt hier also in der *Datenauswertung*.

Da dazu keine aufwendigen Datenerhebungen notwendig sind, erscheint der Rückgriff auf Sekundärinformationen vor allem unter zeitlichen Aspekten sowie unter Kostengesichtspunkten als vorteilhaft.[120] Zudem ist die Anzahl möglicher Informationsquellen, auf die im Rahmen der Sekundärforschung zurückgegriffen werden kann, vergleichsweise groß. Dem stehen als wichtigste Nachteile sekundärer Informations-

---

[116] *Kubicek, H.; Thom, N.*, Umsystem, 1976, Sp. 3992.

[117] Vgl. *Berekoven, L.; Eckert, W.; Ellenrieder, P.*, Marktforschung, 1996, S. 42-49; *Stahr, G. R. K.; Backes, S.*, Informationsbeschaffung, 1992, S. 392-398.

[118] Detaillierte Aufstellungen über potentielle Informationsquellen der Sekundärforschung liefern zum Beispiel: *Mahefa, A.*, Internationales Marketing-Management, 1994, S. 486 und 513-529; sowie *Wiklund, E.*, Export-Marketing, 1988, S. 163-174.

[119] Vgl. *Berekoven, L.; Eckert, W.; Ellenrieder, P.*, Marktforschung, 1996, S. 42-43.

[120] Vgl. *Berekoven, L.; Eckert, W.; Ellenrieder, P.*, Marktforschung, 1996, S. 43.

quellen die häufig unzureichende Aktualität der erreichbaren Daten, die mitunter mangelnde Datengenauigkeit, die fehlende Vergleichbarkeit von Daten aus unterschiedlichen Informationsquellen sowie die oft unzureichende Detailliertheit der erzielbaren Umweltinformationen gegenüber.[121]

Aufgrund der genannten Vor- und Nachteile können Sekundärquellen besonders zur Beurteilung *allgemeiner* Umweltentwicklungen zum Beispiel an potentiellen oder aktuellen Produktionsstandorten herangezogen werden. Benötigt man für konkrete strategische Entscheidungen vergleichsweise detailliertere, auf den Planungsfall zugeschnittene Umweltinformationen, sind zur Deckung des erhöhten Informationsbedarfes zusätzlich primäre Informationsquellen zu erschließen (siehe Abschnitt 3.2.5.2).

Amtliche und nichtamtliche Institutionen

Die Sekundärforschung stützt sich häufig auf *Statistiken* und *Berichte*, die von einer Vielzahl amtlicher und nichtamtlicher Institutionen auf nationaler und internationaler Ebene bereitgestellt werden:

Aus deutscher Sicht können auf *nationaler* Ebene zunächst das Statistische Bundesamt und die Statistischen Landesämter genannt werden. Ferner liefern wirtschaftswissenschaftliche Institute wie etwa das Institut der deutschen Wirtschaft in Köln (IW), das Institut für Weltwirtschaft an der Universität Kiel oder auch das IFO-Institut in München vielfältige Informationen über nationale und internationale Umweltentwicklungen. Weiter hervorzuheben ist auch der Informationsdienst der Bundesstelle für Außenhandelsinformation (BfAi) in Köln, die als dem Bundesministerium für Wirtschaft nachgeordnete Behörde spezielle Informationen für international tätige Unternehmungen bereitstellt.[122]

Als potentielle Informationsquellen nicht zu vergessen sind außerdem die Industrie- und Handelskammern (IHK), der Deutsche Industrie- und Handelstag (DIHT) in Berlin sowie insbesondere die angeschlossenen Auslandshandelskammern (AHK). Letztgenannte sind besonders herauszustellen, da sie weltweite „Vor-Ort-Informationsquellen" darstellen, die zudem deutschsprachig besetzt sind. Sprachbedingte Informationsverzerrungen oder gar Sprachbarrieren können bei der Nutzung dieser Informationsquellen vermieden beziehungsweise umgangen werden. Da das gerade für international noch wenig erfahrene Unternehmungen von Bedeutung sein dürfte, sei auch an dieser Stelle auf eine entsprechende Internetadresse verwiesen, unter der das aktuelle Adressenverzeichnis der deutschen AHK abgefragt werden kann.[123]

---

121 Vgl. *Berekoven, L.; Eckert, W.; Ellenrieder, P.*, Marktforschung, 1996, S. 47-48.

122 Aktuelle Informationen können auch im Internet unter „http://www.bfai.com" abgefragt werden.

123 Siehe im Internet unter „http://www.ihk.de/diht".

Auf *internationaler* Ebene stellen ferner die Berichte und Statistiken des Statistischen Amtes der Europäischen Union (EU), der Organisation für wirtschaftliche Zusammenarbeit und Entwicklung (OECD), des Internationalen Währungsfonds (IMF), der Organisation der Vereinten Nationen (UNO) oder der Weltbank wichtige Informationsquellen für den internationalen Produzenten dar. Weil die internationalen Institutionen ein vereinheitlichtes statistisches System anwenden, sind die durch sie bereitgestellten Daten miteinander vergleichbar und zudem nicht durch nationale Eigenwilligkeiten verzerrt.[124] Zusätzlich zu den genannten internationalen Institutionen kann auf amtliche und nichtamtliche Informationsquellen im Ausland zurückgegriffen werden, die sekundärstatistische Daten direkt von aktuellen oder potentiellen Produktionsstandorten liefern.

Datenbanken

Neben den Statistiken und Berichten der zuvor angeführten Stellen ist außerdem auf die Möglichkeit *datenbankgestützter* Sekundärforschungen hinzuweisen.[125] Neue Informations- und Kommunikationstechnologien haben in der jüngeren Vergangenheit zu einer Vielzahl internationaler Datenbanken geführt, die sich ebenfalls als wertvolle Informationsquellen für das ISPM erweisen können. Global ausgedehnte Telekommunikationsnetze[126] ermöglichen den weltweiten Online-Zugriff auf externe Datenbanken, was neben der schnellen und weltweiten Datenverfügbarkeit zusätzlich den Vorteil einer hohen Datenaktualität verspricht. Eine zweite Möglichkeit zur Nutzung externer Datenbanken bieten leistungsfähige Speichermedien wie etwa CD-ROM, durch die auch netzunabhängige Datenbankrecherchen am PC möglich sind.

Es ist bei der Nutzung internationaler Datenbanken zu berücksichtigen, daß die verschiedenen Anbieter keine gemeinsame Abfragesprache benutzen und ein Datenbankrechercheur typischerweise mit 5 bis 10 verschiedenen Abfragesprachen konfrontiert ist.[127] Diese Problematik verhindert mitunter, daß ein nur gelegentlicher Endbenutzer die Abfrage selbst durchführen kann. Sie erfordert gegebenenfalls den Rückgriff auf einen Informationsmakler, einen sogenannten „Information Broker“.

---

124 Vgl. *Meissner, H.G.*, Strategisches Internationales Marketing, 1995, S. 108.

125 Vgl. *Hünerberg, R.*, Internationales Marketing, 1994, S. 381-383.

126 Siehe hierzu auch die entsprechenden Ausführungen in Abschnitt 5.6.3.2.

127 Vgl. *Hasenkamp, U.*, Internationale Aspekte des Informationsmanagements, 1994, S. 152.

Länderratings

Eine weitere Möglichkeit zur Gewinnung von Umweltinformationen besteht in der Nutzung sogenannter *Länderratings*.[128] Hierbei handelt es sich um länderbezogene Vergleichsanalysen, die von unterschiedlichen Stellen und Institutionen erstellt werden. Diese meist auf Expertenbefragungen beruhenden Frühwarnsysteme liefern Informationen zur Beurteilung von Länderrisiken und geben erste Aufschlüsse über generelle Markt- und Investitionsbedingungen in verschiedenen Ländern.[129] Zu nennen sind hier zum Beispiel die drei speziellen Informationsdienste, die durch das Genfer BERI-Institut[130] bereitgestellt werden.[131] Das sind im einzelnen der *Business Risk Service* (BRS) (früher BERI-Index), der *Country Forecast Report* (CFR) und der *Forecast of Country Risk for International Lenders* (Forelend). Während der BRS mittels eines Scoring-Verfahrens generelle Informationen über Investitionsklimate in verschiedenen Ländern vermittelt, liefert der CFR detaillierte, mehrseitige Informationsreporte. Der Forelend ist dagegen vor allem auf die Informationsbedürfnisse von Banken und Kreditinstituten abgestellt.

Vergleichbare Länderratings werden zum Beispiel auch von verschiedenen Fachzeitschriften wie etwa dem deutschen „Manager Magazin", der englischen Zeitschrift „Euromoney" oder beispielsweise dem US-Monatsmagazin „Institutional Investor" angeboten.[132]

Unternehmungsinterne Informationsquellen

Ergänzend zu den bisher dargestellten, *externen* Informationsquellen der Sekundärforschung besteht ferner die Möglichkeit der unternehmungs*internen* Informationsgewinnung.[133] Dazu können zum Beispiel bereits vorliegende Informations- und Datenbestände in den internationalen Niederlassungen herangezogen werden oder auch Eindrücke und Einschätzungen der international tätigen Mitarbeiter genutzt werden.[134]

---

128 Vgl. *Walldorf, E. G.*, Länderrating, 1993, S. 2036-2046; *Engelhard, J.*, Bewertung von Länderrisiken, 1992, S. 375-378; *Hünerberg, R.*, Internationales Marketing, 1994, 384-389.

129 Vgl. *Meissner, H.G.*, Strategisches Internationales Marketing, 1995, S. 134-138.

130 BERI = Business Environment Risk Information

131 Vgl. *Hünerberg, R.*, Internationales Marketing, 1994, S. 384-389; *Walldorf, E. G.*, Länderrating, 1993, S. 2044.

132 Vgl. *Hünerberg, R.*, Internationales Marketing, 1994, S. 385.

133 Vgl. *Berekoven, L.; Eckert, W.; Ellenrieder, P.*, Marktforschung, 1996, S. 43; *Stahr, G. R. K.; Backes, S.*, Informationsbeschaffung, 1992, S. 394-395.

134 Vgl. *Mahefa, A.*, Internationales Marketing-Management, 1994, S. 486.

3.2.5.2 Primäre Informationsquellen

Im Rahmen der Primärforschung wird nicht wie im Fall der Sekundärforschung auf bereits vorhandene Informationen zurückgegriffen, sondern es werden zweckgerichtet *originäre* Informationen über aktuelle und potentielle Standorte ***erhoben*** und ausgewertet.[135] Das erfordert ***Befragungen*** oder ***Beobachtungen*** vor Ort, also direkt an aktuellen und potentiellen internationalen Produktionsstandorten.

Da Art und Umfang der Erhebung auf den konkreten Informationsbedarf abgestimmt werden können, erhält man auf diesem Wege vergleichsweise detaillierte und auf den Planungsfall abgestimmte Umweltinformationen. Allerdings stehen dem erhöhte finanzielle und zeitliche Aufwendungen gegenüber, die eine primäre Informationsgewinnung erst für sehr konkrete strategische Entscheidungen sinnvoll erscheinen lassen. Das ist beispielsweise in fortgeschrittenen Phasen der Produktionsstandortwahl (Mikrostandortwahl) gegeben, in denen anhand detaillierter Standortinformationen zwischen wenigen Standortalternativen zu entscheiden ist.[136]

Ein Praxisbeispiel hierzu liefert die japanische Mitsubishi Electric Corporation (Meleco), die im Rahmen der Standortentscheidung für eine neue Chip-Fabrik in Europa neben sekundären Informationsquellen vor allem auch die primäre Informationsgewinnung genutzt hat.[137] So legten die mit der Standortentscheidung betrauten Manager insgesamt über eine Million Flugkilometer zurück, um durch Beobachtungen, fragebogengestützte Befragungen sowie Besichtigungen vor Ort Informationen über die Standortbedingungen an verschiedenen europäischen Standorten zu gewinnen.

Dieser Beispielfall hat außerdem gezeigt, daß primäre und sekundäre Informationsquellen nicht in Konkurrenz zueinander zu sehen sind, sondern daß sie sich vielmehr gegenseitig ergänzen. In diesem Sinne ist zu empfehlen, daß den finanziell und zeitlich aufwendigen Primärerhebungen zunächst Sekundärforschungen vorgeschaltet werden sollten.[138] So können auf der Basis leicht zugänglicher Informationsquellen bereits strategische Grundsatzentscheidungen abgeleitet werden und gleichzeitig Zielfelder für ergänzende Primärforschungen identifiziert werden. Durch diese können anschließend gezielt die Defizite der sekundärstatistischen Informationsbasis ausgeglichen werden.

---

135 Vgl. *Berekoven, L.; Eckert, W.; Ellenrieder, P.*, Marktforschung, 1996, S. 49.

136 Siehe hierzu Abschnitt 5.3.6.3.

137 Vgl. *Koch, H.*, Wo liegt Alsdorf ?, 1991, S. 156-161.

138 Vgl. *Mahefa, A.*, Internationales Marketing-Management, 1994, S. 485; *Stahr, G. R. K.; Backes, S.*, Informationsbeschaffung, 1992, S. 397-398.

3.3 Standortfaktoren als Ausdruck spezifischer Umweltbedingungen

3.3.1 Begriff des „Standortfaktors“

In der Standorttheorie wird mit der Standortwahl auch der sogenannte „Standortfaktor“ als wesentliche Einflußgröße von Standortentscheidungen verbunden. Weil zwischen den Standortfaktoren und der Umwelt eines Standortes ein sehr enger Zusammenhang besteht, liegt es nahe, die Standortfaktoren an dieser Stelle zu behandeln. In diesem Abschnitt ist zunächst die begriffliche Einführung des „Standortfaktors“ und dessen Interpretation im Kontext der hier angestrebten Konzeption vorgesehen. In den anschließenden Abschnitten 3.3.2 und 3.3.3 erfolgen weitere Konkretisierungen.

Die Versuche, den „Standortfaktor“ begrifflich festzulegen, sind vielfältig und können anhand ihrer zeitlichen Entwicklung beschrieben werden. Eine frühe Definition aus dem Jahre 1909 liefert *Weber* in seinem Werk „Über den Standort der Industrien“: Darin definiert er den *Standortfaktor* als „einen seiner Art nach scharf abgegrenzten Vorteil, der für eine wirtschaftliche Tätigkeit dann eintritt, wenn sie sich an einem bestimmten Ort oder auch generell an Plätzen bestimmter Art vollzieht“[139]. *Weber* beschränkt diese wirtschaftlichen Vorteile allerdings auf Kostenvorteile und schließt somit mögliche Absatzvorteile aus. In diesem Sinne sind Standortfaktoren also spezifische Eigenschaften eines Standortes, die eine wirtschaftliche Tätigkeit - hier die industrielle Produktionsaktivität - unter Kostengesichtspunkten an diesem Ort vorteilhaft erscheinen lassen.[140]

Gut 60 Jahre später greift *Behrens* in seinem grundlegenden Beitrag zur Standorttheorie die *Webersche* Begriffsfindung auf und definiert die Standortfaktoren - „im Anschluß an *Weber*“ - als „Bedingungen, von denen die Verwertbarkeit und Erstellbarkeit des Leistungsprogramms abhängen, und die damit die Standortentscheidung maßgeblich beeinflussen.“[141] *Behrens* trägt mit dieser Definition der Bedeutung des Absatzbereiches für die Standortwahl Rechnung, indem er auch Absatzvorteile als Standortfaktoren berücksichtigt.

In jüngeren Veröffentlichungen sind dagegen mehr ziel- beziehungsweise erfolgsbezogene Begriffsinterpretationen zu finden, indem Standortfaktoren als für die

---

139 *Weber, A.*, Über den Standort der Industrien, 1909, S. 16.

140 Vgl. auch *Weber, A.*, Industrielle Standortslehre, 1914, S. 57.

141 *Behrens, K.Ch.*, Standortbestimmungslehre, 1971, S. 34.

„Zielerreichung relevante Standorteigenschaften“[142] oder als „standortspezifische Einflußgrößen des Erfolgs ...“[143] definiert werden. Diese Festlegungen bieten im Vergleich zu den vorher vorgestellten den Vorteil, daß sie die Definition des Standortfaktors nicht explizit an die Standortwahl koppeln und somit den Standortfaktor auch als entscheidungsrelevante Größe für andere strategische Gestaltungsfelder interpretierbar machen.

Mit Blick auf die vorgestellten Definitionen kann als ein erstes Zwischenergebnis festgehalten werden, daß *Standortfaktoren* als spezifische Bedingungen, Eigenschaften oder Gegebenheiten aufgefaßt werden können, die an einem konkreten Standort anzutreffen sind, die diesen von anderen Standorten unterscheidbar machen[144] und die für die Unternehmung von Bedeutung sind. Diese spezifischen Gegebenheiten eines Standortes sind letztlich nichts anderes als der *Ausdruck der an diesem Standort anzutreffenden Umweltbedingungen.*

Der hier verfolgte strategische Managementansatz geht einher mit der schon mehrfach herausgestellten Umweltbezogenheit der strategischen Gestaltung.[145] Diese Umweltbezogenheit betrifft *alle* noch zu behandelnden strategischen Gestaltungsfelder,[146] also nicht nur die Gestaltung von Standortstrukturen durch die Wahl bestimmter Standorte, sondern beispielsweise auch die Gestaltung von Produktionsprozessen, von Logistikprozessen oder von Beteiligungsverhältnissen. Da die Standortfaktoren letztlich Ausdruck der konkreten Standortumwelt sind, beeinflussen sie ebenso wie die durch sie konkretisierten Umweltbedingungen *alle* strategischen Gestaltungsfelder. Demnach sind Standortfaktoren also mehr als nur für Standortentscheidungen relevante Einflußgrößen, was die Zweckmäßigkeit der zwei Absätze zuvor zitierten Begriffsauffassungen bestätigt.

In Anbetracht der soeben angestellten Überlegungen kann für den hier verfolgten Ansatz folgendes resümiert werden: *Standortfaktoren können als die spezifischen Umweltbedingungen und -gegebenheiten an einem konkreten Produktionsstandort interpretiert werden, die potentiell jedes strategische Gestaltungsfeld des Internationalen Strategischen Produktionsmanagements (ISPM) beeinflussen.*

---

142 *Küpper, W.*, Standortentscheidungsprozesse, 1982, S. 454.

143 *Hansmann, K.-W.*, Industrielles Management, 1997, S. 90.

144 Auf die Unterscheidbarkeit von Standorten aufgrund ihrer spezifischen Standortbedingungen stellt z.B. *Bloech* ab, indem er diesbezüglich von „Raumelementen“ eines Wirtschaftsraumes spricht, die sich angesichts unterschiedlicher wirtschaftlicher und gelegentlich auch technischer Merkmale (Standortfaktoren) voneinander unterscheiden lassen. Vgl. *Bloech, J.*, Industrieller Standort, 1994, S. 65-66.

145 Siehe den Abschnitt 2.4.2 in Verbindung mit den Abschnitten 2.4.3, 2.4.4 und 2.2.3.

146 Siehe Kapitel 5.

3.3.2 Systematisierung von Standortfaktoren

Nach der begrifflichen Klärung stellt sich nun die Frage, welche Standortfaktoren denkbar und aus der Sicht der Unternehmung von Bedeutung sind. Zur Klärung dieser Frage soll auf vorhandene Systematisierungsvorschläge aus dem Bereich der Standorttheorie zurückgegriffen werden. Diese zeigen neben der Gliederung der Faktoren, welcher Art bestimmte Standortfaktoren sein können und welche Eigenschaften sie aufweisen können.

Einen frühen Ansatz zur Beschreibung und Einteilung der Standortfaktoren liefert *Weber*, der diese in Fortführung der weiter oben zitierten Definition nach folgenden Kriterien differenziert:[147]

- **Geltungsumfang der Standortfaktoren**
  - *generelle Standortfaktoren*, die mehr oder weniger für jeden Industriezweig von Bedeutung sind (zum Beispiel Beschaffungspreise oder Arbeitskosten)
  - *spezielle Standortfaktoren*, die nur für bestimmte Industriezweige von Bedeutung sind (zum Beispiel klimatische Bedingungen)
- **Räumliche Wirkung der Standortfaktoren**
  - *Regionalfaktoren*, die bestimmte Betriebe an konkrete Orte ziehen
  - *Agglomerationsfaktoren*, die die geographische Konzentration von Betrieben begünstigen
  - *Deglomerationsfaktoren*, die zu einer Dezentralisierung der Betriebsstandorte führen
- **Art und Beschaffenheit der Standortfaktoren**
  - *natürlich-technische Standortfaktoren* (zum Beispiel das Klima)
  - *gesellschaftlich-kulturelle Standortfaktoren* (zum Beispiel das regionale Zinsniveau)

Aus der Kritik[148] an der Einteilung *Webers* entwickelt *Behrens* eine eigene, grundlegende Standortfaktorensystematik,[149] die bis heute ihren Niederschlag in zahlreichen

---

[147] *Weber, A.*, Über den Standort der Industrien, 1909. Vgl. auch *Weber, A.*, Industrielle Standortslehre, 1914, S. 57-59.

[148] *Behrens'* Kritikpunkte sind u.a. die mangelnde Überschneidungsfreiheit der auf den drei Differnzierungskriterien aufbauenden Systematik, die fehlende empirische Nachweisbarkeit der gewählten Unterscheidungen in den einzelnen Kategorien sowie die Vernachlässigung von Absatzgesichtspunkten. Auf das Referat weiterer Kritikpunkte am *Weberschen* Ansatz soll an dieser Stelle mit dem Hinweis auf die entsprechende Literatur verzichtet werden. Vgl. hierzu z.B. *Behrens, K.Ch.*, Standortbestimmungslehre, 1971, S. 15-19; *Kappler, E.; Rehkugler, H.*, Konstitutive Entscheidungen, 1991, S. 221; oder *Drexl, A.*, Standorttheorien, 1993, Sp. 3964.

[149] Vgl. *Behrens, K.Ch.*, Standortbestimmungslehre, 1971, S. 47-81.

Veröffentlichungen zur Thematik findet.[150] Sie ist in Abbildung 3-9 zusammengefaßt dargestellt:

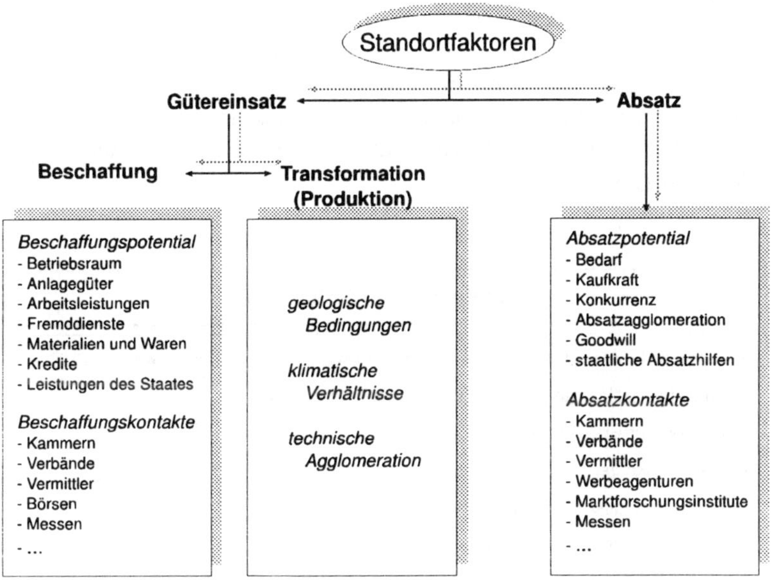

Abbildung 3-9: Systematik der Standortfaktoren nach *Behrens* [151]

Diese Systematik gliedert die Standortfaktoren nach funktionsorientierten Gesichtspunkten, indem die Faktoren letztlich den betrieblichen Hauptfunktionen Beschaffung, Produktion (Transformation) und Absatz zugeordnet werden. *Behrens* unterscheidet allerdings zunächst nur zwischen den Standortfaktoren, die den *Gütereinsatz* betreffen, und denen, die den *Absatz* betreffen. Die Differenzierung zwischen *Beschaffung* und *Produktion* (Transformation) ergibt sich erst durch die Untergliederung der Kategorie 'Gütereinsatz'.

Von einer tiefergehenden Veranschaulichung der *Behrenschen* Standortfaktoren soll hier abgesehen werden. Statt dessen ist mit Blick auf die Produktionsstandortwahl

150 Vgl. z.B. *Bloech, J.*, Industrieller Standort, 1994, S. 65; *Kappler, E.; Rehkugler, H.*, Konstitutive Entscheidungen, 1991, S. 222; *Schilling, H.*, Standortfaktorenkatalog, 1968, S. 8; ohne Verfasser, Gabler-Wirtschafts-Lexikon, Stichwort „Standortfaktoren", 1993, S. 3099.

151 Eigene Darstellung nach: *Behrens, K.Ch.*, Standortbestimmungslehre, 1971, S. 47-81.

(Abschnitt 5.3.6) die Darstellung einer weiteren Differenzierungsmöglichkeit der Standortfaktoren vorgesehen: So lassen sich Standortfaktoren, deren Beitrag zum Erfolg der Unternehmung *direkt gemessen* werden kann, von solchen unterscheiden, deren Beitrag *nicht direkt gemessen* werden kann; erstgenannte werden auch als „quantitative", letztgenannte auch als „qualitative" Standortfaktoren bezeichnet.[152] Während quantitative Faktoren die Anwendung verschiedener Rechenverfahren ermöglichen, erweisen sich qualitative Faktoren als „nicht rechenbar" und erfordern eine gesonderte methodische Behandlung.[153] Dieser Ausblick auf spätere Analyseteile legt eine Differenzierung der Standortfaktoren nahe, wie sie in Abbildung 3-10 exemplarisch dargestellt ist.

Quantitative Standortfaktoren
➢ Transportkosten der Produkte vom Standort zu den Absatzmärkten
➢ Grundstückskosten (einschließlich Erschließungskosten)
➢ Kosten der Errichtung der Gebäude
➢ Personalkosten
➢ Beschaffungskosten der Materialien
➢ standortabhängige Finanzierungskosten
➢ regionale Fördermaßnahmen (staatliche Investitionszuschüsse, Sonderabschreibungen, ...)
➢ Steuerbelastung
➢ tarifäre Handelshemmnisse (Zölle, ...)
➢ Regionale Differenzierung der Absatzpreise
➢ ....

Abbildung 3-10 (Teil I): Quantitative Standortfaktoren[154]

[152] Vgl. *Hansmann, K.-W.*, Industrielles Management, 1997, S. 91; *Hansmann, K.-W.* Standortplanung, 1974, S. 137.

[153] Siehe hierzu Abschnitt 5.3.6.3.2.

[154] Vgl. *Hansmann, K.-W.*, Industrielles Management, 1997, S. 91.

Qualitative Standortfaktoren

- Grundstück (Lage, topographische und geologische Bedingungen, Bebauungsvorschriften, Ausdehnungsmöglichkeiten, ...)
- Rolle und Macht der nationalen Behörden vor Ort
- nicht-tarifäre Handelshemmnisse (technische Vorschriften, administrative Auflagen)
- Absatzbedingungen (Wettbewerb, Kaufkraft, Konkurrenz, ...)
- Verkehrslage des Grundstücks
- Arbeitsmarktbedingungen (Ausbildungsniveau, Arbeitskraftreserven, Konkurrenz auf dem Arbeitsmarkt)
- Transportsektor (Speditionen, Frachtführer, internat. Logistikdienstleister, ...)
- Investitionsbedingungen (Nähe zu Anlage- und Maschinenbaufirmen)
- Finanzbedingungen (Nähe zu Banken und Kreditinstituten)
- Fremdheit des Landes (Sozio-Kultur, Sprache, ...)
- Infrastruktur des Standortes (Wohnraum, Krankenhäuser, Bildungs- und Kultureinrichtungen, landschaftliche Lage, Umgebung,...)
- ...

Abbildung 3-10 (Teil II): Qualitative Standortfaktoren [155]

Die gewählte Aufstellung hat exemplarischen Charakter und ist *nicht* im Sinne einer Rangfolge oder Hierarchie von Standortfaktoren zu verstehen. Derartige Rangordnungen wären hier wenig hilfreich, denn sie können in Abhängigkeit von Branche, Region, Erhebungszweck oder Erhebungszeitpunkt nicht unerheblich variieren.[156]

---

155 Vgl. *Hansmann, K.-W.*, Industrielles Management, 1997, S. 91; *Hansmann, K.-W.* Standortplanung, 1974, S. 140-142.

156 So weist z.B. eine umfangreiche in Deutschland durchgeführte Untersuchung die Standortfaktoren „positive Einstellung der Bevölkerung zur Wirtschaft", „keine zu großen Auflagen der Behörden" und „schnelle Erreichbarkeit von Autobahnen" auf den ersten drei Plätzen eines Rankings aus.[1] Eine andere, international ausgerichtete Untersuchung, deren Stichprobe auf internationale Unternehmungen aus verschiedenen Industriestaaten zurückgeht, zeigt dagegen eine andere Rangfolge der Standortfaktoren: Hier belegen die Faktoren „kulturelle Nähe" (=geringer Fremdheitsgrad) in Verbindung mit „Sprache" und „Größe des Marktes" die vordersten Plätze.[2] Wieder andere Umfragen identifizieren z.B. „Lohnkosten", „Steuern u. Abgaben" oder etwa „Umweltauflagen" als wichtigste Standortfaktoren.[3]

Fortsetzung der Fußnote auf der nächsten Seite

3.3.3 Eigenschaften von Standortfaktoren

Abschließend soll als Folgerung aus den bisher gewonnenen Erkenntnissen kurz auf die Eigenschaften von Standortfaktoren eingegangen werden:

Weiter oben wurde festgestellt, daß Standortfaktoren letztlich der Ausdruck der an einem spezifischen Standort anzutreffenden Umweltbedingungen sind. Dieser direkte und enge Zusammenhang impliziert gleichzeitig, daß die beschriebenen Umwelteigenschaften auch den sie ausdrückenden Standortfaktoren zu eigen sind. Unter Rückgriff auf vorherige Betrachtungen[157] sind hier die Umwelteigenschaften *Komplexität*, *Fremdheit*, *Dynamik* und *Diskontinuität* hervorzuheben, die in unterschiedlicher Weise die Eigenschaften von Standortfaktoren prägen. Die Komplexität und die Fremdheit von Standortfaktoren können zum Beispiel deren Erkennung und Beurteilung erheblich erschweren. Die Dynamik, also die zeitliche Veränderung von Standortfaktoren,[158] eröffnet neue Chancen und/oder führt zu neuen Risiken an aktuellen und potentiellen Produktionsstandorten.

Aufgrund der eingeschränkten Vorhersehbarkeit (Diskontinuität) zukünftiger Umweltentwicklungen kann zudem gefolgert werden, daß auch die Prognosegenauigkeit zukünftiger Ausprägungen von Standortfaktoren mit der Ausweitung des zeitlichen Horizontes tendenziell abnimmt. Mit steigendem Zukunftsbezug wird die Quantifizierbarkeit von Standortfaktoren somit zunehmend schwieriger, so daß der Anteil der nicht-quantifizierbaren, *qualitativen* Standortfaktoren zunimmt.[159] Da die im Rahmen des ISPM zu leistende strategische Gestaltung mit einer zukunftsbezogenen Umweltorientierung einhergeht,[160] ist den qualitativen Standortfaktoren besondere Aufmerksamkeit zu schenken.[161]

---

[1] vgl. ohne Verfasser, Standortfaktoren, 1989, S. 29; [2] vgl. *Veugelers, R.*, Locational Determinants, 1991, S. 375-376; *Maier, G.*, Faktor Kultur, 1991, S. 100; [3] vgl. z.B. *Bauer, S.*, Standortfaktoren, 1993, S. 58.

157 Siehe Abschnitt 3.2.1.

158 Vgl. *Ihde, G. B.*, Standortdynamik, 1984, S. 84-93.

159 Vgl. *Döpper, W.; Eversheim, W.*, Internationale Produktion, 1993, S. 375.

160 Siehe Abschnitt 2.2.3.

161 Siehe hierzu auch 5.3.6.3.2.

3.4 International produzierende Unternehmung

Bislang waren die Betrachtungen dieses Kapitels auf das Umsystem der international produzierenden Unternehmung, also auf deren Umwelt gerichtet. Die Entwicklungen der Unternehmungsumwelt sind Quelle zahlreicher *Chancen* und auch *Risiken*, denen sich der internationale Produzent gegenübersieht. Inwieweit spezifische Chancen und auch Risiken im Einzelfall zum Tragen kommen, hängt entscheidend von der einzelnen Unternehmung, ihren Fähigkeiten, Potentialen, Stärken und Schwächen ab. Denn eine mögliche Chance wird erst dann nutzbar, wenn sie auf eine entsprechende Stärke der international produzierenden Unternehmung trifft.[162] Deshalb würde es nicht ausreichen, nur das Umsystem der international produzierenden Unternehmung zu berücksichtigen. Vielmehr ist der Blick auch auf die international produzierende Unternehmung selbst sowie ihre Subsysteme zu richten, um so dem Verständnis des internationalen Produktionssystems als *integriertes* Subsystem der internationalen Unternehmung gerecht zu werden.

Da eine tiefgreifende und detaillierte Unternehmungsanalyse nur im konkreten Einzelfall sinnvoll und möglich erscheint, werden sich die Betrachtungen auf die Vermittlung eines allgemeinen Überblicks sowie auf die Darstellung exemplarisch ausgewählter und für die Thematik bedeutsamer Aspekte beschränken.

Unternehmungskultur

Richtet man zunächst den Blick auf die Ganzheit der Unternehmung, so werden ihre Möglichkeiten und Grenzen zur internationalen Produktion u.a. durch den Internationalisierungsgrad der *Unternehmungskultur* beeinflußt. Diese kann als „das Wertesystem beschrieben (werden), das auf die Handlungen und Verhaltensweisen eines Unternehmens einwirkt"[163] und das somit auch die Handlungsalternativen des ISPM beeinflußt.[164]

So maßen im Rahmen der vom Verfasser durchgeführten Expertengespräche zahlreiche der befragten Manager der *internationalen Offenheit* der gesamten Mitarbeiterschaft entscheidende Bedeutung für eine erfolgreiche Realisierung internationaler Produktionsaktivitäten bei. Die Bereitschaft der Mitarbeiter aller Ebenen zur Zusammenarbeit mit ausländischen Mitarbeitern, Marktpartnern, Behörden oder anderen

---

162 Vgl. *Welge, M. K.; Al-Laham, A.*, Planung, 1992, S. 128-130.

163 *Meissner, H.G.*, Strategisches Internationales Marketing, 1995, S. 66.
Vgl. auch *Corsten, H.*, Produktionswirtschaft, 1998, S. 51; *Dülfer, E.*, Internationales Management, 1997, S. 264-265; sowie *Amann, K.*, Unternehmensführung, 1995, S. 73.

164 Vgl. *Meissner, H.G.*, Strategisches Internationales Marketing, 1995, S. 66; *Kaufmann, F.*, Internationalisierung durch Kooperation, 1993, S. 15.

internationalen Interaktionspartnern sowie die Sensibilität für fremde Kulturbereiche sind wesentliche Voraussetzungen für eine interkulturelle, grenzüberschreitende Kommunikationsfähigkeit,[165] ohne die eine internationale Produktionsaktivität nicht möglich erscheint. Die internationale Offenheit der Mitarbeiterschaft kann zum Beispiel durch spezielle Trainingsprogramme[166], internationalen Personalaustausch und internationale Stellenbesetzungspolitik gefördert werden.[167]

Im Hinblick auf das Verhältnis der Unternehmungskultur zur Landeskultur kann zwischen *pluralistischer* und *universeller* Kultur der internationalen Unternehmung unterschieden werden.[168] Während bei pluralistischer Ausprägung die Auslandsgesellschaften an die jeweilige Landeskultur angepaßte Subkulturen in der Unternehmung entwickeln, streben universelle Unternehmungskulturen eine übernational kohärente Gesamtkultur an. Diese Kulturformen sind im Kontext der in Abschnitt 2.3.1.2.4 vorgestellten verhaltensorientierten Merkmale internationaler Unternehmungen sowie auch im Kontext der in Kapitel 6 dieser Arbeit entwickelten Basisstrategien des ISPM zu sehen.

Internationale Erfahrungspotentiale und Internationalisierungsgrad

Die Möglichkeiten und Grenzen des ISPM werden besonders auch durch die bereits vorhandenen *Erfahrungspotentiale* im internationalen Geschäft bestimmt. Beschränken sich derartige Erfahrungspotentiale etwa ausschließlich auf das Exportgeschäft, so wird der Aufbau einer internationalen Produktionsstätte mit vergleichsweise größeren Anstrengungen und Risiken behaftet sein, als dies im Fall bereits vorhandener Erfahrungen aus langjährigen internationalen Produktionsaktivitäten zu erwarten ist.

Das Potential an internationaler Erfahrung und Kompetenz hängt folglich von der Art und dem Ausmaß der internationalen Integration jeder einzelnen Aktivität der Wertkette beziehungsweise gesamtunternehmungsbezogen vom *Internationalisierungsgrad* der Gesamtunternehmung ab. Dieser Internationalisierungsgrad läßt sich wieder-

---

165 Vgl. *Menze, Th.*, Strategisches Internationales Beschaffungsmarketing, 1993, S. 95.

166 *Schenk* schlägt zum Beispiel für Manager ein spezifisches Vorbereitungstraining vor, das zielkulturbezogen auf Problemfelder in *interkulturellen Überschneidungssituationen* so vorbereiten soll, daß diesen in der Praxis kulturadäquat begegnet werden kann. Vgl. *Schenk, E.*, Culture Specific versus Culture General, 1994, S. 38-39. Zum Themenkomplex des Managertrainings siehe auch *Rosenstiel, L. von*, Interkulturelle Managemententwicklung, 1993, S. 183-184; sowie *Bergmann, A.*, Interkulturelle Managemententwicklung, 1993, S. 202-205.

167 Vgl. *Welge, M. K.; Holtbrügge D.*, Internationales Management, 1998, S. 215 ff.; *Hofstede, G.*, Kultur und Internationales Management, 1993, S. 145-146.

168 Vgl. *Schreyögg, G.*, Globalisierung und Regionalisierung, 1993, S. 154-160.

um anhand bestimmter Phasen des in Abbildung 3-11 dargestellten Evolutionsprozesses der internationalen Unternehmung beschreiben.[169]

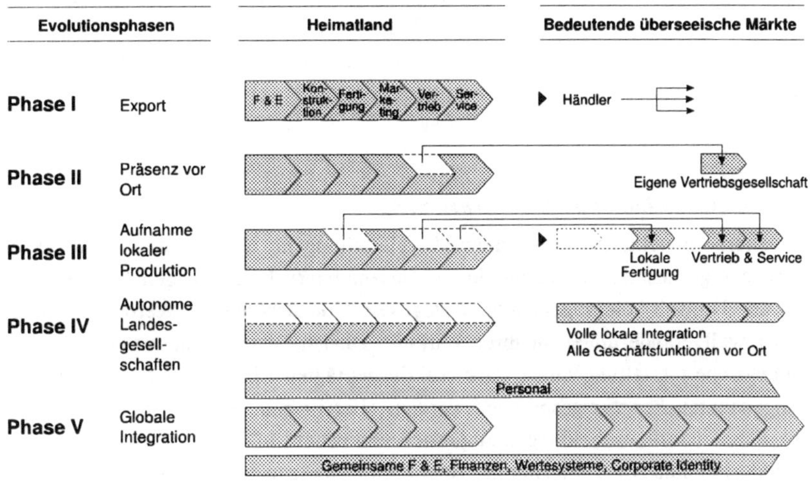

Abbildung 3-11: Evolutionsphasen der Internationalisierung und Globalisierung[170]

Betrachtet man die Evolutionsphasen der vorstehenden Abbildung im Kontext der in Abschnitt 2.3.3.2 vorgestellten Typologie internationaler Strategien, so können die Phasen I und II dem *internationalen* Strategietyp ethnozentrischer Prägung zugeordnet werden. Die Phasen III und IV verkörpern Entwicklungen zum polyzentrisch geprägten *multinationalen* Strategietyp, während die Phase V den *globalen* Strategietyp der geozentrischen Unternehmung repräsentiert. Die hier dargestellte Evolution entspricht im wesentlichen dem bereits behandelten Entwicklungspfad europäischer und amerikanischer Unternehmungen, wie er von *Meffert* identifiziert worden ist.[171] In Abbildung 3-11 nicht vorgesehen ist der regiozentrisch orientierte Typus der internationalen Unternehmung, der sich aber in der Symbolik wie Phase V darstellen läßt. Dieses allerdings mit dem Unterschied, daß die internationale Integration einer oder mehrerer

169 Siehe auch *Meissner*,[1] der ein Entwicklungsmuster mit insgesamt sieben Phasen vorstellt, sowie *Henzler*,[2] der sechs Entwicklungsstufen differenziert. [1] vgl. *Meissner, H.G.*, Strategisches Internationales Marketing, 1995, S. 169; [2] vgl. *Henzler, H.A.*, Europreneurs, 1992, S. 198-200. Siehe außerdem Abschnitt 2.3.1.2.5 dieser Arbeit.

170 Quelle: *Krubasik, E.G.; Schrader, J.*, Globale Forschungs- und Entwicklungsstrategien, 1990, S.18.

171 Vgl. *Meffert H.*, Marketing im Spannungsfeld, 1986, S. 691-693; sowie Abschnitt 2.3.3.2 dieser Arbeit.

Wertschöpfungsketten nicht globale Dimension aufweist, sondern jeweils auf eine Länderregion wie z.B. Europa, Nordamerika oder Süd-Ost-Asien beschränkt ist.

Der internationale Strategietyp, den eine Unternehmung verfolgt, sowie ihre Position im Prozeß der internationalen Evolution sind grundlegende gesamtunternehmungsbezogene Faktoren, die sowohl bei der Wahl einer Basisstrategie im Rahmen des ISPM[172] als auch bei der gesamten strategischen Gestaltung der internationalen Produktionsaktivität zu berücksichtigen sind.

Strategische Grundhaltung der Unternehmung

Ein weiterer Aspekt, der die strategische Gestaltung im Rahmen des ISPM beeinflußt, ist das grundsätzliche Verhalten der Gesamtunternehmung gegenüber Veränderungen der Umwelt, die sogenannte *strategische Grundhaltung*.[173] Werden beispielsweise Umweltveränderungen in ihrer Wirkung zunächst lange abgewartet und weist die strategische Gestaltung einen stark reaktiv geprägten Charakter auf, so kann von dem sogenannten *Reactor* gesprochen werden. Hier ist zum Beispiel im Hinblick auf Produktionsstandortentscheidungen zugunsten von neuen, in der Attraktivität gestiegenen Standorten eine zögernde Haltung zu erwarten, die zunächst das Standortverhalten von Wettbewerbern und Marktpartnern abwartet. Die gegenteilige Grundhaltung des sogenannten *Prospectors* läßt dagegen eine aktive und frühe Nutzung neuer Standortchancen erwarten, was maßgeblich auf das aktive Grundverhalten und auf die frühzeitige Antizipation künftiger Umweltentwicklungen zurückgeführt werden kann.

Produkt-Markt-Strategien der Unternehmung

Weitere, gesamtunternehmungsbezogene Einflüsse auf das ISPM gehen von den Grundsatzstrategien der Unternehmung oder von denen des jeweiligen Geschäftsbereichs aus. Hier sind vor allen Dingen die durch *Ansoff* entwickelten *Produkt-Markt-Strategien* zu nennen,[174] die sich aus der grundlegenden Entscheidung ableiten, welche Märkte (gegenwärtige und neue) mit welchen Produkten (gegenwärtige und neue) besetzt werden sollen. „Alle anderen strategischen Festlegungen beziehungsweise strategischen Alternativen knüpfen an diesen Produkt/Markt-Entscheidungen an“[175], die somit auch für das ISPM von grundlegender Bedeutung sind.

---

172 Siehe Kapitel 6 dieser Arbeit.

173 Vgl. *Kupsch, P.U.; Marr, R.; Picot, A.*, Innovationswirtschaft, 1991, S. 1093-1094.

174 Vgl. *Ansoff, H.I.*, Strategies for Diversification, 1957, S. 114; oder *Ansoff, H.I.*, Corporate Strategy, 1965, insbesondere S. 108-109.

175 *Becker, J.*, Marketing-Konzeption, 1993, S. 123.

Wettbewerbsstrategien der Unternehmung

Gleiches wie für die Marktfeldstrategien gilt auch für die *Wettbewerbsstrategien*, also die Art und Weise, *wie* die Unternehmung den Wettbewerb mit ihren Konkurrenten führen will, um die gewählte Marktposition zu realisieren. Einen grundlegenden Beitrag hierzu hat *Porter* geliefert,[176] der den Wettbewerb als die Quelle des Erfolges ansieht. *Porter* unterscheidet drei Strategietypen, die zu Vorteilen gegenüber der Konkurrenz führen können:[177] Die „umfassende Kostenführerschaft“ (branchenweit), die „Differenzierung“ (branchenweit) sowie die „Konzentration auf Schwerpunkte“, die mit einem Kostenvorsprung und/oder einem Differenzierungsvorteil einhergeht. Wird beispielsweise im *Porterschen* Sinne eine umfassende Kostenführerschaft angestrebt, so kann dies im Rahmen des ISPM entscheidenden Einfluß auf die Wahl des Produktionsstandortes haben, denn der geographische Standort beeinflußt als „eigene Kostenantriebskraft“ in vielfältiger Weise die Produktionskosten.[178]

Funktionsbereiche

Neben den bisher vorgestellten, gesamtunternehmungsbezogenen Einflußfaktoren sind im Rahmen des ISPM außerdem die übrigen Subsysteme der Unternehmung - also die einzelnen Funktionen (Aktivitäten) - sowie die dort verfolgten Strategien (Funktionsbereichsstrategien) zu beachten.[179] Als Beispiele können hier das Beschaffungssystem und das Marketingsystem genannt werden, deren internationale Konfigurationen ebenso in engem Zusammenhang mit der internationalen Produktion zu sehen sind wie das internationale Finanzmanagement, das internationale Personalmanagement oder etwa das internationale Controlling.[180] Dieses zeigt auch der Rückblick auf Abbildung 3-11, in der die internationale Produktion immer in Verbindung mit weiteren internationalen Aktivitäten vorgesehen ist.[181]

Einen zusätzlichen Beleg dafür, daß die internationale Produktion in der Regel mit der internationalen Ausrichtung weiterer Funktionen der Unternehmung einhergeht, liefert der empirische Untersuchungsteil dieser Arbeit (siehe Tabelle 3-12): Alle befragten Unternehmungen betreiben neben ihrer internationalen Produktion auch

---

176 *Porter, M.E.*, Wettbewerbsstrategie, 1990.

177 Vgl. *Porter, M.E.*, Wettbewerbsstrategie, 1990, S. 62-77.

178 Vgl. *Porter, M. E.*, Wettbewerbsvorteile, 1996, 117-118.

179 Siehe hierzu z.B. *Welge, M. K.; Al-Laham, A.*, Planung, 1992, 246-292.

180 Siehe zu diesen und weiteren Funktionsbereichen im Rahmen des internationalen Managements z.B. *Perlitz, M.*, Internationales Management, 1997, S. 303-626.

181 Vgl. auch *Meissner, H.G.*, Strategisches Internationales Marketing, 1995, S. 169; sowie *Henzler, H.A.*, Europreneurs, 1992, S. 198-200.

internationale Absatzaktivitäten und bis auf eine Ausnahme auch internationale Beschaffungsaktivitäten.

Aktivität	Produktion			Absatz			Beschaffung		
Konfiguration	nat.	internat.	interkont.	nat.	internat.	interkont.	nat.	internat.	interkont.
Anzahl N = 16		3	13		4	12	1	3	12

nat.: Nationale Konfiguration
internat.: Internationale Konfiguration mit der geographischen Beschränkung auf einen Kontinent
interkont.: Internationale Konfiguration, die sich auf mindestens zwei Kontinente erstreckt, also *interkontinental* konfiguriert ist.

Tabelle 3-12: Konfigurationen von Produktions-, Absatz- und Beschaffungsaktivitäten der 16 befragten Unternehmungen im Überblick

Obwohl das explorative Untersuchungsdesign keine repräsentativen Aussagen zuläßt, legt die Eindeutigkeit dieser Beobachtung zumindest die Hypothese nahe, daß die internationale Produktionsaktivität i.d.R. auch mit einer entsprechenden Ausrichtung von Absatz- und auch von Beschaffungsaktivitäten verbunden ist. Die aus der Tabelle 3-12 nicht ersichtliche Zusatzinformation, daß 11 der 13 *interkontinentalen* Produzenten sowohl ihre Absatzaktivitäten wie auch ihre Beschaffungsaktivitäten auf mehrere Erdteile ausgedehnt haben, läßt außerdem vermuten, daß auch Zusammenhänge zwischen den geographischen Reichweiten der einzelnen Aktivitäten bestehen.

Letztlich trägt jede Aktivität (Funktion) sowie ihr Internationalisierungsgrad zum spezifischen Unternehmungsprofil bei, das in den verfügbaren Ressourcen, den Kostenstrukturen, dem Know-how und auch der internationalen Kompetenz zum Ausdruck kommt. Jede Aktivität der Wertkette beeinflußt somit die Möglichkeiten und Grenzen einer Unternehmung, die aus spezifischen Umweltentwicklungen resultierenden Chancen durch internationale Produktionsaktivitäten aktiv nutzen zu können. Aus diesem Grunde kann die strategische Gestaltung des ISPM nur im Zusammenhang und in Abstimmung mit den übrigen Funktionen der Unternehmung erfolgen.[182]

[182] Vgl. *McGrath, M. E.; Hoole, R. W.;* Manufacturing, 1992, S. 97-100.

4 Motivation und Zielsetzung des Internationalen Strategischen Produktionsmanagements

4.1 Überblick

Die Beweggründe und Antriebskräfte, die industrielle Unternehmungen dazu veranlassen, ihre Produktionsaktivitäten international zu konfigurieren, sind mannigfaltig und bedürfen daher einer genaueren Analyse. Hierauf ist der folgende Abschnitt 4.2 gerichtet. Dabei geht es nicht nur um die bloße Darstellung und Klassifizierung möglicher Motive für internationale Produktionsaktivitäten, sondern es sollen die häufig nur allgemein formulierten Motive genauer analysiert, hinterfragt und diskutiert werden. Ferner ist eine vergleichende Analyse der Motivbedeutungen in der Praxis vorgesehen.[1]

Die so gewonnenen Einsichten können dann in den sich anschließenden Abschnitt 4.3 einfließen. Sie werden unter Rückgriff auf die Erkenntnisse der Zielforschung zu einer allgemeinen Zielformulierung für das Internationale Strategische Produktionsmanagement führen.

Die folgende Abbildung 4-1 verdeutlicht den beschriebenen Aufbau dieses Kapitels.

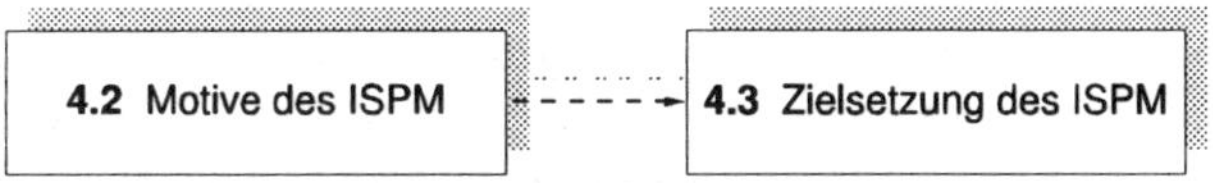

Abbildung 4-1: Inhaltlicher Aufbau des Kapitels 4

4.2 Motive für internationale Produktionsaktivitäten

4.2.1 Vorbemerkungen

Bevor eine differenzierte Diskussion der einzelnen Motive für internationale Produktionsaktivitäten erfolgen kann, sind zur richtigen Einordnung der weiteren Überlegungen einige Vorbemerkungen erforderlich:

---

[1] Siehe Abschnitt 4.2.6.

Motive und ihre Kombination

Vergleicht man zunächst vorliegende Untersuchungsergebnisse zur Motivproblematik auf offensichtliche Übereinstimmungen, so kann als erster Konsens festgehalten werden, was *Sieber* bereits vor fast 30 Jahren als ein Ergebnis seiner damaligen Untersuchung feststellte, nämlich, „... daß immer mehrere Motive in unterschiedlichen Kombinationen und Stärken zusammen auftreten."[2] In späteren Publikationen anderer Autoren ist hierfür der mittlerweile etablierte Terminus „*Motivbündel*" geprägt worden.[3] Auch die eigenen Untersuchungen bestätigen diese Erkenntnis, denn alle befragten Experten gaben mehrere Motive für die internationale Produktion ihrer Unternehmungen an. Nicht selten wiesen sie sogar explizit auf das *gleichzeitige* Zusammenwirken *mehrerer* Motive hin. Dieses Zusammenwirken verdeutlicht auch das folgende Fallbeispiel aus der Praxis:[4]

Der Automobilhersteller Daimler-Benz hat 1997 mit der Produktion eines Gelände- und Freizeitfahrzeuges, dem sogenannten „All Activity Vehicle" (M-Klasse), in Tuscaloosa im US-amerikanischen Bundesstaat Alabama begonnen. Das Hauptmotiv für die Wahl dieses internationalen Produktionsstandortes stellt zunächst die Nähe zum Absatzmarkt dar. Nach Berechnungen des Konzerns sind ca. 55 % der Weltnachfrage nach derartigen Fahrzeugen in den USA konzentriert. Man rechnet deshalb damit, etwa 50 % der dort produzierten Einheiten auch auf dem amerikanischen Markt abzusetzen. Die Nähe zu einem Großteil der Kunden soll auch gewährleisten, daß die Nutzenerwartungen und Wünsche der Kundschaft besser berücksichtigt werden können. Neben diesem Motiv „Absatznähe" wird die Produktionsentscheidung für Tuscaloosa aber auch durch Kostenmotive getragen, die mit einem 25prozentigen Lohnkostenvorteil der USA gegenüber Deutschland beziffert werden. Weitere Motive sind die Unabhängigkeit von Wechselkursschwankungen und die Nutzung des in den USA vorhandenen „Supplier-Networks". Denn, die US-Zulieferindustrie ist gerade in der Sparte Geländefahrzeuge durch international maßgebende Kompetenz gekennzeichnet, die Daimler-Benz in partnerschaftlicher Zusammenarbeit nutzen möchte. Insgesamt hat also nicht nur ein einzelnes Motiv, sondern vielmehr ein *Motivbündel* zur internationalen Produktion in den USA geführt.

---

2 *Sieber, E. H.*, Die multinationale Unternehmung, 1970, S. 420;
Vgl. auch *Lorz, J. O.*, Direktinvestitionen, 1993, S. 163.

3 Vgl. zum Beispiel *Engel, M.*, Auslandsinvestitionen, 1990, S. 345; *Pausenberger, E.*, Die internationale Unternehmung, 1982, S. 115; oder *Ruppert, W.*, Gründe für die Produktion im Ausland, 1979, S.14.

4 Das folgende Fallbeispiel stützt sich auf das mit Herrn Dr. *Reidelbach* geführte Expertengespräch sowie folgende Quellen: *Renschler, A.*, Standortplanung für Mercedes-Benz in den USA, 1995, S. 39-41; Mercedes-Benz U.S. International (Hrsg.), All-Activity-Report, 1996.

Motivgruppierung als Grundlage für die weitere Analyse

Ein strukturiertes Vorgehen erfordert es zunächst, die Vielfalt möglicher Motive für internationale Produktionsaktivitäten einer groben Kategorisierung zu unterziehen, um so ein inhaltliches Raster für die dann folgende, differenzierte Motivanalyse bereitzustellen:

Die Auswertung zahlreicher Veröffentlichungen[5] zur Motivproblematik legt zunächst die Unterscheidung der drei folgenden Motivgruppen nahe:[6]

- *Absatzmotive*
- *Kosten- und Erfolgsmotive*
- *Beschaffungsmotive*

Diese Unterscheidung reicht unter Berücksichtigung der eigenen Beobachtungen jedoch nicht aus, um alle möglichen Motive zu erfassen. Deshalb erscheint es zweckmäßig, eine vierte, vergleichsweise offene Kategorie für ...

- sonstige Motive ... einzuführen.

Nähere Erläuterungen zu den Abgrenzungskriterien der Gruppen und zu den gewählten Gruppenbezeichnungen erfolgen in den entsprechenden Abschnitten.

Die gegenseitige Beeinflussung von Motiven (*Motivinterdependenz*)[7] sowie das Auftreten der zuvor beschriebenen *Motivbündel* können jedoch die eindeutige Zuordnung eines konkreten Motivs zu einer bestimmten Motivgruppe erschweren oder sogar unmöglich machen, da zum Beispiel mehrere Gruppen tangiert werden. Deshalb können die Motivgruppen nicht frei von Überschneidungen sein, so daß durchaus auch andere Zuordnungen als die hier gewählten möglich wären. Vor diesem Hintergrund

---

5 Vgl. Deutscher Industrie- und Handelstag (Hrsg.), Auslandsinvestitionen, 1996, S. 1-2; derselbe, Produktionsverlagerung, 1996, 8-10; derselbe, Wirtschaftslage und Erwartungen, 1998, S. 83-85; derselbe, Wirtschaftslage und Erwartungen, 1997, S. 57-60; derselbe, Wirtschaftslage und Erwartungen, 1996, S. 63-67; derselbe, Wirtschaftslage und Erwartungen, 1995, S. 39-41; derselbe, Produktionsverlagerung, 1993, S. 2-3; sowie *Wilhelm, M.*, Motive deutscher und ausländischer Direktinvestitionen, 1996, S. 9-18; *Pausenberger, E.*, Internationalisierungsstrategien, 1994, S. 14-16; *Stein, I.*, Multinationale Unternehmung, 1994, S. 116-122; *Lorz, J. O.*, Direktinvestitionen, 1993, S. 162-164; *Rother, K.*, Das internationale Geschäft, 1991, S. 84; *Beyfuß, J.; Kitterer, B. H.-J.*, Deutsche Direktinvestitionen, 1990, S. 25-58; *Eggerstedt, H. v.*, Erfolgsbedingungen deutscher Investitionen in Fernost, 1990, S.635-636; *Engel, M.*, Auslandsinvestitionen, 1990, S. 345; *Flaherty, Th.*, Globale Fertigungsprozesse, 1989, S. 101-103; *Pausenberger, E*, Die internationale Unternehmung, 1982, S.114-115.

6 Zur vorgenommenen Gruppierung vgl. *Broll, U.*, Multinationale Unternehmen, 1993, S. 55; sowie *Beyfuß, J.; Kitterer, B. H.-J.*, Deutsche Direktinvestitionen, 1990, S. 42.

7 Vgl. *Stein, I.*, Multinationale Unternehmung, 1994, S. 119.

soll die vorgenommene Gruppierung nicht den Anspruch erheben, scharf abgegrenzte, paarweise disjunkte Motivklassen zu bilden. Es ist vielmehr die Absicht, den Blick für die grundsätzlichen Gemeinsamkeiten der unter einer Gruppe erfaßten Motive zu schärfen und gleichzeitig die Grundlage für die inhaltliche Abgrenzung der folgenden Abschnitte zu liefern.

4.2.2 Absatzmotive

Kundennähe, Marktversorgung und Markterschließung

Unter Absatzmotiven sind solche Motive zu verstehen, die Unternehmungen dazu veranlassen, ihre Produktion in der geographischen Nähe von internationalen Absatzmärkten anzusiedeln. Im Vordergrund steht hier insbesondere die Erschließung, Ausweitung und Sicherung dieser Absatzmärkte.[8] Durch die marktnahe Produktion wird es möglich, die verschiedenen Umweltbedingungen vor Ort genauer wahrnehmen zu können, differenzierte Marktbeobachtungen durchführen zu können und so insgesamt eine vergleichsweise bessere Kenntnis von den Nutzenerwartungen, Bedürfnissen und Wünschen der Kunden erlangen zu können.[9] Kurz: Die marktnahe Produktion verspricht gegenüber der Marktversorgung durch Export einen Informationsvorsprung. Dieser kann vor Ort umgesetzt werden und zu einer entsprechend besseren Kundennähe aller Leistungen vom Grundprodukt bis zu verschiedenen Servicekomponenten führen, was letztlich zur Markterschließung und -sicherung beiträgt.[10]

Die marktorientierte Motivation zum Betreiben internationaler Produktionsstätten kann sich in geographischer Hinsicht auf einzelne Ländermärkte beziehen oder auch auf ganze Ländergruppen (Regionen) gerichtet sein.[11] Im letztgenannten Fall, der vor dem Hintergrund der weltwirtschaftlichen Regionalisierung[12] zunehmend an Gewicht gewinnt, wird die internationale Produktionsstätte sozusagen zur strategischen Basis innerhalb einer Länderregion, von wo die Marktversorgung aktueller und potentieller Ländermärkte innerhalb dieser Region geleistet werden kann. Außerdem kann der

---

8 Vgl. *Engel, M.*, Auslandsinvestitionen, 1990, S. 345.

9 Vgl. *Flaherty, Th.*, Globale Fertigungsprozesse, 1989, S. 102.

10 Vgl. *Rother, K.*, Das internationale Geschäft, 1991, S. 84.

11 Vgl. *Womack, J. P.; Jones, D. T.; Roos D.*, Die zweite Revolution in der Autoindustrie, 1994, S. 214-220.

12 Siehe hierzu die Ausführungen zur „ökonomischen Umweltkomponente" in Abschnitt 3.2.3.2. Vgl. auch *Germann, H.; Rürup, B.; Setzer, M.*, Globalisierung der Wirtschaft, 1996, S. 22-23; *Steger, U.*, Globalisierung verstehen und gestalten, 1996; S. 6.

Produktionsstandort als *Brückenkopf*[13] zur Erschließung neuer Märkte der Länderregion genutzt werden. Gerade dieses regionenbezogene Absatzmotiv konnte im Rahmen der empirischen Untersuchung sehr häufig beobachtet werden. Es soll an folgendem Beispiel aus der Praxis vertieft werden:[14]

Die Turck Sensortechnik, eine mittelständische Unternehmensgruppe mit weltweit ca. 1250 Mitarbeitern, entwickelt und produziert High-Tech Lösungen in den Bereichen Sensortechnik (zum Beispiel Näherungsschalter, Lichtschranken etc.) und Automatisierungstechnik. Das weltweite Produktionsnetzwerk der Gruppe erfuhr 1995 mit der Gründung einer Produktionsstätte im chinesischen Tianjin[15] eine durch marktorientierte Motive getragene Erweiterung. Ziel war zunächst die Versorgung und weitere Erschließung des chinesischen Marktes. Neben dem chinesischen Markt hatte man bei der Entscheidung zur Produktion in Tianjin aber auch die anderen Märkte des asiatischen Raumes sowie die Australiens vor Augen. Heute werden diese Märkte ebenfalls durch die chinesische Produktionsstätte versorgt. Sie stellt für die Unternehmensgruppe eine strategische Basis in der asiatischen Region dar, die nicht nur die gegenwärtige und zukünftige Marktversorgung gewährleistet, sondern die überdies auch die Erschließung neuer Märkte in der Region fördern soll.

Image eines inländischen Herstellers und positive Öffentlichkeitswirkung

Ein weiterer Aspekt, der die beschriebenen Absatzmotive in ihrer Bedeutung stärkt, ist das Image, als inländischer Hersteller in den jeweiligen ausländischen Märkten auftreten zu können. So kann beispielsweise einer Kampagne, die die Verbraucher auf inländische Produkte einschwört,[16] der Boden entzogen werden, indem innerhalb dieses Landes produziert wird.[17] Daß dieser Zusammenhang in der Praxis nicht unterschätzt werden sollte, verdeutlichen die Erfahrungen, die der weltweit produzierende finnische Elektro- und Telekommunikationskonzern Nokia in Großbritannien machen mußte:[18] Nachdem man Mitte der 1980er Jahre die dortige Produktionsstätte

[13] Vgl. *Pausenberger, E.*, Die Standortpolitik internationaler Unternehmungen, 1994, S. 63-64; ohne Verfasser, Brückenkopf, 1996, S. 27.

[14] Das folgende Beispiel stützt sich auf das mit Herrn *Turck* geführte Expertengespräch.

[15] *Tianjin* ist mit ca. 8 Mio. Einwohnern die drittgrößte Stadt Chinas. Sie befindet sich etwa zwei Autostunden südöstlich von Peking am Chinesischen Meer.

[16] Als Beispiel kann hier etwa die "Buy American"-Kampagne der amerikanischen Industrie Ende der 1980er und Anfang der 1990er Jahre genannt werden.
Vgl. außerdem *Sieber, E. H.*, Die multinationale Unternehmung, 1970, S. 421.

[17] Dieser Zusammenhang trifft ebenso auf national orientiertes Kaufverhalten staatlicher Organe zu. Vgl. z.B. die Ausführungen zum Stichwort *„Buy National Rules"* bei: *Grosse, R.; Kujawa D.*, International Business, 1988, S. 93.

[18] Das folgende Praxisbeispiel stützt sich auf das mit Herrn *Helmes* geführte Expertengespräch.

für TV-Geräte geschlossen hatte, brach das britische Absatzvolumen binnen Jahresfrist um circa 50 % ein. Als Hauptursache für diesen empfindlichen Absatzrückgang sah man bei Nokia den mit der Betriebsschließung verbundenen Imageverlust, der hauptsächlich darin bestand, daß der Konzern fortan nicht mehr als inländischer Hersteller von TV-Geräten auf dem britischen Markt auftreten konnte.

Neben dem beschriebenen Imagevorteil kann die internationale Produktionsaktivität auch zur Schaffung und Festigung des Vertrauens in der gesellschaftlichen, politischen und wirtschaftlichen Öffentlichkeit an den internationalen Standorten beitragen. Die Produktionsaktivität bringt in der Regel ein erhöhtes Maß an Einbindung in lokale Umweltstrukturen und somit eine Intensivierung der lokalen Interaktionsbeziehungen mit sich. Das wiederum kann vertrauensfördernd wirken und so die lokalen Absatzchancen der Unternehmung verbessern. Auch dieser Aspekt kann zum Beispiel als Teil eines Motivbündels zur Produktion an einem bestimmten internationalen Standort motivieren.

Insider-Position

Eine erste Gemeinsamkeit der bisher beschriebenen Motive ist, daß durch die internationale Produktion die Integration in die Umweltstrukturen der Absatzmärkte gesucht wird, um so letztlich eine Art *Heimvorteil* im Wettbewerb auf diesen Märkten zu erlangen. Derartig orientierte Unternehmungen streben im Sinne *Ohmae's* die Etablierung als *echte Insider* in den Ländern oder Regionen ihrer Absatzmärkte an und integrieren dort alle wesentlichen Teile ihrer Wertschöpfungskette.[19] Ein entscheidender Schritt zur Erlangung einer derartigen Insider-Position ist die Ansiedlung einer Produktionsstätte vor Ort,[20] da hiermit in der Regel die Beschäftigung einheimischer Mitarbeiter sowie die Zusammenarbeit mit lokalen Behörden, Lieferanten und anderen Interaktionspartnern verbunden ist.[21] Die so manifestierte Integration in die Umweltbedingungen der Märkte verschafft dem internationalen Produzenten Informations-, Beziehungs- und Imagevorteile, die sonst nur den jeweils heimischen Unternehmungen vorbehalten sind.[22]

---

19 Vgl. *Ohmae, K.*, Die neue Logik der Weltwirtschaft, 1991, S. 57-63; *Ohmae, K.*, The Triad World View, 1987, S. 16-18.

20 Vgl. *Ohmae, K.*, Macht der Triade, 1985, S. 171; *Henzler, H.; Rall, W.*, Aufbruch in den Weltmarkt, 1985, S. 177. Siehe auch *Sieber*, der schon früh auf diesen Zusammenhang hingewiesen hat: *Sieber, E. H.*, Die multinationale Unternehmung, 1970, S. 420.

21 Vgl. *Henzler, H.A.*, Europreneurs, 1992, S. 196.

22 Vgl. *Cichon, W.*, Globalisierung, 1988, S. 38.

Problematik der Zulieferindustrien

Eine weitere Facette absatzorientierter Motive für internationale Produktionsaktivitäten ist im Bereich einiger Zulieferindustrien zu beobachten. Die zunehmende Internationalisierung der Produktionsstrukturen in den Abnehmerindustrien - wie z.B. der Automobilindustrie - motiviert auch die verbundenen Zulieferer, ihre Produktionsstrukturen ebenfalls zu internationalisieren.[23] Der Hintergrund dieser Sogwirkung liegt in der zunehmenden Internationalisierung und Globalisierung des Wettbewerbs in den betroffenen Zulieferbranchen. Da die häufig weltweit operierenden Abnehmer im Hinblick auf die Auswahl der sie beliefernden Unternehmungen geographisch nicht oder nur wenig gebunden sind, steht jeder Zulieferer prinzipiell im Wettbewerb mit allen weltweit ansässigen Konkurrenten. Dieses hat zum Beispiel im Bereich der Automobilzulieferindustrie dazu geführt, daß die Zulieferunternehmungen im internationalen Wettbewerb langfristig nur bestehen können, wenn sie die geforderte Qualität zu weltmarktfähigen Preisen an jedem Ort der Welt anbieten können.[24] Als Konsequenz hieraus ergibt sich für die Zulieferer nicht selten die Notwendigkeit, der Automobilindustrie an ihre internationalen Produktionsstandorte mit eigenen Produktionsstätten zu folgen,[25] um so auch mit den dort ansässigen Wettbewerbern auf der Kosten- wie auf der Leistungsseite[26] konkurrieren zu können.[27] Die Stellung als sogenannter „first-supplier" der Automobilproduzenten kann häufig nur dann gehalten werden, wenn durch die Internationalisierung der eigenen Produktion das Auftreten als „global-supplier" gewährleistet werden kann.[28]

---

23 Vgl. *Fieten, R.*, Allokation von Wertschöpfungsaktivitäten, 1997, S. 702; Deutscher Industrie- und Handelstag (Hrsg.), Auslandsinvestitionen, 1996, S. 4; derselbe, Produktionsverlagerung, 1996, S. 7 u. 12; *Haverbeck, P.*, Automobilhersteller und Zulieferindustrie, 1991, S. 109. Dieser Motivaspekt betrifft nicht nur die häufig genannte Automobilindustrie, sondern er ist auch in anderen Industriezweigen wie der Investitionsgüterindustrie oder der Textilindustrie zu beobachten. Vgl. Deutscher Industrie- und Handelstag (Hrsg.), Wirtschaftslage und Erwartungen, 1995, S. 40-41; *Neundörfer, K.*, Stichwort Internationalisierung, 1992, S. 11.

24 Vgl. *Haverbeck, P.*, Automobilhersteller und Zulieferindustrie, 1991, S. 111; *Bleyer, K.*, Standortoptimierung und Restrukturierung, 1995, S. 2.

25 Vgl. *Fieten, R.*, Internationalisierung, 1991, S. 59; und auch *Werner, H.*, Internationalisierungsstrategien, 1991, S. 25; *Werner, H.*, Global Manufacturing, 1990, S. 61.

26 Zum Beispiel durch Just-in-Time Anlieferung mit kurzen Vorlaufzeiten aufgrund der räumlichen Nähe zum Abnehmer. Vgl. auch *Goeudevert, D.*, Zulieferer und Just-in-Time, 1991, S. 160.

27 Derartig motivierte Investitionen im Ausland werden auch als „Following-", „Follow-Up-" oder „Kielwasserinvestitionen" bezeichnet. Vgl. *Beyfuß, J.; Kitterer, B. H.-J.*, Deutsche Direktinvestitionen, 1990, S. 46; *Pausenberger, E.*, Die Standortpolitik internationaler Unternehmungen, 1994, S. 63.

28 So einer der befragten Manager eines Automobilzulieferers, der im Textteil der vorliegenden Arbeit nicht namentlich genannt werden möchte.

Kompensation von Handelshemmnissen

Ebenfalls ein absatzorientiertes Motiv internationaler Produktionsaktivitäten, durch das auch die bisher beschriebenen Absatzmotive zusätzlich an Bedeutung gewinnen können, ist in der Kompensation tarifärer und nicht-tarifärer Handelshemmnisse zu sehen.[29] Importbeschränkungen, Local-Content-Vorschriften, Devisenbewirtschaftung, Zölle oder administrative Hemmnisse sind nur eine kleine Auswahl möglicher Erscheinungsformen protektionistisch geprägter Außenhandelspolitiken,[30] die durch die Produktion vor Ort umgangen werden können oder häufig erst den Marktzugang ermöglichen.[31]

Auch hier tut sich neben der landesbezogenen Perspektive eine weitere, regionenbezogene Perspektive auf. Die Entstehung regionaler Binnenmärkte führt zu der schon mehrfach beschriebenen Regionalisierung[32] des Welthandels, so daß einerseits die Handelshemmnisse innerhalb der Binnenmärkte an Bedeutung verlieren. Protektionistische Maßnahmen zwischen den Handelsblöcken führen andererseits aber auch dazu, daß sich die beschriebene Motivrelevanz auf die (über)regionale Ebene verlagert.[33]

Resümee: „Wachstum" – gemeinsames Merkmal der Absatzmotive

Um die Diskussion der Absatzmotive zu einem resümierenden Abschluß zu bringen, soll nun der Blick auf ihre Gemeinsamkeit gerichtet werden: Wie der Oberbegriff „Absatzmotive" bereits impliziert, zielen alle hier subsumierten Motive letztlich auf die Erzielung und Festigung internationalen Absatzwachstums; sei es nun durch größere Kundennähe, durch kürzere Distanzen zu den Absatzmärkten, durch die Realisierung von Insider-Positionen oder etwa durch die Kompensation von Handelshemmnissen. In welche Richtungen die absatzorientierten Wachstumsbestrebungen als Motivation für internationale Produktionsaktivitäten gehen können, verdeutlicht Abbildung 4-2. Sie zeigt abschließend eine modifizierte Form der Produkt-Markt-Matrix nach *Ansoff*[34], wie sie von *Wissmeier* vorgeschlagen wird.

---

29 Vgl. *Stein, I.*, Multinationale Unternehmung, 1994, S. 120-121.

30 Weitere Beispiele insbesondere für nicht-tarifäre Handelshemmnisse finden sich bei *Berg, H.*, Europäische Integration, 1990, S. 11.

31 Vgl. *Womack,J.P; Jones,D.T.;Roos,D.*, Die zweite Revolution in der Autoindustrie, 1994, S.215.

32 Siehe hierzu die Ausführungen zur „ökonomischen Umweltkomponente" in Abschnitt 3.2.3.2.

33 Vgl. *Steger, U.*, Globalisierung verstehen und gestalten, 1996; S. 4.

34 Vgl. *Ansoff, H.I.*, Strategies for Diversification, 1957, S. 114; oder *Ansoff, H.I.*, Corporate Strategy, 1965, insbesondere S. 108-109.

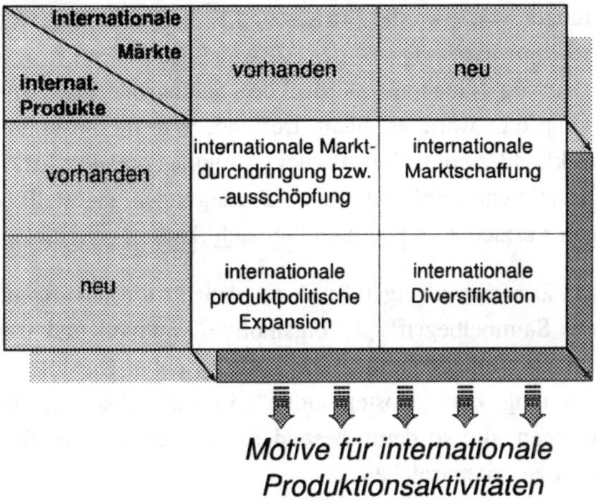

Abbildung 4-2: Internationale Wachstumsmöglichkeiten (nach Wissmeier) als Motivation für internationale Produktionsaktivitäten [35]

4.2.3 Kosten- und Erfolgsmotive

4.2.3.1 Vorbemerkungen

Unter dieser Motivkategorie sollen jene Motive erfaßt werden, die vordergründig durch *erfolgswirtschaftliche* Überlegungen getragen werden. Die Sicherung der betrieblichen Gewinnsituation liefert hier das dominierende Motiv für internationale Produktionsaktivitäten. Im Mittelpunkt stehen dabei vorwiegend *kostenorientierte Motive*, die maßgeblich durch die Kosten für die verschiedenen betrieblichen Produktionsfaktoren beeinflußt werden. Darunter fallen auch die sogenannten Produktionsfaktorsteuern[36], die von der Unternehmung beim Einsatz bestimmter Produktionsfaktoren an den Staat zu entrichten sind (z.B. Kraftfahrzeugsteuer, Grunderwerbsteuer), sowie andere an den Staat zu leistende Abgaben mit Kostencharakter.

Bezieht man die Gesamtheit internationaler *Steuerdifferenzen* als Motivbegründung für internationale Produktionsaktivitäten mit in die Betrachtungen ein, so müssen auch

35 Die Abbildung wurde in enger Anlehnung an *Wissmeier, U.K.*, Strategien im internationalen Marketing, 1992, S. 115 erstellt.

36 Vgl. *Wöhe, G.*, Betriebswirtschaftliche Steuerlehre I/1, 1988, S. 72-73; *Haberstock, L.; Breithecker, V.*, Betriebswirtschaftliche Steuerlehre, 1996, S. 9.

andere Steuergattungen wie etwa die Ertragsteuern[37] berücksichtigt werden. Da gerade diese *nicht* die Gewinn*entstehung* auf der Aufwand- oder der Ertragseite[38] beeinflussen, sondern am Erfolg (Gewinn) - also der Saldogröße aus Aufwendungen und Erträgen - anknüpfen, wäre es nicht treffend, die diesbezüglichen Motive als Kostenmotive zu klassifizieren. Bei Berücksichtigung standortdifferenter Steuerbelastungen werden vielmehr *erfolgsbezogene* Überlegungen angestellt, die letztlich auf die Maximierung der erzielbaren Nettorendite nach Steuern gerichtet sind.[39]

Der beschriebene Zusammenhang führt dazu, daß für die im folgenden zu diskutierenden Motive der Sammelbegriff „Erfolgsmotive" sinnvoll und treffend erscheint. Dieser Begriff schließt strenggenommen die kostenorientierten Motive bereits ein. Die explizite Herausstellung der „Kostenmotive" in der Abschnittsüberschrift wurde dennoch vorgenommen, um so deren besonderen Stellenwert für die hier fokussierte Produktionsaktivität zu unterstreichen.

4.2.3.2 Nutzung von Kostenvorteilen

Im Mittelpunkt kostenorientierter Beweggründe für internationale Produktionsaktivitäten steht die Ausnutzung internationaler Kostendifferenzen, indem die jeweils kostengünstigsten Produktionsstandorte gesucht und so standortbezogene Faktorkostenvorteile genutzt werden.

Wenngleich grundsätzlich alle denkbaren Kostenarten wie zum Beispiel auch Material-, Betriebsstoff- oder Energiekosten zu berücksichtigen sind, spielen häufig die Arbeitskosten die zentrale Rolle in den Überlegungen.[40] Gerade für Unternehmun-

---

37 Der Begriff „Ertragsteuer" geht auf den historischen Begriff des *Reinertrages*, also auf den Gewinn zurück. In der betriebswirtschaftlichen Steuerlehre werden solche Steuerarten als Ertragsteuern bezeichnet, die an den erwirtschafteten Gewinn (Reinertrag) anknüpfen wie z.B. die Einkommen- oder die Körperschaftsteuer. Vgl. *Tipke, K.; Lang, J.*, Steuerrecht, 1996, S.197-198; *Wöhe, G.*, Betriebswirtschaftliche Steuerlehre I/1, 1988, S. 73.

38 Als ertragseitige Steuern können die von *Wöhe* als *Betriebsleistungssteuern* bezeichneten Steuern angesehen werden. Grundlage der Steuerbemessung sind hier die betrieblichen Leistungen. Diese Steuern fallen also nur dann an, wenn eine betriebliche Leistung erstellt beziehungsweise abgesetzt wird. Beispiele sind die Leuchtmittelsteuer, die Tabaksteuer oder etwa die Mineralölsteuer (jeweils aus der Perspektive des Herstellers). Diese Betriebsleistungssteuern sind hier aber nur dann entscheidungsrelevant, wenn sie nicht vollständig auf den Abnehmer überwälzt werden können und durch die Unternehmung teilweise oder ganz getragen werden müssen.
Vgl. *Wöhe, G.*, Betriebswirtschaftliche Steuerlehre I/1, 1988, S. 73.

39 Vgl. *Esser, K.*, Standortfaktor Unternehmensbesteuerung, 1990, S. 158; *Fischer, L.*, Standortwahl und Steuern, 1993, Sp. 3973.

40 Vgl. *Sommer, Ch.*, Wer Kosten sparen will, geht gern ins Ausland, 1997, S. 104-105; *Eggerstedt, H. v.;* Erfolgsbedingungen deutscher Investitionen in Fernost, 1990, S. 635.

gen mit arbeitsintensiven Produktionsprozessen reduziert sich das Kostenmotiv nicht selten auf das *Arbeitskosten*motiv als Grund für die Produktion an bestimmten internationalen Standorten.

Arbeitskostenmotive

Ein häufig zitiertes Beispiel liefert hier die Bekleidungsindustrie, die aufgrund der arbeitsintensiven Produktionsprozesse die betriebliche Wertschöpfung überwiegend in sogenannten Niedriglohnländern durchführt beziehungsweise durchführen läßt.[41] Die begrenzten Möglichkeiten der Prozeßrationalisierung und -automatisierung haben in dieser Branche dazu geführt, daß die gestiegenen Arbeitskosten in den Industrieländern nicht durch entsprechende Produktivitätssteigerungen kompensiert werden konnten. Die Folge waren arbeitskostenorientierte Standortverlagerungen in die besagten Niedriglohnländer.[42]

So betreiben auch die befragten Bekleidungshersteller den überwiegenden Anteil ihrer Produktionen in Niedriglohnländern. Dabei waren nach den Aussagen der befragten Manager vor allem Kostenmotive ausschlaggebend für diese internationalen Produktionsaktivitäten.

Einen Beleg für die Bedeutung der Kostenmotive in diesem durch arbeitsintensive Produktionsprozesse geprägten Industriezweig liefern die Berechnungen des Bekleidungsherstellers Schneberger:[43] Die durchschnittlichen Kosten einer Lohnminute an den internationalen Produktionsstandorten der Unternehmung in Osteuropa, Asien und Nordafrika beziffert man z.B. für 1995 mit circa 0,25 DM, während die gleiche Lohnminute am Standort Münster i. Westf. , wo man ebenfalls produziert, mit 0,65 bis 0,75 DM vergleichsweise höher bewertet wird. Auf den Einwand des Verfassers, daß auch die Arbeitsqualität und die Arbeitsproduktivität nicht unberücksichtigt bleiben dürften, wurde entgegnet, daß hier keine nennenswerten Nachteile der ausländischen Standorte auszumachen seien.[44]

---

41 *Läßt* eine Unternehmung die betriebliche Wertschöpfung im Ausland durchführen, so spricht man von der sogenannten *„passiven Lohnveredelung"*. Dabei werden - vorwiegend aus Kostenmotiven - Waren inländischer Herstellung zur Weiterver- oder -bearbeitung an rechtlich selbständige Partner im Ausland exportiert, um anschließend wieder reimportiert zu werden. Vgl. *Bumiller, F.-X.*, Internationalisierungsstrategien im Textilsektor, 1989, S. 76-82; *Karenberg, L.; Meissner, H.G.;* et al., Auslandsaktivitäten, 1983, S. 9-10.

42 Vgl. *Spinanger, D.*, Textil- und Bekleidungsindustrie, 1993, S. 98-108; *Menze, Th.*, Strategisches Internationales Beschaffungsmarketing, 1993, S. 179-180.

43 Die folgenden Angaben stützen sich auf das mit Herrn *Gladis* geführte Expertengespräch.

44 Siehe hierzu auch die Ausführungen zur „Nutzung standortgebundener Potentialfaktoren" in Abschnitt 4.2.4.

Arbeitskostenmotive im Kontext der Arbeitsproduktivität

Der angedeutete Zusammenhang zwischen Arbeitskosten und Arbeitsproduktivität ist für die Relevanz des Arbeitskostenmotives von grundlegender Bedeutung, die ausgehend von einer zunächst gesamtwirtschaftlichen Perspektive im folgenden aufgezeigt werden soll. Tabelle 4-3 liefert hierzu anschauliches Datenmaterial:

Land	Arbeitskosten je Stunde [1] in DM [2]	Arbeitskosten je Stunde [1] Deutschland = 100	1980 = 100 Reale Lohnstückkosten	1980 = 100 Reale Arbeitsproduktivitäten	1980 = 100 Realeinkommen je Beschäftigten
Deutschland	**45,52**	100	**79,3**	180,1	142,8
Frankreich	**29,04**	64	**71,2**	177,8	126,6
Großbritannien	**20,96**	46	**78,9**	195,6	154,3
USA	**25,18**	55	**70,2**	155,5	109,2
Japan	**35,48**	78	**101,0**	140,5	141,9

Anmerkungen: 1) Arbeiter und Arbeiterinnen in der Industrie
2) Umgerechnet mit dem Jahresdurchschnitt der amtlichen Devisenkurse

Tabelle 4-3: Kennzahlen zur Beurteilung der Arbeitskosten im Verarbeitenden Gewerbe für 1995 [45]

Betrachtet man die in Tabelle 4-3 dargestellten Arbeitskosten je Stunde, zeigen sich teilweise beträchtliche Differenzen zwischen den Beispielländern, die durchaus zu internationalen Produktionsverlagerungen motivieren können. Der Aussagewert der Stundensätze ist allerdings dann zu relativieren, wenn die Arbeitsleistungen pro Stunde in den verschiedenen Ländern ebenfalls differieren. Sind beispielsweise die Arbeitskosten in einem Land A doppelt so hoch wie in einem anderen Land B und beträgt gleichzeitig auch die Produktivität in Land A das Doppelte gegenüber Land B, so hebt sich der Lohnkostennachteil des Landes A gerade auf.[46] Entscheidend für den Preis des Produktionsfaktors Arbeit ist also nicht nur die Bezugsgröße „Zeiteinheit" (Stunde), sondern auch die in dieser Zeiteinheit erreichte Arbeitsleistung, die *Produktivität*.

45 Quellen: Institut der deutschen Wirtschaft Köln (Hrsg.), Zahlen zur wirtschaftlichen Entwicklung, 1997, Tabelle 146; *Köddermann, R.*, Löhne und Steuern, 1996, S. 8; eigene Berechnungen.

46 Vgl. *Köddermann, R.*, Löhne und Steuern, 1996, S. 6.

Der gesamtwirtschaftliche Indikator zur gleichzeitigen Berücksichtigung von Arbeitskosten und Arbeitsproduktivität sind die sogenannte *Lohnstückkosten.* Sie können für internationale Vergleiche zweckmäßigerweise als *reale* Größen gegenübergestellt werden, um so durch die Ausschaltung differenter Preisniveauentwicklungen und Wechselkursänderungen auch Zeitvergleiche zu ermöglichen.[47]

Analysiert man den in Tabelle 4-3 dargestellten Lohnstückkostenvergleich der Beispielländer, zeigt sich eine Relativierung der Positionen gegenüber der Stundensatzbetrachtung. Auffällig ist zum Beispiel die Position Japans: Obwohl hier ein durchaus konkurrenzfähiger Stundensatz von umgerechnet 35,48 DM ausgewiesen ist, zeigen die Lohnstückkosten im internationalen Vergleich ein anderes Bild. Während in allen Vergleichsländern die unterschiedlichen Realeinkommenserhöhungen durch gleichzeitige Produktivitätserhöhungen überkompensiert werden konnten und so eine Senkung der realen Lohnstückkosten bewirkt wurde, reichten die japanischen Produktivitätssteigerungen nicht einmal zum Ausgleich des Einkommensanstieges aus.

Beurteilt man die Position Deutschlands, so ist bei vergleichsweise höchstem Lohnsatz von 45,52 DM/Stunde allerdings auch die zweitbeste Produktivitätsentwicklung im Vergleich der fünf Länder festzustellen. Diese hat letztlich die Einkommensveränderungen überkompensieren können und so eine Reduzierung der realen Lohnstückkosten bewirkt. Es fällt jedoch auf, daß diese Reduzierung im internationalen Vergleich hinter Frankreich, Großbritannien und den USA zurücksteht. Der hohe deutsche Produktivitätsfortschritt konnte offensichtlich nicht in gleichem Verhältnis in Lohnstückkostenverbesserungen umgesetzt werden wie in Frankreich oder in den USA. Die Begründung hierfür liefert der vergleichsweise stärkere Lohnanstieg in Deutschland.

Als Ergebnis der gesamtwirtschaftlichen Betrachtung ist festzuhalten, daß internationale Lohndifferenzen isoliert betrachtet nicht ausreichen sollten, Motive für internationale Produktionsverlagerungen zu begründen. Der Produktionsmanager sollte die Arbeitskosten auch immer im Kontext der *realisierbaren* Arbeitsproduktivitäten beurteilen, die vor dem Hintergrund der unternehmensindividuellen Prozeßbedingungen an alternativen Standorten *erreichbar* erscheinen.[48] Hierbei können die gesamtwirtschaftlichen Produktivitätskennziffern nur Orientierungscharakter haben, denn die

---

47 Der so beschriebene Arbeitskostenindikator „reale Lohnstückkosten" definiert sich durch den Quotienten aus „Nominaleinkommen je abhängig Beschäftigten (in Landeswährung) deflationiert mit dem Preisindex des Bruttosozialproduktes" dividiert durch die „reale Bruttowertschöpfung je Erwerbstätigen (Arbeitsproduktivität)", *Köddermann, R.*, Löhne und Steuern, 1996, S. 7.
Alternativ könnte man für den hier vorgesehenen internationalen Vergleich auch die *nominalen* Lohnstückkosten in einheitlicher Währung heranziehen. Hiervon wird jedoch abgesehen, da diese Kennzahl neben Lohn- und Produktivitätseffekten auch Wechselkusänderungen erfaßt und deshalb hier ungeeignet erscheint. Vgl. *Köddermann, R.*, Löhne und Steuern, 1996, S. 7.

48 Vgl. *Wilhelm, M.*, Motive deutscher und ausländischer Direktinvestitionen, 1996, S. 18.

Art der Produktionsprozesse bestimmt letztlich, welche Produktivitäten möglich sind und welche Bedeutung demnach den (absoluten) Arbeitskosten zum Beispiel im Rahmen von internationalen Standortentscheidungen beizumessen ist.

Ein Beispiel liefert die bereits oben angeführte Bekleidungsindustrie, die prozeßbedingt nicht das in Deutschland sonst mögliche Produktivitätsniveau erreichen kann, da der Rationalisierung der arbeitsintensiven Produktionen natürliche Grenzen gesetzt sind. Der internationale Kostenwettbewerb in dieser Branche wird somit über die Arbeitskosten geführt, was den weiter oben beschriebenen Stellenwert der Lohn- und Arbeitskosten als Motive für internationale Produktionsverlagerungen in sogenannte Niedriglohnländer erklärt.[49]

Arbeitszeit und Arbeitskosten

Im Zusammenhang mit den Arbeitskosten als Motiv für internationale Produktionsaktivitäten werden auch häufig internationale ***Arbeitszeitdifferenzen*** als Motivbegründung angeführt. Die in zahlreichen Industrieländern beobachtbaren Arbeitszeitverkürzungen führen genau dann zu einer Erhöhung der Arbeitskosten, wenn sie bei teilweisem oder sogar vollem Lohnausgleich realisiert werden. Im Hinblick auf die resultierenden Lohnstückkosten gilt aber auch hier: Kürzere Arbeitszeiten können durch eine entsprechend höhere Arbeitsproduktivität kompensiert werden.[50] Analog zur oben gewonnenen Erkenntnis hängen die ***realisierbaren*** Produktivitäten letztlich aber von den spezifischen Prozeßbedingungen der einzelnen Unternehmung ab, so daß auch die Bedeutung internationaler Arbeitszeitdifferenzen als Motivbegründung für internationale Produktionsentscheidungen nicht pauschal beurteilt werden kann.

Ein Beispiel für die besondere Berücksichtigung der Arbeitszeit im Rahmen des internationalen Produktionsmanagements liefert die Unternehmung Vorwerk, in der diese Kennzahl für internationale Betriebsvergleiche explizit ermittelt wird. Abbildung 4-4 zeigt die tariflichen Arbeitszeiten von Vorwerk im internationalen Vergleich für das Jahr 1995. Zusätzlich wird deutlich, daß bei der Beurteilung der tariflichen Arbeitszeiten weitere Faktoren wie etwa die Anzahl der Krankheitstage[51] zu berücksichtigen sind, denn auch diese können international differieren. So implizieren die diesbezüglichen Kennzahlen von Vorwerk (Abbildung 4-4, eingerahmte Säulen) für Deutschland (D) 17, für Italien (I) 15 und für Frankreich (F) 18 Krankheitstage pro Jahr.

---

49 Vgl. *Pausenberger, E.*, Die internationale Unternehmung, 1982, S. 115; *Wilhelm, M.*, Internationalisierungsstrategien, 1996, S.32.

50 Vgl. *Köddermann, R.*, Löhne und Steuern, 1996, S. 6.

51 Krankheitstage, für die Lohnfortzahlungen geleistet wurden.

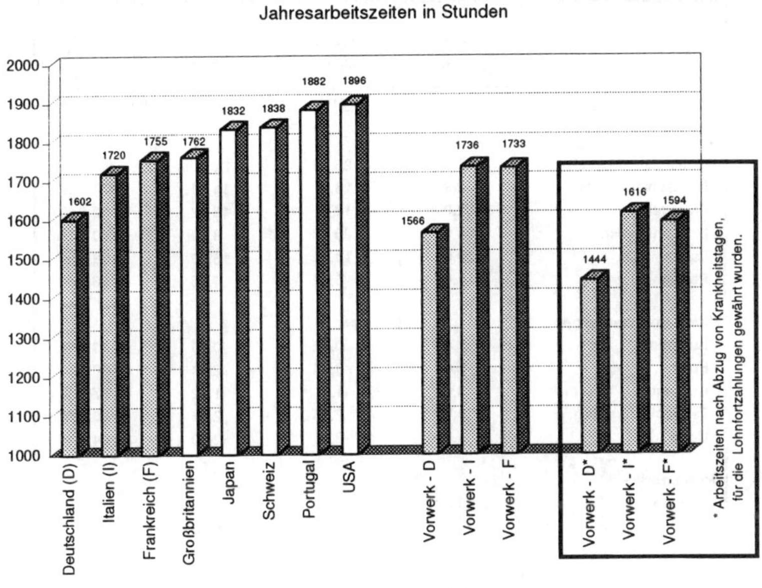

Abbildung 4-4: Vergleich tariflicher Arbeitszeiten im Verarbeitenden Gewerbe für 1995 [52]

Bestandteile der Arbeitskosten

Nachdem bisher die Arbeitskosten als Ganzes in Relation zu Arbeitsleistung und -zeit diskutiert worden sind, sollen abschließend die (absoluten) Arbeitskosten differenzierter dargestellt werden. Denn neben den genannten Bezugsgrößen sind es letztlich die *Bestandteile* der Arbeitskosten, die ursprünglich deren absolute Höhe bestimmen. Tabelle 4-5 zeigt die Unterscheidung zwischen Lohn- und Lohnnebenkosten, die als Komponenten der Arbeitskosten entsprechenden Anteil an den internationalen Arbeitskostendifferenzen und somit an der Bedeutung des Arbeitskostenmotives haben. Die mitunter beträchtlichen Differenzen sollten vor dem Hintergrund der bisherigen Überlegungen jedoch nicht zu vorschnellen internationalen Produktionsentscheidungen verleiten, da die jeweils erzielbaren Produktivitäten ebenso zu berücksichtigen sind wie die zu erwartenden Arbeitsqualitäten.

---

[52] Quellen: Institut der deutschen Wirtschaft Köln (Hrsg.), Internationale Wirtschaftszahlen, 1996, Tabelle 66; Vorwerk & Co., Wuppertal; eigene Berechnungen.

Land	Arbeitskosten je Stunde	davon: Direktentgelte	davon: Personalzusatzkosten	Personalzusatzkostenquote
	in DM[3]	in DM[3]	in DM[3]	in % des Direktentg.
Westeuropa				
Deutschland (west)[1]	47,92	26,36	21,56	81,8 %
Deutschland (ost)[1]	32,97	18,57	14,39	77,5 %
Frankreich[1]	32,03	16,61	15,42	92,8 %
Großbritannien[1]	28,62	20,43	8,19	40,1 %
Italien[1]	29,96	14,76	15,20	103,0 %
Portugal[1]	11,06	6,22	4,85	78,0 %
Mittel- und Osteuropa				
Bulgarien[1]	1,42	0,82	0,60	73,2 %
Polen[1]	5,48	3,04	2,44	80,3 %
Rußland[1]	3,03	1,71	1,32	77,2 %
Tschechische Rep.[1]	4,80	2,76	2,04	73,9 %
Ungarn[1]	4,81	2,61	2,20	84,3 %
Nordamerika				
Kanada[1]	29,20	21,10	8,10	38,4 %
USA[1]	31,83	22,85	8,98	39,3 %
Asien				
China[2]	0,66	keine Angaben		-
Indonesien[2]	1,09	0,87	0,21	24,5 %
Japan[1]	34,97	20,43	14,55	71,2 %
Rep. Korea[2]	8,50	5,94	2,56	43,1 %
Thailand[2]	2,66	2,19	0,46	21,1 %

Anmerkungen: [1] 1997 [2] 1993

[3] Umrechnung mit dem jeweiligen Jahresdurchschnitt der amtlichen Devisenkurse

Tabelle 4-5: Komponenten der Arbeitskosten im Verarbeitenden Gewerbe [53]

Weitere Arten des Kostenmotivs

Neben den ausführlich diskutierten Arbeitskosten können auch weitere Kostenarten Motive für internationale Produktionsaktivitäten begründen. So verursacht die internationale Marktversorgung durch Export möglicherweise hohe *Transportkosten*, die durch eine Produktion in Absatznähe vermieden werden können. Analog dazu kann

[53] Quellen: Institut der deutschen Wirtschaft Köln (Hrsg.) Online-Informationsdienst, 1999, Internet: http://www.iwkoeln.de/IWD/I-Archiv/iwd04-99/g04-99-3.htm; Institut der deutschen Wirtschaft Köln (Hrsg.), Internationale Wirtschaftszahlen, 1999, Tabelle 1.1; Institut der deutschen Wirtschaft Köln (Hrsg.), Internationale Wirtschaftszahlen, 1996, Tabelle 108; Institut der deutschen Wirtschaft Köln (Hrsg.), Zahlen zur wirtschaftlichen Entwicklung, 1999, Tabelle 152; Institut der deutschen Wirtschaft Köln (Hrsg.), Zahlen zur wirtschaftlichen Entwicklung, 1998, Tabelle 47; eigene Berechnungen.

auch die Produktion in der Nähe von Beschaffungsquellen wie etwa Rohstoffvorkommen oder Lieferanten durch vermiedene Transportkosten motiviert sein. Die Nutzung von Transportkostenvorteilen als Grund für internationale Produktionsaktivitäten stellt rein begrifflich ein Kostenmotiv dar. Es ist allerdings zu berücksichtigen, daß dieses Kostenmotiv in der Regel mit anderen Motiven wie den Absatz- oder den noch zu behandelden Beschaffungsmotiven korrespondiert und dementsprechend auch diesen Motivgruppen zugeordnet werden kann.

Insgesamt können die Kostenmotive für das Betreiben internationaler Produktionsstätten vielfältig sein. Sie lassen sich in der Regel nicht auf eine einzelne Kostenkomponente reduzieren, sondern sie werden in der Praxis vielmehr durch ein Konglumerat verschiedener Kostenarten getragen. Dabei sind im Fall internationaler Produktionsverlagerungen zum Beispiel auch mögliche Stillegungskosten zu berücksichtigen, die etwa für Kapazitätsreduzierungen oder gar Betriebsschließungen an den bisherigen Standorten anfallen können.

4.2.3.3 Nutzung von Steuervorteilen

Internationale Differenzen in der Substanz- und/oder in der Ertragbesteuerung[54] können Unternehmungen dazu bewegen, ihre Produktionsaktivitäten so zu konfigurieren, daß die internationalen Steuervorteile möglichst optimal genutzt werden. Denn letztlich ist nicht der Gewinn vor, sondern der <u>nach</u> Abzug der Steuer die entscheidende Größe, die unter erfolgswirtschaftlichen Gesichtspunkten von Interesse ist.[55]

Die Motivationswirkung internationaler Steuerdifferenzen kann allerdings nicht durch die bloße Gegenüberstellung von Steuersätzen im internationalen Vergleich beurteilt werden, da die fiskalische Belastung in der Praxis von einer Vielzahl verschiedener Einflußfaktoren abhängt.[56] Ähnlich wie bei der Betrachtung der Arbeitskosten ist auch hier eine differenziertere Analyse erforderlich:

Im Hinblick auf gewinnunabhängige *Substanzsteuern* kann die Motivationswirkung internationaler Steuerdifferenzen zum Beispiel von dem erzielbaren Bruttogewinn <u>vor</u> Substanzsteuerabzug abhängig gemacht werden. Fällt dieser Bruttogewinn relativ

---

54 *Ertragsteuern* sind solche Steuern, deren Bemessung an eine Gewinngröße (Reinertrag) geknüpft ist (z.B. Einkommensteuer, Körperschaftsteuer). *Substanzsteuern* fallen dagegen gewinnunabhängig an, da ihre Bemessung an Roh- oder Reinvermögensgrößen anknüpft (z.B. Vermögensteuer, Grundsteuer). Vgl. z.B. *Tipke, K.; Lang, J.*, Steuerrecht, 1996, S. 197-198.

55 Vgl. *Esser, K.*, Standortfaktor Unternehmensbesteuerung, 1990, S. 158-160.

56 Vgl. *Fischer, L.*, Standortwahl und Steuern, 1993, Sp. 3984.

niedrig aus, schöpft die Substanzsteuer einen vergleichsweise größeren prozentualen Gewinnanteil ab, als dies bei höherem Bruttogewinn der Fall wäre. Es stellt sich bezogen auf die relative Gewinnbelastung sozusagen ein Degressionseffekt ein, der mit steigenden Bruttogewinnen die Steuerbelastung zunehmend relativiert.[57] Die Substanzsteuer belastet folglich gerade gewinnschwache Unternehmungen, die auf internationale Substanzsteuer-Differenzen sensibler reagieren dürften als gewinnstarke Unternehmungen. Dementsprechend werden von internationalen Substanzsteuerdifferenzen in unterschiedlichem Maße Motivationswirkungen ausgehen.

Die soeben skizzierte Problematik ergibt sich bei gewinnabhängigen *Ertragsteuerarten* dagegen nicht. Dennoch sind auch hier genauere Betrachtungen erforderlich, die über den bloßen Vergleich internationaler Ertragsteuersätze (siehe Tabelle 4-6) hinausgehen. Denn neben den Steuersätzen hängt die Höhe der zu zahlenden Steuer auch von den *Bemessungsgrundlagen*[58] ab, auf die die Steuersätze zur Ermittlung der Steuerschuld angewendet werden. Die in Tabelle 4-6 erkennbaren Differenzen der Steuersätze sollten also nicht die einzige Motivkomponente für internationale Standortentscheidungen unter steuerlichen Gesichtspunkten sein. Vielmehr ist bei internationalen Ertragsteuervergleichen auch die Komponente der jeweiligen Bemessungsgrundlage mit zu berücksichtigen.[59] Gleiches gilt natürlich auch für internationale Substanzsteuervergleiche.

	Höchstsätze der Körperschaftsteuer auf nicht ausgeschüttete Gewinne in % ...						
... für	**Deutschland**	**Finnland**	**Frankreich**	**Großbritannien**	**Italien**	**Japan**	**USA**
1995	45,0 (48,4)1)	25,0	33,3	33,0	52,2	44,0	45,3
1998	45,0 (47,5)2)	28,0	41,7	31,0	41,3	40,5	46,5

Anmerkung: 1) Einschließlich Solidaritätszuschlag von 7,5 % der Steuerschuld
2) Einschließlich Solidaritätszuschlag von 5,5 % der Steuerschuld

Tabelle 4-6: Körperschaftsteuersätze im internationalen Vergleich[60]

57 Vgl. *Esser, K.*, Standortfaktor Unternehmensbesteuerung, 1990, S. 160-162.

58 Die „*(Steuer)bemessungsgrundlage* ist die Wert- oder Mengengröße, die das Steuerobjekt quantifiziert.", *Haberstock, L.; Breithecker, V.*, Betriebswirtschaftliche Steuerlehre, 1996, S. 21; siehe auch *Tipke, K.; Lang, J.*, Steuerrecht, 1996, S. 179.

59 Vgl. *Fischer, L.*, Standortwahl und Steuern, 1993, Sp. 3984.

60 Quelle: Institut der deutschen Wirtschaft Köln (Hrsg.), Zahlen zur wirtschaftlichen Entwicklung, 1999, Tabelle 151; Institut der deutschen Wirtschaft Köln (Hrsg.), Zahlen zur wirtschaftlichen

Fortsetzung der Fußnote auf der nächsten Seite

So ist der Vergleich der in Tabelle 4-6 dargestellten Körperschaftsteuersätze zunächst eingeschränkt aussagefähig, da auch die Bemessungsgrundlagen, an die sie geknüpft sind, differieren. Eine Komponente bei der Ermittlung dieser Bemessungsgrundlagen stellen die Abschreibungen dar, deren Höhe den Gewinn und somit den danach berechneten Steuerbetrag beeinflussen. Werden beispielsweise in einem Land verkürzte Abschreibungszeiträume und somit entsprechend höhere Abschreibungsbeträge gewährt, entsteht durch die zeitliche Gewinn- und Steuerverlagerung auf spätere Perioden ein Zinsvorteil, der einen höheren Steuersatz ausgleichen kann.[61] Die Umkehrung dieses Zusammenhangs zeigte sich bei den US-amerikanischen Steuersatzsenkungen Ende der 1980er Jahre, die durch eine gleichzeitige Verlängerung der steuerlichen Abschreibungszeiträume und durch die Abschaffung des sogenannten „Investment Tax Credit", einer 10%igen Investitionszulage, kompensiert wurden.[62] Allein die Steuersatzsenkung sollte hier also nicht zur dortigen Produktion motiviert haben, da der suggerierte Steuervorteil bei genauer Betrachtung zu relativieren ist.

Wie die folgende Tabelle 4-7 zeigt, sind ergänzend zu den Steuersätzen auch die Abschreibungsmodalitäten vergleichbar, indem die Barwerte der steuerlichen Abschreibungen gegenübergestellt werden.

Entwicklung, 1996, Tabelle 146.
Siehe ferner auch: Institut der deutschen Wirtschaft Köln (Hrsg.), Internationale Wirtschaftszahlen, 1999, Tabellen 1.8, 1.9 und 1.10.

61 Vgl. *Köddermann, R.*, Löhne und Steuern, 1996, S. 10.

62 Vgl. ebenda.

Land	Ausrüstung		Bauten	
	Typische Abschreibungsmodalitäten [b)]	Barwert [a)]	Typische Abschreibungsmodalitäten	Barwert [a)]
Deutschland	30 % degressiv danach 10 % linear	**82,2**	4 % linear	**47,7**
Frankreich	35,7 % degressiv danach 5,5 % linear	**83,8**	5 % linear	**54,3**
UK	25 % degressiv	**74,9**	4 % linear	**41,9**
USA	28,6 % degressiv danach 9,1 % linear	**78,9**	3,3 % linear	**43,5**
Japan	30 % degressiv danach 10 % linear	**86,6**	6,6 % degressiv danach 2,2 % linear	**57,8**

Anmerkungen: a) Der maximal denkbare Barwert der steuerlichen Abschreibung beträgt 100 %.. Als Diskontfaktor wurde der jeweilige Nominalzins angenommen.

b) Zunächst wird degressiv auf den Anschaffungspreis abgeschrieben, danach linear auf den steuerlichen Restwert zum Zeitpunkt des Wechsels von der degressiven zur linearen Abschreibung. Der Übergang findet in der Regel dann statt, wenn die Abschreibungsbeträge nach beiden Methoden gleich sind. Nur die USA sind eine Ausnahme; dort wird grundsätzlich nach drei Jahren gewechselt. Im Vereinigten Königreich ist ein Wechsel nicht möglich.

Tabelle 4-7: Steuerliche Abschreibungen im internationalen Vergleich für 1995 [63]

Aus Tabelle 4-7 wird zusätzlich deutlich, daß die Abschreibungsmodalität auch von der Art des abzuschreibenden Wirtschaftsgutes abhängt. Da auch hier internationale Differenzen ersichtlich sind, erfahren die nominalen Steuersätze eine weitere Relativierung, die auch die Berücksichtigung der gewählten *Investitionsstruktur* erfordert. Ebenso verhält es sich im Hinblick auf die gewählten *Finanzierungsformen*, die im internationalen Vergleich zu unterschiedlich hohen Ertragsteuerbelastungen führen (siehe Tabelle 4-8).

Festzuhalten ist, daß die steuerliche Belastung neben den Steuersätzen von weiteren Faktoren wie der *Bemessungsgrundlage*, den *Abschreibungsmodalitäten*, der *Investitionsstruktur* oder der *Kapitalstruktur* abhängt. Motivieren internationale Steuerdifferenzen zu internationalen Produktionsverlagerungen, so sollten die besagten Kriterien Berücksichtigung finden. Hilfreich erscheinen hier Kennzahlen, die die effektive

63 Quelle: *Köddermann, R.,* Löhne und Steuern, 1996, S. 11.

Besteuerung in Abhängigkeit von den verschiedenen Kriterien transparent machen. Tabelle 4-8 zeigt beispielhaft derartige Kennzahlen. Sie weisen diejenigen Vorsteuerrenditen aus, die unter verschiedenen Bedingungen in den Beispielländern notwendig sind, um mit einer Investition eine zuvor als Opportunitätsrendite festgelegte Nachsteuerrentabilität von 5% zu erzielen.[64] Je höher eine Vorsteuerrendite ausfällt, desto größer ist die effektive steuerliche Belastung.

Land	Kapitalstruktur ist ... a)		Finanzierung durch ... a)			Investition in ... b)	
	landes-spezifisch c)	gem. OECD-Durchschnitt b)	einbeh. Gewinne	neue Aktien	Kredite	Bauten	Aus-rüstungen
Deutschland	**4,8**	**5,7**	8,7	2,7	1,8	6,5	5,3
Frankreich	**4,0**	**5,0**	6,9	2,8	2,8	5,5	4,8
UK	**5,8**	**5,2**	6,9	3,2	3,2	5,4	5,0
USA	**5,3**	**5,6**	7,1	7,1	2,9	6,1	5,3
Japan	**5,7**	**5,7**	7,0	7,0	3,4	6,4	5,3

Annahmen: Inflationsrate des jeweiligen Landes; nur verarbeitendes Gewerbe.

Anmerkungen: a) Investitionsstruktur: 36 % Bauten, 64 % Ausrüstung.

Kapitalstrukturen:

b) OECD-Durchschnitt: 55 % einbehaltene Gewinne, 10 % neue Aktien, 35 % Kredite (Nach Angaben der OECD).

c) Deutschland: 42 % einbehaltene Gewinne, 8 % neue Aktien, 50 % Kredite.

Frankreich: 30 % einbehaltene Gewinne, 11 % neue Aktien, 59 % Kredite.

Vereinigtes Königreich(UK): 73 % einbehaltene Gewinne, 10 % neue Aktien, 17 % Kredite.

USA: 59 % einbehaltene Gewinne und neue Aktien, 41 % Kredite.

Japan: Mangels Daten wurde OECD-Durchschnitt angenommen: ⇒ b)

Tabelle 4-8: Erforderliche reale Vorsteuerrendite für eine reale Nachsteuerrendite von 5% im Verarbeitenden Gewerbe 1995[65]

---

[64] Vgl. *Köddermann, R.*, Löhne und Steuern, 1996, S. 11.
Die beschriebene Kennzahl geht auf die Konzeption von *King* und *Fullerton* zurück. Sie ist dokumentiert bei: *King, M. A.; Fullerton, D.*, The Taxation of Income from Capital, 1994; *Jorgenson, D. W.; Landau R.*, Tax Reform and the Cost of Capital, 1993; sowie OECD (Hrsg.), Taxing Profits in a Global Economy, 1991; (Quellen zitiert nach *Köddermann, R.*, Löhne und Steuern, 1996, S. 11).

[65] Quelle: Berechnungen des ifo Instituts, veröffentlicht bei *Köddermann, R.*, Löhne und Steuern, 1996, S. 12.

Einen weiteren Komplexitätszuwachs erfahren die internationalen Steuervergleiche, wenn zusätzlich die *Interdependenzen und Interaktionen der nationalen Steuersysteme* berücksichtigt werden.[66] Hieraus ergibt sich zum Beispiel, in welchen Ländern Gewinne letztlich zu versteuern sind und wo Zinsen sowie andere Kosten gewinnmindernd geltend gemacht werden können. Gelingt es beispielsweise bei firmeninternen internationalen Leistungsverflechtungen, durch Verrechnungspreispraktiken (*transfer pricing*) Erträge in Niedrigsteuerländer und Kosten in Hochsteuerländer zu verlagern, kann die internationale Steuerlast der Unternehmung reduziert werden.[67] Da derartige Möglichkeiten zur internationalen Steuergestaltung ja gerade durch die Standorte der Produktionsstätten bestimmt werden, sollten die internationalen Steuerinterdependenzen besonders bei steuerlich motivierten Standortentscheidungen unbedingt berücksichtigt werden.

Neben den behandelten Differenzen zwischen Steuerarten, Steuersätzen/-tarifen und Bemessungsgrundlagen spielen außerdem die *Steuerklimate* eine nicht unwesentliche Rolle für international unterschiedliche Steuerbelastungen. Mit der Bezeichnung „Steuerklima" ist hier das Maß gemeint, um das die Steuernormen und die Steuerwirklichkeit in einem Land auseinanderfallen, weil zum Beispiel die steuerliche Betriebsprüfungspraxis die Anwendung der Steuergesetze mehr oder eben weniger streng handhabt.[68] Werden zwischenstaatliche Steuerdifferenzen als Motivbegründung für die internationale Produktion herangezogen, gilt es folglich, ergänzend zu den Steuernormen auch deren Umsetzung und Durchsetzung in der steuerlichen Praxis, also das Steuerklima, zu berücksichtigen.

4.2.4 Beschaffungsmotive

Unter Beschaffungsmotiven sind solche Motive zu verstehen, die Unternehmungen zur Ansiedlung von Produktionsstätten in der geographischen Nähe von internationalen Beschaffungsquellen veranlassen. Aus unterschiedlichen Gründen steht hier die Nutzung von Produktionsfaktoren in örtlicher Nähe ihres Vorkommens oder ihrer Entstehung im Vordergrund; es wird sozusagen an der „Quelle" produziert.

---

66 Vgl. *Fischer, L.*, Standortwahl und Steuern, 1993, Sp. 3985-3986; *Köddermann, R.*, Löhne und Steuern, 1996, S. 12-14.

67 Vgl. *Gilroy, B.M.*, Firmeninterner Handel, 1992, S.470; *Pausenberger, E.; Glaum, M.*, Kommunikationsprobleme, 1994, S. 97-98.

68 Vgl. *Fischer, L.*, Standortwahl und Steuern, 1993, Sp. 3985.

Sicherung der Rohstoffversorgung

In Anbetracht zunehmender Ressourcenknappheit kann es zum Beispiel sinnvoll sein, rohstoffreiche Länder als Produktionsstandorte zu wählen, um so die *Rohstoffversorgung* der betroffenen Produktionsstätten oder auch des gesamten internationalen Produktionssystems zu gewährleisten.[69] Gerade für rohstoffördernde und -verarbeitende Unternehmungen können rohstoffnahe Betriebsteile für die Sicherung der langfristigen Versorgung zwingend notwendig sein. Folgendes Beispiel aus der Managementpraxis verdeutlicht dieses:[70]

Für den weltweit explorierenden[71] und produzierenden[72] Mineralölkonzern Veba Oel AG ist das Betreiben internationaler Produktionsanlagen eine existentielle Voraussetzung für die Rohstoffversorgung der europäischen Verarbeitungsanlagen. Neben der gegenwärtigen Versorgungssicherung macht gerade auch die Sicherung der unternehmerischen Erdöl- und Erdgasreserven eine betriebliche Präsens in Rohstoffnähe unumgänglich. Denn der Zugang zu Erdölvorkommen kann nur über langfristige Verträge und Förderlizenzen gesichert werden, die notwendig mit dem Betrieb eigener Produktionsanlagen vor Ort verbunden sind. Würde man keine internationalen Produktionsanlagen betreiben oder sich nicht zumindest daran beteiligen, wäre man ausschließlich auf eine Rohstoffversorgung über die internationalen Rohölmärkte angewiesen. Damit wäre man den Preis- und Mengenschwankungen dieser sensiblen Märkte vergleichsweise machtlos ausgeliefert.

Gleichzeitig bilden die internationalen Produktionsanlagen auch eine Ausgangsbasis für die Exploration neuer Erdölfelder in geographisch angrenzenden Regionen. Hierbei kann – in Analogie zu den in Abschnitt 4.2.2 angestellten absatzseitigen Überlegungen – von einer beschaffungsseitigen „Brückenkopffunktion" zur Erschließung *neuer* Beschaffungsquellen gesprochen werden.

Nutzung standortgebundener Potentialfaktoren

Eine weiteres Motiv für die beschaffungsorientierte Produktion ist die dauerhafte *Versorgungssicherung mit standortgebundenen, immobilen Potentialfaktoren*[73].[74] Diese

---

69 Vgl. *Grosse, R.; Kujawa D.*, International Business, 1988, S. 91; *Karenberg, L.; Meissner, H.G.;* et al., Auslandsaktivitäten, 1983, S. 16-17.

70 Das folgende Beispiel stützt sich auf das mit den Herren *Rodefeld* und *Marzinek* geführte Expertengespräch.

71 Unter „Exploration" wird in der Mineralölindustrie die Suche nach neuen Erdöl- oder Erdgasvorkommen sowie deren Erschließung verstanden.

72 Unter „Produktion" wird in der Branche die Förderung von Erdöl oder Erdgas verstanden.

73 „Potentialfaktoren" (Nutzungsfaktoren) sind dadurch gekennzeichnet, daß sie *mehrfach* ihre produktive Wirkung entfalten. Sie werden im Produktionsprozeß stets nur *genutzt* und

Fortsetzung der Fußnote auf der nächsten Seite

sind orts-, gebiets- oder landesgebunden und beeinflussen dadurch mitunter die Wahl internationaler Produktionsstandorte. Ein Beispiel hierfür ist der Mensch, dessen *tatsächliche* Mobilität durch soziale Bindungen, kulturelle Schranken oder die Sprache meist auf eine Region, ein Land oder einen Sprachraum beschränkt ist.[75] Für Unternehmungen, die spezielle Arbeitskräfte mit besonderen Fähigkeiten benötigen, kann sich deshalb die Notwendigkeit ergeben, Produktionsstätten in den Ländern oder Regionen anzusiedeln, in denen die benötigten Arbeitskräfte anzutreffen sind. Auch hierzu liefert der empirische Analyseteil anschauliche Beispiele:[76]

So zeichnen sich beispielsweise die Frauen in China durch besondere, kulturell verwurzelte Fertigkeiten im Umgang mit Seide aus, die sie über Jahrhunderte jeweils von ihren Müttern als Traditionen vermittelt bekamen. Die Nutzung dieser individuellen Fertigkeiten ist für den Bekleidungshersteller Schneberger ein wesentliches Motiv, den Großteil der Konfektionselemente aus Seide in China zu produzieren. Dieses Motiv kommt gerade deshalb zum Tragen, da die benötigten Näherinnen nur in China verfügbar sind und dort geographisch gebunden sind, so daß ihre Arbeitskraft nur vor Ort in Anspruch genommen werden kann. Auf Nachfrage des Verfassers wurden auch Kostenmotive für die Produktion in China eingeräumt. Ihnen wurde aber im Vergleich zu dem Motiv „Verfügbarkeit der benötigten Arbeitskräfte" zweitrangige Bedeutung beigemessen.

Ein zweites Beispiel[77] liefert die weltweit produzierende Unternehmensgruppe Turck Sensortechnik, die spezielle Näherungsschalter in der Schweiz herstellt: Als Ergebnis einer konsequenten Produktminiaturisierung hat man einen Näherungsschalter entwickeln können, dessen Technik in einem Gehäuse von der Größe eines Kugelschreibers Platz findet. Die Fertigung dieses Näherungsschalters erfordert Arbeitskräfte, die sich durch ein besonderes Maß an Geschicklichkeit und Fingerfertigkeit auszeichnen. Derartig befähigte Arbeitskräfte waren und sind in der durch die Uhrenindustrie geprägten Schweiz anzutreffen, so daß man für die Produktion der besagten Schalter die Schweiz als Standort wählte. Auch hier haben die spezifischen Anforderungen an die Arbeitskräfte in Verbindung mit deren eingeschränkter Mobilität zur internationalen Produktion motiviert.

„verschleißen" nur langfristig. Zu den Potentialfaktoren zählen menschliche Arbeitsleistungen und Betriebsmittel. Im Gegensatz dazu fließen die sogenannten „Repetierfaktoren" (Verbrauchsfaktoren) *einmalig* in den Produktionsprozeß ein. Sie werden dabei verbraucht bzw. in Güter anderer Art transformiert. Vgl. *Kern, W.*, Industrielle Produktionswirtschaft, 1992, S. 15-17; *Corsten, H.*, Produktionswirtschaft, 1998, S. 8-11.

74 Vgl. *Flaherty, Th.*, Globale Fertigungsprozesse, 1989, S. 102.

75 Vgl. *Berg, H.*, Die Europäische Gemeinschaft im Konflikt, 1995, S. 79.

76 Das erste der folgenden Beispiele stützt sich auf das mit Herrn *Gladis* geführte Expertengespräch.

77 Das Beispiel stützt sich auf das mit Herrn *Turck* geführte Expertengespräch.

Sonstige Beschaffungsmotive

Neben den beschriebenen Motiven „Sicherung der Rohstoffversorgung“ und „Nutzung standortgebundener Potentialfaktoren“ können technische, natürliche oder ökonomische Gesichtspunkte die „Produktion an der Quelle“ begründen. Als Beispiele seien hier die eingeschränkte Transportfähigkeit von Einsatzfaktoren oder etwa deren schnelle Verderblichkeit genannt, die letztlich auch ein gewisses Maß an Ortsgebundenheit manifestieren.

Diese Ortsgebundenheit ist allerdings nicht als notwendige Voraussetzung für beschaffungsorientierte Motive anzusehen. Auch für vergleichsweise orts*un*gebundene Beschaffungsobjekte kommt die Versorgungsabsicherung als Motivation für internationale Produktionsaktivitäten „an der Quelle“ in Frage. So kann zum Beispiel die Realisierung spezifischer Beschaffungskonzepte (z.B. Just-in-Time-Beschaffung) die räumliche Nähe eigener Fertigungen zu denen von Lieferanten nahelegen, um auf diese Weise die zwischenbetriebliche Koppelung von Informations- und Güterflüssen zu erleichtern. Auch damit wird durch die Wahl eines Produktionsstandortes ein wichtiger Beitrag zur *Absicherung internationaler Bezugsquellen* geleistet.[78]

4.2.5 Sonstige Motive

Diese vergleichsweise offene Motivgruppe soll all jene Motive für internationale Produktionsaktivitäten erfassen, die aufgrund ihrer eigenständigen Charakteristik keine sinnvolle Zuordnung zu den zuvor behandelten Motivgruppen erlauben.

Aufteilung des Länderrisikos

Eine derartige Eigenständigkeit weisen zum Beispiel *Risikoüberlegungen* auf, die internationale Standortentscheidungen nicht unerheblich beeinflussen können.[79] Ein Beispiel hierfür liefert der bereits zuvor zitierte Bekleidungshersteller Schneberger, der u.a. je zwei Produktionsstätten in Marokko und in Tunesien betreibt.[80] Der Grund für diese *Standortspaltung*[81] in Nordafrika - und somit der Verzicht auf mögliche Skalenvorteile durch Zusammenfassung der Produktionen an einem der beiden Stand-

78 Vgl. *Menze, Th.*, Strategisches Internationales Beschaffungsmarketing, 1993, S. 41-42.

79 Vgl. *Flaherty, Th.*, Globale Fertigungsprozesse, 1989, S. 103.

80 Das angeführte Beispiele stützt sich auf das mit Herrn Gladis geführte Expertengespräch.

81 Vgl. *Behrens, K.Ch.*, Standortbestimmungslehre, 1971, S. 94.

orte – liegt in den erhöhten Länderrisiken[82] beider Standorte begründet. Man möchte durch die Verteilung der Produktion auf zwei Länder mit ähnlichen Standortbedingungen vermeiden, von der politischen Entwicklung *eines* Landes in Nordafrika abhängig zu sein. Wäre man beispielsweise durch negative politische Entwicklungen in einem der Länder gezwungen, die dortige Produktion einzustellen, bliebe immer noch der zweite nordafrikanische Standort. Dieser könnte in relativ kurzer Zeit Teile des ausgefallenen Produktionsvolumens übernehmen und so die Versorgung der Konfektionierungszentrale[83] im westfälischen Münster gewährleisten.

Die Produktion in der nordafrikanischen Region ist hier zwar auf Faktoren wie Kosten- und Steuervorteile sowie das Vorhandensein von Arbeitskräften zurückzuführen. Die nordafrikanische Standortspaltung ist dagegen durch das Motiv getragen, das verbundene Länderrisiko in der beschriebenen Weise aufzuteilen,[84] also eine Art *Risikosplitting* zu realisieren.

Vermeidung von Wechselkursrisiken

Ein weiteres risikoorientiertes Motiv für internationale Produktionsentscheidungen ist in der Vermeidung von *Wechselkusrisiken* zu sehen. Nachhaltige internationale Wechselkursänderungen und unvorhersehbare -schwankungen können neben der Anwendung finanzwirtschaftlicher Instrumente zum Währungsausgleich[85] auch zur internationalen Verlagerung von Produktionsstätten motivieren.[86]

Ein anschauliches Beispiel für diese Problematik liefern die Autoren *Soenen* und *Madura*:[87] Sie beschreiben beispielhaft eine US-Unternehmung, die einerseits Zulieferungen aus Japan bezieht und andererseits Absatzmärkte in Mexiko bedient. Vor dem Hintergrund nachhaltiger Abwertungen des mexikanischen Peso gegenüber dem Dollar und gleichzeitiger Yen-Aufwertung ist für die Unternehmung eine Art „Währungszange" entstanden: Werden die aus Japan bezogenen Beschaffungsobjekte

---

82 Das „Länderrisiko" kann als Ausdruck der wirtschaftlichen, gesellschaftlichen und politischen Entwicklungen eines Landes angesehen werden. Es findet letztlich seinen Niederschlag in der Wirtschafts- und Handelspolitik, den Konvertierungs- und Transferbedingungen sowie in der Wechselkurspolitik. Vgl. *Meissner, H.G.*, Strategisches Internationales Marketing, 1995, S. 96.

83 Hierbei handelt es sich um ein zentrales Lager- und Versandzentrum, in dem die weltweit gefertigten Kleidungsstücke zunächst zusammengeführt werden, um anschließend als Konfektionen an die Abnehmer ausgeliefert werden zu können.

84 Vgl. *Hansmann, K.-W.*, Standortplanung, 1974, S. 135-136.

85 Einen Überblick über finanzwirtschaftliche Instrumente des Währungsmanagements liefert z.B. *Pohle, K.*, Globales Finanzmanagement, 1993, insbesondere S. 157-165.

86 Vgl. *Womack, J. P.; Jones, D. T.; Roos D.*, Die zweite Revolution in der Autoindustrie, 1994, S. 214-215.

87 Vgl. *Soenen, L.A.; Madura, J.*, Foreign Exchange Management, 1991, S. 120-121.

in Yen abgerechnet und gleichzeitig die mexikanischen Umsätze in Landeswährung realisiert, steigen einerseits die Kosten (in Dollar) für die Beschaffungsobjekte, während andererseits der Dollar-Wert der Erlöse sinkt. Neben finanzwirtschaftlichen Instrumenten könnte hier der Entschluß zur Produktion in Mexiko einen Teil des Währungsrisikos neutralisieren, da die bisher in Dollar zu zahlenden Kostenkomponenten dann direkt aus den Peso-Erlösen beglichen werden könnten.

Allgemein formuliert gewinnt das Wechselkursmotiv gerade dann an Bedeutung, wenn die Produktionsaktivität in einem anderen Währungsgebiet lokalisiert ist als etwa die Absatzaktivität und gleichzeitig die Wechselkursentwicklung der betroffenen Währungen durch starke Volatilität oder nachhaltige Aufwertung der am Produktionsstandort gültigen Währung geprägt ist. Denn gerade dann sind internationale Produktionsverlagerungen in das Währungsgebiet des Absatzmarktes von Vorteil, weil so eine währungsbezogene Homogenisierung von Kosten und Umsätzerlösen erreicht werden kann.

Die in Abbildung 4-9 visualisierten Wechselkursentwicklungen stellen deshalb gerade für weltweit absetzende Unternehmungen eine Motivation dar, Produktionsstandorte in den drei großen Währungsräumen Dollar, Yen und Ecu (Euro) zu suchen, da so durch den Abgleich der internationalen Erlös- und Kostenstrukturen die Währungsrisiken zwischen diesen Leitwährungen neutralisiert werden können.[88]

Auch der empirische Analyseteil bestätigt diesen Befund: Vor dem Hintergrund der D-Mark-Aufwertungen bis Mitte der 1990er Jahre (siehe Abbildung 4-9) hat die Neutralisierung von Währungsrisiken an Bedeutung in den Planungsüberlegungen der befragten Unternehmungen gewonnen.[89] Insbesondere im Hinblick auf die USA wurde die hier beschriebene Wechselkursproblematik vergleichsweise häufig als Motiv für die dortigen Produktionsaktivitäten genannt.

---

[88] Vgl. *Rall, W.*, Internationale Organisationsnetze, 1993, S. 77; *Ohmae, K.*, Die neue Logik der Weltwirtschaft, 1991, S. 263.

[89] Zu ähnlichen Ergebnissen kommt auch der DIHT im Rahmen seiner 1995er Herbstumfrage. Vgl. Deutscher Industrie- und Handelstag (Hrsg.), Wirtschaftslage und Erwartungen, 1995, S. 40.

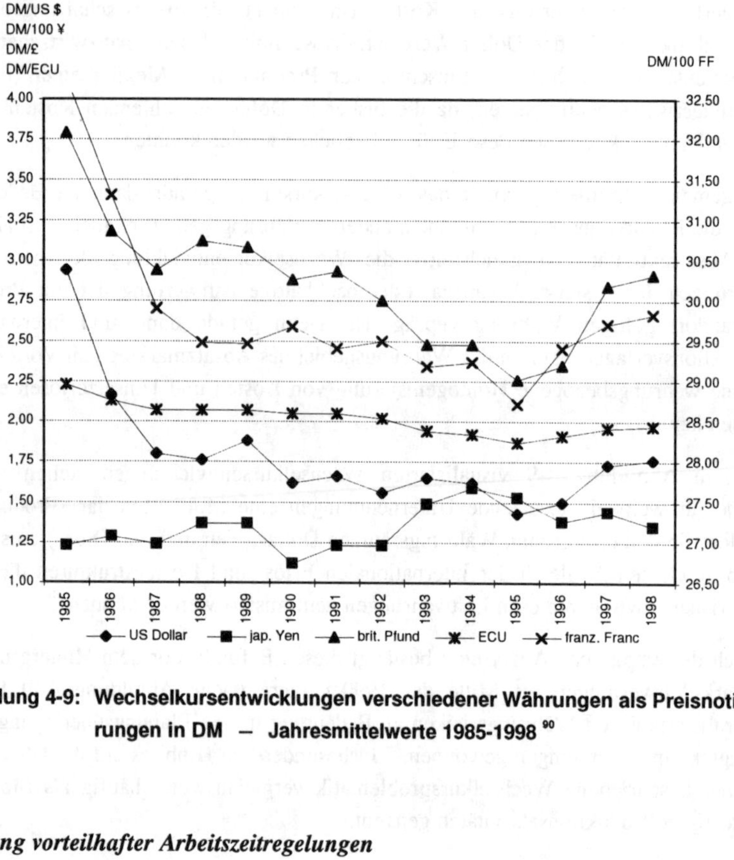

Abbildung 4-9: Wechselkursentwicklungen verschiedener Währungen als Preisnotierungen in DM – Jahresmittelwerte 1985-1998 [90]

Nutzung vorteilhafter Arbeitszeitregelungen

Aus den tarifpolitischen Rahmenbedingungen in verschiedenen Ländern resultieren neben den bereits abgehandelten Lohn- und Arbeitszeitdifferenzen auch differnte Arbeitszeit*regelungen,* die ebenfalls zu internationalen Produktionsaktivitäten motivieren können.

Diese Arbeitszeitregelungen sind für jene Unternehmungen von Bedeutung, deren Produktionsprozesse möglichst ohne Stillstandszeiten ablaufen sollten, weil zum Beispiel im Falle einer Produktionsunterbrechung beträchtliche Kosten durch das

---

90 Ein Wechselkurs in Preisnotierung ist der für eine ausländische Währungseinheit zu zahlende Preis, und zwar ausgedrückt in inländischer Währung (hier D-Mark). Vgl. z.B. *Jarchow, H.-J.; Rühmann, P.,* Monetäre Außenwirtschaft, 1994, S. 44.
Datenquelle der Graphik: Institut der deutschen Wirtschaft Köln (Hrsg.), Zahlen zur wirtschaftlichen Entwicklung, Ausgabe 1999, Tabelle 49 sowie Augabe 1998, Tabelle 47.

Anhalten, den Stillstand oder das Wiederanlaufen der Produktion entstehen.[91] Deshalb ist ein Land, in dem wenig strenge Arbeitszeitreglementierungen anzutreffen sind, gerade für den beschriebenen Prozeßtyp als Produktionsstandort attraktiv. Denn die Möglichkeit durch Mehrschichtarbeit 24 Stunden am Tag und 7 Tage in der Woche produzieren zu können, erlaubt längere Maschinenlaufzeiten als an anderen Standorten.[92] Da so letzlich Kostenvorteile realisiert werden, handelt es sich hier offensichtlich gleichzeitig um ein Kostenmotiv. Weitere Vorteile längerer Maschinenlaufzeiten sind vergleichsweise höhere Produktionskapazitäten bei gegebenem Betriebsmittelbestand beziehungsweise bei vorgegebenen Produktionskapazitäten eine geringere Kapitalbindung im Anlagevermögen durch reduzierten Betriebsmittelbestand. Überdies werden durch vermiedene Stillstandszeiten die Unterbrechungshäufigkeiten gesenkt, was letztlich zu einer Verlängerung der technischen Nutzungsdauer führen kann.[93]

Übergeordnete Strategien der Gesamtunternehmung ober des Geschäftsbereichs als Grund für internationale Produktionsaktivitäten

Die bisher betrachteten Motive haben sich meist aus spezifischen Perspektiven verschiedener Funktions- oder Aufgabenbereiche der internationalen Unternehmung ergeben. Die systemtheoretische Interpretation des ISPM[94] erfordert es an dieser Stelle auch, auf jene Motive hinzuweisen, die aus der übergeordneten Systemebene der Gesamtunternehmung resultieren. Gemeint sind hier insbesondere strategische Grundüberlegungen, die die Gesamtheit der unterschiedlichen Geschäftseinheiten und Funktionsbereiche der Unternehmung betreffen, die sogenannten Unternehmungsgesamtstrategien (Corporate Strategies).[95] Diese übergreifenden Strategien können den Ausschlag für internationale Produktionsaktivitäten geben und die bisher behandelten Motive in den Hintergrund drängen.

Zur Veranschaulichung dieses Zusammenhangs sei nochmals auf ein aus dem empirischen Untersuchungsteil gewonnenes Praxisbeispiel zurückgegriffen:[96] So verfolgt der Vorwerk-Konzern im Hinblick auf die Gesamtunternehmung eine Diversifizie-

---

91 Vgl. *Reichmann, Th.*, Controlling, 1997, S. 312-313.

92 Vgl. *Peters, J.*, Internationalisierung, 1988, S. 72-73.

93 Letztgenannter Vorteil setzt voraus, daß die technische Nutzungsdauer mit jeder Produktionsunterbrechung tendenziell sinkt, weil zum Beispiel beim Wiederanlaufen der Maschine besonders hohe Verschleißerscheinungen auftreten.

94 Siehe Abschnitt 2.4.3.

95 Vgl. *Welge, M. K.; Al-Laham, A.*, Planung, 1992, S. 181-182.

96 Das folgende Beispiel aus der Managementpraxis stützt sich auf das mit Herrn *Freimüller* geführte Expertengespräch.

rungsstrategie der Geschäftsfelder, die dazu geführt hat, daß sich die internationale Geschäftstätigkeit der Unternehmung neben dem Hauptgeschäftsfeld „Raumpflege" (Staubsauger) auf weitere Geschäftsfelder wie „Thermomix" (Küchengeräte), „Dienstleistungen" (z.B. Gebäudereinigung), „Einbauküchen" und „Teppichböden" erstreckt. Ferner begründete 1995 die Produktion von Verpackungsbehältern (Flaschen und Behälter aus PET-Kunststoff) in den USA ein für Vorwerk zukunftsträchtiges Geschäftsfeld in der nordamerikanischen Region. Der Einstieg in dieses Geschäftsfeld erfolgte durch den Ankauf der bereits bestehenden Unternehmung in den USA. Die so entstandene Erweiterung der internationalen Produktionsaktivität ist in erster Linie ein Resultat der Diversifizierungsstrategie der Gesamtunternehmung, wobei der Großteil der zuvor behandelten Motive hier als vergleichsweise unbedeutend einzustufen ist.

Der soeben skizzierte Zusammenhang dürfte vor dem Hintergrund zunehmender Unternehmungszusammenschlüsse, -fusionen und -übernahmen gerade in der Zukunft an Relevanz gewinnen.

Im Hinblick auf die einzelnen Geschäftsbereiche läßt sich außerdem die wettbewerbsstrategische Orientierung als weiterer Gesichtspunkt mit übergeordnetem Charakter herausstellen.[97] Damit ist an dieser Stelle das strategische Verhalten des Geschäftsbereiches bzw. der Gesamtunternehmung unter Berücksichtigung des strategischen Verhaltens der Wettbewerber gemeint. Bezogen auf die Produktionskonfiguration der Konkurrenten ergeben sich zwei grundsätzliche Möglichkeiten: Entweder man bevorzugt Produktionsstandorte, die noch nicht durch Aktivitäten der Konkurrenz besetzt sind, oder man richtet das eigene Standortverhalten an dem der Wettbewerber aus, indem man ihnen an ihre Standorte folgt. Letztgenannter Fall führt zu der sogenannten *follow-the-leader-Strategie*, die Ausdruck oligopolistischer Wettbewerbsverhältnisse sein kann.[98] Was unter dieser strategischen Verhaltensweise zu verstehen ist, wird durch folgendes Zitat treffend erfaßt: „In its pure form, follow-the-leader behaviour causes firms to invest in exactly the same countries as the initiating company."[99]

Auch in derart gelagerten Fällen gehen die Antriebskräfte für die internationale Produktion primär von einer übergeordneten Strategieebene aus. Spezifische produktionsbezogene Motive sind dabei von eher nachrangiger Bedeutung.

---

97 Vgl. *Welge, M. K.; Al-Laham, A.*, Planung, 1992, S. 229-231.

98 Vgl. *Engel, M.*, Auslandsinvestitionen, 1990, S. 345; *Davidson, W. H.*, Global Strategic Management, 1982, S. 85-92; sowie *Knickerbocker, F.T.*, Oligopolistic Reaction, 1973.

99 *Davidson, W. H.*, Global Strategic Management, 1982, S. 86.

4.2.6 Bedeutung der Motive in praxi

Vorüberlegungen

Nachdem die einzelnen Motive für internationale Produktionsaktivitäten eingehend analysiert worden sind, soll nun die Frage nach ihrer Relevanz in praxi beantwortet werden.

Zur Ermittlung dieser Motivrelevanz kann auf verschiedene Publikationen der Motivforschung zurückgegriffen werden. Hierzu ist zunächst festzustellen, daß die Erhebungen häufig die Motive für internationale Direktinvestitionen[100] untersuchen und damit weitreichender sind als der hier gewählte Fokus. Denn Direktinvestitionen müssen nicht zwangsläufig mit dem Aufbau oder der Erweiterung internationaler Produktionsstätten einhergehen, sondern sie können zum Beispiel auch zur Errichtung reiner Service- oder Vertriebsniederlassungen getätigt werden.

Dennoch, so belegen verschiedene Untersuchungen, dient ein Großteil der Direktinvestitionen dem Aufbau internationaler Produktionskapazitäten. So gaben zum Beispiel im Rahmen der traditionellen Herbstbefragungen des Deutschen Industrie- und Handelstages (DIHT) 1996 52 % und 1997 sogar 56 % der befragten Unternehmungen die Produktion als Funktionsschwerpunkt ihrer künftigen Auslandsinvestitionen an.[101] Zu gleichen Ergebnissen kommen zwei Untersuchungen, die das Institut der deutschen Wirtschaft (IW) in den Jahren 1995 und 1996 durchführte: Die 1995 bei den Mitgliedsfirmen des Verbandes der Bayerischen Metall- und Elektroindustrie e.V. (VBM) durchgeführte Umfrage ergab, daß 68,6 % der befragten Unternehmungen im Ausland investieren, um dort zu produzieren.[102] Noch deutlicher zeigt sich dieser Funktionsschwerpunkt in der 1996 durchgeführten IW-Untersuchung zu deutschen

---

100 Unter einer *Direktinvestition* versteht man den Erwerb, die Gründung oder die Erweiterung einer Betriebsstätte oder einer Tochtergesellschaft im Ausland, und zwar mit dem Ziel, einen wesentlichen Einfluß auf die Geschäftsführung dieser Betriebsstätte oder Tochtergesellschaft auszuüben. Im Gegensatz dazu sind *indirekte Auslandsinvestitionen*, sogenannte *Portfolioinvestitionen*, nicht mit der Einflußnahme auf die Geschäftsführung verbunden und dienen ausschließlich der Erzielung eines Kapitalertrages im Ausland. – In der amtlichen Statistik gilt eine Auslandsinvestition genau dann als Direktinvestition, wenn die Anteile oder Stimmrechte des Investors an einer Unternehmung im Ausland mehr als 20 % (bis Ende 1989 25 % oder mehr) betragen.
Vgl. *Broll, U.*, Direktinvestitionen, 1996, S. 439; *Engel, M.*, Auslandsinvestitionen, 1990, S. 345; *Lorz, J. O.*, Direktinvestitionen, 1993, S. 1-2; ohne Verfasser, Gabler-Wirtschafts-Lexikon, Stichwort „Direktinvestition", 1993, S. 806-807; zur Abgrenzung in der amtlichen Statistik vgl. Deutsche Bundesbank (Hrsg.), Zahlungsbilanzstatistik, 3/1998, S. 48; oder dieselbe, Kapitalverflechtungen mit dem Ausland, 1997, S. 81.

101 Vgl. Deutscher Industrie- und Handelstag (Hrsg.), Wirtschaftslage und Erwartungen, 1997, S. 59-60; sowie derselbe, Wirtschaftslage und Erwartungen, 1996, S.66-67.

102 Vgl. Institut der deutschen Wirtschaft Köln (Hrsg.), Arbeitsplatzeffekte von Auslandsaktivitäten, 1995, S. 3 und 16.

Auslandsinvestitionen in mittel- und osteuropäischen Ländern; hier gaben sogar 71,9 % der befragten Unternehmungen aus dem gesamten Bundesgebiet die Produktion als Schwerpunkt ihrer Auslandsinvestitionen an.[103]

Die vorstehend zitierten Untersuchungsergebnisse lassen den Schluß zu, daß auch die Motive für Direktinvestitionen zu großen Teilen durch die Motive für internationale Produktionsaktivitäten bestimmt werden. Es ist deshalb ebenso zweckmäßig wie notwendig, im folgenden auch Untersuchungen über die Motive für Direktinvestitionen zu berücksichtigen, obwohl deren Fokus weitreichender ist als der hier vorgesehene. Im übrigen werden die Betrachtungen dieses Abschnitts zeigen, daß die Untersuchungen, die die Motive internationaler Produktionsaktivitäten fokussieren, in den wesentlichen Punkten zu ähnlichen Ergebnissen führen wie jene Analysen, die auf die Motivermittlung für Direktinvestitionen gerichtet sind.

Ergebnisse einer Umfrage des ifo Institutes für Wirtschaftsforschung

Es gilt nun, die Bedeutungen der in den vorherigen Abschnitten diskutierten Motive zu ergründen. Hierzu soll aus der Vielzahl empirischer Erhebungen über Motive für Auslandsinvestitionen zunächst die jüngste Untersuchung des Münchner ifo Institutes herangezogen werden:[104] Die 1996 veröffentlichten Untersuchungsergebnisse[105] zeichnen sich durch ihren zeitlich differenzierten Bezug auf die Vergangenheit und auf die Zukunft sowie durch die explizite Berücksichtigung ausländischer Unternehmungen aus (siehe Abbildung 4-10 (II)). Die Datenbasis der Untersuchung stützt sich auf insgesamt 258 auswertbare Fragebögen, wovon 151 von deutschen und 107 von ausländischen Unternehmungen beantwortet wurden. Insgesamt waren 15 vorgegebene Motive im Hinblick auf ihre Bedeutung zu beurteilen und als „sehr wichtig", „wichtig" oder „ohne Bedeutung" einzustufen. Die Abbildungen 4-10 (I) und 4-10 (II) zeigen die graphisch aufbereiteten Ergebnisse der Untersuchung:

103 Vgl. *Beyfuß, J.*, Erfahrungen deutscher Auslandsinvestoren, 1996, 23.

104 Die Untersuchungsergebnisse wurden dem Verfasser durch das Münchener ifo Institut zur Verfügung gestellt: Ifo Institut für Wirtschaftsforschung (Hrsg.), unveröffentlichte Ergebnisauswertung, 1996, S. A8-A18.
Eine zusammenfassende Veröffentlichung der Ergebnisse liefert *Wilhelm, M.*, Motive deutscher und ausländischer Direktinvestitionen, 1996, S. 9-18.

105 Ebenda.

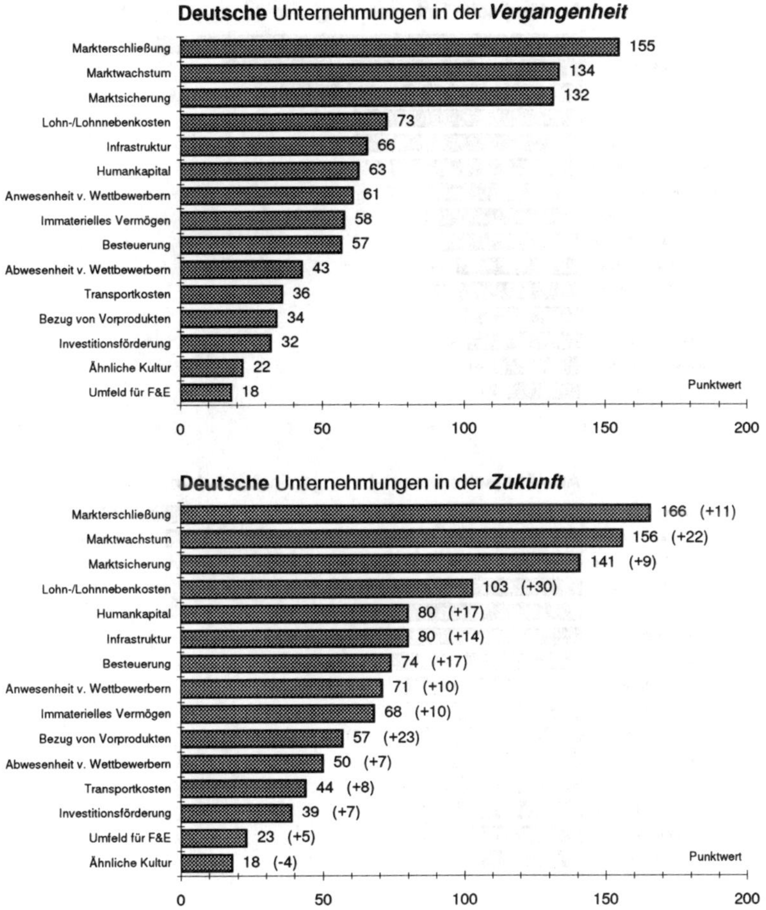

$$\text{Punktwert } (X_M) = \sum_{i=1}^{3} h_i(X_M) \bullet g_i \quad (\Rightarrow \text{maximal möglicher Punktwert} = 200)$$

mit: X_M := ein bestimmtes Motiv aus der Menge der vorgegebenen 15 Motive

$h_i(X_M)$:= relative Häufigkeiten (in %) der Einstufungen von X_M ...

... als „unbedeutend", „wichtig" bzw. „sehr wichtig" (i=1;2;3)

g_i := Gewichtungsfaktoren mit: $g_1 = 0$ für „unbedeutend"; $g_2 = 1$ für „wichtig"; $g_3 = 2$ für „sehr wichtig"

Werte in Klammern := Veränderungen gegenüber Vergangenheitspunktwerten

Abbildung 4-10 (Teil I): Motivstruktur deutscher Direktinvestitionen [106]

106 Quelle: Ifo Institut für Wirtschaftsforschung (Hrsg.), unveröffentlichte Ergebnisauswertung, 1996, S. A8-A18. Eigene Berechnungen.
Vgl. auch *Wilhelm, M.*, Motive deutscher und ausländischer Direktinvestitionen, 1996, S. 18.

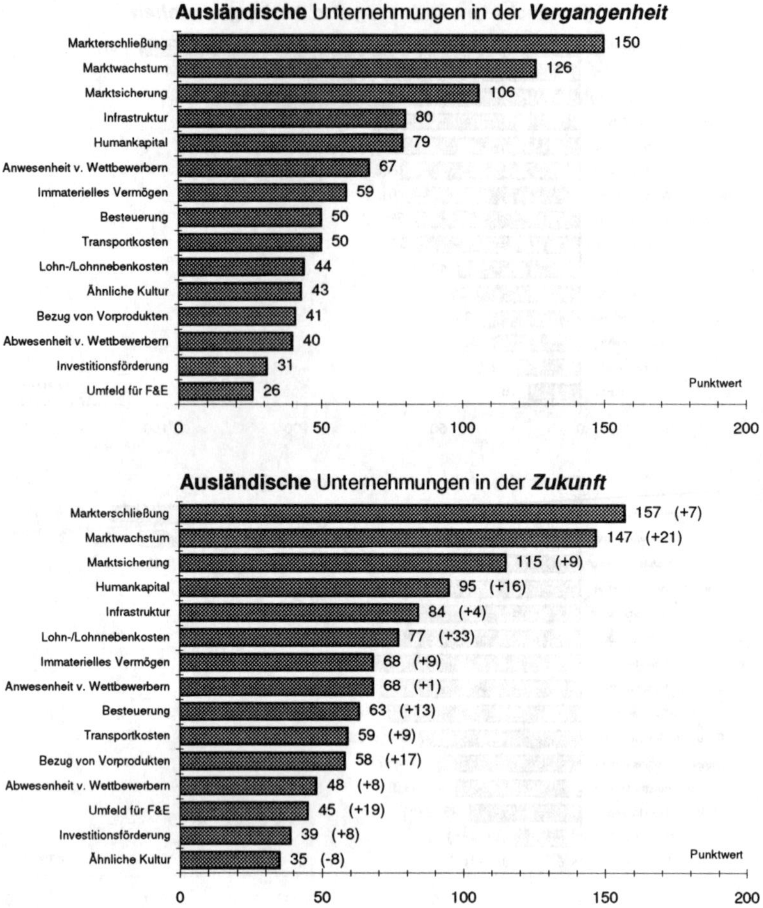

Punktwert $(X_M) = \sum_{i=1}^{3} h_i(X_M) \cdot g_i$ (⇒ maximal möglicher Punktwert = 200)

mit: X_M := ein bestimmtes Motiv aus der Menge der vorgegebenen 15 Motive

$h_i(X_M)$:= relative Häufigkeiten (in %) der Einstufungen von X_M ...

... als „unbedeutend", „wichtig" bzw. „sehr wichtig" (i=1;2;3)

g_i := Gewichtungsfaktoren mit: $g_1 = 0$ für „unbedeutend"; $g_2 = 1$ für „wichtig"; $g_3 = 2$ für „sehr wichtig"

Werte in Klammern := Veränderungen gegenüber Vergangenheitspunktwerten

Abbildung 4-10 (Teil II): Motivstruktur ausländischer Direktinvestitionen [107]

---

107 Quelle: Ifo Institut für Wirtschaftsforschung (Hrsg.), unveröffentlichte Ergebnisauswertung, 1996, S. A8-A18. Eigene Berechnungen.
Vgl. auch *Wilhelm, M.*, Motive deutscher und ausländischer Direktinvestitionen, 1996, S. 18.

Die graphische Auswertung der ifo-Untersuchung zeigt,[108] daß sowohl bei den deutschen wie auch bei den ausländischen Unternehmungen eine eindeutige Dominanz der *Absatzmotive* vorherrscht. Sie besetzen in allen Teilauswertungen jeweils die ersten drei Plätze, wobei die Bedeutung der absatzorientierten Motive von deutschen Unternehmungen leicht höher eingestuft wird als von den ausländischen. Für die Zukunft wird die Relevanz der Absatzmarktorientierung einheitlich als zunehmend beurteilt (Werte in den Klammern), wobei offensichtlich verstärkt die *Orientierung an Wachstumsmärkten* gesucht werden wird (Punktwertzunahme +22 für deutsche bzw. +21 für ausländische Unternehmungen).

Im Hinblick auf kostenmotivierte Direktinvestitionen sind gerade für deutsche Unternehmungen die *Arbeitskosten* von besonderer Wichtigkeit, während diese zumindest in der Vergangenheit für ausländische Unternehmungen von eher nachrangiger Bedeutung waren. Trotz dieser Unterschiede ist hervorzuheben, daß deutsche wie ausländische Unternehmungen unisono den Arbeitskosten den mit Abstand stärksten Bedeutungszuwachs (Punktwertzunahme +30 bzw. +33) für die Zukunft beimessen.

Während für deutsche Direktinvestitionen direkt nach der Absatzmarktorientierung die Lohn-/Lohnnebenkosten eine besondere Relevanz besitzen, stehen für ausländische Direktinvestitionen nach der Absatzorientierung die Standortfaktoren *Infrastruktur* und *Qualität der Arbeitskräfte* im Vordergrund.

Erwähnenswert ist außerdem das Motiv der *Wettbewerbsorientierung* im Sinne des beschriebenen follow-the-leader-Verhaltens[109], das zwar keine Spitzenpositionen in den Teilauswertungen einnimmt, aber dennoch sowohl in der Vergangenheit wie auch zukünftig in den Planungsüberlegungen durchaus Berücksichtigung fand beziehungsweise zunehmend finden wird.

Beurteilung des Befundes anhand weiterer Untersuchungen

Zieht man zur Beurteilung der beispielhaft vorgestellten ifo-Erhebung weitere Untersuchungen der Motivforschung hinzu, so führen diese im wesentlichen zu einer Bestätigung des bisherigen Befundes. Als erstes Beispiel sei hier eine vergleichsweise umfangreiche Untersuchung genannt, die im Jahre 1989 vom Institut der deutschen Wirtschaft (IW) in Zusammenarbeit mit dem Deutschen Industrie- und Handelstag (DIHT) durchgeführt wurde.[110] Im Rahmen dieser Befragung gaben insgesamt 1.114

---

[108] Vgl. zur folgenden Auswertung auch *Wilhelm, M.*, Motive deutscher und ausländischer Direktinvestitionen, 1996, S. 9-18.

[109] Siehe die entsprechenden Ausführungen in Abschnitt 4.2.5.

[110] Vgl. *Beyfuß, J.; Kitterer, B. H.-J.*, Deutsche Direktinvestitionen, 1990, S. 25-58.

deutsche Unternehmungen Auskunft über die Motive für ihre Auslandsinvestitionen. Die Ergebnisse weisen auch hier die Absatzorientierung als das Hauptmotiv für internationale Investitionstätigkeiten aus, denn die ersten fünf Positionen des 20 Motive umfassenden Rankings werden ausschließlich durch marktorientierte Motive besetzt.[111] Ebenfalls bestätigt wird die Bedeutung des Arbeitskostenmotivs, das analog zur ifo-Erhebung (Abbildung 4-10 I) als wichtigstes Motiv nach den verschiedenen Absatzmotiven ausgewiesen wird.[112]

Offensichtlich führen die abweichenden Erhebungszeiträume der verglichenen Untersuchungen - zumindest was die Hauptmotive angeht - zu keiner nennenswerten Abweichung der Ergebnisse. Die sich hier andeutende Zeitunabhängigkeit bestimmter Motivbedeutungen erfährt weitere Bestätigung, wenn man ältere Untersuchungen zum Vergleich heranzieht. Als Beispiele seien hier eine 1978/79 erfolgte Untersuchung *Pausenbergers*[113] sowie eine ebenfalls in den 1970er Jahre durchgeführte Erhebung des ifo Institutes[114] genannt. Auch diese vergleichsweise weit zurückliegenden Analysen zeigen die verschiedenen Absatzmotive auf den ersten Ranking-Positionen, wobei die ifo-Untersuchung die Absatzmotive sowie die lohnkostenorientierten Motive als *die Hauptmotive* für Betriebsgründungen im Ausland besonders herausstellt.[115]

Bemerkenswert ist außerdem, daß die zuletzt zitierte ifo-Untersuchung zu denjenigen Analysen zählt, die speziell auf die Motivermittlung für internationale Produktionsaktivitäten gerichtet sind.

Weitere, die *Produktionsaktivität* fokussierende Untersuchungen führte der Deutsche Industrie und Handelstag (DIHT) jeweils im Herbst 1993 und 1996 durch.[116] An der 1993er Umfrage zum Thema „Produktionsverlagerungen ins Ausland" waren insgesamt über 10.500 deutsche Unternehmungen, darunter circa 8.500 aus der Industrie, beteiligt. Im Herbst 1996 wurden rund 7.200 Unternehmungen, darunter circa 6.000 Industrieunternehmungen, erfaßt. Die Befragungsergebnisse zeigen, daß vor allem kosteninduzierte Standortnachteile im Inland und/oder verschiedene Standortvorteile im Ausland die Motive für Produktionsverlagerungen an internationale Standorte begründen.[117] Wesentlich erscheint aber auch der Befund der 1993er Umfrage, daß

111 Vgl. *Beyfuß, J.; Kitterer, B. H.-J.*, Deutsche Direktinvestitionen, 1990, S. 44 und 48.

112 Vgl. ebenda.

113 Vgl. *Pausenberger, E.*, Internationale Unternehmungen in Entwicklungsländern, 1980, S. 43-50.

114 Vgl. *Ruppert, W.*, Gründe für die Produktion im Ausland, 1979, S. 13-15.

115 Vgl. *Ruppert, W.*, Gründe für die Produktion im Ausland, 1979, S. 15.

116 Siehe Deutscher Industrie- und Handelstag (Hrsg.), Produktionsverlagerung, 1996; derselbe, Produktionsverlagerung, 1993.

117 Vgl. Deutscher Industrie- und Handelstag (Hrsg.), Produktionsverlagerung, 1996, S. 8-10; derselbe, Produktionsverlagerung, 1993, S. 2.

kosteninduzierte Standortdifferenzen allein in nur wenigen Fällen als Motivbegründung ausschlaggebend sind. Es wird vielmehr festgestellt, daß internationale Produktionsaktivitäten meist Teil langfristig orientierter unternehmungs- und absatzmarktstrategischer Überlegungen sind.[118] Insgesamt bestätigen damit auch die DIHT-Untersuchungen die bisher gewonnenen Erkenntnisse: Denn auch dort wird die ausschlaggebende Bedeutung marktorientierter Motive bei gleichzeitig hohem Stellenwert der Kostenmotive deutlich.[119]

Eine im Vergleich hierzu sehr differenzierte empirische Untersuchung internationaler Produktionsaktivitäten liefert nochmals *Pausenberger*, der sich auf die Befragung von insgesamt 17 Unternehmungen aus dem deutschsprachigen Raum stützt.[120] Obwohl es sich hier nicht um eine klassische Motivuntersuchung handelt, sondern der Einfluß verschiedener Standortfaktoren auf internationale Betriebseröffnungen und -schließungen jeweils differenziert nach Industrie- und Entwicklungsländern untersucht wird, können dennoch Rückschlüsse auf die Motive für internationale Produktionsaktivitäten gezogen werden. So identifiziert *Pausenberger* absatzorientierte Standortfaktoren als die wichtigsten Einflußfaktoren für Neueröffnungen internationaler Produktionsstätten sowohl in Industrie- wie auch in Entwicklungsländern,[121] was letztlich auch hier die oben festgestellte Bedeutung der Absatzmotive bestätigt. Im Hinblick auf alle Standortentscheidungen (Neueröffnungen und Schließungen) erreichen außerdem die Faktoren Lohnkosten und Produktivität vergleichsweise hohe Bedeutungsgrade, so daß auch diesbezüglich die bisherigen Erkenntnisse gestützt werden.[122]

Zusammengefaßter Befund

Im Hinblick auf die Bedeutungen der zahlreichen in den vorherigen Abschnitten diskutierten Motive kann resümierend festgehalten werden, daß gerade die unterschiedlichen *Absatzmotive* zu den dominierenden Antriebskräften für internationale Produktionsaktivitäten zählen. Ebenfalls besonders aus der Motivvielfalt herauszustellen sind die *Kostenmotive*, deren Stellenwert häufig durch das Arbeitskostenmotiv begründet ist, das offensichtlich gerade aus der Perspektive deutscher Unternehmungen eine bedeutende Rolle spielt.[123]

---

118 Vgl. Deutscher Industrie- und Handelstag (Hrsg.), Produktionsverlagerung, 1993, S. 2-3.

119 Eine weitere Bestätigung dieses Befundes liefert auch eine 1996 durchgeführte Umfrage des DIHT in Zusammenarbeit mit den deutschen Auslandshandelskammern (AHK). Vgl. Deutscher Industrie- und Handelstag (Hrsg.), Auslandsinvestitionen, 1996, S.1-2.

120 Vgl. *Pausenberger, E.*, Die Standortpolitik internationaler Unternehmungen, 1994, S. 47-71.

121 Vgl. *Pausenberger, E.*, Die Standortpolitik internationaler Unternehmungen, 1994, S. 59; 62-64.

122 Vgl. *Pausenberger, E.*, Die Standortpolitik internationaler Unternehmungen, 1994, S. 59; 60-62.

123 Vgl. *Beyfuß, J.*, Erfahrungen deutscher Auslandsinvestoren, 1996, S. 11-12.

Wie Tabelle 4-11 abschließend zeigt, bestätigen auch die eigenen Beobachtungen die Dominanz der Absatzmotive (13 Nennungen) bei gleichzeitig großer Bedeutung der Kostenmotive (9 Nennungen). Die besondere Bedeutung der Absatzmotive wird auch durch die Zusatzinformation deutlich, daß in nur 3 Fällen ausschließlich Kostenmotive zur internationalen Produktion bewogen haben, also durch die Möglichkeit der Mehrfachnennung 6 mal neben Kostenmotiven auch gleichzeitig Absatzmotive relevant waren.

	Absatz-motive	Kosten-motive	Besch.-motive	sonstige Motive
Anzahl der Nennungen (Mehrfachnennungen möglich)	13	9	3	6

Tabelle 4-11: Motive für die internationalen Produktionsaktivitäten der 16 befragten Unternehmungen

Die übrigen Nennungen von Beschaffungsmotiven und sonstigen Motiven weisen außerdem darauf hin, daß neben Absatz- und Kostenmotiven in der Praxis auch andere Motive wie zum Beispiel die *Nutzung ortsgebundener Arbeitskräfte* oder die *Vermeidung von Wechselkursrisiken* nicht zu vernachlässigen sind. Wenngleich derartige Motivationen in der Gesamtbetrachtung von relativ geringem Gewicht sind, können sie - wie auch die zahlreichen Praxisbeispiele in den vorherigen Abschnitten gezeigt haben - gerade im spezifischen Einzelfall von entscheidender Bedeutung sein.

Die Einzelfallabhängigkeit der Motivprioritäten wird zum Beispiel in der eingangs dieses Abschnitts bereits zitierten IW-Untersuchung[124] zu deutschen Investitionen in Mittel- und Osteuropa deutlich. Obgleich auch diese Untersuchung den bisherigen Befund stützt (Absatzmotive belegen u.a. die Positionen 1, 2, und 4; das Arbeitskostenmotiv belegt die Position 3), zeigt sie zusätzlich auch die *Situationsabhängigkeit* der Motivbedeutung auf: Eine ergänzend nach Investitionsländern vorgenommene Motivdifferenzierung führt zu dem Ergebnis, daß mit der räumlichen Entfernung und mit der Größe des Gastlandes die Dominanz der Absatzmotive tendenziell steigt, während in (aus deutscher Sicht) nahegelegenen und kleinen Gastländern eher Kostenmotive eine dortige Investition begründen.

[124] Die Untersuchungsergebnisse sind dargestellt bei: *Beyfuß, J.*, Erfahrungen deutscher Auslandsinvestoren, 1996, die folgenden Ausführungen beziehen sich dort auf die Seiten 28-30.

4.3 Zielsetzung des Internationalen Strategischen Produktionsmanagements

4.3.1 Vorbemerkungen

Eine wesentliche Aufgabe des Internationalen Strategischen Produktionsmanagements (ISPM) besteht darin, die Ziele zu bestimmen, die mit internationalen Produktionsaktivitäten verfolgt werden sollen.[125] Die vorangegangene Analyse der Motive für die internationale Produktion hat hierzu bereits einen grundlegenden Beitrag geleistet, denn Motive sind als Antriebskräfte und Beweggründe für Handlungen in engem Zusammenhang mit deren Zielen zu sehen.[126] Die Zielsetzung des ISPM kann dementsprechend als zusammenfassende Kanalisierung der zuvor dargestellten Motivvielfalt verstanden werden, die unter Rückgriff auf die Erkenntnisse der Zielforschung in die *Zielformulierung* für das ISPM münden wird. Bevor diese jedoch entwickelt werden kann, sind zunächst die grundlegenden Erkenntnisse der Zielforschung in dem folgenden Abschnitt 4.3.2 zu erarbeiten.

4.3.2 Grundlegende Erkenntnisse der Zielforschung

Übereinstimmend wird im deutschsprachigen Schrifttum unter einem *Ziel* ein *angestrebter, zukünftiger Zustand* verstanden.[127] In den seltensten Fällen wird jedoch ausschließlich *ein* zukünftiger Zustand angestrebt, sondern in der Regel werden gleichzeitig mehrere Ziele verfolgt. Diesbezüglich ist in Analogie zur Motivforschung auch in der Zielforschung der Terminus *„Zielbündel“* gebräuchlich.[128] Das gleichzei-

125 Vgl. Abschnitt 2.2.3.

126 Vgl. *Hahn, D.*, PuK, Controllingkonzepte, 1996, S. 11; *Rühli, E.*, Zielsystem der internationalen Unternehmung, 1989, Sp. 2326-2327; *Duhnkrack, Th.*, Strategisches Zielsystem der Internationalen Unternehmung, 1984, S. 60. Einen weiteren Beleg für die Verbundenheit von Zielen und Motiven liefert *H. Heinen*, der zur Herleitung der Ziele multinationaler Unternehmungen zahlreiche Untersuchungen der Motivforschung heranzieht und auswertet. Vgl. *Heinen, H.*, Ziele multinationaler Unternehmen, 1982, S. 30-76.

127 Vgl. *Welge, M. K.*, Planung, 1985, S. 16; *Heinen, E.*, Industriebetriebslehre, 1991, S. 13; *Hahn, D.*, PuK, Controllingkonzepte, 1996, S. 10; *Küpper, H.-U.*, Industrielles Controlling, 1994, S. 904; *Heinen, H.*, Ziele multinationaler Unternehmen, 1982, S. 30. Eine Auswahl der zahlreichen und durch inhaltliche Konvergenz geprägten Definitionsversuche des Zielbegriffs liefert z.B. *Macharzina, K.*, Unternehmensführung, 1995, S. 177.

128 Vgl. *Macharzina, K.*, Unternehmensführung, 1995, S. 180; *Duhnkrack, Th.*, Strategisches Zielsystem der Internationalen Unternehmung, 1984, S. 60; *Heinen, H.*, Ziele multinationaler Unternehmen, 1982, S. 31.

tige Anstreben mehrerer Ziele, also die Verfolgung von Zielbündeln, führt durch unterschiedliche Verbindungen zwischen den einzelnen Zielen zu einem komplexen Zielgebilde, dem *Zielsystem.*[129] Abbildung 4-12 verdeutlicht die formale Struktur eines Zielsystems, das durch die unterschiedlichen Dimensionen der einzelnen Ziele sowie zugleich durch ihre Beziehungen zueinander bestimmt ist.

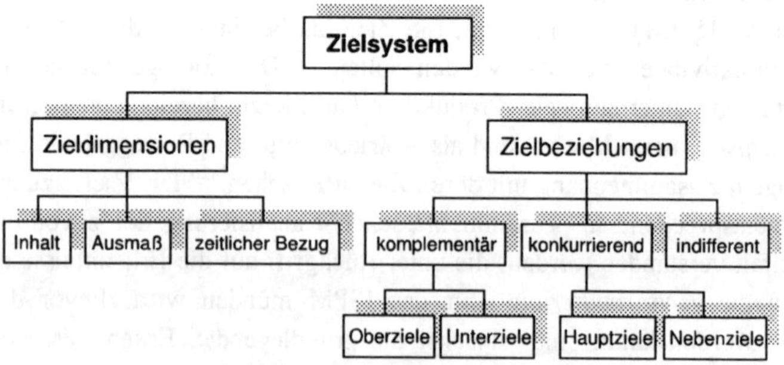

Abbildung 4-12: Formale Struktur eines Zielsystems [130]

Durch die Zieldimensionen[131] werden die einzelnen Ziele eines Systems spezifiziert, indem sie zunächst *inhaltlich* beschrieben werden. Weiterhin ist jedes Ziel durch den Umfang (das *Ausmaß*) der Zielerreichung sowie den Zeitraum, indem es erreicht werden soll (*zeitlicher Bezug*) bestimmt. Ein Ziel, das alle beschriebenen Merkmale aufweist, könnte zum Beispiel lauten: „Senkung der Produktionskosten am Produktionsstandort in Land „A" (Zielinhalt) innerhalb eines Jahres (zeitlicher Bezug) um 20 % (Ausmaß).

Außerdem stehen die Ziele eines Systems in unterschiedlichen Beziehungen zueinander. Sie können zum Beispiel vertikal in einer Zweck-Mittel-Beziehung stehen, was zu sogenannten *Zielketten* oder *Zielhierarchien* aus Ober- und Unterzielen führt.[132] Die Erfüllung eines Unterziels bewirkt dann die Erfüllung des zugeordneten Oberziels, was man als *komplementäre* Zielbeziehung bezeichnet.[133] Werden auf einer Ebene der

---

129 Vgl. z.B. *Macharzina, K.*, Unternehmensführung, 1995, S. 180; *Rühli, E.*, Zielsystem der internationalen Unternehmung, 1989, Sp. 2321; *Welge, M. K.*, Planung, 1985, S. 209.

130 Abbildung aus *Heinen, E.*, Industriebetriebslehre, 1991, S. 16.

131 Zur folgenden Beschreibung der Zieldimensionen vgl. z.B. *Heinen, E.*, Industriebetriebslehre, 1991, S. 14.

132 Vgl. *Welge, M. K.*, Planung, 1985, S.210-211; *Hahn, D.*, PuK, Controllingkonzepte, 1996, S.20.

133 Ein Beispiel für eine komplementäre Zielbeziehung liefert das Ziel „Senkung der Kosten der Produktionslogistik" am Standort „A" im Bezug auf das Ziel „Senkung der dortigen Produktions-

Fortsetzung der Fußnote auf der nächsten Seite

Hierarchie gleichzeitig mehrere Ziele verfolgt, können Zielkonflikte auftreten, die darin begründet sind, daß einige der angestrebten Ziele in *konkurrierender* Beziehung zueinander stehen.[134] In diesem Fall ist es erforderlich, Zielprioritäten zu setzen, indem zwischen Haupt- und Nebenzielen differenziert wird.[135] Hat die Zielerfüllung eines Ziels keinen Einfluß auf die Zielerreichung eines anderen Ziels, so wird die Zielbeziehung als *indifferent* oder *neutral* bezeichnet.[136]

Der kurze Überblick über die wichtigsten Zieldimensionen und Zielbeziehungen eines Zielsystems deutet die Komplexität an, die dem Zielsystem einer international produzierenden Unternehmung zu eigen sein kann. Da Aufbau und Struktur eines Zielsystems in der Praxis von den spezifischen Bedingungen des Einzelfalls abhängen, erscheint die Herleitung eines konkreten und detaillierten Zielsystems für das ISPM weder sinnvoll noch möglich. Der Fokus der Arbeit legt es vielmehr nahe, eine *allgemeine*, branchenübergreifende *Zielformulierung* zu suchen, die dem Planer im Einzelfall eine Orientierungshilfe bei der Zielplanung sein kann.

4.3.3 Zielkonkretisierung

Zur Herleitung der Zielsetzung des ISPM soll auf die in Abbildung 4-12 dargestellte Struktur des Zielsystems zurückgegriffen werden, indem versucht wird, die einzelnen Bestandteile des Zielsystems soweit wie möglich zu konkretisieren.

Zeitlicher Zielbezug

Aus didaktischen Gründen ist es sinnvoll, zunächst den *zeitlichen Bezug* der Zielsetzung des ISPM zu konkretisieren, da dieser nicht ohne Einfluß auf die Bestimmung von Zielinhalt und -ausmaß sein wird.[137]

---

kosten". Vgl. auch *Heinen, E.*, Industriebetriebslehre, 1991, S. 15 u. 16; *Amann, K.*, Unternehmensführung, 1995, S. 78-79.

134 Ein Beispiel hierfür ist der als *Dilemma der Ablaufplanung* bezeichnete Zielkonflikt zwischen der „Minimierung der Auftragsdurchlaufzeiten" und der „Maximierung der Kapazitätsauslastung" in der Fertigungsplanung. Vgl. *Jehle, E.; Müller, K.; Michael, H.*, Produktionswirtschaft, 1994, S. 78-79. – Zu *konkurrierenden* Zielbeziehungen vgl. auch *Heinen, E.*, Industriebetriebslehre, 1991, S. 14-15; *Amann, K.*, Unternehmensführung, 1995, S. 78-79.

135 Vgl. *Welge, M. K.*, Planung, 1985, S. 211-212; *Heinen, E.*, Industriebetriebslehre, 1991, S. 16.

136 Vgl. *Macharzina, K.*, Unternehmensführung, 1995, S. 181; *Heinen, E.*, Industriebetriebslehre, 1991, S. 15.

137 Vgl. *Duhnkrack, Th.*, Strategisches Zielsystem der Internationalen Unternehmung, 1984, S. 121.

Der zeitliche Bezug der Zielsetzung des ISPM ergibt sich aus der strategischen Interpretation des hier vertretenen Managementansatzes.[138] Die *strategische* Gestaltung der internationalen Produktionsaktivität erfordert an der Zukunft ausgerichtete Grundsatzentscheidungen über die internationalen betrieblichen Ressourcen. Sie geht häufig mit beträchtlichen Kapitaldispositionen einher. Die existentielle Bedeutung dieses unternehmerischen Gestaltungsbereiches setzt eine adäquate Zielsetzung voraus, die einen *langfristigen*, auf die Zukunft gerichteten Zielbezug aufweisen muß.[139]

Die genaue Quantifizierung dieser „Langfristigkeit" erscheint vor dem Hintergrund abweichender Branchen- und Unternehmungsbedingungen nicht möglich. So wird beispielsweise in der Textil- und Bekleidungsindustrie ein Zeitraum von wenigen Jahren schon als „langfristig" angesehen, während in anderen Branchen vergleichsweise längere Zeithorizonte von fünf und mehr Jahren als „langfristig" eingestuft werden. Trotz dieser Einzelfallabhängigkeit kann in Anlehnung an *Wittek* die allgemeine Empfehlung ausgesprochen werden, den zeitlichen Zielbezug wettbewerbsorientiert zu wählen. In Zweifelsfällen empfiehlt *Wittek* sogar, den Zeithorizont *über* dem Branchendurchschnitt festzulegen.[140]

Als erstes Zwischenergebnis bleibt also festzuhalten, daß der zeitliche Bezug der Zielsetzung des ISPM allgemein als *langfristig* anzusehen ist.

Zielinhalt

Die zweite Zieldimension, die es zu konkretisieren gilt, ist der Zielinhalt. Eines der wichtigsten Ziele erwerbswirtschaftlicher Unternehmungen stellt das Gewinn- beziehungsweise Rentabilitätsstreben dar.[141] Dieser zunächst recht eindeutig erscheinende Zielinhalt wirft bei näherer Betrachtung einige Probleme auf:

- Es stellen sich beispielsweise die Fragen nach einer zweckmäßigen Definition des Gewinnbegriffs (z.B. pagatorischer Gewinn, kalkulatorischer Gewinn, Kapitalgewinn, Periodengewinn, Totalgewinn etc.) oder nach der Berücksichtigung nichtmonetärer, qualitativer Zielgrößen.[142]

- Für die international produzierende Unternehmung ergibt sich aus der Möglichkeit, das Gewinnziel sowohl für die Muttergesellschaft wie auch für die einzelnen

---

138 Siehe Abschnitt 2.4.2 in Verbindung mit Abschnitt 2.2.3.

139 Vgl. *Duhnkrack, Th.*, Strategisches Zielsystem der Internationalen Unternehmung, 1984, S. 121-123.

140 Vgl. *Wittek, B. F.*, Strategische Unternehmensführung, 1980, S. 82.

141 Vgl. *Welge, M. K.*, Planung, 1985, S. 167; *Rühli, E.*, Zielsystem der internationalen Unternehmung, 1989, Sp. 2324.

142 Vgl. *Heinen, E.*, Industriebetriebslehre, 1991, S. 17.

Tochtergesellschaften formulieren zu können, eine weitere, sehr spezifische Problematik:[143] Gerade bei zwischenbetrieblichen Leistungsverflechtungen im internationalen Produktionsverbund können Interessengegensätze und Zielkonflikte entstehen, da die Gewinne der nationalen Gesellschaften durch die Verrechnungspreise zur Bewertung der zwischenbetrieblichen Leistungen beeinflußt werden. Spielen bei der Festlegung dieser Verrechnungspreise (*transfer pricing*) weitere Zielsetzungen wie etwa die Minimierung der internationalen Steuerbelastung eine Rolle,[144] werden die Gewinnsituationen der einzelnen Tochtergesellschaften entsprechend verzerrt. In solchen Fällen liefert das Gewinnziel allenfalls für die Gesamtunternehmung einen sinnvollen Zielinhalt.

- Eine weitere Schwierigkeit, die das Gewinnziel im Rahmen der strategischen Zielformulierung mit sich bringt, bereitet die Festlegung des noch zu bestimmenden Zielausmaßes, also der angestrebten Gewinnhöhe. Die bereits erarbeitete Langfristigkeit der strategischen Zielsetzung erfordert die Berücksichtigung weit in die Zukunft reichender Daten, die mit der Ausweitung des Planungshorizontes zunehmend unsicherer werden und somit die Festlegung der zukünftig angestrebten Gewinnhöhe erschweren.

Vor dem Hintergrund der angeführten Schwierigkeiten erscheint das Gewinnstreben als allgemeiner strategischer Zielinhalt zu konkret und einzelfallabhängig. Es ist vielmehr nach einem übergreifenden Zielinhalt zu suchen, der neben dem Gewinn- beziehungsweise Rentabilitätsstreben weitere Unterziele einschließt und außerdem nicht zwingend eine genaue Quantifizierung des Zielausmaßes erfordert.

Hilfreich ist es hier, sich zunächst vor Augen zu führen, daß Gewinne im finalen Sinne letztlich erzielt werden müssen, um das Unternehmungspotential, die unternehmerische Existenz dauerhaft zu sichern.[145] Da die einzelnen Unternehmungspotentiale gleichzeitig zur Gewinnerzielung notwendig sind, sollten zukunftsbezogene Zielsetzungen gerade auf deren Aufbau und Erhaltung gerichtet sein, um so die Voraussetzungen für künftige Gewinnerzielungsmöglichkeiten zu schaffen.[146] *Gälweiler* spricht

---

143 Vgl. *Rühli, E.*, Zielsystem der internationalen Unternehmung, 1989, Sp. 2324.

144 Vgl. *Köddermann, R.*, Löhne und Steuern, 1996, S. 13; *Gilroy, B.M.*, Firmeninterner Handel, 1992, S. 470; Zur Transferpreisproblematik siehe ferner *Welge, M. K.; Holtbrügge D.*, Internationales Management, 1998, S. 244-248; *Pausenberger, E.; Glaum, M.*, Kommunikationsprobleme, 1994, S. 97-98.

145 Vgl. *Welge, M. K.*, Planung, 1985, S. 168.

146 Diese Auffassung bestätigt auch eine von *Macharzina* durchgeführte Auswertung zahlreicher empirischer Untersuchungen über unternehmerische Zielinhalte. Vgl. *Macharzina, K.*, Unternehmensführung, 1995, S. 189-192.
Vgl. auch *Welge, M. K.; Al-Laham, A.*, Planung, 1992, S.4-5; *Welge, M. K.*, Planung, 1985, S. 68.

in diesem Zusammenhang von „*Erfolgspotentialen*“[147], die als strategische *Vorsteuergrößen* den zukünftigen operativen Erfolg (Gewinn) sowie die Liquidität – als zweite existentielle Bedingung für den Fortbestand der Unternehmung – gewährleisten.[148] Erfolgspotentiale sind erfolgsrelevante Voraussetzungen, die spätestens dann bestehen müssen, wenn die Erfolgsrealisierung geschehen soll.[149] Ein rechtzeitiger Aufbau und eine langfristige, zukunftsorientierte Planung solcher Erfolgspotentiale ist deshalb unbedingt geboten. Ihre Gestaltung ist wegen des grundlegenden und existentiellen Charakters eine zentrale Aufgabe des *strategischen* Managements [150] und somit auch des ISPM.

Folglich muß es das Ziel des ISPM sein, die internationale Produktionsaktivität so zu gestalten, daß *strategische Erfolgspotentiale geschaffen werden beziehungsweise erhalten bleiben,* um auf diese Weise die Voraussetzungen für die künftige Gewinnerzielung und Liquiditätssicherung zu schaffen und damit zur dauerhaften Existenzsicherung der Gesamtunternehmung beizutragen.[151] Darüber hinaus sollten die durch das ISPM erreichten Erfolgspotentiale unternehmungswertsteigernde Wirkung entfalten und so – neben dem Grundziel der Existenzsicherung – zusätzlich eine Erhöhung des Eigentümerwertes (*Shareholder Value*)[152] der Unternehmung bewirken.[153]

Weitere Konkretisierungen kann dieser vergleichsweise allgemein gehaltene Zielinhalt aus den verschiedenen Motiven für internationale Produktionsaktivitäten erfahren, „denn die besonderen Ziele der Internationalisierung sind nach Art und Ausmaß weitgehend von den Internationalisierungsmotiven bestimmt.“[154] Wie schon mehrfach

---

147 *Gälweiler* beschreibt „Erfolgspotentiale“ als „Voraussetzungen für anhaltende und weit in die Zukunft reichende Erfolgsmöglichkeiten“. *Gälweiler, A.*, Strategische Unternehmensführung, 1990, S. 24.

148 Vgl. *Gälweiler, A.*, Strategische Unternehmensführung, 1990, S. 23-24.

149 Vgl. *Gälweiler, A.*, Strategische Unternehmensführung, 1990, S. 26-27.

150 Ebenda.

151 Vgl. auch *Zäpfel, G.*, Strategisches Produktions-Management, 1989, S. 2 und 7; *Engel, M.*, Auslandsinvestitionen, 1990, S. 346.

152 Nach *Rappaport* kann der „Shareholder Value“ z.B. durch die Differenz aus „Unternehmenswert“ und „Fremdkapital“ ausgedrückt werden. Dabei ergibt sich der „Unternehmenswert“ aus der Diskontierung zukünftiger Cash Flows, zuzüglich des Wertes der Unternehmung nach dem Planungszeitraum (= *Residualwert*) sowie zuzüglich des Marktwertes handelsfähiger Wertpapiere. Vgl. *Rappaport, A.*, Shareholder Value, 1999, S. 39-40; sowie dazu *Horváth, P.*, Controlling, 1998, S. 493-503. Weitere Ansätze zur Bestimmung des *Shareholder Value* zeigen z.B.: *Reichmann, Th.; Hüllmann, U.*, Unternehmenswertorientiertes Controlling, 1999, S. 163-164; *Günther, Th.*, Wertsteigerungsmanagement, 1999, S. 366-368.

153 Vgl. *Rappaport, A.*, Shareholder Value, 1999, S. 39-70; *Günther, Th.*, Wertsteigerungsmanagement, 1999, S. 364-366; *Michel, U.*, Wertmanagement, 1999, S. 372.

154 *Rühli, E.*, Zielsystem der internationalen Unternehmung, 1989, Sp. 2326.

verdeutlicht wurde, sind die relevanten Motive sehr einzelfallabhängig. Daher muß es die Aufgabe des Produktionsmanagers in der Praxis sein, im Bewußtsein des hier gewählten allgemeinen Zielinhaltes und unter Berücksichtigung der Motive des jeweiligen Planungsfalls den Zielinhalt einzelfallbezogen zu präzisieren.

Dennoch soll der Gesichtspunkt der engen Verbundenheit von Zielen und Motiven in der hier angestrebten Zielformulierung nicht unberücksichtigt bleiben. Hinterfragt man die zahlreichen in den vorherigen Abschnitten dargestellten Motive auf ihre Gemeinsamkeiten, so spielen überwiegend *spezifische Standortvorteile* wie Marktnähe, Kostenvorteile, Steuervorteile oder etwa das Vorhandensein von Produktionsfaktoren eine besondere Rolle. Diesen Befund belegen auch die Untersuchungen *Dunning's*, wonach das Vorhandensein von Standortvorteilen eine von drei notwendigen Voraussetzungen dafür ist, daß es überhaupt zur grenzüberschreitenden Produktion an einem internationalen Standort kommt.[155]

Diese Relevanz von Standortvorteilen wird in der hier angestrebten, allgemeinen Zielformulierung durch den Zusatz berücksichtigt werden, daß die Schaffung und Erhaltung von Erfolgspotentialen gerade *unter der Nutzung standortspezifischer Vorteile* erfolgen soll.

Zielausmaß

Abschließend bleibt die Frage des Ausmaßes der Zielsetzung des ISPM zu klären. Die zuvor erarbeitete Zielformulierung wurde aus den dargelegten Gründen so gewählt, daß hier keine genaue Quantifizierbarkeit des Zielinhaltes erforderlich wird. Es handelt sich vielmehr um eine qualitative Anspruchsformulierung auf strategischer Ebene, die erst auf operativen Zielebenen unter Berücksichtigung spezifischer Einzelfallinformationen sinnvoll durch konkretere Zielinhalte wie den Gewinn oder die Rentabilität quantifizierbar erscheint.[156] Auf eine graduelle Festlegung des Zielinhaltes soll folglich verzichtet werden, da sie hier weder möglich noch gewollt ist.

Dennoch sei auch an dieser Stelle die *Ausrichtung am Wettbewerb* als Orientierungshilfe für die Managementpraxis genannt. So ist nach *Duhnkrack* dann eine kritische Untergrenze des strategischen Erfolgspotentials erreicht, wenn das eigene Erfolgspotential unter dem Branchendurchschnitt liegt, da dann die mittel- und langfristige Wettbewerbsfähigkeit des internationalen Produzenten gefährdet ist.[157] Es ist

---

155 Vgl. *Dunning, J. H.*, International Production, 1981, insbesondere S. 46-71; *Dunning, J. H.*, Eclectic Theorie, 1980, S. 9-31.

156 Vgl. *Duhnkrack, Th.* Strategisches Zielsystem der Internationalen Unternehmung, 1984, S.130-131; *Kirsch, W.*, Strategische Unternehmensführung, 1993, Sp. 4097.

157 Vgl. *Duhnkrack, Th.* Strategisches Zielsystem der Internationalen Unternehmung, 1984, S. 131.

allerdings anzumerken, daß besonders die Bestimmung der Erfolgspotentiale von Konkurrenten und Branchenmitgliedern nicht unproblematisch sein dürfte.

Allgemeine Zielbeziehungen

Obwohl die Zielbeziehungen im Zielsystem der international produzierenden Unternehmung ebenfalls erst im spezifischen Planungsfall sinnvoll konkretisiert werden können, soll hier zumindest eine allgemeine Aussage über die Einordnung der Ziele des ISPM in das gesamtunternehmerische Zielsystem gemacht werden.

Im Sinne der systemtheoretischen Interpretation des ISPM ist die Produktionsaktivität (-funktion) als Subsystem der internationalen Unternehmung aufzufassen,[158] was eine Integration der Ziele des ISPM in das Zielsystem der Gesamtunternehmung sowie eine Abstimmung mit den Zielen der übrigen Unternehmungsaktivitäten erfordert. Abbildung 4-13 visualisiert in allgemeiner Form die Positionierung der Zielsetzung des ISPM innerhalb der strategischen Zielhierarchie nach *Bea* und *Haas*.

Abbildung 4-13: Ziele des ISPM im Kontext der strategischen Zielhierarchie [159]

[158] Siehe Abschnitt 2.4.3.

[159] Darstellung in enger Anlehnung an *Bea, F. X.; Haas, J.*, Strategisches Management, 1997, S. 64.

4.3.4 Zielformulierung

Auf der Grundlage der bisherigen Überlegungen läßt sich nun die allgemeine Zielsetzung des Internationalen Strategischen Produktionsmanagements (ISPM) zusammenfassend formulieren:

Zielsetzung des Internationalen Strategischen Produktionsmanagements ist es, ...

- *durch die Gestaltung der international konfigurierten Produktionsaktivitäten ...*
- *und unter Nutzung standortspezifischer Vorteile ...*
- *strategische Erfolgspotentiale zu schaffen und zu erhalten, ...*
- *um so einen Beitrag zur nachhaltigen, langfristigen Existenzsicherung und Wertsteigerung der Gesamtunternehmung zu leisten.*

Abbildung 4-14: Zielformulierung für das Internationale Strategische Produktionsmanagement

5 Gestaltungsfelder des Internationalen Strategischen Produktionsmanagements

5.1 Überblick

Vor dem Hintergrund der zuvor entwickelten Zielsetzung des Internationalen Strategischen Produktionsmanagements (ISPM) kann nun die Aufmerksamkeit auf die strategische Gestaltung der internationalen Produktionsaktivität gerichtet werden, und zwar im Sinne eben dieser Zielsetzung. Dabei sollen insgesamt sechs strategische Gestaltungsfelder unterschieden werden, die sich aus der Verknüpfung des *strategischen Produktionsmanagements* mit dem *internationalen Management* ableiten.[1]

Es liegt nahe, die inhaltliche Abgrenzung der Gestaltungsfelder zunächst an denen des Produktionsmanagements zu orientieren. Dem 3-P-Konzept entsprechend ergeben sich somit zunächst das *Produktionsprogramm*, die *Produktionspotentiale* sowie die *Produktionsprozesse* als strategische Gestaltungsfelder.[2]

Die grenzüberschreitende Dimension des internationalen Produktionssystems erfordert es außerdem, die überbetriebliche Systemebene besonders zu berücksichtigen.[3] Diesbezüglich ist die *Produktionsstandortstruktur* als gesondertes Gestaltungsfeld herauszustellen, das vor allem die geographische Konfiguration des Produktionssystems sowie das damit verbundene Beziehungsgeflecht zwischen den Produktionsstätten erfaßt.

Ferner ist - gerade bei ausgeprägten produktionswirtschaftlichen Verflechtungen zwischen den internationalen Produktionsstätten - ein besonderes Augenmerk auf die Gestaltung der zwischenbetrieblichen Güter- und Informationsflüsse zu richten, um so die zwischenbetriebliche Versorgungssicherheit zu gewährleisten. Daher ergibt sich mit der *zwischenbetrieblichen Logistik* ein weiteres Gestaltungsfeld des ISPM, durch das vor allem Erkenntnisse des Logistikmanagements in die Überlegungen integriert werden.

Der Erkenntnisbereich des internationalen Managements wird in die zuvor genannten Gestaltungsfelder einfließen und dort besonders zur Berücksichtigung der

---

1 Siehe Abschnitt 2.4.1.

2 Siehe Abschnitt 2.2.4.

3 Siehe Abschnitt 2.4.3.

strategischen Orientierung im Spannungsfeld zwischen globaler Integration und lokaler Anpassung führen.[4] Hiermit wird gleichsam die Grundlage für die in Kapitel 6 abzuleitenden „Basisstrategien des ISPM" gelegt. Ferner sind die in Abschnitt 2.3.3.1 vorgestellten *Gestaltungsdimensionen* des internationalen Managements hervorzuheben, die ebenfalls in die Erkenntnisgewinnung einfließen werden.

Außerdem sind aus dem strategischen Gestaltungsspektrum des internationalen Managements die Fragen zu diskutieren, ob und wenn ja in welcher Form mit anderen Produzenten kooperiert werden soll und wie gegebenenfalls die Eigentumsverhältnisse an einer Produktionsstätte zu gestalten sind. Der Bearbeitung dieser Problemstellungen ist das Gestaltungsfeld *Internationalisierungsformen* gewidmet.

Abbildung 5-1 verdeutlicht die soeben herausgestellten Gestaltungsfelder des ISPM im Überblick.

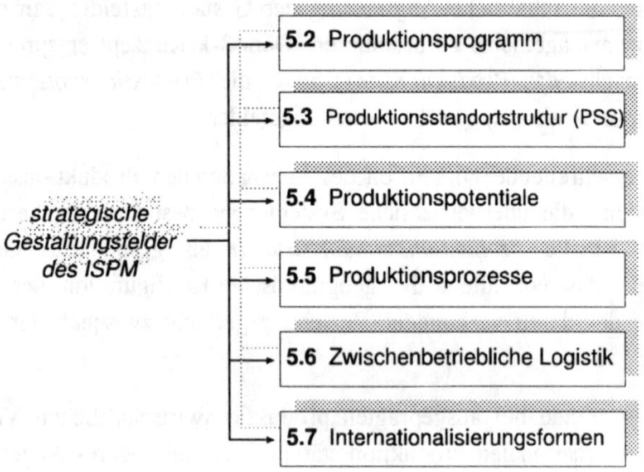

Abbildung 5-1: Inhaltlicher Aufbau des Kapitels 5

In den einzelnen Abschnitten gilt es, die verschiedenen strategischen Optionen des jeweiligen Gestaltungsfeldes zu erarbeiten, alternative Strategien abzuleiten und wenn möglich Handlungsempfehlungen für die Praxis auszusprechen. Um die Handhabung der gewonnenen Erkenntnisse in der Praxis zu erleichtern, wird für jedes der Gestaltungsfelder ein *strategischer Baustein* entwickelt, in dem die wichtigsten strategischen Optionen visualisiert sind. Die Bausteine sind so konzipiert, daß sie im Planungsfall

4 Siehe die Abschnitte 2.3.3.2 und 2.3.3.3.

als eine Art Planungsformular oder -checkliste eingesetzt werden können. Ihre Anwendung soll einerseits die vollständige Berücksichtigung aller wichtigen Gestaltungsalternativen gewährleisten. Zudem können die Bausteine nebeneinander betrachtet einen Gesamtüberblick über das strategische Gestaltungsspektrum vermitteln und das Durchspielen interdependenter strategischer Optionen erleichtern.

An dieser Stelle erscheint außerdem der Hinweis angebracht, daß die einzelnen Gestaltungsfelder nicht isoliert und unabhängig voneinander zu sehen sind, denn sie fokussieren miteinander verknüpfte und somit interdependente Teilaspekte des internationalen Produktionssystems. Die verbundenen Interdependenzen gilt es ebenso zu beachten wie das Beziehungsgeflecht zu den übrigen Systemelementen und -ebenen der internationalen Unternehmung.

5.2 Internationales Produktionsprogramm

5.2.1 Vorbemerkungen

Bevor die Gestaltung der internationalen Produktionsaktivität in den Mittelpunkt der Überlegungen gestellt werden kann, ist es zunächst erforderlich, sich mit dem zu befassen, was durch die Produktion im Sinne des lateinischen Wortursprungs[5] letztlich „hervorgebracht", also produziert werden soll. Denn schon die Zusammensetzung des Produktionsprogramms hat, wie sich zeigen wird, entscheidenden Einfluß auf die Gestaltung der internationalen Produktionsaktivität.[6]

Wie im grundlegenden Teil der vorliegenden Analyse bereits erarbeitet wurde, ist das Produktionsprogramm durch die Dimensionen *Breite* und *Tiefe* sowie durch *Innovationen*, also Neuheiten im Produktionsprogramm, bestimmt.[7] Von diesen Dimensionen werden hier erstgenannte im Mittelpunkt stehen. Dagegen sollen Produktinnovationen, die letztlich Ergebnisse von Forschungs- und Entwicklungsaktivitä-

---

5 producere (lat.) = hervorbringen.

6 Es sei darauf hingewiesen, daß das hier zu betrachtende *Produktions*programm nicht identisch sein muß mit dem *Absatz*programm, wenngleich das Absatzprogramm der international produzierenden Unternehmung in entscheidender Weise deren Produktionsprogramm mit bestimmt. Diese Abweichungen entstehen aus den unterschiedlichen Möglichkeiten, Endprodukte oder Komponenten zuzukaufen. So sind beispielsweise Handelswaren Bestandteil des Absatzprogramms, nicht aber des Produktionsprogramms. Vgl. *Becker, J.*, Marketing-Konzeption, 1993, S. 137-138; *Haupt, R.; Planer, D.*, Produktionsprogrammgestaltung, 1994, S. 80.

7 Siehe Abschnitt 2.2.4

ten sind,[8] im weiteren als Sache dieser Bereiche ausgeklammert werden. Trotzdem sind die noch folgenden Überlegungen und Empfehlungen zur Gestaltung des internationalen Produktionsprogramms schon in den Forschungs-, Entwicklungs- und Konstruktionsphasen unbedingt zu berücksichtigen, denn gerade in diesen Entstehungsphasen eines Produktes sind dessen Eigenschaften vergleichsweise leichter und kostengünstiger zu beeinflussen als in späteren Phasen des Produktlebenszyklus'.[9]

5.2.2 Breite des internationalen Produktionsprogramms

5.2.2.1 Standardisierung versus Differenzierung

Die Gestaltung der Breite des Produktionsprogramms ist mit der Frage verknüpft, wie viele verschiedene Produkte/Produktvarianten produziert werden sollen.[10] Diesbezüglich wird für die weitere Analyse besonders der Differenzierungsgrad der internationalen Programmstruktur von Interesse sein.[11] Die strategischen Optionen des Internationalen Strategischen Produktionsmanagements (ISPM) bewegen sich hier zwischen den Polen *Differenzierung* und *Standardisierung* (Unifikation). Sie können nicht nur auf die Endprodukte, sondern ebenso auf Vor- und Zwischenprodukte bezogen werden.[12]

Als Grundlage für spätere Betrachtungen gilt es zunächst, die wesentlichen Vorteile von Standardisierung und Differenzierung aufzuzeigen:

---

8 Vgl. *Kupsch, P.U.; Marr, R.; Picot, A.*, Innovationswirtschaft, 1991, S. 1074.

9 Vgl. *Jehle, E.*, Kostenfrüherkennung und Kostenfrühkontrolle, 1984, S. 264-265.

10 Vgl. *Corsten, H.*, Produktionswirtschaft, 1998, S. 233.

11 Vgl. *Perlitz, M.*, Internationales Management, 1997, S. 330-331. – Von der hier zu betrachtenden *Differenzierung*, unter der verschiedene Ausführungsformen oder Varianten eines Grundproduktes zu verstehen sind, ist die *Diversifizierung* des Produktionsprogramms zu unterscheiden. Diese beschreibt den Umfang und die Vielfalt der grundsätzlichen Produktfelder, auf denen die Unternehmung tätig ist.[1] Wenngleich Diversifizierungen nicht ohne Berücksichtigung des ISPM erfolgen können, so fallen derartige Entscheidungen dennoch vorwiegend in den Bereich des allgemeinen Managements (siehe Abschnitt 2.2.2) in Verbindung mit dem Marketingmanagement und müssen hier als weitgehend gegeben angenommen werden. Siehe hierzu die Fokussierung in Abschnitt 2.2.4. [1] Vgl. z.B. *Haupt, R.; Planer, D.*, Produktionsprogrammgestaltung, 1994, S. 82; 86.

12 Vgl. *Corsten, H.*, Produktionswirtschaft, 1998, S. 141.

Vorteile international standardisierter Produktionsprogramme

Abbildung 5-2 gibt als Ausgangspunkt für die folgenden Ausführungen einen Überblick über die wichtigsten Standardisierungsvorteile.

Vorteile standardisierter Produktionsprogramme für das ISPM

- länderübergreifende Konsistenz der Produkte
- Kostenvorteile durch die Reduzierung der Serienvielfalt
- Vereinfachung der internationalen Fertigungsplanung und -steuerung
- Kostenvorteile in der internat. Beschaffung und der internat. Logistik
- Realisierung von Kostendegressionseffekten
- wirtschaftliche Nutzung von Spezialmaschinen
- Unifikationspotentiale für die Gestaltung der internationalen Produktionsprozesse

Abbildung 5-2: Vorteile standardisierter Produktionsprogramme für das ISPM

Der erste der oben angeführten Vorteile kommt insbesondere im Hinblick auf Endprodukte zum Tragen, die bei einer internationalen Standardisierung länderübergreifend einheitlich am Markt positioniert werden können. Standardisierte Baugruppen und Produktbestandteile erleichtern zudem die internationale Ersatzteilversorgung der Abnehmer, was ebenfalls zu einem übernational einheitlichen Produktimage beiträgt.

Führt eine Standardisierung zur Reduzierung der Anzahl an Produkten, Baugruppen oder Produktbestandteilen, kann hierdurch im Falle einer Serienproduktion die Anzahl der Serien[13] verringert werden, was wiederum die Häufigkeit der Serienwechsel und die damit verbundenen Kosten wie etwa Rüstkosten potentiell reduziert.[14] Eine überschaubare Serienanzahl vereinfacht außerdem die Fertigungsplanung und -steuerung, was gerade in länderübergreifender Hinsicht ein weiterer Vorteil ist.

Ebenso besteht durch die Standardisierung die Möglichkeit, die mehrfache Verwendbarkeit von Beschaffungsobjekten zu erhöhen. So kann die Vielfalt der zu beschaffenden Teile verringert und gleichzeitig die von den verbleibenden Teilen

13 Unter einer *Serie* versteht man eine Menge homogener Produkte, die in einem Fertigungsgang ohne Unterbrechung durch Umrüstvorgänge als zeitlich geschlossener Posten (Los) produziert werden kann. Vgl. *Jehle, E.; Müller, K.; Michael, H.*, Produktionswirtschaft, 1994, S. 53; *Adam, D.*, Produktions-Management, 1997, S. 23.

14 Vgl. *Kreutzer, R.*, Global Marketing, 1989, S. 262.

jeweils zu beschaffende Menge erhöht werden, was letztlich zu Kostenvorteilen durch die Reduzierung von Beschaffungsvorgängen und/oder durch die Realisierung von Mengenrabatten führen kann.[15] Überdies verspricht eine reduzierte Teilevielfalt eine Verringerung von Transportvorgängen, eine reduzierte Lagerhaltung sowie einen erhöhten Lagerumschlag, was weitere Kostensenkungspotentiale in der Logistik eröffnet.[16]

Die Nutzung von *Kostendegressionseffekten* in der Produktion setzt zunächst voraus, daß mit der Standardisierung gleichzeitig die herzustellende Menge steigt. Dieses kann beispielsweise dann der Fall sein, wenn für eine Menge unterschiedlicher Endprodukte einige der bisher ebenfalls unterschiedlichen Vor- oder Zwischenprodukte vereinheitlicht werden, so daß sich durch Mehrfachverwendungen eine reduzierte Vielfalt der Vorprodukte ergibt, die jetzt in jeweils größeren Mengen produziert werden können.[17] Derartige Produktionsmengenerhöhungen führen in mehrfacher Hinsicht zu den besagten Kostendegressionseffekten:[18]

- Zunächst ist hier die *Fixkostendegression* zu nennen, die dadurch zum Tragen kommt, daß mit dem Anstieg der Ausbringungsmenge innerhalb einer bestimmten Zeiteinheit die stückbezogenen Fixkosten und damit ceteris paribus die gesamten Stückkosten sinken.[19]
- Daneben kommt es mit zunehmender Stückzahl zu *Lerneffekten* in der Produktion, die eine schnellere Verrichtung von Arbeitsgängen und/oder geringere Ausschußquoten zur Folge haben können und so ebenfalls zu einer mengenbedingten Senkung der Stückkosten beitragen können. (Lernkurveneffekt)[20]

---

15 Vgl. *Mair, F.*, Global Sourcing, 1995, S. 131-132.

16 Ebenda.

17 Vgl. *Wiese, H.; Geisler M.*, Standardisierung, 1996, Sp. 1899.

18 *Henderson* spricht in dieser Hinsicht von „Kosten/Erfahrungs-Zusammenhängen" (Erfahrungskurve), die ihre Ursache in „sich gegenseitig noch verstärkenden Wirkungen mehrerer gleichgerichteter Phänomene" haben. *Henderson, B. D.*, Die Erfahrungskurve, 1984, S. 26. Zu den folgenden Punkten vgl. auch *Ghoshal, S.*, Global Strategy, 1987, S. 433-434; *Schildt, B.*, Strategische Produktions- und Distributionsplanung, 1994, S. 23-24; sowie *Henderson, B. D.*, Die Erfahrungskurve, 1984, S. 19-27.

19 Vgl. z.B. *Wöhe, G.*, Betriebswirtschaftslehre, 1993, S. 603-604.

20 Vgl. *Cichon, W.*, Globalisierung, 1988, S. 50; *Hirschmann W.B.*, Learning Curve, 1964, S. 125-139. – Der angeführte *Lernkurveneffekt* ist von dem durch die Boston Consulting Group nachgewiesenen *Erfahrungskurveneffekt* zu unterscheiden. Dieser besagt, daß jede Verdoppelung der kumulierten Ausbringungsmenge die in der Wertschöpfung eines Produktes enthaltenen Kosten potentiell um 20-30 % reduziert. Während durch die Lernkurve lediglich die mit Lernprozessen verbundenen Kostenreduktionseffekte im Fertigungsbereich beschrieben werden, ist die Erfahrungskurve wesentlich weitreichender, da sie alle einem Produkt zurechenbaren Kostenelemente einschließt (z.B. Entwicklungs-, Kapital-, und Vertriebskosten sowie alle Gemeinkosten und die

Fortsetzung der Fußnote auf der nächsten Seite

- Außerdem können bei genügend großen Produktionsmengen Stückkostenvorteile dadurch entstehen, daß größere und meist auch technisch fortschrittlichere Anlagen, Verfahren oder Maschinen zunehmend wirtschaftlich werden, da ihre erhöhte Fixkostenbelastung durch eine genügend große Mengendegression aufgefangen wird und zudem die Vorteile verringerter variabler Stückkosten zum Tragen kommen.[21] Es läßt sich zeigen,[22] daß mit wachsender Ausbringungsmenge der sukzessive Übergang zu kapitalintensiveren Fertigungsverfahren - mit jeweils erhöhten Fixkosten (gesamt) und gleichzeitig reduzierten proportionalen Kosten (pro Stück) - von Vorteil ist, da so die jeweils geringsten Stückkosten realisiert werden. Dieser als *„economies of (large) scale“*[23] oder *„Betriebsgrößendegression“*[24] bezeichnete Zusammenhang abnehmender Stückkosten bei *mutativer Betriebsgrößenvariation*[25] setzt entsprechend große Produktionsmengen voraus, die zum Beispiel durch internationale Standardisierungsbestrebungen erreicht werden können.

Der in Abbildung 5-2 angeführte Vorteil der *wirtschaftlichen Nutzung von Spezialmaschinen* beruht letztlich ebenfalls auf der beschriebenen Fixkostendegression. Es wird davon ausgegangen, daß Spezialmaschinen mit vergleichsweise hohen Fixkosten verbunden sind und für einen wirtschaftlichen Einsatz entsprechend hohen Produktionsmengen erfordern.[26] Diese können - wie oben beschrieben - zum Beispiel durch internationale Standardisierungen im Produktionsprogramm erreicht werden.

Weiterhin setzen standardisierte Produktionsprogramme auch entsprechende Unifikationspotentiale für die Gestaltung der international verteilten Produktionsprozesse frei.[27] Diesbezüglich sei insbesondere auf die entsprechenden Ausführungen in Abschnitt 5.5.2 zum Stichwort „internationale Prozeßsimilaritäten“ verwiesen.

Fertigungslöhne). Die Lernkurve repräsentiert gerade eines mehrerer Phänomene, auf denen die Erfahrungskurve beruht. Vgl. *Henderson, B. D.*, Die Erfahrungskurve, 1984, S. 16; 19; 20 u. 26.

21 Vgl. *Jehle, E.; Müller, K.; Michael, H.*, Produktionswirtschaft, 1994, S. 154-156.

22 Vgl. *Gutenberg, E.*, Die Produktion, 1983, S. 431-434.

23 Siehe z.B. *Gutenberg, E.*, Die Produktion, 1983, S. 429, 430.

24 Siehe z.B. *Jehle, E.; Müller, K.; Michael, H.*, Produktionswirtschaft, 1994, S. 156.

25 Vgl. *Gutenberg, E.*, Die Produktion, 1983, S. 423, 428-431. In Abgrenzung dazu unterscheidet *Gutenberg* die *„multiple“* Betriebsgrößenvariation, die im Falle größeren Kapazitätsbedarfes lediglich eine Vervielfachung der vorhandenen Anlagen umfaßt, ohne daß die Produktionsbedingungen wesentlich verändert werden. Vgl. *Gutenberg, E.*, Die Produktion, 1983, S. 423-428.

26 Vgl. *Henderson, B. D.*, Die Erfahrungskurve, 1984, S. 26-27; *Kern, W.*, Industrielle Produktionswirtschaft, 1992, S. 54-55.

27 Vgl. *Kable, G.*, VW's strategy, 1996, S. 37; *Wiese, H.; Geisler M.*, Standardisierung, 1996, Sp. 1898; *Kreutzer, R.*, Global Marketing, 1989, S. 264-265.

Die Nachteile standardisierter Produktionsprogramme lassen sich im wesentlichen aus den Vorteilen differenzierter (= gering standardisierter) Programme ableiten, die im folgenden betrachtet werden.

Vorteile international differenzierter Produktionsprogramme

Eine Übersicht über die wichtigsten Differenzierungsvorteile liefert Abbildung 5-3:

Vorteile differenzierter Produktionsprogramme für das ISPM

- Anpassung an lokale Marktbedingungen, lokale Markt- und Kundennähe
- Risikominderung durch internat. unterschiedliche Produkte und Märkte
- Möglichkeiten zur Minderung des Risikos der Produktnachahmung durch Konkurrenten
- Flexibilität bei internationalen Markt- und Umweltveränderungen
- breiter Erfahrungs- und Kompetenzhorizont aufgrund der internationalen Produkt- und Prozeßvielfalt

Abbildung 5-3: Vorteile differenzierter Produktionsprogramme für das ISPM

Wird ein hoher internationaler Standardisierungsgrad zugunsten einer Programmdifferenzierung vermieden, können international unterschiedliche Marktbedingungen stärker berücksichtigt werden. Die Produktanpassung an lokal verwurzelte Marktanforderungen und Nutzenerwartungen der Abnehmer steht hier im Vordergrund. Die Produktdifferenzierung ermöglicht ein entsprechend breit angelegtes Produkt-Markt-Portfolio und somit eine Streuung des Absatzrisikos. Die lokale Produktkompetenz führt zu sehr spezifischen Produkten, die vergleichsweise schwieriger durch internationale Konkurrenten imitierbar sein dürften als unangepaßte, standardisierte Einheitsprodukte.

Eine Differenzierung des Produktionsprogramms steht einer umfangreichen Unifizierung der Produktionsprozesse tendenziell entgegen.[28] Die Prozesse sind weniger auf die Erzielung von mengeninduzierten Kostendegressionseffekten ausgerichtet, sie weisen dafür aber den Vorteil größerer Flexibilität auf. Die Vielfalt der Problemlö-

---

[28] Hier ist jedoch anzumerken, daß die Entwicklung und Implementierung *flexibler Fertigungskonzepte* zu einer Entkräftung des Zielkonfliktes zwischen der Produktdifferenzierung und der Prozeßstandardisierung beiträgt. [Vgl. *Kreutzer, R.*, Global Marketing, 1989, S. 264-265] Das kann zu einer Relativierung des oben angeführten Argumentes führen.

sungsmöglichkeiten führt hier zu einer besseren Anpassungsfähigkeit an nationale und internationale Markt- und Umweltveränderungen, als dies bei hoch standardisierten Produkten und Prozessen der Fall ist.[29]

Ein weiterer Vorteil differenzierter Produktionsprogramme ist der breite Erfahrungs- und Kompetenzhorizont, der durch die unterschiedlichen Produkte oder Produktvarianten entsteht. Er kann Synergien in den verschiedenen Bereichen der Unternehmung wie der Forschung und Entwicklung, der Produktion oder etwa dem Marketing freisetzen.

Zielkonflikt zwischen Standardisierung und Differenzierung

Zusammenfassend lassen sich die unterschiedlichen Vorteile von Standardisierung und Differenzierung im Kern auf den Zielkonflikt zwischen der Erzielung von *Kostenvorteilen* einerseits und der Sicherung von *Flexibilität* und *lokaler Anpassung* andererseits reduzieren.[30] Wie ausgeprägt dieser Zielkonflikt im Einzelfall ist, wird entscheidend durch die internationalen Markt- und Umweltbedingungen bestimmt:

Handelt es sich um *globale* Märkte mit international konvergierenden Bedürfnissen und Nutzenerwartungen der Abnehmer,[31] besteht wenig Anlaß zur lokalen Anpassung der Produkte.[32] Es können durch internationale Standardisierungen im Produktionsprogramm die damit verbundenen Vorteile genutzt werden, ohne daß Nachteile aus einer mangelnden lokalen Anpassung befürchtet werden müssen. Der zuvor beschriebene Zielkonflikt ist hier nicht sehr ausgeprägt. Allerdings ist zu berücksichtigen, daß eine konsequente Programmstandardisierung die strategische Flexibilität einschränkt, so daß auf Veränderungen der Markt- und Umweltbedingungen nur mit entsprechender Verzögerung reagiert werden kann.[33]

Sind die internationalen Märkte dagegen *lokal* verwurzelt und dadurch entsprechend heterogen, ist ein eher differenziertes Produktionsprogramm erforderlich, dessen Produkte auf die verschiedenen lokalen Marktanforderungen und Umweltbedingungen

---

29 Vgl. *Ghoshal, S.*, Global Strategy, 1987, S. 434; *Reese, J.*, Standardisierung, 1993, Sp. 3949.

30 Vgl. *Cichon, W.*, Globalisierung, 1988, S. 76-79; *Macharzina, K.*, Unternehmensführung, 1995, S. 731.

31 Vgl. *Levitt, Th.*, The Globalization of Markets, 1983, S. 92-94; *Henzler, H.; Rall, W.*, Aufbruch in den Weltmarkt, 1985, S. 179-182; *Meissner, H.G.*, Strategisches Internationales Marketing, 1995, S. 139-140.

32 Vgl. *Wiese, H.; Geisler M.*, Standardisierung, 1996, Sp. 1901.

33 Vgl. *Cichon, W.*, Globalisierung, 1988, S. 49.

ausgerichtet sind.[34] Die Potentiale für umfassende internationale Produktstandardisierungen sind damit begrenzt. Der oben beschriebene Zielkonflikt ist hier vergleichsweise stark ausgeprägt, da die Vorteile der gebotenen Differenzierung zwar genutzt werden können, dadurch aber gleichzeitig auf mögliche Standardisierungsvorteile verzichtet werden muß.

5.2.2.2 Ansätze zur Lösung des Zielkonfliktes zwischen Standardisierung und Differenzierung

Der Gestaltungsspielraum des ISPM zum Ausgleich des aufgezeigten Zielkonfliktes ist zumindest im Hinblick auf die Endprodukte als relativ gering einzustufen, da die diesbezüglichen Parameter durch die internationalen Marktbedingungen sowie die entsprechenden Marketingstrategien als weitgehend gegeben angesehen werden müssen. Die Chancen des ISPM zum Konfliktausgleich zwischen Standardisierung und Differenzierung eröffnen sich vielmehr bei der Betrachtung der Endprodukt*bestandteile*, also der Vor- und Zwischenprodukte. Hier muß es gelingen, Standardisierungspotentiale zu erschließen und zugleich den erforderlichen Differenzierungsgrad der Endprodukte zu gewährleisten, um damit gleichzeitig die Vorteile beider Orientierungen miteinander zu verbinden und den besagten Zielkonflikt so zu entkräften.

Bevor die Argumentation fortgeführt wird, bietet es sich an dieser Stelle an, einen kurzen Überblick über die grundsätzlichen Standardisierungsmöglichkeiten zu geben: Im Hinblick auf die vorgenommene Unterscheidung der Standardisierungsobjekte in End- und Vor-/Zwischenprodukte lassen sich zunächst zwei grundsätzliche Formen der Standardisierung abgrenzen: Die *Typung* (Typisierung) und die *Normung*.
Während die Typung gerade die Vereinheitlichung von ganzen Produkten umfaßt, bezieht sich die Normung auf die Vereinheitlichung von Produktteilen oder -elementen eines Endproduktes.[35] Normen sind vorwiegend auf die Festlegung technischer Merkmale gerichtet. Sie können in ihrem Geltungsbereich auf die Unternehmung beschränkt sein (Werksnormen) oder überbetriebliche Gültigkeit haben (z.B. Verbandsnormen, nationale Normen oder internationale Normen).[36]

---

34 Vgl. *Kreutzer, R.*, Global Marketing, 1989, S. 199; *Meissner, H.G.*, Marketing im Gemeinsamen Europäischen Markt, 1990, S. 117-118; *Perlitz, M.*, Internationales Management, 1997, S. 331.

35 Vgl. *Jehle, E.; Müller, K.; Michael, H.*, Produktionswirtschaft, 1994, S. 28-30.

36 Vgl. *Reese, J.*, Standardisierung, 1993, Sp. 3941-3943.

Kommt es durch konsequente Standardisierung zu einer Menge vereinheitlichter Produktelemente, die durch unterschiedliche Kombinationen zu verschiedenen Endprodukten zusammengefügt werden können, so spricht man von einem sogenannten *Baukastensystem.*[37] Die Elemente eines solchen Baukastensystems werden auch als *Bausteine* oder *Module* bezeichnet.

Für das ISPM bietet neben der Normung insbesondere die Realisierung von Baukastensystemen eine Möglichkeit, den oben beschriebenen Zielkonflikt zwischen internationaler Standardisierung und internationaler Differenzierung zumindest teilweise auszugleichen. Die Grundlage eines Baukastensystems ist im Bereich von Vor- und Zwischenprodukten die Vereinheitlichung gleichartiger oder verwandter Produktbestandteile verschiedener Endprodukte zu einer überschaubaren Anzahl an Modulen (Bausteinen). Diese Module sollten *montagegerecht*[38] gebildet werden und durch einen hohen Grad der internationalen Mehrfachverwendbarkeit in den unterschiedlichen Endprodukten gekennzeichnet sein,[39] um auf diese Weise einen möglichst hohen Grad *auftrags-* beziehungsweise *kundenneutraler* Produktkomponenten zu erreichen.[40]

Das so *modularisierte* Produktionsprogramm ermöglicht durch international große Bedarfsmengen der einzelnen Module die Realisierung von Kostendegressionseffekten in der Produktion, es führt potentiell zu einer Reduzierung der Rüstvorgänge und -kosten und es mindert die Komplexität der internationalen Produktionsplanung und -steuerung. Zudem sind auch für die angrenzenden Bereiche wie die Beschaffung oder etwa die Konstruktion Vereinfachungen und Kostenvorteile zu erwarten. Neben diesen Rationalisierungsvorteilen eines modularisierten Produktionsprogramms gewährleisten die Kombinationsmöglichkeiten der Module zugleich eine marktorientierte Typenvielfalt.[41]

Diese Typenvielfalt kann zusätzlich erhöht werden, indem einzelne Module in mehreren Varianten vorgesehen werden.[42] Dabei erfüllen die verschiedenen Varianten eines bestimmten Moduls dieselbe Hauptfunktion im Hinblick auf die Gesamtfunktion

---

37 Vgl. *Corsten, H.*, Produktionswirtschaft, 1998, S. 141.

38 Eine Zusammenfassung zahlreicher Kriterien, Regeln und Empfehlungen, die bei einer *montagegerechten* Produktgestaltung beachtet werden sollten, liefert zum Beispiel: *Warnecke, H.-J.*, Der Produktionsbetrieb, Band 2, 1995, S. 61-64.

39 Vgl. *Walter, A.C.*, Strategien bei internationaler Produktion, 1993, S. 75.

40 Vgl. *Wüpping, J.*, Produktstrukturen, 1998, S. 78-79.

41 Vgl. *Hansmann, K.-W.*, Industrielles Management, 1997, S. 80; *Wiese, H.; Geisler M.*, Standardisierung, 1996, Sp. 1902.

42 Zu den folgenden Ausführungen über variantenreiche Modulstrukturen vgl. *Wüpping, J.*, Produktstrukturen, 1998, S. 77-81.

des Endproduktes, das allerdings variantenabhängig in unterschiedlicher Weise. Mit der Anzahl der Modulvarianten - man spricht hier auch von der „Tiefe" der Modulstruktur - steigt die Anzahl alternativer Modulkombinationen und damit die Typenvielfalt der Endprodukte. Die Einplanung von Modulvarianten sollte allerdings mit dem notwendigen Augenmaß betrieben werden, da sonst die Gefahr besteht, die angestrebten Standardisierungsvorteile durch zu variantenreiche Modulstrukturen wieder einzubüßen. Ferner sind einheitliche Einbau-, Anbau- und Montagebedingungen der unterschiedlichen Varianten eines Moduls zu gewährleisten, um damit Schnittstellenprobleme im Produktionsprozeß zu vermeiden.

Eine ebenfalls vielversprechende Alternative zur Gewährleistung einer marktgerechten Typenvielfalt besteht darin, gezielt jene Produktbestandteile von den Modularisierungsbestrebungen auszunehmen, die als maßgebliche Träger von Produktdifferenzierungen anzusehen sind. Ist etwa das Produktdesign ein derartiger *Differenzierungsträger*, können Modularisierungen auf *nicht* sichtbare Produktbestandteile beschränkt werden, um so gleichzeitig Differenzierungsspielräume im Bereich der äußeren Produktgestaltung zu erhalten.

Daß trotz der Wahrung derartiger Differenzierungsspielräume umfangreiche Standardisierungspotentiale bei der Produktgestaltung bestehen können, belegt folgendes Zitat für den Bereich des Automobilbaus: „Für die Imagebildung, so schätzen Experten, kommen sowieso nur höchstens 15 Prozent aller Komponenten eines Autos in Frage. Das Design etwa oder auch der Motor."[43] Folgt man dieser Einschätzung, sind in besagter Branche circa 85 Prozent der Teile und Komponenten potentiell für Standardisierungen geeignet, während nur etwa 15 Prozent der Teile und Komponenten benötigt werden, um damit maßgebliche imagebezogene Produktdifferenzierungen zu erzielen.

Bei der Realisierung von modularen Produktionsprogrammen muß der Produktionsmanager in der Praxis aber immer auch die Auswirkungen auf das Absatzprogramm im Auge behalten, denn eine übertriebene Modularisierung kann die Marktchancen der Endprodukte negativ beeinflussen. Kritisch ist außerdem anzumerken, daß durch eine Modularisierung möglicherweise Redundanzen im internationalen Produktionsprogramm in Kauf genommen werden müssen, da die Mehrfachverwendbarkeit der Module zu Moduleigenschaften oder -funktionen führt, die nicht für jedes der resultierenden Endprodukte benötigt werden.[44]

---

[43] *Kaiser, H.*, Autozulieferer, 1993, S. 21.

[44] Vgl. *Wiese, H.; Geisler M.*, Standardisierung, 1996, Sp. 1902; *Corsten, H.*, Produktionswirtschaft, 1998, S. 141.

Die folgende Abbildung 5-4 visualisiert die Einordnung der Modularisierung im Spannungsfeld zwischen der internationalen Standardisierung (Unifizierung) und der internationalen Differenzierung. Die Grafik macht die vermittelnde Position der Modularisierung deutlich, die neben der Realisierung von Standardisierungsvorteilen zugleich marktorientierte Produktanpassungen erlaubt.

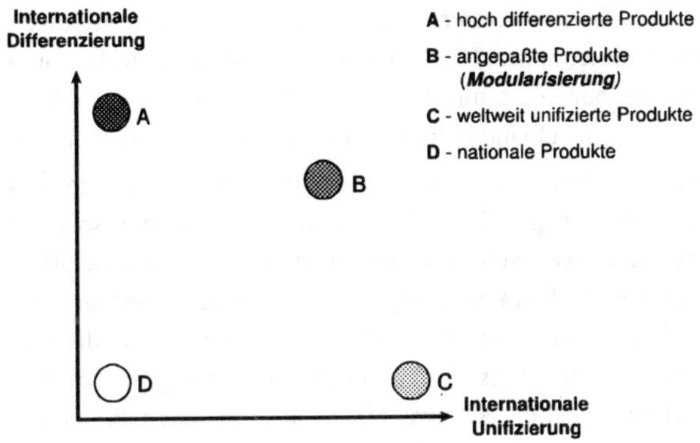

Abbildung 5-4: Strategietypen im Entscheidungsfeld zwischen Unifizierung und Differenzierung[45]

Wie konsequent eine Modularisierung von Vor- und Zwischenprodukten verschiedener Endprodukte vollzogen werden kann, zeigt folgendes Praxisbeispiel aus der Automobilbranche:[46]

Vor dem Hintergrund der Globalisierung des Produktionsnetzwerkes und dem zunehmenden Kostendruck im internationalen Wettbewerb entschloß sich die Führung des Volkswagen-Konzerns im Jahr 1993, das Produktionsprogramm einer umfangreichen Standardisierung zu unterziehen. Die von VW als *Plattformstrategie* bezeichneten Bestrebungen zielen in dem noch andauernden Standardisierungsprozeß auf eine Reduzierung von bisher 16 auf künftig 4 der sogenannten Plattformen. Auf diesen 4 Plattformen, die jeweils aus Unterbau, Motor, Getriebe, Achsen, Radaufhängungen, Bremsen und Rädern bestehen, werden künftig alle weltweit produzierten und abgesetzten PKW-Modelle der VW-Gruppe basieren.

---

45 Abbildung aus: *Meissner, H.G.*, Strategisches Internationales Marketing, 1995, S. 172.

46 Das folgende Beispiel stützt sich auf das mit den Herren Kalisch und Dr. Elsner geführte Expertengespräch sowie auf folgende Publikation: *Kable, G.*, VW's strategy, 1996, S. 37; *Chew, E.*, Global Platforms, 1996, S. 4. Vgl. auch Volkswagen AG (Hrsg.), Geschäftsbericht '97, S. 32-33.

So werden beispielsweise auf der kleinsten AO-Plattform (interne Bezeichnung) neben dem VW Polo sowohl die kleinsten Seat- wie auch die kleinsten Skodamodelle aufgebaut. Die zentrale Plattform im Programm mit einer für das Jahr 2000 veranschlagten Stückzahl von ca. 1,4 Millionen jährlich ist die intern mit „A" bezeichnete Plattform. Auf dieser basieren neben allen VW Golf- und Audi A3-Modellen zum Beispiel auch der VW Beetle, der Seat Toledo und der Skoda Octavia. Die sogenannte B/C-Plattform liefert die Grundlage für die Modelle Audi A4, A6 und VW Passat. Das Oberklassenmodell des Konzerns, der Audi A8, basiert auf einer gesonderten Plattform (interne Bezeichnung „D"), so daß sich eine Gesamtzahl von 4 Plattformen ergibt.[47] Die technischen Zusammensetzungen der beschriebenen Plattformen sind jeweils vorgegeben, variabel sind lediglich der Radstand und die Plattformlänge.

Die wesentlichen Vorteile, die man sich von dieser Strategie erhofft, sind umfangreiche Kostensenkungen in der Entwicklung und der Produktion sowie damit verbunden beträchtliche Gewinnschwellenreduzierungen um etwa bis zu 30 %. Außerdem sieht man hier eine Grundvoraussetzung für eine wettbewerbsfähige Gestaltung der weltweiten Produktionsbasis. Am Ende der konsequenten Standardisierungsbestrebungen soll ein stark modularisiertes Produktionsprogramm stehen, dessen unterschiedliche Fahrzeuge (Endprodukte) zu etwa 60 % aus Bauteilen bestehen, die auch in anderen Fahrzeugen der VW-Gruppe enthalten sind. Die erforderlichen Produktdifferenzierungen werden vorwiegend durch die Gestaltung der sichtbaren Produktbestandteile wie Karosserie oder Innenausstattung realisiert, während „unter dem Blech" vereinheitlichte Bauteile vorzufinden sind.

Die hier am Beispiel VW vorgestellte Plattformstandardisierung wird im übrigen auch von anderen Automobilherstellern verfolgt. So strebt beispielsweise General Motors eine Reduzierung von 14 auf 7, Peugeot-Citroen eine Reduzierung von 8 auf 3 oder etwa Fiat eine Reduzierung auf 4 Basisplattformen an.[48] In Fachkreisen wird prognostiziert, daß im Jahre 2000 nur noch sieben Plattformen von vier Automobilherstellern den globalen Wettbewerb in der Branche maßgeblich bestimmen werden. Diese Plattformen werden dann durch deren standardisierungsbedingte Mehrfachverwendbarkeit Produktionsvolumina von jeweils über 1 Million Mengeneinheiten pro Jahr und weltweit erreichen.[49] *(Ende des Beispiels)*

Die bisherigen Betrachtungen konnten zeigen, daß die Anwendbarkeit der strategischen Option „Produktionsprogrammstandardisierung" keineswegs nur auf globale

---

47 Aufgrund der vergleichsweise geringen Stückzahl der D-Plattform wird diese mitunter ausgeklammert, so daß - bezogen auf die übrigen Plattformen - auch von einer Reduzierung von zuvor 15 auf jetzt 3 Plattformen gesprochen werden kann. So z.B. bei *Kable, G.*, VW's strategy, 1996, S. 37.

48 Vgl. *Chew, E.*, Global Platforms, 1996, S. 4.

49 Vgl. *Chew, E.*, Million-unit platforms, 1996, S. 1;37.

Produkte, die auf weltweit konvergierende Nachfragestrukturen stoßen, beschränkt sein muß. Vielmehr bestehen gerade auch im Fall international differenzierter Marktanforderungen zahlreiche Standardisierungspotentiale im Produktionsprogramm, die es zu nutzen gilt. Der Standardisierungsgrad des Produktionsprogramms wird in besonderem Maße die noch zu erarbeitenden Gestaltungsmöglichkeiten internationaler Produktionsaktivitäten beeinflussen.

Schon an dieser Stelle kann festgestellt werden, daß im Rahmen des ISPM ein gewisses Standardisierungsmaß nicht nur wünschenswert, sondern vielmehr notwendig erscheint. In diesem Sinne bezeichnet zum Beispiel *Fayerweather* das Unifikationspotential - bezogen auf Produkte und Prozesse - als die *„Raison d' être"* für internationale Unternehmungen.[50]

5.2.3 Internationale Fertigungstiefe

5.2.3.1 Grundlagen zur Fertigungstiefengestaltung

Mit der *Fertigungstiefe* wird gerade der Teil des gesamten Produktionsprozesses beschrieben, der bezogen auf die Endprodukte der Koordination des Marktes entzogen ist und innerhalb der Unternehmung durchgeführt wird.[51] Die Fertigungstiefe charakterisiert mit anderen Worten also den Wertschöpfungsanteil, den eine Unternehmung im eigenen und hier internationalen Produktionssystem erbringt, und zwar bezogen auf die insgesamt für die Endprodukte erforderliche Wertschöpfung.[52] Die Fertigungstiefe definiert folglich den Umfang und die Komplexität der internationalen Produktionsaufgabe und somit die Anforderungen an das internationale Produktionssystem.[53]

Da die Bestimmung der Produktionsprogrammtiefe überwiegend auf Wahlentscheidungen zwischen Eigenfertigung und Fremdbezug (Make-or-Buy-Entscheidungen) hinausläuft,[54] wird durch sie auch die Aufgabenstellung des Beschaffungssystems

---

50 Vgl. *Fayerweather, J.*, Internationale Unternehmung, 1989, Sp. 946.

51 Vgl. *Bohr, K.; Weiß, M.*, Bestimmung der optimalen Fertigungstiefe, 1994, S. 341-342.

52 Vgl. *Vahrenkamp, R.*, Produktionsmanagement, 1998, S. 253; *Adam, D.*, Produktions-Management, 1997, S. 188; *Zäpfel, G.*, Strategisches Produktions-Management, 1989, S. 132.

53 Vgl. *Adam, D.*, Produktions-Management, 1997, S. 187 in Verbindung mit S. 30-31.

54 Vgl. *Reichwald, R.; Dietel, B.*, Produktionswirtschaft, 1991, S. 422; *Bohr, K.; Weiß, M.*, Bestimmung der optimalen Fertigungstiefe, 1994, S. 341.
Einzige Ausnahme bildet die weiter unten beschriebene „Vorwärtsintegration", die zu einer Veränderung der Fertigungstiefe führt, ohne daß dies mit einer Make-or-Buy-Entscheidung verbunden ist. Siehe die entsprechenden Ausführungen im folgenden Abschnitt 5.2.3.2.

bestimmt. Die Gestaltung der Fertigungstiefe repräsentiert somit eine hochinterdependente Schnittstelle zwischen zwei Systemelementen der internationalen Unternehmung.

Für den internationalen Produzenten erscheint die Gestaltung der Fertigungstiefe in einer erweiterten, eben internationalen Dimension, denn auch die verbundenen Make-or-Buy-Entscheidungen sind in entsprechendem Kontext zu treffen: Zum einen beschränken sich die Alternativen zur Eigenfertigung nicht auf nationale Grenzen, zum anderen ergeben sich hieraus auch potentielle Möglichkeiten zum internationalen Fremdbezug. Auf diese Weise können neben internationalen Standortdifferenzen auch auf den Beschaffungsmärkten internationale Kosten- und Leistungsdifferentiale ausgeschöpft werden.[55] Gleichzeitig liefern die internationalen Beschaffungsmöglichkeiten einen Maßstab für die *Wettbewerbsfähigkeit* der eigenen betrieblichen Leistungen, denn die Überprüfung der Fertigungstiefe stellt ja gerade die internen Wertschöpfungsprozesse zur Disposition.[56] Die angedeuteten Interdependenzen zwischen der internationalen Produktion und der (internationalen) Beschaffung gebieten also auch an dieser Stelle eine funktionsübergreifende Denk- und Sichtweise in der Managementpraxis.[57]

In der Fachterminologie wird die Fertigungstiefe synonym auch als „vertikale Integration" der Fertigung bezeichnet.[58] Im Hinblick auf die Gestaltung der *vertikalen Integration* lassen sich zunächst zwei grundsätzliche Dimensionen unterscheiden: Bezüglich des Anteils der eigendurchgeführten Teilprozesse am Gesamtproduktionsprozeß spricht man von der *strukturellen* Dimension der vertikalen Integration, während der eigendurchgeführte Anteil am jeweiligen Gesamtbedarf eines Teilprozesses als *mengenmäßige* Dimension bezeichnet wird.[59] Es stellt sich für den Produktionsmanager folglich nicht nur die Frage, welche Produktionsstufen im eigenen Produktionssystem produziert werden sollen, sondern es gilt auch zu klären, welche Mengeneinheiten jeweils herzustellen sind. So ist es denkbar, daß nur ein Teil des Gesamtbedarfes einer Produktionsstufe selbst produziert wird und der andere Teil

---

55 Vgl. *Fieten, R.*, Internationalisierung, 1991, S. 57.

56 Vgl. *Werner, H.*, Global Manufacturing, 1990, S. 60.

57 Einen Ansatz hierzu liefert beispielsweise *Werner*, der die Koppelung eines weltweit organisierten Produktionsverbundes („Global Manufacturing") und einer global angelegten Beschaffungsphilosophie („Global Sourcing") am Beispiel des Nutzfahrzeugbereiches von Daimler-Benz aufzeigt. Vgl. *Werner, H.*, Internationalisierungsstrategien, 1991, S. 22-25; oder *Werner, H.*, Global Manufacturing, 1990, S. 49-62.

58 Vgl. *Picot, A.*, Leistungstiefe, 1991, S. 337; *Reichwald, R.; Dietel, B.*, Produktionswirtschaft, 1991, S. 422.

59 Vgl. *Bohr, K.; Weiß, M.*, Bestimmung der optimalen Fertigungstiefe, 1994, S. 342.

somit fremdbezogen wird, was man auch als *partielle Integration* bezeichnet.[60] Ebenso ist es möglich, mengenmäßig mehr als nur den Eigenbedarf zu produzieren und diese Überproduktion am Markt anzubieten.[61]

Für Veränderungen der internationalen Fertigungstiefe ergeben sich mit der *Expansion* und der *Reduktion* zwei grundsätzliche strategische Stoßrichtungen, die in den folgenden Abschnitten näher untersucht werden sollen.

5.2.3.2 Expansion der internationalen Fertigungstiefe

Zur Ausweitung der vertikalen Integration lassen sich zwei *Expansions*richtungen unterscheiden: Werden bisher von Kunden durchgeführte Produktionsprozesse in das eigene Produktionssystem integriert, spricht man von *Vorwärtsintegration* oder *downstream integration*.[62] Entsprechend handelt es sich um eine *Rückwärtsintegration* oder *upstream integration*, wenn die Produktion bislang fremdbezogener Vorprodukte selbst übernommen wird, also bisher durch Lieferanten durchgeführte Produktionsprozesse in das eigene Produktionssystem integriert werden.[63] Während eine Vorwärtsintegration zu einer Neufestlegung des Absatzprogramms führt, geht die Rückwärtsintegration mit Make-or-Buy-Entscheidungen einher.[64] Der Entschluß zu einer Expansion der internationalen Fertigungstiefe kann durch zahlreiche Ereignisse ausgelöst werden, von denen einige hier beispielhaft angeführt seien. So sind folgende Gründe als Auslöser denkbar:[65]

- Der Wegfall internationaler Beschaffungsquellen.
- Ein dauerhafter Bedarfsanstieg, der die Eigenproduktion rentabel macht.
- Nachhaltige Preissteigerungen auf Beschaffungsmärkten.
- Die Leistungsanforderungen können durch internationale Lieferanten langfristig nicht mehr erfüllt werden.

---

60 Vgl. *Picot, A.*, Leistungstiefe, 1991, S. 351.

61 Siehe hierzu das Beispiel „Vorwerk“ im folgenden Abschnitt 5.2.3.2.

62 Vgl. *Adam, D.*, Produktions-Management, 1997, S. 188-199; *Reichwald, R.; Dietel, B.*, Produktionswirtschaft, 1991, S. 422; *Zäpfel, G.*, Strategisches Produktions-Management, 1989, S. 132-133.

63 Ebenda.

64 Vgl. *Männel, W.*, Eigenfertigung und Fremdbezug, 1981, S. 2.

65 Vgl. *Männel, W.*, Eigenfertigung und Fremdbezug, 1981, S. 30.

Fortsetzung „Gründe für eine Expansion der internationalen Fertigungstiefe":

- Die Nutzung langfristig freier Kapazitäten im internationalen Produktionssystem.
- Verfahrens- und Prozeßinnovationen im internationalen Produktionssystem, die zukünftig eine rentable Eigenfertigung ermöglichen.
- Marktstrategische Überlegungen auf der Absatzseite.
- ...

Eine Möglichkeit, die Erhöhung der Fertigungstiefe als strategische Option zur Stärkung der eigenen Wettbewerbsfähigkeit zu nutzen, zeigt folgendes Beispiel aus dem empirischen Untersuchungsteil:[66] In der Vergangenheit wurde innerhalb des Vorwerk-Konzerns eine umfangreiche Restrukturierung aller Geschäfts- und Unternehmungsbereiche durchgeführt. Wesentliche Veränderung für das Produktionssystem ist die Neuordnung der internationalen Betriebsteile zu sogenannten „Autonomen Fertigungseinheiten", kurz „AFE" genannt. Diese sind jeweils durch ein hohes Maß an Selbständigkeit gekennzeichnet und führen u.a. die Aktivitäten Beschaffung, Disposition, Qualitätskontrolle und Produktionsplanung eigenverantwortlich durch. Zusätzlich soll in der Zukunft denjenigen AFE, die marktfähige Vor-/Zwischenprodukte oder Baugruppen wie zum Beispiel Elektromotoren produzieren, die Möglichkeit eingeräumt werden, die Erzeugnisse auf internationalen Märkten anzubieten. So werden auch die Vorproduktionsstufen einer externen Wettbewerbssituation ausgesetzt. Davon erhofft man sich bei Vorwerk neben Umsatzsteigerungen vor allem auch positive Impulse für die ständige Verbesserung der Leistungsfähigkeiten und Kostensituationen der internationalen AFE.

Das vorstehende Beispiel zeigt eine spezielle Facette der Fertigungstiefengestaltung, die differenzierter untersucht werden soll: Als grundlegender Schritt wird den einzelnen Teilprozessen oder Betriebsteilen des internationalen Produktionssystems zunächst eine gewisse Eigenständigkeit gewährt, indem sie die jeweiligen Vor-/Zwischenprodukte, Baugruppen oder Module auch externen Abnehmern anbieten dürfen. Geht man davon aus, daß die grundsätzlichen Produktionsaufgaben der internationalen Produktionseinheiten oder -betriebe (im Beispiel die AFE) durch die übergreifende Gesamtaufgabe des Produktionssystems weitestgehend definiert sind, erstreckt sich die fertigungstiefenbezogene Gestaltungsautonomie insbesondere auf die Produktionsmengen, also die ***mengenmäßige*** Dimension der Fertigungstiefe. Diese Gestaltungsautonomie der einzelnen Produktionsstätten bietet zwei wesentliche Vorteile:

---

[66] Das folgende Praxisbeispiel stützt sich auf das mit Herrn *Freimüller* geführte Expertengespräch.

Erstens können auf diese Weise noch freie Kapazitäten, die aufgrund der Unteilbarkeit von Produktionsfaktoren nicht reduzierbar sind, genutzt werden und so Leerkostenanteile der Fixkosten in Nutzkosten umgewandelt werden.[67]

Zweitens erfordert der konkurrenzfähige Marktauftritt eine permanente und wettbewerbsorientierte Überprüfung der eigenen Kostensituation sowie der eigenen Leistungsfähigkeit, was die schnelle und realistische Einschätzung eigener Stärken und Schwächen fördert. Es wird hier über die *mengenmäßige* Dimension der Fertigungstiefe auch für vorgelagerte Produktionsstufen eine extern ausgerichtete Wettbewerbssituation geschaffen, die neben einer zusätzlichen Umsatzerzielung zugleich auf die Erschließung von Rationalisierungspotentialen im internationalen Produktionssystem abzielt.

Da als Folge der soeben beschriebenen Strategie das Absatzprogramm der Gesamtunternehmung verändert wird,[68] ist hier unbedingt die Abstimmung mit dem internationalen Marketing geboten.

Auf die Diskussion der *beschaffungsseitigen* Expansionsrichtung (Rückwärtsintegration) wird an dieser Stelle verzichtet, da sich die verschiedenen Beurteilungskriterien jeweils aus der Umkehrung der Vor- und Nachteile des im folgenden Abschnitt zu betrachtenden Outsourcing ableiten lassen.

5.2.3.3 Reduktion der internationalen Fertigungstiefe

Die *Reduktion* der internationalen Fertigungstiefe bezieht sich insbesondere auf den Bereich von Vor- und Zwischenprodukten, also auf Produktbestandteile. Daneben ist auch die Übertragung mehrerer Produktionsstufen inklusive der Endfertigung auf selbständige Unternehmungen denkbar.[69] Eine Fertigungstiefenreduktion ist gleichbedeutend mit dem Übergang von der Eigenfertigung zum Fremdbezug der betroffenen Produktionsstufen. Diese Verlagerung bisher intern durchgeführter Produktionspro-

---

67 Vgl. *Gutenberg, E.*, Die Produktion, 1983, S. 348-354.

68 Vgl. *Bohr, K.; Weiß, M.*, Bestimmung der optimalen Fertigungstiefe, 1994, S. 441.

69 Ein Beispiel hierzu liefert die Automobilbranche, in der die Herstellung von Nischenfahrzeugen wie zum Beispiel Cabriolets häufig auf entsprechend spezialisierte Unternehmungen übertragen wird: So ließen z.B. seit 1949 insgesamt sieben internationale Automobilkonzerne, darunter zahlreiche deutsche Automobilbauer, Cabriolets und andere meist auf ihren Grundmodellen basierende Sonderfahrzeuge durch den Spezialisten *Karmann* produzieren. Vgl. W. Karmann GmbH (Hrsg.), Partner der Automobilindustrie, 1996, S.22-24.

zesse auf rechtlich und kapitalmäßig unabhängige Unternehmungen kann auch als „Outsourcing" bezeichnet werden.[70]

Im Hinblick auf die Gestaltung der Fertigungstiefe ist in den vergangenen Jahren gerade das *Outsourcing* mehr und mehr in den Mittelpunkt unternehmerischen Handelns gerückt.[71] Ursache hierfür ist der Trend, die mit der Gestaltung der Fertigungstiefe verbundenen Make-or-Buy-Entscheidungen zunehmend zugunsten der Buy-Alternative zu entscheiden.[72] Vor dem Hintergrund des intensivierten internationalen Wettbewerbs konzentrieren sich zahlreiche Unternehmungen auf die internationale Produktion derjenigen Produktionsstufen, die mit eigenen *Kernkompetenzen* verbunden sind, und übertragen die übrigen Produktionsstufen auf dafür kompetente, selbständige Unternehmungen. Der Terminus „Kernkompetenz" (*core competence*) geht maßgeblich auf *Hamel* und *Prahalad* zurück. Er bezeichnet ein Bündel spezifischer Fähigkeiten (*Integration of Skills*), das (1) in erheblichem Maße zu den von Kunden wahrgenommenen Vorzügen des Endprodukts beiträgt (*Customer Value*), das (2) aufgrund seiner Einzigartigkeit eine Differenzierung gegenüber den Konkurrenten ermöglicht (*Competitor Differentiation*), das (3) nur schwer durch diese imitierbar ist und das (4) der Unternehmung die Erlangung umfangreicher Anteile an gegenwärtigen und zukünftigen Märkten (*Extendability*) ermöglicht.[73]

---

[70] Vgl. *Mair, F.*, Global Sourcing, 1995, S. 143. – Der Begriff „Outsourcing" leitet sich zunächst aus dem amerikanischen Wortursprung „Outside Resource Using" ab [1]. Allerdings sind im betriebswirtschaftlichen Schrifttum unterschiedliche Begriffsdefinitionen des Outsourcing festzustellen [2]. Abweichungen ergeben sich zum Beispiel bezüglich des Objektumfangs, der in engen Definitionen nur auf Dienstleistungen oder sogar nur auf spezielle Arten von Dienstleistungen beschränkt ist [3], während weite Definitionen alle Aktivitäten der Unternehmung als potentielle Outsourcingbereiche einschließen [4]. Die Analyse der zitierten Quellen läßt eine zunehmende Durchsetzung der weiten Begriffsauffassung erkennen, der auch hier gefolgt werden soll. Die oben gewählte Definition geht auf *Mair* zurück.

[1] Vgl. z.B. *Bloech, J.*, Outsourcing, 1996, S.150; *Bliesener, M.-M.*, Outsourcing, 1994, S. 278. - [2] Vgl. *Bliesener, M.-M.*, Outsourcing, 1994, S. 277; *Kreiner, G.; Lohff, A.*, Outsourcing, 1996, S. 71. - [3] Vgl. z.B. *Picot, A.*, Leistungstiefe, 1991, S. 338; *Picot. A.; Reichwald, R..*, Informationswirtschaft, 1991, S. 305. - [4] Vgl. *Koppelmann, U.*, Outsourcing, 1996, S. 7-9; *Bogaschewsky, R.*, Leistungstiefenoptimierung, 1996, S. 125; *Mair, F.*, Global Sourcing, 1995, S. 143.

[71] Anschauliche Belege hierfür liefert der Arbeitskreis „Einkauf und Logistik" der Schmalenbach-Gesellschaft in Form eines aktuellen Ergebnisberichtes zur Thematik: *Koppelmann, U.* (Hrsg.), Outsourcing, 1996.

[72] Vgl. *Mair, F.*, Global Sourcing, 1995, S. 148.

[73] Vgl. *Hamel, G.; Prahalad, C.K.*, Core Competence, 1994, S. 196-211; insbesondere S. 202-207; sowie ergänzend *Hinterhuber, H. H.; Friedrich, S. A.; Handlbauer G.; Stuhec, U.;* Kernkompetenzen, 1996, S. 72-75; *Hinterhuber, H. H.; Friedrich, S. A.*, Führung um Kernkompetenzen, 1995, S. 37-38; und *Bogaschewsky, R.*, Leistungstiefenoptimierung, 1996, S. 126-127.

Die Anlässe, die internationale Outsourcingentscheidungen auslösen können, sind sehr vielfältig und sollen auch hier kurz skizziert werden. So kann der Übergang von der Eigenfertigung zum Fremdbezug, also das Outsourcing, zum Beispiel durch folgende Ereignisse veranlaßt werden:[74]

- Die wirtschaftliche Nutzungsdauer von Betriebsmitteln im internationalen Produktionssystem ist erreicht.
- Eine dauerhafte Bedarfsveränderung bei bislang eigengefertigten Vor-/Zwischenprodukten:
  - Ein Bedarfsrückgang, der die Eigenfertigung zukünftig unrentabel macht, da die Gewinnschwelle in der Zukunft nicht mehr erreichbar erscheint.
  - Eine Bedarfserhöhung, die die vorhandenen Kapazitäten übersteigt und der langfristig nicht mit einer Kapazitätserweiterung im internationalen Produktionssystem begegnet werden soll.
- Ein nachhaltiger Kostenanstieg in der Produktion.
- Ein nachhaltig sinkendes Preisniveau auf relevanten internationalen Beschaffungsmärkten.
- Die Entdeckung neuer und kompetenter Lieferanten.
- ...

Hilfsmittel, die dem Produktionsmanager in der Praxis die Entscheidung für oder gegen einen Übergang zum Fremdbezug einzelner Produktionsstufen erleichtern können, sind zum Beispiel Argumentationsbilanzen. Diese liefern einen Überblick über mögliche Folgen der Entscheidungsalternativen und schärfen den Blick für die wichtigsten Gesichtspunkte. Eine derartige Argumentationsbilanz zur Unterstützung von Outsourcingentscheidungen zeigt Abbildung 5-5.[75]

---

[74] Vgl. *Männel, W.*, Eigenfertigung und Fremdbezug, 1981, S. 30.

[75] Vgl. dazu auch *Koppelmann, U.*, Outsourcing, 1996, S. 4-7.

Vorteile des Outsourcing	Nachteile des Outsourcing
+ Optimierung der Kostenstruktur durch Variabilisierung der Fixkosten	- Know-how-Verlust in der eigenen Unternehmung
+ Erhöhung der Kostentransparenz	- Minderung der Planungs- und Steuerungshoheit
+ Risiko eines Technologiewechsels wird auf den Lieferanten abgewälzt	- Bekanntwerden von Betriebsergebnissen
+ Erhöhung der Flexibilität	- Abhängigkeiten von internationalen Lieferanten
+ Konzentration auf das Kerngeschäft und die Kernkompetenzen	- Aufwendiges Schnittstellenmanagement
+ Kostendegressionseffekte und Spezialisierungsvorteile beim Lieferanten	- Erhöhung des Koordinationsaufwands und der Transaktionskosten
+ Nutzung des Know-hows des Lieferanten	- Turnaround nur unter Einsatz erheblicher Investitionen möglich

Abbildung 5-5: Argumentationsbilanz zur Unterstützung von Outsourcingentscheidungen[76]

Ohne auf jedes der weitgehend selbsterklärenden Argumente im einzelnen einzugehen, soll die Thematik vor dem Hintergrund der angeführten Argumente weiter vertieft werden:

Kostenorientierte Outsourcingentscheidungen

Nicht selten stehen bei Outsourcingentscheidungen Kostenargumente im Vordergrund der Überlegungen. Gerade mit Blick auf die zu fokussierende strategische Dimension des Outsourcing darf es dabei nicht um die Ausnutzung kurzfristiger Kostenvorteile gehen, sondern es ist hier vielmehr die *langfristige Kostengestaltung* im internationalen Produktionssystem in den Mittelpunkt zu stellen. Eine wichtige strategische Zielsetzung kostengestaltender Outsourcingentscheidungen (Make-or-Buy-Entscheidungen) ist neben der langfristigen *Kostensenkung* auch die *Kostenflexibilisierung* (-variabilisierung).[77] Gemeint ist hiermit die Flexibilisierung der fixen Kosten, die beim Übergang von der Eigenfertigung zum Fremdbezug dadurch entsteht, daß die vorherigen Fixkosten der Eigenfertigung durch die dann variablen Kosten des Fremdbezugs substituiert werden. Eine solche Flexibilisierung kann aber nur unter

---

76 Quelle: *Mair, F.*, Global Sourcing, 1995, S. 148.

77 Vgl. *Männel, W.*, Wahl zwischen Eigenfertigung und Fremdbezug, 1995, S. 25-26 und 29.

zwei Bedingungen erfolgreich sein:[78] Erstens müssen die durch den Übergang zum Fremdbezug freigewordenen Kapazitäten im internationalen Produktionssystem auch tatsächlich abgebaut werden. Und zweitens muß die Anpassungsfähigkeit an mengenmäßige Bedarfsschwankungen durch kurze Laufzeiten der Verträge mit Lieferanten gewährleistet sein.

Eine übliche Vorgehensweise bei kostenorientierten Outsourcingentscheidungen ist der Vergleich von *Preisobergrenzen*[79] – als Ausdruck der Kosten bei Eigenfertigung – mit dem jeweils zu zahlenden *Zukaufspreis* bei Fremdbezug.[80]

Hierzu ist es zunächst erforderlich, sich eindeutige Klarheit zu verschaffen, welche Kosten als *entscheidungsrelevant* zur Bestimmung derartiger Preisgrenzen heranzuziehen sind und welche nicht. Die strategische Gestaltungsdimension erfordert insbesondere die Berücksichtigung der innerhalb des hier langfristigen Planungshorizontes flexibilisierbaren und somit *abbaufähigen Fixkosten.*[81] Diese müssen in ihrer sachlichen Struktur (Vertrags-/Eigentumspotentiale), in ihrer zeitlichen Struktur (Abbautermine, Bindungsdauer), in ihrer Wirkung auf die Betriebsbereitschaft sowie in ihrem geographischen Bezug zu den internationalen Produktionsstandorten bekannt sein.[82] Es ist darauf zu achten, daß *alle* Kosten in die Entscheidungsfindung eingehen, die den verschiedenen Alternativen *direkt zurechenbar* sind, die also bei einer Entscheidungsalternative anfallen und bei der anderen dagegen entfallen.[83] So sind zum Beispiel outsourcingbedingte Stillegungskosten, wie sie etwa bei Betriebsschließungen im internationalen Produktionssystem anfallen können, unbedingt zu berücksichtigen.[84] Denn sie mindern einerseits eine mögliche Ersparnis des Fremdbezugs, sie können gerade in der Stillegungsphase zu kurzfristig hohen finanziellen Belastungen führen und sie können zudem an den zur Disposition stehenden internationalen Produktionsstandorten differieren.

Auch die zum Vergleich mit den Kosten der Eigenfertigung herangezogenen Fremdbezugspreise sind entsprechend sorgfältig zu bestimmen, denn gerade bei der internationalen Beschaffung können zusätzliche Kosten wie erhöhte Logistikkosten (Trans-

---

78 Vgl. *Männel, W.*, Wahl zwischen Eigenfertigung und Fremdbezug, 1995, S. 26.

79 Die *Preisobergrenze* gibt den Wert an, den eine Unternehmung maximal für ein Beschaffungsobjekt zu zahlen bereit ist. Vgl. *Reichmann, TH.* Kosten und Preisgrenzen, 1973, S. 109. Vgl. auch *Männel, W.*, Preisobergrenzen im Einkauf, 1975, S. 9-10.

80 Vgl. *Reichmann, Th.; Palloks, M.*, Make-or-Buy-Entscheidungen, 1995, S. 5.

81 Vgl. *Männel, W.*, Preisobergrenzen im Einkauf, 1975, S. 45-53; *Reichmann, TH.* Kosten und Preisgrenzen, 1973, S. 112-128.

82 Vgl. *Reichmann, Th.;* Controlling, 1997, S. 144-148.

83 Vgl. *Männel, W.*, Wahl zwischen Eigenfertigung und Fremdbezug, 1995, S. 76.

84 Vgl. *Reichmann, Th.; Palloks, M.*, Make-or-Buy-Entscheidungen, 1995, S. 10; *Bohr, K.; Weiß, M.*, Bestimmung der optimalen Fertigungstiefe, 1994, S. 350.

portkosten, Verpackungskosten) aufgrund weiter Entfernungen, Kosten zur Absicherung von Fremdwährungszahlungen oder etwa zusätzliche Gemeinkosten durch erhöhten Verwaltungsaufwand anfallen.[85]

Unbedingt zu beachten ist, daß die zum Vergleich herangezogenen Preisobergrenzen und die externen Vergleichspreise des Fremdbezugs in unterschiedlichen Währungseinheiten ausgedrückt sein können. So sind besonders auch künftige Wechselkursänderungen der betroffenen Währungen mit in der Vergleichsrechnung zu berücksichtigen.[86] Dieses wird allerdings im Rahmen der strategischen Gestaltung dadurch erschwert, daß mit der Langfristigkeit des Entscheidungshorizontes auch die Unsicherheit prognostizierter Währungsparitäten steigt. In Anbetracht des zeitlichen Entscheidungshorizontes und der damit verbundenen Prognose(un)genauigkeit der Daten sollten hier im Planungsfall auch die Grenzen internationaler Vergleiche von Preisobergrenzen und Fremdbezugspreisen erkannt werden.

Qualitative Kriterien zur Beurteilung von Outsourcingentscheidungen

Umfangreiche Kostenüberlegungen zur Beurteilung von Outsourcingalternativen dürfen außerdem nicht dazu führen, daß qualitative, nicht direkt quantifizierbare Gesichtspunkte in den Hintergrund treten oder gar unberücksichtigt bleiben.[87] So sind internationale Fremdbezugsalternativen zum Beispiel im Hinblick auf Abhängigkeiten von Lieferanten, deren Verläßlichkeit und deren Qualitätsfähigkeit zu überprüfen. Sind beispielsweise letztgenannte Kriterien nicht gewährleistet, kann der Kostenvorteil eines internationalen Lieferanten an Entscheidungsgewicht verlieren. Ebenso können Local-Content-Bestimmungen die Anteile der Eigenfertigung an bestimmten Standorten determinieren sowie auch die Fremdbezugsalternativen der betroffenen Produktionsstätten geographisch einschränken.[88] Wie die kurzen Beispiele andeuten, können neben monetären und quantifizierbaren Kriterien ebenso *qualitative* Kriterien für die Beurteilung von Outsourcingalternativen relevant sein. Im Planungsfall ist deshalb eine angemessene Berücksichtigung auch dieser Kriterien unbedingt sicherzustellen.[89]

---

85 Vgl. *Femerling, Ch.*, Strategische Auslagerungsplanung, 1997, S. 214-218.

86 Vgl. *Welge, M. K.; Holtbrügge D.*, Internationales Management, 1998, S. 233-242.

87 Vgl. *Männel, W.*, Wahl zwischen Eigenfertigung und Fremdbezug, 1995, S. 45-46.

88 Vgl. *Perlitz, M.*, Internationales Management, 1997, S. 408-409.

89 Das kann beispielsweise durch die Anwendung von Scoring-Modellen oder Nutzwertanalysen erfolgen. Ein Beispiel für die methodische Anwendung solcher Verfahren im Rahmen von Make-or-Buy-Entscheidungen liefert z.B.: *Männel, W.*, Wahl zwischen Eigenfertigung und Fremdbezug, 1995, S. 64-71.

Outsourcingobjekte

Selbst wenn die Leistungen potentieller internationaler Lieferanten den eigenen Anforderungen genügen und zudem Kostenvorteile einen Fremdbezug nahelegen, ist nicht in jedem Fall zum Outsourcing zu raten. Sind durch die erwogenen Outsourcingentscheidungen etwa *Kernkompetenzen* der Unternehmung betroffen, sollten diese vielmehr gefördert und fortentwickelt werden,[90] um so den identifizierten Wettbewerbsvorteil des potentiellen Lieferanten aufholen zu können. Ein Outsourcing eigner Kernkompetenzen ist unbedingt zu vermeiden, denn das würde lediglich eigene Schwächen überdecken und langfristig einer Erosion der eigenen Kompetenz im internationalen Wettbewerb Vorschub leisten.[91] „Ein Unternehmen, das seine Schlüsselkomponenten nicht mehr selbst produziert, verspielt seine Wettbewerbsfähigkeit.“[92] Auch aus dieser Aussage eines deutschen Top-Managers folgt, daß nur diejenigen Vor- und Zwischenprodukte als potentielle Outsourcingobjekte in Frage kommen dürfen, die *nicht* mit Kernkompetenzen der Unternehmung verbunden sind.

Dieser Befund wird weiter gestützt, wenn man aus dem Bereich theoretischer Analysen den Ansatz *Picots* zur Gestaltung der Leistungstiefe betrachtet:[93] Der beruht wesentlich auf dem Denkansatz, die *Transaktionskosten*[94] als relevantes Entscheidungskriterium zur Bestimmung der vertikalen Integration heranzuziehen. Die Höhe und die Zusammensetzung dieser Transaktionskosten werden nach *Picot* wesentlich durch die *Eigenschaften* der zur Disposition stehenden Leistung sowie die gewählte *Einbindungsform* (vertikaler Integrationsgrad) bestimmt.

Als *vorrangige Eigenschaften* werden die „Spezifität“ und die „strategische Bedeutung“ von Leistungen identifiziert,[95] deren Ausprägungen den Ausschlag für eine

---

90 Vgl. *Hinterhuber, H. H.; Friedrich, S. A.,* Führung um Kernkompetenzen, 1995, S. 38-39; *Hinterhuber, H. H.; Friedrich, S. A.; Handlbauer G.; Stuhec, U.,* Kernkompetenzen, 1996, S. 81-83.

91 Vgl. *Männel, W.,* Wahl zwischen Eigenfertigung und Fremdbezug, 1995, S. 19; *Hinterhuber, H. H.; Friedrich, S. A.,* Führung um Kernkompetenzen, 1995, S. 41.

92 *Pierer, H. von,* Die innovative Dynamik des Wettbewerbs, 1993, S. 13.

93 *Picot, A.,* Leistungstiefe, 1991.

94 Unter „Transaktionskosten“ werden Informations- und Kommunikationskosten verstanden, die bei der Organisation und Abwicklung arbeitsteiliger Leistungsprozesse entstehen. Hierunter fallen beispielsweise Kosten für die Suche nach geeigneten Transaktionspartnern, Kosten für Vertragsanbahnungen und Abschlüsse, Kosten während der Abwicklung arbeitsteiliger Prozesse oder Kosten für deren Kontrolle. Derartige Transaktionskosten fallen sowohl bei externen Marktbeziehungen wie auch bei interner Leistungserstellung an. Vgl. *Picot, A.,* Leistungstiefe, 1991, S. 344; *Picot, A.,* Transaktionskostenansatz, 1982, 270-271; *Reichwald, R.; Dietel, B.,* Produktionswirtschaft, 1991, S. 427.

95 Neben den beschriebenen „vorrangigen“ Eigenschaften stellt *Picot* weitere, sogenannte „unterstützende“ Eigenschaften heraus. Diese sind die „Unsicherheit“ hinsichtlich Qualitäts-,

Fortsetzung der Fußnote auf der nächsten Seite

bestimmte Integrationsform geben. Mit dem Ziel der Minimierung der gesamten Transaktionskosten werden die zur Disposition stehenden Leistungen anhand ihrer Eigenschaften mit den verfügbaren Einbindungsformen kombiniert.

Ein hier wesentliches Ergebnis des Ansatzes ist,[96] daß nur bei hoher Spezifität sowie bei großer strategischer Bedeutung einer Leistung die Eigenfertigung geboten ist, während bei standardisierten (= unspezifischen) Leistungen ebenso wie bei strategisch unbedeutenden Leistungen eine Form des Fremdbezugs vorzuziehen ist.[97]

In Anbetracht der weiter oben angeführten Definition der Kernkompetenz kann gefolgert werden, daß solche Kompetenzen in der Terminologie *Picots* als „strategisch bedeutsam" und gleichzeitig auch als „spezifisch" anzusehen sind, so daß eine Eigenfertigung hier geboten ist. Die oben ausgesprochene Empfehlung, die Eigenfertigung besonders auf die internationalen Kernkompetenzen zu konzentrieren und nur solche Teilprozesse fremd zu vergeben, die nicht mit Kernkompetenzen der Unternehmung verbunden sind, erfährt somit eine Bestätigung.

Zusätzlich liefert der Transaktionskostenansatz den hier wichtigen Befund, daß mit zunehmender Standardisierung einer Leistung deren Fremdbezug vorteilhafter wird.[98] Es offenbart sich an dieser Stelle ein Zusammenhang zwischen der Fertigungstiefengestaltung und der in vorherigen Abschnitten diskutierten Standardisierungs-/Differenzierungsfrage: Durch Standardisierungen im Produktionsprogramm werden folglich nicht nur Rationalisierungspotentiale im eigenen internationalen Produktionssystem erschlossen,[99] sondern es wird gleichzeitig die Attraktivität des Fremdbezugs der standardisierten Vor- oder Zwischenprodukte gefördert. Diese kommen demnach mit steigendem Standardisierungsgrad mehr und mehr als potentielle Outsourcingobjekte in Betracht und müssen sich an alternativen Fremdbezugsmöglichkeiten messen lassen. Mit zunehmender Standardisierung des Produktionsprogramms wird so

Mengen-, Termin- oder Spezifikationsänderungen sowie die „Häufigkeit" einer spezifischen, strategischen und/oder unsicheren Leistung. Vgl. *Picot, A.*, Leistungstiefe, 1991, S. 345-347.

96 Vgl. *Picot, A.*, Leistungstiefe, 1991, S. 348-353; *Reichwald, R.; Dietel, B.*, Produktionswirtschaft, 1991, S. 431.

97 Strategisch bedeutsame Leistungen sind in der Regel auch spezifisch; die Umkehrung muß jedoch nicht gelten, da spezifische Leistungen wie etwa Spezialschrauben nicht unbedingt von strategisch großer Bedeutung sein müssen. Vgl. *Picot, A.*, Leistungstiefe, 1991, S. 347.

98 Dieser Zusammenhang beruht auf dem Kerngedanken, daß sich für standardisierte Produkte mehrfache Verwendungsmöglichkeiten und somit mehrere Abnehmer finden. Das wiederum ermöglicht dem/den Lieferanten größere Produktionsmengen und somit eine umfangreichere Kostendegression, als sie dem einzelnen Abnehmer bei eigener Fertigung möglich wäre. Zu diesem Produktionskostenvorteil des/der Lieferanten addiert sich außerdem ein Transaktionskostenvorteil bei Fremdbezug standardisierter Güter, was insgesamt zu dem oben beschriebenen Befund *Picots* führt. Vgl. *Picot, A.*, Leistungstiefe, 1991, S. 348-459.

99 Sie hierzu die entsprechenden Ausführungen in Abschnitt 5.2.2.1.

die international dimensionierte *Wettbewerbssituation zwischen der internen und der externen* Wertschöpfung forciert. Das wiederum kann zur Identifizierung von Stärken und Schwächen des internationalen Produktionssystems genutzt werden und rechtzeitig strategischen Handlungsbedarf aufzuzeigen.

Der Zusammenhang von Standardisierung und Fertigungstiefengestaltung eröffnet dem Produktionsmanager zudem die Möglichkeit, die Standardisierung des Produktionsprogramms als strategisches Mittel zur Reduktion der Fertigungstiefe einzusetzen, indem durch die Verwendung von Standardteilen potentielle Outsourcingobjekte geschaffen werden.[100]

Outsourcingbeispiel [101]

Unter den Bezeichnungen „Modular Plant“ oder „Module Consortium“ wird in internationalen Fachkreisen seit einiger Zeit eine Form der modularen Kfz-Fertigung diskutiert, die im Kern auf einer weitreichenden und konsequent umgesetzten Outsourcingstrategie beruht. Auslösend für die Diskussion ist das Lkw-Werk des Volkswagen-Konzerns in Resende, einer ca. 150 Kilometer von Rio de Janeiro entfernten Stadt im brasilianischen Hinterland. VW fertigt hier in enger Zusammenarbeit mit einem Konsortium aus insgesamt 9 Hauptzulieferanten Lkw zwischen 7 und 35 t sowie Chassis für Omnibusse. Die Hauptzulieferanten produzieren jeweils eigenverantwortlich die insgesamt 7 verschiedenen Fahrzeugmodule[102] in mehreren Varianten: Sie erledigen die Beschaffung der benötigten Zulieferteile von über 400 weiteren Zulieferanten, sie führen die Vormontage der Module aus und sie gewährleisten die zeitgerechte Zuführung der vorproduzierten Module zum zentralen Endmontageband. Die Besonderheit dieses Produktionsmodells besteht darin, daß auch die Endmontage der 7 Module „outgesourced“ wurde und durch Mitarbeiter der Hauptzulieferanten erfolgt. Hierzu ist ihnen jeweils eine durch gelbe Bodenmarkierungen gekennzeichnete Zone am Endmontageband zugeteilt. VW stellt lediglich das Gebäude sowie das zentrale Endmontageband bereit und konzentriert die eigenen Aktivitäten vorwiegend auf das Projektmanagement sowie auf die Qualitätssicherung und -kontrolle. Insgesamt sind nur noch ca. 200 der 1.500 im Werk beschäftigten Mitarbeiter aus dem

---

[100] Vgl. *Koppelmann, U.*, Outsourcing, 1996, S. 7; *Bohr, K.; Weiß, M.*, Bestimmung der optimalen Fertigungstiefe, 1994, S. 349.

[101] Das folgende Beispiel stützt sich auf nachstehende Quellen: *Kanazawa, H.*, VW Future Plant in Brazil, 1996, S. 1-3; *Schemo, D. J.*, VW's New Plant, 1996, S. 1; *Viera, J.*, VW's Modular Plant, 1996, S. 6; *Woodruff, D.; Katz, I.; Naughton, K.*, VW's Factory of the Future, 1996, S. 18-19; ohne Verfasser, Modulare Kfz-Fertigung, 1996, S. 6.

[102] Es handelt sich hierbei um die Module „Chassis“, „Achsen/Bremsen/Fahrwerk“, „Räder/Bereifung“, „Motor/Getriebe“, „Fahrerkabine“, „Kabinenausstattung/Lenkung/Instrumente/“ sowie „Lackiererei“.

Hause VW, während die übrigen 1.300 Beschäftigten des Werkes den 9 Konsortialpartnern zuzuordnen sind.[103]

Die Vorteile dieser konsequenten Form des Outsourcing werden von VW mit Durchlaufzeitverkürzungen von bis zu 12%, Kostensenkungen von bis zu 20% und Produktivitätssteigerungen von bis zu 50% gegenüber internationalen Vergleichswerken beziffert. Ein wesentlicher Einwand, den Kritiker diesen Vorteilen entgegenhalten, ist die Gefahr modulorientierten Denkens, indem die Zulieferer zu sehr die eigenen Module fokussieren und Probleme in anderen Bereichen ignorieren. In diesem Zusammenhang wird auch auf die Gefahr von Interessengegensätzen zwischen den internationalen Konsortialpartnern sowie auf das damit verbundene Konfliktpotential hingewiesen. Als weiteren Kritikpunkt führt *Womack* an,[104] daß die genannten Kostenvorteile nicht auf das Produktionssystem, sondern vorwiegend auf das lokale Lohnniveau in Resende zurückzuführen seien.

Aus heutiger Sicht bleibt abzuwarten, wie sich diese auch als „extreme Outsourcing"[105] beschreibbare Form der Produktion im internationalen Wettbewerb der Produktionssysteme langfristig entwickeln wird. Für die vorliegende Analyse zeigt das Praxisbeispiel dreierlei: Erstens wird veranschaulicht, wie weitreichend eine konsequent verfolgte Outsourcingstrategie sein kann. Zweitens wird der weiter oben herausgestellte Zusammenhang zwischen Standardisierung und Outsourcing deutlich, denn eine wesentliche Grundlage der beschriebenen Produktionsform ist die umfangreiche Modularisierung des betroffenen Produktfeldes „Lkw". Drittens kommt die internationale Dimension des Beispiels im Rahmen des internationalen Produktionsmanagements zum Ausdruck. So wurden beispielsweise insgesamt 29 mögliche

---

103 *Hinweis*: Das beschriebene Beispiel kann (im Gegensatz zur hier gewählten Einordnung) auch als Form des „Insourcing" angesehen werden [1]. Diese Einordnung fokussiert den räumlichen Aspekt der Verlagerung von Fertigungs- und Montageumfängen der Lieferanten in die Produktionsstätte des Abnehmers (deshalb Insourcing). Die *hier* gewählte Einstufung als „Outsourcing-Strategie" stellt dagegen auf den institutionellen Aspekt ab und sieht die vorherige Eigenfertigung als Ausgangspunkt der Strategie. Dabei steht im Vordergrund, daß bisher selbst durchgeführte Produktionsprozesse (Produktionsaufgaben) auf rechtlich und kapitalmäßig unabhängige Lieferanten übertragen werden, denen jetzt umfangreiche Prozeßverantwortung zukommt. – Beide Sichtweisen einbeziehend wird auch von „inside Outsourcing" [2] gesprochen. Mit Blick auf die Gestaltung des internationalen Produktionsprogramms zur Ableitung der internationalen Produktionsaufgabe erscheint die Einordnung des Beispiels als Form des (inside) *Outsourcing* hier als die zweckmäßige. Im übrigen trifft diese Interpretation die Terminologie der Praxis, in der das beschriebene Beispiel u.a. auch als „extreme Outsourcing" [3] bezeichnet wird.

[1] Vgl. *Wildemann, H.,* Die modulare Fabrik, 1994, S. 144-146; – [2] *Bogaschewsky, R.,* Leistungstiefenoptimierung, 1996, S. 128. – [3] *Kanazawa, H.,* VW Future Plant in Brazil, 1996, S. 2.

104 *J. P. Womack* wird zitiert in: *Schemo, D. J.,* VW's New Plant, 1996, S. 1.

105 *Kanazawa, H.,* VW Future Plant in Brazil, 1996, S. 2.

Standorte in 10 Ländern untersucht, bevor man sich für Resende als Standort entschied und damit das internationale Produktionssystem entsprechend erweiterte.[106]

5.2.4 Produktionsprogrammstrategien

Wie sich zuvor bereits angedeutet hat, sind die in den vorangegangenen Abschnitten untersuchten Gestaltungsdimensionen nicht getrennt voneinander zu betrachten, denn gerade durch das gleichzeitige Zusammenwirken beider Dimensionen wird das internationale Produktionsprogramm in seiner Struktur und seinen Eigenschaften, also in seiner *Komplexität*,[107] definiert.

Der in Abbildung 5-6 dargestellte zweidimensionale Positionierungsraum leistet die erforderliche Integration der Dimensionen und zeigt ihre Beziehungen zur Komplexität möglicher *Positionierungsobjekte*. Als ein solches kommt zunächst das gesamte Produktionsprogramm der internationalen Unternehmung in Frage. Erstreckt sich das Programm auf mehrere internationale Produktfelder[108], so empfiehlt es sich, diese als Positionierungsobjekte heranzuziehen. Innerhalb eines Produktfeldes können die Betrachtungen weiter detailliert werden, indem Positionierungsräume auf Produktgruppen- oder sogar auf Produktebene erstellt werden. Die parallele Erstellung mehrerer Positionierungsräume für verschiedene Ebenen des internationalen Produktionsprogramms ist zu empfehlen. Denn die verdichteten Darstellungen gewährleisten zunächst den erforderlichen Gesamtüberblick, während die Detailbetrachtungen ergänzend dazu Informationen über Schwerpunkte der Eigenfertigung, des Fremdbezugs, der Standardisierung sowie der Differenzierung liefern. Diese Informationen können dann genutzt werden, um strategischen Handlungsbedarf und strategische Gestaltungsmöglichkeiten im Rahmen der internationalen Programmgestaltung aufzuzeigen.

Zur Darstellung von Positionierungsobjekten sollten Flächensymbole wie zum Beispiel Kreise gewählt werden, deren Flächeninhalte quantitative Merkmale wie etwa den Produktionswert der verschiedenen Objekte proportional abbilden.

---

106 Vgl. *Viera, J.*, VW's Modular Plant, 1996, S. 6.

107 *Vgl. Adam, D.*, Produktions-Management, 1997, S. 30.

108 Unter einem *Produktfeld* wird die Gesamtmenge verschiedener Produkte einer Unternehmung verstanden, die auf ein Grundprodukt zur Befriedigung eines Grundbedürfnisses zurückgeführt werden können, z.B. Kraftfahrzeuge, Musikanlagen, Spielwaren. Vgl. *Reichwald, R.; Dietel, B.*, Produktionswirtschaft, 1991, S. 421; *Schweitzer, M.*, Industrielle Fertigungswirtschaft, 1994, S. 656.

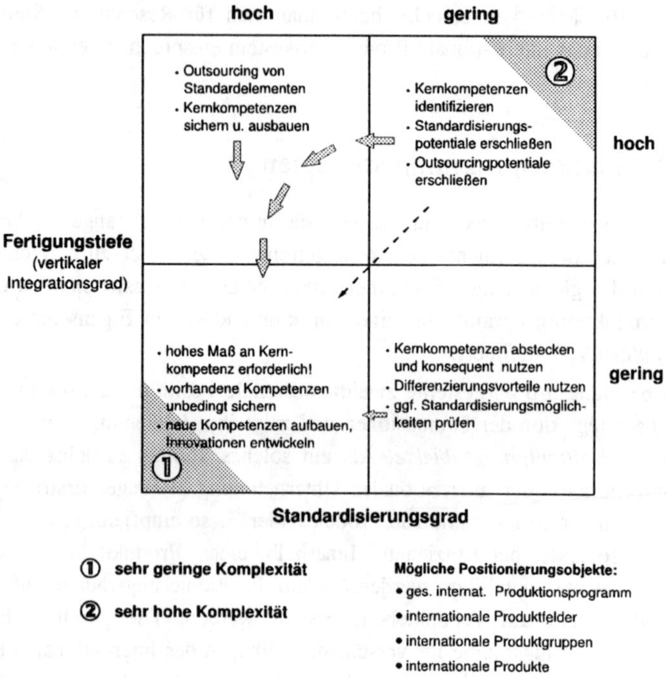

Abbildung 5-6: Positionierungsraum „Komplexität des internationalen Produktionsprogramms“

Die Achsenbezeichnungen des Positionierungsraumes sind durch die Berechnung spezifischer Kennzahlen weiter präzisierbar. Als Indikator für die Fertigungstiefe kann z.B. die als *Wertschöpfungsquote* oder *-quotient* bezeichnete Maßgröße herangezogen werden, die gerade den '*Anteil der im eigenen internationalen Produktionssystem geleisteten Wertschöpfung*[109] *am Gesamtproduktionswert der Endprodukte*' ausdrückt.[110] Entsprechend läßt sich der Standardisierungsgrad wertschöpfungsbezogen zum Beispiel als '*Wertschöpfungsanteil standardisierter, mehrfachverwendbarer Teile (z.B. Normteile, Module) am Gesamtproduktionswert der Endprodukte*' ausdrücken.

---

109 Die Ermittlung der '*im eigenen Produktionssystem geleisteten Wertschöpfung*' kann entweder durch die Aufsummierung aller nicht vorleistungsbedingten Aufwendungen (additive Methode) oder durch die Subtraktion aller Vorleistungen vom Produktionswert der Endprodukte (subtraktive Methode) erfolgen. Vgl. *Bohr, K.; Weiß, M.*, Bestimmung der optimalen Fertigungstiefe, 1994, S. 342.

110 Vgl. *Picot, A.*, Leistungstiefe, 1991, S. 337-338; *Bohr, K.; Weiß, M.*, Bestimmung der optimalen Fertigungstiefe, 1994, S. 342.

Auf entsprechende Achsenskalierungen wurde hier allerdings verzichtet, da eine sinnvolle Einstufung der herangezogenen Kennzahlen nur branchen- oder unternehmungsbezogen erfolgen kann. Beispielsweise wäre ein vertikaler Integrationsgrad von 50 % aus der Sicht der Mineralölindustrie als eher „gering" anzusehen, während bezogen auf die Automobilindustrie ein solcher Wert eher als „hoch" eingestuft werden müßte.[111]

Richtet man nun den Blick auf die strategischen *Handlungsempfehlungen* in Abbildung 5-6, so ist zunächst die gemeinsame Ausrichtung der Empfehlungen auf eine Reduzierung der Komplexität des Produktionsprogramms herauszustellen. Diese Grundtendenz liegt nahe, um die Komplexität der ohnehin schon komplexen internationalen Produktionsaufgabe zu reduzieren sowie gleichzeitig die Grundlage zur Erschließung von Rationalisierungspotentialen im internationalen Produktionssystem zu legen.[112]

Wie in den vorangegangenen Abschnitten ausgeführt wurde, empfehlen sich aus der Perspektive des ISPM gerade Vor- und Zwischenprodukte als Ansatzpunkte zur Komplexitätsreduzierung mittels Standardisierung oder Outsourcing. Hierbei darf allerdings nicht der Blick für die internationalen Endprodukte verloren gehen, sondern es sind im Sinne einer konsequenten Markt- und Kundenorientierung die diesbezüglichen Auswirkungen unbedingt zu berücksichtigen. Für die strategische Gestaltung des internationalen Produktionsprogramms ist deshalb unbedingt die Abstimmung mit dem strategischen internationalen Marketing zu fordern.[113]

Vor dem Hintergrund der vorangegangenen Abschnitte sind die strategischen Empfehlungen in Abbildung 5-6 weitgehend selbsterklärend. Dennoch erscheinen einige Hinweise angebracht:

Liegt zum Beispiel ein hochkomplexes (②) Produktionsprogramm vor, so stellt der „gestrichelte" Pfeil eine theoretisch denkbare Zielrichtung der zeitgleichen Komplexitätsreduktion über beide Gestaltungsdimensionen dar. In Anbetracht des oben gewonnenen Befundes, daß gerade standardisierte Teile für den Fremdbezug geeignet sind, ist hier der eher pragmatische Weg der „großen Pfeile" zu empfehlen. Demnach sollten zunächst Standardisierungspotentiale im internationalen Produktionsprogramm erschlossen werden, um so die Menge potentieller Outsourcingobjekte zu erweitern. Im zweiten Schritt kann dann durch Outsourcing von Standardbauteilen sowie von

111 Vgl. *Vahrenkamp, R.*, Produktionsmanagement, 1998, S. 254; *Femerling, Ch.*, Strategische Auslagerungsplanung, 1997, S. 4; *Haverbeck, P.*, Automobilhersteller und Zulieferindustrie, 1991, S. 110.

112 Vgl. *Adam, D.*, Produktions-Management, 1997, S. 43.

113 Vgl. *Meissner, H.G.*, Strategisches Internationales Marketing, 1995.

nicht mit Kernkompetenzen verbundenen Produktionsstufen eine Reduktion der Fertigungstiefe erreicht werden.

Erhöhte Aufmerksamkeit ist angebracht, wenn die Komplexität von Positionierungsobjekten „sehr gering“ (①) ist. Die umfangreiche Realisierung von Rationalisierungsvorteilen sollte hier nicht das Bewußtsein für die internationalen Kernkompetenzen verdrängen. Insbesondere die geringe Fertigungstiefe erfordert ein hohes Maß an Kompetenz in den verbliebenen Produktionsstufen. Diese Kompetenzen sind unbedingt zu sichern und besonders zukunftsbezogen durch Innovationen auszubauen.

Den Abschnitt 5.2 zusammenfassend liefert die folgende Abbildung 5-7 einen Überblick über das Spektrum der grundlegenden Strategien, die zu Positionsveränderungen im oben entwickelten Positionierungsraum genutzt werden können. Die Strategien lassen sich entsprechend ihrer Wirkungsrichtungen in *Ausweitungsstrategien* und *Rationalisierungsstrategien* unterteilen. Sie bilden insgesamt den ersten strategischen Baustein des Internationalen Strategischen Produktionsmanagements.

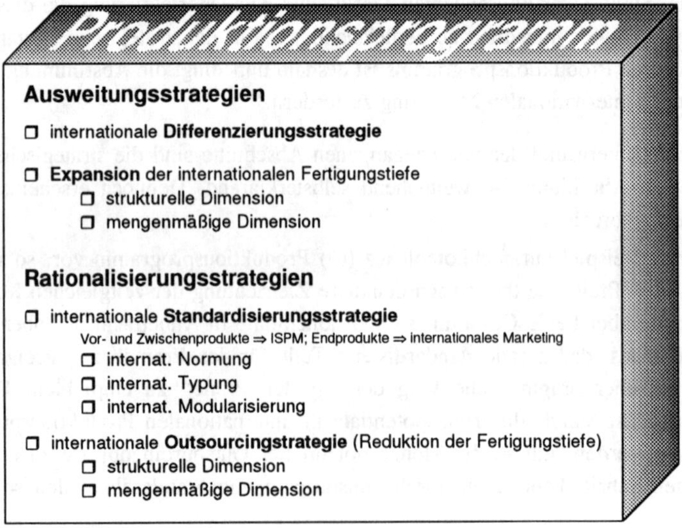

Abbildung 5-7: Strategischer Baustein „Produktionsprogramm“

5.2.5 Segmentierung der internationalen Produktionsaufgabe

Die durch das internationale Produktionssystem zu leistende Produktionsaufgabe ist durch das Produktionsprogramm und dessen Komplexität definiert. In Abhängigkeit hiervon können die Anforderungen an internationale Produktionsstandorte, -potentiale und -prozesse höchst unterschiedlich sein, was ein strukturierendes Vorgehen erforderlich macht. Zu diesem Zweck ist der Gestaltung des internationalen Produktionssystems zunächst eine *Segmentierung* der internationalen Produktionsaufgabe vorzuschalten. Dabei muß es das Ziel sein, die einzelnen Teilaufgaben nach zuvor festgelegten Gesichtspunkten zu Gruppen (Segmenten) zusammenzufassen, die bezogen auf das gewählte Abgrenzungskriterium jeweils gleichartige Produktionsaufgaben vereinen.

Die Segmentierung kann *produktorientiert* oder *produktionsorientiert* (baugruppen-/modulorientiert) charakterisiert sein. Im ersten Fall wird die Gesamtheit der internationalen Produktionsaufgabe *vertikal*, im zweiten Fall *horizontal* segmentiert.

Bei der *Produktorientierung* erfolgt eine Zusammenfassung aller mit einem Produkt verbundenen (internen) Wertschöpfungsstufen. Diese empfiehlt sich gerade bei heterogenen Produktionsprogrammen, die zum Beispiel durch ausgeprägte internationale Produktdifferenzierungen geprägt sind. Die an lokalen Bedürfnissen ausgerichteten Produkte stellen unterschiedliche Anforderungen an das Produktionssystem und erfordern eine entsprechend differenzierte Strukturierung der Produktionsaufgabe. Ist die produktorientierte Segmentierung zusätzlich an markt- oder wettbewerbsspezifischen Gesichtspunkten ausgerichtet, kann gleichzeitig von einer *marktorientierten* Segmentierung gesprochen werden.[114] Sie bildet zum Beispiel die Grundlage für die Konfiguration gestreuter marktnaher Produktionen.[115] Vertikal abgegrenzte Segmente sind in der Tendenz durch eine umfangreiche Aufgabentiefe bei gleichzeitig eingeschränkter Breite der Produktionsaufgabe gekennzeichnet.[116]

Die *produktionsorientierte* Segmentierung geht mit einer horizontalen Strukturierung einher und führt zur Zusammenfassung von bestimmten Wertschöpfungsstufen verschiedener Endprodukte, die im Hinblick auf Standort-, Potential- oder Prozeßanforderungen gleichartige Merkmale aufweisen. So kann zum Beispiel zwischen kapitalintensiven und arbeitsintensiven Produktionsaufgaben segmentiert werden, zwischen know-how-intensiven und einfachen Wertschöpfungsstufen unterschieden werden oder etwa nach umweltneutralen und umweltbelastenden Produktionsaufgaben strukturiert

---

114 Eine solche markt- und produktorientierte Segmentierung legt z.B. *Wildemann* seiner Konzeption der „modularen Fabrik“ zugrunde: Vgl. *Wildemann, H.*, Die modulare Fabrik, 1994, S. 47-49.

115 Siehe hierzu Abschnitt 6.4 in Verbindung mit Abschnitt 5.3.3.4.

116 Vgl. *Lauermann, A.*, Autonomie von Fertigungssegmenten, 1994, S. 24.

werden.[117] Weitere Segmentierungen können nach eingesetzten Produktionsverfahren, Betriebsmitteln oder Arbeitskräften vorgenommen werden.[118] Horizontal abgegrenzte Segmente bündeln spezielle Produktionsaufgaben wie z.B. die Herstellung bestimmter Baugruppen oder Module, die in der Regel für mehrere Endprodukte benötigt werden.

Die Segmente sollten in ihrem Umfang genügend weit gefaßt sein und so abgegrenzt werden, daß standortbezogene Zuordnungen möglich sind. Denn bei internationalen Produktionsaktivitäten steht ja gerade die internationale Streuung der betrieblichen Wertschöpfungen im Mittelpunkt des Interesses. Angesichts der bisher vorliegenden Segmentierungsansätze,[119] die schwerpunktmäßig innerbetriebliche Fertigungssegmentierungen fokussieren, ist hier also das Augenmerk auf die meist nur am Rande berücksichtigte, überbetriebliche Dimension des Produktionssystems zu richten.[120]

Eine Diskussion der Vor- und Nachteile verschiedener Segmentierungsformen ist an dieser Stelle (noch) nicht vorgesehen. Die unterschiedlichen Argumente und Gesichtspunkte ergeben sich besonders im folgenden Abschnitt 5.3.

Als Ergebnis der beschriebenen Strukturierung muß sich eine Segmentmenge ergeben, die die internationale Produktionsaufgabe vollständig erfaßt. Für jedes der Segmente sind die wichtigsten Segmentmerkmale und die zugewiesenen Produktionsaufgaben zu formulieren und etwa in Form eines Kataloges zu organisieren. Dieser sollte außerdem offensichtliche Standortanforderungen der einzelnen Segmente aufnehmen. So wird bereits bei der Segmentierung der internationalen Produktionsaufgabe die Grundlage für einen Standortanforderungskatalog gelegt, der z.B. im Rahmen von Standortbeurteilungen oder -wahlentscheidungen weiter zu präzisieren ist.[121]

Die Segmentierung der internationalen Produktionsaufgabe liegt der noch zu behandelnden geographischen Organisation der Produktion zugrunde und ist somit grundlegend für die Gestaltung der internationalen *Produktionsstandortstruktur*. Mit anderen Worten dient die empfohlene Segmentierung gerade zur Überbrückung der interdependenten Schnittstellen zwischen den strategischen Gestaltungsfeldern „Produktionsprogramm“ und „Produktionsstandortstruktur“.

---

117 Vgl. *Küpper, W.*, Standortentscheidungsprozesse, 1982, S. 452.

118 Vgl. *Warnecke, H.-J.*, Die Fraktale Fabrik, 1996, S. 152-153.

119 Siehe zum Beispiel: *Wildemann, H.*, Die modulare Fabrik, 1994; *Lauermann, A.*, Autonomie von Fertigungssegmenten, 1994; *Warnecke, H.-J.*, Die Fraktale Fabrik, 1996.

120 Siehe hierzu die Ausführungen zum Stichwort „Analogien“ in Abschnitt 5.3.3.4.

121 Siehe hierzu Abschnitt 5.3.6.2.

5.3 Internationale Produktionsstandortstruktur (PSS)

5.3.1 Vorbemerkungen

Das internationale Produktionssystem besteht aus der Gesamtheit der internationalen Produktionsstätten, die erstens jeweils unterschiedliche Beiträge zur Erfüllung der internationalen Produktionsaufgabe leisten und die zweitens in unterschiedlichen produktionsbedingten Beziehungen zueinander stehen können. Die diesbezügliche strategische Gestaltung erfordert eine ganzheitliche Betrachtung des internationalen Produktionssystems. Daher muß die Aufmerksamkeit vor allem der ***überbetrieblichen*** Systemebene gelten.

Aus überbetrieblicher Perspektive ist die grundlegende Basis des internationalen Produktionssystems dessen „*Produktionsstandortstruktur*", kurz PSS. Darunter soll die Gesamtheit der internationalen Standorte, an denen sich die Produktionsaktivität einer Unternehmung vollzieht, die Verteilung der Produktionsaufgaben auf diese Standorte, das daraus resultierende Geflecht zwischenbetrieblicher Produktionsbeziehungen sowie die Verteilung der Produktionspotentiale auf diese Standorte verstanden werden.[122]

Mit anderen Worten steht somit zunächst die ***Konfiguration*** der internationalen Produktionsaktivität im Vordergrund, also deren geographische Verteilung (Streuung) auf verschiedene internationale Standorte.[123] Eng damit verbunden ist die Gestaltung der Strukturbeziehungen zwischen den Produktionsstätten, die entscheidend von den jeweils zugewiesenen Produktionsaufgaben abhängen und die das Verbundsystem der geographisch gestreuten Betriebsstätten charakterisieren. Hieraus ergeben sich außerdem Gestaltungsaspekte der ***Koordination,*** also der zwischenbetrieblichen Abstimmung.[124]

Die Gestaltung der internationalen Produktionsstandortstruktur (PSS) ist also wesentlich weitreichender und anspruchsvoller als die bloße Bestimmung einzelner Produktionsstandorte.[125] Es handelt sich nicht um die Vervielfachung isolierter Standortentscheidungen, sondern es geht vielmehr um die Gestaltung der Standortverteilung und der Strukturbeziehungen innerhalb des internationalen Produktionssystems.

---

122 Vgl. im Unterschied dazu *Pausenberger, E.,* Die Standortpolitik internationaler Unternehmungen, 1994, S. 51; *Lüder, K.,* Strategische Standortplanung, 1982, S. 415.

123 Vgl. *Porter, M. E.,* Rahmenkonzept, 1989, S. 26-27.

124 Vgl. *Porter, M. E.,* Rahmenkonzept, 1989, S. 27-28.

125 Vgl. *Pausenberger, E.,* Die Standortpolitik internationaler Unternehmungen, 1994, S. 54; sowie *Ihde, G. B.,* Standortdynamik, 1984, S. 94.

Das strategische Gestaltungsfeld „internationale Produktionsstandortstruktur (PSS)" soll in mehreren Schritten erschlossen werden: Zuerst gilt es, die grundsätzlichen *Organisationsprinzipien*, die internationalen PSS zugrunde gelegt werden können, zu erarbeiten (5.3.2). Hieraus ergeben sich verschiedenartige *Liefer- und Leistungsverflechtungen* innerhalb des Produktionssystems, die dann zu einer entsprechenden *Typologie* internationaler Produktionsstandortstrukturen führen (5.3.3). Anschließend wird die überbetriebliche Ebene des Produktionssystems verlassen und der Fokus auf die Ebene der Produktionsstätten gerichtet, um im Kontext des überbetrieblichen Gesamtsystems unterschiedliche *Produktionsstättenprofile* abzuleiten (5.3.4). Es folgt dann die Entwicklung von Produktionsstandortstrategien (5.3.5) und von Hilfen zur Produktionsstandortwahl (5.3.6).

5.3.2 Räumliche Organisationsprinzipien

5.3.2.1 Abgrenzung der Prinzipien

Es lassen sich zwei Grundprinzipien in jeweils zwei Ausprägungen unterscheiden, nach denen internationale Produktionsaktivitäten in räumlicher Hinsicht organisiert sein können:[126]

Das erste Grundprinzip soll als *Produkt(gruppen)orientierung* bezeichnet werden. Dieses kann *konzentriert* oder *dekonzentriert* ausgeprägt sein. Im Falle der konzentrierten Produkt(gruppen)orientierung ist die Produktion eines kompletten Produktes oder einer Produktgruppe in *einer* Betriebsstätte *zentralisiert*, während die dekonzentrierte Form die *dezentrale* Parallelfertigung artähnlicher Produkte- oder Produktgruppen in mehreren internationalen Werken vorsieht. Diese können zum Beispiel in der Nähe unterschiedlicher Absatzmärkte angesiedelt sein. Produkt- oder produktgruppenorientierte Standortstrukturen basieren auf einer *vertikalen* Segmentierung der internationalen Produktionsaufgabe.

Erfolgt die räumliche Zusammenfassung der Produktion gleichartiger Produktteile, Baugruppen oder Module (verschiedener Endprodukte) an jeweils unterschiedlichen Standorten, so liegt das Grundprinzip der *Produktionsstufenorientierung* vor. Diese kann ebenfalls *konzentriert* oder *dekonzentriert* organisiert sein. Auch hier beschreibt die konzentrierte Ausprägung die *zentrale* Produktion eines Produktteils oder einer Baugruppe in *einer* internationalen Produktionsstätte.

---

126 Vgl. *Lüder, K.*, Strategische Standortplanung, 1982, S. 420-421; *Klein, H. J.*, Internationale Verbundproduktion, 1993, S. 25-34; *Ihde, G. B.*, Standortdynamik, 1984, S. 94-95.

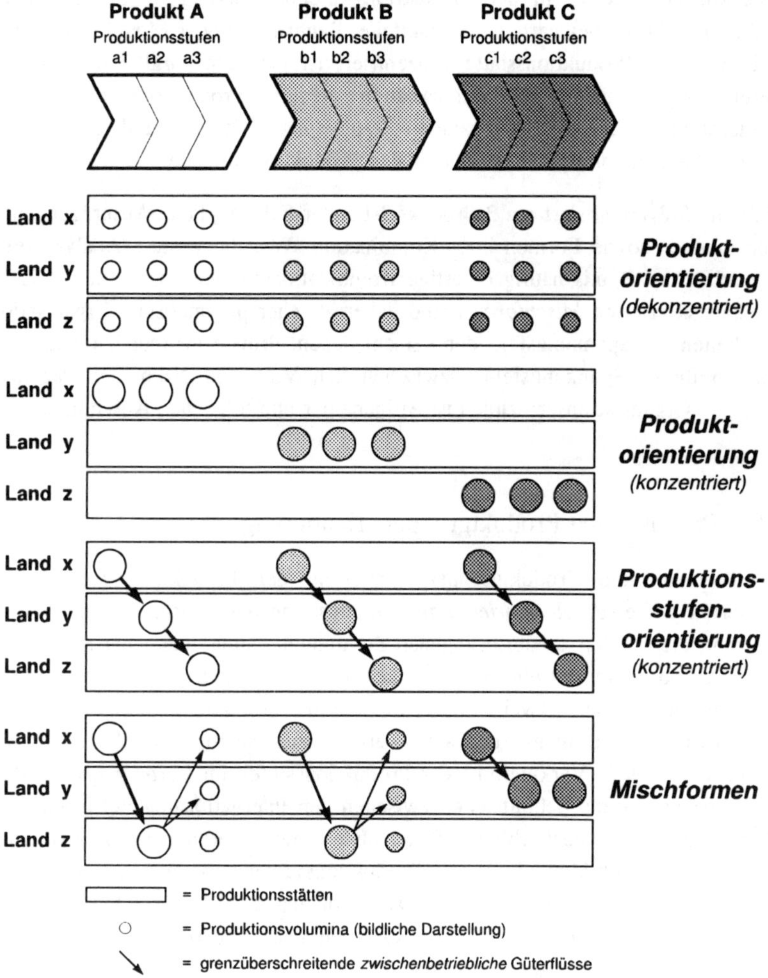

Abbildung 5-8: Beispiele für die räumliche Organisation internationaler Produktionsaktivitäten – dargestellt am 3-Produkt-3-Länder-Fall

Die dekonzentrierte Form der Produktionsstufenorientierung liegt dagegen vor, wenn die Produktion gleichartiger Produktteile, Baugruppen oder Module nicht nur in *einer* bestimmten Produktionsstätte konzentriert ist, sondern parallel (*dezentral*) in mehreren internationalen Produktionsstätten erfolgt. Produktionsstufenorientierte Standortstrukturen führen zu sogenannten *Verbundproduktionen*[127] und erfordern eine *horizontale* Segmentierung der internationalen Produktionsaufgabe.

Abbildung 5-8 visualisiert am 3-Produkt-3-Länder-Fall mögliche Ausprägungen der Grundprinzipien sowie Formen ihrer Kombination. Wie die weitere Analyse zeigen wird, sind in der Praxis häufig derartige Kombinationsformen anzutreffen. Die hier beispielhaft skizzierten *Mischformen* sind daher als eher pragmatische Organisationsmöglichkeiten im Spannungsfeld der verschiedenen Grundprinzipien zu sehen. Die Diskussion dieses Spannungsfeldes zwischen den Vor- und Nachteilen der unterschiedlichen Organisationsprinzipien ist Aufgabe der nun folgenden Abschnitte.

5.3.2.2 Produkt- und Produktgruppenorientierung

Eine Produkt- und Produktgruppenorientierung der Produktionsstandortstruktur (PSS) beruht auf einer *objektorientierten* Organisation der internationalen Produktionsaktivität, die mit der standortbezogenen Zusammenfassung ungleichartiger Verrichtungen (Produktionsstufen) einhergeht.[128] Mit anderen Worten werden in den einzelnen Produktionsstätten jeweils alle in ein(e) Produkt(-gruppe) eingehenden Produktionsstufen (die nicht zugekauft werden) zusammengefaßt. Innerbetrieblich steht hier die vertikale Verknüpfung der Produktionsstufen im Vordergrund. Dadurch werden prozeßbezogene Schnittstellen zwischen den internationalen Betrieben gering gehalten und zwischenbetriebliche Güterflüsse sowie verbundene Logistikkosten vermieden (siehe Abbildung 5-8). Die Produktionsstätten sind bezogen auf die Produktionsprozesse relativ unabhängig (autark) voneinander.[129] Diese Unabhängigkeit vereinfacht die internationale Produktionsplanung und -steuerung und begrenzt den zwischenbetrieblichen Koordinationsbedarf.[130]

Unabhängig vom Grad der Zentralisierung bestehen mögliche Nachteile der Produkt(gruppen)orientierung darin, daß die meist marktnah gewählten Standorte nicht für jeden Teilprozeß die optimalen Standortbedingungen bieten. Diesbezügliche

[127] Vgl. *Klein, H. J.*, Internationale Verbundproduktion, 1993, u.a. S. 9-10, 29-33 u. 223.

[128] Vgl. *Hungenberg, H.*, Zentralisation und Dezentralisation, 1995, S. 46; *Bleicher, K.*, Zentralisation und Dezentralisation, 1966, S. 60-61.

[129] Vgl. *Pausenberger, E.*, Die Standortpolitik internationaler Unternehmungen, 1994, S. 52.

[130] Vgl. *Macharzina, K.*, Steuerung von Auslandsgesellschaften, 1993, S. 81-82.

Kompromisse sind besonders dann erforderlich, wenn die Ungleichartigkeit der an einem Standort zu integrierenden Produktionsstufen eines Produktes sehr ausgeprägt ist und die Standortanforderungen entsprechend heterogen sind.

Konzentrierte Variante

Die *konzentrierte* Variante der Produkt(gruppen)orientierung führt in ausgeprägtester Form zur Bündelung globaler Produktionsmengen in *einem* Werk und damit zu sogenannten *Weltmarktfabriken* (world scale factories), die vor allem auf die Realisierung der bereits beschriebenen Kostendegressionseffekte (Fixkostendegression, Lernkurveneffekt, Betriebsgrößendegression)[131] abzielen.[132] Diese Effekte sind um so ausgeprägter, je stärker die Stückkostenfunktion mit der Ausweitung des Produktionsvolumens abfällt, was gerade in solchen Fällen internationale Produktionszentralisierungen nahelegt.[133] Wird nicht nur die Produktion eines Produktes oder einer Produktgruppe zentralisiert, sondern erstreckt sich die geographische Konzentration gleichzeitig auf mehrere verschiedenartige Produkte, können zusätzlich synergetische Kostenvorteile erzielt werden. Diese werden auch als *economies of scope* bezeichnet. Sie beschreiben den Effekt, daß zwei verschiedene Güter gemeinsam kostengünstiger produziert werden können als bei getrennter Produktion in zwei unterschiedlichen Betrieben.[134]

Die konzentrierte Produktorientierung setzt international bzw. weltweit standardisierte Produkte voraus, was der Berücksichtigung lokaler Marktbedürfnisse tendenziell entgegensteht. Ein weiterer Nachteil konzentrierter PSS ist in den möglicherweise weiten Entfernungen zu internationalen Absatzmärkten zu sehen, die wegen der zentralen Produktion durch eben diese einzige Produktionsstätte bedient werden müssen. Den Kostenvorteilen in der Produktion und den vermiedenen zwischenbetrieblichen Transportkosten stehen erhöhte marktseitige Transportkosten gegenüber. Zur Entschärfung dieses Zielkonfliktes kann empfohlen werden, Weltmarktfabriken jeweils dort anzusiedeln, wo der größte Anteil am internationalen oder weltweiten

---

131 Siehe hierzu die entsprechenden Ausführungen in Abschnitt 5.2.2.1.

132 Vgl. *Welge, M. K.; Holtbrügge D.*, Internationales Management, 1998, S. 135-136; *Pausenberger, E.*, Die Standortpolitik internationaler Unternehmungen, 1994, S. 51; *Porter, M. E.*, Rahmenkonzept, 1989, S. 32; *Kreutzer, R.*, Global Marketing, 1989, S. 270; *Henzler, H.; Rall, W.*, Aufbruch in den Weltmarkt, 1985, S. 169.

133 Vgl. *Davidson, W. H.*, Global Strategic Management, 1982, S. 183-184.

134 Vgl. *Ghoshal, S.*, Global Strategy, 1987, S. 434; *Ringlstetter, M.; Skrobarczyk, P.*, Internationale Strategien, 1994, S. 338; *Gälweiler, A.*, Strategische Unternehmensführung, 1990; S.88-90. Formal ausgedrückt treten Economies of Scope genau dann auf, wenn für alle Produktionsmengen q1 und q2 der Produkte 1 und 2 gilt: $C(q1,q2) < C(q1,0) + C(0,q2)$ mit $q1>0$, $q2>0$ und $C:=$ Kostenfunktion. Vgl. *Knyphausen, D. zu; Ringlstetter, M.*, Economies of Scope, 1991, S. 550-551.

Marktvolumen lokalisiert ist.[135] Ein Beispiel für eine derartige Strategie liefert die bereits angeführte Geländewagenproduktion von Daimler-Benz in den USA, dem weltweit größten nationalen Markt für Gelände- und Freizeitfahrzeuge.[136]

Dekonzentrierte (dezentrale) Variante

Liegt dagegen die *dezentrale* Form der Produkt(gruppen)orientierung vor, wird auf konzentrationsbedingte Kostenvorteile zugunsten größerer Marktnähe verzichtet. Es kommt so zu länderspezifischen Parallelproduktionen.[137] Durch diese geographisch gestreuten marktnahen Produktionen können Transportkosten zu internationalen Absatzmärkten reduziert werden, mögliche Handelsschranken umgangen werden, lokale Markt- und Umweltanforderungen berücksichtigt werden sowie letztlich nationale Insiderpositionen aufgebaut werden. Da die Produktionsprozesse der internationalen Produktionsstätten vergleichsweise unabhängig voneinander sind, können sie auf landesspezifische Produktanforderungen abgestimmt werden und so internationale Produktdifferenzierungen ermöglichen.

Bei internationaler Parallelproduktion ähnlicher Produkte oder Produktgruppen fördern zwischenbetriebliche Kosten- und Leistungsvergleiche überdies den Aufbau von Wettbewerbssituationen zwischen den Produktionsstätten,[138] was zur Identifizierung von Stärken und Schwächen im internationalen Produktionssystem genutzt werden kann. Dem steht der mögliche Nachteil redundanter Investitionen im Produktionssystem gegenüber, da in jedem der parallel produzierenden Werke gleiche oder sehr ähnliche Produktionsprozesse und -potentiale für alle Wertschöpfungsstufen des betreffenden Produktes bereitgestellt werden müssen. Ein durchaus vorteilhafter Aspekt derartiger Redundanzen ist, daß einzelne Werke möglicherweise die Produktionen anderer Werke übernehmen können und auf diese Weise internationale Produktionsausfälle und -engpässe überbrückbar werden.[139]

Geographisch weit gestreute Parallelproduktionen führen auch zu einer entsprechenden Streuung der eigenen Kernkompetenzen, was deren internationale Sicherung erschwert und die Gefahr des unkontrollierten Know-how-Abflusses an einem der Standorte in sich birgt.

---

[135] Vgl. *Porter, M. E.*, Rahmenkonzept, 1989, S. 56.

[136] Siehe die entsprechenden Ausführungen in Abschnitt 4.2.1.

[137] Vgl. *Welge, M. K.; Holtbrügge D.*, Internationales Management, 1998, S. 136.

[138] Vgl. *Henzler, H.A.*, Europreneurs, 1992, S. 201.

[139] Vgl. *Rutenberg, D.*, Multinationale Herstellung, 1995, 98.

Vergleich der Varianten

Zusammenfassend läßt sich das Spannungsfeld zwischen der konzentrierten und dekonzentrierten (dezentralen) Produkt(gruppen)orientierung vor allem auf den Zielkonflikt zwischen der Realisierung von Kostenvorteilen in der Produktion einerseits und der Sicherung von Marktnähe sowie lokaler Anpassung andererseits reduzieren.

Abbildung 5-9 verdeutlicht am Beispiel eines europäischen Getränkeherstellers einige der zuvor diskutierten Argumente: Während mit zunehmender Standortkonzentration die beschriebenen Kostendegressionseffekte in der Produktion wirksam werden, steigen gleichzeitig die geographischen Entfernungen zu den europäischen Absatzmärkten und somit die zusätzlichen Logistikkosten.[140] Bemerkenswert ist außerdem die offensichtliche Berücksichtigung von Stillegungskosten bei Betriebsschließungen, die wie an anderer Stelle gefordert auch hier als *entscheidungsrelevant* zu berücksichtigen sind. Insgesamt werden im Beispiel die konzentrationsbedingten Zusatzkosten durch die gleichzeitig wirkenden Kostendegressionseffekte in der Produktion überkompensiert, so daß unter Kostengesichtspunkten hier eine Standortkonzentration vorteilhaft erscheint.

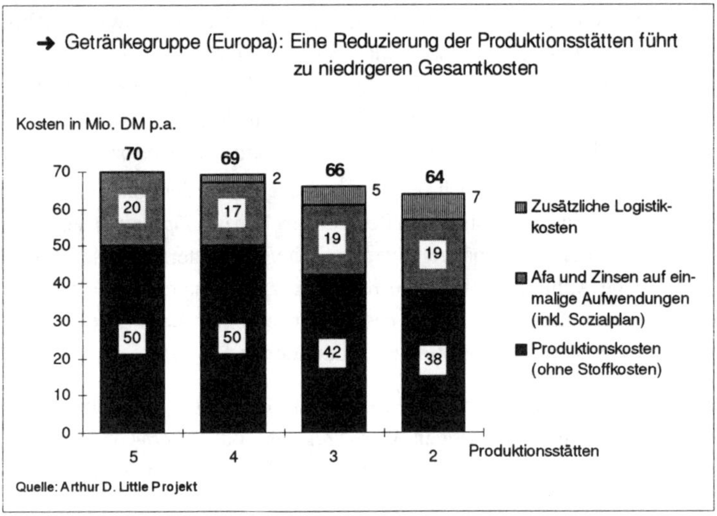

Abbildung 5-9: Kostenentwicklungen bei Standortkonzentration am Beispiel einer europäischen Getränkegruppe[141]

---

[140] Vgl. hierzu auch *Pfohl, H.-Ch.*, Logistiksysteme, 1996, S. 325, 379-380.

[141] Quelle: Arthur D. Little Projekt, veröffentlicht in: *Sommerlatte, T.; Maier-Rothe, Ch.; Lerner, W.*, Unternehmensstrategien, 1992, S. 87.

5.3.2.3 Produktionsstufenorientierung

Produktions*stufen*orientierte Produktionsstandortstrukturen basieren auf der standortbezogenen Zusammenfassung gleichartiger Verrichtungen (Produktionsstufen), die an ungleichartigen Objekten (Produkten) vollzogen werden.[142] Diese verrichtungsorientierte Bündelung internationaler Produktionsaufgaben führt betriebsbezogen zu entsprechend gleichartigen Standortanforderungen, die dagegen zwischenbetrieblich sehr heterogen sein können. Das ermöglicht eine umfassende Nutzung internationaler Standortvorteile, indem die auf Baugruppen oder Module spezialisierten Produktionsstätten jeweils dort angesiedelt werden, wo bestmögliche Standortbedingungen anzutreffen sind.[143]

Die strategische Option der Produktionsstufenorientierung kann überdies auch zum Schutz eigener Kernkompetenzen im Produktionsbereich wahrgenommen werden, indem know-how-intensive Produktionsstufen standortbezogen dort zusammengefaßt werden, wo gute Kontrollmöglichkeiten gegeben sind (etwa am Stammsitz der Unternehmung). Eine derartige Strategie verfolgt zum Beispiel die Bayer AG in den Geschäftsbereichen „Gesundheit“ und „Pflanzenschutz“:[144] Hier ist die Herstellung hochsensibler Wirkstoffe und Substanzen auf wenige Standorte in hochtechnisierten Industrieländern konzentriert, um so einem unkontrollierten Know-how-Abfluß und -Mißbrauch an den übrigen internationalen Standorten vorzubeugen. Dort sind vielmehr nachgelagerte Produktionsstufen lokalisiert, in denen diese Wirkstoffe zu unterschiedlichen Darreichungsformen (z.B. Tabletten, Kapseln, Pulverformen, Zäpfchen oder flüssige Formen) weiterverarbeitet und anschließend verpackt werden.

Das Beispiel läßt allerdings auch erkennen, daß eine Produktionsstufenorientierung mit zwischenbetrieblichen Leistungsverflechtungen (*Cross Supplying*) einhergeht und damit zu prozeßbezogenen Abhängigkeiten zwischen den internationalen Produktionsstätten führt (siehe Abbildung 5-8). Die Komplexität der internationalen Produktionsplanung und -steuerung steigt und es besteht ein erhöhter Bedarf an internationaler Koordination der geographisch gestreuten Produktionen.[145]

Ferner werden durch die zwischenbetrieblichen Güterflüsse Transportkosten verursacht, die besonders bei ungünstigen *Wert-Volumen-* oder *Wert-Gewichts-Relationen* (geringer Wert bei großem Volumen oder hohem Gewicht) der Komponenten einen

---

142 Vgl. *Hungenberg, H.*, Zentralisation und Dezentralisation, 1995, S. 46; *Bleicher, K.*, Zentralisation und Dezentralisation, 1966, S. 59-60.

143 Vgl. *Klein, H. J.*, Internationale Verbundproduktion, 1993, S. 31 u. 58.

144 Das folgende Beispiel stützt sich auf das mit Herrn Dr. *Wiemann* geführte Expertengespräch. Vgl. auch *Welge, M. K.* :„Global heißt nicht: überall sein“, 1997, S. 122.

145 Vgl. *Weber, J.*, Modulare Organisationsstrukturen, 1995, S. 219-220, *Macharzina, K.*, Steuerung von Auslandsgesellschaften, 1993, S. 81-82.

erheblichen Nachteil darstellen.[146] Mit anderen Worten verlieren die zwischenbetrieblichen Transportkosten gerade dann ihre Bedeutung, wenn die zu transportierenden Güter von hohem Wert bei geringem Volumen (Gewicht) sind, also vergleichsweise günstige Wert-Volumen(Gewichts)-Relationen vorliegen. Das folgende Beispiel der Unternehmensgruppe Turck Sensortechnik belegt diesen Zusammenhang:[147] Zum Schutz eigener Kernkompetenzen in der oben beschriebenen Weise hat man die Produktion elektronischer Kernelemente am Stammsitz in Deutschland konzentriert, von wo alle weltweit gestreuten Produktionsbetriebe des Konzerns mit den know-how-intensiven Komponenten versorgt werden, und zwar per Luftfracht. Diese Form der Produktionsstufenorientierung wird durch die hohe Wertigkeit und das geringe Volumen der elektronischen Kernelemente begünstigt. Denn im Verhältnis dazu sind die zwischenbetrieblichen Transportkosten von so geringer Bedeutung, daß sogar die vergleichsweise hohen Kosten des Luftfrachtweges in Kauf genommen werden.[148]

Ein weiteres Problemfeld wirft die Bewertung der zwischen den internationalen Betrieben ausgetauschten Leistungen auf, da die zugrunde gelegten Verrechnungspreise auch nach produktionsfremden Gesichtspunkten wie etwa dem der internationalen Gewinn- und Steuerverlagerung festgelegt sein können.[149] In solchen Fällen werden die Gewinne der internationalen Produktionsstätten verzerrt und sind als Kriterien zur Wirtschaftlichkeitsbeurteilung der einzelnen Betriebe ungeeignet. Das macht umfangreiche Ausgleichsrechnungen erforderlich, die durch nationale Inflationsdifferenzen und internationale Währungsverschiebungen zusätzlich erschwert werden können. Diese Problematik wurde von zahlreichen Interviewpartnern im Zusammenhang mit produktionsstufenorientierten Standortstrukturen thematisiert. So werden zum Beispiel in einer der befragten Unternehmungen große Anstrengungen unternommen, um ein adäquates internationales Controllingsystem aufzubauen. Dabei ist es das Ziel, die Wirtschaftlichkeitsbeurteilungen der einzelnen Betriebe transparent und vergleichbar zu gestalten. Wesentliche Ansatzpunkte sind u.a. die Einführung einer internen Konzernwährung und eines weltweit einheitlichen Kontenplans. Daran

---

146 Vgl. *Kreutzer, R.*, Global Marketing, 1989, S. 262-263; *Pfohl, H.-Ch.*, Logistiksysteme, 1996, S. 379-380. - Alternativ kann der Güterwert auch auf das *Verhältnis des Gewichts zum Volumen*, also auf die „Dichte" bezogen werden. Dann wäre von einer *Wert-Dichte-Relation* zu sprechen. Vgl. *Pfohl, H.-Ch.*, Logistiksysteme, 1996, S. 166.

147 Das folgende Beispiel stützt sich auf das mit Herrn *Turck* geführte Expertengespräch.

148 Den relativ hohen Kosten der Luftfracht stehen allerdings auch diverse Kosteneinsparungen im Logistikbereich gegenüber, die die vergleichsweise hohen Luftfrachtkosten zumindest teilweise kompensieren. Außerdem bietet der Luftfrachtweg zahlreiche nicht-monetäre Vorteile wie z.B. Transportschnelligkeit, -zuverlässigkeit und -sicherheit. Vgl. *Pfohl, H.-Ch.*, Logistiksysteme, 1996, S. 164-166; sowie auch *Piontek, J.*, Internationale Logistik, 1994, S. 88-89.

149 Vgl. *Köddermann, R.*, Löhne und Steuern, 1996, S. 13; *Gilroy, B.M.*, Firmeninterner Handel, 1992, S.470; sowie *Pausenberger, E.; Glaum, M.*, Kommunikationsprobleme, 1994, S. 97-98.

anknüpfend soll letztlich ein international vernetztes Kennzahlenberichtssystem entstehen, das die beschriebenen Verzerrungen vermeidet beziehungsweise offenlegt.

Konzentrierte Variante

Die *konzentrierte* Form der Produktionsstufenorientierung ist auf die gezielte Nutzung internationaler Standortvorteile bei gleichzeitig umfangreicher Realisierung von Kostendegressionseffekten ausgerichtet, die durch die Zusammenfassung der weltweiten Produktionsmengen einer Produktionsstufe in *einem* Werk erzielt werden können.[150] Auch hier gilt, daß die Kostendegression um so ausgeprägter ist, je steiler die Stückkostenfunktion mit der Ausweitung des Produktionsvolumens fällt.[151] Werden gleichzeitig verschiedenartige Produktionsstufen zusammengefaßt, sind auch hier die bereits beschriebenen synergetischen Kostenvorteile (economies of scope) erzielbar.[152] Die verrichtungsorientierte Spezialisierung der Betriebe ermöglicht besonders im Fall der konzentrierten Variante den wirtschaftlichen Einsatz von Spezialmaschinen.[153] Die Möglichkeiten zu internationalen Produktdifferenzierungen sind relativ eingeschränkt, da so organisierte Produktionssysteme in der Regel mit einem hohen Standardisierungsgrad des Produktionsprogramms einhergehen.[154]

Dekonzentrierte (dezentrale) Variante

Die *dekonzentrierte* Produktionsstufenorientierung - also die Parallelproduktion einzelner Produktionsstufen an mehreren internationalen Standorten - schränkt die Möglichkeiten zur Erzielung mengeninduzierter Kostendegressionseffekte ein und kann zu Redundanzen im internationalen Produktionssystem führen. Es besteht die Gefahr, daß der Umfang der internationalen Leistungsverflechtungen steigt und dadurch die Komplexität der internationalen Produktionsplanung und -steuerung zusätzlich erhöht wird. Außerdem sind die mit den zwischenbetrieblichen Logistikprozessen verbundenen Kosten zu berücksichtigen.

Andererseits verspricht eine dezentrale Produktionsstufenorientierung auch einige Vorteile: So ermöglicht die Parallelfertigung von Baugruppen oder Modulen den Aufbau zwischenbetrieblicher Wettbewerbssituationen im internationalen Produktionssystem,[155] was die Stärken und Schwächen der einzelnen Betriebe offenlegt. Ferner

---

150 Vgl. *Kreutzer, R.*, Global Marketing, 1989, S. 269.

151 Vgl. *Davidson, W. H.*, Global Strategic Management, 1982, S. 183-184.

152 Siehe Abschnitt 5.3.2.2.

153 Siehe hierzu Abschnitt 5.4.2.

154 Vgl. *Kreutzer, R.*, Global Marketing, 1989, S. 271.

155 Vgl. *Henzler, H.A.*, Europreneurs, 1992, S. 201.

können vorhandene Redundanzen positiv genutzt werden, wenn einzelne Werke in der Lage sind, die Produktionen anderer Werke zu übernehmen, und so internationale Produktionsausfälle und -engpässe überbrückbar werden.[156]

Insgesamt dürfte die dekonzentrierte Variante der Produktionsstufenorientierung von eher theoretischer Bedeutung sein. Mit Blick auf die Praxis erscheint eine Realisierung allenfalls in Kombination mit der konzentrierten Variante als sinnvoll:

Kombination der Varianten

Denkbar ist ferner die Kombination beider Varianten der Produktionsstufenorientierung: So können etwa in vorgelagerten Produktionsstufen konzentrierte Produktionen konfiguriert werden, um dort entsprechende Kostendegressionen zu realisieren und/oder die gezielte Nutzung von Standortvorteilen zu ermöglichen. Im Bereich nachgelagerter Produktionsstufen können dagegen dekonzentrierte Standortstrukturen vorgesehen werden, indem die Endfertigungen jeweils innerhalb der verschiedenen internationalen Märkte angesiedelt werden. Das berechtigt jeweils zum Auftritt als lokaler Produzent, schafft Nähe zu den Abnehmern und erlaubt überdies in begrenztem Maße marktorientierte Produktdifferenzierungen.[157]

Ein Beispiel für derartige Kombinationsformen liefert der weiter oben in diesem Abschnitt geschilderte Fall der Bayer AG. Ferner finden sich Kombinationen aus konzentrierten und dekonzentrierten Produktionsstufenfertigungen häufig in Synthesen aus kosten- und gleichzeitig marktorientierten Strategieansätzen wieder. So wird z.B. von verschiedenen Autoren empfohlen, arbeitsintensive Produktionsstufen aus Kostengründen in Ländern mit niedrigem Lohnniveau zu *konzentrieren*, know-how-intensive Komponenten dagegen in Industrieländern zusammenzufassen und Endfertigungen entsprechend marktnah zu *dekonzentrieren*, also international zu dezentralisieren.[158]

5.3.2.4 Zusammenfassende Beurteilung und Empfehlungen

Eine allgemeine Empfehlung für oder gegen eine bestimmte Organisationsform und einen bestimmten Konzentrationsgrad der internationalen PSS kann aufgrund der Branchen- und Einzelfallabhängigkeit nicht gegeben werden.[159] Dennoch soll versucht werden, für verschiedene Profile des internationalen Produktionsprogramms einige

[156] Vgl. *Rutenberg, D.*, Multinationale Herstellung, 1995, 98.

[157] Siehe hierzu auch das Beispiel der Bayer AG im folgenden Abschnitt 5.3.2.4.

[158] Vgl. *McGrath, M. E.; Hoole, R. W.;* Manufacturing, 1992, S. 95; 98-99; *Berger, R.*, Standortsicherung, 1993, S. 8; *Walter, A.C.*, Strategien bei internationaler Produktion, 1993, S. 75.

[159] Vgl. *Kreutzer, R.*, Global Marketing, 1989, S. 272.

spezielle Empfehlungen zu formulieren, um so dem Produktionsmanager in der Praxis mögliche Ansätze zur strategischen Gestaltung der PSS aufzuzeigen:

Beinhaltet das Produktionsprogramm vorwiegend *globale* Produkte, die im Idealfall auf weltweit einheitliche Marktanforderungen stoßen, können zur Ausschöpfung globaler Kostendegressionseffekte *konzentrierte* PSS realisiert werden, ohne daß Nachteile aus einer mangelnden lokalen Anpassung zu befürchten sind. Im Fall ähnlicher Standortanforderungen der verschiedenen in ein Produkt eingehenden Produktionsstufen liegt dann eine Produkt(gruppen)orientierung nahe. Der Standort sollte dabei möglichst in der geographischen Nähe der volumenstärksten Absatzregion gewählt werden. Sind die in ein Produkt eingehenden Produktionsstufen dagegen durch sehr heterogene Standortanforderungen charakterisiert, sollten die Möglichkeiten einer konzentrierten Produktionsstufenorientierung mit gezielter Standortorientierung geprüft werden.

Im Gegensatz dazu sind Produktionsprogramme mit *lokal* angepaßten, international stark *differenzierten* Produkten weniger geeignet für konzentrierte PSS. Zur bestmöglichen Realisierung von Lokalisierungsvorteilen erscheinen hier zunächst dekonzentrierte Produktorientierungen als zweckmäßig. Allerdings ist derartigen Strukturen der wesentliche Nachteil inhärent, daß auf die Realisierung konzentrationsbedingter Kostenvorteile verzichtet werden muß.

Es zeigt sich hier eine Facette des bereits bei der Produktionsprogrammgestaltung aufgezeigten Zielkonfliktes[160] zwischen globaler Standardisierung und lokaler Anpassung (Differenzierung). Zur Reduzierung dieses Konfliktes wurden im Rahmen der Produktionsprogrammgestaltung Vorschläge entwickelt,[161] die sich auch im hier vorliegenden Zielkonflikt als vermittelnd erweisen:

Gelingt es, bei der Gestaltung des internationalen Produktionsprogramms die aufgezeigten Standardisierungspotentiale freizusetzen, können die internationalen Produktionsmengen der betroffenen Komponenten gebündelt und standortbezogen konzentriert werden. Das ermöglicht die Realisierung konzentrationsbedingter Kostendegressionen sowie gleichzeitig die gezielte Nutzung internationaler Standortvorteile, indem die spezialisierten Komponentenwerke jeweils dort angesiedelt werden, wo bestmögliche Standortbedingungen anzutreffen sind. Zugleich können Differenzierungsspielräume zur Berücksichtigung lokaler Marktanforderungen erschlossen werden, indem für jene Produktbestandteile, die als maßgebliche Differenzierungsträger identifiziert wurden, flexible Produktionseinheiten (Werke) vorgesehen werden. Durch diese können dann die erforderlichen Produktanpassungen gewährleistet werden, während die übrigen

---

160 Siehe Abschnitt 5.2.2.1.

161 Siehe Abschnitt 5.2.2.2.

Komponentenwerke auf die Nutzung von Standardisierungs- und Konzentrationsvorteilen ausgerichtet sind.

Eine weitere Variante besteht zum Beispiel darin, neben den skalenorientierten Komponentenwerken auch kleine und flexible Endfertigungen in den verschiedenen internationalen Märkten vorzusehen (siehe „Mischformen" in Abbildung 5-8). Diese dekonzentrierten und *marktnahen Endfertigungen* schaffen Nähe zu den Abnehmern, erlauben die frühzeitige Wahrnehmung lokaler Trends, berechtigen zum Auftritt als jeweils inländischer Produzent und ermöglichen überdies marktorientierte Produktanpassungen.

Eine Veranschaulichung dieser Strategie liefert die erneute Betrachtung des im vorherigen Abschnitt beschriebenen Beispiels der Bayer AG:[162] Da vorwiegend aufgrund sozio-kultureller Barrieren nicht jede Darreichungsform[163] pharmazeutischer Produkte in jedem Land von den Verbrauchern angenommen wird, sind marktbezogene Differenzierungen erforderlich. Gleiches gilt für Verpackungen und Packungsbeilagen, die mit Texten in der jeweiligen Landessprache bedruckt werden müssen. Vor diesem Hintergrund ist es die Aufgabe der marktnahen Endfertigungen der Bayer AG, die beschriebenen Differenzierungen vor Ort zu gewährleisten. Hierzu werden die zentral in Deutschland hergestellten Wirkstoffe an den weltweit gestreuten Produktionsstandorten zu jeweils marktgerechten Darreichungsformen verarbeitet und marktgerecht verpackt. Diese Form der marktnahen Endfertigung wird üblicherweise als *Konfektionierung,* in Grenzfällen auch als *Formulierung* bezeichnet.[164]

Das Ergebnis so organisierter PSS ist eine Kombination aus konzentrierter und dekonzentrierter Produktionsstufenorientierung, wie sie sich bereits im vorherigen Abschnitt 5.3.2.3 andeutete. Die Grenzen solcher Kombinationsformen sind in den mitunter umfangreichen zwischenbetrieblichen Güterflüssen, den damit verbundenen Transport- und Koordinationskosten sowie in den internationalen Marktbedingungen zu sehen, die das Ausmaß der Differenzierung bestimmen und damit die Reichweite von Standardisierungen in vorgelagerten Produktionsstufen begrenzen.

---

162 Das Beispiel stützt sich auf das mit Herrn Dr. *Wiemann* geführte Expertengespräch.

163 Zum Beispiel Tabletten, Kapseln, Pulverformen, Zäpfchen oder flüssige Formen.

164 Unter *Formulierung* wird vorwiegend das Abmischen und Abpacken chemischer Produkte als abschließende Produktionsstufe eines mehrstufigen Produktionsprozesses in einer ausländischen Produktionsstätte verstanden. Die *Konfektionierung* bezieht sich dagegen speziell auf pharmazeutische Endfertigungen wie zum Beispiel die Tablettierung oder auf spezielle Endfertigungen in der Textilindustrie. Vgl. *Karenberg, L.; Meissner, H.G.;* et al., Auslandsaktivitäten, 1983, S. 7-8; *Wilbert, H.*, Internationale Produktion, 1994, S. 446-447.

5.3.3 Zwischenbetriebliche Liefer- und Leistungsstruktur

5.3.3.1 Typologie internationaler PSS

Die zuvor erarbeiteten Organisationsprinzipien führen in unterschiedlicher Weise zu mehr oder weniger ausgeprägten *Liefer- und Leistungsverflechtungen*[165] zwischen den internationalen Produktionsstätten, die infolgedessen durch verschiedenartige zwischenbetriebliche Abhängigkeiten und *Interdependenzen* miteinander verknüpft sind.

Allgemein formuliert liegen Interdependenzen dann vor, wenn „durch die Aktivitäten einer Unternehmenseinheit die Handlungen einer anderen beeinflußt werden."[166] Konkret sollen an dieser Stelle jene Interdependenzen betrachtet werden, die auf materieller Ebene durch die zwischenbetrieblichen Liefer- und Leistungsabhängigkeiten entstehen. Nach *Thompson* können diese Interdependenzen ihrer Art nach folgendermaßen differenziert werden:[167]

- *Gebündelte* (gepoolte) Interdependenzen zwischen zwei Produktionsstätten liegen bei der Inanspruchnahme gemeinsamer Ressourcen oder bei der Beachtung einer gemeinsamen Restriktion vor.

- *Sequentielle* Interdependenzen sind gegeben, wenn der Output einer Produktionsstätte zum Input einer anderen wird.

- *Reziproke* (wechselseitige) Interdependenzen beschreiben gegenseitige Input- und Outputbeziehungen zwischen den internationalen Produktionsstätten.

Diese Interdependenzen sind Ausdruck der geographischen Organisation der internationalen Produktionsaktivität und prägen die Gesamtheit der zwischenbetrieblichen Liefer- und Leistungsstruktur. In Abbildung 5-10 sind zur visuellen Unterstützung der weiteren Betrachtungen verschiedene Typen solcher Strukturen skizziert. Diese konnten vor dem Hintergrund der bisher gewonnenen Erkenntnisse und unter Berücksichtigung der eigenen empirischen Beobachtungen entwickelt werden.

---

165 Diese Liefer- und Leistungsverflechtungen beziehen sich – dem Fokus der Analyse entsprechend – auf Produktionsleistungen des Industriebetriebes, also auf materielle Güter.

166 *Macharzina, K.*, Steuerung von Auslandsgesellschaften, 1993, S. 81.

167 Vgl. *Thompson, J. D.*, Organizations in Action, 1967, S. 54 ff., sowie *Macharzina, K.*, Steuerung von Auslandsgesellschaften, 1993, S. 82; *Welge, M. K.*, Organisation, 1987, S. 411.

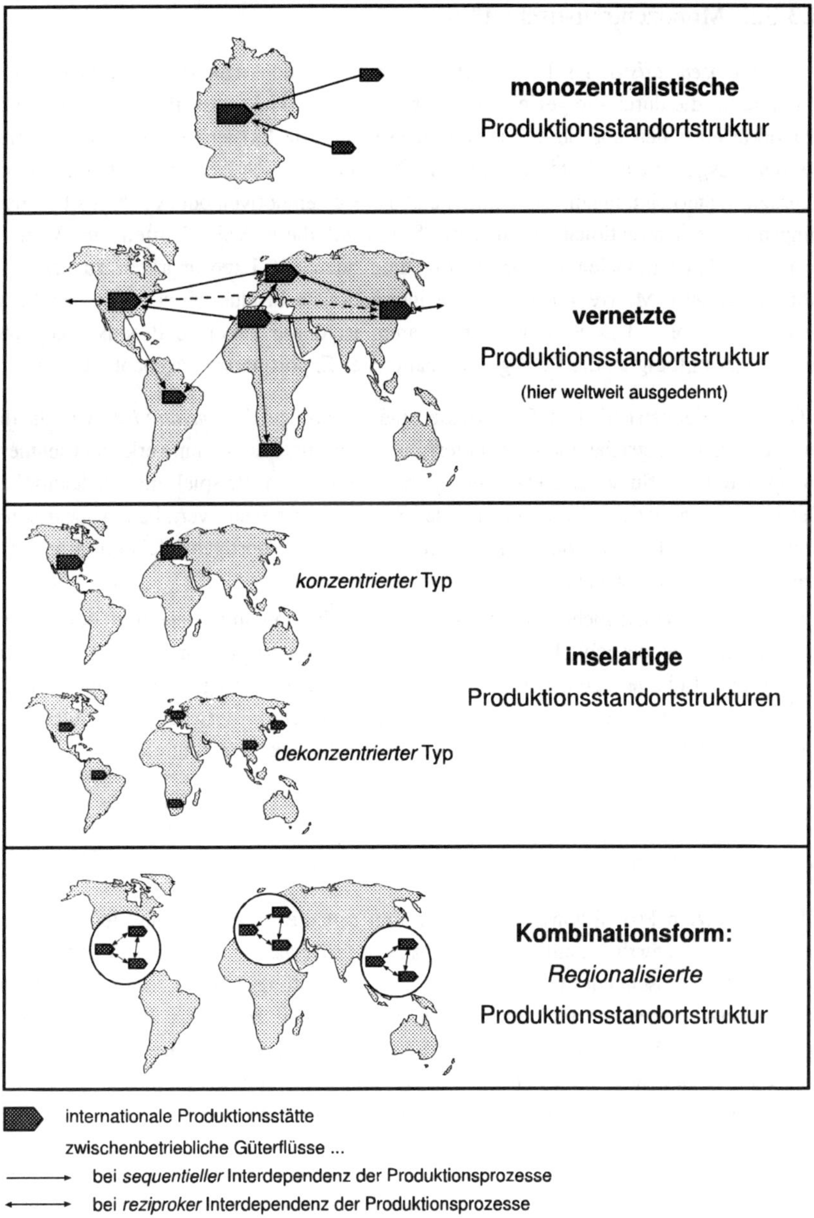

Abbildung 5-10: Typen internationaler Produktionsstandortstrukturen (PSS)

5.3.3.2 Monozentralistische PSS

Als *monozentralistisch* sollen internationale Produktionsstandortstrukturen bezeichnet werden, die durch die gezielte Auslagerung von Produktionsstufen an ausländische Standorte entstehen und deren primäre Zielsetzung die Existenzsicherung einer sonst national ausgerichteten Unternehmung ist.[168] Es handelt sich hierbei um ethnozentrisch geprägte Unternehmungen, die vorwiegend aus Kostenmotiven oder auch aus Beschaffungsmotiven international produzieren,[169] um auf diese Weise Vorteile im Wettbewerb auf den nationalen Heimatmärkten und auch auf Exportmärkten zu erzielen. Marktorientierte Motive spielen für die internationale Produktionsaktivität hier keine bedeutende Rolle. Das Produktionsprogramm ist durch nationale Produkte geprägt, die nur geringfügig an die Belange internationaler Exportmärkte angepaßt werden.

Die zwischenbetrieblichen Güterflüsse sind überwiegend *sequentieller* Art, da die internationalen Betriebe meist Zulieferfunktionen für das Stammwerk übernehmen. Reziproke Güterflüsse entstehen nur dann, wenn zum Beispiel die ausländischen Betriebe vorproduzierte Komponenten des Stammwerkes weiterverarbeiten/-bearbeiten und diese anschließend wieder an das Stammwerk zur dortigen Weiterverarbeitung/ -bearbeitung zurücksenden.

Die zwischenbetriebliche Arbeitsteilung ist produktionsstufenorientiert organisiert, was mit zwischenbetrieblichen Abhängigkeiten und Interdependenzen einhergeht. Die Tochtergesellschaften genießen in der Regel nur eine geringe Autonomie, da die Entscheidungskompetenz bei der Muttergesellschaft zentralisiert ist.[170] Die internationale Produktionsplanung und -steuerung liegt ebenfalls bei der Zentrale.

5.3.3.3 Vernetzte PSS

Bei vernetzten Produktionsstandortstrukturen tritt die Zentralisierung der zwischenbetrieblichen Güterflüsse auf *eine* Betriebsstätte (z.B. das Stammwerk) in den Hintergrund. Das zwischenbetriebliche Liefer- und Leistungsgeflecht ist facettenreich, international ausgedehnt und durch einen hohen Anteil *reziproker* Interdependenzen geprägt.[171] Im Mittelpunkt steht die Produktionsaufgabe des gesamten Produktionsnetzwerkes, das aus verschiedenartig spezialisierten und geographisch gestreuten Komponentenfertigungen und Endfertigungen besteht. Auf diese Weise entsteht eine

---

168 Vgl. Abbildung 5-10.

169 Vgl. hierzu Abschnitt 4.2.

170 Vgl. *Macharzina, K.*, Steuerung von Auslandsgesellschaften, 1993, S. 83.

171 Vgl. Abbildung 5-10.

länderübergreifende Verbundproduktion, die vor allem die systematische Nutzung von Spezialisierungs- und Standortvorteilen einzelner Länder ermöglicht.[172]

Das dominierende Prinzip der räumlichen Organisation ist die Produktionsstufenorientierung, die eine länderübergreifende Arbeitsteilung im internationalen Produktionssystem begründet und damit eine entsprechende Abhängigkeit zwischen den Produktionsprozessen der einzelnen Werke erzeugt. Die Vielfalt zwischenbetrieblicher Schnittstellen im internationalen Produktionssystem erfordert ein hohes Standardisierungsmaß im Produktionsprogramm und schränkt somit die Möglichkeiten für Produktdifferenzierungen ein. Das dürfte im Fall global oder zumindest regional konvergenter Märkte kaum zu Problemen führen, da sich gerade dann Produktstandardisierungen anbieten.[173]

Gebieten die Nutzenerwartungen und Bedürfnisse der Abnehmer dennoch eine gewisse Produktanpassung an lokale Anforderungen, kann auch hier den an anderen Stellen ausgesprochenen Empfehlungen gefolgt werden:[174] Und zwar, indem einerseits konzentrierte und spezialisierte Fertigungen für Standardkomponenten und Produktmodule gebildet werden, die gleichzeitig mit flexiblen Werken im internationalen Produktionssystem vernetzt sind. Deren Produktionsaufgabe kann zum Beispiel die bedarfsgerechte Modulkombinierung und/oder die flexible Fertigung der Differenzierungsträger im Produktionsprogramm umfassen. Werden lokale Produktanpassungen etwa durch kleine marktnahe Endfertigungen erreicht, ergeben sich hieraus *marktorientierte Ausleger* des internationalen Produktionsnetzwerkes, wie sie in Abbildung 5-10 beispielhaft skizziert sind.

Insgesamt erfordern derartige Produktionsnetzwerke eine länderübergreifende Abstimmung der geographisch gestreuten Produktionsbetriebe. Der produktionsbezogenen Autonomie der einzelnen Produktionsstätten sind durch die ausgeprägten materiellen Interdependenzen Grenzen gesetzt. Es besteht daher eine Tendenz zu zentralistischen Organisationsformen.[175]

Entscheidungskompetenzen sollten deshalb aber nicht bedingungslos zentralisiert werden, sondern es ist eine kooperatives Machtverhältnis zwischen der Zentrale und den internationalen Produktionsstätten zu suchen, das auch die Niederlassungen in die Entscheidungsfindung sowie in planende und steuernde Aktivitäten einbindet.[176] Einen

172 Vgl. *Welge, M. K.; Holtbrügge D.*, Internationales Management, 1998, S. 136-137.

173 Vgl. *Wiese, H.; Geisler M.*, Standardisierung, 1996, Sp. 1901; sowie auch *Levitt, Th.*, The Globalization of Markets, 1983, S. 92-94.

174 Vgl. Abschnitt 5.2.2.2 in Verbindung mit Abschnitt 5.3.2.4.

175 Vgl. *Klein, H. J.*, Internationale Verbundproduktion, 1993, S. 32, 44-47 u. 223.

176 Vgl. *Welge, M. K.* :„Global heißt nicht: überall sein“, 1997, S. 120-124.

Ansatz hierzu liefert zum Beispiel *Bartlett*,[177] der zur Koordination „transnationaler“[178] Unternehmungen ein „integriertes Netzwerk-Modell“ vorschlägt, das sozusagen als organisatorische „Software“ das internationale Produktionssystem flankieren kann. Der Ansatz *Bartletts* sieht vor, die Bedeutung der Unternehmungszentrale zu relativieren und einen Teil der internationalen Koordinationsaufgaben auf die Niederlassungen zu übertragen.[179] Diese können sich dann selbständig und auf direktem Wege, also ohne Umweg über die Zentrale, untereinander abstimmen.[180] Auf diese Weise kann hier eine Art Synchronisation mit den materiellen Interdependenzen erreicht werden, was letztlich eine Harmonisierung von zwischenbetrieblicher *Produktionsvernetzung* und *organisatorischer Vernetzung* bewirkt.

Derartige Strukturen können in vielfältiger Weise die zwischenbetriebliche Abstimmung beeinflussen: So zum Beispiel bis zur Ebene der zwischenbetrieblichen Produktionsplanung und -steuerung, die mittels dezentraler Steuerungskonzepte den internationalen Betrieben übertragen werden kann.[181] Planende und steuernde Prozesse verlaufen dann parallel zu den Güterflüssen zwischen den jeweils liefernden und empfangenden Betrieben (Quellen und Senken) im internationalen Produktionssystem. Denkbar sind hier zum Beispiel verschiedene Formen von Lieferabrufsystemen zwischen den internationalen Produktionsstätten, wie sie etwa aus dem Beschaffungsmanagement bekannt sind.[182]

Die Realisierbarkeit solcher Konzepte ist allerdings im Einzelfall zu prüfen, da mit der Komplexität internationaler Liefer- und Leistungsverflechtungen der länderübergreifende Koordinationsbedarf tendenziell steigt und damit auch die Notwendigkeit zunimmt, Entscheidungs- und Planungskompetenzen zu zentralisieren.[183]

---

177 Vgl. *Bartlett, C.A.*, Management der transnationalen Unternehmung, 1989, S. 438-454.

178 Das Attribut „transnational“ bezeichnet den von *Bartlett* empfohlenen Strategietyp, der auf die Erzielung länderübergreifender Skalenvorteile sowie gleichzeitig auf die Berücksichtigung nationaler Interessen und Präferenzen ausgerichtet ist. *Bartlett* strebt somit eine vermittelnde Strategie im Spannungsfeld zwischen Globalisierung und Lokalisierung an. Vgl. *Bartlett, C.A.*, Management der transnationalen Unternehmung, 1989, S. 431-432.

179 Vgl. auch *Welge, M. K.; Holtbrügge D.*, Internationales Management, 1998, S. 166-170; *Bäurle, I.; Schmid St.*, Transnationale Organisation, 1994, S. 992.

180 Vgl. *Welge, M. K.; Böttcher R.*, Globale Strategien, 1991, S. 442.

181 Vgl. *McGrath, M. E.; Hoole, R. W.;* Manufacturing, 1992, S. 99.

182 Vgl. *Wildemann, H.*, Produktionssynchrone Beschaffung, 1988, S. 64-72; *Filz, B.; Hlubek, J.; Kuhn, A.; Siebel, Th.*, Lieferabrufsysteme, 1989, S. 47-83; sowie auch *Reichwald, R.; Dietel, B.*, Produktionswirtschaft, 1991, S. 604-606; *Heinemeyer, W.*, Fortschrittszahlen, 1994, S.234-235.

183 Vgl. *Klein, H. J.*, Internationale Verbundproduktion, 1993, S. 32, 44-47 u. 223; *Macharzina, K.*, Steuerung von Auslandsgesellschaften, 1993, S. 80 und 83.

5.3.3.4 Inselartige PSS

Der Terminus *„inselartig"* soll internationale Produktionsstandortstrukturen umschreiben, die weitgehend frei von produktionsbedingten Abhängigkeiten zwischen den einzelnen Produktionsstätten sind. Materielle Interdependenzen beschränken sich allenfalls auf marktbezogene Lieferungen von Fertigprodukten an andere internationale Niederlassungen. Es bestehen folglich keine oder nur unbedeutende zwischenbetriebliche Liefer- und Leistungsverflechtungen *innerhalb* des internationalen *Produktions*systems.[184] Das impliziert gleichzeitig eine umfangreiche produkt- oder produktgruppenorientierte Ausrichtung der internationalen Produktionsbetriebe, in denen jeweils komplette Produkte hergestellt werden. Mit anderen Worten sind also alle in ein(e) Produkt(-gruppe) eingehenden Produktionsstufen (die nicht zugekauft werden) standortbezogen integriert. Das führt zu der besagten produktionsbezogenen Unabhängigkeit der internationalen Betriebe, die im übertragenen Sinne folglich als „Inseln" angesehen werden können. Unter Berücksichtigung der Erkenntnisse vorangegangener Abschnitte lassen sich zwei diametrale Grundtypen inselartiger PSS unterscheiden: Der *konzentrierte* und der *dekonzentrierte* Typus.

Konzentrierter Typ inselartiger PSS

Der erste Typus basiert auf einer *konzentrierten* Produkt(gruppen)orientierung der internationalen PSS. In den verschiedenen Werken werden jeweils die gesamten internationalen Produktionsmengen eines bestimmten Produktes (einer Produktgruppe) hergestellt. Die in Abbildung 5-10 beispielhaft skizzierte Struktur stellt sich dann ein, wenn diese Werke in jeweils unterschiedlichen Ländern lokalisiert sind.[185] In ausgeprägtester Form handelt es sich um mehrere, in verschiedenen Ländern angesiedelte Weltmarktfabriken für jeweils unterschiedliche Produkte (Produktgruppen).

Dabei verspricht die Weltmarktorientierung der einzelnen Produktionsstätten zunächst die Realisierung volumenbedingter Kostendegressionen. Die Ansiedlung der Weltmarktfabriken in verschiedenen Ländern erlaubt zudem das Auftreten als jeweils inländischer Produzent. Ferner sind die einzelnen Fabriken aufgrund ihres Weltmarktbezuges durch rege Exportaktivitäten gekennzeichnet, was ein Gegengewicht zu den aus anderen Werken des Produktionssystems importierten Fertigprodukten schafft. Das stärkt die politische Verhandlungsposition der Unternehmung und dürfte die Neigungen nationaler Administrationen mindern, die Importe aus anderen Weltmarktfabriken durch Handelsbarrieren zu erschweren.[186]

---

[184] Vgl. Abbildung 5-10.

[185] Vgl. dazu auch *Davidson, W. H.*, Global Strategic Management, 1982, S. 200-202.

[186] Vgl. Davidson, *W. H.*, Global Strategic Management, 1982, S. 201.

Die unterschiedlichen Produktionsprogramme der einzelnen Betriebe sollten aufgrund ihres Weltmarktbezuges entsprechend standardisiert sein, denn nur so können die besagten Volumenvorteile erzielt werden.

Die produktionsbezogene Unabhängigkeit der Werke ermöglicht diesen eine selbständige Produktionsplanung und -steuerung. Es ist allerdings zu berücksichtigen, daß gerade die globale Orientierung einen erhöhten Koordinationsbedarf aller Aktivitäten erfordert und damit die Autonomie der Produktionsstätten begrenzt.[187]

Dekonzentrierter (multinationaler) Typ inselartiger PSS

Der zweite Typ inselartiger Produktionsstandortstrukturen liegt vor, wenn die Produkt(gruppen)orientierung *dekonzentriert* konfiguriert ist. Dieser Typus repräsentiert den Gegenpol zu dem zuvor aufgezeigten Typ, denn die Marktorientierung der Produktion ist nicht auf übernational konvergente Märkte, sondern gerade auf international sehr unterschiedliche, divergente Märkte gerichtet. Die bestmögliche Anpassung an lokale Bedürfnisse und Marktbedingungen steht hier im Vordergrund. Das wird erreicht, indem die internationalen Produktionsstätten jeweils in diesen sehr unterschiedlichen Märkten angesiedelt werden und dort die jeweiligen Produkte komplett, also über alle Produktionsstufen, produzieren. Die Produktionsmengen beziehen sich auf die lokal begrenzten Märkte und führen zu entsprechend gering dimensionierten Kapazitäten (z.B. im Vergleich zu Weltmarktfabriken).

Die lokalen Produktanpassungen führen international gesehen zu einer ausgeprägten Produktdifferenzierung. Die zahlreichen und an nationalen Märkten ausgerichteten Produktionsbetriebe sind Ausdruck eines *polyzentrischen* Charakters der Unternehmung,[188] die im Spektrum internationaler Strategietypen folglich als „multinational" einzustufen ist.[189]

Da keine nennenswerten materiellen Interdependenzen zwischen den Produktionsstätten bestehen und durch die lokale Ausrichtung keine umfassende übernationale Koordination erforderlich ist, besteht die Tendenz zu weitgehender Autonomie der einzelnen Produktionsstätten.[190] Entscheidungskompetenzen sind entsprechend dezentralisiert.[191] Eine international koordinierte Produktionsplanung und -steuerung erscheint nicht erforderlich.

---

[187] Vgl. *Welge, M. K.*, Globales Management, 1990, S. 11-12.

[188] Vgl. Abschnitt 2.3.1.2.4.

[189] Vgl. Abschnitt 2.3.3.2.

[190] Vgl. *Klein, H. J.*, Internationale Verbundproduktion, 1993, S. 45.

[191] Vgl. *Macharzina, K.*, Steuerung von Auslandsgesellschaften, 1993, S. 83.

Vor dem skizzierten Hintergrund ist allerdings vor einer Verselbständigung der internationalen Produktionsgesellschaften zu warnen.[192] Im Extremfall kann eine solche Verselbständigung dazu führen, daß die internationale Produktionsaktivität de facto nicht mehr als solche aufgefaßt werden kann, da strategische Produktionsentscheidungen in völliger Isolation der Landesgesellschaften getroffen werden und ausschließlich auf nationale Belange ausgerichtet sind. Das so entstehende „Provinzdenken“ verhindert die Realisierung von Vorteilen, die aus einem erweiterten Blickwinkel für das Gesamtsystem erwachsen können.[193]

So kann der völlige Verzicht auf jegliche Koordination der Betriebe zum Beispiel dazu führen, daß technische oder organisatorische Probleme im Produktionssystem mehrfach gelöst werden, weil jeder Betrieb auftretende Probleme isoliert bewältigt. Eine internationale Abstimmung der Produktionsstätten ist hier durch regelmäßige Treffen der internationalen Produktionsmanager erreichbar. Während dieser Treffen können aufgetretene Probleme dargestellt, diskutiert, gegebenenfalls gemeinsam gelöst oder an kompetente Stellen im Produktionssystem verwiesen werden. Das setzt Synergien frei und erhöht so die Problemlösungskompetenz des Gesamtsystems. Bedingungen für den Erfolg solcher Sitzungen sind unter anderem:[194] Ein ganzheitliches Bewußtsein der Manager; die Bereitschaft, eignes Wissen und eigene Erfahrungen auch den anderen Betrieben verfügbar zu machen; die Offenheit, von anderen lernen zu können; sowie vor allen Dingen die Garantie, betriebliche Probleme ohne Gesichtsverlust für den (die) verantwortlichen Manager in der Gruppe thematisieren zu können.

Das skizzierte Beispiel macht deutlich, daß trotz der Autonomie der einzelnen Produktionsstätten ein gewisses Maß an überbetrieblicher Abstimmung notwendig erscheint. In diesem Sinne sollte die Koordination der Produktionsstätten so ausgelegt sein, daß einerseits die Vorteile internationaler Abstimmungen soweit wie möglich genutzt werden, andererseits aber die Eigenständigkeiten der Produktionsstätten gewahrt bleiben.[195] Denn gerade aus der Eigenständigkeit erwächst letztlich der Vorteil der lokalen Anpassungsfähigkeit als wesentliches Charakteristikum des *multinationalen* Strategietyps.

---

192 Vgl. *Bartlett, C.A.*, Management der transnationalen Unternehmung, 1989, S. 432-434; 441; *Kern, W.*, Globale Kapazitätsplanung, 1989, Sp. 1080.

193 Vgl. *Welge, M. K*, „Global heißt nicht: überall sein“, 1997, 122-124.

194 Vgl. *Flaherty, Th.*, Globale Fertigungsprozesse, 1989, 111-112.

195 Vgl. *Bartlett, C.A.*, Management der transnationalen Unternehmung, 1989, S. 445.

Analogien

Die Eigenschaften *inselartiger* Produktionsstandortstrukturen weisen zahlreiche Analogien zu jenen Produktionskonzepten auf, die unter Begriffen wie „Fraktale Fabrik“ oder „modulare Fabrik“ in jüngerer Vergangenheit bekannt geworden sind.[196] Es zeigt sich hier sozusagen die überbetriebliche und internationale Dimension dieser meist innerbetrieblich angewandten Konzepte. Das soll am Beispiel der *„modularen Fabrik“* nach *Wildemann* deutlicher herausgestellt werden. Kernelemente dieser Konzeption sind die sogenannten „Fertigungssegmente“, deren Realisierung an fünf wesentliche Definitionsmerkmale geknüpft ist:[197]

(1) *Markt- und Zielausrichtung*: Die Segmente sollen abgegrenzte Produkt-Markt-Produktion-Kombinationen bilden, die eine hohe Anpassungsfähigkeit an Kundenanforderungen gewährleisten.

(2) *Produktorientierung*: Die Segmente sind auf spezifische Produkte auszurichten, was eine geringe Fertigungsbreite bei gleichzeitig hoher Fertigungstiefe der einzelnen Segmente zur Folge hat. Die Leistungsverflechtung zwischen den Segmenten soll gering gehalten werden.

(3) *Mehrere Stufen der logistischen Kette*: Dieses Merkmal ergibt sich aus dem vorherigen und stellt die Integration *mehrerer* Wertschöpfungsstufen innerhalb eines Segmentes heraus.

(4) *Übertragung indirekter Funktionen*: Im Sinne einer gesamtheitlichen Prozeßverantwortung ist eine Übertragung direkter und indirekter Aktivitäten sowie eine Integration planender und ausführender Aktivitäten in den Segmenten anzustreben.

(5) *Kosten-/Ergebnisverantwortung*: Fertigungssegmente sind als Cost - oder als Profit Centers zu organisieren. Der Segmentleiter übernimmt somit eine umfassende Kosten- bzw. Ergebnisverantwortung.

Der Vergleich dieser fünf Merkmale mit den weiter oben beschriebenen Eigenschaften inselartiger Produktionsstandortstrukturen zeigt, daß die Produktionsstätten solcher PSS insbesondere die Merkmale (1), (2) und (3) aufweisen. Die Merkmale (4) und (5) wurden nicht explizit als Eigenschaften internationaler Produktionsstätten (bei inselartiger PSS) herausgestellt. Sie erscheinen aber mit Blick auf die Tendenz zur Eigenständigkeit und Autonomie der Produktionsstätten in inselartigen PSS gerade für den multinationalen Typus als naheliegend und realisierbar. Inselartige Produktionsstand-

[196] Vgl. *Warnecke, H.-J.*, Die Fraktale Fabrik, 1996; *Wildemann, H.*, Die modulare Fabrik, 1994; *Lauermann, A.*, Autonomie von Fertigungssegmenten, 1994.

[197] Siehe *Wildemann, H.*, Die modulare Fabrik, 1994, S. 47-50; *Lauermann, A.*, Autonomie von Fertigungssegmenten, 1994, 22-24.

ortstrukturen können also die oben angeführten fünf Definitionsmerkmale durchaus erfüllen.[198] Sie ermöglichen damit zum Beispiel die Erweiterung der Konzeption *Wildemanns* um eine überbetriebliche und gleichzeitig internationale Perspektive.[199]

5.3.3.5 Kombinationsformen am Beispiel regionalisierter PSS

Kombinationsformen der zuvor entwickelten Standortstrukturtypen liegen vor, wenn die Produktionsstätten des internationalen Produktionssystems zu mehreren Gruppen zusammengefaßt sind, für die idealtypisch folgende Eigenschaften gelten: Zwischen den Gruppen bestehen keine nennenswerten Produktionsverflechtungen, während gleichzeitig die Produktionsstätten einer Gruppe durch ein mehr oder weniger umfangreiches Liefer- und Leistungsgeflecht miteinander verbunden sind.[200]

Derartige Produktionsstandortstrukturen erlangen ihre strategische Bedeutung besonders vor dem Hintergrund der bereits an anderer Stelle herausgestellten ***Regionalisierung*** der Weltwirtschaft.[201] Dieser globalen Umweltentwicklung kann in angemessener Weise begegnet werden, indem auch das Produktionssystem des internationalen Produzenten entsprechend *regionalisiert* wird. Dazu liefern die besagten Kombinationsformen einen adäquaten Ansatz:

Regionalisierte Produktionsstandortstrukturen sind durch mehrere Produktionsverbunde gekennzeichnet, die jeweils auf die Marktversorgung unterschiedlicher Länderregionen ausgerichtet sind. Zwischen den Produktionsverbunden bestehen idealtypisch keine nennenswerten Produktionsverflechtungen, so daß sich interregional ähnliche Charakteristiken wie bei inselartigen PSS ergeben. Innerhalb des einzelnen Produktionsverbundes sind dagegen vernetzte PSS möglich,[202] die intraregional mit sequentiellen und/oder reziproken Interdependenzen zwischen den Produktionsstätten eines Verbundes einhergehen.

---

198 Vgl. *Weber, J.*, Modulare Organisationsstrukturen, 1995, S. 170-171.

199 Ähnliche Übertragungen sind zum Beispiel auch bezüglich des von *Warnecke* entwickelten Konzeptes der „Fraktalen Fabrik“ denkbar, deren Wesensmerkmale spezifiziert sind bei: *Warnekke, H.-J.*, Die Fraktale Fabrik, 1996, S. 141-142.

200 Vgl. Abbildung 5-10.

201 Siehe hierzu die Ausführungen zur „ökonomischen Umweltkomponente“ in Abschnitt 3.2.3.2. Vgl. auch *Germann, H.; Rürup, B.; Setzer, M.*, Globalisierung der Wirtschaft, 1996, S. 22-23; *Steger, U.*, Globalisierung verstehen und gestalten, 1996; S. 6.

202 Inselartige Produktionsstandortstrukturen *innerhalb* einer Länderregion werden hier nicht explizit thematisiert, da sie keine *Kombinationsform* aus verschiedenen PSS-Typen darstellen, sondern zu einer ausschließlich inselartigen Form führen. Im Fall der regionalen Konzentration läge dann ein regiozentrischer, im Fall der Dekonzentration eher ein polyzentrischer Typus inselartiger PSS vor.

Interregional ist eine produktorientierte Abgrenzung der Produktionsverbunde geboten, was jedem Verbund eine Ausrichtung der Produktion auf die Marktanforderungen der jeweiligen Länderregion ermöglicht. Diese strategische Option sollte der internationale Produzent konsequent nutzen und in überregionale Produktdifferenzierungen umsetzen. Innerhalb einer Region sollten dagegen Potentiale zur Standardisierung des Produktionsprogramms gesucht und erschlossen werden. Verbunden mit einer regionalen Kernkompetenzorientierung, konzentrierten Komponentenfertigungen sowie einer gezielten Nutzung von Standortdifferenzen innerhalb der Länderregion wird es möglich, umfangreiche Wettbewerbs- und Kostenvorteile auf regionaler Ebene zu erzielen.

Ein erhöhter Abstimmungsbedarf der internationalen Produktionsaktivität ergibt sich aufgrund der materiellen Interdependenzen besonders innerhalb der Produktionsverbunde (intraregional).[203] Dagegen erfordert die Eigenständigkeit der Produktionsverbunde interregional eine vergleichsweise geringe Koordination. Die internationale Produktionsplanung und -steuerung kann jeweils auf die Betriebe eines Produktionsverbundes begrenzt und somit überschaubar gehalten werden.

Die aufgezeigte Regionalisierung des internationalen Produktionssystems repräsentiert eine weitere Strategievariante im Spannungsfeld zwischen Globalisierung und Lokalisierung. Ein gewisses Maß an Marktanpassung wird hier durch interregionale Differenzierungen sowie durch die Eigenständigkeit der regionalen Produktionsverbunde gewährleistet. Gleichzeitig ermöglicht die *intraregionale Rationalisierung* des Produktionssystems die Erschließung von Kosten- und Standortvorteilen.

Es ist allerdings zu beachten, daß eine derartige Strategie nur sinnvoll anwendbar erscheint, wenn die Marktanforderungen zwischen den Länderregionen eher divergieren sowie anderseits intraregional eine ausgeprägte Konvergenz aufweisen. –
Besteht dennoch die Notwendigkeit zu begrenzten Produktdifferenzierungen innerhalb einer Länderregion,[204] bietet sich auch hier, auf intraregionaler Ebene, die bereits an anderer Stelle vorgeschlagene Mischstrategie skalenorientierter Komponentenwerke in Vernetzung mit flexibilitätsorientierten Produktionsstätten an, in denen die unterschiedlichen Ausführungen der maßgeblichen Differenzierungskomponenten (-träger) hergestellt werden.[205]

---

203 Vgl. *Koerner, H. J.*, Neue Standortstrukturen, 1994, S. 87-88; *Macharzina, K.*, Steuerung von Auslandsgesellschaften, 1993, S. 81-82.

204 Vgl. *Meissner, H.G.*, Marketing im Gemeinsamen Europäischen Markt, 1990, S. 125.

205 Siehe hierzu die entsprechenden Ausführungen in Abschnitt 5.3.2.4 in Verbindung mit Abschnitt 5.2.2.2.

5.3.4 Profile der Produktionsstätten

Die vorangegangenen Abschnitte standen im Zeichen jener Gestaltungsaspekte, die das internationale Produktionssystem in seiner Gesamtheit betreffen. Nun gilt es, die Ebene des Gesamtsystems zu verlassen und den Fokus auf dessen Elemente - also auf die Produktionsstätten - zu richten. Ziel ist es, mögliche Charakteristiken der einzelnen Produktionsstätten im Kontext des sie einbindenden Produktionssystems aufzuzeigen. Hierzu werden die bisher entwickelten Ansätze fortgeführt und auf die Ebene der Produktionsstätten übertragen.

Den Ausgangspunkt bildet zunächst die Betrachtung vorhandener Vorschläge zur Charakterisierung internationaler Niederlassungen und Produktionsstätten. Das betriebswirtschaftliche Schrifttum liefert hierzu eine Reihe von Ansätzen. Meist werden dabei verschiedene Abgrenzungskriterien gewählt, nach denen dann entsprechende Systematiken oder Typologien entwickelt werden. Einige davon sollen kurz vorgestellt werden:

So wählt *Lüder* die „geographische Organisation" als Abgrenzungskriterium und unterscheidet zwischen *Stammwerken* und *Zweigwerken* innerhalb internationaler Produktionsstandortstrukturen.[206] Stammwerke werden als dem organisatorischen Kernbereich zugehörig beschrieben, Zweigwerke dagegen als organisatorisch wie geographisch peripher eingestuft. Stammwerke werden weiter als groß, alt (i.S. von historisch gewachsen), ausbaufähig und in Rationalisierungsphasen vergleichsweise stabil charakterisiert. Sie produzieren außerdem ein breites Produktionsprogramm. Zweigwerke beschreibt *Lüder* dagegen als klein, jung, spezialisiert und in der Hierarchie nachgeordnet.

Der Arbeitskreis *Karenberg / Meissner* der Schmalenbach-Gesellschaft entwickelte in den 1980er Jahren eine differenziertere Systematisierung unternehmerischer Auslandsaktivitäten.[207] Grundlage dieser Einteilung sind die Kriterien „Mittelbindung", „Autonomiegrad" sowie „Art und Form des Ressourcentransfers". Danach werden insgesamt 11 Formen von Auslandsaktivitäten unterschieden, wovon die folgenden mit einer Produktionsaktivität einhergehen: Das *Montagewerk* (Zusammenbau), die *Teilefertigung*, die *Konfektionierung / Formulierung*, die *Lohnfertigung*, der *Produktionsbetrieb* und die *eigenständige Unternehmung* (mit Produktion). Ohne diese Formen im einzelnen beschreiben zu müssen, machen ihre Bezeichnungen bereits deutlich, daß durch sie unterschiedlich geartete Produktionsaufgaben im internationalen Produktionssystem sowie unterschiedliche Positionen im zwischenbetrieblichen Liefer- und Leistungsgeflecht charakterisiert werden.

---

206 Vgl. *Lüder, K.*, Strategische Standortplanung, 1982, 419-420.

207 Vgl. *Karenberg, L.; Meissner, H.G.;* et al., Auslandsaktivitäten, 1983, S. 3-12.

In Anlehnung an ein Fallbeispiel unterscheidet *Hahn* zwischen *Haupt-Fertigungsstandorten* mit Entwicklung, *reinen Fertigungsstandorten* sowie *Fertigungsstandorten* nur für *Vorfertigung* und *Zusammenbau.*[208] Hier wird neben der Produktionsaufgabe im Gesamtsystem auch die Integration der Forschungs- & Entwicklungsaktivität berücksichtigt.

Im Unterschied zu den bisher aufgezeigten Ansätzen stellt *J. Weber* die „Motive" internationaler Aktivitäten als Abgrenzungskriterium in den Mittelpunkt seiner Standorttypologie:[209] Er unterscheidet entsprechend zwischen *ressourcenorientierten*, *marktorientierten* und *innovationsorientierten* Standorten, die unter Berücksichtigung der Standortkoordination um den Typus des *Leitstandortes* ergänzt werden. Die in Profildarstellungen visualisierten Eigenschaften der Standorttypen machen deutlich, daß der Charakter einer internationalen Niederlassung - im hier zu untersuchenden Fall einer Produktionsstätte - eben auch mit dem jeweils zugrundeliegenden Internationalisierungsmotiv verbunden ist.

Die Menge der Systematisierungs- und Typologisierungsvorschläge soll hier nicht um eine weitere, eigene Typologie erweitert werden. Statt dessen ist vielmehr die Entwicklung eines *Profilschemas* vorgesehen, das zur Charakterisierung der internationalen Produktionsstätten genutzt werden kann. Dieses Profilschema knüpft an die bisher gewonnenen Erkenntnisse an und ermöglicht es vor diesem Hintergrund, die Eigenschaften der einzelnen Produktionsstätten im Kontext des gesamten internationalen Produktionssystems darzustellen. Die in den vorherigen Abschnitten diskutierte Gestaltung der internationalen Produktionsstandortstruktur (PSS) wird dadurch auf der Ebene der Produktionsstätten weiter konkretisiert.

Als Grundlage für die weiteren Betrachtungen zeigt Abbildung 5-11 das entwickelte Profilschema sowie einige Profilbeispiele:

Die einer Produktionsstätte zugeteilte *Produktionsaufgabe* (erste Kategorie des Profilschemas) ist im Zusammenhang mit dem im Produktionssystem realisierten Organisationsprinzip zu sehen.[210] Im Falle produkt(gruppen)orientierter Standortstrukturen sind Komplettfertigungen zu erwarten. Im Falle einer Produktions<u>stufen</u>orientierung ist zu differenzieren, ob es sich um eine Fertigung für Vor-/Zwischenprodukte handelt (Komponentenfertigung), oder ob der Betriebsstätte abschließende Produktionsaufgaben zukommen (Endfertigung). Für weitere Detaillierungen kann im Bedarfsfall

---

208 Vgl. *Hahn, D.*, PuK, Controllingkonzepte, 1996, S.1091-1092.

209 Vgl. *Weber, J.*, Modulare Organisationsstrukturen, 1995, S. 176-177.

210 Siehe hierzu Abschnitt 5.3.2.

beispielsweise der zitierte Ansatz von *Karenberg/Meissner* herangezogen werden,[211] indem etwa die *Art* der Endfertigung weiter als Montage, Konfektionierung oder Formulierung spezifiziert wird.

Produktionsaufgabe *im internationalen Produktionssystem*	**Komponentenfertigung** □	**Endfertigung** □	**Komplettfertigung** □
Liefer- und Leistungsbeziehungen *zu anderen Produktions stätten*	**Zulieferer** □	**Abnehmer** □	**keine** □
Erfolgspotentialbeitrag	**Nutzung spezifischer Standortvorteile** □	**regionale/globale Volumenvorteile** □	**lokale Marktnähe** □

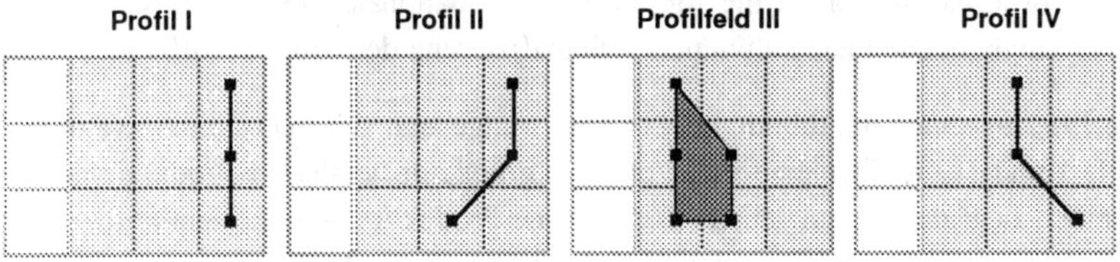

Profil I: Produktionsstätte bei dekonzentrierter inselartiger Produktionsstandortstruktur (PSS)

Profil II: *World scale factory* – Produktionsstätte bei konzentrierter inselartiger PSS

Profilfeld III: Möglicher Profilbereich spezialisierter Komponentenwerke bei vernetzter PSS

Profil IV: Marktorientierter „Ausleger" (Endfertigung) bei vernetzter PSS

Abbildung 5-11: Schema zur Visualisierung von Produktionsstättenprofilen und Profilbeispiele

Eng verknüpft mit der Produktionsaufgabe eines Werkes ist auch dessen *Einbindung in das internationale Liefer- und Leistungsgeflecht* des Produktionssystems. Entsprechend kommen in der zweiten Zeile des Profilschemas die produktionsbedingten Abhängigkeiten zwischen den Betrieben aus der Sicht der einzelnen Produktionsstätte zum Ausdruck. Hier kann im Einzelfall eine weitere Spezifizierung vorgenommen werden, indem die Bezüge von anderen Werken sowie die Lieferungen an andere

211 Vgl. *Karenberg, L.; Meissner, H.G.;* et al., Auslandsaktivitäten, 1983, S. 3-12.

Werke quantifiziert werden. Das kann zum Beispiel mengenmäßig, gewichtsmäßig, volumenmäßig oder wertmäßig erfolgen. Im Hinblick auf die Beurteilung zwischenbetrieblicher Transportkosten ist auch die Ermittlung der bereits an anderer Stelle geforderten Wert-Volumen- oder Wert-Gewichts-Relationen ratsam.[212] Ebenfalls zu empfehlen sind zusätzliche A-B-C- und X-Y-Z-Analysen,[213] die die Bezüge ebenso wie die Lieferungen einer Produktionsstätte im Hinblick auf ihre strategische Bedeutung im internationalen Produktionssystem ordnen. Das spezifiziert die strategische Position der einzelnen Produktionsstätte und erleichtert bei Lieferengpässen im internationalen Produktionssystem das Erkennen von Prioritäten.

Die Kategorie *„Erfolgspotentialbeitrag"* spiegelt die an anderer Stelle hergeleitete Zielsetzung des ISPM wider.[214] Hier kommt der Beitrag zum Ausdruck, den die einzelne Produktionsstätte zur gegenwärtigen und zukünftigen Erfolgssicherung leistet: Sei es durch die Festigung der Marktposition aufgrund einer marktorientierten und -nahen Fertigung, durch die gezielte Nutzung spezifischer Standortvorteile des Produktionsstandortes oder etwa durch die Bündelung globaler Produktionsmengen zur Realisierung entsprechender Skalenvorteile. Eine besondere Rolle spielen bei dieser Profildimension auch die Motive der internationalen Produktionsaktivität, die weitere Möglichkeiten zur individuellen Spezifizierung der Profile eröffnen.

Die *Profilbeispiele* in Abbildung 5-11 sind weitgehend selbsterklärend. Während die Profile I und II die Elemente eines produkt(gruppen)orientierten Produktionssystems darstellen, liegt den Beispielen III und IV eine Produktionsstufenorientierung zugrunde. Letztgenannte Beispiele sind dabei als sich ergänzende Ausprägungen zu sehen. Die Grundlage für das Profilfeld III sowie das Profil IV bildet die mehrfach aufgezeigte Strategievariante konzentrierter und spezialisierter *Komponentenfertigungen* für Vor- und Zwischenprodukte in Vernetzung mit geographisch gestreuten, *marktnahen Endfertigungen.*[215] Die Darstellung des Beispiels III als Profil*feld* macht deutlich, daß gerade miteinander vernetzte Komponentenwerke sehr unterschiedlich charakterisiert sein können.

---

212 Siehe Abschnitt 5.3.2.3.

213 Bei derartigen Analysen handelt es sich um Verfahren der Konzentrationsmessung von Objekten, hier von Teilen und Komponenten des zwischenbetrieblichen Lieferaustausches. Grundgedanke ist die Einteilung dieser Objekte z.B. nach ihrem relativen Anteil am Gesamt*wert* aller Objekte in A-, B- und C-Teile/Komponenten. Ebenso ist eine Ordnung nach der *Verbrauchsstruktur* (Voraussagesicherheit und Kontinuität des Verbrauches) möglich, die nach *Wildemann* als X-Y-Z-Analyse bezeichnet werden kann. Vgl. *Wildemann, H.*, Just-In-Time-Konzept, 1995, S. 191-196; derselbe, Produktionssynchrone Beschaffung, 1988, S. 23-32; *Corsten, H.*, Produktionswirtschaft, 1998, S. 393-397; *Reichwald,R.; Dietel,B.*, Produktionswirtschaft, 1991, S.500-503.

214 Siehe Abschnitt 4.3.4.

215 Siehe Abschnitt 5.2.2.2 in Verbindung mit Abschnitt 5.3.2.4.

Das entwickelte Profilschema ermöglicht es dem Produktionsmanager, jede Produktionsstätte individuell zu charakterisieren. Das vorgestellte Schema leistet dabei zweierlei: Erstens stellt es die einzelne Produktionsstätte im Kontext des gesamten Produktionssystems dar und gewährleistet so die ganzheitliche Sichtweise für das Gesamtsystem. Zweitens läßt es Raum für weitere Spezifizierungen und ermöglicht so die Berücksichtigung individueller Belange im Einzelfall. Regelmäßig durchgeführte Profilierungen machen dynamische Veränderungen deutlich und können strategischen Handlungsbedarf aufzeigen. Sie schlagen zudem eine konzeptionelle Brücke von der strategischen Standortstrukturgestaltung zur Produktionsbasis des einzelnen Standortes.

Abbildung 5-12 zeigt abschließend ein Anwendungsbeispiel des Profilschemas, das auf der Grundlage eigener empirischer Beobachtungen erstellt werden konnte.[216] Die Produktionsstättenprofile der Turck-Gruppe führen gleichzeitig mehrere Praxisbeispiele zusammen, die an unterschiedlichen Stellen der vorangegangenen Analyse angeführt wurden.[217] Außerdem wird deutlich, daß Mehrfachzuordnungen innerhalb einer Kategorie durchaus möglich sind. Gegebenenfalls sollte weiter differenziert werden, indem zum Beispiel für einzelne Produktionssegmente - hier im Hauptwerk Deutschland - gesonderte Teilprofile erstellt werden.

---

[216] Die Beobachtungen stützen sich auf das mit Herrn *Turck* geführte Expertengespräch.

[217] Siehe die entsprechenden Ausführungen in den Abschnitten 4.2.2, 4.2.4 und 5.3.2.3.

Hauptwerk Deutschland

Produktionsaufgabe *im internationalen Produktionssystem*	**Komponentenfertigung** ☒	Endfertigung ☐	**Komplettfertigung** ☒
Liefer- und Leistungsbeziehungen *zu anderen Produktions stätten*	**Zulieferer** ☒	**Abnehmer** ☒	keine ☐
Erfolgspotentialbeitrag	**Nutzung spezifischer Standortvorteile** ☒	**globale Volumenvorteile** ☒	lokale Marktnähe (Deutschland) ☒

Produktionsstätte Schweiz

Produktionsaufgabe *im internationalen Produktionssystem*	**Komponentenfertigung** ☒	Endfertigung ☐	Komplettfertigung ☐
Liefer- und Leistungsbeziehungen *zu anderen Produktions stätten*	**Zulieferer** ☒	Abnehmer ☐	keine ☐
Erfolgspotentialbeitrag	**Nutzung spezifischer Standortvorteile** ☒	regionale/globale Volumenvorteile ☐	lokale Marktnähe ☐

Produktionsstätte China

Produktionsaufgabe *im internationalen Produktionssystem*	Komponentenfertigung ☐	**Endfertigung** (Endmontage) ☒	Komplettfertigung ☐
Liefer- und Leistungsbeziehungen *zu anderen Produktions stätten*	Zulieferer ☐	**Abnehmer** ☒	keine ☐
Erfolgspotentialbeitrag	Nutzung spezifischer Standortvorteile ☐	regionale/globale Volumenvorteile ☐	**lokale Marktnähe** ☒

Produktionsstätte ...

...	...	...	...

Abbildung 5-12: Praxisbeispiel – Profile einiger Produktionsstätten der Turck-Gruppe

5.3.5 Produktionsstandortstrategien

5.3.5.1 Vorbemerkungen

Wie an anderer Stelle ausführlich dargelegt wurde, sind internationale Produktionssysteme auf vielfältige Weise der zunehmend diskontinuierlichen Dynamik verschiedener Umwelten ausgesetzt.[218] Diese Dynamik erfordert ebenso eine ständige Anpassung des internationalen Produktionssystems wie Veränderungen innerhalb der Unternehmung,[219] Unwirtschaftlichkeiten im Produktionssystem oder etwa Neuerungen im Produktionsprogramm, um nur einige Beispiele aus der Fülle möglicher Anlässe für Standortanpassungen zu nennen.[220] Produktionsstandortstrategien sollen hier ein zielgerichtetes und vor allem planvolles Vorgehen gewährleisten. Im Mittelpunkt steht dabei die langfristig angestrebte räumliche Verteilung der Produktionskapazitäten im internationalen Produktionssystem, und zwar bezogen auf vorhandene wie auch auf potentielle noch zu errichtende oder zu erwerbende Betriebsstätten.[221]

Es ist zunächst jedoch festzustellen, daß die explizite Formulierung von Produktionsstandortstrategien in der Praxis eher selten erfolgt.[222] Vielmehr sind konkrete Standortstrukturen häufig das Ergebnis zeitlich gestaffelter *Einzelentscheidungen* oder sie beruhen allenfalls auf der Anwendung grober *Standortprinzipien*.[223] Solche können zum Beispiel lauten:

- „Kapazitätserweiterungen sollten an vorhandenen Standorten erfolgen.
- Neue Produktionsstätten sollten in der Region errichtet werden, die sie beliefern sollen.
- Produktionsstätten im Inland sollten nicht stillgelegt werden.
- Die Anzahl der Standorte sollte künftig verringert werden.“ [224]

Derartige Prinzipien sind ein meist unzureichender Ersatz für fehlende Konzepte und Strategien zur strategischen Standortstrukturplanung. Wesentliche Schwächen von Standortprinzipien sind die mangelnde Eindeutigkeit, die unzureichende Präzisierung des Anwendungsbereichs sowie die fehlende Widerspruchsfreiheit untereinander,

218 Siehe Abschnitt 3.2.

219 Siehe Abschnitt 3.4.

220 Vgl. z.B. *Küpper, W.*, Standortentscheidungsprozesse, 1982, S. 443-446.

221 Vgl. *Zäpfel, G.*, Strategisches Produktions-Management, 1989, S. 146.

222 Vgl. auch *Lüder, K.*, Strategische Standortplanung, 1982, S. 425.

223 Vgl. *Kern, W.*, Globale Kapazitätsplanung, 1989, Sp. 1080; *Lüder, K.*, Strategische Standortplanung, 1982, S. 428-429.

224 *Lüder, K.*, Strategische Standortplanung, 1982, S. 429.

weshalb solchen Prinzipien allenfalls Empfehlungscharakter für einzelne Standortentscheidungen zukommen kann.[225]

Auch die eigenen Beobachtungen (siehe Tabelle 5-13) bestätigen in der Tendenz den von *Lüder* bereits Anfang der 1980er Jahre herausgestellten Mangel an ganzheitlichen strategischen Standortkonzepten in der Praxis.[226] So verfolgte immerhin fast die Hälfte der hier befragten Unternehmungen bis dato keine strategische Standortplanung, sondern gestaltete die internationale PSS in der Vergangenheit durch voneinander unabhängige Einzelentscheidungen. Zu den übrigen Nennungen ist festzustellen, daß in nur sehr wenigen Fällen umfassende Standortkonzepte oder -strategien beobachtet werden konnten. Meist wurden als Produktionsstandortstrategien allgemeine strategische Richtungen oder Grundsätze angegeben, die eher den Charakter der oben beschriebenen Standortprinzipien aufweisen.

Die Konfiguration der internationalen PSS ist maßgeblich zurückzuführen auf ...		
	isoliert getroffene Einzelentscheidungen	**konkrete Strategien** (Standortstrategien)
Anzahl der Nennungen n= 16 bei einer Zweifachnennung	8	9

Tabelle 5-13: Gestaltung von Produktionsstandortstrukturen (PSS) in den 16 befragten Unternehmungen

Die im folgenden vorzustellenden Standortstrategien sollen dem Produktionsmanager in der Praxis eine Hilfe sein, die aufgezeigten Defizite im Bedarfsfall aufzuholen oder bereits vorhandene Konzepte gegebenenfalls zu ergänzen. Hierbei ist zu beachten, daß Produktionsstandortstrategien als *Teil* des strategischen Bausteins „Produktionsstandortstruktur" zu begreifen sind (siehe Abbildung 5-14), der konzeptionell auf die Realisierung einer gewünschten Produktionsstandortstruktur im Sinne der weiter oben entwickelten Typologie[227] gerichtet ist.

[225] Vgl. *Corsten, H.*, Produktionswirtschaft, 1998, S. 388-389.

[226] Vgl. *Lüder, K.*, Strategische Standortplanung, 1982, S. 428-429.

[227] Siehe Abschnitt 5.3.3.

5.3.5.2 Strategieentwicklung

Die Strategien zur Gestaltung der internationalen Produktionsstandortstruktur lassen sich zunächst den Gruppen „Wachstumsstrategien" und „Rationalisierungsstrategien" zuordnen (siehe Abbildung 5-14).[228]

Wachstumsstrategien finden Anwendung, wenn die Erweiterung von Produktionskapazitäten einer Unternehmung zu planen ist und sich die Frage der räumlichen Verteilung dieser Kapazitätserweiterung stellt.

Im Rahmen der *on-site-expansion-Strategie* bleibt die angestrebte Kapazitätserweiterung auf vorhandene Produktionsstätten beschränkt, so daß die internationale PSS keine räumliche Veränderung erfährt. Werden dagegen neue Produktionsstätten in das internationale Produktionssystem integriert, ist zwischen der internationalen *Verdichtungsstrategie* und der Strategie der internationalen *Standortinnovation* zu unterscheiden. Eine internationale Verdichtung liegt dann vor, wenn neue Produktionsstätten in der geographischen Nähe schon vorhandener Produktionsstätten angesiedelt werden. Der Aktivitätsraum der internationalen Produktion wird dadurch nicht wirklich vergrößert, sondern die internationale PSS erfährt vielmehr eine Verdichtung. Erfolgt hingegen eine Ausdehnung der Produktionsaktivität auf neue Standorte in bisher noch nicht besetzten Ländern oder Regionen, handelt es sich um die Strategie der (Produktions-) *Standortinnovation*. Diese räumliche Diversifizierung geht mit einer Erweiterung des geographischen Aktivitätsraumes der internationalen Produktion einher.

Durch *Rationalisierungsstrategien* wird eine Verbesserung der Wirtschaftlichkeit und somit auch der Wettbewerbsfähigkeit des internationalen Produktionssystems angestrebt. Ansatzpunkte sind dabei Kapazitätsreduzierungen und/oder räumliche Umstrukturierungen von Produktionskapazitäten.

Soll eine Kapazitätsreduzierung an vorhandenen Produktionsstandorten erfolgen, und zwar ohne daß es zu Umstrukturierungen innerhalb der PSS oder zu Stillegungen ganzer Produktionsstätten kommt, handelt es sich um die *on-site-contraction-Strategie*. Dabei bleibt die internationale PSS räumlich unverändert. Eine internationale *Konzentrationsstrategie* liegt hingegen vor, wenn die Anzahl der Betriebsstätten vermindert wird und gleichzeitig eine Bündelung (Zentralisierung) gleichartiger Produktionsaufgaben in den verbleibenden (oder auch neuen Werken) erfolgt.[229] Diese Strategie führt zu einer veränderten PSS und ist meist mit einer Restrukturierungs-

[228] Zur folgenden Strategieentwicklung vgl. *Lüder, K.*, Strategische Standortplanung, 1982, S. 424-425; *Lüder, K.; Küpper, W.*, Unternehmerische Standortplanung, 1983, S. 94-96; sowie auch *Corsten, H.*, Produktionswirtschaft, 1998, S. 386-387; *Zäpfel, G.*, Strategisches Produktions-Management, 1989, S. 146-147.

[229] Vgl. *Healey, M. J.; Ilbery, B. W.*, Location and Change, 1990, 140-143.

strategie verknüpft. Solche *Restrukturierungsstrategien* zielen darauf ab, Rationalisierungseffekte durch eine Neuordnung der internationalen Produktionsaktivität freizusetzen. Im Mittelpunkt steht dabei zum Beispiel die Produktions*zentralisierung* gleichartiger oder verwandter Erzeugnisse sowie der Abbau redundanter Kapazitäten im internationalen Produktionssystem.

Der strategische Baustein „Produktionsstandortstruktur" zeigt die zuvor vorgestellten Strategien im Überblick. Er verdeutlicht gleichzeitig die konzeptionelle Ausrichtung der Strategien auf einen angestrebten Produktionsstrukturtyp:

Produktionsstandortstruktur

Strategische Konzeption

Typ der internationalen Produktionsstandortstruktur (PSS)

- ❒ monozentralistische PSS
- ❒ vernetzte PSS
- ❒ inselartige PSS
  - ❒ konzentriert
  - ❒ dekonzentriert
- ❒ Kombinationsform (z.B. als regionalisierte PSS)

Produktionsstandortstrategien

Wachstumsstrategien

- ❒ **on-site-expansion-Strategie**
  ⇒ Kapazitätsausweitung an vorhandenen Produktionsstandorten
- ❒ internationale **Verdichtungsstrategie**
  ⇒ neu Produktionsstätten in der geographischen Nähe bereits vorhandener Produktionsstätten
- ❒ internationale **Standortinnovation** (räumliche Diversifizierung)
  ⇒ neue Produktionsstätte in bisher unbesetzten Ländern und Regionen

Rationalisierungsstrategien

- ❒ **on-site-contraction-Strategie**
  ⇒ Kapazitätsreduzierung an vorhandenen Produktionsstandorten, ohne daß es zu Restrukturierungen der PSS oder zu Stillegungen ganzer Produktionsstätten kommt
- ❒ internationale **Konzentrationsstrategie**
  ⇒ Stillegung von Produktionsstätten sowie Produktionszentralisierung an den verbleibenden oder neuen Standorten; häufig in Verbindung mit Restrukturierungsstrategien
- ❒ internationale **Restrukturierungsstrategie**
  ⇒ Neuordnung und Bereinigung der internationalen PSS

Abbildung 5-14: Strategischer Baustein „Produktionsstandortstruktur (PSS)"

5.3.5.3 Strategiekombination

Es deutete sich zuvor bereits an, daß die einzelnen Standortstrategien in der Praxis durchaus miteinander kombinierbar sind und sich gegenseitig ergänzen können.[230] So sind etwa die unterschiedlichen Wachstumsstrategien zueinander ebenso kompatibel wie zum Beispiel auch eine Konzentrationsstrategie gleichzeitig mit Standortinnovationen einhergehen kann. Per Saldo liegt in einem solchen Fall genau dann ein „Netto-Wachstum" vor, wenn die Kapazitätszuwächse die -reduzierungen übersteigen.

Bei einer Kombination unterschiedlicher Standortstrategien ist im Anwendungsfall unbedingt eine transparente Unterscheidung der Einzelstrategien sowie deren eindeutige Zuordnung zu den betroffenen Produktionsstätten zu gewährleisten. Andernfalls besteht die Gefahr, daß es den Strategien an der notwendigen Konkretisierung mangelt und sie de facto lediglich von der Relevanz allgemeiner Standortprinzipien sind.[231]

Ein anschauliches Beispiel für eine konzeptionell fundierte und gleichzeitig kombinierte Anwendung verschiedener Produktionsstandortstrategien liefert der Pharmaproduzent Boehringer Ingelheim:[232] Wie bereits an anderer Stelle dargestellt wurde,[233] entwickelte sich die nordamerikanische Standortstruktur des Konzerns bis Anfang der 1990er Jahre zu einem polyzentrisch geprägten, also inselartigen Typus mit zwei Produktionsstätten in den USA und je einer in Kanada sowie in Mexiko. Mit der Entstehung der nordamerikanischen Freihandelszone (NAFTA) entschloß sich die Konzernführung zu einer Neuordnung des nordamerikanischen Produktionssystems. Konzeptionelles Ziel war es dabei, die Produktionsstruktur auf die Länderregion der NAFTA auszurichten, also einen regionalisierten PSS-Typus zu verwirklichen. Die strategische Umsetzung erfolgte dabei durch die kombinierte Anwendung verschiedener Standortstrategien: Neben einer internationalen Konzentrationsstrategie wurde gleichzeitig eine Restrukturierungsstrategie sowie eine on-site-expansion-Strategie verfolgt. Im Rahmen der *Konzentrationsstrategie* betrieb man die Schließung der kanadischen sowie einer amerikanischen Produktionsstätte. Die Neuverteilung und Konzentration der regionalen Produktionsaufgaben auf die verbliebenen zwei Produktionsstätten erforderte gleichzeitig eine umfassende *Restrukturierungsstrategie*. Der dadurch erhöhte Kapazitätsbedarf an den noch bestehenden Produktionsstandorten in den USA und in Mexiko verlangte außerdem an beiden Standorten Kapazitätserweiterungen im Sinne einer *on-site-expansion-Strategie*.

---

230 Vgl. *Lüder, K.; Küpper, W.*, Unternehmerische Standortplanung, 1983, S. 96.

231 Siehe Abschnitt 5.3.5.1.

232 Das folgende Beispiel stützt sich auf das mit den Herren Dr. *Leuchs* und *Kastenholz* geführte Expertengespräch.

233 Siehe die entsprechenden Ausführungen in Abschnitt 3.2.3.2.

Das Beispiel zeigt eine Strategie(kombination) zur Standortrationalisierung, die bei Boehringer im Zusammenhang mit einer Regionalisierung der Produktionsstandortstruktur weltweit Anwendung findet. Erklärte Ziele dieser Strategie sind die Spezialisierung der Betriebe und die produktorientierte Produktionskonzentration. Dadurch sollen letztlich redundante Kapazitäten im Produktionssystem abgebaut werden sowie in den verbleibenden Werken umfangreiche Kostendegressionen realisiert werden.[234]

5.3.5.4 Hilfen zur Strategiefindung

In den vorangegangenen Abschnitten wurde deutlich, daß die Wahl bestimmter Standortstrategien vor allem auf das Erreichen einer angestrebten PSS-Konzeption ausgerichtet sein sollte. Dabei wird ein strategischer Handlungsbedarf in der Regel durch unternehmungsinterne und/oder -externe Veränderungen (Umweltveränderungen) ausgelöst, die mehr oder weniger umfangreiche Anpassungen der internationalen PSS erforderlich machen. Hierzu sollen nun einige strategische Hilfsmittel vorgestellt werden, durch die im Planungsfall strategische Handlungsbedarfe aufgezeigt sowie ggf. adäquate Standortstrategien abgeleitet werden können.

Standort-Portfolio-Matrix

Eine Möglichkeit zur Strategieentwicklung liefert die in Abbildung 5-15 dargestellte Standort-Portfolio-Matrix. Grundlage des von *Lüder* vorgeschlagenen Positionierungsmodells sind die folgenden Dimensionen:[235]

- *Erfolgspotential der hergestellten Produkte* und dessen künftige Entwicklung. Meßgrößen sind zum Beispiel das Marktpotential, der Marktanteil oder das Stückgewinnpotential.
- *Standortattraktivität*, die aufzuspalten ist in die Dimensionen

  (1) *externe* Standortattraktivität: Diese ist von der Unternehmung nicht oder allenfalls in geringem Maße gestaltbar. Sie beruht auf standortabhängigen Faktoren, die Ausdruck der verschiedenen Umweltdimensionen und -komponenten sind. Als Beispiele können u.a. die Arbeitsmarktsituation, das Lohnniveau, öffentliche Auflagen, Steuern, die Infrastruktur, Transportkosten und -risiken oder etwa Erweiterungsmöglichkeiten genannt werden.

  (2) *interne* Standortattraktivität: Diese ist von der Unternehmung gestaltbar. Sie wird zum Beispiel bestimmt durch die quantitative und die qualitative Forschungs- & Entwicklungs-

234 Vgl. zum zuvor dargestellten Praxisbeispiel auch *Koerner, H. J.*, Neue Standortstrukturen, 1994, S. 73-89. Dort findet sich in ausführlicher Darstellung ein weiteres Beispiel für die hier beschriebene Standortrationalisierung.

235 Vgl. *Lüder, K.*, Strategische Standortplanung, 1982, S. 431-432; *Lüder, K.; Küpper, W.*, Unternehmerische Standortplanung, 1983, S. 122-123.

kapazität, durch die Leistungsfähigkeit des Produktionsapparates (modern/veraltet; flexibel/inflexibel; wirtschaftlich/unwirtschaftlich; usw.), durch das Fabriklayout und den Materialfluß.

Anhand der Standort-Matrix können neben den Ist-Positionen der einzelnen Produktionsstätten auch angestrebte Ziel-Positionen abgebildet werden, die dann strategische Stoßrichtungen aufzeigen sowie die Ableitung konkreter Standortstrategien ermöglichen. Als Orientierungshilfe dienen dabei die den einzelnen Matrixfeldern zugeordneten Normstrategien. Sie geben erste Hinweise auf künftige Investitions-, Desinvestitions- und/oder Restrukturierungsschwerpunkte im internationalen Produktionssystem. Abbildung 5-15 zeigt die beschriebene Standort-Matrix.

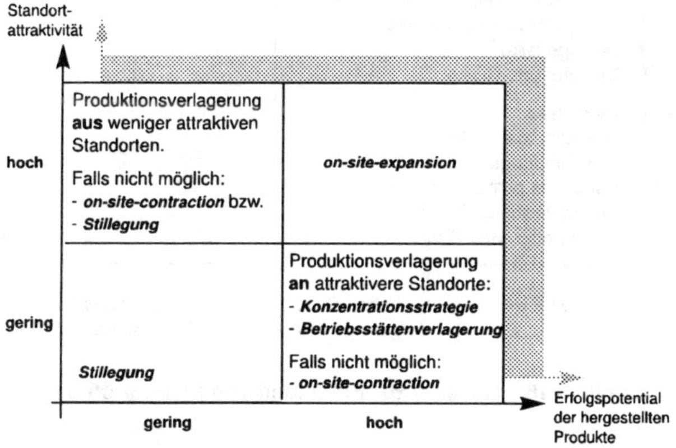

Abbildung 5-15: Standort-Portfolio-Matrix mit Normstrategien[236]

Länderrisikoanalyse

Die Standort-Portfolio-Matrix sollte zusätzlich durch eine *Länderrisikoanalyse* flankiert werden.[237] Dadurch werden gerade die Risikofaktoren der einzelnen Produktionsstandorte nochmals gesondert herausgestellt, was einer diesbezüglichen Fehleinschätzung der Dimension „Standortattraktivität" (s.o.) entgegenwirkt.

Hilfreich ist die Erstellung sogenannter *Risikoprofile*, die die Risikokonstellationen der internationalen Produktionsstandorte vergleichend visualisieren und aus denen

236 Quelle: *Lüder, K.*, Strategische Standortplanung, 1982, S. 432.

237 Vgl. *Engelhard, J.*, Bewertung von Länderrisiken, 1992, S. 367-383.

gegebenenfalls die Verfolgung bestimmter Standortstrategien abgeleitet werden kann. Tabelle 5-16 zeigt exemplarisch ein Grundschema zur Erstellung von Risikoprofilen, wie es von *Meissner* vorgeschlagen wird.[238] Ergänzend dazu können zusätzlich die an anderer Stelle vorgestellten Länderratings wie etwa das des Genfer BERI-Institutes herangezogen werden.[239]

Art des Risikos / Intensität des erwarteten Risikos	I	II	III	IV	V
A. Aktions-Risiko					
1. Wirtschaftliches Risiko					
2. Kurs- und Transfer-Risiko					
3. Transport- und Lagerrisiko					
4. Vertragsrisiko					
5. Substitutions-Risiko					
B. Länder-Risiko					
1. Entwicklungs-Risiko					
2. Verschuldungs-Risiko					
3. Risiko des politischen Umfeldes					
4. Innenpolitisches Risiko					
5. Außenpolitisches Risiko					

I - sehr hohes Risiko II - hohes Risiko III - normales Risiko IV - geringes Risiko V - kein Risiko

Tabelle 5-16: Schema zur Erstellung von Risikoprofilen[240]

Lebenszykluskonzepte

Eine weitere Hilfe zur Lokalisierung künftiger Wachstums- und/oder Rationalisierungsschwerpunkte im internationalen Produktionssystem bieten verschiedene Lebenszykluskonzepte für *Produkte* sowie für *Betriebsstätten*. Wenngleich die Lebenszyklusanalyse nicht unumstritten ist,[241] so kann sie im Einzelfall dennoch zumindest grobe Anhaltspunkte für die Ableitung von Standortstrategien liefern. Einige Denkansätze hierzu sollen kurz skizziert werden:

238 Vgl. dazu *Meissner, H.G.*, Strategisches Internationales Marketing, 1995, S. 95-99 u. 144-146.

239 Vgl. *Walldorf, E. G.*, Länderrating, 1993, S. 2036-2046; sowie die entsprechenden Ausführungen in Abschnitt 3.2.5.1.

240 Entnommen aus: *Meissner, H.G.*, Strategisches Internationales Marketing, 1995, S. 99.

241 Vgl. *Becker, J.*, Marketing-Konzeption, 1993, S. 534-536.

Ein denkbarer und im empirischen Analyseteil mehrfach beobachteter *Entwicklungszyklus von Produktionsstätten* nimmt zum Beispiel seinen Anfang in einer marktnahen Endfertigung (Montage, Konfektionierung, Formulierung)[242], die in der Folgezeit Schritt für Schritt um vorgelagerte Produktionsstufen erweitert wird. Es kommt ausgehend von der letzten Fertigungsstufe zu einer sukzessiven Rückwärtsintegration der zuvor von anderen Produktionsstätten bezogenen Komponenten, was bis zur Entstehung produktorientierter Komplettfertigungen führen kann. Vollziehen sich solche Prozesse parallel an mehreren internationalen Standorten, entstehen hierdurch polyzentrisch geprägte *inselartige* Produktionsstandortstrukturen. Im Zeitablauf wird dann möglicherweise eine Rationalisierung der stark gestreuten PSS durch Produktionskonzentrationen erforderlich, um so redundante Prozesse und Kapazitäten im internationalen Produktionssystem abzubauen. Entsprechend der soeben aufgezeigten Standortentwicklung unterscheidet *Davidson* zum Beispiel zwischen „Export" (als Ausgangsform), „Assembly", „Indigenous Production" und „System Rationalization" als Phasen der von ihm als „Sourcing Cycle" bezeichneten Entwicklungsfolge.[243]

Derartige Entwicklungszyklen können allerdings nicht verallgemeinert werden, sondern sie hängen vielmehr von den spezifischen Bedingungen des Einzelfalls ab. So ist zum Beispiel zu erwarten, daß Stammwerke, an denen auch weitere Aktivitäten lokalisiert sind und mit denen nicht selten die Historie einer Unternehmung verbunden ist, andere Entwicklungsphasen durchleben als Zweigwerke in der Nähe internationaler Absatzmärkte oder auch in Niedriglohnländern.[244]

Trotz dieser Einschränkungen kann es in der Praxis hilfreich sein, individuelle Entwicklungszyklen der eigenen Produktionsstätten zu identifizieren, um in Anlehnung hieran beispielsweise den Bedarf und die Lokalisierung künftiger Kapazitätserweiterungen abschätzen zu können. So lassen etwa im Fall des oben beschriebenen Entwicklungszyklus' gerade junge Produktionsstätten, die sich in der Phase der sukzessiven Rückwärtsintegration befinden, zukünftig „on-site-expansions" erwarten.

Besonders die Entwicklung produkt- und marktorientierter Produktionsstätten ist eng verknüpft mit den *Lebenszyklusverläufen der Produkte*, die sie produzieren.[245] Dieser enge Lebenszyklus-Zusammenhang von Produkten und Produktionsstätten kann ebenfalls zur hier beabsichtigten Strategiefindung beitragen.[246] So lassen zum Beispiel Produktionsstätten für zukunftsträchtige Produkte, die sich in der Einführungs- oder

---

242 Vgl. Abschnitt 5.3.4.

243 Vgl. *Davidson, W. H.*, Global Strategic Management, 1982, 202-203.

244 Vgl. *Lüder, K.*, Strategische Standortplanung, 1982, S. 433.

245 Vgl. *Vernon, R.*, Product Cycle, 1966, insbesondere S. 198-200; *Stein, I.*, Multinationale Unternehmung, 1994, S. 70-74, sowie die dort angegebene Literatur.

246 Vgl. *Welge, M. K.; Al-Laham, A.*, Planung, 1992, S. 122 u. 124.

frühen Wachstumsphase befinden, entsprechende Kapazitätserweiterungen (z.B. durch on-site-expansion) erwarten, während Produktionsstätten für auslaufende Produkte als potentielle Kandidaten für (Teil-)Stillegungen in Frage kommen, falls keine Nachfolgeprodukte vorgesehen sind.[247]

Weiterhin ist zu beachten, daß der Lebenszyklus eines Produktes in verschiedenen Ländern oder Regionen unterschiedlich verlaufen kann.[248] In solchen Fällen ist eine *internationale Produktlebenszyklusanalyse* erforderlich,[249] die die international differierenden Zyklusphasen der Produkte offenlegt. Das fördert die marktorientierte Gestaltung der Produktionsstandortstruktur und verhindert eine zu sehr auf interne Belange ausgerichtete Sichtweise bei der Strategieentwicklung.

5.3.6 Empfehlungen zur Produktionsstandortwahl

5.3.6.1 Vorbemerkungen

Die Produktionsstandortwahl steht in enger Beziehung zu den in Abschnitt 5.3.5.2 behandelten Wachstumsstrategien, denn diese erfahren ja gerade mit der Wahl eines neuen Standortes ihre strategische Konkretisierung. Das erfordert an dieser Stelle eine angemessene Auseinandersetzung mit der Produktionsstandortwahl. Dabei ist es nicht die Absicht, eine umfassende Erörterung der Standorttheorie zu liefern. Das würde erheblich über den hier gesteckten Rahmen hinausreichen, denn es handelt sich dabei um einen umfangreich beforschten und traditionellen Erkenntnisbereich, dessen Ursprünge bis in das 19. Jahrhundert zurückreichen[250] und der für sich betrachtet hinreichend Stoff für gesonderte Analysen liefert.

Es ist im folgenden vielmehr vorgesehen, eine allgemeine Anleitung für das Vorgehen bei Standortwahlentscheidungen in der Praxis sowie einen methodischen Über-

---

247 Vgl. *Pearce, J. A., II; Robinson, R. B., Jr.*, Competitive Strategy, 1988, S. 216-218.

248 Vgl. *Leontiades, J.C.*, Multinational Corporate Strategy, 1985, S. 72-77 sowie 104-106.

249 Siehe hierzu *Meissner, H.G.*, Strategisches Internationales Marketing, 1995, S. 125-129.

250 Siehe u.a. zum Beispiel *Launhardt*, W., Standortbestimmung, 1882; *Thünen, J. H. v.*, Der isolierte Staat, 1842; *Weber, A.*, Über den Standort der Industrien, 1909; *Weber, A.*, Industrielle Standortslehre, 1914. – Ausführungen über frühe Beiträge zur Standorttheorie finden sich zum Beispiel bei: *Meyer-Lindemann*, H. U., Typologie der Theorien des Industriestandortes, 1951; *Meyer, W.*, Theorie der Standortwahl, 1960, S. 15-50; *Behrens, K.Ch.*, Standortbestimmungslehre, 1971, S. 3-30; *Bloech, J.*, Standorttheorie, 1976, Sp. 3662. – Eine literarische Übersicht aktueller Beiträge zur Standorttheorie liefern zum Beispiel: *Haug, A.; Wangenheim, S. v.*, Standortmanagement, 1995, S. 75-82.

blick zu liefern. Ergänzend dazu findet sich im Anhang der vorliegenden Arbeit ein anschauliches Praxisbeispiel in Form eines Leitfadens zur Standortwahl.[251]

Ziel der Produktionsstandortwahl muß es sein, die aus den Zielen, Strategien, Potentialen und Produkten der Unternehmung ableitbaren Soll-Anforderungen, die man an den zu suchenden Standort stellt, bestmöglich zu erfüllen. Es gilt also, durch die Wahl des Produktionsstandortes eine möglichst hohe bzw. zufriedenstellende Übereinstimmung von Standortanforderungen und Standortfaktoren zu erreichen.[252]

Als Orientierungshilfe für das weitere Vorgehen sind zunächst zwei wesentliche Merkmale internationaler Standortwahlentscheidungen herauszustellen: Die *Mehrstufigkeit* und die *methodische Differenzierung*. Gerade im Fall der *internationalen* Standortwahl ist in der Regel ein mehrstufiger Selektionsprozeß notwendig, der den Umfang des geographischen Suchfeldes sowie die Anzahl der möglichen Standortalternativen schrittweise reduziert.[253] Im Rahmen dieses Selektionsprozesses sind unterschiedliche Informationsarten, -mengen und -verdichtungen entscheidungsrelevant, was auch die Anwendung unterschiedlicher, jeweils geeigneter Methoden erfordert.[254] Konkret bedeutet dies, daß die an anderer Stelle durchgeführte Differenzierung in qualitative und quantitative Standortfaktoren auch eine entsprechende Differenzierung der jeweils zweckmäßigen Methoden erfordert.[255]

Die Eigenschaft der *Mehrstufigkeit* findet ihren Niederschlag in der Unterscheidung zwischen der Mikro- und der Makrostandortwahl. *Methodische Differenzierungen* ergeben sich einerseits zwischen diesen Selektionsstufen und insbesondere innerhalb der Mikrostandortwahl (siehe Abbildung 5-18).

---

251 Siehe Anhang II der vorliegenden Arbeit.

252 Vgl. *Haug, A.; Wangenheim, S. v.*, Standortmanagement, 1995, S. 72-73; *Hellmig, G.*, Standortplanung, 1991, S. 35; *Lüder, K.*, Standortwahl, 1990, S. 29; *Ihde, G. B.*, Standortdynamik, 1984, S. 89-90; *Rüschenpöhler, H.*, Der Standort industrieller Unternehmungen, 1958, S. 28.

253 Vgl. *Pausenberger, E.*, Die Standortpolitik internationaler Unternehmungen, 1994, S. 55; *Küpper, W.*, Standortentscheidungsprozesse, 1982, S. 454-461; *Lüder, K.; Küpper, W.*, Unternehmerische Standortplanung, 1983, S. 205-209; *Günther, H.-O.; Tempelmeier, H.*, Produktion und Logistik, 1997, S. 62-64; *Goette, Th.*, Standortpolitik, 1994, S. 255-320; sowie *Renschler, A.*, Standortplanung für Mercedes-Benz in den USA, 1995, S. 44-54 in Verbindung mit Anhang II der vorliegenden Arbeit.

254 Vgl. *Pausenberger, E.*, Die Standortpolitik internationaler Unternehmungen, 1994, S. 55.

255 Vgl. *Hansmann, K.-W.*, Industrielles Management, 1997, S. 90-107; *Kappler, E.; Rehkugler, H.*, Konstitutive Entscheidungen, 1991, S. 226; *Döpper, W.; Eversheim, W.*, Internationale Produktion, 1993, S. 379-380.

5.3.6.2 Makrostandortwahl

Bevor mit der Wahl eines Produktionsstandortes begonnen werden kann, sind die *Standortanforderungen* derjenigen Produktionsaufgaben(-segmente)[256], für die der neue Standort gesucht werden soll, zu spezifizieren.[257] Hierzu ist ein individueller *Standortanforderungskatalog* zu erstellen. Dieser sollte zunächst Anforderungen ausweisen, die an dem zu suchenden Standort durch die dort anzutreffenden Standortfaktoren unbedingt erfüllt sein müssen. Derartige *Muß-* oder *K.O.*-Kriterien sind dann durch naheliegende und offensichtliche *Soll*-Anforderungen zu ergänzen. Zur weiteren Konkretisierung des Anforderungskataloges kann der Planer zusätzlich auf eine Vielfalt sogenannter Standortfaktorenkataloge zurückgreifen.[258] Sie liefern mehr oder weniger umfangreiche Sammlungen verschiedener Kriterien, die im Rahmen von Standortentscheidungen relevant sein können.[259]

Aufgabe der Makrostandortwahl ist es, die Anzahl potentieller Produktionsstandorte durch eine Abfolge mehrerer *Selektionsstufen* auf ein für die spätere Mikrostandortwahl akzeptables Maß zu reduzieren. Als grober Richtwert kann hier eine Zahl von 3 bis 5 Standortalternativen angegeben werden.[260] So wird das Volumen der Informationsbeschaffung und -verarbeitung im Auswahlprozeß angemessen begrenzt, da die Makrostandortwahl zunächst auf allgemeine Informationen sowie einfache Methoden zurückgreift. Erst im Rahmen der Mikroauswahl werden dann vergleichsweise spezifische Detailinformationen unter Anwendung aufwendigerer Methoden herangezogen.

In den ersten Selektionsstufen der Makroauswahl gilt es zunächst, Länderregionen sowie bestimmte Länder innerhalb dieser Regionen herauszufiltern.[261] Im Anschluß daran sollten in den fokussierten Ländern lokale Standorte identifiziert werden, die

[256] Siehe Abschnitt 5.2.5.

[257] Vgl. *Rüschenpöhler, H.*, Der Standort industrieller Unternehmungen, 1958, S. 64-67.

[258] Vgl. *Haug, A.; Wangenheim, S. v.*, Standortmanagement, 1995, S. 73; *Bloech, J.*, Industrieller Standort, 1994, S. 66; *Drexl, A.*, Standorttheorien, 1993, S. 3965-3966; *Hellmig, G.*, Standortplanung, 1991, S. 35-36.

[259] Umfangreiche Sammlungen potentiell relevanter Standortfaktoren bei internationalen Standortentscheidungen liefern zum Beispiel: *Tesch, P.*, Bestimmungsgründe, 1980, S. 364-365; *Schilling, H.*, Standortfaktorenkatalog, 1968, Teil IV, (ein trotz seines Alters bis heute wertvoller Ansatz). Weitere Zusammenstellungen liefern: *Corsten, H.*, Produktionswirtschaft, 1998, S. 375; *Hebgen, H. J.*, Auswahl und Beurteilung eines Investitionslandes, 1987, S. 22; ; *Hansmann, K.-W.*, Standortplanung, 1974, S. 140-142; und Abschnitt 3.3.2 der vorliegenden Arbeit sowie die dort zitierte Literatur.

[260] Vgl. *Leontiades, J.C.*, Multinational Corporate Strategy, 1985, S. 96; *Küpper, W.*, Standortentscheidungsprozesse, 1982, S. 454, 458; *Lüder, K.; Küpper, W.*, Unternehmerische Standortplanung, 1983, S. 208.

[261] Die Phase der Ländervorauswahl kann auch als gesonderte, der Makroauswahl vorgelagerte Phase ausgekoppelt werden. So zum Beispiel bei *Goette, Th.*, Standortpolitik, 1994, S. 260-264.

später Gegenstand konkreter Standortvergleiche sein können.[262] Es ist zu empfehlen, *pro Land* mindestens *zwei* Standortalternativen zu suchen, denn der Standortvergleich auf nationaler Ebene macht häufig erst die spezifischen Besonderheiten eines Landes deutlich.[263] Außerdem wird so eine Konkurrenzsituation zwischen lokalen Standortalternativen auf nationaler Ebene geschaffen, was bereits in ersten Vorverhandlungen die eigene Position gegenüber örtlichen Behörden und Institutionen stärken dürfte.

Vorgehensweisen und Verfahren im Rahmen der Makrostandortwahl

Wichtige Orientierungshilfen für die ersten Selektionsphasen liefern vor allen Dingen die zugrunde gelegten Standortstrategien sowie der konzeptionell angestrebte Standortstrukturtyp[264]. Diese strategischen Vorgaben implizieren in der Regel bereits *geographische Präferenzen*, die den Standortsuchraum erheblich eingrenzen.[265] Denkbar sind hier zum Beispiel Beschränkungen auf Absatzländer, auf eine Länderregion, auf Standorte in der Nähe von Beschaffungsquellen oder etwa auf Orte in der Nähe bestehender Produktionsstätten.

Ebenfalls nützlich sind die bereits angesprochenen *Muß*-Kriterien oder *limitationale Faktoren*[266], die auch zu einer deutlichen Reduktion der Anzahl potentieller Länder oder Standorte führen können.[267] Da die Nichterfüllung nur eines Muß-Kriteriums bereits dazu führt, daß die Standortalternative ohne Berücksichtigung weiterer Standortfaktoren verworfen wird, ist bei der Kriterienbestimmung erhöhte Sensibilität geboten.[268] Denkbare Muß-Kriterien können sich zum Beispiel auf die geographische Lage im Produktionssystem beziehen oder die Verfügbarkeit bestimmter Ressourcen voraussetzen. Auch ist es möglich, einzelne Umweltkomponenten wie zum Beispiel die politische Stabilität[269] oder etwa bestimmte ökonomische Rahmenbedingungen eines Landes als Muß-Kriterien zu spezifizieren.

---

262 Vgl. hierzu Anhang II der vorliegenden Arbeit.

263 Vgl. *Koch, H.*, Wo liegt Alsdorf ?, 1991, S. 160.

264 Vgl. Abschnitt 5.3.3.

265 Vgl. *Hebgen, H. J.*, Auswahl und Beurteilung eines Investitionslandes, 1987, S.21-22.

266 Vgl. *Küpper, W.*, Standortentscheidungsprozesse, 1982, S. 454-455.

267 Vgl. *Goette, Th.*, Standortpolitik, 1994, S. 261-264

268 Vgl. *Leontiades, J.C.*, Multinational Corporate Strategy, 1985, S. 96.

269 So stellt Pausenberger als Ergebnis einer explorativ ausgerichteten Befragung von insgesamt 17 europäischen Konzernen fest, daß im Rahmen internationaler Standortentscheidungen der „politischen Stabilität" des Ziellandes überwiegend die Eigenschaft des Muß-Kriteriums zugesprochen wird. Vgl. *Pausenberger, E.*, Die Standortpolitik internationaler Unternehmungen, 1994, S. 59 und 68.

In den anschließenden Auswahlstufen sind sukzessiv weitere Standortanforderungen in die Beurteilung einzubeziehen.[270] Hierzu können zunächst noch grobe *Checklisten* (*Prüflisten*) ohne formalisierte Bewertungs- und Gewichtungsverfahren eingesetzt werden.[271] Diese sollten soweit verfeinert werden, bis die gewünschte Anzahl potentieller Standorte für die Mikrostandortwahl selektiert ist. Gegebenenfalls kann bereits an dieser Stelle zu differenzierteren Methoden wie etwa der Nutzwertanalyse[272] übergegangen werden.

Eine weitere Möglichkeit zur Eingrenzung des Suchfeldes bietet das sogenannte *Portfolio Screening*.[273] Hierbei werden mögliche Produktionsländer oder -standorte im Spannungsfeld von meist zwei erfolgspotentialrelevanten Dimensionen positioniert. Diese Dimensionen fassen jeweils eine Menge untergeordneter Teilkriterien zusammen, die zuvor zum Beispiel durch die Anwendung von Checklisten oder Scoring-Verfahren entsprechend aggregiert worden sind.[274] Die Dimensionen sollten möglichst so abgegrenzt werden, daß die eine die erfolgspotentialrelevanten Umweltkomponenten ausdrückt, und die andere die erfolgspotentialrelevanten Unternehmungsmerkmale erfaßt.[275] Die visuelle Positionierung potentieller Standorte im aufgespannten Eigenschaftsraum erleichtert vergleichende Beurteilungen der Alternativen (auch im Vergleich zu bestehenden Produktionsstandorten) und kann ebenfalls als Hilfe im Selektionsprozeß genutzt werden.

Der wesentliche Ansatzpunkt zur Kritik an den beispielhaft skizzierten Vorgehensweisen liegt in der Subjektivität des Planers begründet.[276] Dieser unterliegen zum Beispiel die Festlegung von Muß-Kriterien, die Aufstellung von Checklisten, die Bestimmung von Portfoliodimensionen oder etwa die Beurteilung von Standortfaktoren. Zur Entkräftung dieses Kritikpunktes kann ein *interdisziplinäres Projektteam* gebildet und mit der Standortwahl betraut werden.[277] Die Teammitglieder sollten durchaus unterschiedlichen Unternehmungsbereichen entstammen, denn die Vielfalt der einfließenden Erfahrungspotentiale fördert die ganzheitliche Sichtweise und wirkt funktionsorientierten Denkweisen im Rahmen der Standortwahl entgegen. Außerdem ist eine Dokumentation der einzelnen Selektionsschritte vorzusehen. Dadurch wird

---

270 Vgl. hierzu auch die Vorgehensweise in Anhang II der vorliegenden Arbeit.

271 Vgl. *Hellmig, G.*, Standortplanung, 1991, S. 35-36; *Lüder, K.*, Standortwahl, 1990, S. 35-36; *Hebgen, H. J.*, Auswahl und Beurteilung eines Investitionslandes, 1987, S. 22.

272 Siehe hierzu die entsprechenden Ausführen in Abschnitt 5.3.6.3.2.

273 Vgl. *Leontiades, J.C.*, Multinational Corporate Strategy, 1985, S. 98-101.

274 Vgl. *Leontiades, J.C.*, Multinational Corporate Strategy, 1985, S. 98-101.

275 Vgl. *Welge, M. K.; Al-Laham, A.*, Planung, 1992, S. 192-195.

276 Vgl. *Hellmig, G.*, Standortplanung, 1991, S. 36, *Lüder, K.*, Standortwahl, 1990, S. 36.

277 Vgl. *Zangemeister, C.*, Erweiterte Wirtschaftlichkeitsanalyse, 1993, S. 14.

eine zusätzliche Reflexion der einzelnen Teilentscheidungen erreicht und der Auswahlprozeß in seinen Schritten intersubjektiv nachvollziehbar.

Im Rahmen der folgenden Mikrostandortwahl gilt es nun, die zuvor als potentielle Mikrostandorte selektierten Alternativen einer genaueren Analyse zu unterziehen. Die an anderer Stelle aufgezeigte Unterscheidung zwischen quantitativen und qualitativen Standortfaktoren [278] erfordert auch eine entsprechende Differenzierung in methodischer Hinsicht. Das begründet die Teilung der nun folgenden Mikrostandortwahl in einen quantitativen (Abschnitt 5.3.6.3.1) und einen qualitativen (Abschnitt 5.3.6.3.2) Analyseteil.[279]

5.3.6.3 Mikrostandortwahl

5.3.6.3.1 Quantitative Standortanalyse

Im Mittelpunkt dieses Teils der Mikrostandortwahl steht die Beurteilung der Standortalternativen anhand quantifizierbarer Standortfaktoren.[280] Hierzu werden bevorzugt *analytische* Verfahren herangezogen.[281] Diese sind durch die Anwendung mathematischer Methoden gekennzeichnet. Sie streben für die zugrunde gelegten Daten und unter der Berücksichtigung unterschiedlicher Prämissen eine algebraische *Optimallösung* an. Ausgehend von dem historischen Ansatz nach *Weber* werden im folgenden einige für die Mikrostandortwahl wichtige analytische Verfahren diskutiert.

Der Ansatz Webers

Einen frühen Ansatz zur hier fokussierten Verfahrensgruppe liefert das durch *Weber*[282] Anfang des 20. Jahrhunderts vorgeschlagene Standortwahlmodell. Das zielt darauf ab, die gesamten Transportkosten einer Unternehmung auf der Absatz- wie auf der Beschaffungsseite durch die Wahl des Produktionsstandortes zu minimieren. Dabei werden die Transportkosten je Mengeneinheit pro Entfernungseinheit für alle Materialien und Endprodukte als konstant vorausgesetzt. Außerdem betrachtet *Weber* den zulässigen Lösungsraum als eine homogene Fläche, auf der jeder denkbare

---

278 Vgl. die Abbildungen 3-10 (I) und (II) in Abschnitt 3.3.2.

279 Vgl. *Hansmann, K.-W.*, Industrielles Management, 1997, S. 92-107.

280 Vgl. *Hansmann, K.-W.*, Industrielles Management, 1997, S. 91 und 95-107.

281 Vgl. *Kappler, E.; Rehkugler, H.*, Konstitutive Entscheidungen, 1991, S. 226-229.

282 Vgl. *Weber, A.*, Über den Standort der Industrien, 1909; *Weber, A.*, Industrielle Standortslehre, 1914, insbesondere S. 54-69.

Standort möglich ist. Es handelt sich hier um ein *kontinuierliches* Lösungsverfahren,[283] das geographische und infrastrukturelle Bedingungen unberücksichtigt läßt. Die geographischen Koordinaten des transportkostenminimalen Standortes werden unter Anwendung der Differentialrechnung oder durch analytische Iteration bestimmt.[284] In einfachen Fällen ist auch der geometrische Lösungsweg möglich.

Die Kritikpunkte am *Weberschen* Modell liegen insbesondere in den Prämissen und in der Konzentration auf die Transportkosten begründet.[285] Denn neben weiteren Kostenarten sind in der Praxis auch andere, ebenfalls quantifizierbare Daten wie mengenmäßige Absatzbegrenzungen, Budgetvorgaben oder Kapazitätsrestriktionen zu beachten. Dennoch kann das *Webersche* Modell im Rahmen internationaler Standortentscheidungen von Nutzen sein. So zum Beispiel zur gezielten Fokussierung der Transportkosten, falls diesen etwa aufgrund ausgeprägter Produktionsverflechtungen besonderes Entscheidungsgewicht zukommt. Wenngleich die ermittelten Koordinaten in der Regel nicht genau mit denen einer bestimmten Standortalternative übereinstimmen, so liefern sie doch geographische Anhaltspunkte für die Identifizierung des transportkostenminimalen Standortes.

Verfahren der linearen Optimierung

Um die Nachteile des zuvor skizzierten Ansatzes zu umgehen, kann auf das mathematische Verfahren der *linearen Optimierung* zurückgegriffen werden. Maßstab der Optimierung ist dabei eine zuvor festgelegte Zielfunktion, die neben den Transportkosten auch weitere standortabhängige Kosten- sowie Erlösgrößen berücksichtigen kann. Außerdem ermöglicht das Verfahren die Integration restriktiver Nebenbedingungen wie Absatzhöchstmengen, Investitionsbudgets oder Kapazitätsgrenzen. Hebt man zusätzlich die Prämisse der Gebietshomogenität auf und beschränkt die Optimierung auf die potentiellen Mikrostandorte, die zuvor in der Makroauswahl selektiert wurden, erhält man ein *diskretes* Optimierungsmodell.[286] Es ergibt sich ein gemischt-ganzzahliges Standortmodell, das neben reellen Variablen auch ganzzahlige Parameter enthält. *Hansmann* liefert hierzu ein anschauliches Praxisbeispiel,[287] das insbesondere die methodische Vorgehensweise bei gemischt-ganzzahligen Optimierungen deutlich

---

283 Vgl. *Lüder, K.*, Standortwahl, 1990, S. 45.

284 Ein Lösungsansatz mit einem Fallbeispiel findet sich z.B. bei: *Hansmann, K.-W.*, Industrielles Management, 1997, S. 95-100. Vgl. auch *Kappler, E.; Rehkugler, H.*, Konstitutive Entscheidungen, 1991, S. 227; *Hellmig, G.*, Standortplanung, 1991, S. 36; *Lüder, K.*, Standortwahl, 1990, S. 40-45.

285 Vgl. *Hansmann, K.-W.*, Standortplanung, 1974, S. 28-29; *Corsten, H.*, Produktionswirtschaft, 1998, S. 379.

286 Vgl. *Lüder, K.*, Standortwahl, 1990, S. 45.

287 Vgl. *Hansmann, K.-W.*, Industrielles Management, 1997, S. 100-107.

macht: Durch die kombinierte Anwendung des *Branch and Bound-Verfahrens* und des *Simplex-Algorithmus*'[288] werden schrittweise die verschiedenen Standortalternativen durchgerechnet und im Fall einer zulässigen Lösung mit der bis dahin besten Lösung (*Bound*) verglichen. Durch ein verzweigtes Vorgehen (*Branching*) schließt man solche (Folge-)Alternativen von den weiteren Berechnungen aus, die zu keiner Verbesserung des *Bound* führen können. Die optimale Lösung ist gefunden, wenn keine Verbesserung der bisher besten Lösung möglich ist.

Da der Rechenaufwand dieses Verfahrens mit der Anzahl der ganzzahligen Variablen als Ausdruck der Standortalternativen beträchtlich ansteigen kann,[289] sind genau hier die Grenzen der manuellen Rechenweise zu sehen. In sehr komplexen Planungsfällen dürfte der Rückgriff auf die Hilfen der elektronischen Datenverarbeitung deshalb unerläßlich sein.

Verfahren der Investitionsrechnung

Weitere Verfahren zum analytischen Vergleich alternativer Produktionsstandorte werden durch die *Investitionsrechnung* bereitgestellt. Auch diese Verfahren sollten Berücksichtigung finden, da die Wahl eines Produktionsstandortes mit Investitionen verbunden ist, deren Ein- beziehungsweise Auszahlungsströme zeitlich und standortbezogen differieren können. Im Mittelpunkt dieser finanzanalytischen Beurteilungsverfahren stehen quantitative Standortkriterien, die geldwertmäßiger Natur sind. Ergänzend zu diesen (direkt) *monetären* Kriterien können im Rahmen von „Erweiterten Wirtschaftlichkeitsanalysen" ggf. auch *indirekt monetäre* Kriterien berücksichtigt werden.[290] Unter „indirekt monetären" Kriterien kann man nicht direkt als monetär erkennbare Kriterien verstehen, die „durch gesondert anzustellende Überlegungen mehr oder weniger gut begründet 'monetarisiert'"[291] werden können.

Methodisch sollten nach Möglichkeit die *dynamischen* Verfahren der Investitionsrechnung wie die Kapitalwertmethode, die Annuitätenmethode, die Methode des internen Zinsfußes und/oder die dynamische Amortisationsrechnung vorgezogen werden. Denn diese berücksichtigen im Gegensatz zu den *statischen* Rechenverfahren

---

288 Es handelt sich hierbei um ein Verfahren zur Bestimmung optimaler Lösungen für lineare Optimierungsprobleme. Anschauliche Rechenbeispiele finden sich zum Beispiel bei *Jehle, E.; Müller, K.; Michael, H.* Produktionswirtschaft, 1994, S. 74-77; oder *Hansmann, K.-W.*, Industrielles Management, 1997, S. 278-288.

289 Vgl. *Corsten, H.*, Produktionswirtschaft, 1998, S. 381.

290 Vgl. *Zangemeister, C.*, Erweiterte Wirtschaftlichkeitsanalyse, 1994, insbesondere S. 69-70; *Zangemeister, C.*, Erweiterte Wirtschaftlichkeitsanalyse, 1993, insbesondere S. 78-84, 108-114, 129-132.

291 *Zangemeister, C.*, Erweiterte Wirtschaftlichkeitsanalyse, 1993, S. 13.

(Kosten- und Gewinnvergleichsrechnung, Rentabilitätsrechnung, statische Amortisationsrechnung) die zeitliche Struktur der mit der Standortalternative verbundenen Zahlungsströme. Wichtig ist hier neben der richtigen methodischen Anwendung besonders auch die *richtige* Ergebnisinterpretation der unterschiedlichen Verfahren. Hervorzuheben ist insbesondere die in der Theorie nicht unumstrittene Methode des internen Zinsfußes, die zu anderen Ergebnissen führen kann als zum Beispiel die Kapitalwertmethode[292]. Nicht zuletzt deshalb wird ihre Aussagekraft zur Investitionsbeurteilung von einigen Fachautoren in Frage gestellt.[293] Trotz der Einwände der theoretischen Betriebswirtschaftslehre, auf die aus Platzgründen an dieser Stelle nicht näher eingegangen werden kann, erfreut sich die Interne-Zinsfußmethode großer Beliebtheit in der Praxis.[294] Da auch die eigenen empirischen Beobachtungen diese Tendenz bestätigen, sei zur Vermeidung möglicher Fehlentscheidungen in der Praxis nochmals auf die Notwendigkeit einer *richtigen* Ergebnisinterpretation sowie auf die zuvor zitierte Fachliteratur verwiesen.

Weiter ist zu beachten, daß die für die Investitionsrechnung benötigten Daten mit dem Zukunftsbezug zunehmend unsicherer werden, so daß gegebenenfalls methodische Erweiterungen zum Beispiel durch Verfahren der Wahrscheinlichkeitsrechnung vorzusehen sind.[295] Investitionsrechnungen im internationalen Kontext können zusätzlich dadurch erschwert werden, daß die häufig grenzüberschreitenden Zahlungsreihen in unterschiedlichen Währungseinheiten ausgedrückt sind. Das impliziert gerade bei instabilen Währungsparitäten ebenfalls Prognoseunsicherheiten. – Die soeben skizzierten Schwierigkeiten sollten in der Praxis jedoch nicht zum Anlaß genommen werden, auf die Investitionsrechnung im Rahmen der Standortwahl zu verzichten, sondern sie sollten vielmehr als Hinweise zur Vorbeugung von Anwendungsfehlern betrachtet werden.

---

292 Vgl. *Hax, H.*, Investitionstheorie, 1993, S. 20-22.

293 So verleiht z. B. *Kruschwitz* seiner Auffassung von der Methode des internen Zinsfußes Ausdruck, indem er den entsprechenden Abschnitt in seiner Monographie „Investitionsrechnung“ mit dem Zusatz übertitelt: „Ein Kapitel, das Sie eigentlich nicht lesen sollten“. Vgl. *Kruschwitz, L.*, Investitionsrechnung, 1998, S. 87. Eine Begründung dieser Aussage sowie weitere Kritiker der Methode finden sich im Anschluß an die zitierte Stelle.

294 Vgl. *Kruschwitz, L.*, Investitionsrechnung, 1998, S. 87; *Küpper, W.*, Standortentscheidungsprozesse, 1982, S. 460.

295 Siehe hierzu zum Beispiel *Hax, H.*, Investitionstheorie, 1993, S. 122-195; *Kruschwitz, L.*, Investitionsrechnung, 1998, S. 231-327.

Resümee

Resümierend betrachtet erweisen sich die analytischen Verfahren der Wirtschafts- und Finanzmathematik als wertvolle Hilfsmittel zur Berücksichtigung quantitativer Standortfaktoren im Rahmen der Mikrostandortwahl. Wesentliches Manko dieser Methoden ist allerdings die Vernachlässigung nicht-quantifizierbarer, also qualitativer Standortfaktoren. Ferner sei darauf hingewiesen, daß der in der Regel eindeutige Ergebnischarakter mathematischer Verfahren den Eindruck von Genauigkeit und Objektivität vermittelt und so zu einer unkritischen „Ergebnisgläubigkeit" verleiten kann. Diese ist in jedem Fall zu vermeiden, denn die Güte der Lösung hängt entscheidend von den zugrunde gelegten Daten ab, deren Auswahl, Beschaffung und Aufbereitung ebenso subjektiven Einflüssen unterliegt wie die Schätzung zukünftiger Quantitäten und die Auswahl der angewandten Methode.[296]

Um diese Kritikpunkte zu entkräften, ist dem Standortplaner anzuraten, neben der quantitativen auch eine qualitative Standortanalyse zur separaten Berücksichtigung qualitativer Standortfaktoren vorzusehen. Ferner sollte subjektiven Einflüssen in der Standortwahl durch die bereits an anderer Stelle geforderte Teambildung entgegengewirkt werden. Zusätzlich sei nochmals auf die Notwendigkeit schriftlicher Dokumentationen hingewiesen, durch die die intersubjektive Nachvollziehbarkeit der Standortwahl zu gewährleisten ist.

5.3.6.3.2 Qualitative Standortanalyse

Die qualitative Standortanalyse soll gerade diejenigen Standortfaktoren in die Standortwahl einbeziehen, die aufgrund ihrer qualitativen Natur nicht mit Hilfe der bisher skizzierten Methoden beurteilbar sind. Im Mittelpunkt stehen dabei überwiegend *heuristische* Verfahren,[297] die im Gegensatz zu den Optimierungsverfahren nicht zwingend zu einer optimalen Lösung führen müssen. Statt dessen wird vielmehr die Generierung einer ***guten, zufriedenstellenden Lösung*** angestrebt. Das gestattet gerade bei komplexen Problemsituationen eine Reduzierung des Suchaufwandes, da nicht zwingend alle Lösungsalternativen „durchgespielt" werden müssen, sondern unter Anwendung von Auswahl- und Selektionsprinzipien im Lösungsraum gezielt nach einer *guten* Lösung gesucht werden kann. Während Optimierungsmodelle eine breite

---

296 Vgl. *Weber, J.*, Modulare Organisationsstrukturen, 1995, S. 42; *Hansmann, K.-W.*, Standortplanung, 1974, S. 150.

297 Zur folgenden Charakterisierung heuristischer Verfahren vgl. *Corsten, H.*, Produktionswirtschaft, 1998, S. 384-385; *Heinen, E.*, Industriebetriebslehre, 1991, S. 41-44; *Kappler, E.; Rehkugler, H.*, Konstitutive Entscheidungen, 1991, S. 230; *Hansmann, K.-W.*, Standortplanung, 1974, S. 147-149.

aber dafür wenig spezifische Anwendbarkeit kennzeichnet, „sind die heuristischen Verfahren für bestimmte Probleme (hier die Standortwahl) 'maßgeschneidert' und somit nicht ohne weiteres auf andere übertragbar“[298].

Stellvertretend für die Fülle möglicher Verfahren zur Beurteilung qualitativer Standortfaktoren sollen nun einige von ihnen beispielhaft diskutiert werden.

Standortanalyse mit Hilfe von spezifischen Standortfaktorenkatalogen

Ein trotz seines Alters bis heute wertvoller Ansatz zur Berücksichtigung qualitativer Standortfaktoren ist durch das Österreichische Institut für Raumplanung erarbeitet worden.[299] Dieser Ansatz ist hier erwähnenswert, da er anschaulich die eingangs formulierte Zielsetzung der Produktionsstandortwahl, eine möglichst hohe bzw. zufriedenstellende Übereinstimmung von *Standortanforderungen* und *Standortfaktoren* zu erreichen,[300] umsetzt:

Zur Ermittlung der *Standortanforderungen* wird zunächst ein umfangreicher „Standortfaktoren-Katalog“ bereitgestellt, der in tabellarischer Form für 20 Branchen und insgesamt 178 untergeordnete Industriezweige die jeweils relevanten Standortfaktoren zusammenfaßt und gemäß der jeweiligen Bedeutung bewertet.[301] Den so dokumentierten Standortanforderungen wird im Planungsfall eine „Bewertungskarte“ gegenübergestellt.[302] Diese ist ein dem Katalog inhaltlich und äußerlich angepaßtes Gegenstück, in das die Standortbedingungen an einem konkreten Standort eingetragen werden. Ziel ist es, durch den Vergleich der „Bewertungskarten“ mit dem „Standortfaktoren-Katalog“ Aufschlüsse über die grundsätzliche Eignung der Standortalternativen sowie über deren Rangfolge zu erlangen.[303]

Wenngleich der skizzierte Ansatz als eher historisch einzuordnen ist, so liefert er doch ein bis heute hilfreiches Muster für den Aufbau spezifischer Standortfaktorenkataloge sowie für deren methodische Nutzung im Rahmen der Standortwahl.

---

298 *Hansmann, K.-W.*, Standortplanung, 1974, S. 148.

299 Vgl. *Schilling, H.*, Standortfaktorenkatalog, 1968.

300 Vgl. Abschnitt 5.3.6.1.

301 Vgl. *Schilling, H.*, Standortfaktorenkatalog, 1968, Teil IV.

302 Vgl. *Schilling, H.*, Standortfaktorenkatalog, 1968, S. 26-28.

303 Ebenda.

Standort-Nutzwertanalyse

Die *Nutzwertanalyse*[304] ist ein systematisches heuristisches Verfahren, das zum Beispiel im Rahmen von erweiterten Wirtschaftlichkeitsanalysen der Investitionsrechnung als ergänzende Methode beigestellt wird, um so auch nicht monetär quantifizierbare Daten in die Entscheidung einzubeziehen.[305] Entsprechend kann die Nutzwertanalyse auch im Rahmen der Produktionsstandortwahl eingesetzt werden, um die Berücksichtigung qualitativer Standortfaktoren zu gewährleisten. Im Gegensatz zu Check- bzw. Prüflisten[306] zeichnet sich die Nutzwertanalyse besonders durch die implizierte Formalisierung des Verfahrens aus. Da die Ergebnisse systematisch gewonnen werden, erlangen Beurteilungsprozesse Transparenz, intersubjektive Nachvollziehbarkeit und Überprüfbarkeit.[307] Im folgenden soll anhand eines Beispiels ein grober Leitfaden für die methodische Anwendung der Nutzwertanalyse entwickelt werden. Diese wird dabei auf die Terminologie der Standortwahl übertragen und demgemäß als „Standort-Nutzwertanalyse" (kurz: „Standort-NWA") bezeichnet.

Der Vergleich alternativer Produktionsstandorte wird in der Standort-NWA über die Ermittlung standortbezogener *Nutzwerte* erreicht, die das Ergebnis eines mehrstufigen Beurteilungsverfahrens sind. Dieses kann anhand des exemplarisch konstruierten Beispiels in Tabelle 5-17 nachvollzogen werden. Im einzelnen sollten dabei folgende Arbeitsschritte eingehalten werden (in Klammern: Analogie zur klassischen Nutzwertanalyse):[308]

(1) Aufstellung des Standortfaktorensystems: Relevante Standortfaktoren und Standortfaktorenhierarchie (Zielsystem: Zielkriterien und Zielhierarchie)

(2) Gewichtung der Standortfaktoren (Zielgewichtung)

(3) Aufstellung der Wertetabellen oder -funktionen (dito)

(4) Bewertung der Standorte (Bewertung der Alternativen)

(5) Berechnung der Standortnutzwerte und Ermittlung der Standortrangfolge (Berechnung der Nutzwerte und Ermittlung der Rangfolge der Alternativen)

(6) Sensitivitätsanalyse (dito)

---

304 Vgl. *Zangemeister, C.*, Nutzwertanalyse in der Systemtechnik, 1976; *Zangemeister, C.*, Nutzwertanalyse, 1971; *Rinza, P.; Schmitz, H.*, Nutzwert-Kosten-Analyse, 1977.

305 Vgl. *Zangemeister, C.*, Erweiterte Wirtschaftlichkeitsanalyse, 1994; *Zangemeister, C.*, Erweiterte Wirtschaftlichkeitsanalyse, 1993; *Reichmann, Th.*, Controlling, 1997, S.247-248; *Kappler, E.; Rehkugler, H.*, Kapitalwirtschaft, 1991, S. 943-947.

306 Vgl. dazu die entsprechenden Ausführungen in Abschnitt 5.3.6.2.

307 Vgl. *Lüder, K.*, Standortwahl, 1990, S. 37.

308 Vgl. *Kappler, E.; Rehkugler, H.*, Kapitalwirtschaft, 1991, S. 943; *Rinza, P.; Schmitz, H.*, Nutzwert-Kosten-Analyse, 1977, S. 21-23; *Zangemeister, C.*, Nutzwertanalyse, 1971, S. 164-165.

1	2	3	4	5	6	7	8	9	10	11	12
Vorspalten						Standort I			Standort II		
k_i	k_{ij}	Standortfaktoren	g_i	tg_{ij}	g_{ij}	P_{ij}	$g_{ij} \cdot P_{ij}$	TN	P_{ij}	$g_{ij} \cdot P_{ij}$	TN
1		**Lokales Umfeld**	0,1								
	1.1	- Lokalpolitik		0,3	0,03	3	0,09		4	0,12	
	1.2	- Sozio-Kultur		0,3	0,03	3	0,09		3	0,09	
	1.3	- Fremdheitsgrad		0,4	0,04	4	0,16		3	0,12	
				1				0,34			0,33
2		**Marktnähe**	0,2								
	2.1	- Absatzmärkte		0,8	0,16	4	0,64		3	0,48	
	2.2	- Beschaffungsmärkte		0,2	0,04	3	0,12		2	0,08	
				1				0,76			0,56
3		**Verkehrsanbindung**	0,2								
	3.1	- lokal		0,3	0,06	2	0,12		3	0,18	
	3.2	- national/international		0,7	0,14	4	0,56		3	0,42	
				1				0,68			0,60
4		**Arbeitskräftepotential**	0,3								
	4.1	- Ausbildungsqualität		0,7	0,21	3	0,63		2	0,42	
	4.2	- Arbeitsmarktlage		0,3	0,09	2	0,18		4	0,36	
				1				0,81			0,78
5		**Grundstück**	0,1								
	5.1	- lokale Lage		0,2	0,02	4	0,08		3	0,06	
	5.2	- Bebauungsvorschriften		0,2	0,02	3	0,06		4	0,08	
	5.3	- Topographie		0,2	0,02	2	0,04		4	0,08	
	5.4	- Ausdehnungsmöglichk.		0,4	0,04	2	0,08		5	0,20	
				1				0,26			0,42
6		**Allgemeine Standortqualität**	0,1								
	6.1	- Wohnqualität		0,3	0,03	2	0,06		3	0,09	
	6.2	- Freizeitwert		0,3	0,03	5	0,15		2	0,06	
	6.3	- Bildungsmöglichkeiten		0,4	0,04	3	0,12		2	0,08	
				1				0,33			0,23
Summen			1		1	N	=	3,18	N	=	2,92

k_i = Standortfaktor i

k_{ij} = untergeordneter Standortfaktor j

g_i = Gewichtung von ki, mit $0 < g_i < 1$ und Summe der $g_i = 1$

tg_{ij} = Teilgewichtung der k_{ij} innerhalb einer Gruppe von Standortfaktoren, mit $0 < tg_{ij} < 1$

g_{ij} = Gewichtung von k_{ij}, und zwar bezogen auf die Gesamtheit der Standortfaktoren,
mit $0 < g_{ij} < 1$ und Summe der $g_{ij} = 1$

P_{ij} = Punktwert für k_{ij}, mit
5 := Beurteilung des Standortfaktors als "sehr positiv"
4 := Beurteilung des Standortfaktors als "positiv"
3 := Beurteilung des Standortfaktors als "zufriedenstellend"
2 := Beurteilung des Standortfaktors als "noch akzeptabel"
1 := Beurteilung des Standortfaktors als "negativ"
0 := Beurteilung des Standortfaktors als "sehr negativ"

TN = Teilnutzwert

N = Standortnutzwert (Summe der TN)

Tabelle 5-17: Exemplarische Berechnung von Standortnutzwerten

Vor dem Hintergrund der vorstehenden Tabelle 5-17 sollen die sechs Arbeitsschritte der Standort-NWA näher erläutert werden:

(1) Als Ausdruck der Standortanforderungen sind zunächst die relevanten Standortfaktoren in Form eines Standortfaktorensystems zu bestimmen. Dabei können die Standortfaktoren so differenziert werden, daß sich ein hierarchisches Beziehungsgefüge aus über- und untergeordneten Faktoren ergibt (Tabelle 5-17, Spalten 1, 2, 3). Bei der Abgrenzung der Standortfaktoren ist darauf zu achten, daß sie voneinander (bedingt) nutzenunabhängig[309] sind.[310] Anderenfalls sollten bei Über-Unterordnungsverhältnissen weitere Abstufungen in der Hierarchie und bei Abhängigkeiten auf einer hierarchischen Ebene entsprechende Zusammenfassungen der Faktoren vorgesehen werden.[311]

(2) Durch die Gewichtung der Standortfaktoren wird der Stellenwert der Standortanforderungen weiter spezifiziert. Die Bestimmung der Gewichtungen kann auf subjektiven Schätzungen beruhen oder durch systematische Verfahren wie etwa den paarweisen Vergleich[312] erfolgen. Es ist dabei zu gewährleisten, daß die Summe der Teilgewichte einer Gruppe untergeordneter Standortfaktoren jeweils auf „1“ bzw. „100 %“ normiert ist (Tabelle 5-17, Spalte 5).[313] Zur Erleichterung der weiteren Rechnungen empfiehlt es sich, die Teilgewichte (Spalte 5) so umzurechnen, daß sie sich auf die Gesamtheit der Standortfaktoren beziehen (Spalte 6).

(3) Für die einzelnen Standortfaktoren sind jeweils Wertetabellen oder Wertefunktionen zu erstellen.[314] Sie bilden die Grundlage für die Bewertung der einzelnen Standortfaktoren und normieren diese auf eine einheitliche Punktwertskala. Im Beispiel wurde aus Vereinfachungsgründen für alle Standortfaktoren ein einheitliches Punktwertschema vorgesehen. In der Praxis sind hier sicherlich differenziertere Ansätze erforderlich.

---

309 „Zwei Standortfaktoren werden als bedingt unabhängig bezeichnet, wenn die Nutzenwirkung der Ausprägung eines Standortfaktors im relevanten Ausprägungsintervall von der Nutzenwirkung der Ausprägung des anderen Standortfaktors unabhängig ist.“ *Lüder, K.*, Standortwahl, 1990, S. 37. Vgl. auch *Rinza, P.; Schmitz, H.*, Nutzwert-Kosten-Analyse, 1977, S. 45; *Zangemeister, C.*, Nutzwertanalyse in der Systemtechnik, 1976, S. 77-79.

310 Vgl. *Zangemeister, C.*, Nutzwertanalyse, 1971, S. 163.

311 Vgl. *Lüder, K.*, Standortwahl, 1990, S. 37.

312 Anschauliche Beispiele hierzu finden sich bei *Kappler, E.; Rehkugler, H.*, Kapitalwirtschaft, 1991, S. 944; sowie im Anhang II dieser Arbeit.

313 Vgl. *Rinza, P.; Schmitz, H.*, Nutzwert-Kosten-Analyse, 1977, S. 35.

314 Anschauliche Beispiele hierzu finden sich bei *Zangemeister, C.*, Erweiterte Wirtschaftlichkeitsanalyse, 1993, S. 159-173; sowie *Rinza, P.; Schmitz, H.*, Nutzwert-Kosten-Analyse, 1977, S. 39-47.

(4) Mit Hilfe der Wertetabellen/-funktionen sind die Ausprägungen der Standortfaktoren an alternativen Produktionsstandorten zu bewerten. (Spalten 7 und 10).

(5) Anschließend sind die Standortnutzwerte der Alternativen zu ermitteln. Hierbei ist es hilfreich, zunächst die Teilnutzwerte (TN) auszuweisen (Spalten 9 und 12), da so die einzelnen Ergebniskomponenten für die spätere Ergebnisbeurteilung transparent bleiben. Die Verknüpfung der Teilnutzwerte zur Berechnung des Gesamtnutzwertes erfolgt üblicherweise in additiver Form, wobei aber auch andere Aggregationsformen möglich sind.[315] So können beispielsweise durch eine multiplikative Verknüpfung bisher noch nicht geprüfte *Muß*-Kriterien berücksichtigt werden. Eine Nichterfüllung wäre dann mit dem Punktwert „0" zu bewerten, was über die multiplikative Verknüpfung einen Standortnutzwert von ebenfalls „0" ergeben und die Alternative somit ausschließen würde.

(6) In einem letzten Schritt sollten in einer Sensitivitätsanalyse die Auswirkungen von Parameteränderungen auf die Standortnutzwerte und deren Rangfolge überprüft werden. Auf diese Weise können die subjektiven Einflüsse bei der Festlegung von relevanten Standortfaktoren, Gewichtungen, Punktwerten oder Verknüpfungsregeln in ihrer Ergebniswirkung sichtbar gemacht werden.[316]

Aus den unter (6) angedeuteten Subjektivitäten leitet sich ein wesentlicher Kritikpunkt an der Standort-NWA ab.[317] Die Nutzwertanalyse stellt keine geschlossene Entscheidungsrechnung dar, sondern sie ist „ein 'offenes' Verfahren zur Entscheidungsfindung, in das an mehreren Stellen subjektive Urteile eingebracht werden müssen"[318]. Dem sollte neben Empfindlichkeitsanalysen auch hier durch teamorientiertes Vorgehen und eine intersubjektiv nachvollziehbare Dokumentation des Entscheidungsprozesses begegnet werden.

Die wesentlichen Vorteile der Standort-NWA liegen in der *systematischen* Berücksichtigung *qualitativer* Standortfaktoren im Rahmen der Standortwahl sowie in der relativ problemlosen Anwendbarkeit des Verfahrens.[319] Durch den Einsatz handelsüblicher Standardsoftware für Tabellenkalkulationen[320] kann die Handhabung der

[315] Vgl. *Hansmann, K.-W.*, Industrielles Management, 1997, S. 92-94; *Hansmann, K.-W.*, Standortplanung, 1974, S. 143-145; *Corsten, H.*, Produktionswirtschaft, 1998, S. 381; *Zangemeister, C.*, Nutzwertanalyse in der Systemtechnik, 1976, S. 256-286.

[316] Vgl. *Rinza, P.; Schmitz, H.*, Nutzwert-Kosten-Analyse, 1977, S. 53-59; *Kappler, E.; Rehkugler, H.*, Kapitalwirtschaft, 1991, S. 946.

[317] Vgl. *Hansmann, K.-W.*, Industrielles Management, 1997, S. 94.

[318] *Lüder, K.*, Standortwahl, 1990, S. 40.

[319] Vgl. *Lüder, K.*, Standortwahl, 1990, S. 40.

[320] Mit Hilfe einer solchen Software wurde zum Beispiel auch Tabelle 5-16 erstellt.

Standort-NWA zusätzlich vereinfacht und rationalisiert werden. So können bei formell verknüpften Zellen einer NWA-Tabelle verschiedene Datenvariationen am Rechner leicht simuliert und in ihren Ergebniswirkungen unmittelbar sichtbar gemacht werden, was zum Beispiel Sensitivitätsanalysen wesentlich erleichtert.

Fuzzy-Logik

Die *Fuzzy-Logik* [321] stellt eine bislang vorwiegend in den Ingenieurswissenschaften angewandte Methodik dar, für die gerade in den vergangenen Jahren auch betriebswirtschaftliche Anwendungspotentiale erschlossen wurden.[322] Im Mittelpunkt steht dabei die Problematik der „Unschärfe". Unscharfe Aussagen entstehen zum Beispiel durch sprachliche Vagheiten (lexikalische Unschärfe), wie sie sich etwa bei einer Beurteilung qualitativer Standortfaktoren anhand der Attribute „gut", „zufriedenstellend", „schlecht" ergeben würden.[323] Ein weiterer Grund für Unschärfen kann durch die Komplexität von Problemstellungen entstehen, wenn zu deren Beschreibung eine derart große Anzahl von Eigenschaften erforderlich ist, daß eine vollständige gedankliche Erfassung die Fähigkeiten der menschlichen Gedächtnisleistung übersteigt (informelle Unschärfe).[324] Der Ansatz der Fuzzy-Logik zielt darauf ab, unpräzises und unscharfes Wissen mittels sogenannter Zugehörigkeitsfunktionen numerisch auswertbar und präzise abbildbar zu machen.[325] Das bedeutet für die Standortanalyse, daß ursprünglich qualitative Standortbeurteilungen durch die Anwendung der Fuzzy-Logik zu quantitativen Werten verdichtet werden können, die dann zu Vergleichen mit anderen Standortalternativen herangezogen werden können.

Wenngleich an dieser Stelle keine tiefergehende Betrachtung möglich ist, so deuten die knappen Überlegungen dennoch an, daß die von *Vojdani*, *Jehle* und *Schröder* aufgezeigten betriebswirtschaftlichen Anwendungspotentiale der Fuzzy-Logik im Logistik-/Produktions- und Umweltmanagement [326] durch das spezifische Problemfeld der Standortwahl ergänzt werden können. Es tut sich somit eine neue und umfang-

---

321 Vgl. z.B. *Zimmermann, H.-J.* (Hrsg. und Mitverfasser); *Angstenberger, J.; Lieven K.; Weber R.*, Fuzzy Technologien, 1993; *Demant, B.*, Fuzzy-Theorie, 1993.

322 Vgl. *Vojdani, N.; Jehle, E.; Schröder, A.*, Fuzzy-Logik, 1995; *Adam, D.*, Planung und Entscheidung, 1996, S. 421-439.

323 Vgl. *Zimmermann, H.-J.* (Hrsg. und Mitverfasser); *Angstenberger, J.; Lieven K.; Weber R.*, Fuzzy Technologien, 1993, S. 4-5.

324 Vgl. *Zimmermann, H.-J.* (Hrsg. und Mitverfasser); *Angstenberger, J.; Lieven K.; Weber R.*, Fuzzy Technologien, 1993, S. 5.

325 Vgl. *Vojdani, N.; Jehle, E.; Schröder, A.*, Fuzzy-Logik, 1995, S. 288. – *Demant* wählt deshalb auch die Bezeichnung „präzise Theorie des Unpräzisen" als Beschreibung der Fuzzy-Theorie. *Demant, B.*, Fuzzy-Theorie, 1993, z.B. S. 1.

326 Vgl. *Vojdani, N.; Jehle, E.; Schröder, A.*, Fuzzy-Logik, 1995.

reiche betriebswirtschaftliche Forschungsaufgabe auf, deren fundierte Behandlung deutlich über den hier gesteckten Rahmen hinausreichen würde und deshalb nicht vorgesehen ist. Vielmehr liefert die „Anwendung der Fuzzy-Logik im Rahmen der (internationalen) Standortwahl" einen neuen Themenkomplex, der Anlaß zu gesonderten und eigenständigen betriebswirtschaftlichen Analysen geben sollte.

5.3.6.3.3 Entscheidungsfindung

Im letzten und ausschlaggebenden Schritt gilt es nun, die Entscheidung zugunsten eines Standortes abzuleiten. Dazu bedarf es einer Zusammenführung der Teilergebnisse aus den bislang getrennt durchgeführten quantitativen und qualitativen Standortanalysen.[327]

Diese in Abbildung 5-18 visualisierte Ergebnisintegration gestaltet sich dann vergleichsweise unproblematisch, wenn qualitative und quantitative Analyseteile zu eindeutig gleichen Ergebnissen führen. Weisen sie dagegen abweichende Standortrangfolgen aus, gilt es, die Ergebnisse einer differenzierteren Untersuchung zu unterziehen. Hilfreich können sich hierbei zusätzliche Sensitivitätsanalysen erweisen, durch die jene Parameter[328] identifiziert werden können, deren Veränderungen besonders große Auswirkungen auf die unterschiedlichen Teilergebnisse haben.[329] Als weitere Hilfsmittel zur Entscheidungsfindung bieten sich graphische Ergebnisdarstellungen an, durch die ein simultaner Gesamtüberblick über mehrere Teilergebnisse für mehrere Standortalternativen vermittelt werden kann. Als Beispiele können hier Nutzwert-Profile sowie Balken- oder Netzdiagramme genannt werden. Besonders hervorzuheben ist die Ergebnisintegration mittels sogenannter *Nutzwert-Portfolios*, wie sie etwa von *Zangemeister* im Rahmen erweiterter Wirtschaftlichkeitsanalysen verwendet werden.[330]

---

327 Vgl. auch *Rinza, P.; Schmitz, H.*, Nutzwert-Kosten-Analyse, 1977, S. 74-82.

328 Als solche Parameter kommen zum Beispiel angenommene Kalkulationszinsfüße, geschätzte Zahlungsreihen, Gewichtungen von Standortfaktoren oder etwa deren Bewertungen in Frage.

329 Vgl. *Kappler, E.; Rehkugler, H.*, Kapitalwirtschaft, 1991, S. 949-950.

330 Vgl. *Zangemeister, C.*, Erweiterte Wirtschaftlichkeitsanalyse, 1994, S. 71; oder *Zangemeister, C.*, Erweiterte Wirtschaftlichkeitsanalyse, 1993, S. 95-97, 122 und 136.

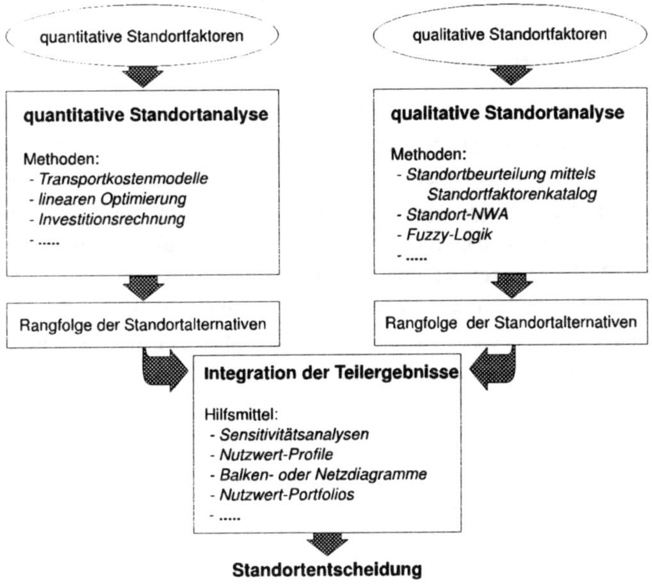

Abbildung 5-18: Parallelanalyse im Rahmen der Mikrostandortwahl

Abbildung 5-18 verdeutlicht die hier vorgeschlagene *Parallelanalyse*, die zunächst eine *isolierte* Durchführung der qualitativen und der quantitativen Standortanalyse vorsieht. Erst danach wird in einem abschließenden Beurteilungsschritt die Integration der unabhängig voneinander ermittelten Teilergebnisse herbeigeführt und die Standortentscheidung abgeleitet.

Neben dieser Form der Ergebnisabstimmung schlägt *Hansmann* alternativ vor, die einzelnen Analyseteile nacheinander[331] vorzunehmen.[332] Der zuerst durchgeführte Analyseteil übernimmt dann eine Filterfunktion, indem vergleichsweise schlecht beurteilte Standortalternativen bereits vor dem dann folgenden (zweiten) Analyseteil ausgeschlossen werden. Wesentlicher Vorteil dieser Vorgehensweise ist der reduzierte Analyseaufwand. Gleichzeitig besteht allerdings die Gefahr, im ersten Analyseteil vorschnell Standortalternativen auszuschließen, ohne möglicherweise sehr positive Beurteilungen im zweiten Teil berücksichtigt zu haben.

---

331 Zuerst die qualitative, dann die quantitative Analyse oder vice versa.

332 Vgl. *Hansmann, K.-W.*, Standortplanung, 1974, S. 138-139.

Hansmann rät bei stark risikobehafteten Standortentscheidungen aus Sicherheitsgründen zur Variante der Parallelanalyse,[333] die diesem Ratschlag folgend auch bei internationalen Standortentscheidungen zu empfehlen ist.

Abschließend ist anzumerken, daß Standortentscheidungen nicht allein durch die methodischen Untersuchungsergebnisse bestimmt werden. Vielmehr sind es die individuellen Erfahrungspotentiale, die persönlichen Präferenzen oder die Risikobereitschaft des Entscheidungsträgers, die zusammen mit den methodisch gewonnenen Erkenntnissen den Ausschlag für oder gegen einen Produktionsstandort geben. Wie die eigenen Beobachtungen gezeigt haben, werden Standortentscheidungen in der Praxis nicht selten auch durch ein gewisses Maß an Intuition beeinflußt. Die Ursprünge hierfür sind in der Persönlichkeit und den Erfahrungen des einzelnen Managers begründet und deshalb nicht allgemein erklärbar.

....

5.4 Internationale Produktionspotentiale

5.4.1 Vorbemerkungen

Die wesentlichen Aufgaben der internationalen Potentialgestaltung bestehen darin, die *Art* der Potentialfaktoren im internationalen Produktionssystem, deren Leistungs*volumina* sowie deren *Lokalisierung* (Standorte) inklusive der geographischen *Dispersion* (Streuung) festzulegen.[334] Der hier herausragenden Bedeutung von Lokalisierung und geographischer Dispersion wurde bereits Rechnung getragen, indem das Gestaltungsfeld der Produktionsstandortstruktur (PSS) ausgekoppelt und gesondert betrachtet wurde. Da die verbleibenden Dimensionen „Art“ und „Leistungsvolumina“ der Produktionspotentiale meist nur implizit behandelt wurden, gilt es nun, die noch offenen und internationalen Gestaltungsaspekte dieser Dimensionen ergänzend aufzuzeigen.

---

333 Vgl. *Hansmann, K.-W.*, Standortplanung, 1974, S. 139.

334 Vgl. *Kern, W.*, Globale Kapazitätsplanung, 1989, Sp. 1074-1075.

5.4.2 Art der Produktionspotentiale

Potentialfaktoren im Kontext internationaler Standortbedingungen

Die betrieblichen *Potentialfaktoren*[335], die an einem bestimmten Produktionsstandort die zugeteilte internationale Produktionsaufgabe langfristig erfüllen sollen, lassen sich ihrer Art nach in „menschliche Arbeit“ und „Betriebsmittel“ differenzieren.[336] Strategische Gestaltungsoptionen ergeben sich hier insbesondere dann, wenn bestimmte Produktionsaufgaben alternativ durch verschiedene Faktorkombinationen erfüllt werden können - also einige der Potentialfaktoren gegenseitig substituierbar sind.[337] Es eröffnet sich zum Beispiel die strategische Option, Standortanforderungen und Standortfaktoren in Einklang zu bringen, indem nicht die Standortfaktoren durch die Wahl eines adäquaten Standortes den Anforderungen angepaßt werden, sondern indem umgekehrt die Standortanforderungen durch die Wahl der Produktionspotentiale auf konkrete Standortbedingungen abgestimmt werden.[338]

So können zum Beispiel in Industrieländern bevorzugt innovative und kapitalintensive Fertigungstechnologien eingesetzt werden, da hier entsprechend qualifizierte Arbeitskräfte zur Beherrschung der Technologien anzutreffen sind. Im Gegensatz dazu kann es in Schwellen- und Entwicklungsländern vorteilhaft sein, einfache und vergleichsweise arbeitsintensivere Fertigungsmethoden zu bevorzugen. Einerseits ist dort das durchschnittliche Qualifikationsniveau der Arbeitskräfte meist geringer als in Industrieländern, so daß nicht jede Fertigungstechnologie ohne Probleme durch die örtlichen Arbeitskräfte beherrschbar ist.[339] Andererseits kann die größere Arbeitsintensität beim Einsatz einfacher Technologien in der Regel durch die vergleichsweise niedrigen Arbeitskosten in Schwellen- oder Entwicklungsländern (über)kompensiert werden. Die Anpassung der in der Fertigung eingesetzten Technologie an die landesspezifischen Umweltbedingungen wird auch als „Technologieanpassung“ bezeichnet und ist gleichbedeutend mit einer Anpassung der Betriebsmittel.[340]

---

335 „Potentialfaktoren“ (Nutzungsfaktoren) sind dadurch gekennzeichnet, daß sie *mehrfach* ihre produktive Wirkung entfalten. Sie werden im Produktionsprozeß stets nur *genutzt* und verschleißen langfristig. Im Gegensatz dazu fließen die sogenannten „Repetierfaktoren“ (Verbrauchsfaktoren) *einmalig* in den Produktionsprozeß ein. Sie werden dabei verbraucht bzw. in Güter anderer Art transformiert. Vgl. *Kern, W.*, Industrielle Produktionswirtschaft, 1992, S. 15; *Corsten, H.*, Produktionswirtschaft, 1998, S. 9.

336 Vgl. *Kern, W.*, Industrielle Produktionswirtschaft, 1992, S. 13-17; *Kaluza, B.*, Rahmenentscheidungen, 1994, 55; sowie auch *Gutenberg, E.*, Die Produktion, 1983, S. 2-5.

337 Vgl. *Gutenberg, E.*, Die Produktion, 1983, S. 299-302.

338 Vgl. *Ihde, G. B.*, Standortdynamik, 1984, S. 90.

339 Vgl. *Goette, Th.*, Standortpolitik, 1994, 155-156 u. 159-160.

340 Vgl. *Klein, H. J.*, Internationale Verbundproduktion, 1993, 59-60.

Ein Beispiel für standortbezogene Technologieanpassungen bei internationaler Produktion liefert der Automobilhersteller BMW.[341] Hier sieht man die Anpassung der Fertigungstechnologie an die lokalen Rahmenbedingungen des jeweiligen Produktionsstandortes als „zwingend erforderlich" an.[342] So werden etwa in der südafrikanischen Produktionsstätte vergleichsweise einfache, durch die örtlichen Arbeitskräfte beherrschbare Technologien eingesetzt. Der Anteil manueller Tätigkeiten in der Fertigung ist dort entsprechend hoch. Im Gegensatz dazu kommen in den europäischen Werken vorwiegend anspruchsvolle, komplexe Technologien wie Robotertechnologien zum Einsatz, die hier die Basis für einen hohen Automatisierungsgrad in Produktion bilden.

Die aufgezeigten strategischen Optionen können in der Praxis natürlich nur soweit wahrgenommen werden, wie die Produktionsaufgabe eine Variation der Potentialfaktoren zuläßt. Beispielsweise erfordert die Herstellung von Bekleidung einen hohen Anteil manueller Arbeiten, die nur in begrenztem Maße mechanisierbar oder automatisierbar sind. Die Kombination der Potentialfaktoren „menschliche Arbeit" und „Betriebsmittel" kann in solchen Fällen nur begrenzt variiert werden. Ist eine Substitution der Produktionsfaktoren ganz ausgeschlossen und ein festes Faktoreinsatzverhältnis vorgegeben (z.B. pro Nähmaschine eine Näherin), so spricht man auch von einer *limitationalen* Faktorbeziehung.[343]

Spezial- versus Universalaggregate

Im Hinblick auf die Art der Betriebsmittel können Anlagen und Maschinen weiter in *Spezial-* und *Universalaggregate* differenziert werden.[344] Während Spezialaggregate ein schmales Spektrum sehr spezifischer Produktionsaufgaben erfüllen können, zeichnen sich Universalaggregate durch ein breites Anwendungsspektrum bei geringerer Spezialisierung aus. Der wesentliche Vorteil einer Universalmaschine ist ihre Anpassungsfähigkeit an veränderte Produktionsaufgaben. Dagegen sind die entscheidenden Vorteile der Spezialmaschine die Erzielung einer hohen Produktivität sowie die Realisierung geringer Stückkosten, sofern der dazu erforderliche Auslastungsgrad erreicht wird.[345]

---

341 Vgl. *Hang, W.; Pfunder, M.*, Technologieeinsatz im Ausland, 1992, S. 757-767.

342 Vgl. *Hang, W.; Pfunder, M.*, Technologieeinsatz im Ausland, 1992, S. 758 u. 767.

343 Vgl. *Jehle, E.; Müller, K.; Michael, H.*, Produktionswirtschaft, 1994, S. 97; *Wöhe, G.*, Betriebswirtschaftslehre, 1993, S. 563.

344 Vgl. *Corsten, H.*, Produktionswirtschaft, 1998, S. 19; *Adam, D.*, Produktions-Management, 1997, S. 7; *Gutenberg, E.*, Die Produktion, 1983, S. 81-85.

345 Vgl. *Adam, D.*, Produktions-Management, 1997, S. 7.

Unterstellt man entsprechend, daß Spezialmaschinen im Vergleich zu Universalmaschinen mit höheren Fixkosten sowie gleichzeitig geringeren proportionalen Kosten (pro Stück) verbunden sind,[346] so erscheint ein *wirtschaftlicher* Einsatz von Spezialmaschinen erst bei genügend großen Produktionsmengen möglich.[347] Demnach ergeben sich gerade bei Produktionssystemen mit konzentrierten Standortstrukturen Einsatzpotentiale für Spezialmaschinen. Dagegen sind im Fall geographisch gestreuter Parallelproduktionen die Möglichkeiten eines wirtschaftlichen Einsatzes spezialisierter Aggregate begrenzt, da die Produktionsmengen der einzelnen Werke aufgrund der geographischen Mengenteilung geringer ausfallen. Deshalb und auch zur Sicherung der lokalen Flexibilität ist in national orientierten, marktnahen Produktionsstätten eher zum Einsatz von Universalmaschinen zu raten. In Weltmarktfabriken für standardisierte Produkte oder Module sollten dagegen die Vorteile spezialisierter Aggregate genutzt werden.

Zeitliche Bindungsfristen der Potentiale

Besonders zu beachten sind auch die *zeitlichen Bindungsfristen* der internationalen Produktionspotentiale, die *nicht* mit deren Nutzungsdauern zu verwechseln sind. Diese Bindungsfristen ergeben sich aus den zeitlichen Auf- und Abbauterminen der Potentiale,[348] die zum Beispiel durch Vertragslaufzeiten, Kündigungsfristen oder -termine festgelegt sein können. Diese Auf- und Abbautermine bestimmen die Möglichkeiten für zukünftige Kapazitätsvariationen. Sie begründen folglich die *Flexibilität* für Kapazitätserweiterungen und -reduzierungen im internationalen Produktionssystem.[349] Dieser Aspekt ist besonders dann von Bedeutung, wenn an einem internationalen Standort die Gefahr diskontinuierlicher Umweltentwicklungen relativ groß ist, so daß jederzeit kurzfristige Kapazitätsanpassungen erforderlich werden können. So sollten gerade an risikoreichen Produktionsstandorten kurze Bindungsfristen angestrebt werden, die bei Eintritt des Risikos sofortige Kapazitätsanpassungen oder sogar einen schnellen Standortrückzug ermöglichen.

Es ist zu beachten, daß die Anpassungsmöglichkeiten der Potentiale landesspezifisch sehr unterschiedlich ausfallen können. *Perlitz* liefert hierzu einen anschaulichen Ländervergleich zwischen Japan und Deutschland:[350] Er untersucht am Beispiel des Maschinenbaus die unterschiedlichen Flexibilisierungsmöglichkeiten der Personalka-

---

346 Vgl. *Kern, W.*, Industrielle Produktionswirtschaft, 1992, S. 54-55 u. 198-199.

347 Vgl. hierzu *Jehle, E.; Müller, K.; Michael, H.*, Produktionswirtschaft, 1994, S. 23-24; sowie *Gutenberg, E.*, Die Produktion, 1983, S. 83-84.

348 Vgl. *Reichmann, Th.*, Controlling, 1997, S. 146-147.

349 Vgl. hierzu *Lüder, K.*, Strategische Standortplanung, 1982, S. 421-423.

350 Vgl. *Perlitz, M.*, Internationales Management, 1997, S. 441-442.

pazitäten und zeigt landesspezifisch deren Anpassungsfähigkeiten an konjunkturelle Schwankungen auf. Bedingt durch vergleichsweise flexiblere Auf- und Abbaumöglichkeiten der Personalkapazitäten in Japan, können diese dort besser dem Konjunkturverlauf angepaßt werden als in Deutschland. Daraus ergeben sich - wie *Perlitz* an einem exemplarisch angenommenen Konjunkturzyklus zeigt - an japanischen Produktionsstandorten vergleichsweise geringere Überkapazitäten und damit verbunden niedrigere Leerkosten als an deutschen Standorten.

5.4.3 Leistungsvolumina der Produktionspotentiale

Harmonisierung der internationalen Werkskapazitäten

Das Leistungsvolumen einer Kombination verschiedener Potentialfaktoren wird durch denjenigen Faktor determiniert, der innerhalb der Kombination am knappsten dimensioniert ist (kombinationsinterner Engpaßfaktor).[351] Solche Engpaßfaktoren führen bei den übrigen Potentialen zu mangelnden Kapazitätsauslastungen sowie zu entsprechenden Leerkosten. Um derartige Leerkosten so weit wie möglich zu vermeiden, sind im Rahmen der strategischen Potentialgestaltung die Leistungsvolumina der einzelnen Produktionspotentiale aufeinander abzustimmen und bestmöglich zu *harmonisieren.*[352]

Dieser Zusammenhang bezieht sich nicht nur auf betriebliche Produktionssysteme, sondern er gilt ebenso für die Vereinigung mehrerer produktiver Subsysteme zu einem System höherer Ordnung.[353] Folglich ist bei internationalen Produktionsaktivitäten neben innerbetrieblichen Kapazitätsabstimmungen auch die überbetriebliche *Harmonisierung der Werkskapazitäten* anzustreben. Das ist besonders dann relevant, wenn das internationale Produktionssystem durch eine produktions<u>stufen</u>orientierte Standortstruktur geprägt ist. Da hier die Produktionen einzelner Produktionsstätten von den systeminternen Zulieferungen aus anderen Werken des internationalen Produktionsverbundes abhängen, führen zu gering dimensionierte Betriebsgrößen zu Lieferengpässen im internationalen Produktionssystem. Sofern kein Engpaßausgleich zum Beispiel durch Lagervorräte oder Fremdbezug möglich ist, können mangelnde Auslastungen sowie entsprechende Leerkosten in den abhängigen Werken des Produktionsverbundes die Folge sein. Ein wesentliches Problem bei der Harmonisierung der

---

351 Vgl. *Corsten, H.*, Produktionswirtschaft, 1998, S. 261; *Kern, W.*, Industrielle Produktionswirtschaft, 1992, S. 149-150.

352 Vgl. *Corsten, H.*, Produktionswirtschaft, 1998, S. 18 u. 261.

353 Vgl. *Kern, W.*, Industrielle Produktionswirtschaft, 1992, S. 149.

internationalen Werkskapazitäten entsteht durch die häufig nicht beliebige Teilbarkeit der Potentialfaktoren, so daß in der Praxis nicht immer Überkapazitäten im Produktionssystem vermieden werden können.[354]

International wettbewerbsfähige Betriebsgrößen

Eine ebenfalls mögliche Zielsetzung der strategischen Potentialplanung stellt die Realisierung *wettbewerbsfähiger Betriebsgrößen* im internationalen Produktionssystem dar. Solche Betriebsgrößen sind dann erreicht, wenn aufgrund der bereits beschriebenen Betriebsgrößendegression[355] ein jeweils international konkurrenzfähiges Stückkostenniveau realisiert werden kann. Eine Betriebsgröße ist theoretisch gar als „optimal" anzusehen, wenn durch sie die minimal möglichen Stückkosten erreicht werden.

Die Realisierung solcher Betriebsgrößen kann zu vergleichsweise großen Produktionsstätten führen. So beträgt beispielsweise in der sogenannten Weiße-Ware-Industrie die *„minimum efficient scale"* für die Produktion von Waschmaschinen etwa 450.000 bis 500.000 Einheiten p.a..[356] Entsprechend ausgelegte Betriebe erfordern hier die Bündelung internationaler Produktionsmengen und dürften tendenziell zu geographisch konzentrierten Produktionsstandortstrukturen (PSS) führen.

Die Dimensionierung der Produktionsstätten nach dem Zielkriterium „wettbewerbsfähige Betriebsgröße" kann besonders dann zu zwischenbetrieblichen Abstimmungsproblemen führen, wenn erstens produktions<u>stufen</u>orientierte Produktionssysteme vorliegen und zweitens die wettbewerbsfähigen Betriebsgrößen der verschiedenen Komponentenwerke stark differieren. Denn damit entsteht ein Zielkonflikt zwischen der Betriebsgrößenoptimierung und der oben diskutierten Harmonisierung der Werkskapazitäten. Kann letztere nicht erreicht werden, sollte besonders den Werken mit Engpaßcharakter im internationalen Produktionssystem erhöhte Aufmerksamkeit in den Planungen gewidmet werden. Für Werke, deren wettbewerbsfähige Größe beträchtlich über dem Durchschnitt des Produktionsverbundes liegt, sollte zur Nutzung der Überkapazitäten auch eine Vermarktung der dort produzierbaren Komponenten oder Module erwogen werden.

---

354 Vgl. *Kern, W.*, Industrielle Produktionswirtschaft, 1992, S. 150.

355 Siehe hierzu die entsprechenden Ausführungen in Abschnitt 5.2.2.1.

356 Vgl. *Ringlstetter, M.; Skrobarczyk, P.*, Internationale Strategien, 1994, S. 338.

Internationale Kapazitätsreserven

Zur Reduzierung des Risikos möglicher Engpässe im internationalen Produktionssystem sollten bei der Dimensionierung der Produktionspotentiale auch angemessene *Kapazitätsreserven* vorgesehen werden. Müssen diese ständig vorgehalten werden, entstehen (geplante) Überkapazitäten und entsprechende Leerkosten. Um diese so gering wie möglich zu halten, empfiehlt sich hier eine betriebsübergreifende Koordination.[357] Vorteile ergeben sich besonders, wenn die Faktorkombinationen einzelner Werke im Bedarfsfall auch Produktionsaufgaben anderer Werke übernehmen können. Kapazitätsreserven können dann betriebsübergreifend für mehrere Produktionsstätten bereitgehalten beziehungsweise durch mehrere Werke potentiell genutzt werden. Die Summe der Kapazitätsreserven im internationalen Produktionssystem ist auf diese Weise reduzierbar, da nicht jede Produktionsstätte in vollem Umfang eigene Reserven bereithalten muß.[358] Zusätzliche Einsparungen sind möglich, indem zum Beispiel fast abgenutzte Betriebsmittel nicht ausgesondert werden, sondern statt dessen zwischen den internationalen Produktionsstätten zur Bildung von Reservekapazitäten ausgetauscht werden.[359]

5.4.4 Produktionspotentialstrategien

Die strategische Gestaltung der Produktionspotentiale ist untrennbar mit der Gestaltung der internationalen Produktionsstandortstruktur (PSS) verbunden. Entsprechend eng sind die Produktions*potential*strategien mit den *Standort*strategien verknüpft. Denn durch letztgenannte sind ja bereits die langfristig angestrebten Kapazitätsvariationen im internationalen Produktionssystem festgelegt und geographisch wie auch in der Variationsrichtung (Erweiterung versus Reduzierung) spezifiziert.[360] Die noch offene Frage, welcher *Art* insbesondere die angestrebten Potentialerweiterungen sein können, gilt es an dieser Stelle durch die Entwicklung entsprechender Strategien zu klären.

Zur Erweiterung der Produktionspotentiale im internationalen Produktionssystem lassen sich in Anlehnung an *Zäpfel* die (rein) „additive“ und die „qualitativ-additive“ Strategie unterscheiden:[361] Im Fall der *additiven* Strategie wird die Faktorkombination

---

357 Vgl. *Davidson, W. H.*, Global Strategic Management, 1982, S. 204-205.

358 Vgl. *Davidson, W. H.*, Global Strategic Management, 1982, S. 204.

359 Vgl. *Rutenberg, D.*, Multinationale Herstellung, 1995, S. 98.

360 Vgl. Abschnitt 5.3.5.

361 Zur folgenden Strategiebeschreibung vgl. *Zäpfel, G.*, Strategisches Produktions-Management, 1989, S. 141; sowie *Perlitz, M.*, Internationales Management, 1997, S. 440.

um *gleichartige* Potentialeinheiten erweitert. Diese stellen nur ein zusätzliches Vielfaches, ein *Multiplum*,[362] bereits vorhandener Potentiale dar. Das Leistungsvermögen der Potentialkombination bleibt qualitativ unverändert, es erfährt lediglich eine quantitative Variation. Im Gegensatz dazu führt eine *qualitativ-additive* Potentialerweiterung zusätzlich zu einer qualitativen Ausweitung des Leistungsvermögens. Dabei werden *neuartige*, *innovative* Potentialeinheiten hinzugefügt, durch die zum Beispiel Produktivitätssteigerungen und/oder Verbesserungen der Fertigungsqualität erreicht werden. Die qualitativ-additive Strategievariante führt zu einer *mutativen* Veränderung der technisch-organisatorischen Grundlage der Produktionsprozesse.[363]

Die Strategie der *qualitativ-additive* Potentialanpassung kann besonders zur Verbesserung der betrieblichen Wettbewerbsfähigkeit verfolgt werden. Die Integration innovativer Potentialfaktoren in das internationale Produktionssystem sollte besonders das qualitative Leistungsvermögen erhöhen und im Sinne der Zielsetzung des ISPM neue *strategische Erfolgspotentiale hervorbringen.*[364] Gleichzeitig können mutative Variationen die Anforderungen an den Produktionsstandort mehr oder weniger stark verändern und zu einer Divergenz von Standortanforderungen und -faktoren führen. Dieser zunächst eher nachteilig erscheinende Gesichtspunkt zeigt sich aus einer anderen Perspektive als durchaus vorteilhaft. So kann die qualitativ-additive Strategie auch gezielt zur Anpassung an veränderte Umwelt- und Standortbedingungen genutzt werden, indem durch neuartige Potentialfaktoren eine zukunftsorientierte *Angleichung der Standortanforderungen* an veränderte Standortfaktoren (-bedingungen) angestrebt wird.

Der empirische Analyseteil hat gezeigt, daß auch die *rein additive* Potentialerweiterung eine wichtige Strategie zur Gestaltung internationaler Produktionsaktivitäten darstellt. Besonders bei Neugründungen von Produktionsstätten kann es von Vorteil sein, zunächst auf bewährte Betriebsmittel und Anlagen zurückzugreifen. Die reine *Duplikation* bereits vorhandener Produktionsprozesse an neuen Standorten ermöglicht gerade in der Startphase die Nutzung vorhandener Erfahrungspotentiale in der Produktion. Auf diese Weise können prozeßbedingte Anlaufschwierigkeiten begrenzt werden, so daß ein Großteil der Kräfte zunächst auf die Umweltintegration des neuen Werkes konzentriert werden kann. Es kommt hier zu einer Art *Zellteilung* im internationalen Produktionssystem, indem identische Abbilder bereits vorhandener Systemelemente (Produktionsstätten oder Teile von Produktionsstätten) an neuen Standorten aufgebaut werden.

---

362 Vgl. *Gutenberg, E.*, Die Produktion, 1983, S. 423.

363 Vgl. *Gutenberg, E.*, Die Produktion, 1983, S. 423-424.

364 Vgl. Abschnitt 4.3.4.

Abbildung 5-19 zeigt den strategischen Baustein „Produktionspotentiale", der neben den Potentialstrategien auch die in den vorangegangenen Abschnitten dargestellten Gestaltungsdimensionen enthält. Durch diese können die einzelnen Strategien zusätzlich konkretisiert werden.

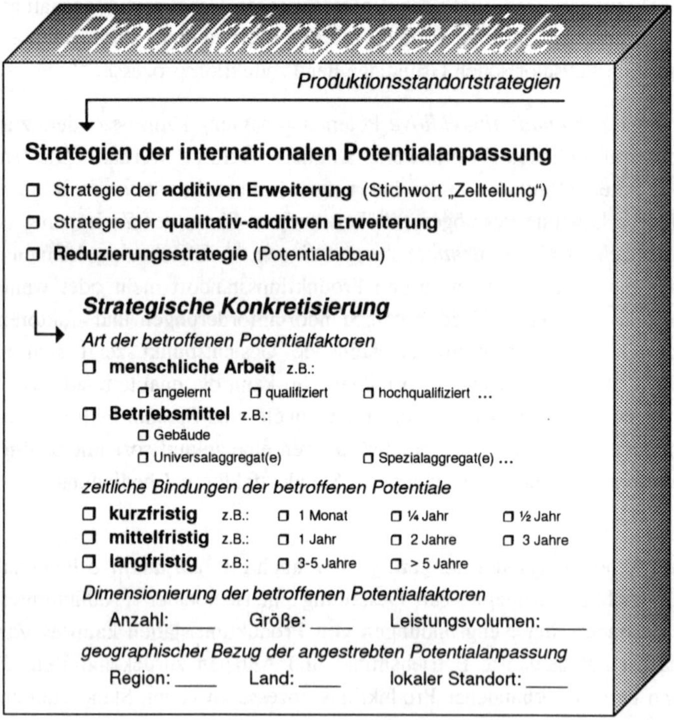

Abbildung 5-19: Strategischer Baustein „Produktionspotentiale "

Der strategische Baustein „Produktionspotentiale" kann auf verschiedene Ebenen des internationalen Produktionssystems bezogen werden. Als Bezugsobjekte kommen neben der Gesamtheit des internationalen Produktionssystems auch dessen Subsysteme wie einzelne Produktionsnetzwerke(-verbunde) oder die einzelnen Produktionsstätten (Systemelemente) in Betracht. Dem Produktionsmanager ist hier die Strategieformulierung für sämtliche Bezugsebenen anzuraten, um auf diese Weise den standortübergreifenden Strategien die notwendige geographische Konkretisierung zu verleihen.

5.5 Internationale Produktionsprozesse

5.5.1 Vorbemerkungen

Der betriebliche Produktionsprozeß - im folgenden auch als „Prozeß“ bezeichnet - beschreibt das Zusammenwirken (die Kombination) von Produktionsfaktoren mit dem Ziel der Leistungserstellung.[365] Es handelt sich hierbei um „Aktionen bzw. Aktionsfolgen (Arbeitsabläufe, Operationsfolgen, Tätigkeitsfolgen), die von Potentialen (Menschen, Maschinen) an Aktionsobjekten durchgeführt werden, um Vor-, Zwischen und/oder Endprodukte ... herzustellen.“[366] Ein solcher Produktionsprozeß ist folglich nicht nur durch die Art der zuvor behandelten Potentialfaktoren gekennzeichnet, sondern zum Beispiel auch durch die Art und Weise ihrer Kombination, durch ihre räumliche Anordnung oder etwa durch die Organisation des Produktionsablaufes. Letztlich ergeben sich unterschiedliche ***Prozeßtypen*** beziehungsweise ***Produktionsverfahren***,[367] die nach verschiedensten Kriterien systematisiert werden können: So zum Beispiel nach der „Art des Produktionsprogramms“ in Einzel-, Serien-, Sorten- und Massenfertigung; nach der „Organisationsform“ in Werkstatt-, Reihen-, Fließ- und Gruppenfertigung; oder etwa nach dem „Ausmaß des realisierten technischen Fortschritts“ in manuelle, mechanisierte und automatisierte Fertigung.[368]

Es ist die Aufgabe der strategischen Produktionsprozeßplanung, die diesbezüglichen Grundsatzentscheidungen zu treffen und durch die Wahl des Prozeßtyps den generellen Prozeßablauf in der Produktion festzulegen.[369] Dabei gelten die verschiedenen Vor- und Nachteile sowie die jeweiligen Anwendungsvoraussetzungen der unterschiedlichen Prozeß- und Verfahrenstypen prinzipiell an jedem Produktionsstandort in gleicher Weise. Die bereits vorliegenden Erkenntnisse über die Prozeßgestaltung[370]

---

365 Vgl. *Corsten, H.*, Produktionswirtschaft, 1998, S. 11

366 *Hahn, D.*, Prozeßwirtschaft, 1989, S. 7.

367 Unter einem *Produktionsverfahren* kann man „die Gesamtheit der naturwissenschaftlichen, technischen und organisatorischen Eigenschaften des Herstellungsablaufs von Gütern“ verstehen. *Hansmann, K.-W.*, Industrielles Management, 1997, S. 107.

368 Das betriebswirtschaftliche Schrifttum liefert neben weiteren Differenzierungen innerhalb der skizzierten Kategorien auch eine Vielfalt weiterer Kategorien, auf deren Beschreibung mit dem Hinweis auf die entsprechende Literatur verzichtet werden soll.
Vgl. zum Beispiel *Nebl, T.*, Produktionswirtschaft, 1998, S. 27-47; *Adam, D.*, Produktions-Management, 1997, S. 8-24; *Jehle, E.; Müller, K.; Michael, H.*, Produktionswirtschaft, 1994, S. 52-61; *Wilbert, H.*, Internationale Produktion, 1994, S. 444-445; *Kern, W.*, Industrielle Produktionswirtschaft, 1992, S. 89-95.

369 Vgl. *Corsten, H.*, Gestaltungsbereiche des Produktionsmanagement, 1994, S. 8.

370 Vgl. dazu z.B. *Corsten, H.*, Produktionswirtschaft, 1998, S. 443-561; *Hansmann, K.-W.*, Industrielles Management, 1997, S. 107-145; *Günther, H.-O.; Tempelmeier, H.*, Produktion und

Fortsetzung der Fußnote auf der nächsten Seite

können also weitgehend auf die Gestaltung der Produktionsprozesse in *internationalen* Produktionsstätten übertragen werden. Aus diesem Grunde erscheint eine bloße Deskription bereits vorhandener Erkenntnisse über die unterschiedlichen Prozeß- und Verfahrenstypen wenig sinnvoll.[371] Im folgenden ist es vielmehr vorgesehen, jene Gestaltungsoptionen herauszuarbeiten, die gerade im Fall der internationalen Prozeßgestaltung zusätzlich zu beachten sind.

5.5.2 Strategische Optionen bei internationaler Prozeßgestaltung

Standortorientierte Prozeßgestaltung

Zunächst besteht auch hier die strategische Option, Standortanforderungen und Standortfaktoren nicht nur durch die Wahl des Standortes, sondern auch durch die Prozeßgestaltung zu harmonisieren. Diese Anpassung des Produktionsprozesses erfordert eine genaue Kenntnis darüber, ob und wenn ja welche Prozeßtypen alternativ zur Erfüllung einer Produktionsaufgabe herangezogen werden können. Untrennbar mit der Prozeßgestaltung ist die Wahl der Fertigungstechnologie und entsprechend die Gestaltung der Potentialfaktorkombination verbunden.[372]

Prozeßspezialisierung und Prozeßflexibilisierung

Weiter ist zu unterscheiden, ob die Produktionsprozesse einer internationalen Produktionsstätte auf ein schmales Spektrum von Produktionsaufgaben *spezialisiert* sein sollen, oder ob sie im Gegensatz dazu ein *breites* Aufgabenspektrum *flexibel* erfüllen sollen. Dieser Gestaltungsaspekt geht über die bloße Wahl zwischen Universal- und Spezialaggregaten[373] hinaus und betrifft vor allen Dingen die organisatorische oder räumliche Kombination der Potentialfaktoren im Produktionsprozeß. Die strategischen Gestaltungsspielräume ergeben sich hier besonders durch die vielfältigen Integrationsmöglichkeiten der menschlichen Arbeitskraft. Während die technischen Eigenschaften von Maschinen in der Regel sehr genau spezifiziert sind und standortunabhängig gelten, sind die menschlichen Fähigkeiten und Eigenschaften individuell, vielfältig und zum Teil standortabhängig. Die internationalen Produktionsprozesse

Logistik, 1997, S. 73-104; *Warnecke, H.-J.*, Der Produktionsbetrieb, Band 2, 1995, S. 1-108; *Jehle, E.; Müller, K.; Michael, H.*, Produktionswirtschaft, 1994, S. 52-61; *Kern, W.*, Industrielle Produktionswirtschaft, 1992, S. 255-361; oder etwa *Hahn, D.*, Prozeßwirtschaft, 1989.

371 Statt dessen sei auf die in der vorangegangenen Fußnotenanmerkung zitierten Quellen verwiesen.

372 Vgl. Abschnitt 5.4.

373 Vgl. Abschnitt 5.4.2.

sollten deshalb an den standortspezifischen Eigenschaften der Arbeitskräfte ausgerichtet sein und neben den produktiven insbesondere auch die kreativen Fähigkeiten und die Flexibilität der menschlichen Arbeitskraft berücksichtigen. So können selbst bei stark spezialisierten Produktionsprozessen gewisse *Flexibilitätspotentiale* erschlossen werden und zu einem verbreiterten Anwendungsspektrum führen.

Internationale Flexibilitätspotentiale

Dem Aufbau und der Sicherung von *Flexibilitätspotentialen*, die hier als dauerhafte Grundlage für zukünftige Prozeßflexibilitäten verstanden werden sollen, ist im Rahmen der internationalen Prozeßgestaltung besondere Beachtung zu schenken. Denn die zunehmend diskontinuierlich verlaufenden internationalen Umweltentwicklungen verlangen gerade von internationalen Produktionssystemen eine erhöhte Anpassungsfähigkeit an veränderte Rahmenbedingungen.[374]

Auf betrieblicher Ebene bietet sich zum Beispiel die Implementierung *flexibler Fertigungskonzepte* an, deren Flexibilitätspotentiale bei *technozentrischer* Charakteristik vorwiegend auf technischer und bei *anthropozentrischer*[375] Charakteristik vorwiegend auf menschlicher Flexibilität beruhen.[376] Beispielhaft für die Fülle der Konzepte seien hier einige der mitunter schlagwortartigen Konzeptbezeichnungen genannt:[377] „Factory of the Future", „Mannlose Fabrik", „CIM", „Flexible Automatisierung", „Flexible Fertigungssysteme" oder etwa „Autonome Fertigungsinseln".

Neben der betrieblichen Ebene sollte die Aufmerksamkeit im Rahmen des Internationalen Strategischen Produktionsmanagements (ISPM) besonders auf die *überbetriebliche* Ebene gerichtet sein. Hier können durch eine internationale Koordination weitere Flexibilitätspotentiale erschlossen werden. Dazu ist es notwendig, die internationalen Prozeßflexibilitäten nicht auf die Anpassungsfähigkeit des einzelnen Betriebes zu beschränken, sondern diese Flexibilitätspotentiale auch auf überbetrieblicher Ebene dem internationalen Produktionssystem zur Verfügung zu stellen. Das bedeutet, daß im Bedarfsfall einzelne Produktionsstätten in der Lage sein sollten, auch Produktionsaufgaben anderer Produktionsstätten übernehmen zu können.[378] Diese

---

374 Vgl. Abschnitt 3.2.1.

375 Vgl. hierzu z.B. *Bandemer, St. von; Eichener, V.; Hilbert, J.; Schmid* (alle Hrsg.), Anthropozentrische Produktionssysteme, 1993. Dort findet sich eine Sammlung verschiedener Aufsätze, in denen das Spektrum der Voraussetzungen, der Umsetzungsbedingungen, der Verbreitung sowie der Konsequenzen *anthropozentrischer* Produktionssysteme diskutiert wird.

376 Vgl. *Jehle, E.;* Schweitzer, *R.*, Der Mensch in der Fabrik der Zukunft, 1991, S. 22-24.

377 Vgl. *Jehle, E.; Schweitzer, R.*, Der Mensch in der Fabrik der Zukunft, 1991, S. 22.

378 Vgl. *Rutenberg, D.*, Multinationale Herstellung, 1995, S. 98.

überbetrieblich flexiblen Werke bilden im Idealfall eine Art „Flexibilitätsverbund“, in dem Produktionsaufgaben bedarfsgerecht und variabel zugewiesen werden können. Die durch ein Werk alternativ erfüllbaren Produktionsaufgaben sollten dabei in der Anzahl überschaubar und ihrer Art nach nicht zu verschieden sein. Das fördert die mehrfache Einsetzbarkeit einzelner Prozeßbausteine innerhalb der Produktionsstätten[379] und reduziert potentiell den materiellen sowie den zeitlichen Aufwand bei Prozeßumstellungen.

Ein wesentlicher *Vorteil* einer derartigen Koordination besteht in der *Flexibilität des Gesamtsystems*, marktinduzierte Bedarfsschwankungen innerhalb bestimmter Bandbreiten ebenso ausgleichen zu können wie unvorhergesehene Produktionsunterbrechungen an einzelnen Standorten.[380] Zusätzlich erlauben die Flexibilitätspotentiale die Senkung möglicher Sicherheitsbestände und können so zu einer reduzierten Kapitalbindung im Umlaufvermögen führen. Wesentliche *Nachteile* sind redundante Produktionsprozesse und damit verbunden redundante Kapazitäten sowie eine erhöhte Kapitalbindung im Anlagevermögen, sofern zusätzliche Betriebsmittel bereitgestellt werden müssen. Dieser Nachteil verliert allerdings an Gewicht, wenn durch den gegenseitigen Beistand der Produktionsstätten die Prozeßreserven der einzelnen Werke reduziert werden können.[381] Ferner ist zu berücksichtigen, daß die erzielbaren Flexibilitätsvorteile auch den erhöhten Koordinationsaufwand innerhalb eines Flexibilitätsverbundes rechtfertigen müssen.

Insgesamt können durch die beschriebenen Flexibilitätsverbunde strategische Erfolgspotentiale im Sinne der Zielsetzung des ISPM erschlossen werden.[382] Das belegt auch ein Beispiel aus dem empirischen Analyseteil:[383] So hat man in einer der befragten Unternehmungen einen europäischen Flexibilitätsverbund aus insgesamt 8 Fertigungsstätten gebildet, in denen variabel 4 verschiedene Produkttypen hergestellt werden. Innerhalb dieses Verbundes können internationale Bedarfsmengen mittels einer zentralen Produktionsplanung und -steuerung flexibel verschiedenen Produktionsstätten zugewiesen werden. Bedarfsschwankungen oder etwa Produktionsausfälle in einzelnen Werken werden so durch das europäische Produktionssystem aufgefangen. Als weiteren, wesentlichen Vorteil nannte der befragte Manager den

379 Siehe hierzu die Ausführungen zu „internationalen Prozeßsimilaritäten“ weiter unten in diesem Abschnitt.

380 Vgl. *Flaherty, Th.*, Globale Fertigungsprozesse, 1989, S. 110.

381 Vgl. die entsprechenden Ausführungen in Abschnitt 5.4.3.

382 Vgl. Abschnitt 4.3.4.

383 Das folgende Beispiel stützt sich auf ein Expertengespräch, das der Verfasser im Rahmen des empirischen Analyseteils geführt hat. Der befragte Manager bat aus Gründen der Geheimhaltung darum, im Zusammenhang mit dem folgenden Beispiel von einer expliziten Nennung des Firmennamens abzusehen.

„Volumenausgleich bei unterschiedlich verlaufenden Produktlebenszyklen". Befindet sich ein Produkt zum Beispiel in einem späten Wachstumsstadium, wird dem erhöhten Bedarf *nicht* durch Kapazitätserweiterungen begegnet. Statt dessen „springen" flexibel diejenigen Werke ein, die ungenutzte Kapazitäten aufweisen, da sich deren Hauptprodukte zum Beispiel in späten Lebenszyklusphasen mit rückläufigen Absatzzahlen befinden. Bis mögliche Nachfolgeprodukte volumenstark an den internationalen Märkten etabliert sind, können Kapazitätsspielräume zur Kompensation parallel auftretender Bedarfsspitzen bei anderen Produkten genutzt werden. Im Ergebnis erreicht die beschriebene Unternehmung so eine international hohe Kapazitätsauslastung und vermeidet damit Leerkosten im internationalen Produktionssystem.

Internationale Prozeßsimilaritäten

Eine weitere Gestaltungsdimension im Rahmen der strategischen Prozeßgestaltung bezieht sich auf die *Similarität* der Produktionsprozesse.[384] Unter „Similaritäten" (lat. Ähnlichkeiten) im internationalen Produktionssystem sollen prozeßbezogene Gleichartigkeiten verstanden werden, die entstehen, wenn in verschiedenen Produktionsstätten ähnliche oder identische Produktionsprozesse oder Prozeßelemente eingesetzt werden.

Naturgemäß wird diese Dimension der Prozeßgestaltung zunächst durch die Ähnlich-/Verschiedenartigkeiten der internationalen Produktionsaufgaben oder etwa durch standortbezogene Prozeßanpassungen bestimmt. Innerhalb dieser sachbezogenen Vorgaben können die verbleibenden Gestaltungsspielräume zur Erschließung von Similaritäten genutzt werden. Hierbei ist weniger an eine internationale Vereinheitlichung aller Produktionsprozesse zu denken, sondern vielmehr gezielt an einzelne Prozeß*elemente*, die sozusagen als ***Prozeßbausteine*** mehrfach im internationalen Produktionssystem einsetzbar und kombinierbar sind. In ausgeprägter Form kann hier auch von einer *Modularisierung* der Produktionsprozesse gesprochen werden. Die einzelnen Prozeßmodule sind dabei zum Beispiel durch Arbeitsabläufe, Operationsfolgen, Organisationsformen oder etwa durch Art und Umfang der eingesetzten Potentialfaktoren spezifiziert.

Werden in den internationalen Produktionsstätten ähnliche oder sogar gleiche Produkte gefertigt, dürften Similaritäten bereits in der Natur der Sache liegen. Dagegen ist gerade dann ein vergleichsweise breites Spektrum für die Erschließung ungenutzter Similaritätspotentiale zu erwarten, wenn das internationale Produktionsprogramm sehr heterogen und die internationale Prozeßvielfalt entsprechend ausgeprägt ist.

[384] Vgl. *Flaherty, Th.*, Globale Fertigungsprozesse, 1989, S. 114.

Similare Produktionsprozesse versprechen eine Reihe von Vorteilen: Erweiterungen bestehender Prozesse oder sogar Neuerrichtungen von Produktionsstätten können durch die Verwendung gängiger und erprobter Prozeßbausteine erleichtert und beschleunigt werden. Das führt ebenso wie eine international koordinierte Beschaffung der mehrfach eingesetzten Betriebsmittel zu Kostensenkungspotentialen im Rahmen der Prozeßgestaltung.[385] Im Fall von Standortschließungen oder Prozeßreduzierungen besteht dagegen die Möglichkeit, die abgebauten Prozeßmodule und Betriebsmittel an anderen Standorten wiederzuverwenden. Die internationalen Erfahrungspotentiale bei der Implementierung und dem Einsatz similarer Prozesse können durch überbetriebliche Kommunikationsstrukturen ausgetauscht und so als Grundlage eines ständigen Verbesserungsprozesses genutzt werden.[386] Prozeßprobleme müssen nicht an jedem Standort separat gelöst und behoben werden, sondern sie sollten nach erstmaliger Feststellung *einmal* gelöst und anschließend in allen Werken behoben werden. So wird dem mehrfachen Auftreten des gleichen Problems an verschiedenen Standorten vorgebeugt. International similare Prozeßelemente können im Bedarfsfall zudem die Übernahme von Produktionen aus anderen Werken mit ähnlichen Prozeßbausteinen erleichtern und auf diese Weise zur Realisierung der oben beschriebenen Flexibilitätsverbunde beitragen.

Similaritäten der internationalen Produktionsprozesse bergen andererseits die Gefahr in sich, zu übertriebenen Produkthomogenitäten zu führen.[387] Diese können entstehen, wenn nicht die Produktionsprozesse auf die Produktionsaufgaben ausgerichtet werden, sondern umgekehrt die Produktgestaltung an den vorhandenen Prozeßsimilaritäten orientiert wird. Die Realisierung internationaler Prozeßsimilaritäten erfordert deshalb eine erhöhte Sensibilität des Planers und ist unbedingt auf die produktpolitischen Anforderungen des internationalen Marketing abzustimmen.

5.5.3 Produktionsprozeßstrategien

Die vorangegangenen Überlegungen zur Gestaltung internationaler Produktionsprozesse legen es nahe, zwischen der ***betrieblichen*** und der ***überbetrieblichen*** Ebene der Prozeßgestaltung zu differenzieren. Während auf betrieblicher Ebene die bereits vorhandenen Erkenntnisse des Produktionsmanagements über die Prozeßgestaltung

---

385 Vgl. *Davidson, W. H.*, Global Strategic Management, 1982, S. 185.

386 Vgl. *Flaherty, Th.*, Globale Fertigungsprozesse, 1989, S. 115. Zur Thematik „Wissenstransfer zwischen Standorten" siehe z.B. *Welge, M. K.; Holtbrügge D.*, Internationales Management, 1998, S. 172-174; oder *Weber, J.*, Modulare Organisationsstrukturen, 1995, S. 220-229.

387 Vgl. *Flaherty, Th.*, Globale Fertigungsprozesse, 1989, S. 116.

genutzt werden sollten,[388] gilt es im Rahmen des ISPM, zusätzlich die überbetriebliche Ebene besonders zu beachten.

Abbildung 5-20 greift die Differenzierung der Systemebenen auf und faßt die bisherigen Überlegungen zur Gestaltung internationaler Produktionsprozesse zusammen. Dabei sind auch die grundsätzlichen Strategiealternativen zur Prozeßgestaltung auf betrieblicher Ebene skizziert. Hier stellt sich insbesondere die Grundsatzfrage, ob *flexible* Fertigungskonzepte realisiert werden sollen, oder ob eher *starre,* auf bestimmte Produktionsaufgaben spezialisierte Produktionsprozesse vorzusehen sind.

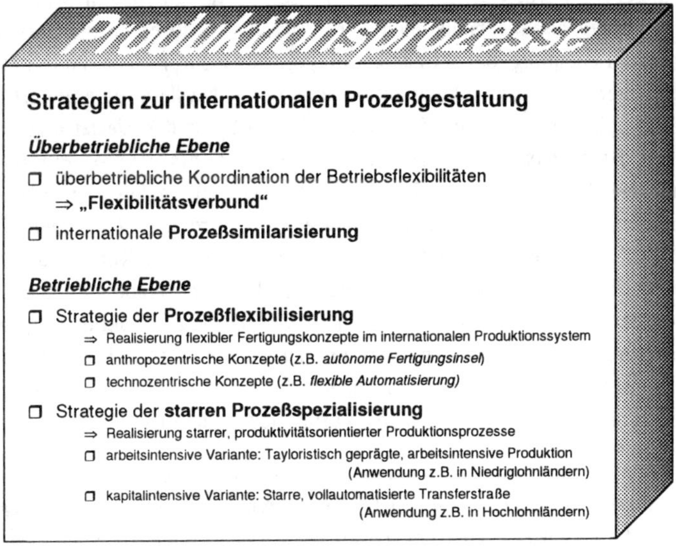

Abbildung 5-20: Strategischer Baustein „Produktionsprozesse"

Im Rahmen der Strategieformulierung ist darauf zu achten, daß auch hier die verschiedenen strategischen Bezugsebenen gesondert berücksichtigt werden. Während die *überbetrieblichen* Strategien auf die Gesamtheit des internationalen Produktionssystems oder auf eine Gruppe mehrerer Produktionsstätten zu beziehen sind, gilt es, die Strategien der betrieblichen Ebene für jede Produktionsstätte separat zu spezifizieren.

388 Vgl. dazu z.B. *Corsten, H.*, Produktionswirtschaft, 1998, S. 443-561; *Hansmann, K.-W.*, Industrielles Management, 1997, S. 107-145; *Günther, H.-O.; Tempelmeier, H.*, Produktion und Logistik, 1997, S. 73-104; *Warnecke, H.-J.*, Der Produktionsbetrieb, Band 2, 1995, S. 1-108; *Jehle, E.; Müller, K.; Michael, H.*, Produktionswirtschaft, 1994, S. 52-61; *Kern, W.*, Industrielle Produktionswirtschaft, 1992, S. 255-361; oder etwa *Hahn, D.*, Prozeßwirtschaft, 1989.

5.6 Zwischenbetriebliche Logistik

5.6.1 Vorüberlegungen

„Die geographische Dezentralisierung über Staatsgrenzen oder gar Kontinente hinweg mit dem Ziel, zahlreiche Märkte mit gegebenenfalls sehr unterschiedlichen Bedürfnissen, Produktions- und Transportverhältnissen rasch und wirtschaftlich zu bedienen, *zwingt zum Aufbau eines komplexen logistischen Versorgungssystems*, das zudem laufend an die Veränderungen der Standortfaktoren in den einzelnen Teilmärkten angepaßt werden muß."[389] – Diese vor fast 30 Jahren formulierte Einschätzung *Siebers* hat bis heute nicht an Aktualität verloren. Sie unterstreicht die grundlegende Bedeutung der Logistik bei grenzüberschreitenden Aktivitäten internationaler Unternehmungen. Das internationale Logistiksystem repräsentiert somit ein weiteres strategisches Gestaltungsfeld, durch das im Sinne der Zielsetzung des Internationalen Strategischen Produktionsmanagements (ISPM) ein Beitrag zur Schaffung und Erhaltung strategischer Erfolgspotentiale geleistet werden kann.[390] Denn die Fähigkeiten, Güter und Informationen über große Entfernungen wirtschaftlich und sicher transferieren zu können, ermöglicht erst die Konfiguration geographisch ausgedehnter Produktionsnetzwerke. Folglich ist gerade bei internationalen Produktionsaktivitäten die von *Jehle* formulierte Forderung zu bekräftigen, logistische Problemstellungen *strategisch* anzugehen und zu lösen sowie die Logistikstrategien in ein strategisches Gesamtkonzept einzubeziehen.[391] Bevor hier eine Vertiefung erfolgen kann, sind zunächst einige grundlegende Vorüberlegungen angebracht:

Im Mittelpunkt der Logistik stehen alle Tätigkeiten durch die die *raum-zeitliche Transformation* von Gütern zwischen Lieferpunkten (Quellen) und Empfangspunkten (Senken) gestaltet wird.[392] Aus der Fülle vorliegender Begriffsfindungen[393] sei hier exemplarisch die Logistikdefinition von *Filz* zitiert, da diese auf einer systemtheoretischen Interpretation der Logistik beruht und sich deshalb als kompatibel zum hier vertretenen Ansatz des Produktionsmanagements erweist: „Logistik meint die

---

389 *Sieber, E. H.*, Die multinationale Unternehmung, 1970, S. 432.

390 Vgl. Abschnitt 4.3.4.

391 Vgl. *Jehle, E.*, Wertanalyse optimiert Logistikprozesse, 1989, S. 16.

392 Vgl. *Pfohl, H.-Ch.*, Logistiksysteme, 1996, S. 5-6 u. 12. Neben den hier fokussierten (Sach-)gütern kommen als Logistikobjekte z.B. auch Menschen, Energie oder Informationen in Betracht. Vgl. auch *Jünemann, R.*, Materialfluß und Logistik, 1989, S. 11.

393 Vgl. z.B. *Pfohl, H.-Ch.*, Logistiksysteme, 1996, S. 12-14; *Large, R.; Pfohl, H.-Ch.*, Logistik, 1993, S. 2126-2127; *Jünemann, R.*, Materialfluß und Logistik, 1989, S. 11-18; *Piontek, J.*, Internationale Logistik, 1994, S.16-17; Arbeitskreis Logistik im Verkehrsausschuß des ZVEI (Hrsg.), ZVEI-Leitfaden Logistik, 1982, S. 11.

ganzheitliche Planung, Steuerung und Kontrolle der vom Beschaffungsmarkt eingehenden, durch das Unternehmen fließenden und zum Absatzmarkt ausgehenden Material- und Informationsflüsse unter Einbeziehung aller relevanten Entscheidungsebenen im Unternehmen und unter Berücksichtigung des relevanten Umfeldes sowie aller Wechselwirkungen."[394] Danach muß die Aufmerksamkeit nicht nur der Gestaltung des eigentlichen *Güterflusses*, sondern als Voraussetzung für diesen auch der Gestaltung des *Informationsflusses* zwischen Liefer- und Empfangspunkt gelten. Im Fall der internationalen Logistik kommt außerdem die grenzüberschreitende Dimension der Güter- und Informationsflüsse hinzu, da die Liefer- und Empfangspunkte in verschiedenen Ländern lokalisiert sind.[395]

Bezogen auf den gesamten Güterfluß vom Beschaffungsmarkt durch eine Industrieunternehmung zum Absatzmarkt läßt sich die Logistik phasenspezifisch vor allem in die Subsysteme Beschaffungs-, Produktions-, Distributions- und Entsorgungslogistik untergliedern.[396] Während sich die hier zu betrachtende Produktionslogistik üblicherweise auf logistische Belange in der Produktion konzentriert (innerbetriebliche Dimension), ist bei *internationalen* Produktionsaktivitäten zudem die logistische Verbindung zwischen den geographisch gestreuten Produktionen (*zwischenbetriebliche Dimension)* von besonderem Interesse. Das gilt insbesondere dann, wenn vernetzte Produktionsstandortstrukturen vorliegen; das Produktionssystem also produktionsstufenorientiert organisiert ist und somit ausgeprägte zwischenbetriebliche Leistungsverflechtungen aufweist.[397]

Wenngleich der Fokus der Analyse hier zu einer Beschränkung auf die zwischenbetriebliche Produktionslogistik führt, ist in der Praxis eine ganzheitliche Sichtweise geboten, die das System der zwischenbetrieblichen Produktionslogistik als *integriertes* Element einer logistischen Gesamtkonzeption auffaßt,[398] die auch die übrigen Logistiksysteme der Unternehmung einbindet. Das erfordert der funktionsübergreifende Charakter der Logistik, die die betrieblichen Grundfunktionen als eine *Querschnittsfunktion* durchdringt.[399] Zudem sind die Übergänge der zwischenbetrieblichen

394 *Filz, B.*, Distributionslogistik, 1993, S. 50.

395 Vgl. *Pfohl, H.-Ch.*, Logistiksysteme, 1996, S. 362.

396 Vgl. *Filz, B.*, Distributionslogistik, 1993, S.51-52. Die Abgrenzung weiterer Subsysteme ist möglich. So unterscheidet zum Beispiel *Pfohl* zusätzlich die „Ersatzteillogistik", während etwa *Jünemann* der besonderen Bedeutung von Logistikdienstleistern Rechnung trägt und zusätzlich die „Verkehrslogistik" abgrenzt. Vgl. *Pfohl, H.-Ch.*, Logistiksysteme, 1996, S. 17-20 sowie ausführlich S. 171-236; *Jünemann, R.*, Materialfluß und Logistik, 1989, S. 43-44 u. 45-62.

397 Vgl. Abschnitt 5.3.3.3.

398 Vgl. *Piontek, J.*, Internationale Logistik, 1994, S. 13-14; *Large, R.; Pfohl, H.-Ch.*, Logistik, 1993, S. 2127.

399 Vgl. *Pfohl, H.-Ch.*, Logistiksysteme, 1996, S. 43-44.

Produktionslogistik zur Absatz- oder zur Beschaffungslogistik fließend. Im Fall des zwischenbetrieblichen Austausches von Vor- und Zwischenprodukten erscheint eine eindeutige Zuordnung zur zwischenbetrieblichen Produktionslogistik noch möglich. Werden aber zum Beispiel Fertigprodukte zwischen den internationalen Produktionsstätten mit dem Ziel der gegenseitigen Marktversorgung ausgetauscht, kann man geteilter Meinung sein, ob es sich dabei *noch* um die zwischenbetriebliche Produktionslogistik oder *bereits* um die Distributionslogistik handelt. Deshalb sei nochmals betont, daß die hier fokussierte zwischenbetriebliche Produktionslogistik *integriertes Element* einer logistischen Gesamtkonzeption sein muß, die zum Beispiel auch grenzüberschreitende absatz-, beschaffungs- oder etwa entsorgungslogistische Aufgaben erfüllt.[400]

Im weiteren wird die Aufmerksamkeit zunächst den zwischenbetrieblichen Güterflüssen (Abschnitt 5.6.2) und anschließend den verbundenen Informationsflüssen (Abschnitt 5.6.3) gelten. Abschließend gilt es, auf der Grundlage der gewonnenen Erkenntnisse alternative Logistikstrategien zu formulieren (Abschnitt 5.6.4).

5.6.2 Zwischenbetriebliche Güterflüsse

5.6.2.1 Grundstrukturen zwischenbetrieblicher Logistiksysteme

Im Rahmen der güterflußbezogenen Dimension der Logistik gilt es hier zunächst, mögliche *Grundstrukturen* von zwischenbetrieblichen Logistiksystemen aufzuzeigen. Im anschließenden Abschnitt 5.6.2.2 werden dann strategische Optionen zur Gestaltung der Güterflüsse innerhalb dieser Strukturen entwickelt.

Eine strategische Option zur strukturellen Gestaltung des zwischenbetrieblichen Logistiksystems besteht darin, die internationalen Produktionsstandorte durch *direkte* Güterflüsse unmittelbar miteinander zu verbinden (siehe Abbildung 5-21 (a)). Das erlaubt die bestmögliche Gestaltung des einzelnen Güterflusses, ohne die Anforderungen anderer Güterflüsse im System berücksichtigen zu müssen. Außerdem fallen bei direkten Verbindungen zwischen den Standorten keine zusätzlichen Lager- und Umschlagsprozesse wie im Fall indirekter Verbindungen an.[401]

Bezogen auf ausgedehnte Netzwerke mit zahlreichen Produktionsstandorten können direkte Verbindungen allerdings zu einer unübersehbaren Vielfalt zwischenbetrieb-

[400] Vgl. *Günther, H.-O.; Tempelmeier, H.*, Produktion und Logistik, 1997, S. 58-59.

[401] Siehe hierzu die entsprechenden Ausführungen weiter unten in diesem Abschnitt.

licher Güterflüsse führen und entsprechend hohe Logistikkosten zur Folge haben.[402] So beträgt die maximal mögliche Anzahl der Güterflüsse bei direkter Verbindung aller Standorte theoretisch $n^2 - n$ (Zählung nach dem Einbahnstraßenprinzip), mit n = „Anzahl der Standorte".[403] Für $n = 2$ würden sich somit 2, für $n = 4$ genau 12 oder etwa für $n = 6$ bereits 30 maximal mögliche Verbindungen ergeben. Ohne Zweifel hat dieses mit der Standortanzahl exponentiell verlaufende Wachstum der Verbindungsvielfalt eher theoretischen Charakter, da es *reziproke* materielle Interdependenzen (gegenseitige Input- und Outputbeziehungen)[404] zwischen *allen* internationalen Produktionsstätten unterstellt. Dennoch macht der aufgezeigte Zusammenhang deutlich, daß die Realisierung direkter Verbindungen in internationalen Produktionsnetzwerken tendenziell zu einer vergleichsweise großen Anzahl an zwischenbetrieblichen Güterflüssen führt.

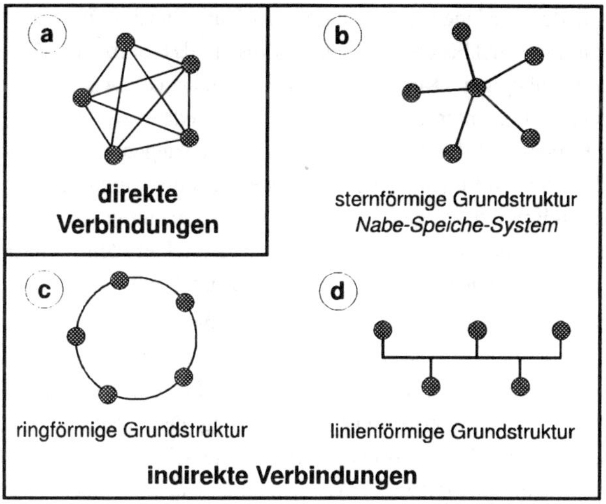

Abbildung 5-21: Grundstrukturen zwischenbetrieblicher Logistiksysteme

Die Planung *indirekter* Güterflüsse im internationalen Logistiksystem zielt darauf ab, durch die Inkaufnahme von Umwegen über andere Knotenpunkte (Standorte) im System eine weniger komplexe, durchschaubare logistische Grundstruktur zu schaffen (siehe Abbildung 5-21 (b), (c) und (d)).

402 Vgl. *Vahrenkamp, R.*, Produktions- und Logistikmanagement, 1996, S. 293.

403 Vgl. *Vahrenkamp, R.*, Produktions- und Logistikmanagement, 1996, S. 293; *Flaherty, Th.*, Globale Fertigungsprozesse, 1989, S. 105.

404 Vgl. Abschnitt 5.3.3.1.

Im Fall einer *sternförmigen* Grundstruktur erfolgt die logistische Verbindung der internationalen Produktionsstandorte über einen zentralen Knotenpunkt, der auch als „Nabe" oder „Hub" bezeichnet wird.[405] Dort werden zunächst alle zwischenbetrieblichen Güterflüsse zusammengeführt und die Güter nach Zielstandorten gebündelt, um diesen anschließend über verteilende Güterflüsse zugeführt zu werden. Als Ort für diese Konzentrations- und Auflösungsprozesse ist ein speziell nach logistischen Kriterien ausgesuchter Standort zu empfehlen.

Soll dagegen auf eine Zentralisierung der Güterflüsse verzichtet werden, sind zum Beispiel *ringförmige* oder *linienförmige* Grundstrukturen zur Realisierung indirekter Güterflüsse denkbar.

Ein wesentlicher Vorteil indirekter Verbindungen ist die größere Transparenz des logistischen Systems aufgrund der überschaubaren Vielfalt an Güterflüssen. Gleichzeitig werden dadurch Mengensteigerungen pro Güterfluß erreicht, so daß in Abhängigkeit hiervon die stückbezogenen Logistikkosten des einzelnen Güterflusses aufgrund volumenabhängiger Kostendegressionen reduziert werden.[406] Andererseits müssen die Güter bei indirekten Verbindungen tendenziell größere Entfernungen zwischen den Liefer- und den Empfangspunkten zurücklegen als bei Direktverbindungen,[407] so daß die volumenbedingten Kostenvorteile durch entfernungsbedingte Kostennachteile relativiert werden. Zudem können aufgrund der Umwege über andere Knoten (Standorte) die reinen Transportzeiten zwischen den liefernden und den empfangenden Werken höher ausfallen als bei direkten Verbindungen.

Das *Nabe-Speiche-System* liefert den speziellen Vorteil, daß die einzelnen Produktionsstätten ausschließlich mit der Nabe in direkter logistischer Verbindung stehen. Dadurch wird nicht nur eine Bündelung und Vereinfachung der Güterflüsse erreicht, sondern zusätzlich ist eine erhebliche Reduzierung des Kommunikationsaufwandes möglich, wenn auch die Informationsflüsse ausschließlich auf Nabe-Speiche-Verbindungen beschränkt bleiben.[408] Als spezieller Nachteil einer derartigen Grundstruktur sind die zusätzlichen Logistikprozesse und somit -kosten durch den Güterumschlag am zentralen Knotenpunkt zu nennen.

Eine allgemeine Empfehlung für oder gegen einen bestimmten Verbindungstyp kann wegen der Einzelfallabhängigkeit hier nicht ausgesprochen werden. So liegt es zum

---

405 Vgl. *Vahrenkamp, R.*, Produktions- und Logistikmanagement, 1996, S. 294.

406 Vgl. *Pfohl, H.-Ch.*, Logistiksysteme, 1996, S. 7.

407 So legt z.B. ein Paket in dem Logistiksystem des Paketdienstes Federal Express auf dem Weg von Boston (Mass.) in das 700 km entfernte Washington (D.C.) insgesamt ca. 3.500 km zurück, da der Transport nicht direkt, sondern *indirekt* über den zentralen *Hub* in Memphis (Ten.) erfolgt. Vgl. *Vahrenkamp, R.*, Produktions- und Logistikmanagement, 1996, S. 294.

408 Vgl. *Vahrenkamp, R.*, Produktions- und Logistikmanagement, 1996, S. 294.

Beispiel nahe, im Fall weniger zwischenbetrieblicher Interdependenzen tendenziell direkte Verbindungen zu bevorzugen, da hier der Aufbau indirekter Strukturen kaum Vorteile verspricht. Liegt dagegen ein umfangreiches internationales Produktionsnetzwerk mit zahlreichen Produktionsstätten vor, die zudem in vielfältigen Lieferbeziehungen zueinander stehen, gewinnen die Vorteile indirekter Verbindungsstrukturen an Gewicht. Folglich ergeben sich gerade bei produktionsstufenorientierten Standortstrukturen potentielle Möglichkeiten für die Realisierung indirekter Verbindungsformen. Die spezielle Form des Nabe-Speiche-Systems ist gerade dann ratsam, wenn einzelne Produktionsstätten mehrere andere Werke im Netz beliefern sowie zugleich einzelne Produktionsstätten von mehreren anderen Werken Lieferungen beziehen. Im ersten Fall sind Auflösungsprozesse, im zweiten Fall Konzentrationsprozesse erforderlich, für die die Nabe (Hub) als zentraler Konzentrations- und Auflösungspunkt dienen kann.[409]

5.6.2.2 Zwischenbetriebliche Versorgungskonzeptionen

5.6.2.2.1 Überblick

Zur strategischen Gestaltung der Güterflüsse im internationalen Produktionssystem lassen sich folgende Konzeptionen der zwischenbetrieblichen Güterversorgung unterscheiden:[410]

- bedarfsinduzierte Güterflüsse (5.6.2.2.2)
- verbrauchssynchrone Güterflüsse ohne Vorratshaltung (5.6.2.2.3)
  - „idealtypisches“ Just-in-Time -
- Güterflüsse mit werksinterner Vorratshaltung (5.6.2.2.4)
  - → einseitige Lagerhaltung im liefernden Werk
  - → einseitige Lagerhaltung im empfangenden Werk
  - → beidseitige Lagerhaltung im liefernden *und* im empfangenden Werk
- externes Versorgungslager (5.6.2.2.5)

---

409 Vgl. *Pfohl, H.-Ch.*, Logistiksysteme, 1996, S. 6-7.

410 Vgl. z.B. *Filz, B.; Hlubek, J.; Kuhn, A.; Siebel, Th.*, Lieferabrufsysteme, 1989, S. 214-216; *Jehle, E.; Müller, K.; Michael, H.*, Produktionswirtschaft, 1994, S. 30-33; *Reichwald, R.; Dietel, B.*, Produktionswirtschaft, 1991, S. 513-514; *Schulte, Ch.*, Konzepte der Materialbereitstellung, 1994, S. 189-205.

5.6.2.2.2 Bedarfsinduzierte Güterflüsse

Bedarfsinduzierte Güterflüsse werden fallweise durch das Auftreten eines Bedarfes zwischen zwei Produktionsstätten ausgelöst. Das kann zum Beispiel bei selten benötigten Teilen und Komponenten der Fall sein, deren Bedarf mengenmäßig und zeitlich eher unregelmäßig ist. Ein Vorteil sind die geringen Lager- und Kapitalbindungskosten, da in der Regel keine Vorratshaltung erfolgt.[411] Gleichzeitig erfordert dies im Bedarfsfall eine schnelle Lieferfähigkeit des versorgenden Werkes sowie eine zeitlich rechtzeitige Bedarfsanforderung des verbrauchenden Werkes, da auch die geographischen Distanzen zwischen den internationalen Produktionsstätten sowie die entsprechenden Transportzeiten zu berücksichtigen sind.

5.6.2.2.3 Verbrauchssynchrone Güterflüsse ohne Vorratshaltung – „idealtypisches“ Just-in-Time –

Die Gestaltung verbrauchssynchroner Güterflüsse sieht – analog zu den Just-in-Time-Konzepten der Beschaffungslogistik[412] – eine verbrauchssynchrone Versorgung eines Werkes direkt aus der Produktion eines anderen Werkes vor. Dabei ist keine Lagerhaltung zwischengeschaltet, so daß die Produktionsprozesse der verbundenen Werke direkt miteinander synchronisiert sind (deshalb „idealtypisches“ Just-in-Time). Die Realisierung von zwischenbetrieblichen Just-in-Time-Lösungen (JiT) stellt besondere Anforderungen an die betroffenen Teile, Module oder Produkte. JiT-fähige Teile sollten besonders durch eine hohe Wertigkeit, eine hohe Vorhersagegenauigkeit sowie möglichst kontinuierliche Bedarfsstrukturen (stetiger Verbrauch) gekennzeichnet sein.[413] Außerdem sind hohe Qualitätsanforderungen an die Produktion zu stellen, da Qualitätsmängel bei „idealtypischem“ JiT nicht durch Sicherheitsbestände aufgefangen werden können und unmittelbar zu Unterbrechungen im Produktionsprozeß des empfangenden Werkes führen können.[414] Gleichzeitig sind hohe Ansprüche an die zwischenbetriebliche Kommunikation zu stellen. Ein reibungsloser Ablauf verbrauchssynchroner Güterflüsse zwischen zwei internationalen Produktionsstätten erfordert enge informationstechnische Verbindungen zwischen diesen.[415]

---

411 Vgl. *Schulte, Ch.*, Konzepte der Materialbereitstellung, 1994, S. 191.

412 Vgl. *Wildemann, H.*, Produktionssynchrone Beschaffung, 1988; *Vahrenkamp, R.*, Produktionsmanagement, 1998, S. 250-273.

413 Vgl. *Wildemann, H.*, Produktionssynchrone Beschaffung, 1988, S. 28-31.

414 Vgl. *Jehle, E.; Müller, K.; Michael, H.*, Produktionswirtschaft, 1994, S. 32

415 Vgl. *Jehle, E.; Müller, K.; Michael, H.*, Produktionswirtschaft, 1994, S. 32; *Reichwald, R.; Dietel, B.*, Produktionswirtschaft, 1991, S. 513.

Wesentliche Vorteile des „idealtypischen“ JiT sind die geringen Lager- und Kapitalbindungskosten sowie Vereinfachungen in der internationalen Produktionsplanung und -steuerung, wenn gleichzeitig dezentrale Abrufsystematiken zwischen den Produktionsstätten verwirklicht werden.[416] Ein wichtiger Nachteil ist in den empfindlichen Auswirkungen von Versorgungsstörungen zu sehen, die durch Prozeßunterbrechungen im versorgenden Werk oder etwa durch Transportverzögerungen ausgelöst werden können. Ferner sind die Entfernungen zwischen den Produktionsstandorten zu berücksichtigen, die die Anwendungsmöglichkeiten zwischenbetrieblicher JiT-Lösungen gerade bei geographisch ausgedehnten Produktionsnetzwerken einschränken können. Denn hier ist mit langen zwischenbetrieblichen Transportzeiten und mitunter erhöhten Transportrisiken zu rechnen.

Wie Beispiele aus der Praxis belegen,[417] sind JiT-Lösungen trotz der beschriebenen Nachteile durchaus zur zwischenbetrieblichen Fernversorgung im internationalen Produktionssystem geeignet. Hierbei ist es jedoch eher unrealistisch, von „idealtypischen“ JiT-Lösungen ohne jegliche Lagerbildung auszugehen. Denn: „Just-in-Time ist irgendwo eine Philosophie, die als Idealziel anzustreben, aber nie im vollen Umfang zu erreichen ist. Anders gesagt, wir können auf Lager nicht verzichten, übergroßer Lagerbestand ist natürlich ein sehr großer Nachteil.“[418] Diese Einschätzung gilt besonders auch für die Gestaltung internationaler Logistiksysteme und führt zu jenen Konzeptionen, die die zwischenbetrieblichen Güterflüsse mit Formen der Vorratshaltung verknüpfen:

5.6.2.2.4 Güterflüsse mit werksinterner Vorratshaltung

Die Integration eines oder mehrerer Läger in den zwischenbetrieblichen Güterfluß führt zu einer Entkoppelung der Produktionsprozesse zweier Produktionsstätten. Diese müssen nicht wie im Fall des „idealtypischen“ JiT eng miteinander synchronisiert sein, da durch die Lagerhaltung Abweichungen zwischen den Produktionsmengen des liefernden Werkes und den Bedarfsmengen des empfangenden Werkes ausgeglichen werden können. Das mindert die direkte Abhängigkeit zwischen den Produktionsprozessen der Werke und ermöglicht diesen z.B. unabhängige Losgrößenplanungen. Außerdem erlaubt die Lagerhaltung innerhalb gewisser Grenzen den Ausgleich

416 Vgl. *Wildemann, H.*, Produktionssynchrone Beschaffung, 1988, S. 64-72; *Filz, B.; Hlubek, J.; Kuhn, A.; Siebel, Th.*, Lieferabrufsysteme, 1989, S. 47-83; sowie auch *Reichwald, R.; Dietel, B.*, Produktionswirtschaft, 1991, S. 604-606; *Heinemeyer, W.*, Fortschrittszahlen, 1994, S.234-235.

417 Vgl. *Vahrenkamp, R.*, Produktionsmanagement, 1998, S. 266-267; *Kaiser, H.*, Autozulieferer, 1993, S. 20-21.

418 *Jünemann, R.*, Materialflußtechnik und Logistik, 1991, S. 11.

zwischenbetrieblicher Versorgungsstörungen und Bedarfsschwankungen, so daß das Risiko ungeplanter Produktionsunterbrechungen im internationalen Produktionssystem reduziert wird. Neben den skizzierten Vorteilen sind als wesentliche Nachteile die Kapitalbindung in den Beständen, die Kosten der Lagerhaltung sowie der mit der Lagerhaltung verbundene Verwaltungsaufwand zu nennen.

Die *werksinterne* Lagerhaltung kann entweder in nur einem zweier Werke, die in einem zwischenbetrieblichen Versorgungsverhältnis stehen, vorgesehen werden; sie kann aber auch parallel in beiden Werken erfolgen.[419] Es ergeben sich folglich drei Versorgungsvarianten mit werksinterner Lagerhaltung:

Einseitige Lagerhaltung im liefernden Werk

Befindet sich lediglich *in dem liefernden Werk ein Lager*, kann hier die Produktion nach anderen Kriterien (z.B. aufgrund wirtschaftlicher Losgrößen) geplant werden als in dem empfangenden Werk. Das Lager in der liefernden Produktionsstätte nimmt ein dort produziertes Los zunächst auf und ermöglicht gleichzeitig eine – vom eigenen Fertigungsrhythmus entkoppelte – *verbrauchssynchrone Versorgung* des abnehmenden Werkes. Aufgrund der zwischengeschalteten Lagerhaltung kann hier jedoch nicht von einer „idealtypischen" JiT-Lösung gesprochen werden. Es erscheint vielmehr der Terminus „realtypisches" Just-in-Time treffender, dessen konzeptionelle Distanz zum „idealtypischen" JiT vom Umfang der Lagerhaltung im liefernden Werk abhängt.[420]

Einseitige Lagerhaltung im empfangenden Werk

Befindet sich das *Lager in der empfangenden Produktionsstätte*, so ist der zwischenbetriebliche Güterfluß nicht an den Verbrauchsrhythmus gebunden. Es wird also auf eine JiT-Anlieferung verzichtet. Das vorproduzierende Werk liefert im Rhythmus seines Produktionsausstoßes direkt in das Lager der weiterverarbeitenden/-bearbeitenden Produktionsstätte. Dort kann bedarfsgerecht und vom Rhythmus der Zulieferungen entkoppelt auf die entsprechenden Vor- und Zwischenprodukte zugegriffen werden. Derartige Konzeptionen sind beispielsweise dann von Vorteil, wenn die JiT-Fähigkeit[421] der Teile oder Module nicht in ausreichendem Maße gegeben ist, wenn die zwischenbetrieblichen Transportprozesse mit Risiken ungeplanter Verzögerungen behaftet sind oder wenn die geographische Distanz für eine JiT-Anlieferung als zu groß eingestuft wird.

---

419 Vgl. *Piontek, J.*, Internationale Logistik, 1994, S. 137-138; *Jünemann, R.*, Externes Beschaffungslager, 1991, S.43-44.

420 Vgl. hierzu *Jünemann, R.*, Materialflußtechnik und Logistik, 1991, S. 11.

421 Z.B. hohe Wertigkeit, hohe Vorhersagegenauigkeit oder kontinuierliche Bedarfsstruktur (stetiger Verbrauch). Vgl. die entsprechenden Ausführungen in Abschnitt 5.6.2.2.3.

Beidseitige Lagerhaltung im liefernden und im empfangenden Werk

Die traditionelle Form der Versorgung sieht eine *beidseitige Lagerhaltung* sowohl an der Quelle wie auch an der Senke eines zwischenbetrieblichen Güterflusses vor. Wesentliche Nachteile sind die insgesamt erhöhten Lagerbestände sowie die damit einhergehenden Lager- und Kapitalbindungskosten. Eine Realisierung der beidseitigen Lagerhaltung ist trotz der schwerwiegenden Nachteile zum Beispiel denkbar, wenn die Bedingungen einer JiT-Anlieferung nicht gegeben sind, die liefernde Produktionsstätte gleichzeitig mehrere verschiedene Teile oder Module für das empfangende Werk herstellt und die gebündelte Anlieferung dieser Teile/Module zunächst eine Lagerhaltung mit Sammelfunktion erfordert.

Bestehen gleichzeitig mehrere derartiger Lieferbeziehungen in einem facettenreichen Produktionsnetzwerk, bietet das *externe Versorgungslager* eine strategische Alternative, um der Gefahr unangemessen hoher Lagerbestände im internationalen Produktionssystem entgegenzuwirken:

5.6.2.2.5 Externes Versorgungslager (EVL)

Das *externe Versorgungslager,* kurz „EVL", ist ein Lager, das sich außerhalb der Betriebsgrenzen der internationalen Produktionsstätten befindet und das die Lagerhaltung für mehrere Produktionsstätten übernimmt.[422] Der Standort dieses Lagers kann sich zum Beispiel in der Nähe einer Produktionsstätte befinden (Variante I). Diese Variante ist dann vorteilhaft, wenn die Produktionsstätte von zahlreichen anderen Werken beliefert wird und eine Just-in-Time-Anlieferung – zum Beispiel aufgrund mangelnder JiT-Eignung[423] der Teile/Module oder aufgrund weiter Entfernungen – nicht in jedem Fall möglich ist. Die liefernden Produktionsstätten können ihre Fertigungen jeweils unabhängig vom Verbrauchsrhythmus des abnehmenden Werkes (verbrauchsentkoppelt) planen und steuern, da die gesamten Produktionsmengen zunächst in das externe Versorgungslager geliefert werden. Dieses übernimmt eine Sammelfunktion und ermöglicht gleichzeitig eine verbrauchssynchrone Belieferung der nahen Produktionsstätte.

Diese erste EVL-Variante ist ebenso für eine *Gruppe* nahe beieinander gelegener Produktionsstätten denkbar, die dann über ein gemeinsames EVL versorgt werden.

---

422 Siehe hierzu auch die Konzeption des *externen Beschaffungslagers*, wie es von *Jünemann* und Mitarbeitern vorgeschlagen wird. Vgl. *Jünemann, R.*, Externes Beschaffungslager, 1991, S.44-47; *Filz, B.; Hlubek, J.; Kuhn, A.; Siebel, Th.*, Lieferabrufsysteme, 1989, S. 217-224.

423 Z.B. hohe Wertigkeit, hohe Vorhersagegenauigkeit oder kontinuierliche Bedarfsstruktur (stetiger Verbrauch). Vgl. die entsprechenden Ausführungen in Abschnitt 5.6.2.2.3.

Die Variante II des externen Versorgungslagers ergibt sich bei der Realisierung des weiter oben beschriebenen Nabe-Speiche-Systems.[424] Hier bildet das EVL den zentralen Knotenpunkt in einer sternförmigen Versorgungsstruktur. Der Standort ist entsprechend nach logistischen Kriterien zu bestimmen und kann zum Beispiel im geographischen Zentrum eines internationalen Produktionsverbundes gelegen sein. Diese EVL-Variante kann besonders bei hochinterdependenten Leistungsverflechtungen im internationalen Produktionssystem von Vorteil sein, wenn also einzelne Produktionsstätten *an* mehrere Werke im System liefern und/oder umgekehrt einzelne Werke *von* mehreren Produktionsstätten beliefert werden. Auch bei dieser Variante können die Produktionsstätten ihre Fertigungen verbrauchsentkoppelt planen und steuern, da die gesamten Produktionsmengen zunächst in das EVL geliefert werden. Dieses übernimmt als zentraler Konzentrations- und Auflösungspunkt der Güterflüsse sowohl eine Sammel- wie auch eine Verteilfunktion im Logistiksystem.[425] In welchem Umfang gleichzeitig eine verbrauchssynchrone Belieferung der verbrauchenden Produktionsstätten möglich ist, hängt im Einzelfall zum Beispiel von den geographischen Entfernungen oder etwa den Transportmöglichkeiten ab.

Ein wesentlicher Vorteil beider EVL-Varianten ist die Reduzierung der Lagerbestandssumme im internationalen Produktionssystem durch Vermeidung redundanter Lagerhaltungen. Während zum Beispiel im Fall der beidseitigen Lagerhaltung isoliert voneinander Sicherheitsbestände vorgehalten werden, gewährleistet das EVL eine *überbetriebliche Bestandskoordination*. Durch die Zusammenlegung der Bestände im Versorgungslager kann so bei gleichbleibender Versorgungssicherheit der Gesamtbestand im Produktionssystem gesenkt werden.[426]

Ferner verspricht das EVL die Erzielung unterschiedlicher Rationalisierungseffekte. Zunächst ermöglicht die Bewirtschaftung eines großen Lagers im Vergleich zu vielen kleinen Lägern einen höheren Automatisierungsgrad in der Lagerhaltung sowie die Realisierung von Kostendegressionseffekten.[427] Außerdem bewirkt besonders die EVL-Variante II eine Rationalisierung der logistischen Grundstruktur bei komplex verflochtenen Leistungsbeziehungen zwischen den Produktionsstätten. Ein weiterer Vorteil, der besonders bei Variante I zum Tragen kommt, ist die Just-in-Time-Belieferung der verbrauchenden Produktionsstätte(n) bei gleichzeitig verbrauchsentkoppelten Fertigungen in den zuliefernden Werken. Diesen wird so die Bildung wirtschaftlicher Losgrößen und damit eine Senkung der Herstellkosten möglich.[428]

---

424 Vgl. Abschnitt 5.6.2.1.

425 Vgl. *Pfohl, H.-Ch.*, Logistiksysteme, 1996, S. 5-7.

426 Vgl. *Jünemann, R.*, Externes Beschaffungslager, 1991, S. 46.

427 Vgl. *Piontek, J.*, Internationale Logistik, 1994, S. 139.

428 Vgl. *Filz, B.; Hlubek, J.; Kuhn, A.; Siebel, Th.*, Lieferabrufsysteme, 1989, S. 219.

Den beschriebenen Vorteilen stehen vor allen Dingen die Nachteile der hohen Investitionsbeträge sowie der laufenden Betriebskosten in nicht unbeträchtlicher Höhe gegenüber.[429] Die Konzeption des EVL impliziert eine erhöhte Anzahl zusätzlicher Umschlagsprozesse, deren Kosten ebenfalls in den Planungsüberlegungen zu berücksichtigen sind. Zudem kann die Anwendbarkeit des EVL bei geographisch ausgedehnten Produktionsnetzwerken eingeschränkt sein. Denn gerade dann gewinnt der Nachteil der bewußt in Kauf genommenen Umwege (hier über das EVL) bei indirekten Güterflüssen zunehmend an Gewicht.[430]

Die unterschiedlichen Varianten des externen Versorgungslagers können durch den internationalen Produzenten oder alternativ durch einen rechtlich selbständigen und international kompetenten Logistikdienstleister betrieben werden.[431] Für die Zusammenarbeit mit einem Logistikdienstleister sprechen vor allen Dingen dessen Spezialisierung und dessen Kompetenz. Es ist aber auch zu berücksichtigen, daß ein Abhängigkeitsverhältnis konstituiert wird, welches gleichzeitig eine dauerhafte und verläßliche Kooperation zwischen dem internationalen Produzenten und dem Logistikdienstleister erfordert. Vertrauensbildende Formen der Zusammenarbeit zu beiderseitigem Vorteil sind hier unerläßlich. Solche Kooperationen können überdies genutzt werden, um dem Betreiber des Versorgungslagers weitere Prozeßelemente der internationalen Wertkette zu übertragen. Denkbar ist zum Beispiel die Externalisierung von Prozessen der Qualitätskontrolle, der montagegerechten Kommissionierung oder etwa der Verpackung.

Das EVL erfordert außerdem eine geschlossene Informationskette, die die internationalen Betriebe miteinander verbindet und zwischen diesen eine transparente Kommunikation sichert. Hier kann das Versorgungslager zudem die Funktion einer Kommunikationszentrale wahrnehmen, an der die zwischenbetrieblichen Informationsflüsse zusammenlaufen und koordiniert werden.

5.6.2.2.6 Zusammenfassende Beurteilung der Versorgungskonzeptionen

Insgesamt müssen sich die vorgestellten Konzeptionen zur Gestaltung der zwischenbetrieblichen Güterflüsse nicht gegenseitig ausschließen, sondern sie sind vielmehr miteinander kombinierbar. So ist es denkbar, daß für JiT-fähige Teile/Module eine Form der direkten verbrauchssynchronen Anlieferung („idealtypisches" oder „real-

---

[429] Vgl. *Jünemann, R.*, Externes Beschaffungslager, 1991, S. 45.

[430] Vgl. Abschnitt 5.6.2.1.

[431] Vgl. *Filz, B.; Hlubek, J.; Kuhn, A.; Siebel, Th.*, Lieferabrufsysteme, 1989, S. 223.

typisches" Just-in-Time) gewählt wird, während die Versorgung mit nicht-JiT-fähigen Teilen/Modulen gleichzeitig über ein externes Versorgungslager erfolgt.

Außerdem sei an dieser Stelle nochmals auf die Integrationsnotwendigkeit der zwischenbetrieblichen Produktionslogistik in das logistische Gesamtsystem der internationalen Unternehmung hingewiesen.[432] Diesbezüglich repräsentiert gerade das externe Versorgungslager (EVL) einen integrationsfähigen Ansatz, der sowohl mit beschaffungs- wie auch mit distributionslogistischen Aufgaben verknüpft werden kann. So besteht zum Beispiel die Möglichkeit, die EVL-Variante I gleichzeitig als *externes Beschaffungslager* zu nutzen, in das auch die externen Zulieferer liefern.[433]

Ähnliches gilt auch für die EVL-Variante II, wie das folgende Beispiel des Bekleidungsherstellers Schneberger belegt:[434] Am Stammsitz im westfälischen Münster unterhält der Konzern ein Logistikzentrum, das zahlreiche Eigenschaften der zuvor entwickelten EVL-Variante II aufweist und das zudem sowohl beschaffungs- wie auch distributionslogistische Aufgaben erfüllt. Alle Güter- und Informationsflüsse von der internationalen Beschaffung über die internationale Produktion bis zur internationalen Distribution verlaufen über die Logistikzentrale in Münster. Die eingekauften Stoffe und Materialien werden von den internationalen Lieferanten zunächst nach Münster geliefert. Nach der Qualitätskontrolle im Logistikzentrum werden die Textilien auftragsbezogen an die überwiegend eigenen Produktionsstätten in Afrika, Asien und Osteuropa versandt. Die dort produzierten Kleidungsstücke gehen anschließend zur Konfektionierung wieder an das westfälische Logistikzentrum zurück, um von dort den weltweiten Absatzmärkten zugeführt zu werden.

Da die einzelnen Konfektionskomponenten an weltweit unterschiedlichen Standorten gefertigt werden (z.B. die Blusen in Asien, die Kostüme und Röcke in Afrika, usw.), sind hohe Anforderungen an die weltweite Termin-, Produktions- und Logistikplanung zu stellen, damit eine zeitgleiche Zusammenführung der Konfektionskomponenten in Münster gewährleistet ist. Aus diesem Grunde verlaufen auch alle zwischenbetrieblichen Informationsflüsse über das Logistikzentrum, das über direkte On-Line-Verbindungen mit jeder der internationalen Produktionsstätten verbunden ist.

Das Logistikzentrum von Schneberger ist der zentrale Knotenpunkt (Hub) des internationalen Logistiksystems, über den alle weltweiten Güter- und Informationsflüsse von der Beschaffungsseite über die Produktionsstätten bis zur Absatzseite verlaufen. Neben planenden und steuernden Tätigkeiten erfolgen hier insbesondere Konzentrations- und Auflösungsprozesse im Güterfluß sowie die Konfektionierung und die Qualitätskontrolle.

---

432 Vgl. Abschnitt 5.6.1.

433 Vgl. *Jünemann, R.*, Externes Beschaffungslager, 1991, S.44-47.

434 Das folgende Beispiel stützt sich auf das mit Herrn *Gladis* geführte Expertengespräch.

5.6.3 Zwischenbetriebliche Informationsflüsse

5.6.3.1 Verknüpfung der betrieblichen Informationssysteme

Die zwischenbetrieblichen Güterflüsse im internationalen Produktionssystem fließen nicht aus eigenem Antrieb, sondern sie setzen den grenzüberschreitenden Austausch von Informationen zwischen den internationalen Produktionsstätten voraus.[435] Dabei können Informationen dem Güterfluß vorauseilen (Bestellungen, Abrufe), ihn begleiten (begleitende Versandpapiere) oder ihm nachfolgen (Lieferrückmeldungen).[436] Um derartige Informationen über weite Entfernungen bedarfsgerecht, sicher und wirtschaftlich übermitteln zu können, bedarf es der Verknüpfung der betrieblichen Informationssysteme durch die Nutzung externer Kommunikationsnetze und -dienste.

In diesem Abschnitt sollen zunächst grundlegende Aspekte der zwischenbetrieblichen Systemverknüpfung als strukturelle Grundlage des Informationsflusses betrachtet werden. Im anschließenden Abschnitt 5.6.3.2 wird dann ein Überblick über die zur Zeit nutzbaren Technologien zur internationalen Informationsübermittlung gegeben.

Der Austausch von Informationen im internationalen Produktionssystem kann entweder auf konventionellem Wege (a), durch elektronischen Geschäftsdatenaustausch (b) oder als Anwendungskommunikation (c) erfolgen.[437] Hieraus ergeben sich internationale Informationsflüsse, die die betrieblichen Informationssysteme in unterschiedlicher Weise miteinander verknüpfen:

(a) Der *konventionelle Geschäftsdatenaustausch* umfaßt manuelle Formen der zwischenbetrieblichen Informationsübermittlung per Briefpost, Telex oder Telefax sowie die DV-unterstützten Formen des Off-Line-Datenaustausches mittels elektronischer Speichermedien wie Disketten, Magnetbänder oder Compact Discs (CDs).

(b) Beim *elektronischen Geschäftsdatenaustausch* (EDI)[438] werden elektronische Übertragungswege zur Informationsübermittlung genutzt. Konventionelle Übertragungsformen kommen hier nicht zum Einsatz.

Als erste Möglichkeit kann der elektronische Datenaustausch zwischen zwei Produktionsstätten als sogenannte *Punkt-zu-Punkt-Übertragung* erfolgen. Hierbei werden

---

435 Vgl. *Pfohl, H.-Ch.*, Logistiksysteme, 1996, S. 8; *Piontek, J.*, Internationale Logistik, 1994, S. 46.

436 Vgl. *Pfohl, H.-Ch.*, Logistiksysteme, 1996, S. 8; *Jünemann, R.*, Materialfluß und Logistik, 1989, S. 13 u. 471.

437 Vgl. hierzu sowie zu den folgenden Erläuterungen *Pfohl, H.-Ch.*, Logistiksysteme, 1996, S.87-89; sowie *Wildemann, H.*, Produktionssynchrone Beschaffung, 1988, S. 73-76.

438 EDI: = „Electronic Data Interchange“

die Produktionsstätten jeweils über ein Modem an ein öffentliches Netz angebunden, über das dann die Informationen als elektronische Daten transferiert werden. Diese Form des bilateralen Datenaustausches führt insbesondere bei mehreren Produktionsstätten, die in interdependenten Informationsbeziehungen zueinander stehen, zu einer Vielfalt zwischenbetrieblicher Informationsflüsse.

Dem kann durch die Einschaltung eines sogenannten *Clearing-Centers* entgegengewirkt werden, mit dem alle internationalen Produktionsstätten verbunden sind und über das alle Datentransfers abgewickelt werden.[439] Das Clearing-Center dient dabei als zentrale Verteilerstelle, welche die ankommenden Daten zustellt, umschlüsselt, aufbereitet oder auch von Fehlern bereinigt. Die angeschlossenen Produktionsstätten hinterlegen die zu übermittelnden Daten zum Beispiel in sogenannten *Mailboxes* (elektronischen Briefkästen) der empfangenden Produktionsstätten. Durch „Leerung" dieser Mailboxes gelangen die einzelnen Werke dann an die für sie bestimmten Informationen in Form elektronischer Daten.

(c) Die bisher vorgestellten Verknüpfungsmöglichkeiten umfassen den bloßen Daten*austausch* zwischen mehr oder weniger unabhängigen Informationssystemen. Bei der *Anwendungskommunikation* steht zusätzlich die überbetriebliche Daten- und System*integration* im Mittelpunkt. Eine solche Integration setzt zunächst innerbetrieblich integrierte EDV-Systeme voraus und ist durch folgende Merkmale charakterisiert:[440]

- Es werden mindestens zwei Produktionsstätten EDV-technisch integriert.
- Die Daten werden einmal erfaßt und maschinell lesbar weitergegeben.
- Die EDV-Anlagen tauschen Daten aus und verarbeiten diese ohne Benutzereingriffe.
- Die EDV-Anlagen sind flexibel, das heißt, Erweiterungen sind möglich.

Eine Form der Anwendungskommunikation ist die direkte *Rechner-Rechner-Kommunikation*. Hier kommt es nicht nur zu einem zwischenbetrieblichen Datenaustausch, sondern die Rechner zweier Produktionsstätten sind durch eine *dialog-orientierte Direktkoppelung* miteinander verbunden.

Eine zweite Form der Anwendungskommunikation bilden integrierte Anwendungen, bei denen die internationalen Produktionsstätten an eine *zentrale Datenbank* angebunden sind. Alle Werke greifen dabei auf diesen einen Datenbestand zu.

Eine Grundvoraussetzung für die Verknüpfung logistischer Informationssysteme ist die internationale Vereinheitlichung der Schnittstellen („Interfaces"), Daten und

[439] Vgl. *Piontek, J.*, Internationale Logistik, 1994, S. 58-60.

[440] Vgl. *Filz, B.; Hlubek, J.; Kuhn, A.; Siebel, Th.*, Lieferabrufsysteme, 1989, S. 213.

Dokumente.[441] Hierzu können zum Beispiel konzern*interne* Standards festgelegt werden, an die alle Produktionsstätten gebunden sind. Berücksichtigt man allerdings die weiter oben gewonnene Erkenntnis, daß die zwischenbetriebliche Produktionslogistik ein *integriertes Element* einer logistischen Gesamtkonzeption sein muß,[442] erscheint die Anwendung konzern*interner* Standards als wenig zweckmäßig. So kann die Integration von beschaffungs- und distributionslogistischen Prozessen zum Beispiel auch die informatorische Verknüpfung mit externen Marktpartnern erfordern. Aus diesem Grunde ist vielmehr die Anwendung konzernunabhängiger und *international* gültiger Standards anzuraten,[443] da so das zwischenbetriebliche Informationssystem auch für externe Anbindungen kompatibel wird. Ein solcher Standard mit internationaler und zudem branchenunabhängiger Gültigkeit ist zum Beispiel EDIFACT[444], der zur Vereinheitlichung des elektronischen Datenaustausches durch die International Standards Organization (ISO) definiert worden ist.[445]

Ferner erfordert die internationale Verknüpfung logistischer Informationssysteme die Nutzung externer Kommunikationsnetze und -dienste, denen nun die Aufmerksamkeit gelten soll.

5.6.3.2 Technologien zur internationalen Informationsübermittlung

5.6.3.2.1 Netze und Übertragungssysteme

Der Bereich externer Informations- und Kommunikationstechnologien ist durch eine Komplexität gekennzeichnet, die hier aus Platzgründen nicht in voller Breite und Tiefe abgebildet werden kann. Die folgenden Überlegungen sollen vielmehr einen Gesamtüberblick vermitteln, der dem Produktionsmanager im Planungsfall als gedankliche Struktur zur Einordnung alternativer Kommunikationstechnologien dienen kann.[446]

Zunächst werden in diesem Abschnitt die zur Zeit verfügbaren *Netze* und *Übertragungssysteme* vorgestellt. Sie bilden die physikalische Grundlage der verschiedenen

---

441 Vgl. *Pfohl, H.-Ch.*, Logistiksysteme, 1996, S. 346; *Schiemenz, B.; Schönert O.*, Informations- und Kommunikationssysteme, 1997, 926-939.

442 Vgl. Abschnitt 5.6.1.

443 Vgl. hierzu zum Beispiel *Piontek, J.*, Internationale Logistik, 1994, S. 51-56.

444 EDIFACT: = „Electronic Data Interchange Standard for Administration, Commerce and Transport"

445 Vgl. *Schiemenz, B.; Schönert O.*, Informations- und Kommunikationssysteme, 1997, S. 931-935.

446 Die Grundlage für diesen Gesamtüberblick liefern neben der zitierten Literatur mehrere mit Herrn *Genn* geführte Expertengespräche im September und im Oktober 1997.

Kommunikationsdienste, denen danach in Abschnitt 5.6.3.2.2 die Aufmerksamkeit gilt. Im dann folgenden Abschnitt 5.6.3.2.3 werden abschließend einige *Hilfen zur Beurteilung* von Kommunikationstechnologien dargestellt.

Aus historischer Perspektive sind zunächst die öffentlichen *Telefonnetze* mit analoger Übertragungstechnik zu nennen, deren Ursprünge in das 19. Jahrhundert zurückreichen.[447] Aus heutiger Sicht werden derartige Netze zunehmend durch *digitale* Übertragungsnetze ergänzt beziehungsweise substituiert.

Ein solches ist das international vernetzte *ISDN*[448], das digitale Sprach-, Text-, Daten- und Bildübertragungen mit einer Übertragungsrate von 64 kbit/s ermöglicht.[449] Während zum Beispiel die Übertragung eines 15seitigen Telefax im analogen Telefonnetz 10 bis 15 Minuten Übertragungszeit benötigt, ist die digitale Übertragung via ISDN bereits nach 2 Minuten abgeschlossen.[450] Neben der vergleichsweise höheren Übertragungsleistung erlaubt das ISDN zudem den gleichzeitigen Betrieb mehrerer Kommunikationsarten über denselben Anschluß.

Ferner sind die mittlerweile weltweit integrierten *Funknetze* zu nennen, die ebenfalls durch digitale Übertragungstechniken gekennzeichnet sind. Diese Funknetze bilden die Basis der *mobilen Telekommunikation*, die neben der Sprachkommunikation mittlerweile auch mobile Telefax- und Datenübertragungen ermöglicht.

Ein weiteres digitales Netz ist das integrierte Text- und Datennetz *IDN*[451], in das mehrere Dienste wie etwa Telex, Datex-P[452], Datendirektverbindungen (DDV) und internationale Mietleitungen (IML) eingebunden sind.[453] Als innovativer Dienst im erweiterten IDN*Plus* ist außerdem Datex-M[454] zu nennen. Eine Erläuterung der genannten Dienste erfolgt im folgenden Abschnitt 5.6.3.2.2.

---

447 Vgl. Deutsche Telekom AG (Hrsg.), Für eine neue Qualität des Lebens, 1997, S. 36.

448 ISDN: = „Integrated Services Digital Network"

449 Vgl. *Schiemenz, B.; Schönert O.*, Informations- und Kommunikationssysteme, 1997, S. 930.

450 Vgl. Deutsche Telekom AG (Hrsg.), Für eine neue Qualität des Lebens, 1997, S. 54.

451 IDN: = „Integrated Data Network" oder „integriertes Text- und Datennetz"

452 Datex-P: = „Data Exchange mit Paketvermittlung"

453 Es sei darauf hingewiesen, daß es sich bei „IDN" sowie den darin eingebundenen Diensten um Leistungen der Deutschen Telekom AG handelt, die weltweit auch durch andere Anbieter und unter anderen Bezeichnungen bereitgestellt werden. Ein umfassender Marktüberblick kann an dieser Stelle nicht geliefert werden, da das weit über den gesteckten Rahmen hinausreichen würde. Hier geht es vielmehr darum, anhand von Beispielen das mögliche Gestaltungsspektrum des internationalen Produzenten zu skizzieren.

454 Datex-M: = „Data Exchange Multimegabit"

Besonders zu erwähnen ist ferner das weltweit größte Computernetzwerk *Internet*, das in den vergangenen Jahren zunehmend an Bedeutung gewonnen hat. Der Zugang zu diesem weltumspannenden Netz erfolgt mittels Modem über das Telefonnetz oder via ISDN. Über diese Zugangswege oder alternativ dazu durch direkte Anbindung wird ein sogenannter Provider (Anbieter) erreicht, der die eigentliche Verbindung zum Internet herstellt.

Bei den bisher genannten Netzen handelt es sich um sogenannte *Schmalbandnetze*, in denen die Signale mit einer Bandbreite von unter 1 MHz übertragen werden. In Zukunft dürften dagegen innovative *Breitbandnetze* an Bedeutung gewinnen. Sie übertragen Signale mit Bandbreiten von mindestens 1 MHz und sollen in der Zukunft Übertragungsraten von bis zu 600 Mbit/s erreichen.[455] Die Innovationsdynamik derartiger Breitbandnetze ist eng verbunden mit der Entwicklung neuer Übertragungsmedien und -verfahren. Als Beispiele können hier Glasfaserkabel und ATM[456] genannt werden. ATM ist ein noch junges Verfahren zum Transport von Informationen jeder Art (Sprache, Text, Daten oder bewegte Bilder), das ebenso wie die Glasfasertechnologie zu den tragenden Elementen breitbandiger Netze zu zählen ist.

Ferner besteht die Möglichkeit, Informationen unabhängig von erdgebundenen Netzen via *Satellit* zu transferieren. Satellitensysteme erlauben Sprach-, Text-, Daten-, Bild- und Videoübertragungen. Sie werden häufig auch in Verbindung mit den zuvor genannten Netzen eingesetzt. Zum europaweiten Informationstransfer via Satellit bietet sich zum Beispiel das sogenannte VSAT-System[457] an. Dabei werden beim Nutzer kleine Satellitenstationen – sogenannte PES[458] – installiert, die direkt mit dem geostationären Satelliten „EUTELSAT II, F4 7° Ost" in Verbindung stehen und über diesen Daten austauschen.[459] Als weiteres Beispiel kann das weltumspannende INMARSAT-System[460] genannt werden, das aus mehreren geostationären Satelliten besteht, die rund um den Globus positioniert sind.[461]

In der Praxis sind die zuvor dargestellten Netze und Übertragungssysteme über sogenannte *Gateways* (Torwege, Zugänge) miteinander verknüpft und gekoppelt.

---

455 Vgl. *Pfohl, H.-Ch.*, Logistiksysteme, 1996, S. 346.

456 ATM: = „Asynchronous Transfer Mode"; vgl. *Schiemenz, B.; Schönert O.*, Informations- und Kommunikationssysteme, 1997, S. 930; sowie Deutsche Telekom AG (Hrsg.), Forschung und Technologie, 1997, S. 36-37.

457 VSAT: = „Very Small Aperture Terminal"

458 PES: = „Personal Earth Station"

459 Vgl. Deutsche Telekom AG (Hrsg.), VSAT, 1996, S. 2.

460 INMARSAT: = „International Maritime Satellite Organization"

461 Vgl. Deutsche Telekom AG (Hrsg.), INMARSAT, 1994, S. 1-4.

Gerade internationale Informationsübertragungen erfolgen häufig nicht über ein einziges Netz, sondern vielmehr über eine Kombination aus verschiedenen Netzen und Übertragungssystemen. Die aus Gründen der Übersichtlichkeit getrennte Darstellung der einzelnen Netze und Übertragungssysteme hat deshalb eher theoretischen Charakter. Die einzelnen Netze und Systeme sollten vielmehr als untereinander verknüpfte Teile der gesamten weltumspannenden Informationsinfrastruktur aufgefaßt werden.

5.6.3.2.2 Dienste

Die zuvor betrachteten Netze und Übertragungssysteme bilden sozusagen die physikalische Infrastruktur, die durch verschiedene *Kommunikationsdienste* in unterschiedlicher Weise genutzt wird. Diesen Diensten gilt nun die Aufmerksamkeit.

Zunächst sind die zahlreichen *Telefondienste* zu nennen, die mittlerweile weit über die Möglichkeiten der reinen Punkt-zu-Punkt Sprachverbindung hinausreichen. Mailbox-Dienste, Telefonkonferenzen oder Televotum sein hier als Beispiele genannt.

Telefax bezeichnet das Fernkopieren von Dokumenten. Dabei wird ein Dokument zunächst beim Sender eingelesen oder eingegeben, danach als elektrisches Signal über eine weite Entfernung übermittelt und anschließend am Empfangsort durch ein dort befindliches Endgerät als Duplikat ausgegeben. Telefax ist über das Telefonnetz, via ISDN oder auch über Mobilfunknetze weltweit möglich.

Eine Möglichkeit zur persönlichen Kommunikation über weite Entfernungen bietet das *Videoconferencing*.[462] Es „bezeichnet generell diejenige Form der Verständigung, bei der Personen miteinander sprechen und sich gleichzeitig gegenseitig sehen, obwohl sie nicht im selben Raum sitzen.“[463] Technisch werden dazu bei allen Teilnehmern Kameras und Bildschirme installiert, die den gleichzeitigen und gegenseitigen Sicht- und Sprachkontakt herstellen.

In Abgrenzung dazu umfaßt *Business Television* die firmeninterne Übertragung von Videobildern an mehrere Niederlassungen. Das können zum Beispiel Übertragungen von internen Nachrichten, Schulungen oder Produktpräsentationen sein.

Weitere Dienste sind in dem oben vorgestellten IDN-Netz integriert. So zum Beispiel der *Telex-Dienst* (Fernschreibdienst), der zur internationalen Textübertragung

---

[462] Vgl. hierzu *Lautz, A.*, Videoconferencing, 1995.

[463] *Lautz, A.*, Videoconferencing, 1995, S. 15.

genutzt werden kann. Für internationale Datenübertragungen stehen im IDN insbesondere die verschiedenen *„Datex"-Dienste* zur Verfügung:[464]

Einer ist das sogenannte *Datex-P*[465]. Hierbei werden die zu übertragenden Daten in adressierte elektronische Datenpakete aufgeteilt, die dann auf dem schnellsten Wege durch das Netzwerk zum Empfänger vermittelt werden. Es kommt hier *nicht* zur Schaltung einer direkten Leitung, sondern es wird eine virtuelle Verbindung zwischen den Kommunikationspartnern aufgebaut. Datex-P verbindet weltweit circa 250 Netze in über 170 Ländern.[466]

Im Gegensatz dazu wird bei *Datex-L*[467] durch die Schaltung einer Leitung zwischen den Kommunikationspartnern eine physikalische Verbindung hergestellt. Hierbei handelt es sich allerdings um einen auslaufenden Dienst, der künftig ohne Bedeutung sein wird.[468]

Mit *Datex-M*[469] steht im erweiterten IDN*Plus* außerdem ein vergleichsweise junger Dienst zur Verfügung. Es handelt sich hierbei um einen paketvermittelten Hochgeschwindigkeitsdienst, der sich besonders für die Verknüpfung von lokalen und privaten Netzen (LAN[470]) eignet, zwischen denen *große* Datenmengen zu transferieren sind. Datex-M erlaubt variable Übertragungsraten zwischen 64 kbit/s und 34 Mbit/s. Das macht es zum Beispiel möglich, die datenintensive Gitternetzkonstruktion eines Kfz-Kotflügels mit Datex-M in weniger als 2 Minuten zwischen zwei Anschlußpunkten zu übertragen. Für die Übertragung via ISDN würden im Vergleich dazu etwa 12 Stunden benötigt.[471]

Weitere Dienste im IDN sind *festgeschaltete* Verbindungen wie zum Beispiel Datendirektverbindungen (DDV) oder internationale Mietleitungen (IML). Es handelt sich dabei um direkte Punkt-zu-Punkt-Verbindungen, die ausschließlich für den Informationstransfer zwischen den jeweils verbundenen Punkten (z.B. Produktions-

---

464 Es sei auch an dieser Stelle darauf hingewiesen, daß es sich bei den nachfolgend vorgestellten IDN-Diensten um Leistungen der Deutschen Telekom AG handelt, die weltweit auch durch andere Anbieter und unter anderen Bezeichnungen bereitgestellt werden. Hier einen umfassenden Marktüberblick zu vermitteln, würde weit über den Rahmen dieser Arbeit hinausreichen. Hier ist es vielmehr die Absicht, das mögliche Gestaltungsspektrum des internationalen Produzenten anhand von Beispielen zu skizzieren.

465 Datex-P: = „Data Exchange mit Paketvermittlung". Vgl. zu Datex-P z.B. Deutsche Telekom AG (Hrsg.), Datex-P, 1995, S. 2 u. 8.

466 Stand Ende 1997 gemäß der Auskunft der Deutschen Telekom AG.

467 Datex-L: = „Data Exchange mit Leitungsvermittlung"

468 So die Einschätzung des befragten Experten.

469 Datex-M: = „Data Exchange Multimegabit"

470 LAN: = „Local Area Network"

471 Vgl. Deutsche Telekom AG (Hrsg.), Forschung und Technologie, 1997, S. 39.

stätten) reserviert sind. Festgeschaltete Verbindungen ermöglichen neben Sprach-, Text-, Daten- und Bildübertragungen auch die Durchführung von Videokonferenzen.

Von besonderer Bedeutung für internationale Datenübertragungen zwischen lokalen Netzen (LAN) sind paketvermittelte Dienste, die auf dem weltweit normierten *Frame-Relay-Übertragungsprotokoll*[472] basieren. Derartige Dienste werden unter verschiedenen Bezeichnungen[473] von unterschiedlichen internationalen Anbietern bereitgestellt. Frame-Relay ist ein weltweit anerkanter Standard zur Paketübermittlung von Daten. Es ist insbesondere dazu geeignet, mehrere LANs an verschiedenen Orten der Welt durch virtuelle Verbindungen miteinander zu vernetzen. Auf diese Weise entsteht ein sogenanntes *Wide Area Network* (WAN), das zum Beispiel alle Firmenniederlassungen eines internationalen Produzenten informations- und datenmäßig integrieren kann.

Aus logistischer Sicht sind besonders jene Dienste bemerkenswert, die in der Verbindung mit Mobilfunk- und Satellitensystemen angeboten werden. So kann mittels mobiler Satellitenfunkanlagen auf Schiffen, Flugzeugen oder LKW jederzeit eine Verbindung zu diesen mobilen Einheiten aufgebaut werden. Das ermöglicht während des zwischenbetrieblichen Transportprozesses den Informationsaustausch zwischen den internationalen Produktionsstätten und den Transportmitteln. Ferner werden Ortungs- und Navigationsdienste angeboten, die eine weltweite Standortbestimmung mobiler Einheiten mit einer Genauigkeit von bis zu 20 m ermöglichen.[474] In Verbindung mit gespeichertem Kartenmaterial sind so auch im Straßenverkehr computergestützte Navigationen möglich, die zum Beispiel das Umfahren von Verkehrsstaus sowie die Bestimmung und Einhaltung von Fahrtrouten wesentlich erleichtern.

Abschließend sind die zahlreichen *On-Line-Dienste* zu nennen, durch die das globale Computernetzwerk Internet in vielfältiger Weise erreicht werden kann: Es besteht weltweiter Zugriff auf im Netz verfügbare Datenbanken und Informationen. Die Internet-Teilnehmer können weltweit mittels sogenannter E-Mails[475] miteinander kommunizieren sowie Waren und Dienstleistungen auf elektronischen Märkten im Netz anbieten und nachfragen. Außerdem werden auf der Basis der Internet-

472 Es handelt sich bei einem *Übertragungsprotokoll* um eine Menge von Regeln, durch die die Steuerung und der Betrieb von Datenübermittlungen festgelegt ist. *Frame-Relay* ist ein spezielles Protokoll zur paketvermittelten Datenübertragung, das sich auf ein Konglomerat verschiedener international anerkannter Standards und Normen stützt. Maßgebende Institutionen sind hier die *International Telecommunication Union* ITU mit Sitz in Genf sowie das *American National Standards Institute* ANSI mit Sitz in New York.

473 Die Deutsche Telekom AG nennt diesen Dienst in Anlehnung an den Gattungsbegriff zum Beispiel „Frame Link“. Vgl. Deutsche Telekom AG (Hrsg.), Frame Link, 1995.

474 Vgl. *Pfohl, H.-Ch.*, Logistiksysteme, 1996, S. 353.

475 E-Mail: = „Electronic Mail“

Technologie sogenannte *Intranets* angeboten, die ausschließlich einem geschlossenen Teilnehmerkreis vorbehalten sind.[476] Intranets bieten eine weitere Möglichkeit, lokale und private Netze (LAN) einer Unternehmung weltweit miteinander zu verknüpfen und auf diese Weise ein weltweites geschlossenes Firmennetz (WAN) zu konstituieren. Die Verbindungen zum offenen Internet sind durch verschiedene technische Vorkehrungen, sogenannte *Firewalls,* vor unberechtigten externen Zugriffen geschützt.[477]

5.6.3.2.3 Beurteilungshilfen

Die Freigabe des Telekommunikationsmarktes in Europa, die seit dem 1. Januar 1998 zur Aufhebung staatlicher Netzmonopole geführt hat, läßt auch für die Zukunft eine starke Entwicklungsdynamik des Marktes erwarten. Das Auftreten neuer Anbieter, denen in der Vergangenheit der Marktzutritt verwehrt blieb, wird die Angebotsvielfalt an Netzen, Systemen und Diensten zur internationalen Informationsübermittlung weiter erhöhen. Auf der Nachfrageseite stößt diese Entwicklung auf einen zunehmenden Bedarf nach Lösungen, die über die bloße Datenübertragung zwischen zwei Punkten hinausgehen und vielmehr die internationale Vernetzung lokaler Firmennetze (LAN) zu besagten Wide Area Networks (WAN) ermöglichen. Der erhöhten Angebotsvielfalt stehen somit gleichzeitig zunehmend individuellere Anforderungen des einzelnen Abnehmers gegenüber.

Insgesamt handelt es sich bei der Wahl der geeigneten Kommunikationstechnologie um eine derart spezifische Planungsaufgabe, die in der Praxis nicht ohne die fundierte Beratung durch entsprechende Experten(teams) gelöst werden kann. Dennoch erscheint es an dieser Stelle als zweckmäßig, zumindest einen Überblick über die wichtigsten Kriterien zur Beurteilung alternativer Kommunikationstechnologien zu geben. Dieser Überblick kann im Planungsfall als erste Orientierungshilfe dienen und ist in Tabelle 5-22 dargestellt.

Als Grundvoraussetzung für eine Beurteilung anhand der genannten Kriterien sollte zuvor Klarheit über die zu stellenden Anforderungen bestehen. So gilt es, in Abhängigkeit von der zwischenbetrieblichen Versorgungskonzeption[478] zum Beispiel zu klären, welche Art von Information (Sprache, Texte, Daten, Bilder oder Bewegtbilder) in welcher Menge zu welchen Zeiten zwischen welchen Produktionsstätten zu

---

476 Deutsche Telekom AG (Hrsg.), Internet und Intranet, 1997, S. 6-7.

477 Deutsche Telekom AG (Hrsg.), Internet und Intranet, 1997, S. 8.

478 Vgl. Abschnitt 5.6.2.2.

übertragen ist. Die daraus ableitbaren Anforderungen an die Kommunikationstechnologie können für entsprechend zweckmäßige Gewichtungen der einzelnen Kriterien genutzt werden und so zu einer bedarfsgerechten Beurteilung führen.

Beurteilung von Kommunikationstechnologien	
Beurteilungskriterien	**mögliche Teilaspekte**
Kosten	• einmalige Anschlußkosten • Fixkosten (z.B. monatlich oder jährlich) • Verbindungskosten
Übertragungspotentiale	• Sprache, Texte, Daten, Bilder, Bewegtbilder (Video)
Übertragungseigenschaften	• Übertragungsgeschwindigkeit • Bandbreite • Geschwindigkeitsadaption • Echtzeitübertragung • Duplexfähigkeit • Dialogfähigkeit
Übertragungssicherheit	• Bitfehlerrate • Ausfallwahrscheinlichkeit • Störanfälligkeit • Datenschutz
Kompatibilität	• Hardware • Software • Übertragungsverfahren
Verbindungstyp	• Leitungsvermittlung • Paketvermittlung • festgeschaltete Verbindung
Verkehrsbeziehung	• Punkt-zu-Punkt-Verbindung • Punkt-zu-Mehrpunkt-Verbindung • Mehrpunkt-zu-Punkt-Verbindung
Flächendeckung	• Anzahl der *points of presence* (POP) • Anzahl der Länder mit POP • Anzahl der Kontinente mit POP

Tabelle 5-22: Kriterien zur Beurteilung von Kommunikationstechnologien[479]

479 Die Tabelle wurde unter der Berücksichtigung folgender Quellen entwickelt: *Wildemann, H.*, Produktionssynchrone Beschaffung, 1988, S. 84-85; Deutsche Telekom AG (Hrsg.), Datenkommunikation, 1995, 1-11; sowie aufgrund der mit Herrn *Genn* geführten Expertengespräche im September und im Oktober 1997.

5.6.4 Logistikstrategien

Der strategische Baustein „zwischenbetriebliche Logistik“ (Abbildung 5-23) verdeutlicht zusammenfassend die wichtigsten strategischen Optionen dieses Gestaltungsfeldes im Überblick.

Dieser Überblick macht nochmals deutlich, daß es innerhalb der logistischen Grundstruktur[480] vor allem darum geht, die *Prozeßverknüpfungen* zwischen den jeweils in Lieferbeziehung stehenden Produktionsstätten zu definieren. Hierbei steht die Frage im Mittelpunkt, ob die Produktionsprozesse dieser Produktionsstätten durch den Verzicht auf zwischenbetriebliche Vorratshaltungen direkt miteinander *gekoppelt* werden sollen. Oder, ob alternativ dazu die Produktionsprozesse der Werke *entkoppelt* werden sollen, indem eine Form der Lagerhaltung den zwischenbetrieblichen Güterfluß unterbricht. Es wird hier von *Ent*koppelung gesprochen, da die Lagerhaltung sozusagen einen Bestandspuffer bildet, der keine enge Synchronisation der Produktionsprozesse in den verbundenen Werken erfordert und zum Beispiel die Realisierung jeweils unterschiedlicher Losgrößen erlaubt. Welche Strategie im Einzelfall zu empfehlen ist, hängt zum Beispiel von der mengenmäßigen und zeitlichen Bedarfsstruktur, von den Gütereigenschaften (z.B. Lagerfähigkeit, Wert), von der zu überbrückenden Entfernung, von den infrastrukturellen Gegebenheiten oder etwa von der spezifischen Lieferbereitschaft des versorgenden Werkes ab.

Als strategische Bezugsobjekte kommen alle zwischenbetrieblichen Güterflüsse in Betracht. Das heißt, es ist für jede zwischenbetriebliche Liefer- und Leistungsbeziehung eine angemessene Strategie zu wählen. Gleiches gilt auch für die Gestaltung der zwischenbetrieblichen Informationsflüsse, also für die Verknüpfung der betrieblichen Informationssysteme sowie für die Wahl einer entsprechenden Technologie zur internationalen Informationsübermittlung.

Ferner sei an dieser Stelle nochmals betont, daß der strategische Baustein „zwischenbetriebliche Logistik“ als *integrierter Bestandteil* in eine logistische Gesamtkonzeption einzubinden ist, die zum Beispiel auch grenzüberschreitende absatz- und beschaffungslogistische Aufgaben erfüllt.

---

[480] Vgl. Abschnitt 5.6.2.1.

zwischenbetriebliche Logistik

Güterflüsse

Zwischenbetriebliche Verbindung

- direkt
- indirekt über andere Knoten (Werke, EVL) im Logistiksystem

Verknüpfung der betrieblichen Produktionsprozesse

- Strategien der zwischenbetrieblichen **Prozeßkoppelung**
  - **bedarfsinduzierte** Güterflüsse ohne Vorratshaltung
  - **verbrauchssynchrone** Güterflüsse ohne Vorratshaltg. ⇒ „*idealtypisches*" JIT
- Strategien der zwischenbetrieblichen **Prozeß<u>ent</u>koppelung**
  - Güterflüsse mit **werksinterner Vorratshaltung**
    - einseitige Lagerhaltung im liefernden Werk ⇒ „*realtypisches*" JIT
    - einseitige Lagerhaltung im empfangenden Werk
    - beidseitige Lagerhaltung im liefernden und im empfangenden Werk
  - **externes Versorgungslager (EVL)**
    - Variante I
    - Variante II

Informationsflüsse

Verknüpfung der betrieblichen Informationssysteme

- **konventioneller** Geschäftsdatenaustausch
- **elektronischer** Geschäftsdatenaustausch (EDI)
- **Anwendungskommunikation**

↳ Kommunikationstechnologie

Abbildung 5-23: Strategischer Baustein „zwischenbetriebliche Logistik"

5.7 Internationalisierungsformen

5.7.1 Vorbemerkungen

Die zuvor betrachteten Gestaltungsfelder des Internationalen Strategischen Produktionsmanagements (ISPM) sind vorwiegend auf die Gestaltung des internationalen Produktionssystems im Hinblick auf die Erfüllung der internationalen Produktionsaufgaben gerichtet. Dabei ist bislang offen geblieben, ob und wenn ja in welchen Fällen und in welcher Form hierzu mit anderen Unternehmungen zusammengearbeitet werden kann oder sollte. Der Beantwortung dieser Fragen gilt nun die Aufmerksamkeit.

Das Gestaltungsfeld „Internationalisierungsformen" läßt sich in zwei Dimensionen aufspalten:[481] Die erste Dimension (Abschnitt 5.7.2) umfaßt die Gestaltung der Eigentumsanteile an den internationalen Produktionsstätten sowie als Grenzfall zudem auch internationale Produktionskooperationen auf der Grundlage vertraglicher Bindungen. Als Oberbegriff erscheint für diese Dimension der Terminus „Bindungsformen" als der zweckmäßige. Die zweite Dimension „Ansiedlungsformen" (Abschnitt 5.7.3) ist auf strategische Gestaltungsaspekte gerichtet, die insbesondere im Zusammenhang mit den Produktionsstandortstrategien „internationale Verdichtung" und „Standortinnovation" von Bedeutung sind.[482]

5.7.2 Bindungsformen

5.7.2.1 Vertragliche Bindungen ohne Kapitalbeteiligung

Basiert eine internationale Produktionsaktivität auf einer engen, aber rein vertraglichen Bindung, die der internationale Produzent mit einem im Ausland ansässigen Produzenten eingeht, so spricht man auch von „Contract Manufacturing".[483] Dabei erfolgt kein Eigentumserwerb und keine Kapitalbeteiligung an der ausländischen Produktionsstätte, sondern die Art der Zusammenarbeit im Produktionsbereich ist durch einen oder mehrere Verträge geregelt.

---

481 Vgl. *Pausenberger, E.*, Internationalisierungsstrategien, 1994, S. 16-23; *Buckley, P.J.*, Barriers to Internationalization, 1993, S. 19-21; *Kutschker, M.*, Eigentumsstrategien, 1992, S. 499-500.

482 Vgl. Abschnitt 5.3.5.

483 Vgl. *Walldorf, E. G.*, Formen der internationalen Unternehmer-Aktivität, 1992, S. 455.

Formen der Kontraktproduktion sind zum Beispiel die *Auftragsfertigung*, die *passive Lohnveredelung*, das *Sub-Contracting* oder die *Koproduktion*:[484]

Bei den ersten drei Formen wird die Herstellung bestimmter Produktionsstufen auf den im Ausland ansässigen Vertragspartner (Auftragnehmer) übertragen. Dieser ist in der Regel an enge Vorgaben des Auftraggebers gebunden. Häufig werden sogar die zur Produktion benötigten Waren an den Produzenten im Ausland exportiert, um nach der Weiterver- oder -bearbeitung wieder von diesem reimportiert zu werden. Die Vermarktung der im Ausland hergestellten Produkte übernimmt ausschließlich der Auftraggeber. Der ausländische Vertragspartner fungiert sozusagen als internationaler Zulieferbetrieb, der im Unterschied zum Lieferanten bei klassischem Fremdbezug sehr viel enger mit dem Auftraggeber zusammenarbeitet. Im Rahmen dieser Zusammenarbeit kann der Auftraggeber zum Beispiel Beratungsfunktionen hinsichtlich der Potential- und Prozeßgestaltung wahrnehmen, die Ausbildung von Technikern des Vertragspartners durchführen oder diesem sogar Maschinen und andere Produktionsmittel zur Verfügung stellen. Im Gegenzug übernimmt der Auftragnehmer die Durchführung der Produktion, zeichnet hierfür verantwortlich und gewährt dem Auftraggeber den flexiblen Zugriff auf die vertraglich abgesteckten Produktionskapazitäten.

Im Hinblick auf das einseitige Auftraggeber-Auftragnehmer-Verhältnis werden Auftragsfertigungen, passive Lohnveredelungen und das Sub-Contracting als *asymmetrische Formen* des Contract Manufacturing bezeichnet.[485] Im Unterschied dazu erfolgt bei der Koproduktion eine beiderseitige Übertragung einzelner Produktionsstufen, indem sich die Partner *gegenseitig* mit Komponenten oder Produkten auf der Basis einer engen vertraglichen Kooperation versorgen.

Das Contract Manufacturing ist als Grenzfall zwischen der internationalen Produktion und der internationalen Beschaffung anzusehen. Wohin dieser Grenzfall letztlich tendiert, hängt entscheidend von der enge der vertraglichen Zusammenarbeit ab. Je enger die Kooperation der Vertragspartner gestaltet ist, desto größer werden tendenziell die Möglichkeiten des internationalen Produzenten, die Produktionsprozesse und -potentiale des Partners mit zu gestalten, und desto mehr gewinnen die strategischen Gestaltungsfelder des ISPM an Relevanz. Aus diesem Grund wird hier die Kontraktproduktion als Grenzfall der internationalen Produktion mit einbezogen. Das hat bereits im grundlegenden Kapitel 2 dazu bewogen, den weiter gefaßten Definitionen

---

484 Zu den folgenden Erläuterungen vgl. *Stauffert, Th. K.*, Internationalisierungsstrategien, 1993, S. 40-41; *Walldorf, E. G.*, Formen der internationalen Unternehmer-Aktivität, 1992, S. 455; *Rother, K.*, Das internationale Geschäft, 1991, S. 89; *Bumiller, F.-X.*, Internationalisierungsstrategien im Textilsektor, 1989, S. 76-82; *Karenberg, L.; Meissner, H.G.;* et al., Auslandsaktivitäten, 1983, S. 9-10.

485 Vgl. *Haussmann, H.*, Vor- und Nachteile der Kooperation, 1997, S. 462.

der *internationalen Unternehmung* zu folgen und diese auf die Abgrenzung der *internationalen Produktion* anzuwenden.[486]

Einen weiteren Beleg für die Zweckmäßigkeit dieser weiten Grenzziehung liefern Analysen zur Gestaltung der Leistungstiefe. Dort wird herausgestellt, daß keineswegs „Entweder-Oder"-Entscheidungen zwischen der Fertigung im eigenen Betrieb und dem klassischen Fremdbezug zu fällen sind, sondern daß vielmehr verschiedene Mischformen (Hybride) in der Realität zu fließenden Übergängen zwischen diesen Polen führen.[487] Derartige Mischformen ergeben sich zum Beispiel durch das Contract Manufacturing, das somit gleichzeitig in interdependenter Beziehung zur Gestaltung der internationalen Fertigungstiefe steht.[488]

Ein wesentlicher *Vorteil* der internationalen Kontraktproduktion liegt in der Nutzung von Standortvorteilen des Vertragspartners, ohne eine Direktinvestition tätigen zu müssen.[489] Das finanzielle Risiko ist im Vergleich zu Kapitalbeteiligungen gering und es entstehen Kostenvorteile durch vermiedene Fixkosten. Gegenüber einer reinen Beschaffungsaktivität bietet sich der Vorteil, innerhalb des vereinbarten Rahmens auf die Produktionskapazitäten des Partners flexibel zugreifen zu können und die verschiedenen strategischen Gestaltungsoptionen des ISPM wahrnehmen zu können.[490]

Als wesentlicher Nachteil ist das Risiko des unkontrollierten Know-how-Übergangs auf den Partner zu nennen, der möglicherweise als potentieller Konkurrent aufgebaut wird.[491] Dieser Gefahr ist besondere Beachtung zu schenken, denn einmal abgeflossenes Wissen kann nicht zurückgefordert werden. Deshalb sind internationale Kontraktproduktionen nur bei relativ anspruchslosen Produktionstechnologien anzuraten.[492] Sie sollten dagegen in Bereichen eigener Kernkompetenzen nicht als strategische Option in Betracht gezogen werden.

Ferner ist der Wahl des Partners besondere Aufmerksamkeit zu schenken, denn das gegenseitige Vertrauen der Vertragspartner sowie die Kompatibilität ihrer Ansprüche und Zielsetzungen sind wesentliche Voraussetzungen für ein erfolgreiches Contract Manufacturing.[493]

---

486 Vgl. Abschnitt 2.3.1.1 in Verbindung mit Abschnitt 2.4.2.

487 Vgl. *Picot, A.*, Leistungstiefe, 1991, S. 339-340; *Reichwald, R.; Dietel, B.*, Produktionswirtschaft, 1991, S. 422-423.

488 Vgl. Abschnitt 5.2.3.

489 Vgl. *Walldorf, E. G.*, Formen der internationalen Unternehmer-Aktivität, 1992, S. 455.

490 Vgl. *Stauffert, Th. K.*, Internationalisierungsstrategien, 1993, S. 41.

491 Vgl. *Rother, K.*, Das internationale Geschäft, 1991, S. 89.

492 Vgl. *Karenberg, L.; Meissner, H.G.;* et al., Auslandsaktivitäten, 1983, S. 10.

493 Vgl. *Perlitz, M.*, Spektrum kooperativer Internationalisierungsformen, 1997, S. 452-453; *Binder, H.; Lux, J.*, Partnerwahl bei Kooperationen, 1997, S. 502-509; *Rother, K.*, Das internationale Geschäft, 1991, S. 89-90.

Ein Beispiel für erfolgreich praktiziertes Contract Manufacturing liefert der empirische Analyseteil:[494] Eine der befragten Unternehmungen realisiert in Asien und in Nordamerika Kontraktproduktionen. Dabei werden den rechtlich selbständigen Vertragspartnern im Ausland die zur Produktion notwendigen Materialien und Maschinen zur Verfügung gestellt, so daß diese (wie oben beschrieben) die Komponenten mit den gewünschten Spezifikationen für die befragte Unternehmung herstellen. Die Steuerung und Kontrolle der Produktionen erfolgt in Abstimmung mit dem deutschen Stammwerk jeweils durch die örtlichen Firmenniederlassungen in Virginia beziehungsweise in Singapur. Diese haben ferner die Aufgaben, die den Kontraktpartnern überlassenen Maschinen technisch zu betreuen, die sachgerechte Anwendung zu gewährleisten sowie die Maschinen vor Mißbrauch zu schützen. Dem Risiko des unkontrollierten Know-how-Abflusses und der verbundenen Verselbständigungsgefahr der Vertragspartner wird begegnet, indem kleine Partnerunternehmungen bevorzugt werden. Denn diese verfügen weder über ein für den Vertrieb geeignetes Distributionsnetz noch über die notwendige Kapitalausstattung zur Anschaffung der für eine Produktion erforderlichen Maschinen. Das Verlustrisiko des Maschinenparks ist durch entsprechende Versicherungsverträge abgedeckt.

Diese Form der internationalen Produktion wird von der befragten Unternehmung als entscheidender Faktor für die Sicherung des langfristigen Unternehmungserfolges angesehen. Im Sinne der Zielsetzung des ISPM werden so strategische Erfolgspotentiale als Grundlage der nachhaltigen, langfristigen Existenzsicherung und Wertsteigerung der Gesamtunternehmung geschaffen.[495]

5.7.2.2 Bindungsformen mit Kapitalbeteiligung

Die unterschiedlichen Bindungsformen, die *mit* Kapitalbeteiligungen an internationalen Produktionsstätten verbunden sind, können anhand der relativen Beteiligungshöhe differenziert werden: Danach lassen sich *Minderheitsbeteiligungen*, *paritätische Beteiligungen*, *Mehrheitsbeteiligungen* sowie der *alleinige Anteilsbesitz* unterscheiden.[496] Die verschiedenen Beteiligungsformen werden dabei auch unter den Begriffen „Gemeinschaftsunternehmen" oder „Joint Ventures" zusammengefaßt. Als solche „bezeichnet man eine auf Kapitalbeteiligung beruhende wirtschaftliche Kooperation,

---

494 Das folgende Beispiel stützt sich auf ein Expertengespräch, das der Verfasser im Rahmen des empirischen Analyseteils geführt hat. Der befragte Manager bat aus Gründen der Geheimhaltung darum, im Textteil dieser Arbeit von einer expliziten Nennung des Firmennamens abzusehen.

495 Vgl. Abschnitt 4.3.4.

496 Vgl. *Stauffert, Th. K.*, Internationalisierungsstrategien, 1993, S. 42; *Kutschker, M.*, Eigentumsstrategien, 1992, S. 499-501.

die zwischen zwei oder mehr Parteien geschlossen wird, um ein Unternehmen unter Teilung von Geschäftsführung und Risiko zu führen."[497] Nach *Walldorf* sind Joint Ventures (im engeren Sinne) durch folgende Merkmale gekennzeichnet:[498]

- Alle Partner (Investoren) sind kapitalmäßig beteiligt und tragen ein anteiliges Risiko.
- Die Investoren stammen aus verschiedenen Wirtschaftsgebieten, wobei folgende Kombinationen denkbar sind:
  (i) Die Investoren stammen aus Land A und B und gründen oder erwerben eine gemeinsame Partnerschaftsunternehmung in Land C.
  (ii) Die Investoren stammen aus Land A (und B) sowie Land C, in dem die Partnerschaftsunternehmung gegründet oder erworben wird.
- Die Zusammenarbeit hat langfristigen und dauerhaften Charakter. Sie ist auf vertraglicher Basis geregelt, durch die zum Beispiel Risiko- und Gewinnverteilungen, Anteilsverlagerungen, Managementkompetenzen oder etwa Ziele und Inhalte der Zusammenarbeit festgelegt sind.

Der grundlegende Unterschied zwischen den verschiedenen Bindungsformen *mit* Kapitalbeteiligung liegt gerade in der anteilsmäßigen Beteiligungshöhe. Charakteristisch dabei ist, daß mit dem Beteiligungsgrad nicht nur der Kapitaleinsatz, sondern tendenziell auch der Handlungs- und Entscheidungsspielraum des internationalen Produzenten steigt.[499] Dieser Zuwachs an Einflußmöglichkeiten geht in der Regel allerdings auch mit einem steigenden Bedarf an Personal- und Managementressourcen einher.[500] Im Fall des alleinigen Anteilsbesitzes ist dieser in vollem Umfang durch den internationalen Produzenten zu decken, der dafür aber über die alleinige Entscheidungs- und Gestaltungskompetenz verfügt.

Abbildung 5-24 visualisiert die soeben beschriebenen Zusammenhänge. Der Vollständigkeit halber ist die im vorherigen Abschnitt 5.7.2.1 vorgestellte Kontraktproduktion mit in das Schaubild integriert. Sie markiert sozusagen die loseste möglicher Bindungsformen, die im Rahmen des ISPM als strategische Optionen zur Verfügung stehen. Abbildung 5-24 macht gleichzeitig deutlich, in welchen Fällen *Beteiligungs-*

497 *Endres, D.*, Joint Ventures, 1987, S. 374.

498 Vgl. *Walldorf, E. G.*, Joint Venture, 1993, S. 1748-1749; *Walldorf, E. G.*, Formen der internationalen Unternehmer-Aktivität, 1992, S. 456.

499 Vgl. *Kutschker, M.*, Eigentumsstrategien, 1992, S. 500; *Stauffert, Th. K.*, Internationalisierungsstrategien, 1993, S. 42; *Karenberg, L.; Meissner, H.G.;* et al., Auslandsaktivitäten, 1983, S. 11.

500 Vgl. *Stauffert, Th. K.*, Internationalisierungsstrategien, 1993, S. 42.

formen vorliegen, und wann von internationalen *Produktionskooperationen* gesprochen werden kann.[501]

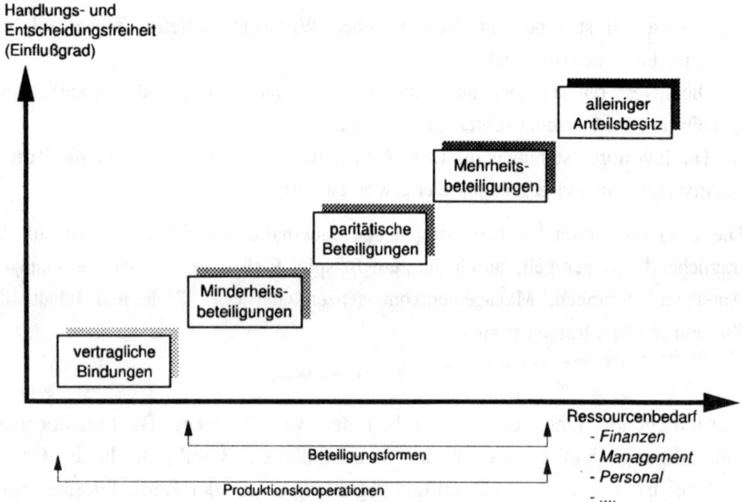

Abbildung 5-24: Bindungsformen im Rahmen des ISPM

Neben den zuvor beschriebenen Merkmalen sind weitere Vor- und Nachteile der unterschiedlichen Bindungsformen *mit* Kapitalbeteiligung zu berücksichtigen. Einige dieser Vor- und Nachteile sind aus Gründen der Übersichtlichkeit in den Tabellen 5-25 (I) und (II) zusammengefaßt. Die Aufstellungen, die auf der Grundlage der vorliegenden Literatur[502] erstellt werden konnten, vermitteln einen Überblick über wichtige Beurteilungskriterien. Sie erheben dabei nicht den Anspruch auf Vollständigkeit und sind gegebenenfalls durch weitere Kriterien zu ergänzen.

501 Vgl. hierzu *Perlitz, M.*, Spektrum kooperativer Internationalisierungsformen, 1997, S. 443-456; *Haussmann, H.*, Vor- und Nachteile der Kooperation, 1997, 461-462; *Börsig C.; Baumgarten Ch.*, Internationales Kooperationsmanagement, 1997, S. 487.

502 Vgl. *Welge, M. K.; Holtbrügge D.*, Internationales Management, 1998, S. 111-115 u. 118; *Haussmann, H.*, Vor- und Nachteile der Kooperation, 1997, S. 464-466; *Kammüller, M.*, Standort in Japan, 1995, S. 29; *Pausenberger, E.*, Internationalisierungsstrategien, 1994, S. 20-23; *Zinser, R.; Roth, A.*, Internationalisierung, 1994, 147-149; *Kutschker, M.*, Eigentumsstrategien, 1992, S. 512-518; *Walldorf, E. G.*, Formen der internationalen Unternehmer-Aktivität, 1992, S. 456-458; *Buckley, P.J.*, Barriers to Internationalization, 1993, S. 21; *Endres, D.*, Joint Ventures, 1987, S. 375 u. 377.

Die Tabellen 5-25 (I) und (II) können als Argumentationshilfen bei der Wahl einer Bindungsform *mit* Kapitalbeteiligung dienen. Dabei ist zu beachten, daß die verschiedenen *Beteiligungs*formen in Tabellenteil (I) zusammengefaßt dargestellt sind. Das Gewicht, das den einzelnen Kriterien zukommt, hängt dabei besonders von dem jeweiligen Beteiligungsanteil ab. So fallen die einzelnen Vor- und Nachteile bei Minderheitsbeteiligungen vergleichsweise stärker ins Gewicht als etwa bei Mehrheitsbeteiligungen. Tendenziell verlieren die Vor- und Nachteile einer Beteiligung (Tabelle 5-25, Teil I) mit steigendem Beteiligungsgrad an Gewicht, während gleichzeitig die Argumente für und wider den alleinigen Anteilsbesitz (Tabelle 5-25, Teil II) zunehmend an Relevanz gewinnen.

Beteiligungsformen (*Joint Ventures*)	
Vorteile	**Nachteile**
+ geteilter Kapitaleinsatz + Managementbedarf geringer als bei einem Alleingang + geteilte Risiken + Teilung von Verlusten + Flexibilitätsvorteil, wenn Rückzug einfach möglich + Bei komplementären Ressourcenprofilen der Partner sind Synergieeffekte realisierbar (X- oder *link*-Joint Ventures) + Bei Ressourcenkongruenz der Partner sind Kostendegressionseffekte realisierbar (Y- oder *scale*-Joint Ventures) Vorteile bei Wahl eines lokalen Partners + lokales Know-how des Partners + lokale Beziehungen des Partners + lokale Identität des Joint Venture → Erleichterungen in der Startphase	- Gefahr von Leitungskonflikten zwischen den Partnern - mögliche Probleme, wenn sehr unterschiedliche Firmenkulturen und Mentalitäten zusammentreffen - Abstimmungsprozesse mit Partner(n) notwendig → mögliche Probleme bei im Zeitablauf divergierenden Zielvorstellungen und Interessen (z.B. bzgl. Gewinnverwendung, Investitionstätigkeiten, Transferpreisfestsetzungen ...) - Berücksichtigung der Partnerinteressen erschwert die Integration in das internationale Gesamtsystem der eigenen Unternehmung - Teilung von Gewinnen - Gefahr der ungewollten und unkontrollierten Know-how-Übertragung auf den Partner

Tabelle 5-25 (Teil I): Argumentationshilfe für die Wahl einer Bindungsform _mit_ Kapitalbeteiligung – Teil I *Beteiligungsformen*

alleiniger Anteilsbesitz (*100 %ige Tochtergesellschaft*)	
Vorteile	**Nachteile**

+ alleinige Gestaltungs- und Entscheidungskompetenz
+ Verwirklichung der eigenen Firmenkultur
+ Abstimmungsprozesse mit anderen Gesellschaftern entfallen
+ Vermeidung von Integrationsproblemen
+ alleinige Gewinnabschöpfung
+ Schutz vor ungewolltem und unkontrolliertem Know-how-Abfluß
	- hoher Kapitalbedarf
	- hoher Managementbedarf
	- Verluste müssen voll getragen werden
	- alleinige Risikolast
	- Standortrückzug aufwendig → eingeschränkte Flexibilität
	- mögliche Probleme in der Startphase
	  - kein lokales Know-how
	  - lokale Beziehungen sind erst aufzubauen
	  - Image als ausländische Unternehmung

Tabelle 5-25 (Teil II): Argumentationshilfe für die Wahl einer Bindungsform *mit* Kapitalbeteiligung – Teil II *alleiniger Anteilsbesitz*

Für den dauerhaften Erfolg eines Joint Venture ist vor allem die Wahl des passenden Partners von entscheidender Bedeutung,[503] um so bereits in der Planungsphase die in Tabelle 5-25 (I) angeführten Nachteile dieser Bindungsform so weit wie möglich zu entkräften. Hierbei kommt es neben dem Einvernehmen über Beteiligungsverhältnisse, Leitungskompetenzen, Entscheidungsrechte oder Zielsetzungen besonders auch auf die Kompatibilität der sogenannten „weichen" Faktoren an:[504] Firmenkulturen, Werthaltungen oder Führungsstile der Partner sollten zueinander passen. Für kulturelle Eigenarten und Mentalitäten der (des) Partner(s) sollte bereits in der Auswahlphase eine gewisse Sensibilität entwickelt werden.

Richtet man einen abschließenden Blick auf die Praxis, so wird gerade bei deutschen Unternehmungen häufig eine Präferenz für den alleinigen Anteilsbesitz oder zumin-

---

503 Vgl. *Welge, M. K.; Holtbrügge D.*, Internationales Management, 1998, S. 113; *Perlitz, M.*, Spektrum kooperativer Internationalisierungsformen, 1997, S. 452; *Binder, H.; Lux, J.*, Partnerwahl bei Kooperationen, 1997, S. 502-508; *Zinser, R.; Roth, A.*, Internationalisierung, 1994, 148; *Endres, D.*, Joint Ventures, 1987, S. 375-376.

504 Vgl. *Börsig, C.; Baumgarten Ch.*, Internationales Kooperationsmanagement, 1997, S. 483; *Binder, H.; Lux, J.*, Partnerwahl bei Kooperationen, 1997, S. 507; *Hornig, F.*, Joint Ventures, 1996, S. 81.

dest für Mehrheitsbeteiligungen beobachtet.[505] Anderseits steht dieser Beobachtung aber auch eine wachsende Bedeutung internationaler Kooperationen und strategischer Allianzen gegenüber,[506] die besonders im Forschungs- & Entwicklungsbereich wie auch in der Produktion festzustellen sind.[507]

Auch die eigenen empirischen Untersuchungen liefern Belege für diese abweichenden Entwicklungen: Zwar gaben gut zwei Drittel (11 von 16) der befragten Unternehmungen den alleinigen Anteilsbesitz oder mindestens die Mehrheitsbeteiligung als „wünschenswerte“ Internationalisierungsform an, doch trotz dieser für wünschenswert gehaltenen Beteiligungen wurden häufig auch Joint Ventures mit geringeren Kapitalanteilen eingegangen. Nachfragen zu dieser Beobachtung ergaben, daß dem geäußerten Wunschdenken in der Praxis häufig *Realitäten* gegenüber stehen, die auch die Offenheit für Produktionskooperationen ohne mehrheitliche Beteiligung erfordern, wenn man nicht ganz auf bestimmte internationale Produktionsaktivitäten verzichten will.

Eine solche Realität sind zum Beispiel die häufig in Entwicklungs- und Staatshandelsländern anzutreffenden gesetzlichen Bestimmungen, die die Beteiligungsquoten für ausländische Investoren begrenzen und so einen alleinigen Anteilsbesitz oder häufig auch Mehrheitsbeteiligungen als strategische Optionen ausschließen. In solchen Fällen wird auch von „erzwungenen“ Joint Ventures gesprochen.[508]

Eine weitere Realität kann in den begrenzten Ressourcen einer Unternehmung begründet sein,[509] die es gerade mittelständischen Unternehmungen häufig nicht erlauben, ihre Produktionsstrukturen beliebig zu internationalisieren. Produktionskooperationen mit anderen Unternehmungen bieten dann eine Möglichkeit, die Chancen internationaler Produktionsaktivitäten nutzen zu können, ohne dabei den vollen Ressourcenbedarf ganz aus eigener Kraft decken zu müssen.

---

505 Vgl. *Hornig, F.*, Joint Ventures, 1996, S. 83; *Zinser, R.; Roth, A.*, Internationalisierung, 1994, S. 148; *Kutschker, M.*, Eigentumsstrategien, 1992, S. 503-506; *Endres, D.*, Joint Ventures, 1987, S. 377.

506 Vgl. *Welge, M. K.; Al-Laham, A.*, Strategische Allianzen, 1997, S.557-559; *Riehle, W.*, Strategische Allianzen, 1997, 581; *Perlitz, M.*, Spektrum kooperativer Internationalisierungsformen, 1997, S. 456-457. Siehe hierzu auch das jüngst erschienene „Handbuch Internationales Management“, das der oben beschriebenen Entwicklung Rechnung trägt, indem der „Internationalisierung über Kooperationen“ ein eigenständiger Themenbereich gewidmet ist. Dort finden sich Analysen verschiedener Fachautoren zur Thematik. Vgl. *Macharzina, K.; Oesterle, M.-J.* (beide Hrsg.), Handbuch Internationales Management, 1997, S. 439 ff..

507 Vgl. *Welge, M. K.; Al-Laham, A.*, Strategische Allianzen, 1997, S.558.

508 Vgl. *Pausenberger, E.*, Internationalisierungsstrategien, 1994, S. 21.

509 Vgl. *Haussmann, H.*, Vor- und Nachteile der Kooperation, 1997, S. 464.

5.7.3 Ansiedlungsformen

Im Zusammenhang mit den Produktionsstandortstrategien „internationale Verdichtung" und „Standortinnovation" stellt sich die Frage,[510] ob die weitere Produktionsstätte neu gegründet werden soll, oder ob alternativ ein bereits bestehender Betrieb aufgekauft (akquiriert) werden soll.[511] Der Weg der *Neugründung* wird auch als *internes* Wachstum, der Weg der *Akquisition* auch als *externes* Wachstum bezeichnet.[512] Beide Ansiedlungsformen setzen eine der zuvor behandelten Bindungsformen *mit* Kapitalbeteiligung voraus.

Akquisition (Aufkauf)

Eine bereits bestehende Produktionsstätte ist in vielfältiger Weise in die örtlichen Umweltstrukturen integriert. Kenntnisse über spezifische Umweltbedingungen und Marktverhältnisse sind bereits vorhanden. Durch eine Akquisition können diese Vorteile genutzt und in eine schnelle Produktionsaufnahme umgesetzt werden. Zudem können mögliche Marktanteile der aufgekauften Produktionsstätte übernommen werden und einen unmittelbaren Marktzugang ermöglichen.[513]

Gerade in der Startphase an einem neuen internationalen Produktionsstandort ergeben sich durch die Akquisition Zeit- und Kostenvorteile,[514] da die Kombination der Potentialfaktoren schon vorhanden ist und nicht erst aufgebaut werde muß. Dieser Vorteil wirkt allerdings nur dann, wenn die vorhandenen Betriebsmittel auch zu großen Teilen für die künftige Produktion verwendet werden können.

Als ein Nachteil des Aufkaufes einer Produktionsstätte ist anzuführen, daß nicht benötigte Betriebsteile und Betriebsmittel zunächst mit übernommen werden müssen. Ebenso bestehen bereits aufbau- und ablauforganisatorische Strukturen, die zudem häufig über lange Zeiträume gewachsen sind. Das kann die Integration in die internationalen Konzernstrukturen und in das internationale Produktionssystem erschweren, da gerade die Veränderung historisch verwurzelter Gegebenheiten besondere Anstrengungen erfordert. Nicht selten sind deshalb umfangreiche Rationalisierungs-, Umstrukturierungs- und Integrationsprogramme erforderlich, deren Durchführung die

---

510 Vgl. Abschnitt 5.3.5.

511 Vgl. *Welge, M. K.; Holtbrügge D.*, Internationales Management, 1998, S. 120-122; *Buckley, P.J.*, Barriers to Internationalization, 1993, S. 19-20.

512 Vgl. *Pausenberger, E.*, Internationalisierungsstrategien, 1994, S. 16-17; *Kutschker, M.*, Eigentumsstrategien, 1992, S. 500.

513 Vgl. *Rother, K.*, Das internationale Geschäft, 1991, S. 83.

514 Vgl. *Pausenberger, E.*, Internationalisierungsstrategien, 1994, S. 17.

Ressourcen der kaufenden Unternehmung zusätzlich belastet.[515] Ferner ist auch der Standort bei der Übernahme einer vorhandenen Produktionsstätte vorgegeben, es ist also keine freie Standortwahl wie im Fall einer Neugründung möglich.

Als weiterer Nachteil einer Akquisition ist außerdem zu berücksichtigen, daß die Übernahme eines Werkes durch eine ausländische Unternehmung zu negativen Öffentlichkeits- und Imagewirkungen im Gastland führen kann.

Neugründung

Für die Neugründung einer Produktionsstätte sprechen besonders die Gestaltungsfreiheiten, da weder technische noch organisatorische „Altlasten“ wie im Fall eines Aufkaufes zu berücksichtigen sind. Das ermöglicht in der Produktion zum Beispiel den sofortigen Einsatz moderner Technologien, ohne vorher zunächst über die Verwendung oder den Verbleib bereits vorhandener, möglicherweise veralteter Betriebsmittel entscheiden zu müssen.[516] Die Produktionsprozesse können frei gestaltet werden und bereits in der Grundrißplanung von Gebäuden und Räumen Berücksichtigung finden. Kapazitäten können bedarfsgerecht auf- und abgebaut werden und sind nicht wie im Fall der Akquisition zunächst als Ausgangsbasis vorgegeben.[517] Auch der Standort der Produktionsstätte ist nicht festgelegt und kann somit frei gewählt werden.

Der Neuaufbau erleichtert zudem die Integration der Produktionsstätte in die internationalen Konzernstrukturen, da auch diesbezüglich keine historisch gewachsenen Vorgaben zu berücksichtigen sind.

Als nachteilig erweist sich bei der Neugründung eines Werkes das möglicherweise fehlende lokale Know-how, also die fehlende Kenntnis über örtliche Umwelt- und Marktbedingungen. Außerdem kann nicht auf vorhandene Beziehungen zu Behörden und Institutionen vor Ort zurückgegriffen werden, sondern diese sind in der Regel erst aufzubauen. Gerade in der Startphase an einem neuen Standort können die genannten Punkte zu Zeitnachteilen gegenüber einer Akquisition führen. Dabei ist auch die eigentliche Bauzeit bei einer Neuerrichtung zu berücksichtigen, die im Akquisitionsfall ganz entfällt beziehungsweise auf Umbaumaßnahmen beschränkt ist.

Als weiterer Nachteil kann sich bei der Neugründung ein verzögerter Produktionsanlauf ergeben, da das gesamte Personal neu eingestellt wird und deshalb zunächst entsprechende Einarbeitungsphasen vorzusehen sind, bevor die angestrebte Produktivität des Betriebes erreicht werden kann.

---

515 Vgl. *Kutschker, M.*, Eigentumsstrategien, 1992, S. 526-527.

516 Vgl. *Pausenberger, E.*, Internationalisierungsstrategien, 1994, S. 18.

517 Vgl. *Zinser, R.; Roth, A.*, Internationalisierung, 1994, S. 147.

Welche der vorgestellten Ansiedlungsformen als die zweckmäßigere anzusehen ist, kann wegen der Einzelfallabhängigkeit hier nicht geklärt werden. Das Gewicht der beschriebenen Vor- und Nachteile hängt von den spezifischen Bedingungen des jeweiligen Planungsfalls ab, so daß eine Handlungsempfehlung nur bei Kenntnis dieser Bedingungen möglich erscheint. Um die Beurteilung im Planungsfall zu erleichtern, faßt Tabelle 5-26 die wesentlichen Argumente im Überblick zusammen.

Kriterium	Ankauf	Neugründung
Marktzugang	unmittelbar	zeitverzögert
Marktanteil	wird übernommen	muß erobert werden
Kapitaleinsatz	hoher Anfangsbetrag	sukzessive Steigerung
Standort	gegebene Standortstruktur	frei wählbarer Standort
Einstellung der Gastlandregierung	oft Abwehrhaltung	häufig finanzielle Förderung
Technologie	vorgegeben	neuste Verfahren einsetzbar
Integration	schwierig	problemlos
Anbieterzahl und Produktionskapazität	bleibt erhalten	wird erhöht

Tabelle 5-26: Ankauf versus Neugründung[518]

5.7.4 Strategien zur Gestaltung der Internationalisierungsform

Auch an dieser Stelle sind die strategischen Optionen des zuvor betrachteten Gestaltungsfeldes durch den entsprechenden strategischen Baustein „Internationalisierungsform" visualisiert (siehe Abbildung 5-27).

Es ist zu beachten, daß die verschiedenen *Ansiedlungsstrategien* eine Kapitalbeteiligung implizieren und deshalb im Fall des Contract Manufacturing nicht relevant sind. Außerdem beziehen sich die Ansiedlungsstrategien nur auf diejenigen Fälle, in denen die Produktionsstandortstruktur durch *zusätzliche* Produktionsstätten erweitert werden soll.

---

[518] Tabelle aus: *Pausenberger, E.*, Internationalisierungsstrategien, 1994, S. 19, vgl. hierzu ähnlich: *Buckley, P.J.*, Barriers to Internationalization, 1993, S. 20.

Im Gegensatz dazu sind die *Bindungsstrategien* auch auf die bereits bestehenden Produktionsstätten des internationalen Produktionssystems zu beziehen. Dabei können an den verschiedenen Produktionsstandorten jeweils unterschiedliche Strategien verfolgt werden. Zudem können sich die Strategien auch im Zeitablauf gegenseitig ergänzen. So ist es denkbar, zu Beginn einer Produktionsaktivität an einem neuen Standort zunächst eine Kooperationsform ohne oder mit nur geringer Kapitalbeteiligung vorzuziehen. Mit zunehmender Dauer des Engagements kann die Kapitalbeteiligung dann sukzessive bis hin zu einer Mehrheitsbeteiligung oder gar einem alleinigen Anteilsbesitz ausgebaut werden.[519] Bei einem im Zeitablauf abnehmenden Kapitalanteil des ausländischen Partners spricht man dann auch von sogenannten „*fade-out*-Joint Ventures".[520]

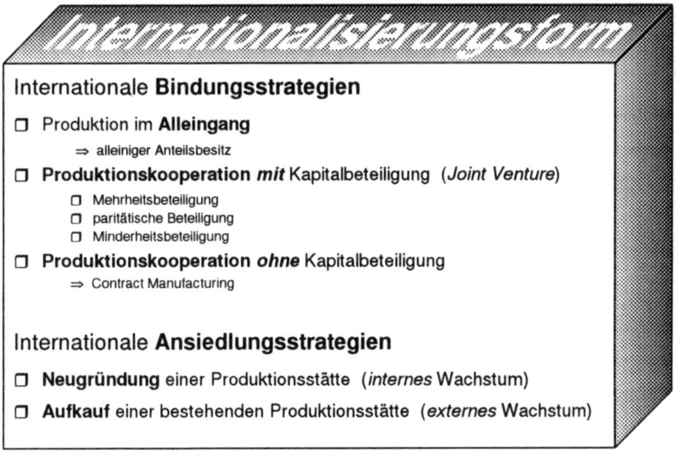

Abbildung 5-27: Strategischer Baustein „Internationalisierungsform"

---

519 Vgl. Deutscher Industrie- und Handelstag (Hrsg.), Produktionsverlagerung, 1993, S. 2; *Stauffert, Th. K.*, Internationalisierungsstrategien, 1993, S. 43.

520 Vgl. *Welge, M. K.; Holtbrügge D.*, Internationales Management, 1998, S. 112.

6 Basisstrategien des Internationalen Strategischen Produktionsmanagements

6.1 Vorüberlegungen

Wie die Bezeichnung „Basisstrategien“ bereits ausdrückt, haben diese einen grundlegenden Charakter für die strategische Gestaltung der internationalen Produktionsaktivität. Durch die Wahl einer Basisstrategie wird die grundsätzliche strategische Orientierung des internationalen Produktionssystems abgesteckt, die dann in den zuvor erarbeiteten strategischen Gestaltungsfeldern ihre Konkretisierung erfährt.[1] Dieser grundlegende und *übergreifende* Charakter der Basisstrategien erfordert es im Planungsfall, daß bereits *vor* der Behandlung der einzelnen strategischen Gestaltungsfelder Klarheit über die gewählte Basisstrategie besteht.

Daß entgegen dieser Planungsfolge die Basisstrategien erst an dieser Stelle – nach der Behandlung der einzelnen Gestaltungsfelder – entwickelt werden, erscheint aus didaktischen Gründen als zweckmäßig. Denn auf diese Weise kann zur Entwicklung der Basisstrategien auf die im vorangegangenen Kapitel 5 gewonnenen Erkenntnisse zurückgegriffen werden, so daß die Basisstrategien auch im Hinblick auf die einzelnen strategischen Gestaltungsfelder näher spezifiziert werden können. Dieses Vorgehen verdeutlicht besonders die inhaltlichen Beziehungen und Verbindungen zwischen den Basisstrategien und den strategischen Gestaltungsfeldern des Internationalen Strategischen Produktionsmanagements (ISPM). Hätte man das in einer der Planungsfolge entsprechenden Betrachtungsreihenfolge[2] verdeutlichen wollen, wären zahlreiche Vorgriffe auf nachfolgende Abschnitte notwendig geworden, was sich als eher hinderlich für eine strukturierte und eingängige Darstellungsweise erwiesen hätte.

Im folgenden Abschnitt 6.2 gilt es zunächst, eine grundsätzliche Typologie möglicher Basisstrategien des ISPM zu entwickeln. Hieran anknüpfend und vor dem Hintergrund der bisher gewonnenen Erkenntnisse können dann die einzelnen Basisstrategien spezifiziert werden. Abbildung 6-1 zeigt den inhaltlichen Aufbau dieses Kapitels.

---

[1] Zum konzeptionellen Zusammenhang zwischen den Basisstrategien und den Gestaltungsfeldern siehe insbesondere auch Abschnitt 7.1.

[2] Danach würde zunächst die Entwicklung der Basisstrategien und erst anschließend die Behandlung der einzelnen strategischen Gestaltungsfelder erfolgen.

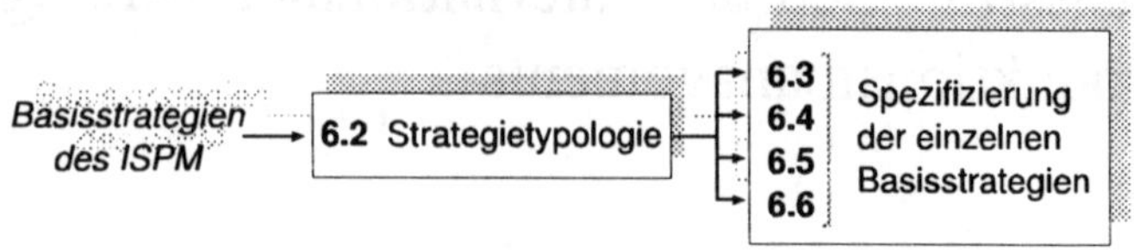

Abbildung 6-1: Inhaltlicher Aufbau des Kapitels 6

6.2 Typologie der Basisstrategien

Das vorangegangene Kapitel 5 hat gezeigt, daß sich die strategische Gestaltung internationaler Produktionsaktivitäten sehr häufig im Spannungsfeld zwischen lokaler Anpassung und globaler Integration bewegt. Die alle strategischen Gestaltungsfelder erfassende, grundsätzliche Positionierung innerhalb dieses Spannungsfeldes stellt die *strategische Orientierung* der internationalen Produktionsaktivität dar, deren mögliche Ausprägungen anhand der zu entwickelnden *Basisstrategien* konkretisiert werden sollen.

Die strategische Orientierung der Produktionsaktivität ist untrennbar mit der strategischen Orientierung der internationalen Gesamtunternehmung verbunden,[3] die letztlich in der an anderer Stelle vorgestellten „Typologie internationaler Strategien" ihren Ausdruck findet.[4] Es liegt daher nahe, auf diese Typologie zurückzugreifen und daran anknüpfend die Basisstrategien des ISPM abzuleiten. Dafür sprechen vor allem zwei Gründe: Erstens wird durch den Rückgriff auf Erkenntnisse des (allgemeinen) internationalen Managements die geforderte Kompatibilität des ISPM als Konzeption des speziellen Managements zu vorhandenen Ansätzen des allgemeinen Managements gewährleistet. Zweitens handelt es sich bei der herangezogenen Typologie um einen im internationalen Management als konsensfähig anzusehenden Ansatz,[5] was dem zuvor angeführten Argument zusätzliches Gewicht verleiht und damit die Akzeptanz des hier entwickelten Konzeptes fördern dürfte.

Überträgt man nun die in Abschnitt 2.3.3.2 vorgestellte Typologie internationaler Strategien auf die internationale Produktionsaktivität, ergeben sich im Spannungsfeld zwischen Globalisierung und Lokalisierung die unterschiedlichen Basisstrategien des

---

3 Vgl. *McGrath, M. E.; Hoole, R. W.*, Manufacturing, 1992, S. 100.

4 Siehe Abschnitt 2.3.3.2.

5 Vgl. *Macharzina, K.*, Steuerung von Auslandsgesellschaften, 1993, S. 79; *Macharzina, K.*, Globale Strategieansätze, 1993, S. 37.

ISPM (siehe Abbildung 6-2). Wie die Bezeichnungen der Matrixfelder in Abbildung 6-2 erkennen lassen, können die Basisstrategien außerdem auf das EPRG-Konzept *Perlmutters* bezogen werden,[6] so daß der hier entwickelte Ansatz auch in dieser Hinsicht als kompatibel anzusehen ist.

Abbildung 6-2: Typologie der Basisstrategien des ISPM

Gleichzeitig liefert die Typologie der Basisstrategien des ISPM einen Vorschlag zur Terminologie des hier fokussierten Erkenntnisbereiches. Im Vorgriff auf die folgenden Abschnitte sei angemerkt, daß bewußt auf die Fixierung von strukturellen Merkmalen oder von Leistungsmerkmalen zur gegenseitigen Abgrenzung der Basisstrategien und der sie bezeichnenden Termini verzichtet wird, um die mit derartigen Festlegungen verbundenen Nachteile zu vermeiden.[7]

---

6 Siehe Abschnitt 2.3.1.2.4.

7 Siehe die entsprechenden Ausführungen in den Abschnitten 2.3.1.2.2 und 2.3.1.2.3.

Weiter ist zu beachten, daß die zunächst statisch wirkende Strategietypologie auch im Kontext zeitlicher Entwicklungsprozesse zu sehen ist, die in der Praxis zu fließenden Übergängen zwischen den einzelnen Basisstrategien führen. Denn eine als „international" zu charakterisierende Produktionsaktivität wird nicht „über Nacht" zu einem „multinationalen" oder etwa „globalen" Typus, sondern sie durchläuft in der Regel dynamische *Entwicklungsprozesse* zwischen diesen Ausprägungen.[8]

Anknüpfend an die in Abbildung 6-2 dargestellte Typologie der Basisstrategien des ISPM werden in den folgenden Abschnitten die idealtypischen Ausprägungen der einzelnen Strategien konkretisiert. Das soll vor allem mit Blick auf die in Kapitel 5 vorgestellten Gestaltungsfelder des ISPM sowie die dort aufgezeigten strategischen Optionen erfolgen.

6.3 International Manufacturing

„International Manufacturing" bezeichnet internationale Produktionsaktivitäten, die weder als globalisiert noch als lokalisiert anzusehen sind. Es handelt sich hierbei um *ethnozentrisch* geprägte Unternehmungen, deren betriebliche Wertschöpfung vorwiegend im Heimatland konzentriert ist. Die grenzüberschreitende Produktionsaktivität dient hier primär der Sicherung des inländischen Unternehmungsbestandes. Dazu werden vorwiegend aus Kosten- oder aus Beschaffungsmotiven einzelne Produktionsstufen an ausländischen Standorten hergestellt, um dort spezifische Standortvorteile wie beispielsweise geringe Arbeitskosten zu nutzen. Marktorientierte Motive spielen für die internationale Produktionsaktivität hier keine bedeutende Rolle.

Das Produktionsprogramm ist durch *nationale Produkte* geprägt, die hauptsächlich für den Heimatmarkt bestimmt sind und nur im Bedarfsfall an besondere Anforderungen der Exportmärkte angepaßt werden.

Im Fall des International Manufacturing ist die Produktionsstandortstruktur *monozentralistisch*[9] charakterisiert und die zwischenbetriebliche Arbeitsteilung ist produktionsstufenorientiert organisiert. Die strategische Planungs- und Entscheidungskompetenz ist ebenso bei der Muttergesellschaft zentralisiert wie die internationale Produktionsplanung und -steuerung. Die ausländischen Betriebsteile sind somit weitgehend an die Vorgaben des Stammwerkes gebunden, ihre Autonomie ist entsprechend gering.

[8] Siehe hierzu auch Abschnitt 2.3.1.2.5.

[9] Siehe Abschnitt 5.3.3.2.

Im Vergleich zu den übrigen Basisstrategien kennzeichnet das International Manufacturing den geringsten Internationalisierungsgrad einer Produktionsaktivität. Es stellt somit auch ein mögliches Anfangsstadium der Internationalisierung von Produktionsaktivitäten dar.

6.4 Multinational Manufacturing

Die Basisstrategie „Multinational Manufacturing" charakterisiert solche Produktionsaktivitäten, deren internationale Ausrichtung auf einer *polyzentrischen* Grundorientierung der Unternehmung beruht. Die in verschiedenen Ländern angesiedelten Produktionsstätten sind jeweils stark auf die örtlichen Umweltbedingungen ihrer Standorte ausgerichtet, um so eine lokale Akzeptanz und lokale Marktnähe zu gewährleisten. Die länderspezifische Marktorientierung bildet hier das Hauptmotiv für die internationale Produktionsaktivität.

Das Multinational Manufacturing bietet sich bei international sehr unterschiedlichen, also divergenten Märkten an, um diese jeweils durch die marktnahen Produktionsstätten mit entsprechend *lokal angepaßten Produkten* zu versorgen. Diese lokalen Produktanpassungen führen international gesehen zu einer Differenzierung des Produktionsprogramms.

Die Produktionsstandortstruktur ist produktorientiert organisiert und führt zu einer *inselartigen* Grundstruktur *dekonzentrierter* Prägung.[10] Das impliziert, daß die einzelnen Produktionsstätten jeweils komplette Produkte herstellen, ohne in nennenswertem Umfang Komponenten oder Teile von anderen Produktionsstätten zu beziehen. Zwischenbetriebliche Produktionsverflechtungen spielen folglich keine bedeutende Rolle.

Da die Produktionsmengen der einzelnen Werke durch die jeweils lokalen Marktvolumina begrenzt sind, ergeben sich – etwa im Vergleich zum Global Manufacturing[11] – eher kleine Kapazitätseinheiten. Die Möglichkeiten zum Einsatz kapitalintensiver Spezialmaschinen sind aufgrund der unzureichenden Produktionsmengen begrenzt. Statt dessen ist vielmehr der Einsatz von *Universalaggregaten* vorteilhaft, die aufgrund ihres vergleichsweise breiteren Anwendungsspektrums flexibel an die lokalen Produktionsaufgaben und deren Veränderungen angepaßt werden können.[12] Entsprechend ergeben sich tendenziell flexibilitätsorientierte und *lokal angepaßte* Produktionsprozesse in den internationalen Produktionsstätten.

---

10 Siehe die entsprechenden Ausführungen in Abschnitt 5.3.3.4.

11 Siehe den folgenden Abschnitt 6.5.

12 Siehe die entsprechenden Ausführungen in Abschnitt 5.4.2.

Außerdem sind die verschiedenen Formen der ***Produktionskooperation*** hervorzuheben,[13] die zwar kein zwingendes Merkmal des Multinational Manufacturing darstellen, die aber die Charakteristik dieser Basisstrategie fördern können. Das ist genau dann der Fall, wenn die Zusammenarbeit mit einem oder mehreren lokalen Partnern gesucht wird, die dann zum Beispiel in ein Joint Venture ihr lokales Know-how und ihre lokalen Beziehungen einbringen, um so die Lokalisierung der gemeinsamen Produktionsstätte zu unterstützen.

Das Multinational Manufacturing ist mit einem vergleichsweise hohen Grad an Eigenständigkeit und Autonomie der einzelnen Landesgesellschaften verbunden, die neben der Produktionsaktivität auch andere Aktivitäten der Wertkette wie etwa das Marketing der lokalen Produkte eigenständig durchführen. Die Entscheidungskompetenzen sind entsprechend dezentralisiert. Da keine nennenswerten zwischenbetrieblichen Produktionsverflechtungen vorliegen, besteht wenig Anlaß für eine international koordinierte Produktionsplanung und -steuerung. Das sollte jedoch nicht dazu verleiten, auf jegliche Koordination der international gestreuten Produktionen zu verzichten. Denn die Analyse hat mehrfach gezeigt, daß auch bei multinational charakterisierten Produktionsaktivitäten ein gewisses Maß an überbetrieblicher Koordination vorteilhaft beziehungsweise notwendig erscheint.[14]

6.5 Global Manufacturing

Wird im Gegensatz zur vorher dargestellten Basisstrategie weitgehend auf lokale Anpassungen verzichtet, und werden statt dessen die internationalen Produktionsaktivitäten weltweit integriert, liegt der Fall des „Global Manufacturing" vor. Es dominiert hierbei eine *geozentrische* Orientierung des internationalen Produzenten, dessen Produktionssystem konsequent auf die Versorgung des Weltmarktes ausgerichtet ist. Ziel dieser globalen Orientierung ist es, durch die weltweite Nutzung von Standortvorteilen sowie durch die Realisierung globaler Skalen- und Synergievorteile eine hohe Effizienz des internationalen Produktionssystems zu gewährleisten.

Diese global ausgerichtete Basisstrategie ist vorteilhaft, wenn die internationalen Märkte eine ausgeprägte Konvergenz aufweisen, so daß keine nennenswerten Produktanpassungen an länderspezifische Besonderheiten notwendig sind. Denn dann können weltweit einheitliche Produkte in entsprechend großen Mengen abgesetzt und

13 Siehe Abschnitt 5.7.2.

14 Siehe zum Beispiel die entsprechenden Ausführungen in den Abschnitten 5.3.3.4 und 5.5.2.

hergestellt werden. Weltweite Standardisierungen dominieren hier das aus *globalen Produkten* bestehende Produktionsprogramm.

Die Produktionsstandortstruktur kann produkt(gruppen)orientiert (Variante I) oder auch produktionsstufenorientiert (Variante II) organisiert sein, wobei es sich in beiden Fällen um die jeweils konzentrierte Variante handelt.[15]

Für Variante I ergibt sich daraus ein *inselartiger* Strukturtyp *konzentrierter* Prägung.[16] Dabei liegen keine nennenswerten Produktionsverflechtungen zwischen den einzelnen Produktionsstätten vor, da diese als Weltmarktfabriken jeweils auf die Komplettfertigung bestimmter Produkte (Produktgruppen) spezialisiert sind. Die zwischenbetrieblichen Güterflüsse erstrecken sich somit vorwiegend auf den Austausch von Fertigprodukten.

Variante II führt zu einer weltweit *vernetzten* Standortstruktur und damit zu einem globalen *Produktionsnetzwerk.*[17] Dieses besteht aus weltweit integrierten Komponentenwerken und Endfertigungen, die auf die Produktion globaler Volumina bestimmter Produktionsstufen spezialisiert sind. Sie werden bevorzugt dort angesiedelt, wo die jeweils bestmöglichen Standortbedingungen anzutreffen sind. Insgesamt ergibt sich ein facettenreiches zwischenbetriebliches Liefer- und Leistungsgeflecht, das durch einen hohen Anteil reziproker Interdependenzen[18] zwischen den Produktionsstätten geprägt ist.

Aufgrund der großen, am Weltmarkt orientierten Produktionsvolumina können im Rahmen des Global Manufacturing Fixkosten- und Betriebsgrößendegressionen realisiert werden, die den wirtschaftlichen Einsatz von *Spezialmaschinen* und großen, meist technisch fortschrittlichen Betriebsmitteln ermöglichen.[19]

Die Produktionsprozesse in den einzelnen Produktionsstätten sind entsprechend spezialisiert und auf die Erzielung hoher Produktivitäten ausgerichtet.

Neben der innerbetrieblichen Dimension der Prozeßgestaltung ist vor allem für globale Produktionsnetzwerke (Global Manufacturing der Variante II) die Bedeutung der zwischenbetrieblichen Logistikprozesse hervorzuheben, durch die die weltweit allokierten Produktionsprozesse miteinander verbunden werden. Gerade für diese Variante des Global Manufacturing ergibt sich deshalb die Notwendigkeit einer

---

15 Siehe Abschnitt 5.3.2.1.

16 Siehe die entsprechenden Ausführungen in Abschnitt 5.3.3.4.

17 Siehe Abschnitt 5.3.3.3.

18 Siehe Abschnitt 5.3.3.1.

19 Siehe die entsprechenden Ausführungen zum Stichwort „Kostendegressionseffekte“ in Abschnitt 5.2.2.1 in Verbindung mit Abschnitt 5.4.2.

globalen Logistikkonzeption, die dem besonderen Stellenwert der zwischenbetrieblichen Güter- und Informationsflüsse Rechnung trägt.[20]

Da im Fall produkt(gruppen)orientierter Weltmarktfabriken (Variante I) keine nennenswerten Produktionsverflechtungen zwischen den Werken bestehen, kann diesen eine vergleichsweise unabhängige Produktionsplanung und -steuerung zugestanden werden. Es ist allerdings zu berücksichtigen, daß gerade im Fall einer globalen Orientierung ein erhöhter Koordinationsbedarf aller Aktivitäten besteht, so daß die Unabhängigkeit der Produktionsstätten hier ihre Grenzen finden muß.

Anders gestaltet sich die Situation dagegen im Fall produktionsstufenorientierter Standortstrukturen (Variante II). Die weltweiten Produktionsvernetzungen zwischen den einzelnen Komponentenwerken machen eine länderübergreifende Koordination erforderlich. Die Produktionsprozesse sind für das weltweite Produktionssystem, also überbetrieblich, zu planen und zu steuern. Die produktionsbezogene Autonomie der einzelnen Produktionsstätten ist somit eher gering. Es besteht die Tendenz zu zentralistischen Organisationsformen.[21]

6.6 Hybride Strategievarianten

6.6.1 Vorbemerkungen

Durch die bisher vorgestellten Basisstrategien konnten zunächst die Pole des Spannungsfeldes zwischen der länderspezifischen Anpassung und der globalen Integration internationaler Produktionsaktivitäten besetzt werden (siehe Abbildung 6-2). Dabei repräsentieren das Multinational Manufacturing einerseits und das Global Manufacturing andererseits zwei *idealtypische* Strategievarianten, die jeweils eindeutige Markt- und Umweltanforderungen voraussetzen. Im einen Fall ist dies die Divergenz nationaler Märkte, im anderen Fall deren weltweite Konvergenz. Beide Basisstrategien müssen zwangsläufig an ihre Grenzen stoßen, wenn diese Eindeutigkeit der internationalen Marktbedingungen nicht gegeben ist. Wenn neben einer internationalen (globalen) Integration der Produktionsaktivitäten also gleichzeitig deren länderspezifische Ausrichtung vorteilhaft oder gar notwendig erscheint.

[20] Siehe hierzu Abschnitt 5.6.

[21] Vgl. *Klein, H. J.*, Internationale Verbundproduktion, 1993, S. 32, 44-47 u. 223.

Gerade in derartigen Konfliktsituationen sind *hybride*[22] Strategievarianten erforderlich, die durch eine Synthese aus übernational integrierenden und landesspezifisch differenzierenden Strategieelementen zwischen den strategischen Orientierungen „Globalisierung“ und „Lokalisierung“ zu vermitteln versuchen.[23] Mit dem „Glocal Manufacturing“ und dem „Regional Manufacturing“ werden in den folgenden Abschnitten zwei Varianten entwickelt, die als hybride Basisstrategien auf unterschiedlichen Wegen Integrations- und Differenzierungsaspekte miteinander verbinden.

Auf diese Weise wird den Entwicklungen der 1990er Jahre und der deshalb zunehmend erhobenen Forderung nach einer simultanen Berücksichtigung der lokalen wie auch der globalen Perspektive Rechnung getragen.[24] Denn heutzutage stellt die Wahl der strategischen Orientierung in vielen Branchen keineswegs nur eine pauschale „Entweder-Oder“-Entscheidung zwischen der „globalen Integration“ oder der „länderspezifischen Anpassung“ dar, sondern es gilt vielmehr, eine sensitive Balance zwischen beiden Formen herbeizuführen.[25]

6.6.2 Glocal Manufacturing

Wie die vorangegangenen Überlegungen bereits angedeutet haben, weist die Basisstrategie „Glocal Manufacturing“ sowohl Eigenschaften der globalen als auch Eigenschaften der lokalen Strategievariante auf. Ausgehend von einer globalen Gesamtperspektive und einer entsprechenden Integration der internationalen Produktionsaktivitäten werden gleichzeitig auch gezielt Freiräume geschaffen, um landesspezifische Ausrichtungen der Produktion zu ermöglichen. Diese Eigenschaften zusammenfassend ergibt sich aus der begrifflichen Verknüpfung von „global“ und „local“ der Terminus *glocal*.

---

22 Hybrid: (lat.) gemischt, von zweierlei Herkunft.
Eine umfassende Darstellung hybrider Strategievarianten liefert z.B. *Fleck, A.*, Hybride Wettbewerbsstrategien, 1995, S. 59-155. Einen zusammenfassenden Überblick dazu liefert etwa *Kaluza, B.*, Dynamische Produktdifferenzierungsstrategie, 1996, S. 196-200.

23 Solche und ähnliche Mischstrategien werden auch als „multifokal“ [1], „multidimensional“ [2], „transnational“ [3] oder etwa „dual“ [4] bezeichnet. Vgl. zu [1]: *Scholl, R.F.*, Internationalisierungsstrategien, 1989, Sp. 992-993; zu [2] *Bäurle, I.; Schmid St.*, Transnationale Organisation, 1994, S. 991; in Verbindung mit *Bartlett, C.A.*, Management der transnationalen Unternehmung, 1989; zu [3] *Bartlett, C.A.*, Management der transnationalen Unternehmung, 1989, S. 431-432 und 437; oder *Kumar, B.N.*, Globale Wettbewerbsstrategien, 1993, 57-58; zu [4] *Meffert H.*, Marketing im Spannungsfeld, 1986, 691-692.

24 Vgl. *Welge, M. K.; Holtbrügge D.*, Internationales Management, 1998, u.a. S. 51u.56; *Welge, M. K.*, „Global heißt nicht: überall sein“, 1997, S. 122-124; *Meissner, H.G.*, Strategisches Internationales Marketing, 1995, S. 166 und 191; *Bäurle, I.; Schmid St.*, Transnationale Organisation, 1994, S. 991; *Bartlett, C.A.*, Management der transnationalen Unternehmung, 1989, S. 437.

25 Vgl. *Welge, M. K.; Böttcher R.*, Globale Strategien, 1991, S. 438.

Ziel dieser Basisstrategie ist es, die Nutzung internationaler Standortvorteile sowie die Realisierung globaler Skalen- und Synergievorteile mit Freiräumen für landesspezifische Marktorientierungen zu verbinden.

Dazu bedarf es zunächst eines internationalen Produktionsprogramms, das als Grundlage für besagte Kostendegressionen durch Standardisierungen geprägt ist, und das als Grundlage für Produktanpassungen zusätzlich Differenzierungsspielräume aufweist.[26] Solches kann zum Beispiel durch eine umfassende *Modularisierung* des internationalen Produktionsprogramms erreicht werden. Aufgrund international großer Bedarfsmengen der einzelnen Module werden so die erwünschten Degressionseffekte möglich, aufgrund der Kombinationsmöglichkeiten der Module werden zudem Freiräume für Differenzierungen geschaffen. Weitere Differenzierungsspielräume können erschlossen werden, indem gezielt jene Produktbestandteile von den Standardisierungs- und Modularisierungsbestrebungen ausgenommen werden, die als maßgebliche Träger von Produktdifferenzierungen anzusehen sind. Ist etwa das Produktdesign als ein derartiger *Differenzierungsträger* anzusehen, sollten Standardisierungen und Modularisierungen auf nicht sichtbare Produktbestandteile beschränkt werden, um damit die Differenzierungspotentiale im Bereich der äußeren Produktgestaltung zu erhalten.

Das Glocal Manufacturing geht mit einer produktionsstufenorientierten Standortstruktur einher und führt entsprechend zu einem globalen *Produktionsnetzwerk*.[27] Dieses integriert einerseits *skalenorientierte Komponentenwerke* für Standardbauteile und Module sowie gleichzeitig *flexible Werke* zur Sicherung der Differenzierungspotentiale. Deren Produktionsaufgabe kann zum Beispiel die bedarfsgerechte Modulkombinierung und/oder die flexible Fertigung der Differenzierungsträger im Produktionsprogramm umfassen. Ferner können marktnahe Endfertigungen vorgesehen werden, die als *marktorientierte Ausleger* des Produktionsnetzwerkes ebenfalls lokale Anpassungen ermöglichen, dabei aber zugleich auf Standardkomponenten und Module aus anderen Werken des Produktionsverbundes zurückgreifen.

Das große Bedarfsvolumen an Standardbauteilen und Modulen ermöglicht in diesen Bereichen die Realisierung von Fixkosten- und Betriebsgrößendegressionen, die den wirtschaftlichen Einsatz von Spezialmaschinen und großen, meist technisch fortschrittlichen Betriebsmitteln gestatten.[28] Die sind in Produktionsprozesse integriert, die ebenfalls entsprechend *spezialisiert* und zudem *produktivitätsorientiert* sind.

---

26 Siehe hierzu Abschnitt 5.2.2.2.

27 Siehe hierzu Abschnitt 5.3.3.3.

28 Siehe die entsprechenden Ausführungen zum Stichwort „Kostendegressionseffekte“ in Abschnitt 5.2.2.1 in Verbindung mit Abschnitt 5.4.2.

Im Unterschied dazu weisen die Produktionspotentiale und -prozesse in den Werken, die auf die Herstellung der Differenzierungsträger ausgerichtet sind, eine vergleichsweise ausgeprägte *Flexibilitätsorientierung* auf. Diese kann zum Beispiel durch die Implementierung flexibler Fertigungskonzepte erreicht werden.[29]

Auch für das Glocal Manufacturing ist eine umfassende Logistikkonzeption zu fordern, die dem besonderen Stellenwert der zwischenbetrieblichen Güter- und Informationsflüsse gerecht wird.[30] Denn erst durch diese werden die internationalen Produktionsprozesse zu einem Produktionsnetzwerk verbunden, das als Grundlage der hier vorgestellten Basisstrategie anzusehen ist.

Die weltweiten Produktionsvernetzungen zwischen den skalenorientierten Komponentenwerken und den flexibilitätsorientierten Werken erfordern eine länderübergreifende Koordination und Integration. Der Autonomie der einzelnen Produktionsstätten sind durch die produktionsbezogenen Abhängigkeiten im Netzwerk entsprechende Grenzen gesetzt.

Entscheidungskompetenzen sollten deshalb jedoch nicht bedingungslos zentralisiert werden, sondern es ist vielmehr ein *kooperatives Machtverhältnis* zwischen der Zentrale und den internationalen Produktionsstätten anzustreben, das auch die einzelnen Niederlassungen in die Entscheidungsfindung sowie in planende und steuernde Aktivitäten einbindet.[31] Hierzu sei nochmals auf den von *Bartlett* vorgeschlagenen Ansatz hingewiesen,[32] der für die Koordination „transnationaler“[33] Unternehmungen ein „integriertes Netzwerk-Modell“ vorschlägt. Dieses kann sozusagen als organisatorische „Software“ das internationale Produktionsnetzwerk flankieren. Wie bereits an anderer Stelle verdeutlicht wurde, kann auf diese Weise eine Harmonisierung der organisatorischen und der produktionsbezogenen Vernetzung erreicht werden.[34]

---

29 Siehe die entsprechenden Ausführungen in Abschnitt 5.5.2. Vgl. dazu auch *Jehle, E.; Schweitzer, R.*, Der Mensch in der Fabrik der Zukunft, 1991.

30 Siehe Abschnitt 5.6.

31 Vgl. *Welge, M. K.* :„Global heißt nicht: überall sein“, 1997, S. 120-124.

32 Vgl. *Bartlett, C.A.*, Management der transnationalen Unternehmung, 1989.

33 Das Attribut „transnational“ bezeichnet den von *Bartlett* empfohlenen Strategietyp, der auf die Erzielung länderübergreifender Skalenvorteile sowie gleichzeitig auf die Berücksichtigung nationaler Interessen und Präferenzen ausgerichtet ist. *Bartlett* strebt somit ebenfalls eine vermittelnde Strategie im Spannungsfeld zwischen Globalisierung und Lokalisierung an. Vgl. *Bartlett, C.A.*, Management der transnationalen Unternehmung, 1989, S. 431-432 und 437.

34 Siehe hierzu die entsprechenden Ausführungen in Abschnitt 5.3.3.3.

6.6.3 Regional Manufacturing

Mit dem „Regional Manufacturing“ wird hier eine weitere Mischstrategie vorgestellt, deren hybride Charakteristik über die geographische Dimension der strategischen Orientierung erreicht wird. Einerseits wird die geographische Reichweite der *Integration* im Vergleich zum Global Manufacturing von der weltweiten Dimension auf die Dimension einzelner Länderregionen reduziert. Parallel dazu ergibt sich, daß auch die *spezifischen Anpassungen* auf die jeweiligen Länderregionen ausgerichtet sind, sie also nicht wie im Fall des Multinational Manufacturing für einzelne Länder vorgenommen werden.

Zielsetzung dieser *regiozentrisch* orientierten Basisstrategie ist es, innerhalb einer abgegrenzten Länderregion – also intraregional – Integrationsvorteile zu erzielen. Das soll gleichzeitig mit Differenzierungsvorteilen verbunden werden, die durch eine regionenspezifische Anpassung – also eine interregionale Differenzierung – entstehen. Auf intraregionaler Ebene lassen sich somit die Erkenntnisse über den globalen[35] und auf interregionaler Ebene die Erkenntnisse über den multinationalen[36] Strategietypus' anwenden.[37]

Das Regional Manufacturing trägt vor allem der an anderer Stelle bereits herausgestellten Regionalisierung der Weltwirtschaft Rechnung und bietet einen strategischen Ansatz, dieser Umweltentwicklung gerecht werden zu können.[38] Die idealtypische Form des Regional Manufacturing ist besonders für Branchen zu empfehlen, in denen der Weltmarkt in interregional divergente Teilmärkte segmentiert werden kann, die jeweils intraregional durch eine ausgeprägte Konvergenz der in ihnen vereinigten Ländermärkte gekennzeichnet sind. Dem entsprechend können *zwischen* den Länderregionen die Möglichkeiten für Produktdifferenzierungen genutzt werden, während *innerhalb* der Regionen Produktstandardisierungen realisierbar sind. Die konsequente Nutzung dieser strategischen Optionen führt zu einem aus *regionalen Produkten* bestehenden Produktionsprogramm, das durch interregionale Differenzierungen sowie intraregionale Standardisierungen gekennzeichnet ist.

---

[35] Siehe Abschnitt 6.5.

[36] Siehe Abschnitt 6.4.

[37] Im Hinblick auf die interregionale Gestaltungsebene ist anzumerken, daß ihre Existenz eine Produktionsaktivität in mehreren Länderregionen impliziert. Beschränkt sich dagegen die internationale Produktionsaktivität auf nur eine Länderregion, sind lediglich die hier zur intraregionalen Ebene angestellten Überlegungen von Bedeutung.

[38] Siehe hierzu die Ausführungen zur „ökonomischen Umweltkomponente“ in Abschnitt 3.2.3.2. Vgl. auch *Germann, H.; Rürup, B.; Setzer, M.*, Globalisierung der Wirtschaft, 1996, S. 22-23; *Steger, U.*, Globalisierung verstehen und gestalten, 1996; S. 6.

In diesem Zusammenhang empfehlen die Autoren *Womack*, *Jones* und *Roos*,[39] die regionalen Produkte nicht nur zur Belieferung regionaler Mengensegmente herzustellen, sondern diese auch in andere Länderregionen zu exportieren, um dort zusätzlich spezifische Marktnischen zu bedienen. Wenngleich der Großteil der Nachfrage jeweils durch die regionalen Produktionssysteme bedient wird, ergibt sich ergänzend hierzu ein interregionaler Austausch von Fertigprodukten. Dieser ist im Idealfall weitgehend ausgeglichen, so daß sich Exporte und Importe zwischen zwei Regionen in etwa aufheben.[40]

Die Strategische Orientierung des Regional Manufacturing findet ihren Ausdruck in einer *regionalisierten* Produktionsstandortstruktur.[41] Die besteht aus verschiedenen Produktionsverbunden, die jeweils auf die Marktversorgung einer Länderregion ausgerichtet sind und zwischen denen - mit Ausnahme des oben beschriebenen Austausches von Fertigprodukten - keine nennenswerten Produktionsverflechtungen bestehen. Interregional ist folglich eine produktorientierte Abgrenzung der Produktionsverbunde geboten, intraregional sind dagegen auch produktionsstufenorientierte Standortstrukturen möglich. Innerhalb der Länderregionen ergeben sich sogenannte Regionenfabriken (*regional scale factories*), die jeweils regionale Produktionsvolumina einzelner Komponenten oder auch kompletter Produkte herstellen.

Die regional gebündelten Produktionsvolumina ermöglichen Fixkosten- und Betriebsgrößendegressionen, die auch hier den wirtschaftlichen Einsatz von Spezialmaschinen und größeren, meist technisch fortschrittlichen Betriebsmitteln erlauben.[42] Wenngleich die regionalen Produktionsmengen nicht das Ausmaß erreichen wie im Fall der Weltmarktorientierung, so genügen sie oftmals bereits, um die optimale Betriebsgröße zu erreichen, bei der die gesamten Stückkosten minimiert werden.[43] Weitere Ausdehnungen des Produktionsvolumens könnten in derart gelagerten Fällen sogar sogenannte „diseconomies of scale“ freisetzen, die aufgrund der überproportional wachsenden Komplexität zu ansteigenden Stückkosten führen würden.[44]

Aus logistischer Sicht verspricht das Regional Manufacturing im Vergleich zur globalen Strategievariante eine geringere Komplexität der Planungssituation, da die

---

39 Vgl. *Womack, J. P.; Jones, D. T.; Roos D.*, Die zweite Revolution in der Autoindustrie, 1994, S. 216-217.

40 Ebenda.

41 Siehe Abschnitt 5.3.3.5.

42 Siehe die entsprechenden Ausführungen zum Stichwort „Kostendegressionseffekte“ in Abschnitt 5.2.2.1 in Verbindung mit Abschnitt 5.4.2.

43 Vgl. *Ringlstetter, M.; Skrobarczyk, P.*, Internationale Strategien, 1994, S. 350.

44 Vgl. *Ringlstetter, M.; Skrobarczyk, P.*, Internationale Strategien, 1994, S. 350.

durchschnittlich zu überwindenden Entfernungen vergleichsweise kürzer ausfallen dürften. Dennoch ist auch an dieser Stelle ein zwischenbetriebliches Logistikkonzept zu fordern, das insbesondere bei intraregionalen Produktionsverflechtungen der besonderen Bedeutung der zwischenbetrieblichen Güter- und Informationsflüsse gerecht werden muß.[45]

Da zwischen den regionalen Produktionsverbunden keine nennenswerten Produktionsverflechtungen bestehen sollten, ist der Abstimmungsbedarf der Produktionen auf interregionaler Ebene vergleichsweise gering. Intraregional ergibt sich dagegen besonders dann ein erhöhter Koordinationsbedarf, wenn ausgeprägte Produktionsverflechtungen innerhalb einer Länderregion vorliegen. Die internationale Produktionsplanung und -steuerung kann weitgehend auf die Anforderungen einer Länderregion ausgerichtet werden. Dabei ist gegebenenfalls der oben beschriebene Austausch von Fertigprodukten zwischen den Regionen zu berücksichtigen.

Anmerkung

Die soeben entwickelte Form des Regional Manufacturing zeichnet ein idealtypisches Bild einer intraregional weitgehend integrierten Produktionsaktivität ohne landesspezifische Ausrichtungen. Erfordern die regionalen Markt- und Umweltanforderungen dennoch ein gewisses Differenzierungsmaß *innerhalb* einer Länderregion, kann der Rückgriff auf die im vorangegangenen Abschnitt entwickelten *glocalen* Strategieelemente empfohlen werden.[46] Eine Übertragung dieser Strategieelemente auf die intraregionale Ebene ermöglicht landesspezifische Anpassungen auch innerhalb einer Länderregion und führt zu einem Strategietypus, der sozusagen als „*regiocal*" bezeichnet werden könnte.

---

[45] Siehe Abschnitt 5.6.

[46] Vgl. *Meissner, H.G.*, Marketing im Gemeinsamen Europäischen Markt, 1990, S. 125.

7 Schlußbetrachtungen

7.1 Konzeptionelle Integration der Erkenntnisse zum System des Internationalen Strategischen Produktionsmanagements

In den vorangegangenen Kapiteln konnten sukzessive die einzelnen Systemebenen und -elemente des Internationalen Strategischen Produktionsmanagements (ISPM) erarbeitet werden. Dabei diente die systemtheoretische Interpretation des ISPM als Bezugsrahmen für das inhaltliche Vorgehen.[1] Im Sinne einer Outside-In-Vorgehensweise wurde die Aufmerksamkeit zunächst auf die Umsysteme des internationalen Produktionssystems sowie auf die von ihnen ausgehenden Einflußfaktoren gerichtet, um im Kontext dieser Umsysteme anschließend die strategische Gestaltung internationaler Produktionsaktivitäten zu fokussieren.

Es an dieser Stelle bei der Betrachtung der einzelnen Systemebenen und -elemente bewenden zu lassen, erscheint mit Blick auf den systemtheoretischen Bezugsrahmen als unvollständig. Dieser erfordert es vielmehr, die unterschiedlichen Systembestandteile auch aus einer übergreifenden Perspektive in ihrer Gesamtheit und ihren Beziehungen zueinander zu sehen. Es gilt also im Sinne der von *H. Ulrich* benutzten Metapher,[2] das ISPM sozusagen aus der „Weitwinkelperspektive" zu betrachten, um damit ein Gesamtbild der zuvor „herangezoomten" Details zu zeichnen.

Um ein solches Gesamtbild der Thematik zu vermitteln, wurden die bisher gewonnenen Erkenntnisse zu dem *System des ISPM* zusammengeführt (siehe Abbildung 7-1). Dieses System liefert den geforderten Gesamtüberblick über die behandelten Systemebenen und -elemente sowie über die wichtigsten Beziehungen zwischen diesen. Zugleich wird so auch auf jene Abstraktionsebene zurückgeführt, von der die inhaltliche Gestaltung der vorliegenden Arbeit ausgegangen ist. Denn die eingangs dieser Arbeit noch als „vereinfacht" bezeichnete Darstellung der Thematik in systemtheoretischem Kontext (siehe Abbildung 2-13 in Abschnitt 2.4.4) wird an dieser Stelle konkretisiert und näher bestimmt.

---

1 Siehe die Abschnitte 2.4.3 und 2.4.4.

2 Siehe hierzu die entsprechenden Ausführungen in Abschnitt 2.4.3; sowie *Ulrich, H.*, Management, 1984, S. 50.

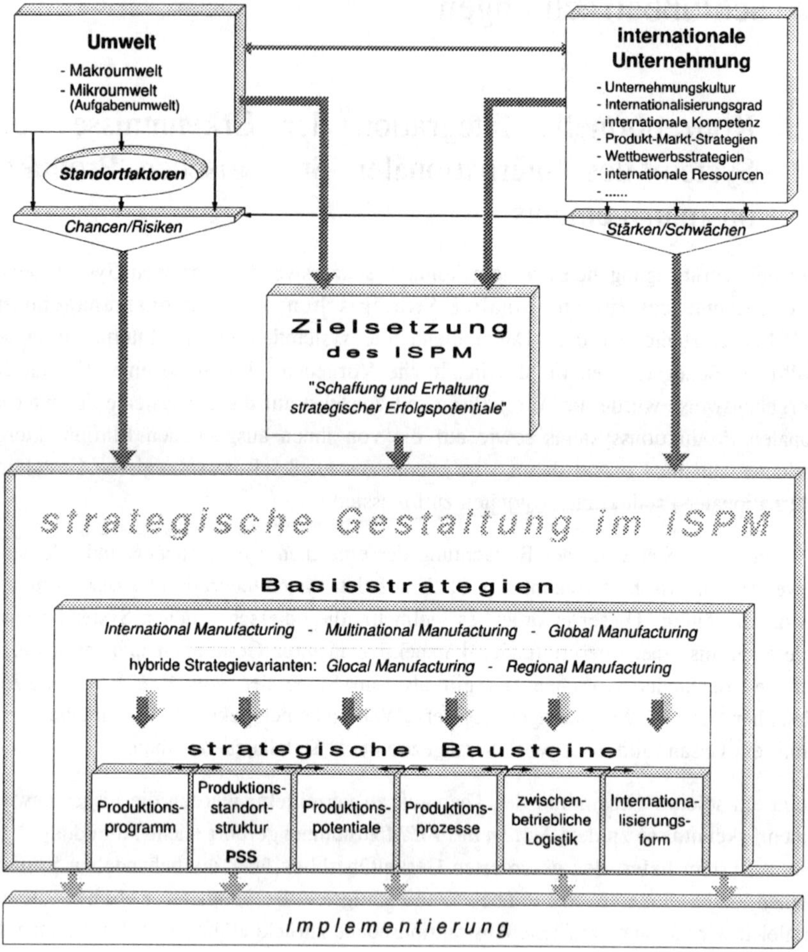

Abbildung 7-1: System des Internationalen Strategischen Produktionsmanagements (ISPM)

Die in nebenstehender Abbildung visualisierte Systemdarstellung zeigt deutlich, daß die *strategische Gestaltung* im Mittelpunkt des ISPM steht. Diese erstreckt sich letztlich auf die strategischen Gestaltungsfelder des ISPM, für die in Kapitel 5 die einzelnen *strategischen Bausteine* entwickelt wurden. Die unterschiedlichen Bausteine sind miteinander verflochten und durch wechselseitige Abhängigkeiten (Interdependenzen) geprägt.

Die Gesamtheit der durch die Bausteine dargestellten Gestaltungsfelder ist auf eine übergreifende strategische Grundorientierung auszurichten, die ihren Ausdruck in der zu wählenden *Basisstrategie*[3] findet. Diese Basisstrategie stellt im System des ISPM ein *zentrales Konnektiv* dar, das in mehrfacher Hinsicht die unterschiedlichen Systemebenen und -elemente miteinander verknüpft:

So sollte die Wahl der Basisstrategie nicht nur im Sinne der Zielsetzung des ISPM erfolgen,[4] sondern sie sollte außerdem an den internationalen Umwelt- und Marktbedingungen[5] ausgerichtet sein und zudem auch die strategische Orientierung der Gesamtunternehmung[6] widerspiegeln. Auf diese Weise leistet die Basisstrategie eine übergreifende Ausrichtung der einzelnen strategischen Gestaltungsfelder auf die Systembestandteile „Umwelt", „internationale Unternehmung" und „Zielsetzung des ISPM" (siehe Abbildung 7-1). Die Zwischenschaltung der basisstrategischen Gestaltungsebene sichert somit eine ganzheitliche und koordinierte strategische Gestaltung der internationalen Produktionsaktivitäten. Sie sollte deshalb im Planungsfall unbedingt vorgesehen werden.

Auf eine weitere Erörterung der in Abbildung 7-1 dargestellten Systemzusammenhänge kann an dieser Stelle verzichtet werden, da das lediglich zu einer bloßen Wiederholung des bereits an anderen Stellen Gesagten führen würde. Es sei vielmehr auf die Aussagekraft der Visualisierung in Abbildung 7-1 sowie die einzelnen Kapitel der vorliegenden Arbeit verwiesen.

Das hier bereitgestellte *System des ISPM* liefert der Management-Praxis einen *allgemeinen Bezugsrahmen* für die Ableitung spezifischer, auf den Einzelfall zugeschnittener Konzepte und Strategien. Daran anknüpfend stellt sich im Planungsfall die Aufgabe der individuellen Konzept- und Strategie-Implementierung. Hierauf ist der nun folgende Abschnitt gerichtet.

---

3 Siehe Kapitel 6.

4 Siehe Abschnitt 4.3.4.

5 Siehe Abschnitt 3.2.

6 Siehe Abschnitt 2.3.3.2.

7.2 „Link“ zur Strategie-Implementierung

An dieser Stelle ist der angestrebte Bezugsrahmen zur Gestaltung internationaler Produktionsaktivitäten bereitgestellt und damit die konzeptionelle Aufgabenstellung dieser Arbeit erfüllt. Wenngleich die Strategie-*Implementierung* hier nicht das erklärte Ziel war und vielmehr Aufgabe anknüpfender Forschungsarbeiten sein sollte, werden im folgenden Perspektiven für eine effektive *und* effiziente Umsetzung des entwickelten Strategiekonzeptes aufgezeigt. So wird ein „Link“ zwischen dem konzeptionellen Gesamtergebnis dieser Arbeit und dessen Implementierung in der Praxis hergestellt.

Anforderungen an die Strategie-Implementierung im Rahmen des ISPM

Die im Planungsfall zu leistende Implementierung des Internationalen Strategischen Produktionsmanagements (ISPM) muß eine Operationalisierung der gewählten Basisstrategie[7] herbeiführen und diese durch die einzelnen Gestaltungsfelder[8] des ISPM konkretisieren. Dabei gilt es, die konzeptionellen Anforderungen des ISPM wie *Ganzheitlichkeit*, *Umwelt-* und *Marktorientierung*, *Anpassungsfähigkeit*, *Zukunftsorientierung* oder etwa *Zielbezogenheit* auf strategischer und operativer Ebene umzusetzen.[9] Diese Eigenschaften fordern von einem Implementierungskonzept zudem, daß es eine ausgewogene Berücksichtigung *qualitativer* und *quantitativer* Informationen herbeiführt.[10]

Im Sinne der Zielsetzung des ISPM muß es letztlich darum gehen, strategische Erfolgspotentiale aufzubauen und dauerhaft zu sichern, um damit zur Existenzsicherung und darüber hinaus zur Wertsteigerung der Gesamtunternehmung sowie ihres Eigentümerwertes beizutragen.[11] Im Sinne dieser Wertorientierung bietet sich der *Shareholder Value*[12] als möglicher Indikator für den Zielbeitrag des ISPM an und ist gegebenenfalls in das Implementierungskonzept zu integrieren.

---

[7] Siehe Kapitel 6.

[8] Siehe Kapitel 5.

[9] Siehe dazu die Abschnitte 2.2.3 und 2.4.2.

[10] Das hat z.B. auch die Empfehlungen zur Vorgehensweise im Rahmen der Produktionsstandortwahl maßgeblich geprägt. Siehe dazu Abschnitt 5.3.6.

[11] Siehe die Abschnitte 4.3.3 und 4.3.4.

[12] Nach *Rappaport* kann der „Shareholder Value“ z.B. durch die Differenz aus „Unternehmenswert“ und „Fremdkapital“ ausgedrückt werden. Dabei ergibt sich der „Unternehmenswert“ aus der Diskontierung zukünftiger Cash Flows, zuzüglich des Wertes der Unternehmung nach dem Planungszeitraum (= *Residualwert*) sowie zuzüglich des Marktwertes handelsfähiger Wertpapiere. Vgl. *Rappaport, A.*, Shareholder Value, 1999, S. 39-40; sowie dazu *Horváth, P.*, Controlling, 1998, S. 493-503. Weitere Ansätze zur Bestimmung des *Shareholder Value* zeigen z.B.:

Fortsetzung der Fußnote auf der nächsten Seite

„Balanced Scorecard" – ein Konzept zur Strategie-Implementierung

Vor dem Hintergrund der zuvor skizzierten Anforderungen empfiehlt sich für eine adäquate Umsetzung des hier entwickelten Strategiekonzeptes zum Beispiel die von *Kaplan* und *Norton* entwickelte *Balanced Scorecard.*[13] Sie soll zunächst in ihren Grundzügen vorgestellt werden:[14]

Mit der *Balanced Scorecard* stellen *Kaplan* und *Norton* ein ganzheitlich ausgerichtetes und kennzahlengestütztes Managementsystem zur Strategie-Implementierung bereit, das letztlich in Form eines Berichtsbogens, der sogenannten „scorecard", dokumentiert wird. Im Zentrum des Ansatzes stehen die umzusetzende *Vision* und *Strategie*. Sie werden durch insgesamt vier *Perspektiven*, die die strategierelevanten Unternehmensbereiche repräsentieren, konkretisiert.[15] Es handelt sich hierbei um

- die **finanzwirtschaftliche Perspektive**,
- die **Kundenperspektive**,
- die **interne Prozeßperspektive** und
- die **Lern- und Entwicklungsperspektive.**

Mit Blick auf die umzusetzende Vision bzw. Strategie werden für jede der vier Perspektiven zunächst *strategische Ziele* abgeleitet und mit zugehörigen Indikatoren, sogenannten *Meßgrößen*, verbunden. Daran anknüpfend gilt es, für jede Meßgröße entsprechende *Zielwerte* zu bestimmen. In einem weiteren Schritt sind dann für jeden der strategierelevanten Bereiche spezifische *Maßnahmen* und *Aktionen* zur Strategie- und Zielrealisierung zu entwickeln.[16]

Zudem sind im Konzept der *Balanced Scorecard* strategische Rückkopplungsprozesse vorgesehen,[17] die die Ergebnisse bisher verfolgter Strategien und Maßnahmen offenlegen und in nachfolgende Strategie-Planungen und -Implementierungen einbe-

Reichmann, Th.; Hüllmann, U., Unternehmenswertorientiertes Controlling, 1999, S. 163-164; *Günther, Th.*, Wertsteigerungsmanagement, 1999, S. 366-368; *Michel, U.*, Wertmanagement, 1999, S. 372 u. 374.

13 *Kaplan, R. S.; Norton, D. P.*, Balanced Scorecard, 1997; *Kaplan, R. S.; Norton, D. P.*, The Balanced Scorecard, 1992.

14 Zu den folgenden Erläuterungen vgl. auch: *Horstmann, W.*, Der Balanced Scorecard-Ansatz, 1999; *Form, St.*, Balanced Scorecard, 1999; *Horváth, P., Kaufmann, L.*, Balanced Scorecard, 1998; *Horváth, P.*, Controlling, 1998, S. 567-571.

15 Vgl. *Kaplan, R. S.; Norton, D. P.*, Balanced Scorecard, 1997, S. 8-9, 23-27 sowie S. 41 ff..

16 Vgl. zum vorstehenden Absatz: *Horstmann, W.*, Der Balanced Scorecard-Ansatz, 1999, S. 195-196; *Michel, U.*, Wertmanagement, 1999, S. 374.

17 Vgl. *Kaplan, R. S.; Norton, D. P.*, Balanced Scorecard, 1997, S. 15-17.

ziehen. Die damit geschaffenen Lernprozesse sind Grundlage für eine ständige Verbesserung und Anpassung strategischer Konzepte und ihrer Umsetzung.

Während die Finanzperspektive vorwiegend auf *finanzielle Meßgrößen* ausgerichtet ist, die als Spätindikatoren („lagging indicators") die Konsequenzen bereits realisierter Maßnahmen abbilden, führt der stärkere Zukunftsbezug der anderen Perspektiven auch zur Berücksichtigung *nicht-finanzieller* Größen. Sie haben als Frühindikatoren („leading indicators") eher vorauseilenden Charakter und werden wegen ihrer leistungs*bestimmenden* Eigenschaft auch als *Leistungstreiber* bezeichnet. Die gleichgewichtige und integrierte Berücksichtigung der mit den unterschiedlichen Indikatoren verknüpften vier Perspektiven soll eine *ausgewogene* Strategie-Implementierung sicherstellen, weshalb die Autoren den Scorecard-Ansatz als *„balanced"* bezeichnen.[18]

Eignung der Balanced Scorecard für die Implementierung des ISPM

Im folgenden soll die Zweckmäßigkeit der Balanced Scorecard für die Aufgabe der Strategie-Implementierung im Rahmen des ISPM weiter herausgearbeitet werden:

Die für das ISPM geforderte *Ganzheitlichkeit* stellt der Balanced Scorecard-Ansatz sicher, indem die angestrebte Strategie – sie kann im Rahmen des ISPM zum Beispiel durch die gewählte Basisstrategie geprägt sein – aus den vier unterschiedlichen aber miteinander verknüpften Perspektiven betrachtet wird. So sichert beispielsweise die Kundenperspektive die für das ISPM geforderte *Marktorientierung*, die Lern- und Entwicklungsperspektive die *Nachhaltigkeit der* geforderten *Zukunftsorientierung* und die Prozeßperspektive die spezifischen Belange einzelner Gestaltungsfelder des ISPM.

Die Finanzperspektive quantifiziert dagegen sehr genau die finanziellen Konsequenzen zurückliegender Strategien und Maßnahmen. Diese Perspektive erlaubt zudem die explizite Berücksichtigung der finanzwirtschaftlichen Interessen von Anteilseignern und Investoren, indem wertbezogene Indikatoren wie etwa der *Shareholder Value* konzeptionell integriert werden.[19] Eine solche Integration ist hier zu empfehlen, denn so kann, ganz im Sinne der Zielsetzung des ISPM,[20] der Zielbeitrag der verfolgten Strategien offengelegt werden.

Weitere Gesichtspunkte, die für eine Nutzung der Balanced Scorecard sprechen, sind die vorgesehenen *Feedback-Prozesse* sowie die ausgewogene Integration *finanzieller*

---

18 Vgl. *Kaplan, R. S.; Norton, D. P.*, Balanced Scorecard, 1997, S. 8-10; *Horváth, P., Kaufmann, L.*, Balanced Scorecard, 1998, S. 41-42.

19 Vgl. *Michel, U.*, Wertmanagement, 1999, S. 375-377; *Horstmann, W.*, Der Balanced Scorecard-Ansatz, 1999, S. 194; *Horváth, P., Kaufmann, L.*, Balanced Scorecard, 1998, S. 42.

20 Siehe die Abschnitte 4.3.3 und 4.3.4.

und *nicht-finanzieller* Kennzahlen. Sie prägen – teils als ergebnisbezogene *Spätindikatoren,* teils als leistungstreibende *Frühindikatoren* – die als *strategischen Lernprozeß* konzipierte Strategie-Implementierung. Dieses ständige Lernen aus Erfahrungen in Verbindung mit der gleichzeitigen Antizipation künftiger Entwicklungen sichert die zukunftsorientierte Anpassungsfähigkeit des internationalen Produktionssystems.

Ferner ist die Flexibilität der Perspektiven*anzahl* einer Balanced Scorecard hervorzuheben, die im Bedarfsfall variiert werden kann und nicht zwingend auf „vier" festgelegt ist.[21] So kann es zum Beispiel ratsam sein, das Konzept um eine *Risikoperspektive* zu erweitern, wenn mögliche Risiken der internationalen Produktionsaktivität nicht nur als *erfolgsrelevant,* sondern darüber hinaus als *existenzbedrohend* einzustufen sind.[22] Zugleich kann durch die zusätzliche Risikoperspektive den Anforderungen des Gesetzes zur Kontrolle und Transparenz im Unternehmensbereich (KonTraG) Rechnung getragen werden.[23]

Insgesamt besteht ein hohes Maß an konzeptioneller Kompatibilität zwischen dem hier entwickelten Konzept des ISPM und dem von *Kaplan* und *Norton* bereitgestellten Balanced Scorecard-Ansatz. Dessen Nutzung bietet sich daher an, um eine effektive *und* effiziente Strategie-Implementierung im Rahmen des ISPM sicherzustellen.

7.3 Perspektiven des Internationalen Strategischen Produktionsmanagements

Mit der Entwicklung des Internationalen Strategischen Produktionsmanagements (ISPM) konnte ein Beitrag zur Reduzierung der eingangs dieser Arbeit aufgezeigten Lücke zwischen der empirischen Relevanz internationaler Produktionsaktivitäten und dem unzureichenden Angebot entsprechend spezialisierter Managementkonzepte geleistet werden.

Das Bestreben, produktionswirtschaftliche Problemstellungen in einen internationalen oder gar globalen Kontext zu stellen, hat die Integration verschiedener betriebswirtschaftlicher Teildisziplinen erfordert. Diesbezüglich besonders hervorzuheben sind das strategische Produktionsmanagement und das internationale Management, deren

21 Vgl. *Kaplan, R. S.; Norton, D. P.,* Balanced Scorecard, 1997, S. 33-34; oder *Horváth, P., Kaufmann, L.,* Balanced Scorecard, 1998, S. 46.

22 Vgl. *Hornung, K.; Reichmann, Th.; Diederichs, M.,* Risikomanagement, 1999, S. 319.

23 Vgl. *Horstmann, W.,* Der Balanced Scorecard-Ansatz, 1999, S. 199; sowie auch *Hornung, K.; Reichmann, Th.; Diederichs, M.,* Risikomanagement, 1999.

Verknüpfung in die Gewinnung neuer Erkenntnisse umgesetzt werden konnte. Als Ergebnis liefert die vorliegende Arbeit einen eigenständigen konzeptionellen Bezugsrahmen zur Gestaltung internationaler Produktionsaktivitäten, der durch das System des ISPM bereits zusammenfassend dargestellt wurde.[24] Dieser Bezugsrahmen bedarf im konkreten Planungsfall einer individuellen Ausgestaltung. Hierzu können die im Verlaufe dieser Arbeit bereitgestellten Argumentations-, Entscheidungs- und Planungshilfen genutzt werden.

Die vorliegende Arbeit hat gezeigt, daß es bei der Gestaltung internationaler Produktionsaktivitäten um weit mehr geht, als „nur" um die Wahl von Produktionsstandorten zur Nutzung internationaler Standortdifferenzen. Vielmehr bedarf es im Planungsfall eines umfassenden strategischen Konzeptes, das die Gesamtheit der aufgezeigten Gestaltungsfelder des ISPM unter dem Dach einer gemeinsamen Basisstrategie integriert und auf die internationalen Umwelt- und Marktbedingungen ausrichtet. Dabei ist vielfach eine sensitive Balance zwischen globalen und lokalen Strategieelementen herbeizuführen, um so das Spannungsfeld zwischen der „globalen Integration" und der „länderspezifischen Anpassung" der internationalen Produktionen zu entkräften. Letztlich muß es das Ziel sein, durch die Gestaltung der internationalen Produktionsaktivitäten strategische Erfolgspotentiale zu erschließen und so zur nachhaltigen, langfristigen Existenzsicherung *und* Wertsteigerung der Gesamtunternehmung beizutragen. Dem entsprechend muß das Internationale Strategische Produktionsmanagement einen hohen Stellenwert innerhalb des strategischen Managements der Gesamtunternehmung einnehmen.

Eine wesentliche Antriebskraft für die wachsende Bedeutung grenzüberschreitender Produktionsaktivitäten ist in der zunehmenden Globalisierung der Weltwirtschaft zu sehen, die an der Schwelle zu einem neuen Jahrtausend die unternehmerischen Produktionsstrukturen tiefgreifend verändert. Globalisierende Markt- und Wettbewerbsbedingungen haben in zahlreichen Branchen dazu geführt, daß die internationale oder gar globale Allokation der betrieblichen Wertschöpfungen mittlerweile eine conditio sine qua non darstellt, um im Wettbewerb dieser Tage bestehen zu können.[25]

Das spiegelt sich zum Beispiel in der eingangs dieser Arbeit dargestellten Entwicklung internationaler Direktinvestitionen wider, deren Wachstumsdynamik auch in Zukunft anhalten dürfte. Das belegen zum Beispiel auch die regelmäßig durchgeführten Befragungen des Deutschen Industrie- und Handelstages (DIHT) zu den künftigen Investitionsabsichten deutscher Industrieunternehmungen (siehe Tabelle 7-2): Danach planen 85 Prozent der befragten Unternehmungen für 1999 zumindest gleich hohe

---

[24] Siehe Abbildung 7-1 im vorangegangenen Abschnitt 7.1.

[25] Vgl. *Fieten, R.*, Allokation von Wertschöpfungsaktivitäten, 1997, S. 701.

Auslandsinvestitionen wie im Vorjahr, etwa ein Drittel (33 %) sieht für die Zukunft sogar eine Ausweitung der Investitionstätigkeit im Ausland vor. Offensichtlich bleibt der Drang deutscher Industrieunternehmungen, im Ausland investieren und damit sehr häufig auch produzieren zu wollen,[26] zumindest in naher Zukunft ungebrochen.

Angaben in Prozent	**Von den Industrieunternehmungen, die im Ausland investieren, planen im ...**				
	Herbst 1995 für 1996 ...	Herbst 1996 für 1997 ...	Herbst 1997 für 1998 ...	Herbst 1998 für 1999	**Herbst 1999 für 2000**
... höhere Auslandsinvestitionen	39	38	38	30	**33**
... gleich hohe Auslandsinvestitionen	44	45	48	55	**52**
... geringere Auslandsinvestitionen	17	17	14	15	**15**
Σ	100	100	100	100	**100**

Tabelle 7-2: Investitionsabsichten der westdeutschen Industrieunternehmungen im Ausland[27]

Bei aller Globalisierungseuphorie dieser Tage ist jedoch vor einem überstürzten Einstieg in internationale oder globale Produktionsaktivitäten zu warnen, denn das ISPM ist kein „Wundermittel" zur Erzielung kurzfristiger Wettbewerbsvorteile oder gar zur kurzfristigen Existenzsicherung. Die Realisierung internationaler Produktionsaktivitäten muß vielmehr langfristig ausgerichtet sein. Sie bedarf langfristig angelegter Produktionsstrategien, die als Bestandteile eines strategischen Gesamtkonzeptes zu einem schrittweise internationalisierenden Produktionssystem führen. Kurzfristig motivierte „ad-hoc"-Konzepte erscheinen hier wenig angebracht. Nur aus einer langfristig orientierten und strategisch geprägten Perspektive heraus kann die Dauerhaftigkeit der durch das ISPM angestrebten Erfolgspotentiale begründet und für die Zukunft gesichert werden.

---

26 Wie in Abschnitt 1.1 bereits ausgeführt wurde, belegen verschiedene Untersuchungen, daß ein Großteil industrieller Auslandsinvestitionen (Direktinvestitionen) dem Aufbau von Produktionskapazitäten im Ausland dient. Vgl. Deutscher Industrie- und Handelstag (Hrsg.), Wirtschaftslage und Erwartungen, 1997, S. 59-60; *Beyfuß, J.*, Erfahrungen deutscher Auslandsinvestoren, 1996, S. 23; sowie Institut der deutschen Wirtschaft Köln (Hrsg.), Arbeitsplatzeffekte von Auslandsaktivitäten, 1995, S. 3 und 16; siehe auch die entsprechenden Ausführungen in Abschnitt 1.1.

27 Datenquelle: Deutscher Industrie- und Handelstag (Hrsg.), Wirtschaftslage und Erwartungen, 1999, S. 93.

Außerdem erfordert das ISPM im Vergleich zum traditionellen Produktionsmanagement ein erweitertes Fähigkeitsprofil der (des) verantwortlichen Produktionsmanager(s). Neben zusätzlichen fachlichen und methodischen Fähigkeiten ist vor allem auch die Fähigkeit zum ganzheitlichen, funktionsübergreifenden Denken in einem internationalen Kontext gefordert. Dabei sind Teamfähigkeit, Weltoffenheit, Sensibilität für sozio-kulturelle Besonderheiten, interkulturelle Kompetenz, Fremdsprachenkenntnisse sowie internationale Mobilität als persönliche Grundvoraussetzungen des internationalen Produktionsmanagers anzusehen. Gerade die unzureichende Erfüllung dieser Grundvoraussetzungen stellt nach den übereinstimmenden Aussagen der befragten Experten ein häufiges Problem in der Managementpraxis dar, das vielfach bereits bei der Suche nach geeigneten Managern beginnt. Hier besteht ein offensichtlicher Nachholbedarf in der Managerausbildung und -weiterbildung, der stärker als bisher von den damit befaßten Institutionen und auch den Unternehmungen selbst aufgegriffen werden sollte.

Mit der Entwicklung des ISPM wurden auch weitere Problemfelder aufgetan, die aber an der Peripherie oder außerhalb des hier fokussierten Analysefeldes liegen und deshalb allenfalls andiskutiert werden konnten. Diese Problemfelder liefern verschiedene Anknüpfungspunkte für weitere Forschungsarbeiten: Zu denken ist hier zum Beispiel an eine Untersuchung der operativen Gestaltungsebene bei internationalen Produktionsaktivitäten oder etwa an die Entwicklung eines internationalen Produktions-Controlling, das vor allem auch eine überbetriebliche Controllingebene vorsieht. Weitere Forschungsaktivitäten könnten darauf gerichtet werden, den hier entwickelten Ansatz des ISPM auf spezifische Wirtschaftszweige zu beziehen und im jeweils branchenbezogenen Kontext zu spezifizieren. Ferner dürfte - wie an anderer Stelle[28] bereits angemerkt wurde - die Anwendung der Fuzzy-Logik im Rahmen der (internationalen) Standortwahl eine ebenfalls vielversprechende Thematik für weitere Forschungsarbeiten darstellen.

Überdies gehen von dem Internationalen Strategischen Produktionsmanagement nicht nur betriebswirtschaftliche Perspektiven aus. Auch in volkswirtschaftlicher, technischer, gesellschaftlicher oder etwa politischer Hinsicht ergeben sich vielfältige Herausforderungen, die in der Zukunft mehr denn je eine Aufgeschlossenheit gegenüber internationalen Produktionsformen industrieller Unternehmungen erfordern.

---

[28] Siehe die entsprechenden Ausführungen zum Stichwort „Fuzzy-Logik“ in Abschnitt 5.3.6.3.2.

Literaturverzeichnis

Adam, D. [Planung und Entscheidung, 1996]: Planung und Entscheidung: Modelle - Ziele - Methoden, 4. Aufl., Wiesbaden 1996

Adam, D. [Produktions-Management, 1997]: Produktions-Management, 8. Aufl., Wiesbaden 1997.

Aharoni, Y. [Multinational Corporation, 1972]: On the Definition of a Multinational Corporation, in: Kapoor A.; Grub, P.D. (beide Hrsg.): The Multinational Enterprise in Transaktion, Princeton 1972, S. 3-20. Auch in: Quarterly Review of Economics and Business, Vol. 11, 1971, No. 3, S.27-37.

Amann, K. [Unternehmensführung, 1995]: Unternehmensführung - Strategisches und operatives Management, Stuttgart, Berlin und Köln 1995

Ansoff, H.I. [Strategies for Diversification, 1957]: Strategies for Diversification, in: Harvard Business Review, Vol. 35 (1957), No. 5, S. 113-124.

Ansoff, H.I. [Corporate Strategy, 1965]: Corporate Strategy - An Analytic Approach to Business Policy for Growth and Expansion, New York et al. 1965.

Arbeitskreis Logistik im Verkehrsausschuß des Zentralverbandes der Elektrotechnischen Industrie e.V. [ZVEI] (Hrsg.) [ZVEI-Leitfaden Logistik, 1982]: ZVEI-Leitfaden Logistik, Mindelheim 1982.

Arioli, S. [Regionalisierung, 1993]: EG und EWR in einer Zeit der Globalisierung, in: Haller, M.; Bleicher, K.; et al. (alle Hrsg.): Globalisierung der Wirtschaft - Einwirkungen auf die Betriebswirtschaftslehre, Bern, Stuttgart und Wien 1993, S. 9-22.

Bandemer, St. von; Eichener, V.; Hilbert, J.; Schmid (alle Hrsg.) [Anthropozentrische Produktionssysteme, 1993]: Anthropozentrische Produktionssysteme, Opladen 1993.

Baron, St.; Bierach, B.; Thelen, F. [„Konsum ist lokal", 1997]: „Konsum ist lokal", in: Wirtschaftswoche Nr. 10 vom 27.02.1997, S.130-131.

Bartlett, C.A. [Management der transnationalen Unternehmung, 1989]: Aufbau und Management der transnationalen Unternehmung: Eine neue organisatorische Herausforderung, in: Porter, M. E. (Hrsg.): Globaler Wettbewerb: Strategien der neuen Internationalisierung, Wiesbaden 1989, S. 425-466.

Bauer, S. [Standortfaktoren, 1993]: Der Mittelstand sieht schwarz, in: Top Business, Mai 1993, S. 58-60.

Bäurle, I.; Schmid St. [Transnationale Organisation, 1994]: Die Transnationale Organisation, in: Das Wirtschaftsstudium (WISU), Nr. 12 1994, S.991-993.

Bea, F. X.; Haas, J. [Strategisches Management, 1997]: Strategisches Management, 2. Aufl., Stuttgart 1997.

Becker, D. [Japanische Kultur, 1994]: Kulturverträglichkeit des japanischen Wirtschaftsmodells: Japanische Exportschlager mit Tücken, in: Gablers Magazin, Nr. 10 1994, S.52-55.

Becker, J. [Marketing-Konzeption, 1993]: Marketing-Konzeption, 5. Aufl., München 1993.

Behrens, K.Ch. [Standortbestimmungslehre, 1971]: Allgemeine Standortbestimmungslehre, 2. Aufl., Opladen 1971.

Berekoven, L.; Eckert, W.; Ellenrieder, P. [Marktforschung, 1996]: Marktforschung, methodische Grundlagen und praktische Anwendung, 7. Aufl., Wiesbaden 1996.

Berg, H. [Europäische Integration, 1990]: Europäische Integration: Ziele - Methoden - Erfahrungen - Perspektiven, in: Berg, H.; Meissner, H.G.; Schünemann, W.B. (alle Mitverfasser), Märkte in Europa, Stuttgart 1990, S. 1-97.

Berg, H. [Die Europäische Gemeinschaft im Konflikt, 1995]: Die Europäische Gemeinschaft im Konflikt zwischen Erweiterung und Vertiefung, in: Reichmann, Th. (Hrsg.): Internationales Marketing; Prof. Dr. H. G. Meissner aus Anlaß der Emeritierung, Dortmund 1995, S.79-88.

Berger, R. [Standortsicherung, 1993]: Sicherung des Wirtschaftsstandortes Deutschland: Pflichten ernster nehmen, in: Gablers Magazin, Nr. 3 1993, S. 6-9.

Bergmann, A. [Interkulturelle Managemententwicklung, 1993]: Interkulturelle Managemententwicklung, in: Haller, M.; Bleicher, K.; et al. (alle Hrsg.): Globalisierung der Wirtschaft - Einwirkungen auf die Betriebswirtschaftslehre, Bern, Stuttgart und Wien 1993, S. 193-216.

Bertalanffy, L. v. [General Systems Theorie, 1951]: General Systems Theory: A new Approach to the Unity of Science, in: Human Biology, 23. Jg. 1951, S. 302-361.

Bertalanffy, L. v. [General System Theorie, 1968]: General System Theory, New York 1968.

Bertalanffy, L. v. [Vorläufer und Begründer der Systemtheorie, 1972]: Vorläufer und Begründer der Systemtheorie, in: Kurzrock, R. (Hrsg.): Systemtheorie, Berlin 1972, S. 17-48.

Beyfuß, J. [Erfahrungen deutscher Auslandsinvestoren, 1996]: Erfahrungen deutscher Auslandsinvestoren in Reformländern Mittel- und Osteuropas, Köln 1996.

Beyfuß, J.; Kitterer, B. H.-J. [Deutsche Direktinvestitionen, 1990]: Deutsche Direktinvestitionen im Ausland - Bestandsaufnahme und Ergebnisse einer Unternehmensbefragung, Köln 1990.

Binder, H.; Lux, J. [Partnerwahl bei Kooperationen, 1997]: Bedeutung und Methoden einer bewußten Partnerwahl im Rahmen der Erfolgssicherung von Kooperationen, in: Macharzina, K.; Oesterle, M.-J. (beide Hrsg.): Handbuch Internationales Management, Wiesbaden 1997, S. 497-509.

Bleicher, K. [Zentralisation und Dezentralisation, 1966]: Zentralisation und Dezentralisation von Aufgaben in der Organisation der Unternehmungen, Berlin 1966.

Bleyer, K. [Standortoptimierung und Restrukturierung, 1995]: Standortoptimierung und Restrukturierung, in: Gassert, H.; Horváth, P. (beide Hrsg.): Den Standort richtig wählen, Stuttgart 1995, S. 1-9.

Bliesener, M.-M. [Outsourcing, 1994]: Outsourcing als mögliche Strategie zur Kostensenkung, in: Betriebswirtschaftliche Forschung und Praxis (BFuP) Nr. 4 1994, S. 277-290.

Bloech, J. [Standorttheorie, 1976]: Standort und Standorttheorie, in: Grochla, E.; Wittmann, W. (beide Hrsg.): Handwörterbuch der Betriebswirtschaft, 4. Aufl., Stuttgart 1976, Sp. 3661-3671.

Bloech, J. [Industrieller Standort, 1994]: Industrieller Standort, in: Schweitzer, M. (Hrsg.): Industriebetriebslehre, 2. Aufl., München 1994, S. 61-147.

Bloech, J. [Outsourcing, 1996]: Outsourcing - Wirtschaftlichkeit für Unternehmungen mit ausgegliederten Teilsystemen, in: Koppelmann, U. (Hrsg.): Outsourcing, Ergebnisse des Arbeitskreises „Einkauf und Logistik“ der Schmalenbach-Gesellschaft - Deutsche Gesellschaft für Betriebswirtschaft e.V., Stuttgart 1996, S. 149-162.

Bogaschewsky, R. [Leistungstiefenoptimierung, 1996]: Strategische Aspekte der Leistungstiefenoptimierung, in: Koppelmann, U. (Hrsg.): Outsourcing, Ergebnisse des Arbeitskreises „Einkauf und Logistik“ der Schmalenbach-Gesellschaft - Deutsche Gesellschaft für Betriebswirtschaft e.V., Stuttgart 1996, S. 123-148.

Bohr, K.; Weiß, M. [Bestimmung der optimalen Fertigungstiefe, 1994]: Bestimmung der optimalen Fertigungstiefe, in: Das Wirtschaftsstudium (WISU), Nr. 4 1994, S. 341-350, (Teil I); und Nr. 5 1994, S. 437-444, (Teil II).

Borrmann, W.A. [Typus und Struktur internationaler Unternehmungen, 1970]: Typus und Struktur internationaler Unternehmungen, in: Borrmann W.A. (Hrsg.): Managementprobleme internationaler Unternehmungen, Schriften zur vergleichenden Managementlehre, Wiesbaden 1970, S.17-49.

Börsig, C.; Baumgarten Ch. [Internationales Kooperationsmanagement, 1997]: Grundlagen des internationalen Kooperationsmanagements, in: Macharzina, K.; Oesterle, M.-J. (beide Hrsg.): Handbuch Internationales Management, Wiesbaden 1997, S. 475-496.

Brauchlin, E.; Wuffli, P.A. [Transnationale Unternehmungen, 1982]: Transnationale Unternehmungen und nationale Interessen als unternehmenspolitisches Problem, in: Lück, W.; Trommsdorff, V. (beide Hrsg.): Internationalisierung der Unternehmung, Berlin 1982, S. 269-290.

Broll, U. [Multinationale Unternehmen, 1993]: Multinationale Unternehmen, in: Wirtschaftswissenschaftliches Studium (WiSt) Heft 2, Feb. 1993, S. 54-59.

Broll, U. [Direktinvestitionen, 1996]: Multinationale Unternehmen, Direktinvestitionen und Internationaler Handel, in: Wirtschaftswissenschaftliches Studium (WiSt) Heft 9, September 1996, S. 438-443.

Buaron, R. [New Game Strategies, 1981]: New Game Strategies, in: The McKinsey Quarterly, Frühjahr 1981, S. 24-40.

Buckley, P.J. [Barriers to Internationalization, 1993]: Barriers to Internationalization in the New Global Economy, in: Schmalenbach-Gesellschaft - Deutsche Gesellschaft für Betriebswirtschaft e.V. (Hrsg.): Internationalisierung der Wirtschaft – Eine Herausforderung an die Betriebswirtschaft und Unternehmenspraxis, Stuttgart 1993, S. 17-25.

Bumiller, F.-X. [Internationalisierungsstrategien im Textilsektor, 1989]: Internationalisierungsstrategien im Textilsektor, Pfaffenweiler 1989.

Cameron, R. [Geschichte der Weltwirtschaft, 1991]: Geschichte der Weltwirtschaft, Band 1, Stuttgart 1991.

Chew, E. [Global Platforms, 1996]: Global Platforms: The payoff ist near - Industry changes as volumes hit a million, in: Automotive News *Europe*, August 19, 1996, S. 4.

Chew, E. [Million-unit platforms, 1996]: New era: Million-unit platforms, in: Automotive News, August 19, 1996, S.1 und 37.

Cichon, W. [Globalisierung, 1988]: Globalisierung als strategisches Problem, München 1988.

Corsten, H. (Hrsg.) [Handbuch Produktionsmanagement, 1994]: Handbuch Produktionsmanagement: Strategie - Führung - Technologie - Schnittstellen, Wiesbaden 1994.

Corsten, H. [Gestaltungsbereiche des Produktionsmanagement, 1994]: Gestaltungsbereiche des Produktionsmanagement, in: Corsten, H. (Hrsg.): Handbuch Produktionsmanagement, Wiesbaden 1994, S. 5-21.

Corsten, H. [Produktionswirtschaft, 1998]: Produktionswirtschaft, Einführung in das industrielle Produktionsmanagement, 7. Aufl., München und Wien 1998.

Daniels, J.D.; Radebaugh, L.H. [International Business, 1995]: International Business: Environments and Operations, 7. Aufl., Reading/Mass. 1995.

Davidson, W. H. [Global Strategic Management, 1982]: Global Strategic Management, New York 1982.

Demant, B. [Fuzzy-Theorie, 1993]: Fuzzy-Theorie oder Die Faszination des Vagen, Wiesbaden 1993.

Deutsche Bundesbank (Hrsg.) [Kapitalverflechtung der Unternehmen mit dem Ausland, 1992]: Kapitalverflechtung der Unternehmen mit dem Ausland nach Ländern und Wirtschaftszweigen 1984-1990, Frankfurt a.M. 1992.

Deutsche Bundesbank (Hrsg.) [Kapitalverflechtung mit dem Ausland, »Jahrgang der Ausgabe«]: Kapitalverflechtung mit dem Ausland, Statistische Sonderveröffentlichung 10, Frankfurt a.M., Ausgaben 1993, 1995, 1997 und 1999.

Deutsche Bundesbank (Hrsg.) [Zahlungsbilanzstatistik, 3/1998]: Zahlungsbilanzstatistik März 1998, Statistisches Beiheft zum Monatsbericht 3, Frankfurt am Main, März 1998.

Deutsche Telekom AG (Hrsg.) [INMARSAT, 1994]: Inmarsat – Eine Nachricht geht um die Welt, KNr. 123 456 789, Bonn 1994.

Deutsche Telekom AG (Hrsg.) [Datenkommunikation, 1995]: Datenkommunikation – Übersicht und Entscheidungshilfe, KNr. 641 100 034, Darmstadt 1995.

Deutsche Telekom AG (Hrsg.) [Datex-P, 1995]: Datex-P – Der schnellste Paketservice der Welt, KNr. 641 260 210, Bonn 1995.

Deutsche Telekom AG (Hrsg.) [Frame Link, 1995]: Frame Link – Verbindungen zwischen Local Area Networks, KNr. 641 260 231, Darmstadt 1995.

Deutsche Telekom AG (Hrsg.) [VSAT, 1996]: VSAT – Kommunikation per Satellit bringt Europa auf den Punkt, KNr. 641 260 901, Bonn 1996.

Deutsche Telekom AG (Hrsg.) [Forschung und Technologie, 1997]: Neue Wege in die Zukunft – Forschung und Technologie, KNr. 642 100 008, Bonn und Düsseldorf 1997.

Deutsche Telekom AG (Hrsg.) [Für eine neue Qualität des Lebens, 1997]: Für eine neue Qualität des Lebens, KNr. 642 100 002, Bonn und Düsseldorf 1997.

Deutsche Telekom AG (Hrsg.) [Internet und Intranet, 1997]: Internet- und Intranet-Services, KNr. 641 250 072, Bonn 1997.

Deutscher Industrie- und Handelstag (Hrsg.) [Produktionsverlagerung, 1993]: Produktionsverlagerung ins Ausland - Ergebnisse einer Unternehmensbefragung, Bonn, im November 1993

Deutscher Industrie- und Handelstag (Hrsg.) [Produktionsverlagerung, 1996]: Produktionsverlagerung als Element der Auslandsinvestitionen - Ergebnisse einer Unternehmensbefragung, Bonn, im Dezember 1996.

Deutscher Industrie- und Handelstag (Hrsg.) [Auslandsinvestitionen, 1996]: Auslandsinvestitionen deutscher Unternehmen 1996 - DIHT-Umfrage bei den deutschen Auslandshandelskammern, Bonn, im Juli 1996.

Deutscher Industrie- und Handelstag (Hrsg.) [Außenhandel, 1997]: Außenhandel und Wettbewerbsfähigkeit, DIHT-Umfrage bei den deutschen Auslandshandelskammern (AHK) - Kurzfassung -, Bonn, im Juli 1997.

Deutscher Industrie- und Handelstag (Hrsg.) [Wirtschaftslage und Erwartungen, »Jahrgang der Befragung«]: Wirtschaftslage und Erwartungen - Ergebnisse der DIHT-Umfrage bei den Industrie- und Handelskammern im Herbst »Jahrgang der Befragung«, Bonn bzw. Berlin, Befragungsjahrgänge 1995, 1996, 1997, 1998 und 1999.

Dichtl, E. [Symptome einer Fehlentwicklung, 1989]: Symptome einer Fehlentwicklung, in: Marketing - Zeitschrift für Forschung und Praxis (ZFP), Heft 1 1989, S. 70-71.

Diederich, H. [Betriebswirtschaftslehre, 1992]: Allgemeine Betriebswirtschaftslehre, 7. Aufl., Stuttgart 1992.

Döpper, W.; Eversheim, W. [Internationale Produktion, 1993]: Internationale Produktion – Tendenzen, Risiken und Chancen der Globalisierung, in: Haller, M.; Bleicher, K.; et al. (alle Hrsg.): Globalisierung der Wirtschaft - Einwirkungen auf die Betriebswirtschaftslehre, Bern, Stuttgart und Wien 1993, S. 367-382.

Drexl, A. [Standorttheorien, 1993]: Standorttheorien, in: Wittmann, W.†; Kern, W.; Köhler, R.; Küpper, H.-U.; Wysocki, K. v. (alle Hrsg.): Handwörterbuch der Betriebswirtschaft, Teilband 3, 5. Aufl., Stuttgart 1993, Sp. 3962-3972.

Duhnkrack, Th. [Strategisches Zielsystem der Internationalen Unternehmung, 1984]: Zielbildung und Strategisches Zielsystem der Internationalen Unternehmung, Göttingen 1984.

Dülfer, E. [Internationalisierung der Unternehmung, 1982]: Internationalisierung der Unternehmung - gradueller oder prinzipieller Wandel?, in: Lück, W.; Trommsdorff, V. (beide Hrsg.): Internationalisierung der Unternehmung, Berlin 1982, S. 47-71.

Dülfer, E. [Umweltbeziehungen, 1989]: Umweltbeziehungen der international tätigen Unternehmung, in: Macharzina, K.; Welge, M.K. (beide Hrsg.): Handwörterbuch Export und Internationale Unternehmung, Stuttgart 1989, Sp. 2097-2111.

Dülfer, E. [Internationales Management, 1997]: Internationales Management in unterschiedlichen Kulturbereichen, 5. Aufl., München und Wien 1997.

Dunning, J. H. [Eclectic Theorie, 1980]: Toward an Eclectic Theorie of International Production: Some Empirical Tests, in: Journal of International Business Studies 1/1980 S. 9-31.

Dunning, J. H. [International Production, 1981]: International Production and the Multinational Enterprise, London, Boston and Sydney 1981.

Eggerstedt, H. v. [Erfolgsbedingungen deutscher Investitionen in Fernost, 1990]: Erfolgsbedingungen deutscher Investitionen in Fernost, in: Zeitschrift für Betriebswirtschaft (ZfB), 60. Jg. 1990, Heft 7, S.631-646

Eiff, R.; Wagner, H.-Th. ['Silicon Valleys', 1984]: Kann man in Deutschland „Silicon Valleys" aufbauen?, in: Blick durch die Wirtschaft vom 13.06.1984, S. 5.

Endres, D. [Joint Ventures, 1987]: Joint Ventures als Instrument internationaler Geschäftstätigkeit, in: Wirtschaftswissenschaftliches Studium (WiSt) Heft 8, August 1987, S. 373-378.

Engel, M. [Auslandsinvestitionen, 1990]: Betriebswirtschaftliche Determinanten von Auslandsinvestitionen, in: Das Wirtschaftsstudium (WISU), Nr. 6 1990, S. 345-347.

Engelhard, J. [„Global Corporate“ Liability, 1990]: „Global Corporate“ Liability – Rechtliche Grenzen der globalen Rationalisierung der Unternehmenstätigkeit, in: Welge, M. K. (Hrsg.): Globales Management, Stuttgart 1990, S. 203-220.

Engelhard, J. [Bewertung von Länderrisiken, 1992]: Bewertung von Länderrisiken bei Auslandsinvestitionen: Möglichkeiten, Ansätze und Grenzen, in: Kumar, B. N., Haussmann, H. (beide Hrsg.): Handbuch der Internationalen Unternehmenstätigkeit, München 1992, S. 367-383.

Engelhard, J., Oesterle, M.-J. [Theorie der internationalen Unternehmenstätigkeit, 1997]: Theorie der internationalen Unternehmenstätigkeit - Darstellung, Kritik, und zukünftige Anforderungen, in: Macharzina, K.; Oesterle, M.-J. (beide Hrsg.): Handbuch Internationales Management, Wiesbaden 1997, S. 23-44.

Esser, K. [Standortfaktor Unternehmensbesteuerung, 1990]: Standortfaktor Unternehmensbesteuerung, in: Schmalenbachs Zeitschrift für betriebswirtschaftliche Forschung (ZfbF) 42, 2/1990, S. 157-192.

Esser, W.-M.; Ringlstetter, M. [Wertschöpfungskette, 1991]: Die Rolle der Wertschöpfungskette in der strategischen Planung, in: Kirsch, W. (Hrsg.): Beiträge zum Management strategischer Programme, Münchener Schriften zur angewandten Führungslehre Nr. 65, München 1991, S.511-537.

Farmer, R.N.; Richman, B.M. [Comparative Management and Economic Progress, 1965]: Comparative Management and Economic Progress, Homewood/Ill. 1965.

Fayerweather, J. [International Marketing, 1965]: International Marketing, New Jersey 1965.

Fayerweather, J. [Internationale Unternehmung, 1989]: Begriff der Internationalen Unternehmung, in: Macharzina, K.; Welge, M.K. (beide Hrsg.): Handwörterbuch Export und Internationale Unternehmung, Stuttgart 1989, Sp. 926-948.

Femerling, Ch. [Strategische Auslagerungsplanung, 1997]: Strategische Auslagerungsplanung, Wiesbaden 1997.

Fieten, R. [Internationalisierung, 1991]: Internationalisierung als Herausforderung, in: Beschaffung Aktuell, Nr. 3 1991, S. 57-60

Fieten, R. [Allokation von Wertschöpfungsaktivitäten, 1997]: Politische, wettbewerbliche und kostenorientierte Bestimmungsgründe der Allokation von Wertschöpfungsaktivitäten, in: Macharzina, K.; Oesterle, M.-J. (beide Hrsg.): Handbuch Internationales Management, Wiesbaden 1997, S. 681-703.

Filz, B. [Distributionslogistik, 1993]: Entwicklung eines systemischen Einflußgrößenmodells für die Distributionslogistik, Dortmund 1993.

Filz, B.; Hlubek, J.; Kuhn, A.; Siebel, Th. [Lieferabrufsysteme, 1989]: Lieferabrufsysteme, Köln 1989.

Fischer, L. [Standortwahl und Steuern, 1993]: Standortwahl und Steuern, in: Wittmann, W.†; Kern, W.; Köhler, R.; Küpper, H.-U.; Wysocki, K. v. (alle Hrsg.): Handwörterbuch der Betriebswirtschaft, Teilband 3, 5. Aufl., Stuttgart 1993, Sp. 3973-3986.

Flaherty, Th. [Globale Fertigungsprozesse, 1989]: Die Koordination globaler Fertigungsprozesse, in: Porter, M. E. (Hrsg.): Globaler Wettbewerb: Strategien der neuen Internationalisierung, Wiesbaden 1989, S. 95-125.

Fleck, A. [Hybride Wettbewerbsstrategien, 1995]: Hybride Wettbewerbsstrategien, Wiesbaden 1995.

Form, St. [Balanced Scorecard, 1999]: Balanced Scorecard, in: Controlling, Heft 10 1999, S. 495-496.

Freidhof, E. [Strategisches Management im internationalen Umfeld, 1995]: Strategisches Management im internationalen Umfeld, Frankfurt a.M. 1995.

Gälweiler, A. [Strategische Unternehmensführung, 1990]: Strategische Unternehmensführung, 2. Aufl, Frankfurt am Main und New York 1990.

Germann, H.; Rürup, B.; Setzer, M. [Globalisierung der Wirtschaft, 1996]: Globalisierung der Wirtschaft: Begriffe, Bereiche Indikatoren, in: Steger, U. (Hrsg.): Globalisierung der Wirtschaft, Berlin, Heidelberg et al. 1996, S. 18-55.

Ghoshal, S. [Global Strategy, 1987]: Global Strategy: An Organizing Framework, in: Strategic Management Journal, Vol. 8 1987, S. 425-440.

Gilroy, B.M. [Firmeninterner Handel, 1992]: Firmeninterner Handel, in: Wirtschaftswissenschaftliches Studium (WiSt) Heft 9, September 1992, S.467-471.

Gluck, F.W. [Strategic Choice and Ressource Allocation, 1980]: Strategic Choice and Ressource Allocation, in: The McKinsey Quarterly, Winter 1980, S.22-34.

Goette, Th. [Standortpolitik, 1994]: Standortpolitik internationaler Unternehmen, Wiesbaden 1994.

Goeudevert, D. [Zulieferer und Just-in-Time, 1991]: Zulieferer und Just-in-Time — Möglichkeiten und Grenzen, in: Der Zuliefermarkt, September 1991, S. 158-160.

Grosse, R.; Kujawa D. [International Business, 1988]: International Business, Homewood/Ill. 1988.

Günter, B. [Local Content, 1985]: Local Content - eine Herausforderung für das internationale Marketing, in: Marketing - Zeitschrift für Forschung und Praxis (ZFP), Heft 4 1985, S. 263-274.

Günther, H.-O.; Tempelmeier, H. [Produktion und Logistik, 1997]: Produktion und Logistik, 3. Auf., Berlin, Heidelberg, New York et al. 1997.

Günther, Th. [Wertsteigerungsmanagement, 1999]: State-of-the-Art des Wertsteigerungsmanagements, in: Controlling, Heft 8/9 1999, S. 361-370.

Gutenberg, E. [Unternehmensführung, 1962]: Unternehmensführung, Organisation und Entscheidung, Wiesbaden 1962.

Gutenberg, E. [Die Produktion, 1983]: Grundlagen der Betriebswirtschaftslehre, Band I: Die Produktion, 24. Aufl., Berlin, Heidelberg und New York 1983.

Haberstock, L.; Breithecker, V. [Betriebswirtschaftliche Steuerlehre, 1996]: Einführung in die Betriebswirtschaftliche Steuerlehre, 8. Aufl., Hamburg 1996.

Hahn, D. [Prozeßwirtschaft, 1989]: Prozeßwirtschaft - Grundlegung, in: Hahn, D.; Laßmann, G. (beide Hrsg.): Produktionswirtschaft - Controlling industrieller Produktion, Band 2, Heidelberg 1989, S. 5-237.

Hahn, D. [PuK, Controllingkonzepte, 1996]: PuK, Controllingkonzepte: Planung und Kontrolle, Planungs- und Kontrollsysteme, Planungs- und Kontrollrechnung, 5. Aufl., Wiesbaden 1996.

Hall, E.T. [The Silent Language, 1959]: The Silent Language, Garden City und New York 1959.

Hall, E.T. [The Silent Language in Overseas Business, 1960]: The Silent Language in Overseas Business, in: Harvard Business Review, Vol. 38 (1960), No. 3, S. 87-96.

Haller, M.; Bleicher, K.; et al. (alle Hrsg.) [Globalisierung der Wirtschaft, 1993]: Globalisierung der Wirtschaft - Einwirkungen auf die Betriebswirtschaftslehre, Bern, Stuttgart und Wien 1993.

Hamel, G.; Prahalad, C.K. [Core Competence, 1994]: Competing for the Future, Boston/Mass.1994.

Hang, W.; Pfunder, M. [Technologieeinsatz im Ausland, 1992]: Probleme der Fertigung und des Technologieeinsatzes in eigenen Fertigungsbetrieben im Ausland, in: Kumar, B. N., Haussmann, H. (beide Hrsg.): Handbuch der Internationalen Unternehmenstätigkeit, München 1992, S. 757-767.

Hansmann, K.-W. [Standortplanung, 1974]: Entscheidungsmodelle zur Standortplanung der Industrieunternehmen, Wiesbaden 1974.

Hansmann, K.-W. [Industrielles Management, 1997]: Industrielles Management, 5. Aufl., München und Wien 1997.

Hasenkamp, U. [Internationale Aspekte des Informationsmanagements, 1994]: Internationale Aspekte des Informationsmanagements, in: Schiemenz, B.; Wurl, H.-J. (beide Hrsg.): Internationales Management, Wiesbaden 1994, S. 147-159.

Haug, A.; Wangenheim, S. v. [Standortmanagement, 1995]: Standortmanagement in der literarischen Übersicht, in: Gassert, H.; Horváth, P. (beide Hrsg.): Den Standort richtig wählen, Stuttgart 1995, S. 70-83.

Haupt, R.; Planer, D. [Produktionsprogrammgestaltung, 1994]: Aufgaben und Bestimmungsgrößen der Produktionsprogrammgestaltung, in: Corsten, H. (Hrsg.): Handbuch Produktionsmanagement, Wiesbaden 1994, S. 75-92.

Hauschildt, J. [Globalisierung der Wirtschaft, 1993]: 'Globalisierung der Wirtschaft' - Zur Rolle der Betriebswirtschaft, in: Haller, M.; Bleicher, K.; et al. (alle Hrsg.): Globalisierung der Wirtschaft - Einwirkungen auf die Betriebswirtschaftslehre, Bern, Stuttgart und Wien 1993, S. 5-8.

Haussmann, H. [Vor- und Nachteile der Kooperation, 1997]: Vor- und Nachteile der Kooperation gegenüber anderen Internationalisierungsformen, in: Macharzina, K.; Oesterle, M.-J. (beide Hrsg.): Handbuch Internationales Management, Wiesbaden 1997, S. 459-496.

Haverbeck, P. [Automobilhersteller und Zulieferindustrie, 1991]: Veränderungen in der Zusammenarbeit zwischen Automobilherstellern und der Zulieferindustrie, in: Lücke, W.; Schulz, K. (beide Hrsg.): Standort Deutschland, Wiesbaden 1991, S. 97-112.

Hax, H. [Investitionstheorie, 1993]: Investitionstheorie, korrigierter Nachdruck der 5. Auflage, Heidelberg 1993.

Healey, M. J.; Ilbery, B. W. [Location and Change, 1990]: Location and Change: Perspectives on Economic Geography, New York et al. 1990

Hebgen, H. J. [Auswahl und Beurteilung eines Investitionslandes, 1987]: Direktinvestitionen im Ausland: Auswahl und Beurteilung eines Investitionslandes, in: Marktforschung Nr. 1 1987, S. 21-24.

Hederer, G.; Kumar, B.; Müller-Heumann, G. [Internationale Unternehmung, 1970]: Begriff und Wesensinhalt der internationalen Unternehmung, in: Betriebswirtschaftliche Forschung und Praxis (BFuP), Nr. 3 1970, S. 509-521.

Heenan, D.A.; Perlmutter, H.V. [Multinational Organization Development, 1979]: Multinational Organization Development, Reading/Mass. 1979.

Heinemeyer, W. [Fortschrittszahlen, 1994]: Die Fortschrittszahlen als logistisches Konzept in der Automobilindustrie, in: Corsten, H. (Hrsg.): Handbuch Produktionsmanagement, Wiesbaden 1994, S. 221-236.

Heinen, H. [Ziele multinationaler Unternehmen, 1982]: Ziele multinationaler Unternehmen, Wiesbaden 1982.

Heinen, E. (Hrsg.) [Industriebetriebslehre, 1991]: Industriebetriebslehre, 9. Aufl., Wiesbaden 1991.

Heinen, E. [Industriebetriebslehre, 1991]: Industriebetriebslehre als entscheidungsorientierte Unternehmensführung, in: Heinen, E. (Hrsg.): Industriebetriebslehre, 9. Aufl., Wiesbaden 1991, S. 1-69.

Hellmig, G. [Standortplanung, 1991]: Betriebliche Standortplanung, in: Das Wirtschaftsstudium (WISU), Nr. 1 1991, S. 35-37 (Teil I) und Nr. 2 1991, S.103-107 (Teil II).

Henderson, B. D. [Die Erfahrungskurve, 1984]: Die Erfahrungskurve in der Unternehmensstrategie, Übersetzung und Bearbeitung: A. Gälweiler, 2. Aufl., Frankfurt am Main und New York 1984.

Hennerkes, B.-H. [Unternehmensrecht und Standortentscheidungen, 1995]: Einfluß von Unternehmensrecht und Unternehmenssteuern auf Standortentscheidungen, in: Gassert, H.; Horváth, P. (beide Hrsg.): Den Standort richtig wählen, Stuttgart 1995, S. 55-69.

Henzler, H.; Rall, W. [Aufbruch in den Weltmarkt, 1985]: Aufbruch in den Weltmarkt, in: Manager Magazin, 15. Jg. 1985, Heft 9, S. 176-190, Heft 10, S. 254-262 und Heft 11, S.166-174.

Henzler, H.A. [Europreneurs, 1992]: Europreneurs: Europas Unternehmer melden sich zurück, Wiesbaden 1992.

Hinterhuber, H. H.; Friedrich, S. A. [Führung um Kernkompetenzen, 1995]: Führung um Kernkompetenzen: Gewinnen im Wettbewerb der Zukunft, in: Gablers Magazin, Nr. 3 1995, S.37-41.

Hinterhuber, H. H.; Friedrich, S. A.; Handlbauer G.; Stuhec, U. [Kernkompetenzen, 1996]: Die Unternehmung als kognitives System von Kernkompetenzen und strategischen Geschäftseinheiten, in: Wildemann, H. (Hrsg.): Produktions- und Zuliefernetzwerke, München, 1996, S. 67-103.

Hirn, W. [Wirtschaftsflüchtlinge, 1992]: Wirtschaftsflüchtlinge, in: Manager Magazin, Heft 9 1992, S. 74-80.

Hirschmann W. B. [Learning Curve, 1964]: Profit from the Learning Curve, in: Harvard Business Review, Vol. 42 (1964), No. 1, S. 125-139.

Hofstede, G. [Kultur und Internationales Management, 1993] Die Bedeutung von Kultur und ihren Dimensionen im Internationalen Management, in: Haller, M.; Bleicher, K.; et al. (alle Hrsg.): Globalisierung der Wirtschaft - Einwirkungen auf die Betriebswirtschaftslehre, Bern, Stuttgart und Wien 1993, S. 127-148.

Hoitsch, H.-J. [Produktionswirtschaft, 1993]: Produktionswirtschaft, 2. Aufl., München 1993.

Hoitsch, H.-J.; Akin, B. [Geschichte der Produktionswirtschaft, 1998]: Geschichte der Produktionswirtschaft, in: Wirtschaftswissenschaftliches Studium (WiSt) Heft 2, Februar 1998, S. S. 54-59.

Hornig, F. [Joint Ventures, 1996]: Joint Ventures - „Auf Herz und Nieren", in: Wirtschaftswoche Nr. 35 vom 22.08.1996, S.80-83.

Hornung, K.; Reichmann, Th.; Diederichs, M. [Risikomanagement, 1999]: Risikomanagement, Teil I: Konzeptionelle Ansätze zur pragmatischen Realisierung gesetzlicher Anforderungen, in: Controlling, Heft 7 1999, S. 317-325.

Horstmann, W. [Der Balanced Scorecard-Ansatz, 1999]: Der Balanced Scorecard-Ansatz als Instrument der Umsetzung von Unternehmensstrategien, in: Controlling, Heft 4/5 1999, S. 193-199.

Horváth, P. [Controlling, 1998]: Controlling, 7. Aufl., München 1998.

Horváth, P., Kaufmann, L. [Balanced Scorecard, 1998]: Balanced Scorecard - ein Werkzeug zur Umsetzung von Strategien, in: Harvard Business Manager, 20. Jg. 1998, Nr. 5, S. 39-48.

Hummel, E. et al. [Internationaler Wettbewerb um Einkommen und Arbeitsplätze, 1996]: Stärken und Schwächen Deutschlands im internationalen Wettbewerb um Einkommen und Arbeitsplätze, in: ifo Institut für Wirtschaftsforschung (Hrsg.): ifo Schnelldienst, 49. Jg., 1996, Nr. 3/96, S. 3-18.

Hünerberg, R. [Internationales Marketing, 1994]: Internationales Marketing, Landsberg am Lech 1994.

Hungenberg, H. [Zentralisation und Dezentralisation, 1995]: Zentralisation und Dezentralisation - Strategische Entscheidungsverteilung in Konzernen, Wiesbaden 1995.

ifo Institut für Wirtschaftsforschung (Hrsg.) [unveröffentlichte Ergebnisauswertung, 1996]: Unveröffentlichte Ergebnisauswertung einer Umfrage zu Motiven für Direktinvestitionen, S. A8-A18, München 1996.

Ihde, G. B. [Standortdynamik, 1984]: Standortdynamik als strategische Antwort auf wirtschaftliche Strukturveränderungen, in: Gaugler, E.; Jacobs, O. H.; Kieser, A. (alle Hrsg.): Strategische Unternehmensführung und Rechnungslegung, Stuttgart 1984, S. 83-96.

Institut der deutschen Wirtschaft Köln (Hrsg.) [Arbeitsplatzeffekte von Auslandsaktivitäten, 1995]: Arbeitsplatzeffekte von Auslandsaktivitäten – Unternehmensbefragung des Verbandes der Bayerischen Metall- und Elektroindustrie e.V., Köln 1995.

Institut der deutschen Wirtschaft Köln (Hrsg.) [Online-Informationsdienst, 1999]: Informationsdienst IWD - Online, Köln, 28. Januar 1999, Internet: http://www.iwkoeln.de/IWD/I-Archiv/iwd04-99/g04-99-3.htm

Institut der deutschen Wirtschaft Köln (Hrsg.) [Internationale Wirtschaftszahlen, »Jahrgang der Ausgabe«]: Internationale Wirtschaftszahlen »Jahrgang der Ausgabe«, Köln, Ausgaben 1996 und 1999.

Institut der deutschen Wirtschaft Köln (Hrsg.) [Zahlen zur wirtschaftlichen Entwicklung, »Jahrgang der Ausgabe«]: Zahlen zur wirtschaftlichen Entwicklung der Bundesrepublik Deutschland »Jahrgang der Ausgabe«, Köln, Ausgaben 1996, 1997, 1998 und 1999.

Jahn, O. [Korruption in Asien, 1995]: Investoren klagen über wachsende Korruption in Asien, in: Die Welt vom 07.08.1995, S. 14.

Jarchow, H.-J.; Rühmann, P. [Monetäre Außenwirtschaft, 1994]: Monetäre Außenwirtschaft: I. Monetäre Außenwirtschaftstheorie, 4. Aufl., Göttingen 1994.

Jehle, E. [Unternehmung und gesellschaftliche Umwelt, 1980]: Unternehmung und gesellschaftliche Umwelt, Stuttgart 1980.

Jehle, E. [Kostenfrüherkennung und Kostenfrühkontrolle, 1984]: Kostenfrüherkennung und Kostenfrühkontrolle - Mitlaufende Kostenkontrolle während des Konstruktions- und Entwicklungsprozesses, in: Kortzfleisch, G. v.; Kaluza, B. (beide Hrsg.): Internationale und nationale Problemfelder der Betriebswirtschaft, Berlin 1984, S. 263-285.

Jehle, E. [Wertanalyse optimiert Logistikprozesse, 1989]: Wertanalyse optimiert Logistikprozesse, in: Jehle, E. (Band-Hrsg.); Deutsche Gesellschaft für Logistik e.V. (Hrsg.): Wertanalyse optimiert Logistikprozesse, Köln 1989, S. 11-43.

Jehle, E.; Müller, K.; Michael, H. [Produktionswirtschaft, 1994]: Produktionswirtschaft, 4. Aufl., Heidelberg 1994.

Jehle, E.; Schweitzer, R. [Der Mensch in der Fabrik der Zukunft, 1991]: Der Mensch in der Fabrik der Zukunft - Träger von Produktivität und Flexibilität, in: Uni-Report, Nr.13, Sommer 1991, S. 21-26.

Jentner, B. [Globalisierungsstrategien, 1990]: Produktinternationalisierung und Globalisierungsstrategien: Sensible Anpassung ist notwendig, in: Gablers Magazin, Nr. 11 1990, S. 10-15.

Johnson, G.; Scholes, K. [Exploring Corporate Strategy, 1988]: Exploring Corporate Strategy, Englewood Cliffs 1988.

Jorgenson, D. W.; Landau R. [Tax Reform and the Cost of Capital, 1993]: Tax Reform and the Cost of Capital, Washington 1993.

Jünemann, R. [Materialfluß und Logistik, 1989]: Materialfluß und Logistik, Berlin, Heidelberg, New York et al. 1989.

Jünemann, R. [Externes Beschaffungslager, 1991]: Vorteile bei der Anlieferung über externe Beschaffungslager, in: Zeitschrift für Logistik, 4/91, S. 43-50.

Jünemann, R. [Materialflußtechnik und Logistik, 1991]: Trends in der Materialflußtechnik und Logistik, in: Zeitschrift für Logistik, 2/91, S. 8-13.

Kable, G. [VW's strategy, 1996]: VW's strategy: 3 platforms for 3 million cars, in: Automotive News, August 19, 1996, S. 37.

Kaiser, H. [Autozulieferer, 1993]: Autozulieferer: „Räder, die den Ruin bedeuten", in: Top Business, September 1993, S. 18-28.

Kaluza, B. [Dynamische Produktdifferenzierungsstrategie, 1996]: Dynamische Produktdifferenzierungsstrategie und moderne Produktionssysteme, in: Wildemann, H. (Hrsg.): Produktions- und Zuliefernetzwerke, München, 1996, S. 191-234.

Kammüller, M. [Standort in Japan, 1995]: Wege zu einem erfolgreichen Standort in Japan, in: Gassert, H.; Horváth, P. (beide Hrsg.): Den Standort richtig wählen, Stuttgart 1995, S. 22-36.

Kanazawa, H. [VW Future Plant in Brazil, 1996]: VW Future Plant in Brazil, in: Volkswagen Group Technical Representative, Tokyo – VTT Press Service Japan, No. 2651, November 27, 1996, S. 1-3.

Kaplan, R. S.; Norton, D. P. [The Balanced Scorecard, 1992]: The Balanced Scorecard – Measures That Drive Performance, in: Harvard Business Review, January/February 1992, S. 71-79.

Kaplan, R. S.; Norton, D. P. [Balanced Scorecard, 1997]: Balanced Scorecard. Strategien erfolgreich umsetzen, Stuttgart 1997.

Kappler, E.; Rehkugler, H. [Kapitalwirtschaft, 1991]: Kapitalwirtschaft, in: Heinen, E. (Hrsg.): Industriebetriebslehre, 9. Aufl., Wiesbaden 1991, S. 897-1064.

Kappler, E.; Rehkugler, H. [Konstitutive Entscheidungen, 1991]: Konstitutive Entscheidungen, in: Heinen, E. (Hrsg.): Industriebetriebslehre, 9. Aufl., Wiesbaden 1991, S.73-240.

Karenberg, L.; Meissner, H.G.; et al. [Auslandsaktivitäten, 1983]: Auslandsaktivitäten deutscher Unternehmen; Bericht des Arbeitskreises Karenberg/Meissner der Schmalenbach-Gesellschaft - Deutsche Gesellschaft für Betriebswirtschaft e.V.; herausgegeben von der Bundesstelle für Außenhandelsinformation (BfAI), Köln 1983.

Karmann, W., GmbH (Hrsg.) [Partner der Automobilindustrie, 1996]: Partner der Automobilindustrie, interne Kennung: 3/1 D · 9/96, Osnabrück 1996.

Kaufmann, F. [Internationalisierung durch Kooperation, 1993]: Internationalisierung durch Kooperation, Wiesbaden 1993.

Kellenbenz, H. [Deutsche Wirtschaftsgeschichte, 1977]: Deutsche Wirtschaftsgeschichte, Band 1, München 1977.

Kern, W. [Globale Kapazitätsplanung, 1989]: Kapazitätsplanung, globale, in: Macharzina, K.; Welge, M.K. (beide Hrsg.): Handwörterbuch Export und Internationale Unternehmung, Stuttgart 1989, Sp. 1073-1084.

Kern, W. [Industrielle Produktionswirtschaft, 1992]: Industrielle Produktionswirtschaft, 5. Auflage, Stuttgart 1992.

King, M. A.; Fullerton, D. [The Taxation of Income from Capital, 1994]: The Taxation of Income from Capital, Chicago 1994.

Kirsch, W. [Strategische Unternehmensführung, 1993]: Strategische Unternehmensführung, in: Handwörterbuch der Betriebswirtschaft, 5. Aufl., Stuttgart 1993, Teilband 3, Sp. 4094-4111.

Kirsch, W.; Knyphausen-Aufseß, D. zu; Ringlstetter, M. [Strategisches Management, 1994]: Grundideen und Entwicklungstendenzen im Strategischen Management, in: Riekhof, H.-Ch. (Hrsg.): Praxis der Strategieentwicklung, Stuttgart 1994.

Klein, H. J. [Internationale Verbundproduktion, 1993]: Internationale Verbundproduktion - Integrierte Produktionssysteme internationaler Unternehmungen, Gießen 1993.

Knickerbocker, F.T. [Oligopolistic Reaction, 1973]: Oligopolistic Reaction and Multinational Enterprise, Boston 1973.

Knyphausen, D. zu; Ringlstetter, M. [Economies of Scope, 1991]: Wettbewerbsumfeld, Hybride Strategien und Economies of Scope, in: Kirsch, W. (Hrsg.): Beiträge zum Management strategischer Programme, Münchener Schriften zur angewandten Führungslehre Nr. 65, München 1991, S. 539-557.

Koch, E. [Internationale Wirtschaftsbeziehungen, 1992]: Internationale Wirtschaftsbeziehungen: Eine praxisorientierte Einführung, München 1992.

Koch, H. [Wo liegt Alsdorf ?, 1991]: Wo liegt Alsdorf ?, in: Manager Magazin, 21. Jg. 1991, Heft 2, S. 156-161.

Köddermann, R. [Löhne und Steuern, 1996]: Sind Löhne und Steuern zu hoch?, in: ifo Institut für Wirtschaftsforschung (Hrsg.): ifo Schnelldienst, 49. Jg., 1996, Nr. 20/96, S. 6-15.

Koerner, H. J. [Neue Standortstrukturen, 1994]: Neue Standortstrukturen in Europa aus der Sicht von Henkel, in: Pausenberger, E. (Hrsg.): Internationalisierung von Unternehmungen: Strategien und Probleme ihrer Umsetzung, Stuttgart 1994, S. 73-89.

Koppelmann, U. (Hrsg.) [Outsourcing, 1996]: Outsourcing, Ergebnisse des Arbeitskreises „Einkauf und Logistik" der Schmalenbach-Gesellschaft - Deutsche Gesellschaft für Betriebswirtschaft e.V., Stuttgart 1996.

Koppelmann, U. [Outsourcing, 1996]: Grundsätzliche Überlegungen zum Outsourcing, in: Koppelmann, U. (Hrsg.): Outsourcing, Bericht des Arbeitskreises „Einkauf und Logistik" der Schmalenbach-Gesellschaft - Deutsche Gesellschaft für Betriebswirtschaft e.V., Stuttgart 1996, S.1-9.

Kotler, Ph.; Bliemel F. [Marketing-Management, »Jahrgang der Auflage«]: Marketing-Management, 7. Aufl., Stuttgart 1992; 8. Aufl. (vollständig neu bearbeitet und erweitert), Stuttgart 1995.

Kreikebaum, H. [Strategische Unternehmensplanung, 1997]: Strategische Unternehmensplanung, 6. Aufl., Stuttgart, Berlin und Köln 1997.

Kreiner, G.; Lohff, A. [Outsourcing, 1996]: Outsourcing bei der Fichtel & Sachs AG am Beispiel Lieferantenlager Geschäftsbereich Fahrwerk, in: Koppelmann, U. (Hrsg.): Outsourcing, Ergebnisse des Arbeitskreises „Einkauf und Logistik" der Schmalenbach-Gesellschaft - Deutsche Gesellschaft für Betriebswirtschaft e.V., Stuttgart 1996, S. 69-102.

Kreutzer, R. [Global Marketing, 1989]: Global Marketing - Konzeption eines länderübergreifenden Marketing, Wiesbaden 1989.

Kromrey, H. [Empirische Sozialforschung, 1991]: Empirische Sozialforschung, 5. Aufl., Opladen 1991.

Krubasik, E.G.; Schrader, J. [Globale Forschungs- und Entwicklungsstrategien, 1990]: Globale Forschungs- und Entwicklungsstrategien, in: Welge, M. K. (Hrsg.): Globales Management, Stuttgart 1990, S. 17-27.

Krulis-Randa, J. S. [Globalisierung, 1990]: Globalisierung, in: Die Unternehmung, 44. Jg., Nr. 1 1990, S. 74-78.

Krumrey, H. [Blüte auf Pump, 1992]: Blüte auf Pump, in: Wirtschaftswoche Nr. 1/2 vom 03.01.1992, S.18-22.

Kruschwitz, L. [Investitionsrechnung, 1998]: Investitionsrechnung, 7. Aufl., München und Wien 1998.

Kubicek, H. [Heuristisch angelegte Forschungsdesigns, 1977]: Heuristische Bezugsrahmen und heuristisch angelegte Forschungsdesigns als Elemente einer Konstruktionsstrategie empirischer Forschung, in: Köhler, R. (Hrsg.): Empirische und handlungstheoretische Forschungskonzeptionen in der Betriebswirtschaftslehre, Stuttgart 1977, S. 3-36.

Kubicek, H.; Thom, N. [Umsystem, 1976]: Umsystem, betriebliches, in: Grochla, E.; Wittmann, W. (beide Hrsg.): Handwörterbuch der Betriebswirtschaft, 4. Aufl., Stuttgart 1976, Sp. 3977-4017.

Kumar, B. N. [Formen der internationalen Unternehmenstätigkeit, 1989]: Formen der internationalen Unternehmenstätigkeit, in: Macharzina, K.; Welge, M.K. (beide Hrsg.): Handwörterbuch Export und Internationale Unternehmung, Stuttgart 1989, Sp. 914-926.

Kumar, B. N. [Globale Wettbewerbsstrategien, 1993]: Globale Wettbewerbsstrategien für den Europäischen Binnenmarkt, in: Haller, M.; Bleicher, K.; et al. (alle Hrsg.): Globalisierung der Wirtschaft - Einwirkungen auf die Betriebswirtschaftslehre, Bern, Stuttgart und Wien 1993, S. 49-76.

Kumar, B. N., Haussmann, H. (beide Hrsg.) [Handbuch der Internationalen Unternehmenstätigkeit, 1992]: Handbuch der Internationalen Unternehmenstätigkeit, München 1992.

Küpper, H.-U. [Industrielles Controlling, 1994]: Industrielles Controlling, in: Schweitzer, M. (Hrsg.): Industriebetriebslehre, 2. Aufl., München 1994, S. 847-959.

Küpper, W. [Standortentscheidungsprozesse, 1982]: Standortentscheidungsprozesse transnationaler industrieller Großunternehmen, in: Lück, W.; Trommsdorff, V. (beide Hrsg.): Internationalisierung der Unternehmung, Berlin 1982, S. 439-461.

Kupsch, P.U.; Marr, R.; Picot, A. [Innovationswirtschaft, 1991]: Innovationswirtschaft, in: Heinen, E. (Hrsg.): Industriebetriebslehre, 9. Aufl., Wiesbaden 1991, S. 1069-1153.

Kutschker, M. [Eigentumsstrategien, 1992]: Die Wahl der Eigentumsstrategie der Auslandsniederlassung in kleineren und mittleren Unternehmen, in: Kumar, B. N., Haussmann, H. (beide Hrsg.): Handbuch der Internationalen Unternehmenstätigkeit, München 1992, S. 497-530.

Kutschker, M. [Internationalisierung, 1997]: Internationalisierung der Unternehmensentwicklung, in: Macharzina, K.; Oesterle, M.-J. (beide Hrsg.): Handbuch Internationales Management, Wiesbaden 1997, S. 45-67.

Kux, B.; Rall W. [Globaler Wettbewerb, 1990]: Marketing im globalen Wettbewerb, in: Welge, M.K. (Hrsg.): Globales Management, Stuttgart 1990, S. 73-91.

Large, R.; Pfohl, H.-Ch. [Logistik, 1993]: Logistik, in: Gabler Verlag (Hrsg.): Gabler-Wirtschafts-Lexikon, 13. Aufl., Wiesbaden 1993, Bd. 5, S. 2126-2129.

Lauermann, A. [Autonomie von Fertigungssegmenten, 1994]: Autonomie von Fertigungssegmenten, Wiesbaden 1994.

Launhardt, W. [Standortbestimmung, 1882]: Die Bestimmung des zweckmäßigsten Standortes einer gewerblichen Anlage, in: Zeitschrift des Vereins Deutscher Ingenieure (26) 1882, Sp. 107-116; (zitiert nach *Bloech, J.*, Industrieller Standort, 1994, S. 77).

Lautz, A. [Videoconferencing, 1995]: Videoconferencing - Theorie und Praxis für den erfolgreichen Einsatz, Frankfurt am Main 1995.

Leontiades, J.C. [Multinational Corporate Strategy, 1985]: Multinational Corporate Strategy, Lexington/Mass. und Toronto 1985.

Levitt, Th. [The Globalization of Markets, 1983]: The Globalization of Markets, in: Harvard Business Review, Vol. 61 (1983), No. 3, S. 92-102.

Lorz, J. O. [Direktinvestitionen, 1993]: Direktinvestitionen des Verarbeitenden Gewerbes in Industrieländern, in: Siebert, H. (Hrsg.): Die Weltwirtschaft, Heft 2 1993, S. 149-166.

Lück, W.; Trommsdorff, V. (beide Hrsg.) [Internationalisierung der Unternehmung, 1982]: Internationalisierung der Unternehmung als Problem der Betriebswirtschaftslehre, Berlin 1982.

Lüder, K. [Strategische Standortplanung, 1982]: Strategische Standortplanung transnationaler industrieller Großunternehmen, in: Lück, W.; Trommsdorff, V. (beide Hrsg.): Internationalisierung der Unternehmung, Berlin 1982, S. 415-438.

Lüder, K. [Standortwahl, 1990]: Standortwahl - Verfahren zur Planung betrieblicher und innerbetrieblicher Standorte, in: Jacob, H. (Hrsg.): Industriebetriebslehre, 4. Aufl., Wiesbaden 1990, S. 25-100.

Lüder, K.; Küpper, W. [Unternehmerische Standortplanung, 1983]: Unternehmerische Standortplanung und regionale Wirtschaftsförderung, Göttingen 1983.

Macharzina, K. [Diskontinuitätenmanagement, 1984]: Bedeutung und Notwendigkeit des Diskontinuitätenmanagements bei internationaler Unternehmenstätigkeit, in: Macharzina, K. (Hrsg.): Diskontinuitätenmanagement, Berlin 1984, S. 1-17.

Macharzina, K. [Globale Strategieansätze, 1993]: Rahmenbedingungen und Gestaltungsmöglichkeiten bei der Umsetzung von globalen Strategieansätzen, in: Schmalenbach-Gesellschaft - Deutsche Gesellschaft für Betriebswirtschaft e.V. (Hrsg.): Internationalisierung der Wirtschaft – Eine Herausforderung an die Betriebswirtschaft und Unternehmenspraxis, Stuttgart 1993, S. 29-55.

Macharzina, K. [Steuerung von Auslandsgesellschaften, 1993]: Steuerung von Auslandsgesellschaften bei Internationalisierungsstartegien, in: Haller, M.; Bleicher, K.; et al. (alle Hrsg.): Globalisierung der Wirtschaft - Einwirkungen auf die Betriebswirtschaftslehre, Bern, Stuttgart und Wien 1993, S. 77-109.

Macharzina, K. [Unternehmensführung, 1995]: Unternehmensführung, 2. Aufl., Wiesbaden 1995.

Macharzina, K.; Oesterle, M.-J. (beide Hrsg.) [Handbuch Internationales Management, 1997]: Handbuch Internationales Management: Grundlagen – Instrumente – Perspektiven, Wiesbaden 1997.

Mahefa, A. [Internationales Marketing-Management, 1994]: Internationales Marketing-Management, in: Schoppe. S.G. (Hrsg.): Kompendium der internationalen Betriebswirtschaftslehre, 3. Aufl., München und Wien 1994, S. 471-530.

Mai, H. [Europäische Wirtschaftszweigsystematik, 1991]: Die neue europäische Wirtschaftszweigsystematik, in: Wirtschaft und Statistik, Nr. 1 1991, Textteil S. 7-16 und Tabellenteil S. 16*-18*.

Maier, G. [Faktor Kultur, 1991]: Faktor Kultur - Multinationale Konzerne: Kriterien der Standortwahl, in: Wirtschaftswoche, Nr. 39 vom 20.09.1991, S. 100.

Mair, F. [Global Sourcing, 1995]: Strategisches Global Sourcing, Frankfurt am Main et al. 1995.

Männel, W. [Preisobergrenzen im Einkauf, 1975]: Preisobergrenzen im Einkauf, Opladen 1975.

Männel, W. [Eigenfertigung und Fremdbezug, 1981]: Eigenfertigung und Fremdbezug, 2. Aufl., Stuttgart 1981.

Männel, W. [Wahl zwischen Eigenfertigung und Fremdbezug, 1995]: Wahl zwischen Eigenfertigung und Fremdbezug, 2. Auflage, Lauf a. d. Pegnitz 1995.

McGrath, M. E.; Hoole, R. W. [Manufacturing, 1992]: Manufacturig's New Economies of Scale, in: Harvard Business Review, May-June 1992, S. 94-102.

Meffert H. [Marketing im Spannungsfeld, 1986]: Marketing im Spannungsfeld von weltweitem Wettbewerb und nationalen Bedürfnissen, in: Zeitschrift für Betriebswirtschaft (ZfB), 56. Jg. 1986, Heft 8, S.689-712.

Meffert H. [Internationalisierungsstrategien, 1989]: Globale Marketingstrategien, in: Macharzina, K.; Welge, M.K. (beide Hrsg.): Handwörterbuch Export und Internationale Unternehmung, Stuttgart 1989, Sp.1412-1427.

Meffert, H. [Wettbewerbsstrategien auf globalen Märkten, 1991]: Wettbewerbsstrategien auf globalen Mäkten, in: Betriebswirtschaftliche Forschung und Praxis (BFuP) Nr. 5 1991, S. 399-415.

Meffert, H. [Wettbewerbsstrategische Aspekte der Globalisierung, 1993]: Wettbewerbsstrategische Aspekte der Globalisierung - Status und Perspektiven der länderübergreifenden Integration, in: Haller, M.; Bleicher, K.; et al. (alle Hrsg.): Globalisierung der Wirtschaft - Einwirkungen auf die Betriebswirtschaftslehre, Bern, Stuttgart und Wien 1993, S.23-47.

Meissner, H.G. [Marketing im Gemeinsamen Europäischen Markt, 1990]: Marketing im Gemeinsamen Europäischen Markt, in: Berg, H.; Meissner, H.G. und Schünemann W.B. (alle Mitverfasser): Märkte in Europa, Stuttgart 1990, S. 99-162.

Meissner, H.G. [Dynamik des Marketing in Europa, 1992]: Dynamik des Marketing in Europa, in: Meissner, H.G.; Simmet, H. (beide Hrsg.): Euro-Dimensionen des Marketing, Dortmund 1992, S.1-12.

Meissner, H.G. [Internationales Marketing und internationale Politik, 1994]: Internationales Marketing und internationale Politik - Abhängigkeiten, Einflußfaktoren und Strukturen, in: Schiemenz, B.; Wurl, H.-J. (beide Hrsg.): Internationales Management, Wiesbaden 1994, S.45-59.

Meissner, H.G. [Strategisches Internationales Marketing, 1995]: Strategisches Internationales Marketing, 2.Aufl., München und Wien 1995.

Menze, Th. [Strategisches Internationales Beschaffungsmarketing, 1993]: Strategisches Internationales Beschaffungsmarketing, Stuttgart 1993.

Mercedes-Benz AG – Unternehmensplanung (Hrsg.): Leitfaden zur Standortplanung, Untertürkheim, Februar 1995. (Siehe Anhang III).

Mercedes-Benz U.S. International (Hrsg.) [All-Activity-Report, 1996]: All-Activity-Report, Tuscaloosa/Al., Summer 1996.

Meyer, W. [Theorie der Standortwahl, 1960]: Die Theorie der Standortwahl, Entwicklung, Inhalt und wirtschaftstheoretische Behandlung des Standortproblems, Berlin 1960.

Meyer-Lindemann, H. U. [Typologie der Theorien des Industriestandortes, 1951]: Typologie der Theorien des Industriestandortes, Bremen-Horn 1951.

Michel, U. [Wertmanagement, 1999]: Wertmanagement: Ein umfassender und durchgängiger Ansatz zur kapitalmarktorientierten Unternehmenssteuerung, in: Controlling, Heft 8/9 1999, S. 371-379.

Müller-Böling, D.; Klandt, H. [Methoden empirischer Forschung, 1994]: Methoden empirischer Wirtschafts- und Sozialforschung, 2. Aufl., Köln und Dortmund 1994.

Nebl, T. [Produktionswirtschaft, 1998]: Einführung in die Produktionswirtschaft, 3. Aufl., München und Wien 1998.

Nefiodow, L.A. [Der fünfte Kondratieff, 1990]: Der fünfte Kondratieff, Strategien zum Strukturwandel in Wirtschaft und Gesellschaft, Frankfurt am Main und Wiesbaden 1990.

Neundörfer, K. [Standortbedingung Umweltschutz, 1991]: Wenn Umweltschutz zur Standortbedingung wird, in: Frankfurter Allgemeine Zeitung vom 14.06.1991, S. 18.

Neundörfer, K. [Stichwort Internationalisierung, 1992]: Stichwort Internationalisierung: Die Realität als Herausforderung, in: Gesamttextil (Hrsg.): Jahrbuch der Textilindustrie, Eschborn 1992, S. 11-12.

Nowack, M.; Weisbrod, J. [Auswirkungen von NACE und PRODCOM, 1995]: Auswirkungen der NACE-Verordnung und der PRODCOM-Verordnung auf die kurzfristigen Statistiken im Bergbau und Verarbeitenden Gewerbe, in: Wirtschaft und Statistik, Nr. 3 1995, Textteil S. 192-200 und Tabellenteil S. S. 198*-200*.

OECD (Hrsg.) [Taxing Profits in a Global Economy, 1991]: Taxing Profits in a Global Economy, Paris 1991.

Ohmae, K. [Die neue Logik der Weltwirtschaft, 1991]: Die neue Logik der Weltwirtschaft: Zukunftsstrategien der internationalen Konzerne, Hamburg 1991.

Ohmae, K. [Macht der Triade, 1985]: Macht der Triade, Wiesbaden 1985.

Ohmae, K. [The Triad World View, 1987]: The Triad World View, in: The Journal of Business Strategy, Vol 7 1987, No 4, S. 8-19.

ohne Verfasser [Brückenkopf, 1996]: Karl Mayer produziert Textilmaschinen nun auch in China, in: Frankfurter Allgemeine Zeitung vom 21.10.1996, S. 27.

ohne Verfasser [Das Wesen des japanischen Denkens, 1990]: Das Wesen des japanischen Denkens, in: Gablers Magazin, Nr. 11 1990, S. 30-34.

ohne Verfasser [Gabler-Wirtschafts-Lexikon, Stichwort „Direktinvestition", 1993]: Stichwort „Direktinvestition", in: Gabler Verlag (Hrsg.): Gabler-Wirtschafts-Lexikon, 13. Aufl., Wiesbaden 1993, Bd. 2, S. 806-807.

ohne Verfasser [Gabler-Wirtschafts-Lexikon, Stichwort „Standortfaktoren", 1993]: Stichwort „Standortfaktoren", in: Gabler Verlag (Hrsg.): Gabler-Wirtschafts-Lexikon, 13. Aufl., Wiesbaden 1993, Bd. 7, S.3098-3099.

ohne Verfasser [Go along and get along, 1990]: Go along and get along, in: The Economist, November 24th, 1990, S. 80.

ohne Verfasser [Modulare Kfz-Fertigung, 1996]: Modulare Kfz-Fertigung in Brasilien realisiert, in: Frankfurter Allgemeine Zeitung vom 10.12.1996, S. 6.

ohne Verfasser [Standortfaktoren, 1989]: Das Klima muß stimmen, in: Unternehmer, Nr. 11 1989, S. 29-30.

ohne Verfasser [Wirtschaftszweigsystematik 1979]: Systematik der Wirtschaftszweige, Ausgabe 1979 (ohne Untergruppen und Klassen), in: Wirtschaft und Statistik Nr. 7 1980, S. 442-443.

Ott, H.; Schäfer H. (beide Hrsg.) [Wirtschaftsgeschichte, 1985]: Die Wirtschaftsgeschichte zum Nachschlagen, 2. Aufl., Freiburg und Würzburg 1985.

Otto, A. [Unternehmenssteuerung im internationalen Wettbewerb, 1994]: Unternehmenssteuerung im internationalen Wettbewerb, Bergisch Gladbach und Köln 1994.

Patzak, G. [Systemtechnik, 1982]: Systemtechnik - Planung komplexer innovativer Systeme, Berlin 1982.

Pausenberger, E. [Internationale Unternehmungen in Entwicklungsländern, 1980]: Internationale Unternehmungen in Entwicklungsländern - Ihre Strategien und Erfahrungen, Düsseldorf und Wien 1980.

Pausenberger, E. [Die internationale Unternehmung, 1982]: Die internationale Unternehmung: Begriff, Bedeutung und Entstehungsgründe; in: Das Wirtschaftsstudium (WISU), Nr. 3 1982, S.42-47, (Teil I); Nr. 7 1982, S.114-119, (Teil II); und Nr. 8 1982, S.129-132, (Teil III).

Pausenberger, E. (Hrsg.) [Internationalisierung von Unternehmungen, 1994]: Internationalisierung von Unternehmungen: Strategien und Probleme ihrer Umsetzung, Stuttgart 1994.

Pausenberger, E. [Die Standortpolitik internationaler Unternehmungen, 1994]: Die Standortpolitik internationaler Unternehmungen, in: Pausenberger, E. (Hrsg.): Internationalisierung von Unternehmungen: Strategien und Probleme ihrer Umsetzung, Stuttgart 1994, S.47-71.

Pausenberger, E. [Internationalisierungsstrategien, 1994]: Alternative Internationalisierungsstrategien, in: Pausenberger, E. (Hrsg.): Internationalisierung von Unternehmungen: Strategien und Probleme ihrer Umsetzung, Stuttgart 1994, S.1-30.

Pausenberger, E.; Glaum, M. [Kommunikationsprobleme, 1994]: Kommunikationsprobleme bei der Steuerung ausländischer Tochtergesellschaften, in: Pausenberger, E. (Hrsg.): Internationalisierung von Unternehmungen: Strategien und Probleme ihrer Umsetzung, Stuttgart 1994, S. 91-116.

Pearce, J. A., II; Robinson, R. B., Jr. [Competitive Strategy, 1988]: Formulation and Implementation of Competitive Strategy, 3. Aufl., Homewood/Ill. 1988.

Perlitz, M. [Internationales Management, 1997]: Internationales Management, 3. Aufl., Stuttgart 1997.

Perlitz, M. [Spektrum kooperativer Internationalisierungsformen, 1997]: Spektrum kooperativer Internationalisierungsformen, in: Macharzina, K.; Oesterle, M.-J. (beide Hrsg.): Handbuch Internationales Management, Wiesbaden 1997, S. 441-457.

Perlmutter, H.V. [Trois conceptions, 1965]: L`enterprise internationale - Trois conception, in: Revue èconomique et sociale, Vol. 23, No. 2, 1965, S. 151-165.

Perlmutter, H.V. [The Tortuous Evolution of the Multinational Corporation, 1972]: The Tortuous Evolution of the Multinational Corporation, in: Kapoor, A.; Grub, P.D. (Hrsg.): The Multinational Enterprise in Transition, Princeton 1972, S. 53-66.

Peters, J. [Internationalisierung, 1988]: Entwicklungsländerorientierte Internationalisierung von Industrieunternehmen, Heidelberg 1988.

Pfohl, H.-Ch. [Logistiksysteme, 1996]: Logistiksysteme, 4. Aufl., Berlin, Heidelberg, New York, et al. 1996.

Picot, A. [Transaktionskostenansatz, 1982]: Transaktionskostenansatz in der Organisationstheorie: Stand der Diskussion und Aussagewert, in: Die Betriebswirtschaft, 42 Jg., 1982, Heft 2, S.267-284.

Picot, A. [Leistungstiefe, 1991]: Ein neuer Ansatz zur Gestaltung der Leistungstiefe, in: Schmalenbachs Zeitschrift für betriebswirtschaftliche Forschung (ZfbF) 43, 4/1991, S. 336-357.

Picot. A.; Reichwald, R. [Informationswirtschaft, 1991]: Informationswirtschaft, in: Heinen, E. (Hrsg.): Industriebetriebslehre, 9. Aufl., Wiesbaden 1991, S. 241-393.

Pierer, H. von [Die innovative Dynamik des Wettbewerbs, 1993]: Die innovative Dynamik des Wettbewerbs als unternehmerische Führungschance, in: Schmalenbach-Gesellschaft - Deutsche Gesellschaft für Betriebswirtschaftslehre e.V. (Hrsg.): Internationalisierung der Wirtschaft – Eine Herausforderung an die Betriebswirtschaft und Unternehmenspraxis, Stuttgart 1993, S. 3-16.

Piontek, J. [Internationale Logistik, 1994]: Internationale Logistik, Stuttgart, Berlin und Köln 1994.

Pohle, K. [Globales Finanzmanagement, 1993]: Betriebswirtschaftliche Werkzeuge eines globalen Finanzmanagements, in: Schmalenbach-Gesellschaft - Deutsche Gesellschaft für Betriebswirtschaftslehre e.V. (Hrsg.): Internationalisierung der Wirtschaft – Eine Herausforderung an die Betriebswirtschaft und Unternehmenspraxis, Stuttgart 1993, S. 149-167.

Political & Economic Risk Consultancy (PERC) (Hrsg.) [Corruption in Asia, 1995]: Corruption in Asia, in: Asian Intelligence, No. 436, May 10, 1995, S.1-16.

Porter, M. E. (Hrsg.) [Globaler Wettbewerb, 1989]: Globaler Wettbewerb: Strategien der neuen Internationalisierung, Wiesbaden 1989.

Porter, M. E. [Rahmenkonzept, 1989]: Der Wettbewerb auf globalen Märkten: Ein Rahmenkonzept, in: Porter, M. E. (Hrsg.): Globaler Wettbewerb: Strategien der neuen Internationalisierung, Wiesbaden 1989, S. 17-68.

Porter, M.E. [Wettbewerbsstrategie, 1990]: Wettbewerbsstrategie, 6. Aufl., Frankfurt am Main und New York 1990.

Porter, M. E. [Wettbewerbsvorteile, 1996]: Wettbewerbsvorteile - Spitzenleistungen erreichen und behaupten, 4. Aufl., Frankfurt am Main und New York 1996.

Rall, W. [Internationale Organisationsnetze, 1993]: Flexible Formen internationaler Organisationsnetze, in: Schmalenbach-Gesellschaft - Deutsche Gesellschaft für Betriebswirtschaftslehre e.V. (Hrsg.): Internationalisierung der Wirtschaft – Eine Herausforderung an die Betriebswirtschaft und Unternehmenspraxis, Stuttgart 1993, S. 73-93.

Rappaport, A. [Shareholder Value, 1999]: Shareholder Value: Ein Handbuch für Manager und Investoren, 2. Aufl., Stuttgart 1999.

Reese, J. [Standardisierung, 1993]: Standardisierung, Typisierung, Normung, in: Wittmann, W.†; Kern, W.; Köhler, R.; Küpper, H.-U.; Wysocki, K. v. (alle Hrsg.): Handwörterbuch der Betriebswirtschaft, Teilband 3, 5. Aufl., Stuttgart 1993, Sp. 3940-3949.

Reichmann, TH. [Kosten und Preisgrenzen, 1973]: Kosten und Preisgrenzen, Wiesbaden, 1973.

Reichmann, Th. [Controlling, 1997]: Controlling mit Kennzahlen und Managementberichten, 5. Aufl., München 1997.

Reichmann, Th.; Hüllmann, U. [Unternehmenswertorientiertes Controlling, 1999]: Konzeption eines unternehmenswertorientierten Controlling für eine Management Holding, in: Controlling, Heft 4/5 1999, S. 161-169.

Reichmann, Th.; Palloks, M. [Make-or-Buy-Entscheidungen, 1995]: Make-or-Buy-Entscheidungen – Was darf der Fremdbezug kosten, wenn die eigenen Kosten weiterlaufen?, in: Controlling, Heft 1 1995, S. 4-11.

Reichwald, R.; Dietel, B. [Produktionswirtschaft, 1991]: Produktionswirtschaft, in: Heinen, E. (Hrsg.): Industriebetriebslehre, 9. Aufl., Wiesbaden 1991, S. 395-613.

Renschler, A. [Standortplanung für Mercedes-Benz in den USA, 1995]: Standortplanung für Mercedes-Benz in den USA, in: Gassert, H.; Horváth, P. (beide Hrsg.): Den Standort richtig wählen, Stuttgart 1995, S. 37-54.

Richman, B.M.; Copen, M. [International Management, 1972]: International Management and Economic Development, New York 1972.

Riehle, W. [Strategische Allianzen, 1997]: Ziele, Formen, und Erfolgsmerkmale Strategischer Allianzen, in: Macharzina, K.; Oesterle, M.-J. (beide Hrsg.): Handbuch Internationales Management, Wiesbaden 1997, S. 579-605.

Ringlstetter, M.; Skrobarczyk, P. [Internationale Strategien, 1994]: Die Entwicklung internationaler Strategien. Ein integrierter Bezugsrahmen, in: Zeitschrift für Betriebswirtschaft (ZfB), 64. Jg. 1994, Heft 3, S. 333-357.

Rinza, P.; Schmitz, H. [Nutzwert-Kosten-Analyse, 1977]: Nutzwert-Kosten-Analyse, Düsseldorf 1977.

Robock, St.H.; Simmonds, K. [Multinational Enterprise, 1973]: International Business and Multinational Enterprise, Homewood/Ill., London, Georgetown 1973.

Rogers, E. M.; Larsen, J. K. [Silicon Valley Fever, 1984]: Silicon Valley Fever - Growth of High-Technologie Culture, New York 1984.

Rosenstiel, L. von [Interkulturelle Managemententwicklung, 1993]: Interkulturelle Managemententwicklung, in: Haller, M.; Bleicher, K.; et al. (alle Hrsg.): Globalisierung der Wirtschaft - Einwirkungen auf die Betriebswirtschaftslehre, Bern, Stuttgart und Wien 1993, S. 171-191.

Rother, K. [Das internationale Geschäft, 1991]: Das internationale Geschäft: Ziele, Marktforschung, Strategien, Marketing; München und Wien 1991.

Rühli, E. [Zielsystem der internationalen Unternehmung, 1989]: Zielsystem der internationalen Unternehmung, in: Macharzina, K.; Welge, M.K. (beide Hrsg.): Handwörterbuch Export und Internationale Unternehmung, Stuttgart 1989, Sp. 2315-2331.

Ruppert, W. [Gründe für die Produktion im Ausland, 1979]: Produktionsstandorte der Industrie im Urteil der Unternehmungen - Ergebnisse einer Ifo-Umfrage, in: Ifo Institut für Wirtschaftsforschung (Hrsg.): ifo Schnelldienst, 32. Jg., 1979, Nr. 19/79, S. 7-15.

Rüschenpöhler, H. [Der Standort industrieller Unternehmungen, 1958]: Der Standort industrieller Unternehmungen als betriebswirtschaftliches Problem, Berlin 1958.

Rutenberg, D. [Multinationale Herstellung, 1995]: Multinationale Herstellung als Reaktion auf marktbeeinflussende Kräfte, in: Bliemel, F. W. (Hrsg.): „Mehr Markt“ in der Unternehmensführung, Berlin 1995.

Schemo, D. J. [VW's New Plant, 1996]: Is VW's New Plant Lean, Or Just Mean?, in: The New York Times, November 19, 1996, Section D, S. 1.

Schenk, E. [Culture Specific versus Culture General, 1994]: Deutsch-chinesische Kooperation: Culture Specific versus Culture General, in: Gablers Magazin, Nr. 4 1994, S. 36-39.

Schiemenz, B.; Schönert O. [Informations- und Kommunikationssysteme, 1997]: Anforderungen an Informations- und Kommunikationssysteme im internationalen Unternehmensverbund, in: Macharzina, K.; Oesterle, M.-J. (beide Hrsg.): Handbuch Internationales Management, Wiesbaden 1997, S. 923-949.

Schiemenz, B.; Wurl, H.-J. (beide Hrsg.) [Internationales Management, 1994]: Internationales Management, Wiesbaden 1994.

Schildt, B. [Strategische Produktions- und Distributionsplanung, 1994]: Strategische Produktions- und Distributionsplanung, Wiesbaden 1994.

Schilling, H. [Standortfaktorenkatalog, 1968]: Standortfaktoren für die Industrieansiedlung. Ein Katalog für die regionale und kommunale Entwicklungspolitik sowie die Standortwahl von Unternehmungen, in: Österreichisches Institut für Raumplanung (Hrsg.): Veröffentlichung Nr. 27, Stuttgart, Berlin, Köln und Mainz 1968.

Schmalenbach-Gesellschaft - Deutsche Gesellschaft für Betriebswirtschaft e.V. (Hrsg.) [Internationalisierung der Wirtschaft, 1993]: Internationalisierung der Wirtschaft – Eine Herausforderung an die Betriebswirtschaft und Unternehmenspraxis, Stuttgart 1993.

Scholl, R.F. [Internationalisierungsstrategien, 1989]: Internationalisierungsstrategien, in: Macharzina, K.; Welge, M.K. (beide Hrsg.): Handwörterbuch Export und Internationale Unternehmung, Stuttgart 1989, Sp. 983-1001.

Schoppe. S.G. (Hrsg.) [Kompendium der Internationalen Betriebswirtschaftslehre, 1994]: Kompendium der Internationalen Betriebswirtschaftslehre, 3. Aufl., München und Wien 1994.

Schreyögg, G. [Globalisierung und Regionalisierung, 1993]: Unternehmenskultur zwischen Globalisierung und Regionalisierung, in: Haller, M.; Bleicher, K.; et al. (alle Hrsg.): Globalisierung der Wirtschaft - Einwirkungen auf die Betriebswirtschaftslehre, Bern, Stuttgart und Wien 1993, S.149-170.

Schreyögg, G. [Umfeld der Unternehmung, 1993]: Umfeld der Unternehmung, in: Wittmann, W.†; Kern, W.; Köhler, R.; Küpper, H.-U.; Wysocki, K. v. (alle Hrsg.): Handwörterbuch der Betriebswirtschaft, Teilband 3, 5. Aufl., Stuttgart 1993, Sp. 4231-4247.

Schulte, Ch. [Konzepte der Materialbereitstellung, 1994]: Konzepte der Materialbereitstellung, in: Corsten, H. (Hrsg.): Handbuch Produktionsmanagement, Wiesbaden 1994, S. 189-205.

Schweitzer, M. (Hrsg.) [Industriebetriebslehre, 1994]: Industriebetriebslehre, 2. Aufl., München 1994.

Schweitzer, M. [Industrielle Fertigungswirtschaft, 1994]: Industrielle Fertigungswirtschaft, in: Derselbe (Hrsg.): Industriebetriebslehre, 2. Aufl., München 1994, S. 569-746.

Senti, R. [GATT - WTO, 1994]: GATT - WTO. Die neue Welthandelsordnung nach der Uruguay-Runde, Zürich 1994.

Sherman, H. C. [Globalisierung, 1996]: Globalisierung: Die Transnationale Unternehmung auf dem Vormarsch, in: ifo Institut für Wirtschaftsforschung (Hrsg.): ifo Schnelldienst, 49. Jg., 1996, Nr. 23/96, S. 3-13.

Sieber, E. H. [Die internationale Unternehmung, 1966]: Die internationale Unternehmung, in: Engeleiter, H. J. (Hrsg.): Gegenwartsfragen der Unternehmensführung, Festschrift zum 65. Geburtstag von W. Hasenack, Herne und Berlin 1966, S. 54-68.

Sieber, E. H. [Die multinationale Unternehmung, 1970]: Die multinationale Unternehmung, der Unternehmenstyp der Zukunft?, in: ZfbF, 22. Jg. 1970, S. 414-438.

Skinner, C. W. [International Production, 1964]: Management of International Production, in: Harvard Business Review, Vol. 42 (1964), No. 5, S. 125-136.

Soenen, L.A.; Madura, J. [Foreign Exchange Management, 1991]: Foreign Exchange Management - A Strategic Approach, in: Long Range Planning, Vol. 24 (1991), No. 5, S. 119-124.

Soldner, H. [Weltwirtschaftlicher Strukturwandel, 1977]: Weltwirtschaftlicher Strukturwandel und internationales Marketing, in: Schmalenbachs Zeitschrift für betriebswirtschaftliche Forschung (ZfbF) 29, 1977, S. 256-260.

Sommer, Ch. [Wer Kosten sparen will, geht gern ins Ausland, 1997]: Stille Reserven. Untertitel: Wer Kosten sparen will, geht gern ins Ausland. ..., in: Manager Magazin, 27. Jg. 1997, Heft 4, S. 104-116.

Sommerlatte, T.; Maier-Rothe, Ch.; Lerner, W. [Unternehmensstrategien, 1992]: Unternehmensstrategien zur Nutzung des europäischen Potentials, in: Little, A. D. (Hrsg.): Management der Europa-Strategie, Wiesbaden 1992, S. 35-122.

Spinanger, D. [Textil- und Bekleidungsindustrie, 1993]: Kann Deutschland als Standort für die Textil- und Bekleidungsindustrie gesichert werden?, in: Siebert, H. (Hrsg.): Die Weltwirtschaft, Heft 1 1993, S. 92-116.

Stahr, G. R. K.; Backes, S. [Informationsbeschaffung, 1992]: Informationsbeschaffung im In- und Ausland – Voraussetzungen für Erfolg im Auslandsgeschäft, in: Kumar, B. N., Haussmann, H. (beide Hrsg.): Handbuch der Internationalen Unternehmenstätigkeit, München 1992, S. 385-401.

Statistisches Bundesamt (Hrsg.) [SYPRO, 1989]: Systematik der Wirtschaftszweige, Ausgabe 1979, Fassung für die Statistik des Produzierenden Gewerbes (SYPRO) mit Meldenummern des Güterverzeichnisses für Produktionsstatistiken, Ausgabe 1989 (GP), Arbeitsunterlage, Wiesbaden 1989.

Statistisches Bundesamt (Hrsg.) [Wirtschaftszweigsystematik, 1993]: Klassifikation der Wirtschaftszweige mit Erläuterungen, Ausgabe 1993, Stuttgart 1993.

Stauffert, Th. K. [Internationalisierungsstrategien, 1993]: Internationalisierungsstrategien für den Mittelstand, in: io Management Zeitschrift, 6/1993, S. 39-44.

Steger, U. [Umweltmanagement, 1993]: Umweltmanagement: Erfahrungen und Instrumente einer umweltorientierten Unternehmensstrategie, 2. Aufl., Wiesbaden 1993.

Steger, U. [Globalisierung verstehen und gestalten, 1996]: Einleitende Zusammenfassung: Globalisierung verstehen und gestalten - Ergebnisbericht der Diskurse, in: Steger, U. (Hrsg.): Globalisierung der Wirtschaft, Berlin, Heidelberg et al. 1996, S. 3-17.

Stegmüller, B. [Internationale Marketing-Konzeptionen, 1993]: Überlegungen zur Entwicklung internationaler Marketing-Konzeptionen, in: Jahrbuch der Absatz- und Verbrauchsforschung, 4/1993, S. 386-403.

Stein, I. [Multinationale Unternehmung, 1994]: Die Theorie der Multinationalen Unternehmung, in: Schoppe. S.G. (Hrsg.): Kompendium der internationalen Betriebswirtschaftslehre, 3. Aufl., München und Wien 1994, S. 49-151.

Teece, D.J. [Foreign Investment and Technological Development in Silicon Valley, 1992]: Foreign Investment and Technological Development in Silicon Valley, in: California Management Review, Vol. 34, Winter 1992, S. 88-105.

Tesch, P. [Bestimmungsgründe, 1980]: Die Bestimmungsgründe des internationalen Handels und der Direktinvestition, Berlin 1980.

Thompson, J. D. [Organizations in Action, 1967]: Organizations in Action, New York et al., 1967.

Thünen, J. H. v. [Der isolierte Staat, 1842]: Der isolierte Staat in Beziehung auf Landwirtschaft und Nationalökonomie, Rostock 1842; 4. Aufl. als unveränderter Neudruck, Stuttgart 1966.

Tipke, K.; Lang, J. [Steuerrecht, 1996]: Steuerrecht, 15. Aufl., Köln 1996.

Tomczak, T. [Forschungsmethoden, 1992]: Forschungsmethoden in der Marketingwissenschaft – Ein Plädoyer für den qualitativen Forschungsansatz, in: Marketing - Zeitschrift für Forschung und Praxis (ZFP), Heft 2 1992, S. 77-87.

Trommsdorf, V.; Wilpert, B. et al. [Erfolgsfaktoren deutsch-chinesischer Joint-Ventures, 1991]: Erfolgsfaktoren deutsch-chinesischer Joint-Ventures, Wiesbaden 1991.

Ulrich, H. [Die Unternehmung als produktives soziales System, 1970]: Die Unternehmung als produktives soziales System, 2. Aufl., Bern und Stuttgart 1970.

Ulrich, H. [Management, 1984]: Management, Bern und Stuttgart 1984.

Ulrich, P.; Fluri, E. [Management, 1995]: Management, 7. Aufl., Bern u. Stuttgart 1995.

United Nations (Hrsg.) [ISIC Rev. 3, 1990]: International Standard Industrial Classification of all Economic Activities, 3rd revision; United Nations (ST/ESA/STAT/SER.M/4/Rev. 3), New York 1990.

Vahrenkamp, R. [Produktions- und Logistikmanagement, 1996]: Produktions- und Logistikmanagement, 2. Aufl., München und Wien 1996.

Vahrenkamp, R. [Produktionsmanagement, 1998]: Produktionsmanagement, 3. Aufl., München und Wien 1998.

Vernon, R. [Product Cycle, 1966]: International Investment and International Trade in the Product Cycle, in: Quarterly Journal of Economics, Vol. 80, 1966, S. 190-207

Veugelers, R. [Locational Determinants, 1991]: Locational Determinants and Ranking of Host Countries: An Empirical Assessment, in: Kyklos, Vol. 44, No. 3, 1991, S. 363-382.

Viera, J. [VW's Modular Plant, 1996]: VW's modular plant is complex affair, in: Automotive News *Europe*, May 27, 1996, S. 6.

Vojdani, N.; Jehle, E.; Schröder, A. [Fuzzy-Logik, 1995]: Fuzzy-Logik zur Entscheidungsunterstützung im Logistik- und Umweltschutzmanagement, in: Betriebswirtschaftliche Forschung und Praxis (BFuP), Nr. 3 1995, S. 287-305.

Volkswagen AG (Hrsg.) [Geschäftsbericht '97, 1998]: Geschäftsbericht 1997, Wolfsburg, im März 1998.

Walldorf, E. G. [Formen der internationalen Unternehmer-Aktivität, 1992]: Die Wahl zwischen unterschiedlichen Formen der internationalen Unternehmer-Aktivität, in: Kumar, B. N., Haussmann, H. (beide Hrsg.): Handbuch der Internationalen Unternehmenstätigkeit, München 1992, S. 447-470.

Walldorf, E. G. [Joint Venture, 1993]: Joint Venture, in: Gabler Verlag (Hrsg.): Gabler-Wirtschafts-Lexikon, 13. Aufl., Wiesbaden 1993, Bd. 4, S. 1748-1752.

Walldorf, E. G. [Länderrating, 1993]: Länderrating, in: Gabler Verlag (Hrsg.): Gabler-Wirtschafts-Lexikon, 13. Aufl., Wiesbaden 1993, Bd. 5, S. 2036-2046.

Walsh, I. [Neue Spielregeln lernen, 1991]: Interkulturelles Management: Neue Spielregeln lernen, in: Gablers Magazin, Nr. 11/12 1991, S. 14-18.

Walter, A.C. [Strategien bei internationaler Produktion, 1993]: Die Standortbedingungen in Deutschland haben sich erheblich verschlechtert, in: Handelsblatt, Nr. 196, 11.10.1993, S. 18.

Warnecke, H.-J. [Der Produktionsbetrieb, Band 2, 1995]: Der Produktionsbetrieb, Band 2 - Produktion, Produktionssicherung, 3. Aufl., Berlin, Heidelberg, New York et al. 1995.

Warnecke, H.-J. [Die Fraktale Fabrik, 1996]: Die Fraktale Fabrik: Revolution der Unternehmenskultur, Reinbek bei Hamburg 1996.

Weber, A. [Über den Standort der Industrien, 1909]: Über den Standort der Industrien, 1. Teil: Reine Theorie des Standorts, Tübingen 1909.

Weber, A. [Industrielle Standortslehre, 1914]: Industrielle Standortslehre, in: Grundriß der Sozialökonomik, Bd. VI, S. 54-82, Tübingen 1914.

Weber, J. [Modulare Organisationsstrukturen, 1995]: Modulare Organisationsstrukturen internationaler Unternehmensnetzwerke, Wiesbaden 1995.

Welge, M. K. [Multinationale Unternehmungen, 1980]: Management in deutschen multinationalen Unternehmungen, Stuttgart 1980.

Welge, M. K. [Das Konzept der globalen Rationalisierung, 1982]: Das Konzept der globalen Rationalisierung, in: Lück, W.; Trommsdorff, V. (beide Hrsg.): Internationalisierung der Unternehmung, Berlin 1982, S. 171-189.

Welge, M. K. [Planung, 1985]: Unternehmungsführung, Band 1: Planung, Stuttgart 1985.

Welge, M. K. [Organisation, 1987]: Unternehmungsführung, Band 2: Organisation, Stuttgart 1987.

Welge, M. K. (Hrsg.) [Globales Management, 1990]: Globales Management: Erfolgreiche Strategien für den Weltmarkt, Stuttgart 1990.

Welge, M. K. [Globales Management, 1990]: Globales Management, in: Welge, M. K. (Hrsg.): Globales Management, Stuttgart 1990, S.1-16.

Welge, M. K. [„Global heißt nicht: überall sein", 1997]: „Global heißt nicht: überall sein", M. K. Welge im Gespräch mit G. Fischer, Redakteurin des Manager Magazins, in: Manager Magazin, 27. Jg. 1997, Heft 4, S. 120-126.

Welge, M. K.; Al-Laham, A. [Planung, 1992]: Planung: Prozesse - Strategien - Maßnahmen, Wiesbaden 1992.

Welge, M. K.; Al-Laham, A. [Strategische Allianzen, 1997]: Erscheinungsformen und betriebswirtschaftliche Relevanz von Strategischen Allianzen, in: Macharzina, K.; Oesterle, M.-J. (beide Hrsg.): Handbuch Internationales Management, Wiesbaden 1997, S. 551-578.

Welge, M. K.; Böttcher R. [Globale Strategien, 1991]: Globale Strategien und Probleme ihrer Implementierung, in: Die Betriebswirtschaft, 51 Jg., 1991, Heft 4, S.435-454.

Welge, M. K.; Holtbrügge D. [Internationales Management, 1998]: Internationales Management, Landsberg am Lech 1998.

Werner, H. [Global Manufacturing, 1990]: Global Manufacturing - Global Sourcing, in: Bundesverband Materialwirtschaft, Einkauf und Logistik e.V. (BME) (Hrsg.): Tagungsbericht - 17. Kongreß des BME, Wiesbaden 1990, S. 49-62.

Werner, H. [Internationalisierungsstrategien, 1991]: Global Sourcing trifft den Zeitgeist - Internationalisierungsstrategien eines Nutzfahrzeugherstellers, in: Beschaffung Aktuell, Nr. 1 1991, S. 22-25.

Wiese, H.; Geisler M. [Standardisierung, 1996]: Standardisierung, in: *Kern, W.*; *Schröder, H.-H.*; *Weber, J.* (alle Hrsg.): Handwörterbuch der Produktionswirtschaft, 2. Aufl., Stuttgart 1996, Sp. 1897-1912.

Wiklund, E. [Export-Marketing, 1988]: Export-Marketing mit Gewinn, Hamburg 1988.

Wilbert, H. [Internationale Produktion, 1994]: Betriebliche und internationale Produktion und Produktionsplanung, in: Schoppe. S. G. (Hrsg.): Kompendium der internationalen Betriebswirtschaftslehre, 3. Aufl., München und Wien 1994, S. 439-469.

Wildemann, H. [Produktionssynchrone Beschaffung, 1988]: Produktionssynchrone Beschaffung, 2. Aufl., München 1988.

Wildemann, H. [Just-In-Time-Konzept, 1995]: Das Just-In-Time-Konzept – Produktion und Zulieferung auf Abruf, 4. Aufl., München 1995.

Wildemann, H. [Die modulare Fabrik, 1994]: Die modulare Fabrik: Kundennahe Produktion durch Fertigungssegmentierung, 4. Aufl., München 1994.

Wilhelm, M. [Internationalisierungsstrategien, 1996]: Neben dem Außenhandel haben die Direktinvestitionen als Internationalisierungsstrategie an Bedeutung gewonnen, in: ifo Institut für Wirtschaftsforschung (Hrsg.): ifo Schnelldienst, 49. Jg., 1996, Nr. 7-8/96, S. 26-38.

Wilhelm, M. [Motive deutscher und ausländischer Direktinvestitionen, 1996]: Motive deutscher und ausländischer Direktinvestitionen, in: ifo Institut für Wirtschaftsforschung (Hrsg.): ifo Schnelldienst, 49. Jg., 1996, Nr. 16/96, S. 9-18.

Wissmeier, U.K. [Strategien im internationalen Marketing, 1992]: Strategien im internationalen Marketing, Wiesbaden 1992.

Wittek, B. F. [Strategische Unternehmensführung, 1980]: Strategische Unternehmensführung bei Diversifikation, Berlin und New York 1980.

Wöhe, G. [Betriebswirtschaftliche Steuerlehre I/1, 1988]: Betriebswirtschaftliche Steuerlehre I/1 (Band I / 1. Halbband), Die Steuern des Unternehmens - Das Besteuerungsverfahren, 6. Aufl., München 1988.

Wöhe, G. [Betriebswirtschaftslehre, 1993]: Einführung in die Allgemeine Betriebswirtschaftslehre, 18. Aufl., München 1993.

Womack, J. P.; Jones, D. T.; Roos D. [Die zweite Revolution in der Autoindustrie, 1994]: Die zweite Revolution in der Autoindustrie, 8. Aufl., Frankfurt am Main und New York 1994.

Woodruff, D.; Katz, I.; Naughton, K. [VW's Factory of the Future, 1996]: VW's Factory of the Future, in: Business Week, October 7, 1996, S. 18-19.

Wüpping, J. [Produktstrukturen, 1998]: Logistikgerechte Produktstrukturen bei marktorientierter Variantenvielfalt, in: io Management Zeitschrift, Nr. 1/2 1998, S. 76-81.

Zangemeister, C. [Nutzwertanalyse, 1971]: Nutzwertanalyse von Projektalternativen, in: Industrielle Organisation, 40. Jg. 1971, Nr. 4 S.159-168.

Zangemeister, C. [Nutzwertanalyse in der Systemtechnik, 1976]: Nutzwertanalyse in der Systemtechnik, 4. Aufl., München 1976.

Zangemeister, C. [Erweiterte Wirtschaftlichkeitsanalyse, 1993]: Erweiterte Wirtschaftlichkeits-Analyse (EWA); Schriftenreihe der Bundesanstalt für Arbeitsschutz (Hrsg.), Fb 676, Dortmund 1993.

Zangemeister, C. [Erweiterte Wirtschaftlichkeitsanalyse, 1994]: Erweiterte Wirtschaftlichkeitsanalyse (EWA), in: Fortschrittliche Betriebsführung und Industrial Engineering, April 1994, S. 63-71.

Zäpfel, G. [Strategisches Produktions-Management, 1989]: Strategisches Produktions-Management, Berlin und New York 1989.

Zimmermann, H.-J. (Hrsg. und Mitverfasser); *Angstenberger, J.; Lieven K.; Weber R.*: [Fuzzy Technologien, 1993]: Fuzzy Technologien, Düsseldorf 1993.

Zinser, R.; Roth, A. [Internationalisierung, 1994]: Vermeidbare Fehler bei der Internationalisierung, in: *Pausenberger, E.* (Hrsg.): Internationalisierung von Unternehmungen: Strategien und Probleme ihrer Umsetzung, Stuttgart 1994, S. 135- 156.

Verzeichnis der Interviewpartner

Im Rahmen des in Abschnitt 1.3.2 beschriebenen empirischen Untersuchungsteils wurden die folgenden Herren befragt:[1]

Herr Dr. W. Wiemann	Leiter Koordinierung Investitionen und Technik **Bayer AG**, Leverkusen Interview: Leverkusen, 10. Januar 1996
Herr Dr. H.-J. Leuchs *Herr A. P. Kastenholz*	Geschäftsführender Gesellschafter Öffentlichkeitsarbeit Deutschland, Leiter Presse und Information **Boehringer Ingelheim Pharma**, C.H. Boehringer Sohn, Ingelheim am Rhein Interview: Ingelheim, 23. November 1995
Herr F. Bremicker *Herr Seelbach*	Geschäftsführender Gesellschafter Geschäftsführer **BREMI** Auto-Elektrik Ernst Bremicker GmbH, Kierspe Interview: Kierspe, 4. Juni 1996
Herr H. Barth	Executive Director Manufacturing Support Organization - GMIO **General Motors Europe AG**, Zürich und auch **Adam Opel AG**, Rüsselsheim Interview: Rüsselsheim, 15. März 1996
Herr H. Kostal *Herr G. Bornmann*	Geschäftsführender Gesellschafter Prokurist Betriebswirtschaft **Leopold Kostal GmbH & Co. KG**, Lüdenscheid Interview: Lüdenscheid, 16. März 1995

---

1 Die Angaben zu den Interviewpartnern sowie zu deren Unternehmungen beziehen sich auf den Zeitpunkt des jeweiligen Interviews.

Herr G. Liebmann *Herr G. Riebel*	Prokurist und stellv. Geschäftsführer Technischer Leiter **Leithäuser GmbH & Co.**, Hamm Interview: Hamm, 16. Oktober 1995
Herr P. Bien	Export-Manager **Lumberg** - Gesellschaft für Elektrofeinmechanik, Karl Lumberg GmbH & Co., Schalksmühle Interview: Schalksmühle, 23. Juli 1996
Herr Dr. H. Reidelbach	Leiter Unternehmensplanung und Mitglied des Direktionskreises **Mercedes-Benz AG**, Stuttgart Interview: Stuttgart-Untertürkheim, 3. Mai 1995
Herr K.-H. Helmes	Manager Planning and Reporting **NOKIA** Consumer Electronics NOKIA Electronics Bochum GmbH Interview: Lüdenscheid, 27. Juni 1996
Herr Dr. T. Lettmann	Geschäftsführer **Schade KG**, Plettenberg Interview: Plettenberg, 1. März 1995
Herr H. Gladis	Geschäftsführer **Schneberger GmbH**, Münster Interview: Münster, 12. April 1995
Herr W. Turck	geschäftsführender Gesellschafter **Turck** Sensortechnik, Automatisierungstechnik Werner Turck GmbH & Co. KG, Halver Interview: Halver, 22. Juli 1996
Herr R. Marzinek *Herr J. H. Rodefeld*	Unternehmensplanung, Business Development Coordinator Corporate Planning, Business Development **Veba Oel AG**, Gelsenkirchen Interview: Gelsenkirchen, 2. November 1995

Herr H. J. Kalisch *Herr Dr. U. Elsner*	Leiter Konzernstrategie Mitarbeiter Konzernstrategie **Volkswagen AG**, Wolfsburg Interview: 28. März 1995
Herr P. Freimüller	Werkplanung, Dienstleistungsbereiche und Produktionsstandorte Ausland **Vorwerk & Co.**, Wuppertal Interview: Wuppertal, 18. Oktober 1995
Herr J. W. Kirchhoff	Geschäftsführer **Witte** Umformtechnik Stephan Witte GmbH & Co. KG, Iserlohn Interview: Iserlohn, 14. März 1995

Ergänzend zu den zuvor aufgeführten Expertengesprächen wurde eine insgesamt vier Sitzungen umfassende Telefoninterview-Reihe durchgeführt. Diese ist unabhängig von dem in Abschnitt 1.3.2 beschriebenen empirischen Untersuchungsteil zu sehen. Ziel dieser zusätzlichen Interviews war es, aktuelle Hintergrundinformationen über die zur Zeit verfügbaren Technologien zur internationalen Telekommunikation zu gewinnen. Der nachfolgend aufgeführte Kontakt diente damit ausschließlich der Erkenntnisgewinnung in dem besagten Spezialgebiet. Diesem ist der Abschnitt 5.6.3.2 der vorliegenden Arbeit gewidmet.

Herr K. Genn	Zentraler Technischer Vertriebssupport - International **Deutsche Telekom AG**, Niederlassung 2 Koblenz Telefoninterviews: 2. und 4. September 1997 27. und 29. Oktober 1997

Anhang I: Vorstrukturierter Gesprächsleitfaden - zu Abschnitt 1.3.2 -

Experteninterview zum

Internationalen Strategischen Produktionsmanagement

(ISPM)

Aufbau

Daten zum Interview

[Ort, Datum, Uhrzeit]

Interviewpartner: [Name, ggf. Titel, Funktion, Telefondurchwahl]

Unternehmen: [Firma, Anschrift, Telefon/-fax]

Branche(n):

Mitarbeiterzahl weltweit:

A. Formfrage

1. Darf Ihr **Name** und der **Ihres Unternehmens** in der Dissertation genannt werden?

   ( ) *ja* ( ) *nein*

   ggf. Bedingungen oder Einschränkungen:

B. Bedeutung, Motive, Ziele internationaler Produktionsaktivitäten

2. Welche **Bedeutung** hat die internationale oder gar weltweite Ausrichtung der Produktion **für Ihre Branche** und für **Ihr Unternehmen**?

3. **Wo** befinden sich Ihre wichtigsten **Produktionsstandorte** und **seit wann** produzieren Sie dort?

4. **Wo** befindet sich der **Stammsitz** des Unternehmens?

5. Wie sind die übrigen Unternehmensaktivitäten geographisch ausgerichtet?

	national	*international*	*weltweit*
Absatz	( )	( )	( )
Beschaffung	( )	( )	( )
.....			

6. Welche **Motive** begründen die internationalen oder gar globalen Produktionsaktivitäten Ihres Unternehmens?

( ) *Absatzmotive* ( ) *Beschaffungsmotive* ( ) *Kostenmotive*

( ) *sonstige ....*

7. Welche **Erfolge** hat Ihr Unternehmen durch die internationalen (globalen) Produktionsaktivitäten erzielen können?

*z.B. Aufbau **strategischer Wettbewerbsvorteile**[1] durch die internationale Produktion?*

[1] der Konkurrenz überlegene Leistungen, ...
... die ein für den Nachfrager wichtiges Leistungsmerkmal betreffen,
... deren Vorteile vom Nachfrager tatsächlich wahrgenommen werden,
... deren Vorteile von der Konkurrenz nicht schnell einholbar sind.
vgl. *Porter, M. E.*: Wettbewerbsvorteile, 1989.

8. Welche **Faktoren** begründen nach Ihrer Meinung den **Erfolg** internationaler (globaler) Produktionsaktivitäten, welche Faktoren schränken ihn ein oder gefährden ihn sogar?

Erfolgsfaktoren

einschränkende und kritische Faktoren

C. Strategische Gestaltungsfelder

9. Ist Ihr Produktionsprogramm standortbezogen **segmentiert**?

( ) *nein* ( ) *ja*, und zwar ( ) *vertikal* ⇒ Integration aller Produktionsstufen eines Produktes an einem Standort

( ) *horizontal* ⇒ Integration gleichartiger Produktionsstufen verschiedener Produkte an einem Standort

Erläuterungen

10. Bestehen zwischen den internationalen Produktionsstätten **Liefer- und Leistungsverflechtungen**?

11. **Wie ist Ihr Produktionsprogramm im Hinblick auf seine Komplexität charakterisiert?**

	hoch	*mittel*	*gering*
Standardisierungsgrad	( )	( )	( )
Fertigungstiefe	( )	( )	( )

12. Ist die Konfiguration der internationalen **Produktionsstandortstruktur** Ihres Unternehmens maßgeblich auf ...

( ) isoliert getroffene Einzelfallentscheidungen **und/oder ...**

Beispiele?

( ) auf konkrete Strategien (Produktionsstandortstrategien) **zurückzuführen?**

Beispiele?

13. Halten Sie eine **First-** oder eine **Follower-Strategie** bei der Erschließung neuer Produktionsstandorte für vorteilhafter?

( ) *First-Strategie* ( ) *Follower-Strategie*

Gründe?

14. Verfolgen Sie konkrete **Strategien zur lokalen Integration** Ihrer Produktionsstätten?

( ) *nein* ( ) *ja*, und zwar ....

15. Wie hoch schätzen Sie den **Anpassungsgrad** Ihrer Betriebe an die jeweiligen **lokalen** Umfeldbedingungen und -strukturen ein?

( ) *hoch* ( ) *mittel* ( ) *niedrig*

Gründe?

16. Wie groß ist der Grad der **Unabhängigkeit** (Autonomie) der internationalen Produktionsstätten vom Stammhaus Ihres Unternehmens, und zwar hinsichtlich der Produktionsplanung, -steuerung und -kontrolle?

( ) *Unabhängigkeit groß* ( ) *Unabhängigkeit mittel* ( ) *Unabhängigkeit gering*

Gründe?

17. Wie erfolgt die **Beschaffung** im internationalen Produktionssystem?

( ) *zentral für mehrere/alle Produktionsstätten*
( ) *dezentral durch die einzelnen Produktionsstätten*

Werden konkrete **Strategien** formuliert? ( ) *nein* ( ) *ja*, und zwar ...

18. Verfolgen Sie spezielle **Logistikstrategien** im internationalen Produktionssystem?

( ) *nein* ( ) *ja*, und zwar ...

19. Welche **Systeme** und **Dienste** nutzen Sie zur **internationalen Kommunikation?**

zum Beispiel:

( ) Telefon
( ) Telex
( ) Telefax
( ) Videoconferencing
( ) Business Television
( ) Datex-Dienste „L"/„P"
( ) Wahlverbindungen
( ) Festverbindungen
( ) Verbindungen via Satellit
( ) Wide Area Networks (WAN)
( ) sonstige , und zwar ...

20. Welche **Internationalisierungsform** ist aus Ihrer Sicht wünschenswert? Gründe?

( ) *Contract Manufacturing*
( ) *Minderheitsbeteiligung*
( ) *paritätische Beteiligung*
( ) *alleiniger Anteilsbesitz*
( ) *Mehrheitsbeteiligung*

21. Für wie wichtig halten Sie im Hinblick auf die Thematik die **Kooperation** mit anderen Unternehmen?

( ) *sehr wichtig* ( ) *wichtig* ( ) *weniger wichtig*

Kooperieren Sie mit anderen Unternehmen?

( ) *nein* ( ) *ja*, in folgenden Bereichen ...

22. Verfolgen Sie spezielle Maßnahmen oder sogar Strategien zur **Vermeidung** oder **Minderung** bestimmter **Risiken**?

( ) *nein* ( ) *ja*, und zwar ...

D. Strategischer Gestaltungsprozeß

23. **Durch wen** werden die **strategischen** Entscheidungen bzgl. der internationalen Produktionsaktivitäten vorbereitet und getroffen?

    (Stichworte: Unternehmensführung, Stabsabteilung, Controlling, lokale Manager ...)

24. Auf welche **Methoden** und **Instrumente** wird zur Gestaltung des internationalen Produktionssystems, zur Standortstrukturgestaltung und zur Standortwahl bevorzugt zurückgegriffen?

    ( ) *analytische (mathematische) Methoden,* und zwar ...

    ( ) *heuristische Methoden,* und zwar ...

25. Wird ein **permanenter Standortvergleich** (dynamische Standortbewertung) der aktuellen Produktionsstandorte untereinander und auch mit potentiellen Produktionsstandorten durchgeführt?

    ( ) *nein* ( ) *ja*, und zwar ...

E. Perspektiven

26. Wie schätzen Sie die **zukünftigen Entwicklungen** im Hinblick auf die Thematik ein?

Wird die zunehmend globale Orientierung der Produktionsaktivitäten industrieller Unternehmen in der Zukunft ...

( ) *stark zunehmen,*
( ) *zunehmen,*
( ) *unverändert bleiben,*
( ) *abnehmen* *oder*
( ) *stark abnehmen* ?

27. Wo sehen Sie die zukünftigen **Chancen**, wo die **Risiken**?

zukünftige Chancen

zukünftige Risiken

28. Was planen Sie - im Hinblick auf die Thematik - für die Zukunft?

Mercedes-Benz AG – Unternehmensplanung (Hrsg.)

Leitfaden zur Standortplanung

Untertürkheim, Februar 1995

Aufgabenstellung / Zielsetzung

Als global agierendes Unternehmen sieht sich die Mercedes-Benz AG zunehmend mit der Frage des optimalen Standortes für eine neue Produktionsstätte konfrontiert. Obwohl jedes Projekt anders geartet ist, sollte die MBAG zur Entscheidungsfindung stets

- auf die gleichen Grunddaten zurückgreifen und
- nach einem einheitlichen Ablaufschema vorgehen

  ⇨ Die Entscheidung wird dadurch für alle Beteiligten objektiv und nachvollziehbar gestaltet

  ⇨ Die Planungsqualität läßt sich bei gleichzeitig verringertem Arbeitsaufwand verbessern

Zu diesem Zweck wurde der vorliegende Leitfaden erstellt. Er schlägt das Vorgehen für eine Standortauswahl vor und enthält Prämissen, Auswahlkriterien und -methoden sowie Checklisten. Er wird bei Bedarf um neue Erkenntnisse ergänzt.

Bei Standortuntersuchungen hat sich der Einsatz eines externen Beraters sehr bewährt. Neben der rein methodischen Unterstützung ist bei der Standortsuche vor allen Dingen vorteilhaft, daß die Firma selbst im Rahmen erster Sondierungsgespräche nicht in Erscheinung treten muß.

Quelle: Mercedes-Benz AG – Unternehmensplanung (Hrsg.): Leitfaden zur Standortplanung, 1995.

Der Prozeß der Standortplanung vollzieht sich in mehreren Phasen (hierbei müssen für jede Phase Prämissen sowie Auswahlkriterien und -methoden definiert werden)
Beispiel: Projekt W 168

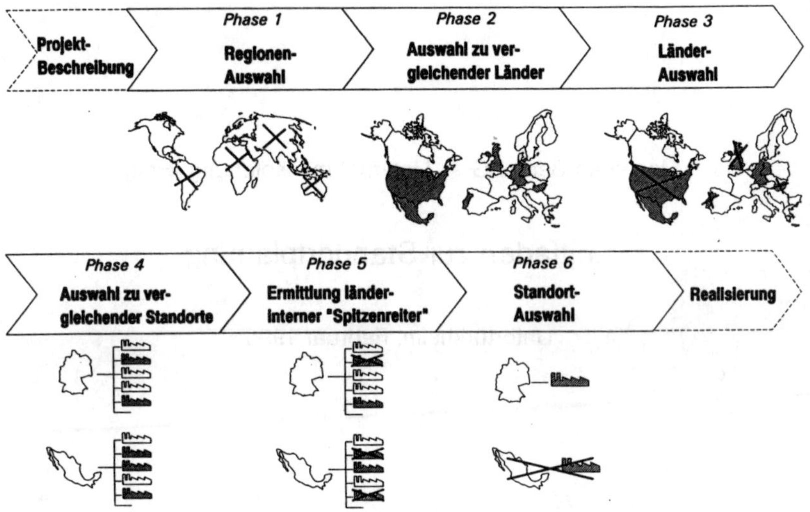

Aus den strategischen Fragestellungen leitet sich eine detaillierte Projektbeschreibung ab, auf welcher die eigentlichen Standortauswahl-Aktivitäten aufbauen müssen.

- Was soll ein bestimmtes Geschäftsfeld in welchem Zeitraum erreichen?
- Kann diese unternehmerischen Zielsetzungen allein oder nur gemeinsam mit Partnern erreicht werden?
- Für welchen Markt (Region)
- Für welches Produkt
- Für welche betrieblichen Funktionen

} wird ein Standort benötigt?

- Welche Vorteile kann ein neuer Standort im Vergleich zu bereits bestehenden bieten?

Detaillierte Projektbeschreibung im Lastenheft:

Projektziele z.B.:
- Gründung einer Vertriebsgesellschaft für Gebrauchtfahrzeuge
- Aufbau einer Fertigung für einen neuen Transporter
- Aufbau eines Entwicklungszentrums für alternative Antriebe

Vorgaben z.B.:
- Absatzmärkte des Produktes
- Terminsituation
- Quantitativer und Qualitativer Output (Stückzahlen)
- Kosten- / Ergebnisziel
- Umfang der Einbindung in den MB-Fertigungsverbund

Anforderungen z.B.:
- Qualifikation und Anzahl der benötigten Mitarbeiter
- Infrastruktur-, Zulieferungs-, Flächenbedarf
- Produktivitäts-, Flexibilitätskennziffern

Quelle: Mercedes-Benz AG – Unternehmensplanung (Hrsg.): Leitfaden zur Standortplanung, 1995.

Phase 1
Regionen-Auswahl

Häufig können im Vorfeld bestimmte Regionen schon ausgeschlossen werden

Aufteilung der Welt in Regionen:

(Homogenität bzgl. politisches / wirtschaftliches Umfeld, Kultur, Geographie, Rahmenbedingungen)

- **Geographisch:** West-, Osteuropa, Süd-/ Mittelamerika, Nordamerika, Fernost, Naher/ mittlerer Osten, Afrika
- **Handelspolitisch:** z. B. EG, NAFTA, ASEAN, MERCOSUR
- **Definition von "Länderblöcken":** z. B. "südliches Afrika", "Kernmärkte GUS", "Asiatische Tiger", "Pacific RIM"

In Abhängigkeit vom jeweiligen Projekt Unterteilung in *"muß"*, *"harte"* und *"weiche"* Kriterien:

- Marktnähe
- "Strategic fit"
- Zugang zu Wirtschaftsbündnissen
- Handelsbarrieren (Local Content-, Zoll-, Devisenrestriktionen)
- Image der
  - Marke in Region
  - Region in Deutschland
- Kostenniveau
- Transportkosten / -dauer
- Währungsausgleich

1. Ausschluß-Methode:

a. Sind die "Muß"-Kriterien erfüllt?
b. Weisen die "harten" Kriterien nach einer Bewertung die (festzulegende) Mindest-Punktzahl auf? (falls nicht: gleicht eine besonders positive Bewertung eines anderen "harten" Kriteriums dieses Manko aus?)

2. Nutzwertanalyse:

a. Gewichtung der "harten" und "weichen" Kriterien (z.B. anhand eines Paarvergleiches, s. Anlage 1)
b. Bewertung der Regionen
c. Festlegung eines Mindestpunktwertes

		Region					
		A		**B**		**C**	
Kriterium	Gewicht	Wert*	WxG	Wert*	WxG	Wert*	WxG
x	0,2	*3*	0,6	*2*	0,4	*5*	1
y	0,5	*7*	3,5	*10*	5	*4*	2
z	0,3	*5*	1,4	*4*	1,2	*2*	0,6
			Σ 5,6		Σ6,6		Σ3,6

***1 = sehr Schlecht, 10 = sehr gut**

Grenze bei 5 => Region C scheidet aus

Näher zu untersuchende Regionen

Phase 2
Auswahl zu betrachtender Länder

In den priorisierten Regionen müssen nicht alle Länder untersucht werden, sondern nur repräsentative - die Clusterung kann nur projektspezifisch erfolgen.

Prämissen

- Anzahl zu vergleichender Länder je Region (Aufwand?)
- Erfüllung wesentlicher Kriterien:
  - Unternehmerischer Freiraum
  - Rechtssicherheit
  - Investitionsschutz
  - Gewinnrepatriierung
  - Tragbares Währungsrisiko

Auswahl-Kriterien

- Marktgröße / -wachstum
- Know-How Potential
- Kostenniveau
- Investitionsrisiko (BERI-Index)
- Infrastruktur
- Wirtschaftsbeziehungen zu anderen Ländern (Exportfähigkeit, Verhältnis zu Deutschland etc.)
- Staatsquoten, Nettorenditen, Außenwirtschaft

Auswahl-Methoden

Z. B. am Projekt einer PKW-Fertigung:

Westeuropa
Deutschland *(Referenz)*, Frankreich und Großbritannien *(Know-how)*, Portugal *(Kostenniveau)*

Osteuropa
Tschechien *(fortgeschrittener Reformprozeß)*, Rußland *(Marktgröße)*

Süd- / Mittelamerika
Brasilien, Argentinien *(Marktgröße)*

Nordamerika
USA *(Marktgröße)*, Mexiko *(NAFTA-Mitglied)*

Fernost
VR China, Indien *(Wachstumsmärkte)*, Thailand *(ASEAN)*, Vietnam, Südkorea *(Tigerländer)*

Naher / mittlerer Osten, Afrika
Südafrika *(Marktgröße, MBSA)*

"Repräsentative", näher zu untersuchende Länder in den ausgewählten Regionen (keine endgültige Vorauswahl)

Quelle: Mercedes-Benz AG – Unternehmensplanung (Hrsg.): Leitfaden zur Standortplanung, 1995.

Eine Priorisierung nach Kapitalwert und nach Nutzwert zeigt die am besten geeigneten Länder

Phase 3
Länder-Auswahl

Prämissen

- Anzahl auszuwählender Länder
- Für die dynamische Wirtschaftlichkeitsrechnung:
  - Unterscheidung zwischen standortabhängigen und standortunabhängigen Kosten
  - Einmalige und laufende Kosten
  - Entwicklung der Kosten, Preise, Wechselkurse
  - Diskontierungsfaktor
  - Verkaufszahlen im Planungszeitraum

Auswahl-Kriterien

A. Monetäre Kriterien (für dyn. Wirtschaftlichkeitsrechnung) – *(siehe Anlage 3)*
- Materialkosten
- Personalkosten
- Transport-, Zoll-, Bestandskosten
- Investitionsfolgekosten
- Anlaufkosten
- Steuern
- Incentives

⇨ *Kapitalwert oder Selbstkosten*

B. Qualitative Kriterien (Gewichtung in Abhängigkeit vom jew. Projekt)
- Politische und wirtschaftliche Stabilität
- Imageauswirkungen
- Infrastruktur
- Personalqualifikation
- Personalkosten
- Lieferantenstruktur
- Absatzmarkt
- . . .

⇨ *Länderspezifischer Nutzwert (siehe Beispiel in Anlage 2)*

Auswahl-Methoden

1. Wirtschaftlichkeitsrechnung sowie Nutzwertanalyse durchführen und im Portfolio darstellen:

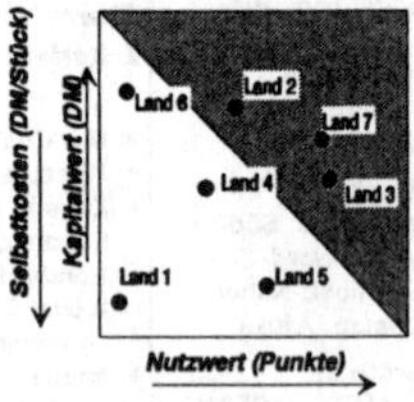

2. Selektion im Diskussionsprozeß:
- Kann ein hoher Nutzwert einen geringen Kapitalwert kompensieren?
- Soll der "repräsentative" Sieger um weitere Länder aus der gleichen Kategorie ergänzt werden?

Mindestens 2 Länder, in denen die Standortplanungen weiter konkretisiert werden

Checkliste der länderspezifischen Nutzwerte

Politische und wirtschaftl. Stabilität

- Außen-/ Innenpolitisches Konfliktpotential
- Regierungsstärke / Kontinuität
- Unterstützung d. Politik (incl. incentives)
- Zuverlässigkeit der Verwaltung
- Gewerkschaftseinfluß
- Umweltschutzgesetze
- Investitionsbestimmungen
- Währungsrisiko (Inflation, Außenwert der Währung)
- Industriestruktur
- Natürliche Ressourcen
- Öffentliche Verschuldung, Devisenreserven
- Bankensystem, Kapitalverkehr
- Allgemeine Wirtschaftsentwicklung

Imageauswirkungen

- Image des Landes im Ausland
- Image der Firma/Marke im Land
- Leistungsfähigkeit der nationalen KFZ-Industrie

Infrastruktur

- Straßennetz (Dichte, Qualität, Anschluß)
- Eisenbahnnetz
- Wasserwegnetz
- Fluglinien/-häfen
- Telekommunikationsnetze
- Versorgung (Strom, Gas, Wasser, ...)
- Entsorgung (Abfall, ...)
- Bildungssysteme

Arbeitsmarkt Personalqualifikation

- Anzahl und Know-How der
  - Universitätsabsolventen
  - Facharbeiter
  - Angelernten
- Sprachliche / Kulturelle Barrieren
- Industrieerfahrung
- Arbeitszeitgestaltung

Lieferantenstruktur

- Anzahl / Verfügbarkeit qualifizierter Lieferanten
- Local-Content-Vorschriften
- Import-/ Exportzölle
- Versorgungssicherheit

Absatzmarkt

- Marktgröße/ -wachstum
- Markteintrittsbarrieren
- Chance auf zusätzlichen Absatz ("Sprungbrett" für Exporte)
- Wettbewerbsintensität

Quelle: Mercedes-Benz AG – Unternehmensplanung (Hrsg.): Leitfaden zur Standortplanung, 1995.

Phase 4
Auswahl zu vergleichender Standorte

Diese Phase umfaßt 2 Selektionsstufen:

1. Auswahl der Regionen innerhalb eines Landes
2. Auswahl von Grundstücken

Prämissen	Auswahl-Kriterien	Auswahl-Methoden
In Abhängigkeit vom jeweiligen Projekt • Festlegung von k.o.-Kriterien • Gewichtung der qualitativen Kriterien • Bewerbungsschluß • Hinzuziehung bereits existierender Standorte?	• Nähe zu urbanen Zentren • Verkehrsanbindung • Erdbebensicherheit • Nähe zu Naturschutz-, Militär-, Feriengebieten • Automobilzulieferstruktur • Einkommensniveau • Arbeitslosenrate • Fehl-/ Krankenstand • Grundstückskostenniveau • Energieversorgung • Umweltverschmutzung • Staatliche Fördergebiete	**Pro Land** • Stufe 1: Ausfiltern unattraktiver Gebiete nach k.-o.-Kriterien • Stufe 2: Ausfiltern unattraktiver Grundstücke nach 1. k.o.-Kriterien (im Lastenheft definiert; z.B. Grundstücksgröße, Terminsituation, ...) und / oder 2. Durchführung einer Nutzwertanalyse und Festlegung eines Grenzwertes ***Näher zu untersuchende Standorte (Grundstücke)***

Phase 5
Ermittlung länderinterner Spitzenreiter

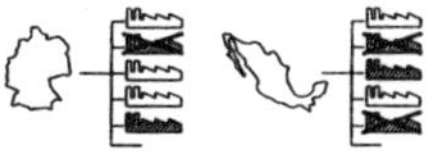

Zur Ermittlung des besten Standortes wird folgendes Vorgehen empfohlen:

Auswahl-Kriterien	Auswahl-Methoden
Grundstücksspezifische Nutzwerte (qualitativ): • Unternehmerisches Klima bzgl. Standorte • Grundstücks-gegebenheiten • Risiken / Termine / Genehmigungen • Verkehrsanbindung • Ver-/ Entsorgung, Kommunikation • Arbeitsmarktpotential • Aus-/ Weiterbildungsmöglichkeiten • Lebensqualität	**Durchführung einer Nutzwertanalyse** – Aufstellung von Haupt- und Unterkriterien, Gewichtung – Bewertung nach Besuch vor Ort 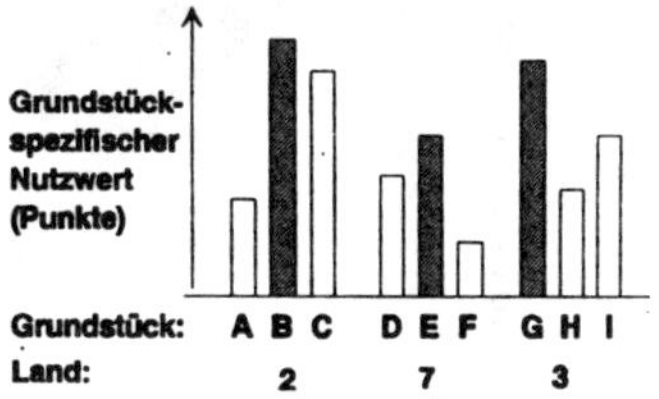 ***Pro Land das am besten geeignete Grundstück***

Quelle: Mercedes-Benz AG – Unternehmensplanung (Hrsg.): Leitfaden zur Standortplanung, 1995.

Phase 5

Ermittlung länderinterner Spitzenreiter

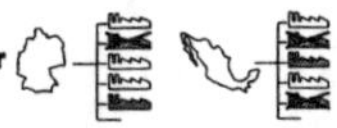

Checkliste der <u>standortspezifischen</u> Nutzwerte

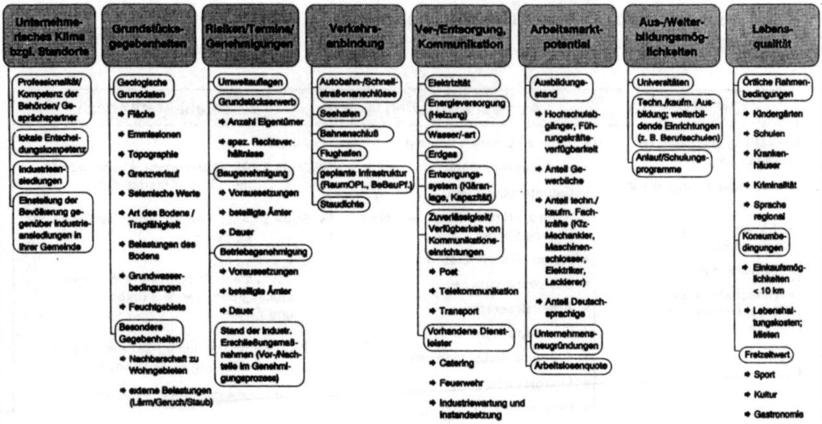

Phase 6

Standort-Auswahl

In der letzten Phase wird der geeignetste Standort anhand derselben Kriterien wie in Phase 3 ermittelt (Wirtschaftlichkeit und länderspezifischer Nutzen). Der Entscheidungskreis hat hierüber seine Prioritäten zu setzen.

Aufgrund des inzwischen vorliegenden genaueren Informationsstandes müssen vorher jedoch die Prämissen sowie die Bewertung noch einmal auf Plausibilität überprüft werden.

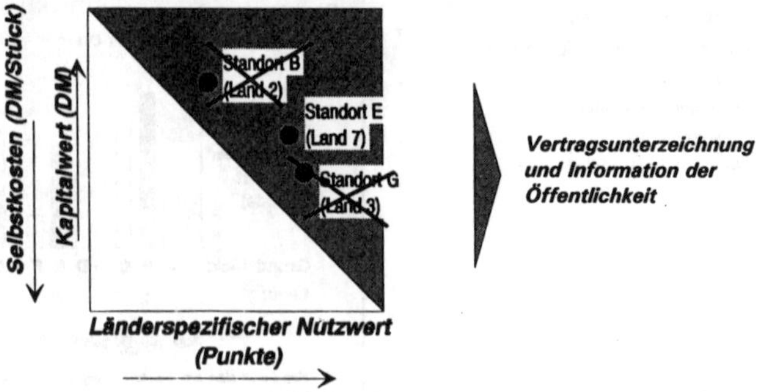

<u>Quelle:</u> Mercedes-Benz AG – Unternehmensplanung (Hrsg.): Leitfaden zur Standortplanung, 1995.

Anlagen zum Leitfaden:

Anlage 1: Methode des Paarvergleiches zur Bestimmung der Gewichtungsfaktoren

Beispiel: 4 Kriterien (A,B,C,D) => 6 Paarvergleiche (wichtiger: 2 Punkte, gleichwertig: 1 Punkt, unwichtiger: 0 Punkte)

	A	B	C	D
A		1. Vgl: B zu A **0**	2. Vgl: C zu A **1**	3. Vgl: D zu A **0**
B	1. Vgl: A zu B **2**		4. Vgl: C zu B **0**	5. Vgl: D zu B **1**
C	2. Vgl: A zu C **1**	4. Vgl: B zu C **2**		6. Vgl: D zu C **0**
D	3. Vgl: A zu D **2**	5. Vgl: B zu D **1**	6. Vgl: C zu D **2**	
Summe:	**5**	**3**	**3**	**1** Punkte

D ist gleichwichtig wie B

D ist unwichtiger als C (also ist C wichtiger als D)

Quelle: Mercedes-Benz AG – Unternehmensplanung (Hrsg.): Leitfaden zur Standortplanung, 1995.

Anlage 2.1: Grobeinschätzung länderspezifische Nutzwerte

Phase 3
Länder-Auswahl

Beispiel (Werte sind produkt- und projektabhängig zu überprüfen und festzulegen)	*Gewicht (%)*	Deutschland	Frankreich	Großbrit.	Portugal	Tschechien	Rußland	Brasilien	Chile	Argentinien	USA	Mexico	VR China	Indien	Südkorea	Thailand	Vietnam	Südafrika
Politische und wirtschaftl. Stabilität	*17*	8	8	8	7	5	1	2	6	5	9	5	6	3	6	5	3	4
Imageauswirkungen	*6*	10	9	8	4	3	5	6	2	6	9	6	5	5	7	6	2	5
Infrastruktur	*13*	9	7	7	4	4	2	4	3	4	8	4	2	3	6	4	1	6
Arbeitsmarkt	*9*	9	8	7	4	5	5	4	5	5	8	5	3	4	7	5	4	5
Lieferantenstruktur	*15*	10	10	9	6	4	4	5	1	5	9	5	3	2	4	4	1	3
Absatzmarkt	*19*	8	8	8	7	4	7	6	2	4	8	7	8	4	6	5	2	4
Summe (gewichtet)		8,4	8,1	7,9	5,8	4,5	3,4	4,0	3,7	4,7	8,5	5,5	5,1	3,3	6,1	5,0	2,4	4,5
Rang		2	3	4	6	11	15	13	14	10	1	7	8	16	5	9	17	12
Summe (ungewichtet)		8,1	7,9	7,6	5,4	4,6	3,6	4,3	3,8	4,8	8,3	5,4	4,8	3,5	6,3	5,0	2,6	4,8
Rang		2	3	4	6	12	15	13	14	10	1	7	9	16	5	8	17	11

1 = sehr schlecht; 10 = sehr gut

Anmerkung: Bei zukünftigen Standortplanungen ist diese Bewertung vom Projektteam an die spezielle Aufgabenstellung anzupassen und zu aktualisieren.

Anlage 2.2: Die länderspezifischen Nutzwerte müssen global und regional betrachtet werden
(Werte sind produkt- und projektabhängig zu überprüfen und festzulegen)

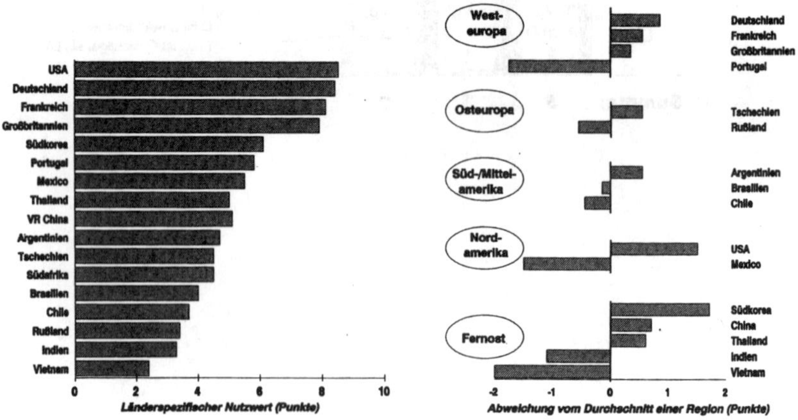

<u>Quelle:</u> Mercedes-Benz AG – Unternehmensplanung (Hrsg.): Leitfaden zur Standortplanung, 1995.

Phase 3
Länder-Auswahl

Anlage 3: Faktoren für Wirtschaftlichkeitsrechnungen

	Deutschland	Frankreich	Großbrit.	Portugal	Tschechien	Rußland	Brasilien	Chile	Argentinien	USA	Mexico	VR China	Indien	Südkorea	Thailand	Vietnam	Südafrika
Umrechnungskurs *(DM / Fremdwährung)*																	
Materialkosten *(% von D)*																	
Local-Content Vorschrift *(%)*																	
Personalkosten *(% von D)*																	
Personalkosten Arbeiter *(TDM/Jahr)*																	
Arbeitszeit effektiv Arbeiter *(Stunden/Jahr)*																	
Produktivitätsfaktor *(% zu D)*																	
Kosten für Grundstück, Gebäude, Anlagen/Einrichtungen *(% von D)*																	
Bemi-Nutzungszeit *(h / Jahr)*																	
Anlagenverfügbarkeit *(%)*																	
Sachgemeinkosten *(% von D)*																	
Anlaufkosten *(% von D)*																	
Steuersatz *(% von D)*																	
Zölle *(% vom Zollwert CIF)*																	
Transport z. Absatzmarkt *(DM/Einh.)*																	
Kompensationseffekte *(Zoll, Devisen)*																	

Anmerkung: Einheitliche, für die gesamte MBAG gültige Werte sind festzulegen und regelmäßig zu aktualisieren.

Quelle: Mercedes-Benz AG – Unternehmensplanung (Hrsg.): Leitfaden zur Standortplanung, 1995.

Die Reihe "Schriften zum Controlling" ist auf das Spannungsfeld zwischen Theorie und Praxis gerichtet. Es sollen Entwicklungen aus den Bereichen Rechnungswesen und Controlling aufgegriffen und kritisch diskutiert werden.

SCHRIFTEN ZUM CONTROLLING

Herausgegeben von Prof. Dr. Thomas Reichmann

Band 1 Wilfried Geiß: Betriebswirtschaftliche Kennzahlen: Theoretische Grundlagen einer problemorientierten Kennzahlenanwendung. 1986.

Band 2 Roland Rick-Lenze: Controllingsystem in der Elektroindustrie. Struktur und Aufbau eines DV-gestützten Informationssystems. 1987.

Band 3 Hugo Fiege: Informationssysteme in Gütertransportketten. System-, Kosten- und Leistungsanalyse auf der Grundlage eines unternehmensübergreifenden Informationssystems. 1987.

Band 4 Hermann J. Richter: Theoretische Grundlagen des Controlling. Strukturkriterien für die Entwicklung von Controlling-Konzeptionen. 1987.

Band 5 Detlef Hesse: Vertriebs-Controlling in Versicherungsunternehmen. 1988. 2., unveränderte Auflage 1991.

Band 6 Helmut Ammann: PC-gestützte Systeme der Erfolgslenkung. Anwendungsmöglichkeiten und Ausgestaltung in Klein- und Mittelbetrieben. 1989.

Band 7 Roland Keller: Deckungsbeitragsrechnung in der mittelständischen Bauindustrie. Integrierte Grundrechnungen als Ausgangsbasis für ein effizientes Controlling. 1989.

Band 8 Michael Kohler: Mehrjährig schwebende Geschäfte des Industrieanlagenbaus. Bilanzielle Behandlung in Deutschland, Frankreich, Großbritannien, Japan und den USA unter Berücksichtigung steuerlicher Auswirkungen. 1989.

Band 9 Ulrike Hesse: Technologie-Controlling. Eine Konzeption zur Steuerung technologischer Innovationen. 1990.

Band 10 Rainer Lochthowe: Logistik-Controlling. Entwicklung flexibilitätsorientierter Strukturen und Methoden zur ganzheitlichen Planung, Steuerung und Kontrolle der Unternehmenslogistik. 1990.

Band 11 Monika Palloks: Marketing-Controlling. Konzeption zur entscheidungsbezogenen Informationsversorgung des operativen und strategischen Marketing-Management. 1991.

Band 12 Bernhard Becker: Ausgestaltung einer integrierten Erfolgs- und Finanzlenkung mit Hilfe von Expertensystem-Komponenten. 1993.

Band 13 Herbert Krause: Konzeptionelle Grundlagen eines Logistikinformationssystems. Logistikverfahrens- und -kapazitätsoptimierung, dargestellt am Beispiel Flüssiggas und artverwandte Güter. 1994.

Band 14 Martin Georg Nonnenmacher: Informationsmodellierung unter Nutzung von Referenzmodellen. Die Nutzung von Referenzmodellen zur Implementierung industriebetrieblicher Informationssysteme. 1994.

Band 15 Lutz Krüger: Fixkostenmanagement als Controllingaufgabe. Betriebswirtschaftliche Grundlagen und DV-orientiertes Informationsmodell. 1996.

Band 16 Anette von Ahsen: Total Quality Management. Komponenten und organisatorische Umsetzung einer unternehmensweiten Qualitätskonzeption. 1996.

Band 17 Achim Schröder: Investition und Finanzierung bei Umweltschutzprojekten. Entwicklung eines fünfstufigen erweiterten Wirtschaftlichkeitsanalysemodells (FEWA) zur Bewertung von Umweltschutzinvestitionen. 1996.

Band 18 Thomas Reichmann / Monika Palloks (Hrsg.): Kostenmanagement und Controlling. 1998.

Band 19 Kai Spieker: Operatives Produktions-Controlling. Unter besonderer Berücksichtigung des Mittelstandes. 1998.

Band 20 Burkhard Fritz: DV-gestützte Führungsinformationssysteme. Konzeptionelle Anforderungen und Gestaltungsmöglichkeiten. 1999.

Controlling Schriften

Band 21 Ralph Neukirchen: Controlling-Konzeption zur wertorientierten Ressourcenallokation innerhalb strategischer Geschäftseinheiten. Am Beispiel der Industriegüterbranche. 2000.

Band 22 Dietmar Schön: Neue Entwicklungen in der DV-gestützten Kosten- und Leistungsplanung. Methoden, Instrumente und branchenbezogene Weiterentwicklungen. 1999.

Band 23 Uwe Stremme: Internationales Strategisches Produktionsmanagement. 2000.